기업재무구조개선을 위한

출자전환과 세제

Debt-Equity-Swap and Taxation

저자 김병일, 배영석, 배한빈

세경사

머리말

이 책은 기업재무구조개선을 위한 채무의 출자전환(debt-equity-swap)과 관련한 세무상 문제점과 대법원 판결의 평석 등 저자들이 전문 학술지에 투고한 9편의 논문을 엮어서 출간한 책이다. 대법원 판결의 평석 외에 출자전환과 관련한 세무상 문제점에 대한 상당 부분은 주 저자의 2015년 박사학위 논문(기업회생절차의 출자전환 관련 세제에 관한 연구)의 내용을 수정·보완하고 확장하여 투고한 내용이다.

채무자 법인이 부담하고 있는 부채를 자본금으로 전환한다는 간단한 의미인 출자전환에서 세무상 문제가 지금도 계속 발생하고 있다. 이런 상황에서 출자전환과 관련한 향후 세법의 개정과 해석·적용에 도움이 되고자 하는 목적에서 이 책을 출간하게 되었다.

출자전환은 IMF 외환위기 이후 재정적으로 어려움에 처해 있는 기업을 지원하기 위한 수단으로 많이 실행되어 왔다. 증자를 할 때에 주금의 납입을 상계에 의할 수 있도록 2011.4.11.에 상법이 개정됨에 따라 요즘은 일반 기업도 출자전환 방법으로 증자하는 사례가 많아졌다.

금전채권을 출자(자본금)로 전환할 때 직접적으로 관련된 자는 출자전환하는 채권자와 출자전환받는 채무자이며, 출자전환으로 인해 주식가치가 증가할 수 있는 채무자 법인의 주주는 간접적으로 관련된 자에 해당한다. 법인세법, 조세특례제한법, 부가가치세법에서 규정하고 있는 출자전환에 관한 내용이 당사자인 채권자, 채무자, 주주 등에게 동일하게 적용되고 그 내용도 어렵지 않을 것으로 생각되지만 그렇게 간단치 않다.

IMF 외환위기 이후 기업구조조정 수단으로 활용된 출자전환은 주식의 발행가액(출자전환가액)을 액면가액 이상으로 한 경우가 많았다. 처음에는 채무자 법인의 입장에서 출자전환으로 소멸하는 부채액(500)을 발행가액(500)으로 하고 이 발행가액에서 액면가액(100)을 차감한 금액(400)은 주식발행액면초과액이라고 해석하였다(1999년). 기업구조조정 과정에 있는 기업에 대한 채권은 채무자의 부실화로 그 전액을 회수할 수 없는 경우가 많은데, 기업구조조정투자회사(CRV)가 이 기업에 대한 금전채권(500)을 200에 매입한 후 발행가액을 500으로 한 출자전환에서 문제가 발생했다. 출자전환주식의 발행가액이 주식취득가액에 해당하는 것으로 해석함에 따라 발행가액과 채권의 중도 취득가액 간의 차액(300)이 채권자의 이익(실제 사례에서 이 금액은 5,044억원에 달한다)으로 계산되어 거액의 법인세를 부담해야 하는 문제가 발생한 것이다. 이 법인세 문제를 해결하기 위하여 출자전환 채권자의 주식취득가액은 발행가액이 아닌 발행주식의 시가(200)이고 차액 300은 해당 채권자의 익금에 해당하지 않는다고 해석하였다(2003년). 이에 따라 차액 300은 채무자 법인에게는 주식발행액면초과액이 아닌 채무면제익에 해당한다고 해석하게 되었고, 이 해석 내용은 법인세법 시행령을 거쳐(2003년) 법인세법에 규정하고 채무면제익은 차후 발생하는 이월결손금 보전에 충당할 수 있도록 입법하여(2005년) 지금에 이르고 있다.

한편, 채권자 입장에서 회생법인·워크아웃법인·경영정상화계획 이행협약 체결법인·사업재편계획 승인법인에 대한 출자전환주식의 취득가액은 발행주식의 시가(200)가 아닌 출자전환채권의 장부가액(500)으로 하도록 법인세법 시행령을 개정하였다(2006년).

이와 같이 회생법인 등에게 한 출자전환에서 주식의 취득가액을 채권의 장부가액으로 하도록 법인세법 시행령을 개정하자 출자전환채권액(500)과 발행주식의 시가(200) 간의 차액(300)에 해당하는 부가가치세를 출자전환 채권자가 대손세액 공제를 받지 못하는 문제가 발생하였다. 그러자 조세심판원은 차액(300)에 해당하는 부가가치세를 채권자가 대손세액 공제를 받을 수 있다고 종전의 심판례를 변경하였고(2013년), 기획재정부도 채권자가 대손세액 공제를 받을 수 있다고 종전의 해석을 변경하였다(2015년). 그 후 회생계획인가결정에서 매출채권을 출자전환하는 경우 매출채권의 장부가액과 발행주식의 시가 간의 차액에 해당하는 부가가치세의 대손세액 공제가 가능하도록 관련 내용을 부가가치세법 시행령에 입법하였다(2019년).

기업구조조정절차를 원활하게 지원하기 위하여 조세특례제한법을 개정하여, 회사정리계획인가(현재의 회생계획인가)·화의인가·파산법에 의한 강제화의인가의 각 결정에서 금융기관의 채무를 면제받은 경우 그 채무면제익을 채무자 법인은 3년 거치 3년간 분할하여 익금에 산입하도록 하고 해당 금융기관은 이 채무면제액을 손금에 산입하도록 하였다(1999년). 채무자 법인이 기업구조조정투자회사로부터 채무를 출자전환받는 과정에서 채무를 면제받는 경우 그 채무면제익도 3년 거치 3년 분할하여 익금에 산입하도록 하였다(2002년). 출자전환 조건에 의한 채무면제액을 회사정리계획인가(현재의 회생계획인가)·화의인가·파산법에 의한 강제화의인가의 각 결정 및 워크아웃 약정에 포함하고 있는 경우, 채무자는 그 채무면제익을 차후 발생하는 이월결손금의 보전에 충당할 수 있도록 하고 채권자는 이 채무면제액을 손금에 산입하도록 하였다(2003년). 그 후 채권자의 채무면제에 출자전환으로 채무면제한 경우를 포함한다고 규정하였다(2016년).

이렇게 법인세법·법인세법 시행령, 부가가치세법 시행령, 조세특례제한법·조세특례제한법 시행령 등을 수차례 개정하여 출자전환과 관련된 세법상 문제점을 해결해 왔지만 아직도 여전히 많은 문제가 제기되고 있다.

실무에서는 출자전환 시 주식을 할증 발행함에 따라 발생하는 채무면제익의 세무상 문제를 해결하기 위하여 주식을 액면발행한 후 감자(소각)하는 방법이 성행하게 되었다.

그런데 출자전환 시 신주의 발행과 동시에 발행주식 100%를 즉시 소각한 경우 해당 채권자는 출자전환 채권 전액을 채무면제한 것에 해당되어 채권자가 변제받은 금액이 0%이므로 출자전환 채권 전액에 대한 부가가치세의 대손세액공제가 가능하다고 대법원이 판결하였다(2018년). 그러나 대법원은 발행주식 99.9%는 즉시 소각하고 0.1%는 소각하지 않고 잔존한 사건과 95%는 즉시 소각하고 나머지 5%는 3년 8개월 후에 소각하여 결과적으로 발행주식 100%를 소각한 사건에서는 해당 채권자는 출자전환 채권을 100% 변제받은 것이므로 대손세액 공제를 할 수 없다고 판결하였다(2019년). 출자전환과 동시에 발행주식을 즉시 100% 소각하든 99.9%만 소각하든, 95%는 즉시 소각하고 5%는 나중에 소각하든 실제상으로 다를 바가 없다고 보이지만 대법원은 완전히 다른 것으로 판결하였다. 출자전환과 관련한 세무상 문제가 이렇게 계속 제기되고 있다.

이에 저자들이 그동안 전문학술지에 기고한 법인세법에 관한 논문 3편, 부가가치세법에 관한 논문 3편, 그리고 국세기본법, 상속세 및 증여세법 등에 관한 논문 3편을 모아서 출자전환과 관련한 세무 문제 해결에 도움을 주고자 이 책을 출간하게 되었다. 이 책의 부록에는 그 동안 출자전환과 관련한 관련 세법의 주요 개정 내용, 과세당국의 주요한 해석, 대법원의 주요 판례를 참고자료로 실었다.

천학비재한 저자들의 출자전환 관련 논문을 수록한 이 책의 내용에 대해서 독자들의 기탄없는 비판과 지도편달을 기대한다. 또한 출자전환과 관련한 관련 세제의 연구와 발전에 이 책이 조금이나마 도움이 되었으면 하는 작은 소망이다.

마지막으로 어려운 여건에서도 출판을 허락하여 주신 세경사 사장님 이하 관계자분께 감사의 말씀을 드린다.

2022년 3월

저자 일동

주요 목차

부록 : 참고자료

1 출자전환 관련 세법의 주요 개정 내용

2 출자전환 관련 과세관청의 주요 예규

3 출자전환 관련 주요 판례

세부 목차

제1장 법인세법상 출자전환과 세제

제2장 부가가치세법상 출자전환과 세제

제3장 기타 법률상 출자전환과 세제

부록 참고자료

제 1 장

법인세법상 출자전환과 세제

1.1. 출자전환 시 채무면제익에 관한 연구*
– 입법론상 개선방안을 중심으로 –

배영석**·김병일***

초 록

채권자가 자신의 채권을 출자전환하여 회생회사 등이 정상화가 되도록 지원한 후 나중에 출자전환주식을 처분하여 주식가치 상승에 따른 이익을 취하려고 하는 출자전환에서 여러 가지 문제가 나타나고 있다.

우리나라에서 출자전환을 할 때 대부분 취하는 상계방식에서의 출자전환가액은 본질적으로 주주가 주금을 납부한 것이므로 주주가 출자한 원본이어서 과세대상이 되지 않아야 한다. 따라서 출자전환가액 중 시가초과액을 채무면제익으로 보면서 과세이연하는 현행 세법 규정을 과세상 특혜로 볼 수 없고, 오히려 원본에 대해서 과세하는 것이므로 부당한 과세라고 해야 한다.

현금증자 후 채권회수방식으로 출자전환을 하느냐, 단순 할증 방식으로 현금증자하느냐, 액면가액으로 증자한 후 감자하느냐 등에 따라 과세관계를 달리하면 내용적으로 같은 것을 다르게 과세하는 것이므로 형평과세에 어긋난다.

피출자전환법인의 발행가액 중 시가초과액을 세법에서는 채무면제익으로 간주하고 있지만 워크아웃법인과 일반법인이 출자전환받는 경우에는 사법상으로 채무면제가 발생하지 않는다. 이런데도 세법에서 채무면제가 있는 것으로 의제하고 있으므로, 없는 것을 있는 것으로 의제한 것이어서 실질과세원칙에 반한다. 또한 이렇게 발생한 채무면제익을 주주에게 배당할 경우 배당소득으로 과세하므로 원본과세하는 결과가 되고, 회생절차를 진행하다가 회생절차가 폐지될 경우 과세이연되던 채무면제익이 일시에 익금산입됨에 따라 회생회사가 회생절차에 들어가지 않고 곧바로 파산되었더라면 회생채권자에게 배당되었을 금액이 법인세로서 국가에 우선변제되는 등 이해하기 어려운 문제가 발생한다. 이러한 문제점은 본질적으로 과세되지 않아야 할 부분을 채무면제익으로 간주, 과세하는 것에 기인하는 문제다. 따라서 이러한 문제점을 개선하기 위해서는 주식발행액면초과액 중에서 출자전환 시 발행가액 중 시가초과액을 채무면제익으로 보아 과세하는 규정과 이와 관련된 세법의 규정은 과세하지 않는 것으로 개정하여야 한다.

이렇게 세법을 개선하면 출자전환 시 회생회사 대표자의 연대보증책임이 없게 되도록 하는 제도 개선을 세법이 지지하는 것이 되어, 우리나라의 창업기피에 따른 사회적 문제해결에 세법이 이바지하게 된다.

주제어 | 회생절차, 워크아웃, 출자전환, 채무면제익, 주식발행액면초과액, 취득가액, 대손금

* 『세무학연구』 제33권 제3호(2016.9., 한국세무학회)에 게재된 논문이다.

** 주저자 : 진일회계법인 공인회계사, 세무학 박사

*** 교신저자 : 강남대학교 사회과학대학 세무학과 교수, 법학 박사

Ⅰ. 서 설

금전채권을 출자전환하는 경우 출자전환하는 채권자와 출자전환받는 채무자는 동전 앞뒤와 같은 관계이므로 출자전환채권자가 취득한 출자전환주식의 취득가액은 피출자전환채무자의 입장에서는 납입받은 주금액이 되어야 할 것으로 생각되지만 현행 세법의 규정은 그렇지 않다. 현행 세법은 출자전환채권자와 피출자전환채무자 간의 세무처리가 서로 다르고, 피출자전환채무자가 회생법인·워크아웃법인 등 구조조정법인[1]이냐 그 이외의 일반법인이냐에 따라 출자전환채권자의 주식취득가액도 서로 다르다.

이러한 세무처리의 비일관성은 여러 가지 문제를 야기한다. 대표적 사례가 편법적인 출자전환 및 감자의 사례다. 즉, 출자전환주식의 발행가액 중 시가초과액을 채무면제익으로 보아 법인세를 과세함에 따른 문제를 회피하기 위하여 회생회사는 액면가액으로 출자전환한 후 즉시 감자를 하는 방법을 실무적으로 선택한다. 이렇게 하여 세무상 채무면제익이 될 부분(즉, 발행가액 중 시가초과액)을 감자차익으로 전환시켜서 과세되지 않도록 한다.

다수설은 출자전환채무액 중 발행주식의 시가초과액은 채무자의 채무면제익에 해당한다고 이해하여 이 채무면제익에 대하여 과세이연을 허용하는 현행 제도를 세제지원에 해당하는 것으로 본다.[2] 반면, 출자전환채무액 중 시가초과액을 채무면제익으로 보면서 과세이연하는 입법은 본질적으로 자본거래에 해당하는 출자전환거래를 과세대상거래로 보고 입법한 것이어서 과잉조치로서 효력이 의문시 된다는 연구도 있다.[3] 2011.4.11.에 상법이 개정된 이후에

---

1) ① 본 논문에서 '구조조정법인'이란 구조조정절차를 진행하는 회생법인, 워크아웃법인, 경영정상화계획 이행협약 체결법인 등 출자전환에 따른 채무면제익을 과세이연할 수 있는 (「법인세법 시행령」 제15조 제4항에 규정한) 3가지의 법인을 말하기로 하되, 경우에 따라서는 이 3가지 법인을 개별적으로 나열하기로 한다. ② 또한 본 논문에서 '구조조정절차'란 채무자회생법에 의한 회생절차, 「기업구조조정촉진법」에 의하여 경영정상화계획 이행협약을 체결한 워크아웃절차, 당해 기업의 채권금융기관과 경영정상화계획 이행협약을 체결하여 진행하는 기업구조조정절차의 3가지를 말하기로 한다.

2) 김완석·정지선, 『기업의 도산관련 조세제도에 관한 연구』, 한국조세연구원, 2010, 121~131면 ; 이중교, "채무의 출자전환에 따른 과세문제", 『조세법연구』 제20-2호, 세경사, 2014.8., 293면 ; 이의영, "출자전환 시 채무면제익에 대한 법인세 과세문제", 『사법논집』 제147집, 법원도서관, 2008, 583면 ; 최성근, "채무면제익에 대한 과세", 『조세학술논집』 제25집 제1호, 한국국제조세협회, 2009.2., 196면 ; 김청식, "회생절차 관련 세제의 문제점과 개선방안", 서울시립대학교 박사학위논문, 2012.2., 193~203면 ; 안경봉, "회사정리(회생)절차와 조세", 『조세법연구』 제13-2호, 세경사, 2007.8., 30면 ; 이정란, "채무의 출자전환과 채무면제이익", 『법학연구』 제55권 제1호(통권 제79호), 부산대학교 법학연구소, 2014, 13면.

3) 이승문, "법인세법상 자산의 취득가액 – 출자전환주식의 취득가액을 중심으로 –", 『국민대학교 법학연구소 학술발표대회 논문집』, 국민대학교 법학연구소, 2009, 45면.

는 워크아웃법인이든 경영정상화계획 이행협약 체결법인이든 일반법인이든 모두 간단한 방식인 상계 방식으로 출자전환을 하는 실정이다. 회생법인이 출자전환하는 경우도 '신주 발행으로 감소하게 되는 부채액'을 회생계획에 기재하도록 하는 규정이 「채무자회생 및 파산에 관한 법률」(이하 "채무자회생법"이라 한다) 제206조 제1항 제4호에 신설된 이후에는 출자전환의 성질을 상계로 보는 것이 타당하기 때문에 본 연구는 출자전환을 상계 방식으로 하는 경우를 전제하고 연구하고, 따라서 후자의 취지에 찬동하면서 연구한다.

구조조정법인에 대하여 출자전환하는 경우 발행가액 중 시가 초과액을 채무면제익에 해당하는 것으로 보아 법인세를 과세하는 세법의 규정을 당연한 사항을 주의적으로 규정한 것으로 보는 견해도 있으나,[4] 이 채무면제익은 본질적으로 출자의 납입에 해당한다는 견해도 있다.[5] 본 연구는 후자의 취지에 찬동하면서 그 논거를 살펴본다.

본 논문은 '출자전환 시 발생하는 채무면제익의 본질'과 '출자전환 시 채무면제익이 존재한다고 함에 따라 나타나는 문제점'을 살펴 본 후 합리적 개선방안을 제시하는 데에 목적을 두고 있다.

현행 채무자회생법상 회생절차에서는 보증채무의 부종성을 부인하는 제도가 있다. 이 제도 때문에 회생절차에서 금융기관 차입금이 출자전환되어 회생회사가 다시 회생의 발판을 마련하더라도 회생회사를 위하여 금융기관에 연대보증한 회생회사 대표자의 연대보증 채무는 소멸되지 않고 존속한다. 그래서 회생회사 대표자는 이 연대보증 책임에서 벗어나기 위해 회사를 회생신청하면서 동시에 대표자의 개인파산 내지 개인회생을 신청하여 연대보증의 문제에 대응한다. 실무적으로는 이 연대보증문제를 없애기 위하여 액면가액으로 출자전환한 후 즉시 감액하는 편법적 방법을 선택하기도 한다. 이러한 연대보증의 문제는 창업을 두렵게 하여 경제활력을 저하시키는 요인으로 작용하게 한다.[6]

회생회사 대표자의 연대보증책임이 출자전환 이후에도 계속 존속한다고 보는 것은 출자전환 시 채무면제익이 발생한다고 하는 현행 세법상의 규정과 기본적으로 같은 논리다. 따라서 본 논문의 목적은 회생회사 대표자의 연대보증 문제를 해결할 수 있는 논리의 개발을 지원하기 위한 것에도 있다.

---

4) 이정란(주2), 22면 ; 이의영(주2), 537~538면 ; 최성근(주2) 186면.

5) 이승문(주2) 43~45면.

6) 벤처기업협회의 초대회장을 지낸 ㈜메디슨의 이민화 전 회장의 경우 ㈜메디슨이 신용보증기금에서 보증을 받을 때 대표이사로서 5백억원의 연대보증을 하였는데, ㈜메디슨의 회생절차에서 신용보증기금이 이 5백억원을 출자전환하여 취득한 주식이 ㈜메디슨의 삼성그룹앞 매각으로 그 가치가 1,500억원이 됨에 따라 이익을 1,000억원이나 취하였음에도 이민화 전 회장의 신용보증기금에 대한 보증채무가 존속하고 있고, 이에 따라 이민화 전 회장은 신용불량자 상태라고 한다(2011.12.5., 매일경제신문).

Ⅱ. 출자전환 관련 채무면제익에 대한 견해의 대립

1. 출자전환의 의의

출자전환(debt equity swap; DES)이란 일반적으로 채무자가 하는 증자에 채권자가 가지고 있는 금전채권으로 주금납입(출자)에 갈음하는 것을 말한다. 우리나라의 법령에서는 명시적으로 출자전환의 뜻을 정의한 바가 없으나, 기업회계에서는 "채무자가 채무를 변제하기 위하여 채권자에게 지분증권을 발행하는 것"으로 명시적으로 그 뜻을 정의하고 있다.[7]

출자전환은 채권자가 가진 채권(債權)을 주식으로 바꾸는 것이므로 넓게 보면 전환사채나 신주인수권부사채를 주식으로 전환하는 것도 출자전환의 일종이라고 볼 수 있으나 일반적으로 이 경우는 출자전환이라고 하지 않는다.[8]

채무자회생법에서는 주식회사나 유한회사인 채무자는 회생계획에 회생채권자·회생담보권자 또는 주주에 대하여 새로 납입 또는 현물출자를 하게 하지 아니하고 신주를 발행할 수 있도록 하는 근거[9]를 두고 있으므로 회생회사는 종래 이 조항에 근거하여 출자전환을 하여 왔고, 회생절차 이외에서는 2011.4.11. 「상법」이 개정되기 이전에는 대체로 현금증자 후 채권회수 방식, 현물출자 방식, 상계 방식 등 3가지 방식으로 출자전환을 하여 왔다.

현금증자 후 채권회수 방식으로 금전채권 100을 출자전환한다면, ① 채권자는 채무자가 발행하는 신주를 100만큼 인수한 후 채무자에게 현금 100을 주금으로 납입하고, ② 채무자는 100의 증자를 완료한 후 납입받은 현금 100으로 당해 채권자의 채무를 상환하는 방식이다. ①,②의 절차가 종료되면 채권자는 신주 100을 취득하고 그 대신 종전 채권액 100을 상환받게 된다. 이 방식은 현물출자 시 수행해야 하는 검사인 선임절차가 필요가 없기 때문에 간단히 출자전환한다는 장점이 있으나 채권자가 신주납입대금 100을 일시적으로 준비해야 하는 부담이 있고, 출자전환 과정에 다른 채권자가 신주납입대금 100에 대하여 압류 등을 할 가능성이 있어 채권자가 확실하게 채권 100의 상환을 보장받지 못할 위험성이 있다. 우리나라에서 이 방식에 의하여 증자하는 사례가 실무적으로 종종 있었는데 이를 출자전환으로 보

---

7) 일반기업회계기준(금융자산·금융부채) 문단 6.87.

8) 조세심판원에서도 전환사채의 전환권 행사에 의한 주식 취득을 출자전환으로 보지 않고 있다(조심 2013전3688, 2015.3.18.).

9) 채무자회생법 제206조 제1항 및 제5항.

아 과세함으로써 세무상 다툼이 있었던 사례가 다수 있다.[10)]

현물출자 방식에 의한 출자전환은 채권자가 가진 금전채권을 현물출자 목적물로 출자하여 증자하는 방식이다. 이 때 출자전환채권을 얼마의 가치로 인정하느냐라는 평가의 문제가 있는데, 채권액의 실질적 평가액에 합당한 가액만큼만 신주를 발행해야 한다는 '평가액설'과 채권액의 권면액 만큼의 신주를 발행하여야 한다는 '권면액설'이 대립해 왔다. 채권의 실질적 가치를 평가하는 것이 어려운 일이므로 평가액설을 취하면 금전채권을 현물출자하는 것이 현실적으로 어렵게 되는데, 일본은 동경지방재판소 상사부에서 2000.11.30.에 권면액설을 취함[11)]에 따라 일본의 실무에서는 현물출자방식으로 하는 출자전환은 대부분 권면액설에 따라 증자등기를 하여 평가액설에 따른 실무적 어려움을 해소하고 있고, 우리나라의 상업등기실무도 권면액설에 따라 수행한다고 한다.[12)]

일본의 동경지방재판소 상사부에서 권면액설에 따라야 한다고 결정하면서 제시한 논리[13)]는, ① 평가액설에 의하면 '자본거래'를 하고자 하는 당사자의 의사와는 달리 '손익거래'가 되어 당사자의 의사에 반하게 된다는 점,[14)] ② 출자전환 시 현물출자채권은 채무자 회사의 채무와 혼동으로 소멸하는데, 회사의 대차대조표상으로 채무가 자본으로 대체될 뿐이어서 채권을 평가한다는 것은 회사로서는 무의미한 일이라는 점, ③ 권면액설을 취해도 채권의 권면액만큼 채무가 혼동으로 소멸하므로 재산의 과대평가가 발생하지 않기 때문에 자본충실의 원칙에 반한다고 할 수 없는 점, ④ 출자전환으로 자본금이 크게 되면 대규모 자본금을 가진 회사라는 오해 초래의 위험성이 있으나, 채무초과회사도 감자절차 없이 증자하는 것이 허용되고 있는 점을 고려할 때 외부자의 이러한 신뢰는 보호할 가치가 없다는 점 등이다.

우리나라는 2011.4.14.에 「상법」 제421조 제2항이 개정되어 주식발행법인(채무자)이 동의하면 주식인수인은 신주납입의무와 채무자에 대한 채권으로 상계할 수 있으므로 평가액설과 권면액설의 논의가 우리나라에서는 이제는 사실상 필요 없게 되었다.

상계 방식에 의한 출자전환은 채권자가 신주를 인수함에 따른 주금납입의무와 보유한 채

---

10) 이 방식으로 증자한 것을 세무상 출자전환으로 보아 과세한 사례로는 국세심판원 사례(국심 2006서2288, 2008.12.31.), 1심 판례의 사례(서울행정법원 2011.8.26. 선고, 2011구합7410 판결), 대법원 판례의 사례(2010.12.23. 선고, 2009두11270 판결) 등이 있다.

11) 日本 東京地判, 2000.11.30.,『訴務月報』48卷 11号, 2785頁.

12) 염춘필, "채권의 출자전환실무",『법무사저널』5월~6월호, 서울중앙지방법무사회, 2007, 36면.

13) 藤田耕司·岡本高太郎, "デット·エクイティ·スワップをめぐる税法と商法の交錯",『ジュリスト』No.1257, 2003.12., 43~44頁 ; 이승환, "대출금의 출자전환에 관한 연구 – 채권평가방법을 중심으로 –",『법학연구』제17권 제4호(통권 제36호), 연세대학교 법학연구소, 2007.12., 236~239면 참조.

14) 평가액설에 따라 증자를 하게 되면 현물출자하는 채권액의 권면액(예 : 100)과 평가액(예 : 30) 간의 차액(70)이 증자 시점에 손익으로 나타나게 된다.

권액을 상계하여 주금납입에 갈음하는 방식이다. 2011.4.14. 개정 전의 구 「상법」 제334조[15]의 해석상 상계 방식으로 출자전환할 수 있는가에 대하여 부정설과 긍정설이 대립했는데, 대법원 법원행정처는 '상계'에 의해서는 주금을 납입할 수 없고 '현물출자'에 의해서는 주금을 납입할 수 있는 것으로 해석하여,[16] 부정설의 입장이었다.

그러나 IMF 외환위기 이후에 대법원은 등기예규[17]를 통하여, 종전 「비송사건절차법」 제205조 제5호에서 요구한 '주금 납입금 보관증명서'에 갈음하여 3가지 서류[18]를 제출하면 증자 등기가 가능한 것으로 해석하여, 채권자가 금융기관인 경우에 한하여 상계방식에 의한 출자전환을 허용하였고, 이 등기예규 이후 워크아웃기업에 대한 금융기관의 출자전환은 대부분이 등기 예규 제960호에 의하여 상계에 의한 방식으로 증자등기를 해 왔다.[19]

2011.4.14.에 주금 납입 시 상계를 금지한 「상법」 제334조가 삭제되고 「상법」 제421조 제2항에서 "신주의 인수인은 회사의 동의 없이 주금의 납입채무와 주식회사에 대한 채권을 상계할 수 없다"라고 새로 규정함에 따라, 이제는 이 조항의 반대해석상 회사의 동의가 있으면 상계 방식에 의한 주금 납입이 가능하게 되어 이제는 상계 방식에 의하여 출자전환을 할 수 있게 되었다.[20] 그러나 여전히 「상법」 제422조에서는 현물출자를 할 경우 그 절차에 관하여 규정하고 있기 때문에 현행 「상법」은 상계에 의한 증자와 현물출자에 의한 증자를 모두 허용하고 있다.

외국의 경우는, 미국은 상계제한규정이 존재하지 않고 영국과 프랑스는 상계가 허용되며 독일은 상계가 허용되지 않는다는 것이 통설이고, 일본은 독일과 같이 상계가 허용되지 않는

---

15) 구 「상법」 제334조(주주의 회사에 대한 상계금지) 주주는 납입에 관하여 상계로써 회사에 대항하지 못한다.

16) 대법원 1998.6.23. 등기 3402-559 질의회답.

17) 대법원 1999.1.25. 등기예규 제960호(기업구조조정을 위한 금융기관 대출금의 출자전환에 따른 변경등기신청에 첨부할 서면에 관한 예규).

18) 3가지 서류는, ① 회사가 주식인수인(금융기관)에 대하여 채무를 부담하고 있다는 사실을 증명하는 서면, ② 그 채무에 대하여 회사로부터 상계의 의사표시가 있음을 증명하는 서면 또는 주식인수인의 상계의사표시에 대하여 회사가 이를 승인하였음을 증명하는 서면, ③ 위와 같은 출자전환이 있었음을 증명하는 금융감독원장의 확인서(또는 은행법 제37조 제2항에 해당하는 경우에는 금융감독위원회의 승인서)의 3가지이다.

19) 진상범, "기업개선작업(워크아웃)에서의 출자전환과 채무의 소멸범위 : 2004.12.23. 선고 2004다46601 판결", 『BFL』 제32호, 서울대학교 금융법센터, 2008, 108면에 의하면 "워크아웃에서의 출자전환은 보통 상계방식에 의하여 진행하고, 워크아웃에 관한 하급심 판결들의 사실관계에서도 명백하게 현물출자방식으로 진행되었다고 볼 만한 사례는 찾아볼 수 없었다"고 하고 있다.

20) 대법원 법원행정처에서 「상법」이 2011.4.14. 개정된 이후 상계에 의하여 증자할 경우 변경등기신청서에 첨부할 서면에 관한 등기예규(제1450호)를 2012.4.24.에 제정하였는데, 이에 의하면 상계를 증명하는 서면으로 '① 회사가 신주인수인에 대하여 채무를 부담하고 있다는 사실을 증명하는 서면(소비대차계약서 등), ② 회사가 상계를 한 경우에는 회사가 신주인수인에 대하여 상계의 의사표시를 하였음을 증명하는 서면, ③ 신주인수인이 상계를 한 경우에는 신주인수인이 회사에 대하여 상계의 의사표시를 하였음을 증명하는 서면과 회사가 그 의사표시에 대하여 동의를 하였음을 증명하는 서면'을 제출하도록 정하고 있다.

다는 것이 통설이었으나 2005년 제정된 회사법 제208조 제3호에서 인수인에 의한 상계만 금지됨을 규정하여 회사에 의한 상계는 허용하는 것으로 하였다.[21)]

2. 출자전환 관련 세법 내용의 요지

출자전환채권자의 주식취득가액을 「법인세법 시행령」 제72조 제2항 제4호의2 본문[22)]은 '주식의 시가'로 하도록 규정하고 있으나, 그 단서[23)]는 '출자전환채권가액'으로 하도록 규정하고 있다. 반면, 피출자전환채무자의 출자전환 시 발생하는 채무면제익은, 채권자의 주식취득가액 경우와는 달리, 피출자전환채무자가 일반법인인지 구조조정법인인지를 구별하지 않고 '발행가액 중 시가초과액을 주식발행액면초과액에서 제외한다'는 취지로 규정[24)]한 후 발행가액 중 시가초과액은 익금에 해당하는 것으로 규정하고 있다.[25)]

그러나 출자전환 시 발행가액 중 시가초과액(즉, 채무면제익)을 차후에 발생하는 결손금에 충당할 수 있도록 규정[26)]하면서 차후 결손금에 충당할 수 있는 채무면제익은 시가(시가가 액면가액에 미달하면 액면가액)를 초과하여 발행된 금액인 것으로 규정하고 있다.[27)]

출자전환주식의 발행가액, 시가, 액면가액이 아래 〈표 1〉의 〈사례 1〉 〈사례 2〉 〈사례 3〉과 같다고 가정한 후 이 세법 내용을 사례별로 정리하면 〈표 2〉와 같다.

〈표 1〉 3가지 사례별 발행가액·주식의 시가·주식의 액면가액

구 분	사례 1	사례 2	사례 3
출자전환가액(=주식의 발행가액)	15,000	9,000	15,000
출자전환 당시 주식의 시가	7,000	15,000	2,000
출자전환 취득 주식의 액면가액	5,000	5,000	5,000

21) 진상범(주19), 104~105면 참조.
22) 피출자전환채무자가 일반법인인 경우이다.
23) 피출자전환채무자가 구조조정법인인 경우이다.
24) 현행 「법인세법」 제17조 제1항 제1호 단서.
25) 「법인세법 시행령」 제11조 제6호 괄호.
26) 「법인세법」 제17조 제2항.
27) 「법인세법 시행령」 제15조 제4항.

〈표 2〉 3가지 사례별 채권자와 채무자의 현행 세무 처리의 내용

사례	발행가액 (=출자전환가액)	채권자의 피출자법인별 취득가액		채무자의 주식발행액면초과액 등	
		일반법인 (취득가액=시가)	구조조정법인 (취득가액=채권의 장부가액)	주식발행액면초과액 {=시가(발행가액)-액면가액}	채무면제익 (=발행가액-시가)
1	15,000	7,000	15,000	2,000	8,000
2	9,000	15,000	9,000	4,000	-
3	15,000	2,000	15,000	-	10,000

3. 출자전환 관련 행정해석의 변경

당초 과세관청은 출자전환 시 발행가액과 액면가액 간의 차액 전액을 주금납입금에 해당하는 주식발행액면초과액에 해당하므로 법인세가 과세되지 않는다고 해석했다가[28] 2003.3.5.에 출자전환의 성질을 현물출자로 보고 출자전환을 받은 채무자 입장에서 발행 주식의 시가초과액은 주금납입액이 아니라 경제적 실질상 채무면제로 보아 '발행가액과 시가 간의 차액은 채무면제익'이고 '시가와 액면가액 간의 차액만 주식발행액면초과액'에 해당한다고 해석을 변경하였다.[29] 앞 〈표 1〉의 〈사례 1〉의 경우 발행가액(15,000)과 액면가액(5,000)의 차액(10,000) 중 '시가 초과액(8,000)은 채무면제익'이고 '시가 중 액면가액 초과액(2,000)만 주식발행초과금'에 해당한다는 해석이다. 그 후 이 예규의 취지를 2003.12.30.에는 「법인세법 시행령」 제15조 제1항, 2005.12.31.에는 「법인세법」 제17조 제1항 제1호 등에 각각 반영하는 입법을 하였다.

이렇게 '예규의 변경 → 시행령의 개정 → 법률의 개정'으로까지 상승적 조치가 된 취지를 정확히 이해하기 위해서는 재정경제부 예규가 변경된 배경을 알아보는 것이 중요하다.

28) 재정경제부, 재법인 46012-191, 1999.12.6.

29) 재정경제부, 재법인 46012-37, 2003.3.5.

(1) 행정해석의 변경 배경

변경된 재정경제부 예규가 나온 질의문에 나타난 사실관계를 정리하면 다음과 같다.

〈사실관계〉

금융기관이 설립한 기업구조조정투자회사(A법인. CRV)가 워크아웃기업(B법인)에 대한 금융기관 대출채권 7,544억원(권면액)을 입찰 방식에 의하여 2,500억원에 낙찰받은 다음, B법인에 금전채권 7,544억원을 1주당 발행가액 15,088원으로 출자전환하여(7,544억원=@15,088×발행주식총수 50,000,000주) 액면가액 2,500억원(=@5,000×발행주식총수 50,000,000주)의 신주를 교부받음.

〈A법인의 회계처리〉

A법인은 B법인 주식 2,500억원(액면가액)을 취득한 대가로 출자전환한 금전채권의 취득가액 2,500억원이 감소하는 것으로 회계처리함.

㉠ 회계상 A법인 분개			
(차변) 주 식	2,500억원	(대변) 금 전 채 권	2,500억원

〈A법인에 발생한 세무상 문제점〉

종전 예규에 따라 세무처리하면 A법인의 출자전환주식의 세무상 취득가액은 7,544억원(=채권금액=발행가액)이나 A법인의 출자전환채권의 취득가액은 2,500억원이므로 그 차액 5,044억원이 A법인의 이익으로 발생하게 되고, 이 이익발생으로 A법인에게 거액의 법인세가 발생하는 문제가 발생하게 됨.

㉡ 세무상 A법인 분개			
(차변) 주 식	7,544억원	(대변) 금 전 채 권	2,500억원
		상 환 이 익	5,044억원

반면, B법인은 종전 예규에 따라 세무처리할 경우 출자전환을 자본거래로 세무처리하므로 손금이 발생하지 않으며, 그 세무상 분개처리는 다음과 같음.

㉢ 세무상 B법인 분개			
(차변) 차 입 금	7,544억원	(대변) 자 본 금	2,500억원
		주식발행초과금	5,044억원

위 질의 사례에서 A법인에게 세무상 5,044억원의 이익이 발생하여 거액의 법인세 문제가 발생하자, 이 법인세 문제를 해결하기 위하여 재정경제부에서 A법인의 출자전환주식의 세무

상 취득가액을 '발행가액(7,544억원)이 아닌 시가(취득가액 2,500억원)'로 예규를 변경하였다. 변경후 예규에 의하면 A법인은 세무상으로 위 ㉡의 세무상 분개가 위 ㉠의 회계상 분개로 전환하므로 세무상 이익이 발생하지 않게 되어 법인세 문제가 발생하지 않는다.[30]

A법인은 상업등기예규 제960호에 따라 상계방식으로 채권금액 7,544억원을 출자전환하여 시가 2,500억원의 주식을 B법인으로부터 교부받음에 따라 그 차액 5,044억원의 세무상 이익이 발생하였다. 그러나 만약 ① A법인이 '상계방식'으로 출자전환하지 않고 대출채권 7,544억원을 검사인 조사 또는 공인된 감정인의 감정을 거쳐 그 가액을 2,500억원으로 평가, '현물출자'하였다면 A법인에게 5,044억원의 이익이 발생하지 않았을 것이고, ② 또는 A법인이 B법인과 출자전환에 관련된 약정을 하면서 2,500억원만 출자전환하고 5,044억원은 채무면제하기로 합의한 후 2,500억원만 상계방식으로 출자전환했더라도 A법인에게 5,044억원의 세무상 이익이 발생하지 않았을 것이다.

즉, ① A법인이 채권액을 2,500억원으로 평가, 현물출자방식으로 출자전환하였다면 그 취득주식의 세무상 취득가액은 2,500억원이므로 A법인에게 5,044억원의 이익이 발생하지 않았을 것이며,[31] ② 또는 A법인이 2,500억원만 상계방식으로 출자전환하면서 5,044억원을 B법인에 채무면제했다면 '채권액 7,544억원 중 2,500억원을 주식으로 회수하기 위하여 나머지 채권액 5,044억원을 채무면제한 것'이므로 이 채무면제에 정당사유가 있는 것으로 인정되어 대손금으로 인정받았을 것이고, 그러면 A법인은 '5,044억원의 상환이익'과 '같은 금액의 대손금'이 동시에 발생하기 때문에 결과적으로 A법인에게 5,044억원의 이익이 발생하지 않았을 것이다.

(2) 변경된 행정해석의 문제점

재정경제부의 2003.3.5.의 변경 예규는 위 질의 사례에서 A법인에게 발생한 세무상 문제점은 해결하더라도 그 논거에 많은 문제점을 갖고 있다.

첫째, 대법원 전원합의체 판결[32]에서 "…당사자 쌍방이 가지고 있는 같은 종류의 급부를

30) 뒤 "Ⅱ.5"의 일본의 2009.4.28. 동경지방재판소의 사건은 이 경우 '출자전환한 A법인에게 5,044억원의 이익발생에 따른 과세문제'가 아니라 '출자전환받은 B법인에게 5,044억원의 이익발생에 따른 과세문제'이었다. 위 사건과 뒤 "Ⅱ.5"의 일본의 2009.4.28. 동경지방재판소의 사건은 5,044억원에 해당하는 이익의 귀속자가 '출자전환채권자'와 '피출자전환채무자'로서 서로 다르다는 점에서 비교가 된다. 일본의 사례는 출자전환을 '현물출자방식'으로 하였기 때문에 채권자에게 익금의 문제가 발생하지 않고 채무자에게만 채무소멸에 따른 익금의 문제가 발생한 반면, 위 질의 사례는 출자전환을 '상계방식'으로 하였기 때문에 채권자에게 익금의 문제가 발생하였으나 채무자에게는 주식발행액면초과액이 발생하므로 익금의 문제가 발생하지 않았다는 점에서 대비가 된다.

31) 재정경제부의 예규가 2005.3.5. 변경될 당시 현물출자에 의하여 취득하는 주식의 취득가액은 '취득 당시의 시가'로 하도록 당시 「법인세법 시행령」 제72조 제1항 제4호에서 규정하고 있었다.

목적으로 하는 채권을 서로 대등액에서 소멸시키기로 하는 상계계약이 이루어진 경우, 상계계약의 효과로서 각 채권은 당사자들이 그 계약에서 정한 금액만큼 소멸한다. 이러한 법리는 기업개선작업절차에서 채무자인 기업과 채권자인 금융기관 사이에 채무자가 채권자에게 주식을 발행하여 주고 채권자의 신주인수대금 채무와 채무자의 기존 채무를 같은 금액만큼 소멸시키기로 하는 내용의 상계계약 방식에 의하여 이른바 출자전환을 하는 경우에도 마찬가지로 적용되며, 이와 달리 주식의 시가를 평가하여 그 시가 평가액만큼만 기존의 채무가 변제되고 나머지 금액은 면제된 것으로 볼 것은 아니다…"고 하여, 회생절차가 아닌 워크아웃 절차에서의 출자전환의 본질은 주금납입액과 채권액 간의 상계이므로 민사법적으로 채무면제가 발생하지 않는다고 하는데, 재정경제부의 변경 예규의 사례에서 워크아웃 절차에서 하는 출자전환인데도 세무상으로 채무면제가 발생하게 된다. 그러면 민사법상으로 존재하지 않는 채무면제가 세무상으로만 존재할 수 있는가라는 의문이 제기된다. 재정경제부는 회생절차에서의 출자전환 시 보증채무의 소멸범위에 관하여 시가평가액 소멸설을 취한 대법원 판례의 논리가 워크아웃 절차에서의 출자전환 시에도 그대로 적용된다고 보아 출자전환가액 중 시가초과액을 채무면제익이라고 세법을 해석한 것으로 생각되나, 대법원 전원합의체 판결의 법리(상계설)에 의하면 그렇지 않다.

둘째, 재정경제부의 변경 예규는 당시 「법인세법 시행령」 제72조 제1항 제4호의 규정을 제시, 출자전환(회생절차에서 하는 출자전환 포함)의 본질을 현물출자에 해당하는 것으로 이해하였다.[33] 그러나 당시 「회사정리법」 제222조 제1항[34]에서 "…정리채권자…에 대하여 새로…현물출자를 하게 하지 아니하고…"라고 규정하여 회생절차에서 하는 출자전환에는 현물출자가 없다는 점을 명시한 것에 반한다. 또한 변경 예규의 질의자인 A법인은 워크아웃 법인으로서 상계방식으로 출자전환하였는데도 A법인이 선택하지도 않은 현물출자가 세법의 적용 시에는 존재하는 것으로 해석하였다. 그러면 회생절차나 워크아웃절차에서 출자전환을 하면 사법(私法)상으로는 현물출자가 없는데도 세무상으로만 있는 것으로 해석하는 셈이 되고, 그러면 '없는 것은 없는 것으로, 있는 것은 있는 것으로' 해석해야 한다는 실질과세원칙에 반하게 된다.

셋째, 출자전환을 현물출자로 볼 경우 현물출자가액은 당시 「상법」 제422조 제1항에 의하

32) 대법원 2010.9.16. 선고, 2008다97218 판결. 대법원 2012.11.22. 선고, 2010두17564 판결도 같은 취지의 판결이다.

33) 재정경제부의 변경 예규에서 "…우리부의 예규(법인 46012-191, 1999.12.6.)는 '법정관리법인이… 출자전환하는 경우, 주식의 발행가액 중 시가를 초과하는 금액은 채무면제익에 해당하고…'로 변경하고…"로 명시하여, 회생회사가 출자전환받는 경우에도 변경 예규가 적용됨을 명확히 하고 있기 때문이다.

34) 출자전환을 규정한 현행 채무자회생법 제206조 제1항과 종전 「회사정리법」 제222조 제1항은 그 내용이 동일하다.

여 원칙적으로 검사인의 조사가액 또는 공인된 감정인의 감정가액으로 평가해야 하고, 그 평가는 우리나라도 일본과 동일하게 평가액설이 아닌 권면액설에 따라 평가하여 증자 등기하는 실정이었다.[35] 그러나 재정경제부는 이러한 「상법」상의 절차(즉, 검사인의 조사가액이나 공인된 감정인의 감정가액을 산정하는 과정)도 거치지 않은 가액(즉, B법인의 액면가액 2,500억원)을 현물출자가액으로 인정하였다. 그러면 세법상 명문의 근거도 없이 세법 적용 시에는 「상법」의 규정을 무시하고 현물출자가액을 '현물출자목적물(채권액)의 가액(시가)'이 아닌 '발행주식의 시가'로 해석할 수 있는가라는 의문이 제기된다.

넷째, 재정경제부의 변경 예규는 출자전환한 A법인의 세무상 문제는 해결할 수 있으나 반사적으로 피출자전환법인(B법인)에게는 5,044억원이 (주식발행액면초과액이 아닌) 채무면제익으로 되는 문제가 발생한다. 2012.11.22. 대법원 전원합의체 판결에서 이 사례의 5,044억원을 B법인의 주식발행액면초과액이 아닌 채무면제익에 해당하는 것으로 규정한 「법인세법 시행령」이 모법에 위배되어 무효라고 판결한 점을 보면, 5,044억원을 B법인의 주식발행액면초과액에서 제외할 근거가 「법인세법 시행령」에 조차 규정되어 있지 않던 당시에 5,044억원을 B법인의 채무면제익으로 볼 수 있는가라는 근원적 의문이 든다.

결국, 재정경제부의 2003.3.5.의 변경 예규의 내용은 그 당시의 세법의 규정과 법리에 비추어 볼 때 그 타당성은 의문이다.

4. 출자전환 시 채무면제익에 관한 견해의 대립

(1) 출자전환 시 조세특례제한법과 법인세법상 채무면제익의 비교

현행 「조세특례제한법」에서는 "2018.12.31.까지 내국법인이 금융기관으로부터 채무의 일부를 면제받은 경우로서 ① 회생회사의 회생계획인가결정에 채무의 면제액이 포함된 경우 ② 부실징후기업의 경영정상화계획 이행 약정에 채무의 면제액이 포함된 경우(반대채권자의 채권매수청구권의 행사와 관련하여 채무의 일부를 면제받은 경우 포함) ③ 내국법인이 채권보유 금융기관 간의 합의에 따라 채무를 면제받은 경우 ④ 그밖에 내국법인이 관계 법률에 따라 채무를 면제받은 경우에는 소득금액을 계산할 때 그 채무면제익을 해당 사업연도와 해당 사업연도의 종료일 이후 3개 사업연도의 기간 중 익금에 산입하지 아니하고 그 다음 3개 사업연도의 기간 동안 균분한 금액 이상을 익금에 산입한다."고 규정하고 있다.[36]

35) 염춘필(주12), 36면에 의하면 채권의 현물출자 시 우리나라의 등기 실무도 모두 권면액설에 따라 평가하여 증자 등기하는 실정이라고 한다.

36) 「조세특례제한법」 제44조 제1항.

또한, 채무면제를 받은 법인이 채무면제익 전액을 익금에 산입하기 전에 폐업하거나 해산하면 그 사유발생일이 속하는 사업연도에 일시에 잔액을 익금에 산입하고,[37] 기업구조조정투자회사법에 따른 약정체결기업이 기업구조조정투자회사로부터 채무를 출자로 전환 받는 과정에서 채무의 일부를 면제받는 경우 그 채무면제익도 위와 같이 분할하여 익금에 산입하며,[38] 이렇게 채무면제한 금융기관은 해당 사업연도의 소득금액을 계산할 때 그 채무면제액을 손금에 산입한다고 규정하고 있다.[39]

「조세특례제한법」에서는 채무면제익에 대한 과세특례를 적용받기 위해서는 법문에서 명시적으로 '채무의 면제'가 있어야 함을 규정하고 있다. 그러면서 '출자전환의 경우 발행가액 중 시가초과액이 채무면제익에 해당한다'라는 내용은 법문에 명시하지 않은 채 「조세특례제한법 시행규칙」의 별지 제38호의2 서식(출자전환채무면제신청서)에서 '(1주당 주식의 발행가액-1주당 주식의 시가)×발행주식수'를 채무면제금액으로 하도록 양식을 제시하고 있다.[40] 즉, 출자전환 시의 채무면제익의 범위에 관하여 「법인세법」은 법률에서 규정하고 있지만 「조세특례제한법」에서는 법률이 아닌 시행규칙의 서식에서 규정하고 있다. 그러나 「법인세법」도 '출자전환 시 발행가액 중 시가초과액은 채무면제익이다'라고 법률에서 적극적으로 규정하지 않고, '발행가액 중 시가초과액은 주식발행액면초과액에서 제외된다'라고 간접적으로 규정한 후,[41] 동법 시행령에서 '이 시가초과액은 채무면제익에 포함된다'라는 형식으로 규정하고 있다.[42]

「법인세법」에서는 이 채무면제익을 차후 사업연도에서 발생하는 결손금에서 공제할 수 있는 특례를 허용하여 기업의 구조조정을 지원하고 있는데,[43] 일반적인 이월결손금은 공제시한이 10년이지만 이 채무면제익은 10년의 공제시한이 경과한 이월결손금에서도 충당할 수 있다.[44]

37) 「조세특례제한법」 제44조 제3항.

38) 「조세특례제한법」 제44조 제2항.

39) 「조세특례제한법」 제44조 제4항.

40) 별지 38호의2 서식 중 이 부분은 아래와 같이 서식화되어 있다.

3. 출자전환 채무면제 내용

⑫ 출자전환일	⑬ 채무금액	⑭ 1주당 주식의 발행가액	⑮ 1주당 주식의 시가	⑯ 발행주식수	⑰ 채무면제금액 ((⑭-⑮)×⑯

41) 「법인세법」 제17조 제1항 제1호 단서.

42) 「법인세법 시행령」 제11조 제6호 괄호.

43) 이 채무면제익은 결손금 보전에 충당하기 전에 폐업하거나 해산하면 그 때 일시에 익금산입하여야 한다(「법인세법 시행령」 제15조 제5항).

44) 법인세법 기본통칙 18-18…1 참조.

(2) 출자전환 시 채무면제익에 관한 견해의 대립(의제면제익설과 당연면제익설의 비교)

현행 「법인세법」 제17조 제1항 제1호[45] **본문**은 주식발행액면초과액이 익금불산입항목에 해당한다는 것을 규정하면서 그 **단서**는 출자전환 시 시가초과액은 본문의 주식발행액면초과액에서 제외한다고 규정하고 있다. 이를 앞 〈표 1〉의 〈사례 1〉에 비추어 보면, ① 본문에 의하면 발행가액(15,000) 중 액면가액(5,000)을 초과한 금액(10,000)은 주식발행액면초과액에 해당하나, ② 그 단서에 의하면 출자전환주식의 발행가액(=출자전환가액 15,000)에서 시가(7,000)를 초과한 금액(8,000)은 주식발행액면초과액에서 제외된다.

「법인세법」 제17조 제1항 제1호 단서의 의미를 두고 견해가 갈린다.

제1설은, '발행가액에서 액면가액을 차감한 차액(10,000)'의 성격은 주식발행액면초과액에 해당한다는 점에서는 변함이 없고 이 차액(10,000) 중 시가 초과액(8,000)만 "익금불산입되는 주식발행액면초과액에 해당하지 않는다(즉, 익금산입된다)"라는 점을 단서에서 특별히 규정한 것으로 해석하는 입장(이하 이 견해를 "의제면제익설"이라 한다)이다.[46]

제2설은, '발행가액(출자전환가액) 중 시가 초과액(8,000)은 성질상 채무면제익'이므로 "이를 주식발행액면초과액에서 제외한다라고 단서에 규정한 것은 당연한 사실을 주의적으로 규정한 것이다"라고 해석하는 입장(이하 이 견해를 "당연면제익설"이라 한다)이다.[47), 48)]

---

45) 「법인세법」 제17조 제1항 제1호는 "주식발행액면초과액 : 액면금액 이상으로 주식을 발행한 경우 그 액면금액을 초과한 금액(…생략…). 다만, 채무의 출자전환으로 주식등을 발행하는 경우에는 그 주식등의 제52조 제2항에 따른 시가를 초과하여 발행된 금액은 제외한다"라고 규정하고 있다.

46) 이승문(주3), 44~45면. 이 논문에서 "시가초과액(8,000)을 익금불산입하는 주식발행액면초과액이 아니라고 해서 자본거래의 특성이 사라지는 것이 아니고 자본의 납입으로 발생하는 차익이므로 엄연히 자본거래며, 이를 익금불산입하는 조치는 별론으로 하고 그 성격은 변함이 없다"라고 하고 있다. 또한 이렇게 되면 "시가초과액(8,000)은 「법인세법」 제17조 제1항 제1호에 의해서는 익금불산입할 수 없어도 제15조에 의해서는 익금불산입을 할 수 있게 되고, 그러면 이 8,000을 주식발행액면초과액에서 제외한 취지가 몰각된다"고 한다. 그러면서 "이는 자본거래에 대해서 과세를 할 수 있는가라는 법인세의 본질적인 문제와 직결된다"고 하면서, "시가초과액을 ① 익금산입하는 차액, ② 익금불산입 후 결손금에 충당하는 차액, ③ 결손금에 충당하지 못한 차액으로 구분하여 과세를 달리하는데, 이것은 본질적으로 비과세인 자본거래를 정책 목적에 따라 시혜적으로 비과세, 과세로 하는 형태로서 논리상 과세를 할 수 없는 것을 정책 목적에 이용하는 과잉조치고 그 효력이 의문시된다" 고 하고 있다.

47) 이정란(주2), 13면 ; 황남석, "2012년도 법인세법 판례 觀見", 『계간 세무사』 제31권 제3호, 2013, 153면 ; 이의영, "회사도산세제의 개선방향에 관한 연구 – 효율적 도산제도 운용을 위한 조세법적 접근", 서울대학교 대학원 박사학위논문, 2008.8., 141면 ; 최성근(주2), 192면 ; 김완석·정지선(주2), 29면에서는 "이 경우 8,000은 실질적으로 채무면제익과 동일하므로 익금에 산입한다"고 하여 당연면제익설의 입장과 "이 8,000을 채무면제익으로 간주한다"고 하여 의제면제익설의 입장을 동시에 표현하고 있다. ; 이태로·한만수, 『조세법강의』, 박영사, 2009, 384면에서는 "출자전환되는 채권의 원리금 가액과 출자전환으로 발행하는 주식의 시가와의 차액은 채무면제익임에도 불구하고 그 과세에 관한 사항을 주식발행액면초과액 규정에 삽입한 것은 입법오류다"라고 주장하는 점을 볼 때, 당연면제익설의 입장으로 보인다. 그러나 한만수, "자본구조조정 및 채무조정의 과세효과에 관한 고찰", 『조세법연구』 제14-1호, 세경사, 2008.4., 21~22면에서는 "현행법하에서는 채무원리금 가액이 주식 시가를 초과하는 경우 그 차액은 면제하기로 하는 약정이 있었던 것으로 간주하고 있으므로 출자

이 2가지 견해의 요지를 비교해 보면 다음 〈표 3〉과 같다.

〈표 3〉 의제면제익설과 당연면제익설의 비교

구 분	의제면제익설	당연면제익설
차액(10,000) 의 성격	성격상 전액이 주식발행액면초과액에 해당함	'주식발행액면초과액+채무면제익'으로 구성되어 있음
시가초과액 (8,000)의 성격	단서에서 특별히 '익금불산입 대상에서 제외된다'라고 규정 → 단서는 익금산입을 규정한 예외적 특별규정임	성질상 채무면제익에 해당하므로 익금임 → 단서는 당연한 사실을 규정한 주의적 규정에 불과함
액면가 초과 시가액 (2,000)의 성격	10,000의 주식발행액면초과액 중에서 2,000은 익금불산입대상임 → ∴ 8,000은 익금산입대상임	성질상 이 금액만 주식발행액면초과액에 해당함

당연면제익설은, ① 출자전환 시 발행가액 중 시가초과액을 당연히 채무면제익으로 보므로 「조세특례제한법」 제44조 제1항, 제2항, 제4항에 규정한 채무면제에는 출자전환 시 발생하는 채무면제(발행가액 중 시가초과액)가 당연히 포함되는 것으로 이해하게 된다. ② 따라서 「조세특례제한법 시행규칙」의 별지 제38호의2 서식(출자전환채무면제신청서)에서 채무면제익을 '(1주당 주식의 발행가액-1주당 주식의 시가)×발행주식수'로 규정하고 있는 것[49]은 당연한 사항을 서식으로 세시한 것에 불과한 것으로 이해하게 된다.

그러나 의제면제익설은, ① 「조세특례제한법」 제44조 제1항, 제2항, 제4항에서 채무면제익에 대한 과세특례를 규정하면서 법문에 '채무면제'가 있어야 한다고 명시하고 있으면서도 '출자전환 시 발행가액 중 시가초과액이 채무면제에 포함된다'고 명시하고 있지 않으므로 「조세특례제한법」 제44조에 규정한 채무면제에 이 시가초과액이 포함되지 않는 것은 당연하다고 이해한다. ② 이렇게 되면 「조세특례제한법 시행규칙」의 별지 제38호의2 서식에서 채무면제

전환 시 채무면제하는 것으로 당사자의 의사가 확인되는 경우에만 채무면제익이 발생하는 것으로 인정될 여지가 없고, 이러한 채무면제의 간주규정으로 인하여 존재하지 않는 당사자의 채무면제 의사를 의제해 내는 결과가 야기되는 경우에는 헌법위반의 문제가 제기될 수 있다"라고 주장하고 있는 점을 보면 당연면제익설의 입장이 아닌 것으로 보이기도 한다.

48) 일본에서 출자전환은 자본거래가 아닌 혼합거래(자본거래와 손익거래가 혼재된 거래)에 해당한다는 견해가 있는데{金子宏·垂井英夫, "法人税における資本等取引と損益取引-混合取引の法理の提案-税財政の今後の課題と展望(日本租税硏究會創立60周年記念大會記錄)", 日本租税硏究協會, 6~8頁}, 혼합거래설은 상계방식이 아닌 현물출자방식에 의하여 출자전환을 할 때 적용할 수 있는 논리라고 생각된다. 우리나라는 금전채권을 대부분 상계방식으로 출자전환하므로 혼합거래설이 적용될 여지가 없다고 생각되며, 본 논문은 출자전환을 상계방식으로 하는 것을 전제하고 논의하므로 혼합거래설의 논리에 대해서는 검토하지 않는다.

49) 주40) 참조.

익을 '(1주당 주식의 발행가액-1주당 주식의 시가)×발행주식수'로 규정한 것은 법적 근거 없이 서식에서 그 내용을 법령에 위배되게 정한 것이어서 무효에 해당하게 된다.

이 점에 관하여, "출자전환 시 주식 시가가 액면가액 이상이고 발행가액 이하에 해당하는 경우에는 시가에서 액면가액을 차감한 금액만을 주식발행액면초과액에 해당한다."라고 2003.12.30.에 「법인세법 시행령」 제15조 제1항 후단을 신설한 취지를 재정경제부는 개정세법해설에서 "채무의 출자전환으로 발행한 주식의 발행가액과 액면가액의 차이 중 시가를 초과하는 금액은 실제 납입된 금액이 아니므로, 이를 채무면제익으로 보도록 한 기업회계기준 및 예규(재법인 46012-37, 2003.3.5.)를 법령으로 명확화"라고 설명하여[50] 당연면제익설의 입장을 나타내었고, 조세심판원도 심판결정례에서 "2003.12.30. 개정된 「법인세법 시행령」 제15조 제1항 후단은 당시 시행되던 「법인세법」 제17조의 일반적인 유상증자에 관한 사항을 구체화하여 채무의 출자전환에 관하여 별도로 규정한 것으로 볼 수 있고, 그에 따라 2005.12.31. 「법인세법」 제17조를 개정하면서 구체적으로 규정하였다고 할 수 있다"라고 하여[51] 당연면제익설의 입장을 취하였다.

이 점에 관한 법원의 판단은 다음과 같다.

첫째, '모법에서 정한 주식발행액면초과액의 범위를 제한한 구 「법인세법 시행령」의 조항은 엄격해석원칙과 실질과세원칙에 벗어나 무효다'라고 판시한 대법원 전원합의체 판결[52] 사건에서 1심, 2심(원심)과 대법원의 입장은 다음과 같다. 즉, ① 1심[53]은 당연면제익설의 입장을 취하여 "채무의 출자전환 과정에서 발행가액에서 시가를 차감한 금액은 주식 발행과 관련하여 주주로부터 실제 납입 받은 금액이 아니라 실질적으로 채권자로부터 채무면제 받은 금액에 불과하므로 익금대상인 수익금액이고, 「조세특례제한법 시행규칙」의 별지 제38호의2 서식은 이를 명확히 하고 있다"고 판시하였다. ② 2심(원심)[54]은 의제면제익설의 입장을 취하여, "채무의 출자전환 과정에서 발행가액에서 시가를 차감한 금액은 주식발행액면초과액에 해당함이 명확하므로 이 초과액을 주식발행액면초과액에서 제외하려면 법률의 개정에 의하여 할 것이지 시행령의 개정으로 할 수 없고, 「조세특례제한법」 제44조에서 회생기업이나 부실징후기업이 채무를 출자전환 받는 경우에 채권자의 채무면제가 회생계획인가나 경영정상화계획 이행 약정에 명확하게 확인되는 경우에 한하여 그 채무면제액을 익금불산입하는 과세특례를 두고 있으므로 「조세특례제한법」 제44조가 구 「법인세법 시행령」 제15조 제1항 후문[55]의 내용

---

50) 한국공인회계사, 『개정세법해설』, 2004, 154면.

51) 조심 2008서2411, 2008.12.11.

52) 대법원 2012.11.12. 선고, 2010두17564 판결.

53) 서울행정법원 2009.8.28. 선고, 2009구합9000 판결.

54) 서울고등법원 2010.7.8. 선고, 2009누30228 판결.

을 포함한다고 할 수 없으며, 「조세특례제한법 시행규칙」의 별지 제38호의2 서식은 서식에 불과하여 구체적인 채무면제금액을 특정 하는 것이라고 볼 수 없다"라고 판시하였다. ③ 대법원에서는 ⓐ 다수의견은 의제면제익설의 입장을 취하여, "출자전환 채무 중 시가초과 부분에 대하여 채무면제 받는 것과 동일한 경제적 효과가 발생하는 것처럼 보이기는 하나, 출자전환 채무 전부가 신주인수가액으로 납입된 것으로 인정되어야만 신주발행의 효력이 발생하는 것이므로, 그 결과로서 나타나는 경제적 측면에서의 효과를 이유로 출자전환 채무 중 시가초과액 부분만을 떼어내어 주식납입금으로서의 실질을 부인할 수 없다"라고 하였고, ⓑ 소수의견은 당연면제익설의 입장을 취하여 "채무의 출자전환 시 주식의 시가가 액면가액 이상이고 발행가액 이하에 해당하는 경우 출자전환 채무 중 시가초과 부분은 그 실질이 자본의 납입금과 같다고 볼 수 없고, 오히려 채무면제익에 해당하여 그 금액만큼 법인의 소득이 증가하였다고 봄이 타당하여 이 초과액을 주식발행액면초과액에 해당한다고 볼 수 없다"고 하였다.

둘째, 'A법인이 특수관계법인 B로부터 1,181백만원을 증자(1주당 액면가액 5,000원, 1주당 발행가액 500,000원)받은 후 1,181백만원 전액을 특수관계법인 B에 대한 채무를 변제'한 것에 대해서 처분청이 주식발행액면초과액 1,169,190천원[56]을 채무면제익으로 보아 과세한 사건에 관한 판례에서, 1심[57]은 "B법인이 A법인의 유상증자에 납입한 주식대금에서 주식발행초과금은 개정 전 「법인세법」 제17조 제1호 소정의 주식발행액면초과액에 해당할 뿐, 이를 두고 채무면제익이라고 볼 근거가 없다"라고 판시하여 의제면제익설을 지지하였다. 이 사건의 원심[58]도 "출자전환의 경우 출자전환가액 중 시가 초과액은 주식발행액면초과액에서 제외한다는 「법인세법」 제17조 제1항 제1호 단서의 규정을 확인적 규정에 불과한 것으로 보기 어렵다"고 하여 의제면제익설의 입장이었고, 대법원[59]도 "명문의 규정이 없는 한 채무의 출자전환으로 주식을 발행하는 경우에도 그 인수가액 중 액면을 초과하는 금액은 그 전액이 구 「법인세법」 제17조 제1호가 규정한 주식발행액면초과액에 해당한다고 봄이 타당하다"고 하여 의제면제익설의 입장을 재차 확인하였다.

셋째, 'X회사가 1주당 액면가 5,000원을 500,000원으로 발행한 신주를 Y회사가 27억원에 인수, 납입[60]한 후 X회사는 이 신주납입금으로 Y회사에 대한 차입금 27억원을 변제한 사건'

---

55) '출자전환 시 발행가액 중 시가초과액은 주식발행액면초과금에서 제외한다'는 내용이다.

56) 이 사건의 원고는 1,181백만원을 증자받은 후 자본금으로 11,810천원, 주식발행초과금으로 1,169,190천원을 각각 계상하였다(1,181백만원=자본금 11,810천원+주식발행초과금 1,169,190천원).

57) 서울행정법원 2011.8.26. 선고, 2011구합7410 판결.

58) 서울고등법원 2012.4.20. 선고, 2011누30856 판결.

59) 대법원 2014.5.29. 선고, 2012두10345 판결.

60) 이 사건에서 X회사(원고)는 27억원을 증자하여 자본금 27백만원, 주식발행초과금 2,673백만원을 각각 계상하였다(27억원=자본금 27백만원+주식발행초과금 2,673백만원).

에서 원심[61]은 "…설령 원고와 소외회사 사이의 거래가 채무의 출자전환에 해당한다고 하더라도 원고가 주식을 발행한 2003.12.4. 당시 시행 중이던 구「법인세법」제17조 제1호는 주식발행액면초과액은…이를 익금에 산입하지 아니한다고 규정하고 있고…그 전에 이루어진 이 건 주식발행으로 인한 액면초과금은 익금 산입되는 채무면제이익으로 볼 여지가 없으므로…"라고 하여 역시 의제면제익설의 입장을 취하였다.

5. 출자전환 시 채무면제익 과세에 관한 일본 판례 내용

일본에서는 채무의 출자전환 시 출자전환주식의 시가와 소멸되는 채무액 간에 차액이 발생하는 경우 이 차액이 익금으로서 법인세 과세대상이 되는지에 관하여, ① 이 차액이 실질적으로 채무의 면제액과 같아서 채무면제익으로 보아야 하므로 채무자의 익금에 산입해야 한다는 견해와 ② 채무의 출자전환은 자본금의 증가를 발생시키는 자본거래로서 일본 법인세법 제22조 제2항[62]에 의해 익금에 산입되지 않는다는 견해가 대립하였다. 종전에는 상법상 증자 등기 시에 권면액설을 취하여 증자등기를 함에 따라 세무실무상으로 ②의 견해에 따라 비과세처리하였다.[63] 권면액설은 채권자가 주식을 출자전환채권과 같은 금액의 권면액으로 취득했다는 논리이므로 증자 시에 권면액설에 따라 출자전환채권을 평가한다면 채권자에게는 손실이 발생하지 않게 되는데, 그렇다면 채무자에게도 세무상으로 익금산입되는 일도 없게 된다는 주장이 가능하기 때문이다.[64]

그러나 2006년의 일본 법인세법이 개정되어 회사갱생절차개시 후 또는 민사재생절차개시 후에 한 출자전환에서 발생한 채무면제익은 공제기한이 경과한 이월결손금에서도 공제할 수 있도록 허용됨에 따라, 입법자는 출자전환 시 채권의 권면액과 시가 간의 차액인 채무면제익이 발생한다는 주장을 채용한 것이라고 이해하게 되어 세법상으로는 평가액설이 일반적 타당성을 가진 것이라는 해석론이 강해지고 있다.[65]

또한 2006년에 일본 법인세법 제59조 제1항 제1호 및 제2항 제1호가 개정되어 회사갱생 또는 민사재생절차 등이 개시된 때에 채권자로부터 채무면제를 받은 경우 결손금 손금산입

61) 서울고등법원 2009.6.11 선고, 2008누33169 판결.

62) 그 내용은 "법인의 익금은 별도의 정함이 있는 경우를 제외하고 자산의 판매, 유상·무상의 자산 양도 또는 용역의 제공, 무상의 자산 양수 기타의 거래로서 자본 등 거래 이외의 것에 관한 익금 총액으로 한다"고 되어 있다.

63) 林 幸一, "中小企業再生における類似DESに係る課税問題", 『大阪経大論集』, 第61巻 第3号, 2010, 115頁.

64) 知原信良, "民事再生手續における課税上の諸問題", 『ジュリスト』 No.1268, 2004.6., 198頁 참조.

65) 金子宏·垂井英夫(주48), 7頁.

의 대상에 '채무면제 이외의 사유로 소멸한 채무에 관한 이익이 발생하는 때'를 포함하는 것으로 개정됨에 따라 출자전환에 의하여 발생한 '채무소멸익'이 '채무면제익'으로서 이월결손금의 손금산입대상이 되는지 여부가 종전에는 불명확했으나 이 개정으로 명확하게 되었다.

그런데 최근 2009.4.28. 동경지방재판소가 현물출자에 의한 출자전환 시 상법상 권면액설에 따라 증자등기를 하더라도 세법상으로는 권면액설이 아닌 평가액설에 따라 과세해야 한다고 판결하였고,[66] 이 판결의 내용은 2010.9.15. 동경고등재판소에서 유지되었다.[67] 이 판결은 "P사가 은행으로부터 관계회사인 X사의 대출채권을 할인매입한 후 X사에 대출채권을 현물출자방식으로 출자전환하였는데 이에 대하여 권면액과 할인매입가액 간의 차액 ¥268,442,435(=430,442,435-162,000,000)은 X사의 채무소멸익에 해당한다고 보아 과세한 처분은 타당하다"는 내용의 판결이다.

〈이 판결의 사실관계〉

- P사 : 2002.2.7. 은행으로부터 X사(P사의 관계사)의 대출채권을 ¥162,000,000에 매입함
  (권면액 ¥430,442,435) → 2003.2.28.에 X사에 이 대출채권을 현물출자함
- X사 : 2003.3.1.에 신주 800,000주를 발행(1주당 발행가액 @¥538)하여 P사에 교부함
  (¥430,400,000=800,000주×@538)

〈X사의 증자에 따른 분개〉

(차변)			(대변)	
	차 입 금	430,442,435	자 본 금	400,000,000
			자본준비금	30,400,000
			잡 수 입	42,435

- 과세당국 : X사에게 차액 ¥268,442,435(=430,442,435-162,000,000)을 채무소멸익으로 보아 과세

동경지방재판소는 이 판결에서 "동경지방재판소 상사부가 권면액설을 채용한 이후에도 다른 지방재판소에서는 권면액설이 아닌 평가액설에 따라 평가를 수행한 사례가 다수 있었던 것을 고려하면 법인세법이 2006년 개정되기 이전에 출자전환에 관한 현물출자 대상채권의 평가방법을 명확하게 한 법인세기본통달 등이 없는 상황에서 X사가 주장하는 것과 같이 과세실무에 있어서 권면액에 따른 평가가 일반적으로 채용되고 있었다고는 인정하기 곤란하다"고 하였고, 또한 "2006.5.1.에 시행된 회사법은 채무자 회사의 부채의 장부가액을 초과하지

66) 日本 東京地判 2009.4.28.『訴訟月報』56巻 6号, 1843頁.

67) 日本 東京高判 2010.9.15. (平成21年 行コ 第206号).

않는 한도 내에서 권면액으로 하는 현물출자에 대해서는 검사역의 선임을 요하지 않고 있어서(회사법 199조 1항 3호), 출자전환 관련 현물출자에 관한 동경지방재판소 상사부의 종전의 취급을 토대로 하고 있지만, 회사법의 제정에 뒤따른 법인세법의 개정은 출자전환에 관한 현물출자 대상채권의 평가에 있어서 종래는 양 법제의 관계를 포함해서 해석상의 의의(疑義)가 있었던 것을 전제로 한 것인데, 회사법상 절차에서는 권면액에 따르지만 법인세의 과세에 있어서는 평가액에 따른다는 것을 각각 명확하게 함으로써 권면액과 평가액의 논란에 대해서 입법적 해결을 도모한 것으로 볼 수 있다"고 하였다.[68]

이 판결은 금전채권을 현물출자할 때 일본 법인세법이 2006년 개정된 것과 상관없이 상법상으로는 그 평가를 권면액설에 따라 평가하더라도 세법상으로는 평가액설에 따라야 하고, 따라서 금전채권의 현물출자 시 세무상으로 과세대상인 채무면제익이 발생한다는 취지의 판결이다.

Ⅲ. 출자전환 시 세무상 문제점

1. 당연면제익설의 문제점

앞 〈표 1〉의 〈사례 1〉에서 액면초과액(10,000) 중 시가 이하액(2,000)만 주식발행액면초과액에 해당한다면 나머지의 시가 초과액(8,000)은 채무면제익이 되므로 출자전환 시 주식발행액면초과액을 얼마로 하는가의 문제는 곧 채무면제익을 얼마로 하는가의 문제이다.

발행가액 중 시가초과액을 성질상 당연히 채무면제익에 해당한다고 보아 이를 채무면제익으로 한 규정을 주의적 규정으로 보는 당연면제익설은 다음과 같은 점에서 문제가 있다.

(1) 채무면제 발생 근거의 문제점

출자전환 시 발행가액이 시가를 초과할 경우 채무면제가 당연히 존재한다고 하면 이 채무면제가 어떤 근거에서 발생하는 것인가라는 점을 규명해야 한다.

앞 〈표 1〉의 〈사례 1〉에서 발행가액(15,000)과 시가(7,000) 간의 차액(8,000)이 성질상 채무면제익이라면 '출자전환가액(15,000)=주금납입액(7,000)+채무면제익(8,000)'으로 구성되어 있다는 주장이다. 그러면 이 채무면제는 어떤 근거에서 발생한다고 보아야 하는가?

---

68) 松嶋隆弘, "いわゆる デット・エクイティ・スワップ事件", 『日本法學』 第77巻 第4号, 2012. 참조.

첫째, 출자전환의 본질을 현물출자로 보고 이 현물출자에서 채무면제가 발생한다고 주장(이하 이 견해를 "현물출자설"이라 한다)할 수 있다. 현물출자설은 채권자가 현물출자한 금액은 시가액(7,000)일 뿐이고 이의 초과액(8,000)은 채무면제액이라는 것이다. 그러면, 현물출자설은, ① 2000.11.30. 일본 동경지방재판소에서 현물출자에 의한 증자 등기 시 권면액설을 채택하면서 제시한 논리가 이 경우에도 적용되어, 출자전환이라는 자본거래를 하고자 하는 당사자의 의사를 무시하고 손익거래로 본다는 문제가 발생하고,69) ② 실제의 출자전환절차에서 출자전환가액(15,000) 전액을 주금납입액으로 하는 상계 방식의 증자를 하는 것을 무시하는 것이 되며, ③ '현물출자 목적물(즉, 금전채권)'을 평가하여 출자가액으로 하는 것이 아니라 출자를 받은 후 '발행하는 주식의 시가액'을 평가하여 출자가액으로 하는 것이므로 평가대상을 현물출자 목적물로 하지 않는 모순이 발생한다. ④ 또한 회생절차에서 하는 출자전환이라면 채무자회생법 제206조 제1항에서 "…새로…현물출자를 하게 하지 아니하고 신주를 발행하는 때에는…"라고 정하여 회생절차에서의 출자전환에는 현물출자가 없는 것으로 명시한 법문에 반하는데, 세법 적용 시에만 현물출자가 있는 것으로 보는 것이 가능한가라는 의문이 발생한다.70)

둘째, 출자전환의 본질을 대물변제로 보고 이 대물변제에 의하여 채무면제가 발생한다고 주장(이하 이 견해를 "대물변제설"이라 한다)할 수 있다. 대물변제설에서 채권자가 채무자로부터 주식 시가액(7,000)만 대물변제받고 그 초과액(8,000)을 채무면제한 것이라고 해석하면, 2010.9.16. 선고한 전원합의체 판결71)에서 소수의견을 낸 신영철 대법관이 취한 견해와 같다고 할 것인데, 신영철 대법관은 "출자전환이 이루어질 당시 채권자가 발행받는 신주의 시가 상당을 대물로 변제받고 그 나머지 금액은 면제한 것이다"고 하였다.72) 이 주장은 앞 〈표 1〉의 〈사례 1〉의 경우 "출자전환채권액(15,000) 중에서 신주의 시가(7,000) 상당액은 채권자가 채무자로부터 신주로 대물변제받은 것이고 시가 초과액(8,000)은 채권자가 면제한 것이다"라는 주장이다.

그러나 주식회사가 증자로 인한 변경등기 신청을 할 때에 그 신청첨부서류로 「상업등기법」에서는 '현물출자에 관한 검사인의 조사보고서 등'과 '주금납입은행의 납입금보관증명서'를

69) 앞 "Ⅱ.1." 참조.

70) 민정석, "기업개선절차에서의 출자전환의 법적 성격 및 부진정 연대채무자 중 1인이 한 상계 내지 상계계약의 효력", 『사법』 제15호, 사법발전재단, 2011, 312면에서도 "현물출자설은 신주 인수대금의 납입 및 현물출자를 생략하고 이루어지는 출자전환에 대해서는 처음부터 그 적용의 여지가 없다"고 설명하고 있다.

71) 대법원 2010.9.16. 선고, 2008다97218 전원합의체 판결.

72) 김용덕, "회사정리절차와 주주·주식", 서울대학교 법과대학 통합도산법 과정(전문분야 법학연구과정 제20기) 교재, 2005.11., 42면에서도 같은 논리로 대물변제로 설명하고 있다.

첨부하도록 할 뿐,[73] 대물변제에 관한 서류는 첨부서류로 규정하고 있지 않으며, 「상법」에서도 대물변제에 의한 증자에 관해서 규정하고 있지 않다. 즉, 현행법에서는 대물변제에 의한 증자를 예정하고 있지 않다. 그러면 법률적으로 존재하지도 않는 대물변제를 해석에 의하여 존재하는 것으로 의제하는 게 아닌가라는 의문이 든다.

만약 피출자전환자(채무자)가 출자전환을 받고 그 대가로 보유하던 자기주식을 출자전환자(채권자)에게 교부한다면 그 교부하는 자기주식을 대물변제로 보고 시가 초과액을 채무면제로 이해할 수 있겠으나 출자전환을 하게 되면 채무자가 자기주식을 교부하는 것이 아니라 신주를 발행하여 채권자에게 교부한다. 따라서 대물변제설은 출자전환으로 발행하는 신주에 대해서 주금 납입이 이루어지는 것을 설명할 수 없다.[74] 그러면 채무면제가 발생한다는 것도 설명할 수 없는 한계점에 봉착한다.

셋째, 만약 출자전환을 현물출자나 대물변제로 설명하지 않고 채무면제는 출자전환의 효과에서 발생한다고 주장(이하 이 주장을 "채무면제 효과설"이라고 한다)할 수 있다.

그러나, ① 회생절차 이외에서는 현재 대부분 상계방식에 의하여 출자전환하고 있고 상계는 채권자(출자전환자)와 채무자(피출자전환자) 간에 대등액의 채권·채무를 소멸시키는 것인데, 이 상계에서 어떻게 별도의 채무면제 효과가 발생할 수 있는지 의문이다. ② 또한 채무면제는 채무를 면제한다는 의사 내지는 합의에 의해서 발생한다고 보아야 하는데 이런 의사 내지 합의와는 상관없이 출자전환의 효과에서 채무면제가 발생한다고 하는 것은 이해하기 어렵다. ③ 출자전환채무 중 시가초과액의 경제적 효과가 채무면제받는 것과 동일하게 보이더라도, 신주발행 효력은 출자전환채무 전부가 신주인수가액으로 납입된 것으로 인정되어야만 발생하는 것이 법리인 점을 고려하면 출자전환의 결과로서 나타나는 경제적 측면에서의 효과를 이유로 시가초과액 부분만을 떼어내어 주식납입금으로서의 실질을 부인하고 채무면제라고 하는 것은 결과를 보고 동기와 과정을 꿰어 맞추는 법 해석을 한다는 비난의 여지가 있다. ④ 또한 경제적으로 볼 때 출자전환 시 주식의 시가초과액은 사실상 채무를 면제한 것과 동일한 효과이므로 시가 초과액을 채무면제로 보아야 한다라고 주장할 수 있으나, 채권자가 채무면제를 하는 대신에 출자전환을 하는 이유는 출자전환하여 주주가 될 경우 채무면제하는 것보다 훨씬 더 경제적인 이점(예 : M&A의 용이, 주가 상승의 기대 등)이 있기 때문에 하는 것인데,[75] 이를 무시한다는 점에서 이 주장도 설득력이 약하다.

---

73) 「상업등기법」 제82조 제3호 및 제5호.

74) 민정석(주70), 312면 및 318면에서는 대물변제설을 취할 경우 나타나는 이러한 문제점을 지적하면서 출자전환의 본질을 대물변제로 볼 수 없다고 설명하고 있다.

75) 임치용, "회사정리절차와 출자전환", 『BFL』 제9호, 서울대학교 금융법센타, 2005.1., 47면 ; 강혜림, "회사정리절차에 있어서 출자전환의 효력", 『판례연구』 제19집 제2호, 서울지방변호사회, 2005, 200면 참조.

(2) 논리의 비일관성

당연면제익설은 논리의 일관성이 없는 문제가 있다.

당연면제익설의 논리 전개상 앞 〈표 1〉의 〈사례 3〉과 같이 출자전환으로 발행하는 주식의 시가(2,000)가 액면가액(5,000)보다 더 낮은 경우라면 출자전환 시 발행가액(15,000)에서 시가를 차감한 차액(13,000)이 채무면제익이 될 것이다.[76]

그런데 신주의 시가가 액면가액보다 낮을 경우, 출자전환 시 '구조조정법인에 대한 채무면제익 중에서 차후에 발생하는 결손금의 보전에 충당할 수 있는 금액'은 '발행가액 중 시가초과액(13,000)'이 아닌 '발행가액 중 액면초과액(10,000)'인 것으로 규정하고 있다.[77] 이를 앞 〈표 1〉의 〈사례 3〉에 비추어 보면, 시가초과액(13,000) 중에서 액면초과액(10,000)만 이연하여 차후의 결손금에서 공제할 수 있도록 「법인세법」이 허용하고 있는 것이다.

이를 뒤집어 보면, ① 피출자전환법인이 구조조정법인이라면, ⓐ 시가초과액(13,000) 중 액면초과액(10,000)은 이연하여 차후의 결손금 보전에 충당할 수 있으나 액면미달액(3,000)은 과세이연할 수 없고 채무면제익이 발생한 연도(즉, 출자전환연도)에 곧바로 익금에 산입해야 하는 것으로 해석된다. ⓑ 구조조정법인이 과세이연하지 않고 채무면제익의 발생연도에 익금에 산입(또는 기존에 있던 이월결손금에 충당)한다면 그 채무면제익은 액면초과액(10,000)이 아니라 시가초과액(13,000)이라고 해석된다.[78] ② 만약, 피출자전환법인이 (구조조정법인이 아닌) 일반법인이라면 발행가액 중 시가초과액(13,000)이 출자전환연도에 익금산입해야 할 채무면제익이 된다. 왜냐하면, ⓐ 「법인세법 시행령」 제11조 제6호에서 익금(채무면제익)을 '「법인세법」 제17조 제1항 제1호 단서의 규정에 따른 금액(즉, 13,000)'으로 규정하고 있지만, ⓑ 「법인세법」 제17조 제2항은 "제1항 제1호 단서에 따른 초과금액(즉, 13,000) 중…대통령령으로 정하는 금액(즉, 구조조정법인의 경우 10,000)은…결손금의 보전에 충당할 수 있다"라고 규정하고 있으므로, 피출자전환법인이 일반법인이면 문언상으로 「법인세법」 제17조 제2항은 적용될 여지가 없고, ⓒ 그러면 일반법인은 「법인세법 시행령」 제11조 제6호에 의하여 단서의 금액(즉, 13,000)이 곧 익금에 해당한다고 보는 것이 문언에 맞는 해석이기 때문이다. 이를 〈표 1〉 〈사례 3〉의 사례로 정리하면 아래 〈표 4〉와 같다.

---

76) 같은 견해, 김완석·정지선(주2), 22면 ; 최성근(주2), 181면.

77) 「법인세법」 제17조 제2항 및 「법인세법 시행령」 제15조 제4항.

78) 출자전환받는 연도에 채무면제익의 금액보다 더 큰 결손이 발생하거나 채무면제익보다 더 큰 이월결손금이 기존에 있는 경우에 이렇게 일시에 익금산입할 것이다. 이 경우는 차후에 발생하는 결손금에 충당하기 위해 채무면제익을 이월하는 것이 오히려 더 불리하다. 왜냐하면 이월하여 차후에 발생하는 결손금에서 충당하면 결국 이 충당액 만큼 다른 이익에 충당할 수 있는 결손금이 감소하기 때문이다.

〈표 4〉 발행가액 중 시가초과액(13,000)의 과세이연 가능성 여부

피출자전환법인의 종류	구 분	액면초과액 (10,000)	액면미달액 (3,000)
구조조정법인	차후 연도로 과세이연할 경우	○	×
	출자전환연도에 익금산입할 경우	×	×
일반법인	출자전환하는 경우	×	×

※ ○ : 과세이연이 가능　　　× : 과세이연이 불가능

당연면제익설을 취하는 과세관청은 이 경우, ① 피출자전환채무자의 입장에서는 구조조정법인이냐 일반법인이냐를 구분하지 않고 액면가액(5,000) 만큼은 그 전액을 주금으로 납입받은 것으로 보아, 그 채무면제익은 시가초과액(13,000)이 아닌 액면가액 초과액(10,000)인 것으로 해석하고 있다.[79), 80), 81)] ② 그러나 출자전환채권자의 입장에서는 피출자전환자가 구조조정법인이냐 일반법인이냐에 따라 달리 해석하여, (구조조정법인이 아닌) 일반법인에 출자전환한다면 채권자의 주식취득가액은 액면가액(5,000)이 아니라 시가(2,000)라고 해석하고 있다.[82)] 즉, 피출자전환법인의 입장에서는 액면가액과 시가 간의 차액 3,000은 주금으로 납입받은 것으로 보면서도 출자전환법인의 입장에서는 이 차액 3,000은 주금으로 납입한 것으로 보지 않아 취득가액으로 인정하지 않는다고 해석한다.

'출자전환채무 중 시가 초과액은 채무면제익이다'고 정한 규정이 주식발행액면초과액을 규정한 법문[83)]의 단서에서 규정하고 있다는 이유로, "출자전환 시 발생하는 채무면제익의 총액은 주식발행액면초과액[84)]의 범위를 벗어날 수 없어 시가가 액면가액보다 낮을 경우에는, 당연면제익설을 취하더라도, 발행가액 중 시가초과액(13,000)이 아니라 액면초과액(10,000)이 채

79) 구조조정법인에 대한 해석으로는, 국세청, 서면2팀-1500, 2006.8.8. ; 국세청, 서면2팀-1658, 2006.8.30. ; 국세청, 법인세과-36, 2011.1.13.

80) 일반법인에 대한 해석으로는, 국세청, 서면법령법인-1655, 2015.12.7. ; 국세청, 법인세과-916, 2010.10.6. ; 국세청, 서면2팀-1658, 2006.8.30. ; 국세청, 서면2팀-1081, 2007.6.4.

81) 이의영(주2), 537면, 주석 37에서는 이 경우 채무면제익은 10,000(=발행가 15,000-액면가 5,000)이고 3,000(=액면가 5,000-시가 2,000)은 주식할인발행차금이 된다고 설명하는데, 이 경우 실제로 주식을 할증발행했는데도 주식할인발행차금이 생긴다는 것은 사실과 다른 설명이어서 납득하기 곤란하다. 한편 이중교(주2), 292면, 주석 26에서는 이 경우 채무면제익은 10,000(=발행가 15,000-액면가 5,000)이고 3,000(=액면가 5,000-시가 2,000)은 주식발행액면초과액으로서 익금불산입이 된다고 설명하는데, 이 경우 3,000은 액면 이하의 가액인데도 주식발행액면초과액이라는 것은 사실과 다른 설명이어서 이해하기 곤란하다.

82) 국세청은 '시가 1,000원, 액면가액 5,000원, 발행가액 5,000인 회사'에 출자전환하는 경우 채권자의 주식취득가액은 "…「법인세법 시행령」 제15조 제4항 각 호의 요건을 갖춘 채무의 출자전환을 제외하고는 같은법 시행령 제89조의 규정에 의한 취득 당시의 시가에 의하는 것…"으로 해석하였다(국세청, 서면2팀-1081, 2007.6.4.).

83) 「법인세법」 제17조 제1항 제1호.

84) 앞 〈표 1〉의 〈사례 3〉의 경우 10,000(=발행가액 15,000-액면가액 5,000)이다.

무면제익이 되어야 한다"라고 주장할 수 있다. 그러나 이 논리는 모순이다. 당연면제익설은 출자전환 시 채무면제익을 정한 「법인세법」 제17조 제1항 제1호 단서는 주의적 규정이라는 주장이므로 「법인세법」 제17조 제1항 제1호 단서의 규정이 있든 없든 동일한 결론이 나오도록 해석해야 한다. 그럼에도 불구하고 이 논리는 출자전환 시 채무면제익을 정한 규정이 「법인세법」 제17조 제1항 제1호의 단서의 형태로 규정되었다는 것에서 결론을 도출해 내는 것이므로 이 단서가 주의적 규정이라는 주장과 모순이 된다.

액면가액 이하의 신주발행은 주주총회의 특별결의와 법원의 인가를 받아야만 가능한데,[85] "「상법」상 이러한 절차를 거치지 않고 시가가 액면가액 이하인 상태에서 증자(출자전환)한 것을 액면 미달 증자를 했다고 인정한다면 「상법」에 위반되게 해석하는 것이어서 부당하다"는 이유로, "적어도 액면가액 만큼은 신주 납입이 있는 것으로 해석해야 하므로 액면가액과 시가 간의 차액(3,000)은 채무면제익이 아니다"고 당연면제익설의 입장에서 주장할 수 있으나 이 주장 또한 모순이다. 왜냐하면 신주발행의 효력은 출자전환채무 전부가 신주인수가액으로 납입되어야만 가능하다는 「상법」의 규정[86]에도 불구하고 당연면제익설은 신주인수가액으로 되는 납입액(=출자전환가액 15,000) 중 시가초과액(13,000)은 신주납입액이 아닌 채무면제익이라고 해석하는 견해인데, 이렇게 되면 주식 시가가 액면가액에 미달 시 출자전환하면 액면미달발행에 관한 「상법」 규정을 존중해야 된다는 주장이 되므로, 이 주장은 주식 시가가 액면가액 이상이면 「상법」 규정을 무시해도 되나 액면가액에 미달하면 「상법」 규정을 존중해서 해석해야 한다는 자기 모순에 빠지기 때문이다.

결국 당연면제익설은 논리가 일관되지 않는다고 할 것이다.

(3) 현금증자 시 논리와 상이한 해석

당연면제익설은 출자전환의 경우를 현금증자의 경우와 달리 해석하는 문제가 있다.

주식평가액이 신주발행 후 1주당 500원으로 평가되는 회사(X회사)가 발행하는 신주를 Y회사가 1주당 발행가액(=액면가액) 10,000원에 이 신주를 인수하였다고 가정할 경우, 당연면제익설의 논리를 현금증자할 때도 적용한다면, X회사가 1주당 평가액 500원의 신주를 Y회사에게 발행해 주고 1주당 10,000원의 현금을 납입받은 것이므로 X회사는 1주당 9,500원 만큼 Y회사로부터 이익을 받은 것으로 세무상 취급해야 할 것이다. Y회사의 입장에서는 신주를 1주당 10,000원의 주금을 납입하고 인수하였지만 그 대가로 Y회사는 경제적 가치가 1주당

---

85) 「상법」 제417조.

86) 「상법」 제421조 제1항.

500원의 신주를 교부받았으므로 경제적 효과를 따지면 1주당 9,500원 만큼 손실을 입은 것이기 때문이다.

그러나 현재 이 경우 Y회사가 1주당 9,500원 만큼을 X회사에 이익을 준 것으로 보아 법인세를 과세하지 않는다. 이런 경우를 판례에서 다룬 사례를 보면 1심[87]에서는 Y회사가 특수관계법인(X회사)에게 이익을 분여한 부당행위계산 부인의 대상이 된다고 판시했으나, 원심[88]에서는 "실권주를 고가 인수하면 '실권주 인수법인(=주금납입법인 Y회사)과 실권주 발행법인(X회사)의 다른 주주' 간에는 이익의 분여가 생길 수 있어도, '실권주 인수법인(Y회사)과 실권주 발행법인(X회사)' 간에는 이익을 주고 받는 관계가 아니다. 실권주 발행법인은 신주 발행시점에 무상으로 인수가액을 출연받았더라도 청산 시에 남아있는 자기자본을 지분율에 따라 주주에게 돌려주면 그만이기 때문이다. 따라서 그 과정에서 실권주 발행법인에 차익이 생길 수 없다"는 이유로 원고 승소의 판결을 하였고, 대법원[89]에서도 원고 승소판결을 하였으며, 이런 대법원의 태도는 그 이후의 판결[90]에서도 그대로 유지되고 있다.

신주를 인수하여 주금을 납입하는 행위는 기본적으로 출자금의 증가를 가져오는 자본거래인데 「법인세법」은 기본적으로 자본거래에서는 익금이 발생하지 않는 것으로 규정하고 있고,[91] 이 점을 서울고등법원은 "시가보다 고가로 발행한 신주를 현금으로 인수하더라도 그 인수자(주주)와 신주 발행법인 간에는 이익을 주고 받는 관계가 아니다"라고 표현하였다.[92]

그러나 당연면제익설은 출자전환 시에는, 현금증자와 달리, 시가 초과액 만큼을 그 신주인수자(출자전환채권자)가 신주 발행법인(채무자)에게 이익(채무면제익)을 주는 관계에 있다는 견해가 되는데, 주식 시가가 액면가액 이하인 상황에서 증자하는 경우 출자전환과 현금증자는 경제적으로 동일한 것인데도 신주인수자(출자전환채권자)와 신주 발행법인(채무자) 간에 세무상 이익을 주고 받는 관계에 있다고 보는 당연면제익설은 불합리하다 하겠다.[93]

---

87) 서울행정법원 2012.1.18. 선고, 2011구합23436 판결. 대전고등법원에서도 특수관계자가 발행하는 신주를 시가 보다 높은 가격으로 인수하는 것은 부당행위계산 부인의 대상이 된다고 판결하였으나(대전고등법원 2013.7.4. 선고, 2012누2847 판결), 대법원에서 파기환송되었다(대법원 2014.7.24. 선고, 2013두15729 판결).

88) 서울고등법원 2012.9.26. 선고, 2012누5451 판결.

89) 대법원 2014.6.26. 선고, 2012두23488 판결.

90) 대법원 2014.7.24. 선고, 2013두15729 판결 ; 대법원 2015.9.10. 선고, 2013두6206 판결.

91) 「법인세법」 제15조 제1항에서 "익금은 자본 또는 출자의 납입 및 이 법에서 규정하는 것을 제외하고 해당 법인의 순자산을 증가시키는 거래로 인하여 발생하는 수익의 금액으로 한다"라고 정하여, 자본거래에서는 원칙적으로 익금이 발생하지 않음을 정하고 있다.

92) 서울고등법원 2012.9.26. 선고, 2012누5451 판결.

93) 유럽에서도 증자 시 주금납입을 상계에 의한 납입을 금지하는 나라(예 : 독일)에서는 출자전환을 현물출자로 취급하고, 주금납입을 상계에 의한 납입을 허용하는 나라(예 : 영국, 프랑스, 벨기에, 스페인, 네델란드, 스위스 등)에서는 출자전환을 금전출자로 취급하는 경향이 있다고 한다(도진기, "채권의 출자전환에 관한 연구 – 회사정리절차를 중심으로 –", 서울대학교 석사학위논문, 2003.6., 50면).

(4) 출자전환 당사자의 의사에 불부합

당연면제익설은 출자전환 당사자의 진정한 의사를 감안할 때 이에 부합하지 않는 결과를 초래하는 문제가 있다.

뒤의 'Ⅲ.2.'에서 보는 바와 같이, 출자전환 시 발생한 채무면제익 부분을 채권자(주주)가 배당을 통하여 되돌려 받으면 이것이 배당금으로 익금이 되어 법인은 법인세가 과세되고 개인은 배당소득세가 과세된다.

채권자가 채무면제익 부분을 대손금으로 손금인정받기 위해서는 출자전환시점에 채무자에게 채무면제가 있다는 사실에 수긍할 수 있어도 이를 배당의 형식으로 되돌려 받을 때 채권자에게 익금 또는 배당소득으로 과세된다고 하면 채무면제가 있다는 것에 수긍할지 의문이다. 특히 채권자가 개인이면 이 채무면제익은 대손금으로 손금인정받지도 못하면서 이를 배당으로 되돌려 받으면 배당소득으로 과세되기 때문에 원본과세되는 결과가 된다.

채권자가 원본과세되는 것을 감수하면서까지 채무면제가 수반된 출자전환을 한다고 가정하는 것은 출자전환 당사자의 진정한 의사에 반하는 것이고 이런 점에서 당연면제익설은 문제가 있다.

(5) 민사 법리와 실질과세원칙에 위배

회생절차에서 출자전환하면 채권자의 권리는 회생계획에 따라 실권되므로 회생채무자로부터는 채권회수할 수 없어도 보증인 등 채무관계인에 대한 권리는 실권되지 않고 존속하기 때문에 출자전환으로 채권만족을 받지 못한 부분을 보증인 등에게 청구하여 받을 수 있다. 당연면제익설은 이를 무시하는 점에서 문제가 있다.

회생절차에서 출자전환 시 회생계획인가 결정이 있으면 출자전환채권자는 출자전환채권에 대한 권리는 소멸하나(채무소멸설) 피출자전환채무자는 변제의 책임을 면할 뿐 채무 자체는 소멸하지 않는다(책임소멸설).[94] 또한 출자전환채권자는, 피출자전환채무자에 대한 권리가 소멸하는 것과는 달리, 보증인 등 채무관계자에 대한 권리는 소멸하지 않는다.[95] 따라서 앞 〈표 1〉의 〈사례 1〉의 경우 회생절차에서 출자전환을 하면 출자전환채권자는 출자전환채권 15,000 중 출자전환채권자가 현실적으로 만족을 얻은 7,000(시가)을 초과한 나머지 금액 8,000(즉, 채무면제익 해당액)은 회생채무자(피출자전환법인)에게는 청구하여 회수할 수 없으나 회생채무자를 위한 보증인이나 연대채무자 등에게는 청구하여 회수할 수 있다. 그렇다면 보

94) 대법원 2001.7.24. 선고, 2001다3122 판결 ; 대법원 2003.3.14. 선고, 2002다20964 판결 참조.
95) 채무자회생법 제250조 제2항.

증인에 대한 회수가능성을 고려하지 않은 채 출자전환시점에 곧바로 채권자가 8,000을 채무자에게 채무면제한 것으로 보아 채권이 소멸한 것으로 볼 수 없다.

만약 〈표 1〉의 〈사례 1〉에서 출자전환채권자(A)도 15,000을 회생채권으로 신고하고 보증인(B)도 보증에 따른 구상채권으로 15,000을 회생채권을 신고하였고, A는 출자전환 후 보증인 B에게 채무면제익에 해당하는 금액 8,000을 청구, 변제받고 B는 A에게 대위변제한 이 8,000을 회생계획에 따라 회생채무자로부터 전액 변제받는다고 한다면 채무면제는 아예 존재하지 않는다. 이런 사례에서 보듯이 회생절차에서 회생채권을 출자전환했다고 하더라도 채권자가 채무면제를 하였는지 아니면 보증인 등에 대해서 청구권을 행사할 수 있는지를 따지지도 않은 채 출자전환이라는 사실만 있으면 곧바로 채무면제가 있다고 보는 당연면제익설은 민사법리에 어긋난다.

또한, 당연면제익설은 실질과세원칙에 위배되는 문제가 있다.

당연면제익설에 따르면 회생절차, 워크아웃절차, 일반법인에 대한 출자전환을 묻지 않고 출자전환이 있으면 출자전환채무 중 시가 초과액은 채무면제익으로 본다. 그런데, 대법원은 「기업구조조정촉진법」에 근거한 워크아웃절차에서 하는 출자전환의 본질은 상계로서 출자전환채무 전액이 주금액으로 납입된 것이므로 출자전환에서 채무면제가 발생하지 않는다고 두 번에 걸쳐 전원합의체 결정을 하였고,[96] 일반법인은 출자전환할 때 대부분 간단한 방식인 상계방식으로 출자전환을 하므로 채무면제가 발생하지 않는다.

그럼에도 불구하고 세법 적용 시에만 워크아웃법인이나 일반법인에게 하는 출자전환에 채무면제가 존재한다고 한다면 '민사법(民私法)상으로 존재하지 않는 채무면제'가 '세무상으로만 존재하는 것'으로 의제하는 것이 되는데, 이것은 없는 것을 있는 것으로 세법을 적용하는 것이 되므로 실질과세원칙에 반한다.

회생절차라고 하더라도 채무자회생법 제206조 제1항에 의하여 출자전환하는 것이 아닌 경우, 예를 들어 공익채권을 출자전환하는 경우에는 회생채무자의 면책을 규정한 채무자회생법 제251조가 적용되지 않는다.[97] 그러면 공익채권을 출자전환하는 경우 회생채무자의 면책을 유보한 회생계획을 수립할 수 있다. 또한 회생채권이나 회생담보권을 출자전환할 경우에도 채무자회생법 제206조 제1항 제4호에 정한 '신주의 발행으로 감소하게 되는 부채액'이 같은 항 제3호에 정한 '신주의 발행으로 인하여 증가하게 되는 자본과 준비금의 액'으로 되는 것으

96) 대법원 2010.9.16. 선고, 2008다97218 판결 ; 대법원 2012.11.12. 선고, 2010두17564 판결.

97) 채무자회생법 제251조에서 "회생계획인가의 결정이 있는 때에는…채무자는 모든 회생채권과 회생담보권에 관하여 그 책임을 면하며…"라고 규정하고 있으므로, 회생채권과 회생담보권 이외의 공익채권은 이 조항을 적용받지 않기 때문이다.

로 보아야 할 것이므로 출자전환채무는 그 전액이 '자본과 준비금의 액'으로 된 것으로 보아야 하고, 따라서 회생채권이나 회생담보권을 출자전환할 경우에도 채무면제가 없다고 보아야 할 것이다. 그런데도 출자전환 시 채무면제익이 당연히 존재한다고 주장하면 채무소멸에 관한 민사 법리에 어긋나는 주장이 되고, 따라서 실질과세원칙에 어긋난다.

(6) 증여재산가액 계산 시 문제 초래

법인이 유상 증자를 할 때 신주의 시가와 신주발행가액 간에 차액이 발생하여 그 차액을 증여이익으로 보아 「상속세 및 증여세법」 제39조 제1항에 의거 증여세를 과세하는 경우, 증여재산가액은 '(증자후의 1주당 평가액-신주 1주당 인수가액)×제3자앞 배정주식총수' 또는 '{(신주 1주당 인수가액-증자후의 1주당 평가액)×신주 미배정주주의 미배정주식수}×특수관계자가 인수한 신주주식수÷제3자앞 배정주식총수'로 계산하고, 여기서의 '증자후의 1주당 평가액'은 '{(증자전의 1주당 평가액×증자전의 발행주식총수)+(신주 1주당 인수가액×발행신주 주식수)}÷(증자전 발행주식총수+발행 신주 주식수)'로 계산한다.[98]

출자전환은 증자의 하나인데, 그러면 앞 〈표 1〉의 〈사례 1〉에서 출자전환 시 신주발행가액(15,000)이 신주의 시가(7,000)보다 더 높을 경우, 그 차액(8,000)이 「법인세법」에서 정한 바대로 채무면제익에 해당하는 것이라면, 위 증여재산가액과 증자후의 1주당 평가액의 계산 산식에서 '신주 1주당 인수가액'을 ① 신주발행가액(=출자전환가액) 15,000으로 보아야 하는지 ② 아니면 시가액 7,000으로 보아야 하는지 의문이 제기될 수 있다.

①로 보아야 한다는 견해는, 문언상 신주 1주당 인수가액은 신주발행가액(15,000)에 해당하는 것이므로 문리해석상 이렇게 보아야 한다는 견해라고 할 것이고, ②로 보아야 한다는 견해는, 「법인세법」에서 차액(8,000)을 주식발행액면초과액(즉, 주금납입액)이 아닌 채무면제익으로 보고 있는 이상, 「상속세 및 증여세법」상 '신주 1주당 인수가액'의 의미도 「법인세법」의 의미와 동일하게 해석해야 한다는 견해라고 할 것이다.

출자전환 시 신주발행가액 중 시가 초과액(8,000)이 당연히 채무면제익인 것으로 보는 당연면제익설에 따르면 8,000은 신주납입액으로 볼 수 없는 것이므로, 위 증여재산가액과 증자후의 1주당 평가액을 계산하는 산식의 '신주 1주당 인수가액'은 신주발행가액(15,000)이 아닌 시가액(7,000)으로 보아야 논리일관성이 있다.

그러나 이렇게 되면 채무면제익으로 되는 8,000은, 비록 채무면제익이더라도 채무자 법인에게 귀속되는 잉여금인데도 증여재산가액 계산 시 이 가치가 반영되지 못해 채무자의 주식

---

98) 「상속세 및 증여세법 시행령」 제29조 제2항 제1호 및 제5호.

가치가 저평가되고, 따라서 부의 진정한 증가에 대하여 증여세를 과세하는 취지에 어긋나는 결과가 초래된다. 그러나, 의제면제익설을 취하게 되면 「법인세법」상 익금불산입을 할 때에만 8,000이 채무면제익이고 그 외의 경우에는 8,000이 주식발행액면초과액이 되므로 위 증여재산가액과 증자후의 1주당 평가액의 계산 산식의 '신주 1주당 인수가액'은 시가액(7,000)이 아닌 신주발행가액(15,000)이 되고, 따라서 진정한 증여이익을 계산할 수 있게 되므로 증여세를 과세하는 취지에 부합하게 된다.

이러한 문제점 때문에 당연면제익설을 취하더라도 시가초과액 8,000을 「법인세법」에서는 채무면제익으로 보더라도 「상속세 및 증여세법」상으로는 채무면제익으로 보지 않는다고 의제면제익설이 주장한다면 출자전환 시 채무면제익에 관한 「법인세법」과 「상속세 및 증여세법」의 취급이 서로 다르다는 것이어서 세법의 통일적 해석 측면에서 문제가 있다.

2. 시가초과액(채무면제익) 부분의 배당 시 과세되는 문제점

출자전환 시 발생하는 채무면제익은 회계상으로 이익잉여금이어서 배당가능이익을 구성하므로,[99] 이 채무면제익을 배당할 수 있다. 그러면 출자전환 받는 채무자가 출자전환으로 발생한 채무면제익을 전액 현금 배당하는 경우를 생각해 보자.[100]

현금 배당할 경우 이 채무면제익은 출자전환 채권자(주주)에게 배당소득으로 과세된다.[101] 그러나 이 채무면제익(앞 〈표 1〉의 〈사례 1〉의 경우 8,000)은 당초 채권자가 보유하던 채권액의 일부이므로 출자전환 채권자의 입장에서는 이 금액을 배당받는다고 하지만 사실은 자신의 채권 원본을 되돌려받는 데에 불과하다. 그런데도 채권자는 이 금액을 배당소득으로 과세 당하게 된다.

채권자 중에서 ① 법인이 일반법인에 출자전환하는 경우 이 채무면제익에 해당하는 금액을 출자전환시점에 대손금으로 손금인정받으므로 이 8,000을 배당소득으로 과세를 당해도 결과적으로 '대손금 8,000(손금)=배당소득 8,000(익금)'이 되어 원본 과세의 문제가 발생하지 않는다. ② 또한 법인이 구조조정법인에 출자전환하는 경우 출자전환주식의 취득가액을 시가(7,000)가 아닌 출자전환가액(15,000)으로 하지만 이 주식의 처분 시 취득가액 15,000이 손금

---

99) 「상법」 제462조 제1항 및 제459조 제1항, 「상법 시행령」 제18조 참조.

100) 일반적으로 피출자전환법인은 구조조정절차(회생절차, 워크아웃절차 등)에 들어간 법인이므로 출자전환으로 발생한 채무면제익을 배당하는 경우는 현실적으로 발생할 가능성이 낮으나 경우에 따라서는 얼마든지 발생할 수 있다. 여기서는 출자전환으로 발생하는 채무면제익을 배당하는 경우 발생하는 문제점을 살펴보기 위한 것이므로 피출자전환법인이 출자전환으로 발생한 채무면제익을 배당하는 경우를 가정하고 논의한다.

101) 「소득세법」 제17조 제1항 제1호 참조.

으로 인정되므로 원본과세의 문제가 발생하지 않는다.

그러나, 채권자 중에서 개인은 「소득세법」상 대손금을 손금(필요경비)으로 인정받을 수 없으므로 개인은 원본 과세를 당하는 결과가 초래된다. 원본에 대하여 과세하는 것이라면 재산권보장원칙을 규정한 헌법 제23조 제1항에 위배되어 위헌에 해당할 가능성이 높다.

또한, 앞 〈표 1〉의 〈사례 1〉에서 구조조정법인에 출자전환한 채권자가 주식취득가액을 출자전환가액 15,000으로 세무처리한다. 그런데도 채무자로부터 채무면제익 8,000을 배당으로 받는다면 채권자는 출자전환 시점에 출자전환가액 15,000 전부를 주식으로 상환받은 것으로 세무처리하였는데 어떻게 출자전환가액의 일부에 해당하는 8,000을 또다시 채무자로부터 되돌려 받을 수 있는가라는 상식적인 의문점이 제기되는 문제점이 발생한다.

3. 상계방식의 출자전환 시 사법상으로 채무면제익 부존재에 따른 문제점

회생절차가 아닌 워크아웃절차에서 출자전환을 하면 채권자는 그가 가진 채권액과 주금납입채무를 상계하는 것이므로 출자전환 채권액은 그 전액이 채무자에게 주금으로 납입되어 채무자에게는 법리적으로 채무면제익이 발생하지 않는다. 그런데도 현행 「법인세법」에서는 워크아웃절차에서 출자전환을 할 때에도 출자전환을 받는 채무자에게 채무면제익이 발생하도록 규정하고 있다.[102] 뿐만 아니라 2011.4.14.에 「상법」이 개정되어 주식발행회사의 동의만 있으면 채권자가 가진 채권액을 상계방식으로 출자전환할 수 있도록 되어 이제는 일반법인도 상계방식으로 출자전환을 하므로 채무면제가 발생할 여지가 없다.

그러면 모든 출자전환 시 채무면제익이 존재하는 것으로 세무처리하면 이 채무면제익은 실제로는 '없는 것인데도 있는 것'으로 보아 세무처리하므로 허(虛)가 아닌가라는 본질적인 의문이 든다. 이렇게 세무상 계상한 허(虛)의 채무면제익(사법상으로 존재하지 않는 채무면제익)을 배당한다고 하면 이러한 배당이 법리적으로 가능한지 근원적인 의문이 제기된다.

4. 일반법인과 인적회사에 대한 출자전환 시 문제점

2011.4.11. 이후에는 상법이 개정되어 신주발행회사의 동의가 있으면 상계에 의하여 주금납입이 가능해졌으므로 이제는 실무상 일반법인이 상계방식의 출자전환에 의하여 증자를 하는 경우가 대부분이다. 상계방식으로 출자전환하면 주금을 은행에 현금납입하는 절차없이 간

102) 「법인세법」 제17조 제1항 제1호 단서 및 「법인세법 시행령」 제11조 제6호이다.

단히 증자할 수 있기 때문이다.

이러한 상계 방식에 의한 증자는 출자전환 방식 중 하나인데, 법무부에서도 「상법」 제334조를 삭제하고 「상법」 제421조를 개정한 취지는 출자전환을 허용하기 위한 것이다고 설명하고 있다.[103]

「법인세법」 제17조 제1항 제1호 단서에 정한 '출자전환'은 차용개념이므로 일반법인에 하는 상계방식의 출자전환도 「상법」상 출자전환에 해당하는 이상, 「법인세법」 제17조 제1항 제1호 단서에 정한 출자전환에 해당한다.

「법인세법」은 구조조정절차(회생절차·워크아웃절차 등)에서 하는 출자전환과 일반법인에 하는 출자전환을 구분하지 않은 채, 모든 형식의 출자전환에서 발생하는 '채무액(발행가액)과 발행주식의 시가 간의 차액'이 모두 채무면제익에 해당한다고 규정하고 있다.

따라서 일반법인의 주주가 주주가수금을 할증발행 형식으로 출자전환 시 발생하는 주식발행액면초과액은 채무면제액으로서 출자전환시점에 전액 익금산입된다. 예컨대 자본잠식되어 신주의 시가액이 0인 일반법인(A법인)의 100% 지분을 소유한 B가 회사에 대한 주주가수금 10억원을 10배 할증 증자하는 방식의 출자전환을 한다면 그 증자액 중 액면초과액의 전액(9억원=증자액 10억원-액면금액 1억원)이 채무면제익이 되고,[104] 이 채무면제익 9억원은 출자전환 시점에 A법인에게 법인세가 과세된다. 만약 A법인이, ① 출자전환하지 않고 현금 10억을 10배 할증의 증자를 한다면 액면초과액 9억원은 「법인세법」 제17조 제1항 제1호 본문에 의거 주식발행액면초과액이므로 법인세가 과세되지 않고, ② 출자전환하더라도 할증 증자하지 않고 액면 증자한다면 액면초과액(채무면제익)이 발생하지 않아 과세되지 않는다.

지분 100%를 보유한 B가 10억원을 A법인에 '액면으로 현금증자'하든 '10배 할증의 현금증자'하든 '10배 할증의 출자전환'을 하든 경제적으로 다를 바가 없다. 그런데도 10배 할증의 출자전환에 의한 증자 시에만 채무면제익이 발생하여 A법인에 과세된다는 것은 납득하기 어렵다.

또한, 주식회사나 유한회사와 같은 물적회사가 아닌 합명회사·합자회사·유한책임회사와 같은 인적회사가 출자전환하는 경우에도 문제가 있다. 주식회사는 주식을 발행하고 의결권도 주식수에 비례하여 부여되며, 유한회사도 출자좌수가 있고 의결권도 출자좌수 1좌마다 1개의 의결권이 있는 것이 원칙이나,[105] 인적회사는 주식이나 출자좌수를 발행하지 않고 의결권도

---

103) 법무부, 『상법회사편 해설(상법해설시리즈 Ⅱ)』, 도서출판 동강, 2012, 70~72면.

104) 구조조정법인이 아닌 일반법인이 출자전환받을 때에 주식의 시가가 액면가액에 미달할 경우, 채무면제익이 ① '발행가액(출자전환가액)과 시가 간의 차액'이 아닌 ② '발행가액(출자전환가액)과 액면가액 간의 차액'인지에 관하여 논란이 있을 수 있는데, 국세청은 ②로 해석하였다(법인세과-916, 2010.10.6.). 일단 여기서는 ②로 보는 것이 타당하다고 보고 논의한다. 자세한 것은 'Ⅲ.1.(2)' 참조.

사원당 1개의 의결권을 부여하는 두수주의(頭數主義)이다.[106)]

인적회사는 주식(또는 출자좌수)을 발행하지 않기 때문에 주식발행액면초과액이 발생할 여지가 없는 회사다. 그런데 출자전환에 따른 채무면제익은 주식발행액면초과액을 익금불산입 항목으로 규정한 「법인세법」 제17조 제1항 제1호의 단서에 '주식발행액면초과액에서 제외된다'는 형식으로 규정되어 있다. 그렇다면 이 단서의 규정은 ① 인적회사는 주식발행액면초과액이라는 것 자체가 발생하지 않기 때문에 출자전환에 따른 채무면제익은 인적회사에는 적용되지 않고 주식발행액면초과액이 발생하는 물적회사에만 적용되는 규정인가 ② 아니면 물적회사뿐만 아니라 인적회사도 적용되는 규정인가?

이 문제에 대하여 「법인세법」 제17조 제1항 제1호 단서를 둔 의미를 당연면제익설의 입장에서 보면 출자전환 시 발행가액 중 시가초과액이 채무면제익인 것은 당연한 것이므로(즉, 단서는 주의적 규정이므로) 인적회사이든 물적회사이든 차이를 둘 이유가 없기 때문에 ②로 해석하게 될 것이다. 반면, 의제면제익설의 입장에서는 인적회사의 경우 주식발행액면초과액이 없기 때문에(즉, 단서는 창설적 규정이기 때문에) ①로 해석하게 될 것이다. ①로 해석하면 출자전환 시 물적회사와 인적회사를 과세상 차별하게 되어 형평과세상 문제가 있게 되고, ②로 해석하면 대법원 판례의 취지[107)]에 어긋나는 문제가 있게 된다.

5. 회생채권자의 채권액 일부가 법인세로 납부되는 문제점

회생회사는 출자전환에서 발생한 채무면제익 중에서 이월결손금의 보전에 충당하고 남은 금액은 이를 익금 산입하지 않고 차후 발생하는 결손금의 보전에 충당할 수 있도록 하고 있으나, 이 채무면제익 전액을 결손금 보전에 충당하기 전에 사업을 폐지하거나 법인이 해산하면 그 사유 발생일이 속하는 사업연도에 익금에 산입하여야 한다.[108)]

그러면 출자전환으로 발생한 채무면제익을 과세이연하고 있던 회생회사가 채무면제익 전액을 결손금 보전에 충당하기 전에 회생계획의 수행이 어렵게 되어 도중에 회생절차를 폐지하여 파산절차로 이행한다면[109)] 그 동안 익금산입이 유예되어 오던 출자전환 채무면제익은

---

105) 「상법」 제575조.

106) 「상법」 제195조(및 「민법」 제706조 제2항), 「상법」 제269조, 「상법」 제287조의18(및 제195조, 「민법」 제706조 제2항).

107) "출자전환 시 발행가액 중 시가초과액은 그 성질상 주식발행액면초과액인데, 주식발행액면초과액에서 제외하여 채무면제익으로 규정하는 내용을 법률이 아닌 시행령에서 규정한 것은 모법에 위배되어 무효다"고 판시하여(대법원 2012.11.22. 선고 2010두17564 판결), 출자전환가액 전액을 주금 납입으로 보는 판례의 취지를 말한다.

108) 「법인세법 시행령」 제15조 제5항.

109) 파산절차에 들어가면 법인 해산 사유에 해당한다(「상법」 제227조 제5호, 제517조 제1호, 제609조 제1항 참조).

일시에 익금에 산입된다.

이 때 익금산입되는 채무면제익보다 더 큰 금액의 이월결손금이 회생회사에게 없으면 채무면제익의 익금산입에 따른 법인세가 회생회사에게 부과된다. 이 때 부과되는 법인세는 재단채권이므로[110] 회생채권자나 회생담보권자[111]보다 우선적으로 국가에 변제된다.[112]

만약 채무자에게 차라리 회생절차가 개시되지 않았거나 회생계획인가 전에 회생절차가 폐지되어 파산절차로 곧바로 이행되었더라면 회생채권자와 회생담보권자들에게 채무자의 보유자산 환가액이 그대로 출자전환 이전의 채권액을 기준으로 분배되었을 것이다. 그러면 적어도 회생채권자와 회생담보권자들은 그 시점의 회생회사의 청산가치에 해당하는 금액을 분배받았을 것이다. 그런데 채무자를 회생시키기 위하여 회생채권자들이 경제적 희생을 감수하고 출자전환하여 회생회사를 지원하였는데 중도에 회생절차가 중단, 파산절차에 들어갔다는 이유로 채권자는 출자전환채권 원본액의 일부(채무면제익) 중 결손금에 충당되지 못하고 남아있는 잔존액이 회생회사의 익금에 산입되어 이 채무면제익에 대한 법인세액이 재단채권이 되어 국가에 우선 변제된다. 이렇게 되면 회생채권자가 출자전환하지 않고 채무자를 바로 파산되도록 한 경우보다 회생채권자에 대한 분배액이 적게 되어 손해가 초래된다.

이 채무면제익에 대한 법인세는 그 성질상 채권자가 출자전환한 채권 원본액에 대하여 부과된 법인세인데, 회생채권자의 입장에서는 자신의 원본(출자전환채권액)에 대하여 과세된 법인세가 국가에 재단채권으로 우선 납부하게 되는 결과가 된다.

이런 결과가 되면 회생절차는 공정성의 원칙과 형평성의 원칙에 따라 수행되어야 하는 것인데도 출자전환 과정을 거치면 회생채권 중 일부가 조세채권으로 국가에 우선 납부하게 되는 결과가 초래되어 이 원칙에 반하는 결과가 초래되는 문제점이 있다.

Ⅳ. 출자전환 관련 세제의 개선방안

1. 개선의 기본방향

앞 'Ⅲ.'에서 살펴 본 이러한 과세상의 문제가 발생하는 것은 채권자(출자자)의 입장에서는

---

110) 채무자회생법 제473조 제2호.

111) 회사가 파산되면 회생채권자는 파산채권자가 되고(채무자회생법 제336조 참조) 담보권자는 별제권자가 되는 것이므로(채무자회생법 제411조), 이 경우 정확하게는 회생채권자는 파산채권자가 되었고 회생담보권자는 별제권자가 된 경우다.

112) 채무자회생법 제476조.

상계방식의 출자전환은 회생회사 등에 출자한 자본거래에 해당하는 것인데도 채무면제익이 발생하는 손익거래가 함께 존재한다고 보는 것에서 연유한다. 따라서 출자전환과 관련한 현행 과세상의 제반 문제점을 개선하기 위해서는 상계방식의 출자전환은 자본거래라는 입장에 충실하도록 세법을 개정해야 할 것이다.

그 개선의 기본방향은, ① 출자전환을 회생절차에서 하든 워크아웃절차에서 하든 일반기업이 하든 똑같은 결과가 되도록 하여야 하고, ② 출자전환 당시 주식의 시가가 출자전환가액보다 크냐 작으냐에 따라 과세가 달라지지 않도록 해야 하며, ③ 채권자와 채무자 간에 출자전환에 따른 세무처리가 동일하게 적용되도록 하는 방향이다. 구체적으로는 앞 〈표 1〉의 3가지 사례별로 그 개선의 방향은 아래의 그림과 같다.

(1) '발행가액>시가'인 상태에서의 출자전환

출자전환에 따른 발행가액이 발행주식의 시가보다 더 높은 앞 〈표 1〉의 〈사례 1〉의 경우 현행 세법의 개선방행은 다음 그림과 같다. 즉, 출자전환가액은 현금납입한 것과 동일하게 취급하여 채권자와 채무자의 세무처리가 되도록 개선하여야 한다.

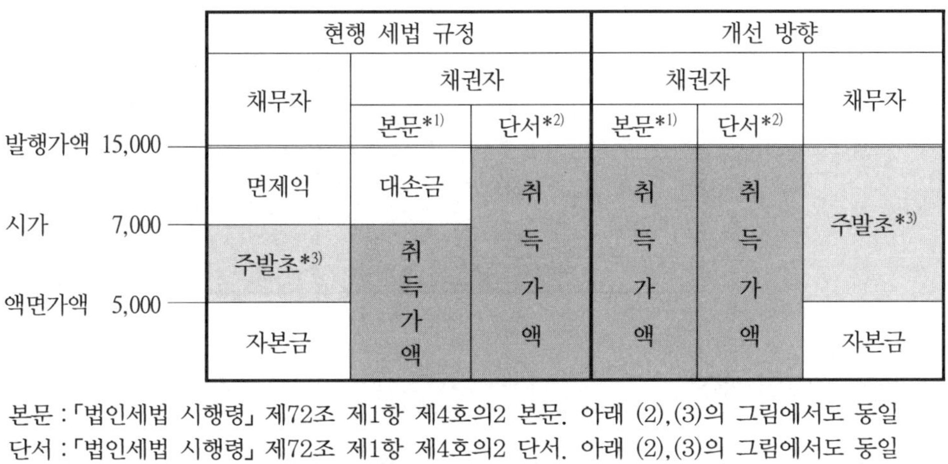

*1) 본문 : 「법인세법 시행령」 제72조 제1항 제4호의2 본문. 아래 (2),(3)의 그림에서도 동일
*2) 단서 : 「법인세법 시행령」 제72조 제1항 제4호의2 단서. 아래 (2),(3)의 그림에서도 동일
*3) 주발초 : 주식발행액면초과액. 아래 (2),(3)의 그림에서도 동일

(2) '발행가액<시가'인 상태에서의 출자전환

출자전환에 따른 발행가액이 발행주식의 시가보다 더 낮은 앞 〈표 1〉의 〈사례 2〉의 경우 현행 세법의 개선방행은 다음 그림과 같다.

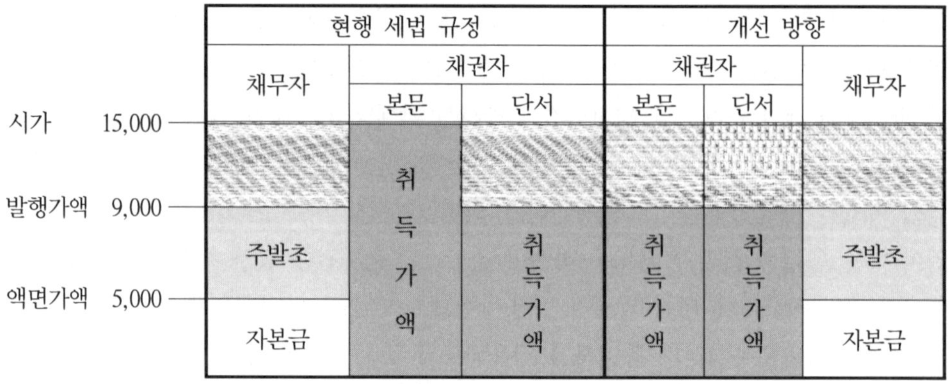

(3) '발행가액>액면가액>시가'인 상태에서의 출자전환

출자전환에 따른 발행가액이 액면가액보다 높고 시가는 액면가액보다 낮은 앞 〈표 1〉의 〈사례 3〉의 경우 현행 세법의 개선방행은 다음 그림과 같다.

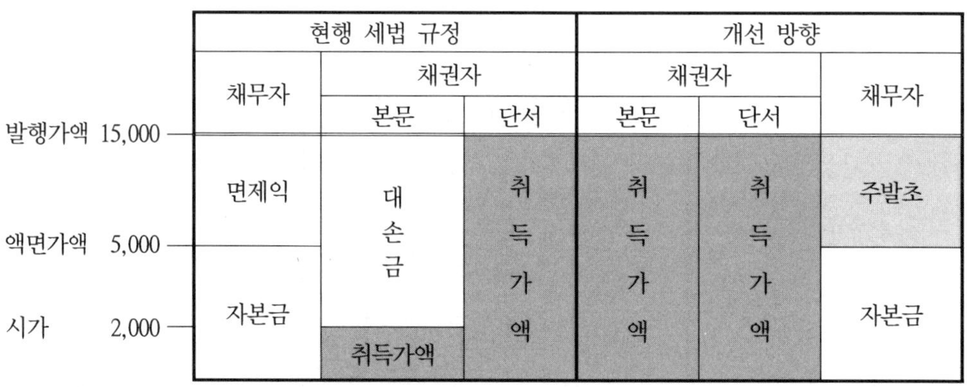

2. 관련 법령의 개정

출자전환에 따른 과세상의 문제를 근원적으로 해결하기 위하여 「법인세법」과 「법인세법 시행령」 그리고 「조세특례제한법」과 「조세특례제한법 시행령」을 아래와 같이 각각 개정해야 할 것이다.

(1) 법인세법

현행	개정안
제15조(익금의 범위) ① 익금은 자본 또는 출자의 납입 및 이 법에서 규정하는 것은 제외하고 해당 법인의 순자산(純資産)을 증가시키는 거래로 인하여 발생하는 수익의 금액으로 한다.	제15조(익금의 범위) ① 익금은 자본 또는 출자의 납입(채무를 출자의 납입에 갈음하기로 하는 출자전환을 포함한다) 및 이 법에서 규정하는 것은 제외하고 해당 법인의 순자산(純資産)을 증가시키는 거래로 인하여 발생하는 수익의 금액으로 한다.
제17조(자본거래로 인한 수익의 익금불산입) ① 다음 각 호의 구분에 따른 수익은 내국법인의 각 사업연도의 소득금액을 계산할 때 익금에 산입(算入)하지 아니한다. 1. 주식발행액면초과액 : 액면금액 이상으로 주식을 발행한 경우 그 액면금액을 초과한 금액(무액면 주식의 경우에는 발행가액 중 자본금으로 계상한 금액을 초과하는 금액을 말한다). 다만, 채무의 출자전환으로 주식등을 발행하는 경우에는 그 주식등의 제52조 제2항에 따른 시가를 초과하여 발행된 금액은 제외한다. ② 제1항 제1호 단서에 따른 초과금액 중 제18조 제6호를 적용받지 아니한 대통령령으로 정하는 금액은 해당 사업연도의 익금에 산입하지 아니하고 그 이후의 각 사업연도에 발생한 결손금의 보전(補塡)에 충당할 수 있다.	제17조(자본거래로 인한 수익의 익금불산입) ① 다음 각 호의 구분에 따른 수익은 내국법인의 각 사업연도의 소득금액을 계산할 때 익금에 산입(算入)하지 아니한다. 1. 주식발행액면초과액 : 액면금액 이상으로 주식을 발행한 경우 그 액면금액을 초과한 금액(무액면 주식의 경우에는 발행가액 중 자본금으로 계상한 금액을 초과하는 금액을 말한다). (단서 삭제) (제2항 삭제)

(2) 법인세법 시행령

현행	개정안
제11조(수익의 범위) 법 제15조 제1항의 규정에 의한 수익은 법 및 이 영에서 달리 정하는 것을 제외하고는 다음 각 호에 규정하는 것으로 한다. 6. 채무의 면제 또는 소멸로 인하여 생기는 부채의 감소액(법 제17조 제1항 제1호 단서의 규정에 따른 금액을 포함한다)	제11조(수익의 범위) 법 제15조 제1항의 규정에 의한 수익은 법 및 이 영에서 달리 정하는 것을 제외하고는 다음 각 호에 규정하는 것으로 한다. 6. 채무의 면제 또는 소멸로 인하여 생기는 부채의 감소액 (괄호 삭제)

현행	개정안
제12조(자본전입시 과세되지 아니하는 잉여금의 범위 등) ① 법 제16조 제1항 제2호 가목에서 "대통령령으로 정하는 것"이란 법 제17조 제1항 각 호의 금액에 해당하는 금액을 말한다. 다만, 다음 각 호의 어느 하나에 해당하는 금액은 제외한다. 1. 법 제17조 제1항 제1호 단서에 따른 초과금액	제12조(자본전입시 과세되지 아니하는 잉여금의 범위 등) ① 법 제16조 제1항 제2호 가목에서 "대통령령으로 정하는 것"이란 법 제17조 제1항 각 호의 금액에 해당하는 금액을 말한다. 다만, 다음 각 호의 어느 하나에 해당하는 금액은 제외한다. 1. (제1호 삭제)
제15조(주식발행액면초과액 등) ④ 법 제17조 제2항에서 "대통령령으로 정하는 금액"이란 다음 각 호의 규정에 따른 금액을 말한다. 1. 「채무자 회생 및 파산에 관한 법률」에 따라 채무를 출자로 전환하는 내용이 포함된 회생계획인가의 결정을 받은 법인이 채무를 출자전환하는 경우로서 당해 주식 등의 시가(시가가 액면가액에 미달하는 경우에는 액면가액)를 초과하여 발행된 금액 2. 「기업구조조정촉진법」에 따라 채무를 출자로 전환하는 내용이 포함된 경영정상화계획의 이행을 위한 약정을 체결한 부실징후기업이 채무를 출자전환하는 경우로서 당해 주식 등의 시가(시가가 액면가액에 미달하는 경우에는 액면가액)를 초과하는 금액 3. 당해 법인에 대하여 채권을 보유하고 있는 「금융실명거래 및 비밀보장에 관한 법률」 제2조 제1호의 규정에 의한 금융기관과 채무를 출자로 전환하는 내용이 포함된 경영정상화계획의 이행을 위한 협약을 체결한 법인이 채무를 출자로 전환하는 경우로서 당해 주식 등의 시가(시가가 액면가액에 미달하는 경우에는 액면가액)를 초과하는 금액 ⑤ 법 제17조 제2항의 규정에 따라 내국법인이 익금에 산입하지 아니한 금액 전액을 결손금의 보전에 충당하기 전에 사업을 폐지하거나 해산하는 경우에는 그 사유가 발생한 날이 속하는 사업연도의 소득금액 계산에 있어서 결손금의 보전에 충당하지 아니한 금액 전액을 익금에 산입한다.	제15조(주식발행액면초과액 등) (제4항 삭제) (제5항 삭제)

(3) 조세특례제한법과 조세특례제한법 시행령

일몰시한이 2018.12.31.로 되어 있는「조세특례제한법」제44조와「조세특례제한법 시행령」제41조는 연장하지 않고 일몰되도록 한다.

3. 개정이유

상계방식에 의한 출자전환은 증자 시 주금을 '현재의 현금으로 지금 납입'하는 대신에 '과거에 이미 납입'한 금전채권액으로 그 출자에 갈음하는 것이므로 본질적으로 현금을 납입하는 것과 다를 바 없는 자본거래다. 따라서 이 취지에 맞도록 개선해야 한다.

우선, ① 채무를 출자의 납입에 갈음하는 상계방식의 출자전환은 자본거래라는 것을 명백히 하기 위하여「법인세법」제15조 제1항을 개정한다. 따라서 출자전환을 하더라도 출자의 납입에 갈음하는 방식(즉, 상계방식)이 아니라면(즉, 현물출자방식 등이라면) 자본거래에 해당하지 않도록 한다. ② 출자전환 시 출자전환가액과 액면가액 간의 차액의 본질은 현금증자 시의 주식발행액면초과액과 다를 바 없는데도 이를 채무면제익에 해당하는 것으로 보아 과세하면 원본과세의 문제 등 여러 가지 문제가 발생한다. 이러한 문제를 없애기 위하여「법인세법」제17조 제1항 제1호 단서, 제2항, 그리고 이를 받은「법인세법 시행령」제15조 제4항을 삭제한다. ③ 따라서「법인세법 시행령」제11조 제6호 괄호도 삭제한다. ④ 출자전환 시의 채무면제익을 나중에 자본전입(주식배당)할 경우 의제배당으로 과세하면 원본과세의 문제가 있으므로 이를 의제배당소득으로 규정한「법인세법 시행령」제12조 제1항 제1호를 삭제한다. 이를 삭제하면 자연히 소득세법상으로도 출자전환 가액 중 주식 시가 초과액은 의제배당에서 제외되므로 소득세법령은 별도로 개정할 필요가 없다. ⑤ 출자전환 시 채무면제익으로 보는 규정을 삭제하면 이 채무면제익을 과세이연한 후 나중에 구조조정법인이 사업을 폐지하거나 해산할 경우 이월결손금에 충당하고도 남은 잔여 채무면제익을 익금에 일시에 산입하도록 규정한「법인세법 시행령」제15조 제5항은 불필요한 조항이므로 이를 삭제한다.

그 다음,「조세특례제한법」제44조와「조세특례제한법 시행령」제41조의 적용 시한을 연장하지 않고 일몰되도록 하는 이유는 다음과 같다. ① 구조조정법인에 대하여 출자전환할 경우 자본거래로서 채무면제익이 발생하지 않도록 개선하면 채무자(구조조정법인)의 입장에서는 채무를 출자전환받는 대신에 채무면제받을 실익이 없게 된다. ② 회생회사에 대하여 채무면제하는 회생계획안이 인가결정되면 이 채무면제는 '회생계획인가의 결정에 따라 회수불능으로 확정된 채권'에 해당하므로「조세특례제한법」제44조의 규정이 없어도 채권자의 대손금에 해당한다. 따라서 채권자의 입장에서는 같은 법 제44조의 규정이 불필요하다. ③ 회생계획안에 채무면제를 반영할 정도의 회생회사라면 결손금이 많아서 회생계획안에 채무면제가 반영, 인가결정되어도 채무면제익에 따른 세부담이 발생하지 않는 경우가 대부분이다. 이월결손금이 없는 회생회사는 법원이 확인한 결손금은 세무상 결손금으로 인정되는 것이므로[113] 이를 이용하면 회생회사에 채무면제가 발생해도 실제로 법인세를 부담하게 되는 사례가 거의 발생하지 않는다. 따라서 채무면제익을 이월하여 익금에 분할 산입하도록 한 「조세특례제한법」 제44조가 별도로 필요하지 않다. ④ 또한, 워크아웃법인이나 경영정상화 이행계획 약정법인의 경우 채무를 출자전환받는 방식 대신에 채무면제를 받는 경우는 현실적으로 발생하지 않는 점에서 워크아웃법인이나 경영정상화 이행계획 약정법인을 위해서 「조세특례제한법」 제44조가 존치되어야 할 필요성도 없다고 해야 할 것이다.

4. 개선효과

위와 같이 개정하면 현재 대부분 실무에서 선택하고 있는 상계방식에 의한 출자전환은 자본거래에 해당하는 것이 명확하게 된다. 따라서 출자전환거래를 자본거래가 아닌 손익거래로 취급함에 따라 발생하게 되는 문제가 제거된다. 예컨대, ① 채무면제익에 해당하는 부분을 배당할 경우 배당소득으로 과세함에 따라 개인주주에게 원본과세하는 문제가 없어진다. ② 출자전환을 받은 회생회사가 회생절차 중도에 회생폐지되어 파산할 경우 과세이연된 채무면제익이 일시에 익금산입됨에 따라 이에 대한 법인세가 재단채권으로 분류되고, 이에 따라 채권자 입장에서는 회생계획안에 동의하지 않고 곧바로 채무자를 파산절차에 들어가도록 하였다면 채권자가 배당받았을 금액이 채무면제익(출자전환분)에 대한 법인세 명목으로 재단채권화하여 국가가 우선변제받아 가는 불합리한 점이 발생하지 않게 된다. ③ 회생회사의 채무면제익에 대한 법인세 과세문제를 해결하기 위하여 액면가액으로 출자전환한 후 즉시 감자함으로써 채무면제익으로 나타날 금액을 감자차익으로 전환시키는 회생계획을 수립하는 것이 현재의 실무인데,[114] 위와 같이 개선하면 이런 불필요한 편법적 절차를 거치는 회생계획이

113) 법인세법 시행령 제18조 제1항 제2호 가목.

114) 이것을 앞 〈표 1〉의 〈사례 3〉을 가지고 설명하면 다음과 같다. 이 경우 시가가 2,000인데 발행가액 15,000으로 할증발행하여 출자전환하면 발행가액과 액면가액(5,000) 간의 차액 10,000이 채무면제익(익금)으로 법인세가 과세된다. 그래서 ① 신주를 액면으로 출자전환하여 자본금을 15,000으로 한 다음, ② 10,000을 무상감자(주식병합)하여 자본금을 5,000으로 감소시키면 ③ 10,000이 자본금에서 감자차익으로 전환된다(즉, '회생채무 10,000 → 자본금 10,000 → 감자차익 10,000'의 과정으로 전환된다). 그러면 당초 채무면제익으로 될 10,000이 감자차익으로 전환되지만 감자차익에 대해서는 법인세를 과세하지 않기 때문에 채무면제익의 발생에 따른 법인세 문제를 해결하는 방안으로 이 방안을 실무에서 선택하고 있다.

필요없게 된다. 따라서 사회적 낭비가 방지되고 불필요한 번잡성을 거칠 필요없이 간결하게 출자전환을 할 수 있게 된다. ④ 자본거래로 보는 것은 상계방식에 의한 출자전환만 해당되는 것이 분명해 지므로 출자전환을 현물출자방식 등에 따라 한다면 이 경우는 상계방식의 출자전환과는 달리 현물출자 등의 논리에 의하여 과세할 수 있게 된다. ⑤ 위와 같이 개선하면 회생절차에서 출자전환할 경우 출자전환채권 전액을 세무상 주식으로 회수한 것이 되므로, 세무상으로 출자전환채권자는 더 이상 미회수채권이 없게 된다. 그러면 출자전환 시 회생회사의 대표자의 연대보증책임도 함께 소멸하게 된다는 것을 세법에서 지지하는 견해가 되게 되어, 창업 기피에 따른 사회적 문제 해결에 이바지하게 된다.

V. 결 론

출자전환금액은 (비록 증자 이전에 납부한 것이지만) 본질적으로 주주가 납부한 금액에 해당하는 것이므로 주주가 출자한 원본이어서 과세대상이 되어서는 아니된다. 따라서 출자전환가액 중 시가초과액을 채무면제익으로 보면서도 과세이연하는 현행 세법 규정을 과세상 특혜로 볼 수 없다. 이를 채무면제익으로 보는 것은 원본에 대해서 과세하는 것이므로 오히려 부당한 과세라고 해야 할 것이다. 또한 현금증자 후 채권회수방식으로 출자전환을 하느냐, 단순 할증 방식으로 현금증자하느냐, 액면가액으로 증자한 후 감자하느냐 등에 따라 과세관계를 달리하는 것은 내용적으로 동일한 것을 다르게 과세하는 것이므로 차등과세에 해당한다. 따라서 이런 점이 감안되어서 세법이 개선되어야 할 것이다.

또한 출자전환 시 발행가액 중 시가 초과액을 세법에서는 채무면제익으로 간주, 과세하고 있는데, 사법상으로 채무면제가 발생하는지 여부를 감안하지도 않은 채 세법에서 채무면제가 있는 것으로 의제한 것이어서 '없는 것을 있는 것으로 의제'한 것이므로 실질과세원칙에 반한다. 더욱이 이 채무면제익을 주주에게 배당할 경우 원본과세되는 문제가 발생하고, 회생절차를 진행하다가 회생절차가 폐지될 경우 과세이연되던 채무면제익이 일시에 익금산입됨에 따라 회생회사가 회생절차에 들어가지 않고 곧바로 파산되었더라면 회생채권자에게 배당되었을 금액이 법인세로서 국가에 우선변제되는 등 이해하기 어려운 문제가 발생한다. 이러한 문제점은 본질적으로 과세되지 않아야 할 부분을 채무면제익으로 간주, 과세함에 따라 발생하는 문제다. 따라서 주식발행액면초과액 중에서 출자전환 시 시가초과액을 채무면제익으로 보아 과세하는 규정과 이와 관련된 세법의 규정은 모두 개정하여야 한다.

이렇게 세법을 개선하면 세법상으로 출자전환 시 회생회사 대표자의 연대보증책임도 소멸하게 되는 것이므로, 출자전환 시 회생회사 대표자의 연대보증책임이 없게 되도록 하는 제도 개선을 세법이 지지하는 것이 되어, 우리나라의 창업 기피에 따른 사회적 문제해결에도 이바지하게 된다.

참고문헌

1. 우리나라 문헌

〈단행본〉

구욱서, 『사법과 세법』, 도서출판 유로, 2010.

김완석·정지선, 『기업의 도산관련 조세제도에 관한 연구』, 한국조세연구원, 2010.

박승두, 『회사정리법』, 법률SOS, 2000.

법무부, 『상법회사편 해설(상법 해설서 시리즈 Ⅱ)』, 도서출판 동강, 2012.

서울지방법원, 『회사정리실무』(개정판), 2001.

서울중앙지방법원 파산부 실무연구회, 『회생사건실무(상)』(제2판), 박영사, 2009.

________________, 『회생사건실무(하)』(제3판), 박영사, 2011.

________________, 『회생사건실무(상)』(제4판), 박영사, 2014.

이태로·한만수, 『조세법강의』, 박영사, 2009.

이철송, 『회사법강의』, 박영사, 2012.

최명근, 『세법학총론』, 세경사, 2002.

한국공인회계사, 『개정세법해설』, 2004.

한국세무사회, 『2005 개정세법 주요내용』, 2006.

〈논문 및 기타자료〉

강혜림, "회사정리절차에 있어서 출자전환의 효력", 『판례연구』 제19집 제2호, 서울지방변호사회, 2005.

김용덕, "회사정리절차와 주주·주식", 서울대학교 통합도산법 과정(전문분야 법학연구과정 제20기) 교재, 2005.

김재길·김광윤, "분식회계 관련 판례에서 제시된 실질과세원칙과 신의칙", 『세무학연구』 제32권 1호, 한국세무학회, 2015.3.

김청식, "회생절차 관련 세제의 문제점과 개선방안", 서울시립대학교 박사학위논문, 2012.2.

김현석, "파산절차에서의 조세법률관계", 『재판자료』 제98집, 법원도서관, 2002.

도진기, "채권의 출자전환에 관한 연구 - 회사정리절차를 중심으로 -", 서울대학교 대학원 석사학위논문, 2003.8.

민정석, "기업개선절차에서의 출자전환의 법적 성격 및 부진정 연대채무자 중 1인이 한 상계 내지 상계계약의 효력", 『사법』 15호, 사법발전재단, 2011.

박정우·김승범, "기업갱생을 위한 조세 및 법률제도의 정비방안 - 대출채권의 출자전환 방법을 중심으로 -", 『세무와회계저널』 제4권 제1호, 한국세무학회, 2003.11.
배영석, "기업회생절차의 출자전환 관련 세제에 관한 연구", 강남대학교 박사학위논문, 2015.12.
안경봉, "회사정리(회생)절차와 조세", 『조세법연구』 제13-2호, 세경사, 2007.8.
안윤우, "출자전환에 관한 소고", 『변호사』 제42집, 서울지방변호사회, 2012.
오영준, "2009년 도산법 중요 판례", 『인권과 정의』 통권 403호, 대한변호사회, 2010.3.
______, "2010년 도산법 중요 판례", 『인권과 정의』 통권 415호, 대한변호사회, 2011.3.
염춘필, "채권의 출자전환실무", 『법무사저널』 5월~6월호, 서울중앙지방법무사회, 2007.
이승문, "법인세법상 자산의 취득가액 - 출자전환주식의 취득가액을 중심으로 -", 『국민대학교 법학연구소 학술발표대회 논문집』, 국민대학교 법학연구소, 2009.
이승환, "대출금의 출자전환에 관한 연구 : 채권평가방법을 중심으로", 『법학연구』 제17권 제4호(통권 제36호), 연세대학교 법학연구소, 2007.12.
______, "「기업구조조정촉진법」하에서의 출자전환의 효력 - 대법원 2010.9.16. 선고 2008다97218(전합) 판결 -", 『상사판례연구』 제25집 제1권, 2012.3.
이의영, "출자전환 시 채무면제익에 대한 법인세 과세문제", 『사법논집』 제147집, 법원도서관, 2008.
______, "회사도산세제의 개선방향에 관한 연구 - 효율적 도산제도 운용을 위한 조세법적 접근", 서울대학교 대학원 박사학위논문, 2008.8.
이정란, "채무의 출자전환과 채무면제이익", 『법학연구』 제55권 제1호(통권 제79호), 부산대학교 법학연구소, 2014.2.
이중교, "채무의 출자전환에 따른 과세문제", 『조세법연구』 제20-2호, 세경사, 2014.8.
이철송, "채권의 출자전환에 따른 법률문제 : 상계가능성을 중심으로", 『인권과 정의』 266호, 대한변호사협회, 1998.10.
임종엽, "회생채권의 출자전환과 채무의 소멸범위", 『판례연구』 제24집 제1호, 서울지방변호사회, 2010.
임치용, "회사정리절차와 출자전환", 『BFL』 제9호, 서울대학교 금융법센터, 2005.
진상범, "기업개선작업(워크아웃)에서의 출자전환과 채무의 소멸범위 : 2004.12.23. 선고, 2004다46601 판결", 『BFL』 제32호, 서울대학교 금융법센터, 2008.
최성근, "미국의 도산기업 채무면제익 과세제도에 관한 비교법적 고찰", 『조세학술논문집』 제24집 제1호, 한국국제조세협회, 2008.
______, "채무면제익에 대한 과세", 『조세학술논문집』 제25집 제1호, 한국국제조세협회, 2009.
하재홍, "기업개선작업에서의 출자전환의 법적 구성", 『경기법학논총』 제13호, 2011.12.
한만수, "자본구조조정 및 채무조정의 과세효과에 관한 고찰", 『조세법연구』 제14-1호, 세경사, 2008.4.

한원식·김기영, “법인세법상 현물출자 관련 양도가액 규정의 문제점과 개선방안 - 부당행위계산부인 규정을 중심으로 -”, 『회계와세무저널』 제15권 6호, 2014.12.
황남석, “2012년도 법인세법 판례 觀見”, 『세무사』 제31권 제3호(통권 제138호), 2013.

2. 日本 論文 및 其他資料

林 幸一, “中小企業再生における類似DESに係る課税問題”, 『大阪経大論集』 第61巻 第3号, 2010.
知原信良, “民事再生手續における課税上の諸問題”, 『ジュリスト』 No.1268, 2004.6.
松嶋隆弘, “いわゆる デット・エクイティ・スワップ事件”, 『日本法學』 第77巻 第4号, 2012.
金子宏·垂井英夫, “法人税における資本等取引と損益取引-混合取引の法理の提案 -税財政の今後の課題と展望(日本租税研究會創立60周年記念大會記錄)”, 日本租税硏究協會, 2009.
藤田耕司·岡本高太郎, デット・エクイティ・スワップをめぐる税法と商法の交錯”, 『ジュリスト』 No.1257, 2003.12.

1.2. 출자전환으로 취득하는 주식의 취득가액에 관한 연구*

배영석**·김병일***

초 록

출자전환은 채권자가 가지고 있는 금전채권을 출자로 전환하여 주식을 취득하는 것이므로 자본을 증가시키는 자본거래의 성질을 지닌다. 출자전환에서 주금을 납입하는 출자전환자(채권자)와 주금을 납입받는 피출자전환자(채무자)는 동전의 앞뒤와 같은 관계이므로 출자전환에 따른 주금 납입액을 같은 법리로 다루어야 타당할 것으로 생각되나 현행 세법의 규정은 그렇지 않다.

현행 세법은 출자전환 당사자 간에 같게 취급해야 할 것을 당사자가 누구인가에 따라 달리 취급하고 있어 여러 가지 문제가 발생하고 있다. 즉, ① 출자전환채권자와 피출자전환채무자 간에 주금 납입액을 세무상 같은 논리로 처리하지 않고 있고, ② 피출자전환법인이 일반법인이냐 구조조정법인이냐에 따라 채권자의 주식취득가액을 다르게 규정하고 있으며, ③ 기업회생절차에서는 출자전환가액 중 주식의 시가 초과액을 채무자로부터는 회수할 수 없어도 보증인 등으로부터는 회수할 수 있음에도 이를 무시하고 세무처리하고 있고, ④ 구조조정법인에 대한 출자전환주식의 취득가액을 채권의 장부가액으로 하여 채권 전액이 그대로 주식취득가액으로 전환된 것으로 하였는데도 채권자는 채무자에게 채무면제익이 된 금액(주식 시가초과액)을 배당 등의 형태로 되돌려 받을 수 있게 되는 등 이해하기 어려운 여러 가지 문제점이 실무상 나타나고 있다. ⑤ 뿐만 아니라 일반법인과 구조조정법인 간에 채권자의 출자전환주식의 취득가액을 달리 하도록 규정하여 차별하고 있음에 따라 취득원가를 규정한 현행 「법인세법 시행령」이 위헌이라는 주장도 제기되고 있다.

따라서 이러한 제반 문제점을 해결하기 위하여 출자전환 시 일반법인이든 구조조정법인이든 이를 구별하지 않고 채권자의 주식취득가액을 '출자전환하는 채권의 장부가액'으로 하도록 「법인세법 시행령」 제72조 제2항 제4호의2를 개정해야 할 것이다.

대손상각한 채권을 출자전환하는 경우에 출자전환주식의 취득가액을 어떻게 결정할 것인가를 두고 출자전환 채권가액으로 해야 한다는 견해, 세무상 장부가액으로 해야 한다는 견해, 출자전환주식의 시가액으로 해야 한다는 견해 등으로 나뉘는데, 대손상각한 채권을 출자전환하는 것은 '당초 대손처리한 것을 취소(수정)하는 회수거래'와 '출자전환하는 거래'라는 2가지 거래로 구성되어 있다고 보아야 하므로 이 경우 출자전환주식의 취득가액을 출자전환 채권가액으로 하는 것이 타당하다.

구조조정법인에 대한 금전채권을 중도에 권면액 이하의 가액으로 매수한 자가 당해 구조조정법인에 출자전환할 때 채권의 권면액이 출자전환가액으로 인정되는 경우에 중도 매수자의 출자전환주식의 취득가액을 매수가액으로 해야 하는지 권면액으로 해야 하는지에 관해서는 매수가액이 출자전환채권자의 장부가액이므로 이 가액을 취득가액으로 하는 것이 타당하다.

이렇게 입법론적으로 개선되고 해석론적으로 명확히 정립되면 출자전환에 관한 현행 세무상 문제점이 해결되고 또한 출자전환 시 세무처리가 간결하게 되어 실무상 혼선의 발생을 방지하게 될 것이다.

주제어 | 출자전환, 취득가액, 채무면제익, 주식발행액면초과액, 대손금

---

* 『세무학연구』 제34권 제3호(2017.9., 한국세무학회)에 게재된 논문이다.

** 주저자 : 진일회계법인 공인회계사, 세무학 박사

*** 교신저자 : 강남대학교 경영관리대학 경제세무학과 교수, 법학 박사

Ⅰ. 서 설

출자전환은 채권자가 가지고 있는 금전채권을 출자에 갈음한 후 신주를 취득하는 것이므로 자본을 증가시키는 자본거래의 성질을 지닌다. 주금 납입자에 해당하는 출자전환채권자와 주금 수납자에 해당하는 피출자전환채무자는 동전의 앞뒤 관계와 같으므로 양 당사자는 출자전환에 따른 주금 납입액을 같은 논리에 의하여 세무처리할 것으로 생각되지만 현행 세법의 규정은 그렇지 않다. 이에 따라 출자전환과 관련하여 세무상으로 여러 가지 쟁점이 제기된다. 예컨대 채무자 입장에서는 출자전환 채권가액과 발행주식의 시가 간의 차액이 채무면제익에 해당하는지, 출자전환 시 주식발행액면초과액이 얼마가 되는지[1]라는 점 등이 쟁점이 되며, 채권자 입장에서는 출자전환 시 대손금이 발생하는지,[2] 출자전환주식의 취득가액을 얼마로 할 것인지라는 점 등이 쟁점이 된다.

본 논문에서는 이러한 쟁점 중에서 출자전환주식의 취득가액에 대한 것을 분석·검토하여, 입법론적 개선방안을 제시함과 아울러 출자전환주식의 취득가액에 대한 타당한 해석론을 찾고자 하는 데에 그 목적이 있다.

본 논문은 다음과 같이 구성되어 있다.

제Ⅱ장에서 출자전환의 본질을 살펴본 후 현행 세법이 출자전환으로 취득하는 주식의 취득가액을 어떻게 하도록 규정하고 있는지를 '발행가액 > 시가 > 액면가액'인 경우, '시가 > 발행가액 > 액면가액'인 경우, '발행가액 > 액면가액 > 시가'인 경우로 나누어서 살펴 본 다음, 출자전환 시 회계처리에 관하여 살펴 본다. 제Ⅲ장에서는 출자전환에 관한 현행 세법이 출자전환자와 피출자전환자 간에 세무처리를 다르게 하도록 규정함에 따라 발생하는 여러 가지 문제점을 분석하여 현행 출자전환주식의 취득가액에 관한 입법상 문제점을 살펴본 다음, 이러한 문제점을 해소할 수 있는 입법적 개선방안을 제시한다. 제Ⅳ장에서는 현행 출자전환주식의 취득가액에 관하여, ① 대손상각채권을 출자전환하여 취득한 주식의 취득가액에 대한 타당한 해석론을 모색하며, ② 금전채권의 중도매수자가 그 매수채권을 출자전환하여 취득한 주식의

---

1) 출자전환 시 채무자 입장에서 출자전환채권액과 주식 시가 간 차액의 채무면제익에의 해당성 및 출자전환 시 주식발행액면초과액에 관해서는 배영석·김병일, "출자전환 시 채무면제익에 관한 연구 – 입법론상 개선방안을 중심으로 –", 『세무학연구』 제33권 제3호, 한국세무학회, 2016. 참조.

2) 채권자 입장에서 출자전환 시 대손금이 발생하는지에 관해서는 배영석·김병일, "출자전환 및 회생채권 관련 대손금과 대손세액공제에 관한 연구 – 해석론의 정립방안을 중심으로 –", 『세무학연구』 제34권 제1호, 한국세무학회, 2017. 참조.

취득가액에 대한 타당한 해석론을 검토한다. 제Ⅴ장에서는 지금까지 논의한 모든 사항을 종합하여 결론을 내린다.

본 논문은 일반법인은 물론 구조조정법인[3]이 출자전환한 후 취득하는 주식의 취득가액에 관하여 논하지만, 「상법」이 2011.4.14.에 개정된 이후에는 실무상 간단한 방식인 상계방식으로 출자전환하는 것이 일반적이고 현금증자 후 채권회수방식이나 현물출자방식으로 출자전환하는 경우는 거의 찾아 볼 수 없으므로 본 논문에서 특별한 언급이 없으면 상계방식으로 출자전환하는 것을 전제하고 논의한다.

구조조정법인에 출자전환할 경우 출자전환주식의 취득가액을 출자전환채권액으로 하도록 정한 현행 「법인세법 시행령」의 규정은 헌법과 모법에 위배되어 무효라는 주장이 있는 반면(박요찬, 2013), 현행 「법인세법 시행령」의 규정이 타당하다는 주장도 있다(이승문, 2009). 그러나 '대손상각채권의 출자전환 시 주식취득가액'과 '금전채권을 권면액 이하로 매입한 중도매수자가 출자전환할 경우 주식의 취득가액'을 어떻게 결정하는 것이 합리적인가라는 점에 대해서는 과세관청의 해석, 조세심판원의 결정례 등은 있으나 학계에서는 논의가 없는 실정이다.

출자전환채권자의 주식취득가액을 주식의 시가로 하도록 정한 현행 「법인세법 시행령」의 규정에 따를 때 채무자에게는 채무면제익이 발생하는데, 본 연구는 출자전환 시 채무면제익의 발생에 따른 여러 가지 문제점을 분석하여 이 문제점을 해소할 입법론을 제안하는 점에서 선행연구와 차별되며, 또한 '출자전환한 대손상각채권의 주식취득가액'과 '출자전환한 중도매수채권의 주식취득가액'을 어떻게 결정하는 것이 합리적인가라는 것에 대하여 세밀히 논증하는 점에서 의의가 있다고 할 것이다.

---

3) ① 본 논문에서 '구조조정법인'이란 구조조정절차를 진행하는 회생법인, 워크아웃법인, 경영정상화계획 이행협약 체결법인, 사업재편계획 승인법인 등 출자전환에 따른 채무면제익을 과세이연할 수 있는 (「법인세법 시행령」 제15조 제4항에 규정한) 4가지의 법인을 말하기로 하되, 경우에 따라서는 이 4가지 법인을 개별적으로 나열하기로 한다. ② 또한 본 논문에서 '구조조정절차'란 채무자회생법에 의한 회생절차, 「기업구조조정촉진법」상 워크아웃절차, 당해 기업의 채권금융기관과 체결한 경영정상화계획 이행협약에 따른 절차, 「기업 활력 제고를 위한 특별법」에 의한 사업재편계획 추진절차의 4가지를 말하기로 한다.

Ⅱ. 출자전환주식의 취득가액에 관한 현행 세법의 규정 내용 및 회계처리

1. 출자전환의 의의 및 본질

가. 출자전환의 의의

출자전환(debt equity swap; DES)이란 채무자가 신주를 발행하는 경우 채권자가 가지고 있는 금전채권으로 그 신주의 주금납입(출자)에 갈음하여 신주를 취득하는 것을 말한다.

「채무자 회생 및 파산에 관한 법률」(이하 "채무자회생법"이라 한다)에서는 회생계획에 회생채권자·회생담보권자 또는 주주에 대하여 새로 납입 또는 현물출자를 하게 하지 아니하고 신주를 발행할 수 있도록 규정하여(종전 「회사정리법」도 동일함) 「상법」에 대한 특례규정을 두고 있는데 회생회사는 종래 이 조항에 근거하여 출자전환을 하여 왔고, 「상법」에 따라 출자전환을 할 경우에는 현금증자후 채권회수 방식, 현물출자 방식, 상계 방식 등 3가지 방식이 주로 출자전환 방식으로 이용되어 왔다.[4] 그러나 2011.4.14.에 「상법」 제421조 제2항이 개정되어 주식발행법인(채무자)이 동의하면 주식인수인(채권자)은 신주납입의무를 채무자에 대한 채권으로 상계하는 방법으로 주금을 납입할 수 있음에 따라 실무에서는 대부분 상계 방식으로 출자전환을 하고 있다.[5], [6]

출자전환은 회생법인·워크아웃법인 등 구조조정법인에서 주로 실행하나 그 이외의 일반법인에서도 종종 실행한다.

4) 출자전환 방식에 관한 자세한 내용은 배영석, "기업회생절차의 출자전환 관련 세제에 관한 연구", 강남대학교 대학원 박사학위논문, 2015, 31~39면 참조.

5) 진상범, "기업개선작업(워크아웃)에서의 출자전환과 채무의 소멸범위 : 2004.12.23. 선고 2004다46601 판결", 『BFL』 제32호, 서울대학교 금융법센터, 2008, 108면에 의하면 "워크아웃에서의 출자전환은 보통 상계방식에 의하여 진행하고, 워크아웃에 관한 하급심 판결들의 사실관계에서도 명백하게 현물출자방식으로 진행되었다고 볼 만한 사례는 찾아볼 수 없었다"고 하고 있다.

6) 본 논문에서는 '상계'는 '상계계약'에 의한 것도 포함하기로 하며, 채무자회생법 이외의 법령에 근거하여 하는 출자전환은 모두 상계방식으로 하고 있는 것이 현실이므로 본 논문에서는 채무자회생법 이외의 법령에 근거하여 하는 출자전환은 모두 상계방식으로 하는 것을 전제로 하고 논한다.

나. 출자전환의 본질

출자전환은 채권자가 가진 금전채권을 출자에 갈음하여 신주를 취득하는 것인데, 법리상으로 출자전환의 본질이 무엇인지에 대하여 견해가 갈리고 있다.

출자전환을 현물출자로 이해하는 견해가 있다. 재정경제부가 2005.3.5.의 예규[7]에서 "…출자전환으로 취득하는 주식의 가액은 「법인세법 시행령」 제72조 제1항 제4호[8]의 규정에 의하여 당해 주식의 취득 당시의 시가로 하는 것…"으로 해석하고 있는 점을 보면 과세당국은 출자전환을 현물출자로 이해하는 것으로 보인다.

그러나 출자전환을 현물출자로 볼 수 없다 할 것이다. 그 논거는, ① 채무자회생법 제206조 제1항은 "…새로…현물출자를 하게 하지 아니하고 신주를 발행하는 때에는…"라고 규정하여 회생절차에서 출자전환하는 경우 현물출자가 없는 것으로 입법하고 있기 때문에 회생절차에서 하는 출자전환을 현물출자로 볼 수 없다. ② 회생절차 이외(예 : 워크아웃절차, 일반절차 등)에서 출자전환하는 경우 「상법」에서 정한 현물출자의 절차에 따라 출자전환을 하는 것이 아니라 상계방식에 의하여 출자전환하는 것이 현행 실무이므로 이 경우에도 출자전환을 현물출자로 볼 수 없다.

출자전환을 대물변제로 이해하는 견해[9]도 있다. 그러나 출자전환을 대물변제로 볼 수 없다 할 것이다. 그 논거는, ① 채무자가 이미 발행하여 보유하고 있는 자기주식을 출자전환의 대가로 채권자에게 교부하는 것이라면 출자전환을 대물변제로 볼 여지가 있으나, 출자전환 시 채무자는 출자전환으로 받은 대가를 신주의 납입액으로 한 다음 새로 신주를 발행한 후 이 신주를 채권자에게 교부한다는 점에서 출자전환을 대물변제로 볼 여지가 없다.[10] ② 대물변제의 방식으로 신주를 발행할 근거를 「상법」이나 「상업등기법」에서 두고 있지 않는데, 이 점에서도 법리상 출자전환을 대물변제로 볼 수 없다.

출자전환을 교환으로 보는 견해도 있을 수 있다. 출자전환이 외견상으로 '채권자가 가진 금전채권'과 '채무자가 발행한 신주'를 맞교환하는 것으로 보일 뿐만 아니라 출자전환을 영어로 debt equity swap이라고 표현하고 있기 때문에 이런 견해를 취할 수 있다. 그러나 출자전

7) 재정경제부, 재법인 46012-37, 2003.3.5.

8) 2005.3.5. 당시 「법인세법 시행령」 제72조 제1항.
4. 현물출자·합병 또는 분할에 의하여 주주등이 취득한 주식등 : 취득 당시의 시가. (단서 생략).

9) 대법원 전원합의체 판결(2010.9.16. 선고 2008다97218 판결 ; 2012.11.22. 선고 2010두17564 판결)에서 소수의견을 취한 신영철 대법관의 견해다.

10) 민정석, "기업개선절차에서의 출자전환의 법적 성격 및 부진정 연대채무자 중 1인이 한 상계 내지 상계계약의 효력", 『사법』 제15호, 사법발전재단, 2011, 312면 및 318면에서도 대물변제설을 취할 경우 나타나는 이러한 문제점을 지적하면서 출자전환의 법적 성격을 대물변제로 볼 수 없다고 하고 있다.

환을 교환으로 볼 수 없다 할 것이다. 그 논거는, ① 출자전환 시점에 교환의 목적물이 존재하지 않는다는 점에서 교환으로 볼 수 없다. 즉, 법적 성질이 교환이 되려면 출자전환 시점에 교환하려는 목적물이 교환 당사자 상호 간에 존재해야 하는데, 출자전환은 채무자가 출자전환받은 주금납입액을 근거로 채권자에게 새로 '신주(新株)를 발행하여 교부'하는 것이고 보유하던 '구주(舊株)를 교부'하는 것이 아니기 때문에 출자전환 시점에 채무자에게는 교환의 목적물이 없다는 점에서 출자전환을 교환으로 볼 수 없다. ② 「상법」이나 「상업등기법」에서 신주를 교환에 의하여 발행할 수 있는 근거를 두고 있지 않다는 점에서도 출자전환을 교환으로 볼 수 없다.

결국, 출자전환 시 우리나라 실무에서 대부분 채택하고 있는 방식인 상계가 출자전환의 본질이라고 해야 할 것이다. 그 논거는 다음과 같다. ① 회생절차에서 출자전환하는 경우도 출자전환의 본질을 상계로 보는 것이 타당하다. 즉, 채무자회생법은 종전의 「회사정리법」에는 규정하고 있지 않던 '신주의 발행으로 감소하게 되는 부채액'을 회생계획에 기재[11]하도록 규정하고 있기 때문에 현행 채무자회생법에 의한 출자전환의 경우 '신주의 발행으로 감소하게 되는 부채액'이 '신주의 납입액'에 충당된다(즉, 상계된다)고 보는 것이 타당하다.[12), 13] ② 회생절차 이외에서 출자전환을 할 때에는 상계방식으로 출자전환하는 것이 현실이므로[14] 당사자가 선택한 의사에 맞게 출자전환의 본질을 상계로 이해하는 것이 타당하다.

대법원은 ① 기업회생절차에서 하는 출자전환의 법적 성질에 대하여 명시적인 입장은 표명하고 있지 않지만,[15), 16] 워크아웃절차에서 출자전환하는 경우 2번의 전원합의체 판결에서 그 본질을 상계로 판시하였다.[17] 즉, 대법원은 2012.11.22.자 전원합의체 판결(2010두17564)에

11) 채무자회생법 제206조 제1항 제4호가 그것이다.

12) 이승환, "「기업구조조정촉진법」하에서의 출자전환의 효력 – 대법원 2010.9.16. 선고 2008다97218(전합) 판결 –", 『상사판례연구』 제25집 제1권, 2012, 54~55면에서는 "채무자회생법 제206조 제1항에서 신주발행시에 증가하는 자본(제3호)과 「회사정리법」에서는 없던 조항인 '신주발행으로 감소하게 되는 부채액(제4호)'을 게기토록 한 것은 상계로 인하여 증자하는 자본과 소멸하는 채무의 범위를 명확하게 하고자 한 것으로 볼 수 있다"라고 하여, 기업회생절차에서 회생채권자가 하는 출자전환의 성질을 상계로 보고 있다.

13) 수원지방법원 2016.4.21. 선고 2015구합66715 판결에서도 "…회생계획안이 인가된 이상 이해관계인들은 그 회생계획에 따라야 하므로, 회생계획에 기재된 사항에 대하여 이해관계인들 사이에 합의가 존재하는 것으로 보아야 한다. 따라서 회생회사의 경우 출자전환으로 소멸되는 기존채권의 가액에 관한 합의가 회생계획상 존재하는 것이므로 회생계획에서 정하고 있는 바에 따라 주채무가 소멸하게 된다.…"라고 판시하여 출자전환을 상계로 보는 것으로 생각된다.

14) 주석 5)에서 보는 바와 같이 현물출자 방식으로 출자전환하는 경우를 현실에서는 찾기 어렵다.

15) 서울중앙지방법원 파산부 실무연구회, 『회생사건실무(상)』(제2판), 박영사, 2009, 601면 참조.

16) 대법원이 대한통운 사건(2009.11.12. 선고 2009다47739 판결)에서 1주당 발행가액이 25,000원이고 1주당 시가액이 72,000원 상태에서 출자전환한 경우, '채권액의 변제로 볼 수 있는 금액'은 시가액(1주당 72,000원)이 아니라 발행가액(1주당 25,000원)이라고 판시하는 점을 보면 대법원은 회생절차에서도 출자전환을 상계설로 보는 입장이거나 이에 유사한 입장인 것으로 생각된다.

서 "…출자전환으로 주식을 발행하는 경우에는 '출자전환되는 채무 전부'[18]가 주식에 대한 인수가액으로 납입된 것으로 인정되어야만 발행예정 주식 전부에 대하여 신주발행의 효력이 발생하는 것이므로, 그 결과로서 나타나는 '경제적 측면에서의 효과'[19]를 이유로 출자전환되는 채무 중 '발행주식 시가 초과 부분'[20]만을 따로 떼어내어 주식에 대한 납입금으로서의 실질을 부인할 수는 없다. …채무의 출자전환으로 주식을 발행하는 경우에도 그 '인수가액 중 액면을 초과하는 금액'[21]은 그 전액이… 주식발행액면초과액에 해당한다고 봄이 타당하고…" 라고 판시하여 워크아웃절차에서 출자전환 시 상계설을 취한 논거를 밝히고 있다.

2. 사례별 출자전환의 취득가액에 관한 세법 규정 내용

출자전환으로 채권자가 취득한 출자전환주식의 취득가액을 얼마로 할 것인가의 문제는, 채권자의 입장에서는 출자전환주식을 얼마의 대가를 지급하고 취득한 것인가라는 문제이지만 동시에 채무자의 입장에서는 출자전환으로 채무가 얼마만큼 소멸하는가라는 것과 관련된 문제이기도 하다.

출자전환으로 취득한 주식의 취득가액과 관련하여 채권자와 채무자의 입장에서 현행 세법상 문제점을 알아보기 위해 (이해를 돕기 위하여) 출자전환주식의 발행가액, 출자전환 주식의 시가, 출자전환 주식의 액면가액이 아래 〈표 1〉의 3가지 사례가 있는 경우를 가정하고 논의하기로 한다.

〈표 1〉 3가지 사례별 주식의 발행가액·시가·액면가액

구 분	사례 1	사례 2	사례 3
출자전환가액(=주식의 발행가액)	15,000	9,000	15,000
출자전환 당시 주식의 시가	7,000	15,000	2,000
출사전환 취득 주식의 액년가액	5,000	5,000	5,000

17) 대법원, 2010.9.16. 선고 2008다97218 판결 ; 대법원, 2012.11.22. 선고 2010두17564 판결.
18) 위 〈표 1〉의 〈사례 1〉과 〈사례 3〉의 경우 15,000이 '출자전환되는 채무 전부'에 해당한다.
19) '경제적 측면에서의 효과'는 채무변제의 경제적 가치를 말하므로 '주식의 시가'를 말한다고 할 것이고, 위 〈표 1〉의 〈사례 1〉과 〈사례 3〉의 경우 7,000과 2,000이 각각 해당한다.
20) '발행주식 시가 초과 부분'은 채권자의 입장에서는 대손금이 되고 채무자의 입장에서는 채무면제익이 되는 것으로, 위 〈표 1〉의 〈사례 1〉과 〈사례 3〉의 경우 8,000과 13,000이 각각 해당한다.
21) '인수가액 중 액면을 초과하는 금액'은 위 〈표 1〉의 〈사례 1〉과 〈사례 3〉의 경우 10,000이 각각 해당한다.

채권자의 입장에서 출자전환주식의 취득가액에 관하여 현행 「법인세법 시행령」 제72조 제2항 제4호의2[22]가 정하고 있는데, 출자전환주식의 취득가액을 그 본문에서는 '주식의 시가'로 하도록 정하고 있으나 그 단서에서는 '출자전환채권의 장부가액'으로 하도록 정하여[23] 달리 규정하고 있다. 아래에서 3가지 사례별로 세법이 출자전환 채권자와 피출자전환 채무자에 대해서 각각 어떻게 규정하고 있는지를 살펴보기로 한다.

가. '발행가액>시가>액면가액'인 경우 출자전환 시 취득가액

이 경우는 앞 〈표 1〉의 〈사례 1〉의 경우이다. 아래 〈그림 1〉에서 보는 바와 같이, 현행 세법은 채권자의 출자전환주식의 취득가액을 일반법인에 출자전환하면 '주식의 시가'로 하도록 규정하고 있으므로 취득가액은 7,000이 된다. 그러나 구조조정법인에 출자전환하면 '출자전환채권의 장부가액'으로 하도록 규정하고 있으므로 취득가액이 15,000이 된다.

한편, 채무자 입장을 규정한 법인세법 제17조 제1항 제1호[24]는, 그 본문에서 주식발행가액 중 액면금액을 초과하는 금액을 주식발행액면초과액으로 규정하므로 일반적인 증자에서 할증 발행하면 주식발행액면초과액은 10,000이 되지만, 그 단서에서는 채무의 출자전환의 경우에는 발행가액 중 시가 초과액 8,000을 주식발행액면초과액에서 제외하도록 규정하고 있으므로 주식발행액면초과액은 2,000이 될 뿐이고 8,000은 채무면제익이 된다.[25]

---

22) 「법인세법 시행령」 제72조(자산의 취득가액 등) ② 법 제41조 제1항 및 제2항에 따른 자산의 취득가액은 다음 각 호의 금액으로 한다.
4의2. 채무의 출자전환에 따라 취득한 주식등 : 취득 당시의 시가. 다만, 제15조 제4항 각 호의 요건을 갖춘 채무의 출자전환으로 취득한 주식등은 출자전환된 채권(법 제19조의2 제2항 각 호의 어느 하나에 해당하는 채권은 제외한다)의 장부가액으로 한다.

23) 이 단서의 괄호에 정한 채권(대손금으로 처리하더라도 손금으로 인정하지 않는 채권)은 단서의 적용이 배제되고 본문이 적용되지만 이 단서의 괄호에 정한 채권이 실무상 출자전환과 관련하여 발생하는 쟁점은 본 논문의 주제와 거리가 있으므로 본 논문은 단서의 괄호에 정한 채권은 제외하고 논한다.

24) 법인세법 제17조(자본거래로 인한 수익의 익금불산입) ① 다음 각 호의 구분에 따른 수익은 내국법인의 각 사업연도의 소득금액을 계산할 때 익금에 산입(算入)하지 아니한다.
1. 주식발행액면초과액 : 액면금액 이상으로 주식을 발행한 경우 그 액면금액을 초과한 금액(무액면주식의 경우에는 발행가액 중 자본금으로 계상한 금액을 초과하는 금액을 말한다). 다만, 채무의 출자전환으로 주식등을 발행하는 경우에는 그 주식등의 제52조 제2항에 따른 시가를 초과하여 발행된 금액은 제외한다.

25) 이 8,000을 채무면제익으로 정한 규정이 당연한 사항을 정한 주의적 규정인지 아니면 출자전환의 경우에만 특별히 채무면제익에 해당하는 것으로 정한 예외적·창설적 규정인지에 대한 견해의 대립은 배영석·김병일(주 1), 232~237면 및 240~249면 참조.

〈그림 1〉 '발행가액>시가>액면가액'인 경우 출자전환 시 채권자와 채무자의 세무처리

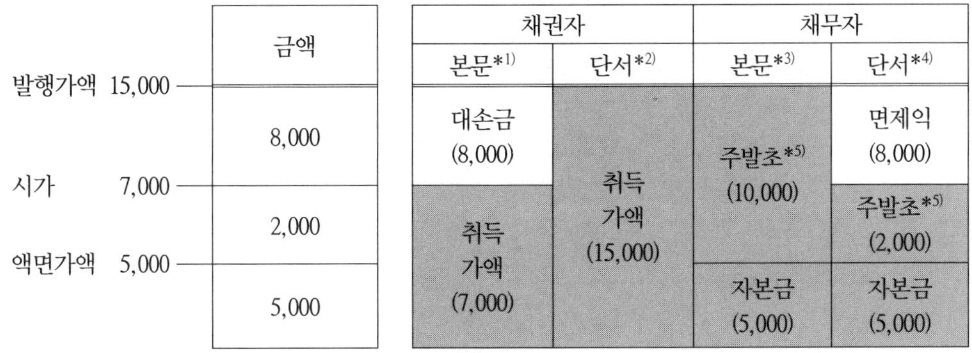

*1) 본문 : 「법인세법 시행령」 제72조 제1항 제4호의2 본문(비구조조정법인 시 취득가액)
*2) 단서 : 「법인세법 시행령」 제72조 제1항 제4호의2 단서(구조조정법인 시 취득가액)
*3) 본문 : 「법인세법」 제17조 제1항 제1호 본문(일반현금증자의 경우)
*4) 단서 : 「법인세법」 제17조 제1항 제1호 단서(출자전환의 경우)
*5) 주발초 : 주식발행액면초과액
☞ 위 '*1) 본문, *2) 단서, *3) 본문, *4) 단서, *5) 주발초'는 아래 〈그림 2〉, 〈그림 3〉에서도 동일함

결국, ① 채권자의 입장에서는, 발행가액과 시가 간의 차액 8,000은 일반법인에 출자전환하면 대손금이 되나[26] 구조조정법인에 출자전환하면 주식의 취득가액을 구성하게 된다. ② 그 반면 채무자의 입장에서는, 일반법인이든 구조조정법인이든 상관없이, 이 차액 8,000은 채무면제익인 것으로 규정하고 있다.[27]

나. '시가>발행가액>액면가액'인 경우 출자전환 시 취득가액

이 경우는 앞 〈표 1〉의 〈사례 2〉의 경우이다. 아래 〈그림 2〉에서 보는 바와 같이, 현행 세법은 채권자의 출자전환주식의 취득가액을 일반법인에 출자전환하면 '주식의 시가'로 하도록 규정하므로 그 취득가액은 15,000이 된다. 그러나 구조조정법인에 출자전환하면 '출자전환채권의 장부가액'으로 하도록 규정하므로 그 취득가액은 9,000이 된다.

한편, 채무자의 입장에서는, 일반적인 증자에서 할증 발행하면 이 경우 주식발행액면초과액은 4,000이 되고, 채무를 출자전환하는 경우라도 발행가액 중 시가 초과액이 발생하지 않

26) 차액 8,000은 세법상 양도의 개념에 포섭되는 출자전환에서 발생하는 차액으로 보아 그 성질을 대손금이 아닌 처분손실로 해석하는 견해도 있다. 이승문, "법인세법상 자산의 취득가액 – 출자전환주식의 취득가액을 중심으로 –", 『국민대학교 법학연구소 학술발표대회 논문집』, 국민대학교 법학연구, 2009, 42~43면 ; 中野 百々造, 『會社法務と税務』, 税務研究出版局, 2008, 745頁 참조.

27) 「법인세법」 제17조 제2항 및 「법인세법 시행령」 제11조 제6호 괄호.

기 때문에 주식발행액면초과액은 4,000이 되고 채무면제익은 발생하지 않는다.

〈그림 2〉 '시가>발행가액>액면가액'인 경우 출자전환 시 채권자와 채무자의 세무처리

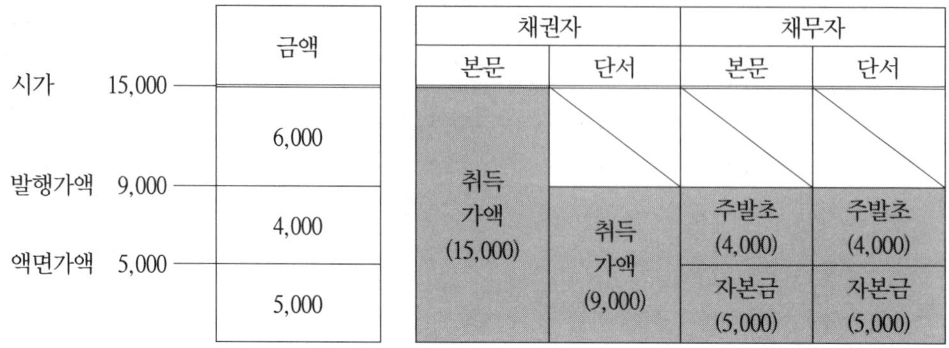

결국, ① 채권자의 입장에서는, 시가와 발행가액 간의 차액 6,000은 일반법인에 출자전환하면 채무자에게 지급한 금액에 해당하지 않는데도 출자전환주식의 취득가액을 구성하나, 구조조정법인에 출자전환하면 채권자의 취득가액을 구성하지 않는다. ② 그 반면 채무자의 입장에서는, 이 차액 6,000은 채권자로부터 출자받은 바가 없는 금액이므로 별도로 세무상으로 처리할 것이 없다.

다. '발행가액>액면가액>시가'인 경우 출자전환 시 취득가액

이 경우는 앞 〈표 1〉의 〈사례 3〉의 경우이다. 아래 〈그림 3〉에서 보는 바와 같이, 현행 세법은 채권자의 출자전환주식의 취득가액을 일반법인에 출자전환하면 '주식의 시가'로 하도록 규정하므로 그 취득가액은 2,000이 된다. 그러나 구조조정법인에 출자전환하면 '출자전환채권의 장부가액'으로 하도록 규정하므로 그 취득가액은 15,000이 된다.

한편, 채무자의 입장에서는, 일반적 증자의 경우에는 주식발행액면초과액은 10,000이 되지만, 채무를 출자전환하면 발행가액 중 시가초과액을 주식발행액면초과액에서 제외하도록 정하면서 발행주식의 시가가 액면가액에 미달하는 경우에는 액면가액 초과액을 채무면제익으로 규정하고 있으므로[28] 이 경우 액면가액 초과액(10,000) 전액이 채무면제익이 된다.

28) 「법인세법」 제17조 제2항, 「법인세법 시행령」 제15조 제4항 및 제11조 제6호 괄호 참조.

〈그림 3〉 '발행가액>액면가액>시가'인 경우 출자전환 시 채권자와 채무자의 세무처리

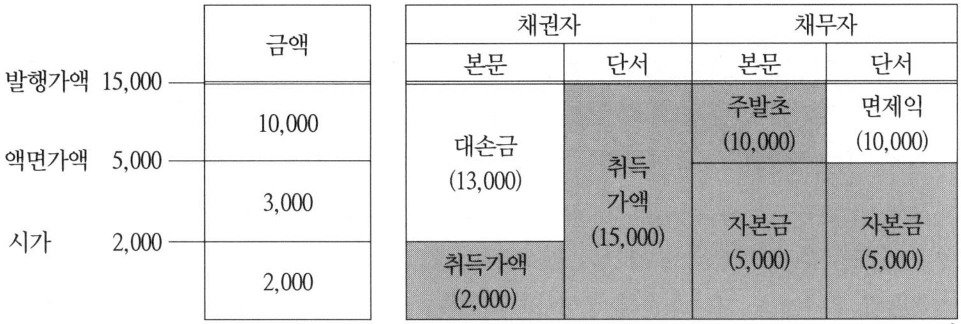

결국, ① 채권자의 입장에서는, 발행가액과 시가 간의 차액 13,000은 일반법인에 출자전환하면 대손금이 되지만 구조조정법인에 출자전환하면 출자전환주식의 취득가액을 구성한다. ② 그 반면 채무자의 입장에서는 구조조정법인이든 일반법인이든 상관없이 발행가액과 액면가액 간의 차액 10,000이 채무면제익이 된다.

라. 주식취득가액과 주금납입액의 세무처리 차이에 대한 요약

〈그림 1〉, 〈그림 2〉, 〈그림 3〉에서 본 3가지 사례별로 출자전환 시 '채권자 입장에서의 주식취득가액'과 '채무자 입장에서의 주금납입액' 간의 세무처리가 일치하는지 여부를 일반법인과 구조조정법인으로 나누어 요약, 비교하고, 동시에 현금납입하여 증자하는 경우와 출자전환하여 증자하는 경우를 대비하여 주식발행액면초과액이 상호 일치하는지 여부를 요약, 비교하면 다음 〈표 2〉와 같다.

〈표 2〉 3가지 사례별 채권자·채무자의 세무처리와 주식발행액면초과액의 처리 비교

구분	출자전환 시 세무처리상 채권자의 주식취득가액과 채무자의 주금납입액에 대한 일치성 여부		주식발행액면초과액이 현금증자 시와 출자전환 시 일치성 여부
	일반법인의 경우	구조조정법인의 경우	
사례 1 〈그림 1〉	일치 (7,000=5,000+2,000)	불일치 (15,000≠5,000+2,000)	불일치 (10,000≠2,000)
사례 2 〈그림 2〉	불일치 (15,000≠5,000+4,000)	일치 (9,000=5,000+4,000)	일치 (4,000=4,000)
사례 3 〈그림 3〉	불일치 (2,000≠5,000)	불일치 (15,000≠5,000)	불일치 (10,000≠0)

3. 출자전환 시 회계처리

현행 기업회계는 일반법인이 적용하는 일반기업회계기준과 상장법인이 적용하는 한국채택국제회계처리기준(K-IFRS)으로 양분되어 있다.

먼저, 일반기업회계기준에서의 출자전환 시 회계처리내용을 본다.

채무자가 채무 변제를 위하여 채권, 부동산 등 자산을 채권자에게 이전하면 '변제되는 채무의 장부가액'과 '이전되는 자산의 공정가치' 간의 차이를 채무조정이익으로 인식하나,[29] 출자전환의 경우에는 '지분증권의 공정가치'와 '채무의 장부금액'과의 차이를 채무조정이익[30]으로 인식하되, 비상장 지분증권의 경우에는 발행되는 지분증권을 조정대상채무의 장부금액으로 회계처리하고 채무조정이익을 인식하지 않는다.[31]

한편, 채권자의 입장에서는 채권·채무조정으로 채무자의 지분증권을 받은 경우 받은 출자전환자산을 공정가치로 회계처리한다. 받은 출자전환자산의 공정가치(예 : 10)가 해당 채권의 대손충당금(예 : 60) 차감전 장부금액(예 : 100)보다 작으면 장부금액을 해당 대손충당금과 우선 상계하고 부족하면 손상차손{=30(=100-60)-10}으로 인식한다.[32]

그 다음, 한국채택국제회계기준에서의 출자전환 시 회계처리내용을 본다.

한국채택국제회계기준의 기업회계기준해석서 제2119호(지분상품에 의한 금융부채의 소멸)에서 출자전환받은 채무자의 회계처리만 규정하고 출자전환법인(채권자)의 회계처리는 다루지 않는다고 규정하면서, 피출자전환법인이 출자전환받고 주식을 발행할 때 그 '주식의 시가'를 신뢰성 있게 측정할 수 있다면 시가로 발행가액을 정하고, 시가를 신뢰성있게 측정할 수 없다면 '소멸되는 채무액의 시가'를 반영하여 주식의 발행가액을 정한다고 규정하고 있다. 출자전환 시 회계처리 내용을 요약, 정리하면 다음 〈표 3〉과 같다.

---

29) 일반기업회계기준 문단 6.86.

30) 종전 기업회계기준해석 55-67(채권·채무 재조정의 회계처리)에서는 이를 '채무면제이익'이라는 계정과목을 사용하였으나 기업회계기준서 제13호에서부터는 '채무조정이익'의 계정과목을 사용하고 있다. 그러나 내용적으로는 채무면제이익과 채무조정이익은 동일하다.

31) 일반기업회계기준 문단 6.87.

32) 일반기업회계기준 문단 6.95.

〈표 3〉 출자전환 시 회계처리 내용의 요약

	채무자(피출자전환법인)			채권자(출자전환법인)		
	구 분	상장 회사	비상장 회사	구 분	상장 회사	비상장 회사
일반 기업 회계 기준	주식발행가액의 범위	발행주식의 시가	채무의 장부가액	주식취득 가액	취득주식의 시가	취득주식의 시가
	채무면제익*1) 발생 여부	발생	미발생	대손금*2) 발생 여부	발생	발생
국제 회계 기준	주식발행가액의 범위	발행주식의 시가	소멸부채의 시가	관련 규정 없음		
	채무면제익 발생 여부	발생	발생			

*1) 일반기업회계기준에서는 '채무조정이익'으로 표현하고 있음
*2) 일반기업회계기준에서는 '손상차손'으로 표현하고 있음

채권자가 일반법인에 출자전환한다고 가정하고 일반기업회계기준에 의할 때 출자전환 채권자와 피출자전환 채무자의 회계처리를 앞 〈표 1〉의 〈사례 1〉의 수치를 가지고 해 보면 다음과 같다.

〈일반법인에 출자전환할 경우 일반기업회계기준에 의할 때 회계처리〉

㉠ 채권자의 회계처리

(차변)	주 식	7,000	(대변) 금 전 채 권	15,000
	대 손 금	**8,000**		

㉡ 채무자의 회계처리

(차변)	금 전 채 무	15,000	(대변) 자 본 금	5,000
			주식발행액면초과액	2,000
			채 무 면 제 익	**8,000**

만약 피출자전환자가 일반법인이 아니고 구조조정법인이라면 위 ㉠의 분개는 다음과 같이 되어 채권자는 대손금 8,000이 발생하지 않고 15,000 전액이 주식취득가액이 된다.

〈구조조정법인에 출자전환할 경우 일반기업회계기준에 의할 때 채권자의 회계처리〉

㉠-1 채권자의 회계처리				
(차변)	주 식	15,000	(대변) 금 전 채 권	15,000

그런데 출자전환의 본질을 '현물출자'라고 한다면 출자전환은 채권자가 채무자에게 금전채권을 '양도'한 것이고, 그러면 채무자가 현물출자(즉, 양도) 받은 금전채권은 혼동(混同)의 법리에 의하여 소멸하게 된다. 그러면 위 ㉠,㉡의 회계처리는 다음과 같이 되어야 논리에 맞게 된다.

〈출자전환을 '현물출자'로 보았을 때 회계처리〉

㉢ 채권자의 회계처리				
(차변)	주 식	7,000	(대변) 금 전 채 권	15,000
	처 분 손 실	**8,000**		
㉣ 채무자의 회계처리				
(차변)	금 전 채 무	15,000	(대변) 자 본 금	5,000
			주식발행액면초과액	2,000
			채 무 소 멸 익	**8,000**

만약, 출자전환의 본질을 '상계'라고 한다면 채권자의 채권은 채무자에 대한 주금납입액과 동일액으로 상계되는 것이므로 위 ㉠,㉡의 회계처리는 다음과 같이 되어야 논리에 맞다.

〈출자전환을 '상계'로 보았을 때 회계처리〉

㉤ 채권자의 회계처리				
(차변)	주 식	15,000	(대변) 금 전 채 권	15,000
㉥ 채무자의 회계처리				
(차변)	금 전 채 무	15,000	(대변) 자 본 금	5,000
			주식발행액면초과액	**10,000**

그런데, 출자전환 시점에 주식의 시가가 7,000이므로 채권자의 주식가액을 시가로 계상하

려고 하면 채권자는 다음의 회계처리를 해야 한다.

ⓢ 주식가액을 시가로 하기 위한 채권자의 회계처리				
(차변) 평 가 손 실	8,000	(대변) 주	식	8,000

위 ⓜ의 회계처리와 ⓢ의 회계처리를 종합하면 채권자의 회계처리는 다음과 같게 된다.

ⓞ 위 ⓜ, ⓢ을 종합한 채권자의 회계처리				
(차변) 주 식	7,000	(대변) 금 전 채 권		15,000
평 가 손 실	**8,000**			

요컨대 ① 일반기업회계기준에 의할 때, ② 출자전환을 현물출자로 보았을 때, ③ 출자전환을 상계로 보았을 때의 출자전환의 회계처리를 비교하면 다음 〈표 4〉와 같고, 이것은 결국 채권액(15,000)과 주식 시가(7,000) 간의 차액(8,000)을 어떻게 처리하느냐의 차이이다.

〈표 4〉 차액(8,000)의 채권자와 채무자의 회계처리의 차이 비교

구 분	채권자의 회계처리	채무자의 회계처리
① 일반기업회계기준에 의할 때	대손금(ㄱ)	채무면제익(ㄴ)
② 출자전환을 현물출자로 보았을 때	처분손실(ㄷ)	채무소멸익(ㄹ)
③ 출자전환을 상계로 보았을 때	평가손실(ㅇ)	주식발행액면초과액(ㅂ)

일반기업회계기준에 의할 때 위 ㄱ 분개의 차변에 발생한 대손금 8,000이 손금인정되는 것인가에 대하여, 다수설은 대손금으로 손금인정된다는 견해이나, 출자전환으로 발생한 이 8,000은 「법인세법 시행령」 제19조의2 제1항에서 열거한 대손사유에 의하여 발생한 것이 아니고, 세법에서 열거한 대손사유는 제한적 열거로 보아야 타당하므로 대손금으로 손금인정되지 않는다고 보아야 합리적이다.[33)]

33) 자세한 내용은 배영석·김병일(주2), 154~163면 참조.

출자전환의 본질을 '현물출자'로 본다면 이것은 채무자가 채권자로부터 금전채권 15,000을 발행가액 15,000에 대한 대가로 이전받았다는 것이다. 그러면 금전채무 15,000과 주금 수납채권 15,000은 혼동(混同)의 법리에 의하여 소멸한다. 채무가 '혼동'에 의하여 소멸하는 것과 '채무면제'로 인하여 소멸하는 것은 법리상으로 다르다. 그래서 일본은 '갱생절차 등에 따른 채무면제 등이 있는 경우의 손금산입특례'를 규정한 일본 법인세법 제59조 제1항 제1호 및 제2항 제1호가 2006년에 개정되어, 채권자로부터 채무면제를 받은 범위에 '채무면제 이외의 사유로 소멸한 경우로서 그 소멸한 채무에 관한 이익이 발생하는 때'가 포함됨에 따라 출자전환 시 발생한 '채무소멸익'이 '채무면제익'으로서 이월결손금의 손금산입대상이 되는지 여부가 종전에는 불명확하였으나 이 개정으로 명확하게 되었다고 한다.[34] 우리나라도 2006. 2.9.에 「법인세법 시행령」 제11조 제6호의 괄호를 신설하여 「법인세법」 제17조 제1항 제1호 단서의 규정에 의한 금액(차액 8,000이다)을 채무의 면제익 또는 소멸익의 범위에 포함한다고 규정한 것도 같은 취지로 생각된다.

채무자가 자기사채를 발행가액 이하로 취득하였을 때 발행가액(예 : 100)과 취득가액(예 : 40) 간의 차액(60)을 기업회계에서 사채상환이익으로 회계처리하고 있다.[35] 논리적으로 볼 때 출자전환으로 인하여 채무자에게 채무소멸익이 발생한다면 이 채무소멸익은 이 사채상환이익과 내용적으로 동일하다. 따라서 회사채를 발행회사에 매각한 자에게 이 사채상환이익만큼 사채처분손실(60)이 발생하는 것과 동일하게, 출자전환의 경우, 출자전환채권액과 주식 시가 간에 발생하는 차액(8,000)은 그 본질이 '처분손실'이지 채무면제에 따른 '대손금'이라고 볼 수 없다고 해야 합리적이다.

출자전환의 본질을 '상계'로 보았을 때 위 ◎의 분개에서 보는 평가손실 8,000은 세법상 손금인정이 되지 않는다. 그러면 상계로 보는 견해는 채권자에게 손금이 발생하지 않는다는 견해이므로 채권자에게 불이익한 결과를 초래하는 견해가 되는 셈이 된다.[36] 그러나 출자전환에 따라 채무자에게 발생하는 채무면제익으로 인하여 여러 가지 문제가 발생하기 때문에[37]

---

34) 일본 법인세법 제59조 제1항 제1호(제2항 제1호도 같은 내용이다)에서 "当該更生手續開始の決定があつた時において…債權を有する者…から当該債權につき債務の免除を受けた場合(当該債權が債務の免除以外の事由により消滅した場合でその消滅した債務に係る利益の額が生ずるときを含む。)その債務の免除を受けた金額(当該利益の額を含む。)"로 표현하여, 밑줄친 부분에서 채무소멸익이 채무면제익에 포함됨을 명시하고 있다.

35) 일반기업회계기준 실6.15 참조.

36) 위 사례는 일반법인에 출자전환하는 경우의 회계처리인데, 만약 피출자전환자가 구조조정법인이라면 위 '㉠-1'의 분개에서 보는 바와 같이 채권자의 취득가액을 15,000으로 하므로 8,000의 차액이 발생하지 않는다.

37) 채무면제익이 발생함에 따른 문제점은, ① 채권자에게는 자신의 원본에 해당하는 채무면제익의 부분을 나중에 배당받으면 배당소득으로 과세되고, 채무자가 회생절차를 진행하다가 회생절차가 폐지되어 파산절차에 들어가면 과세이연되던 채무면제익 부분이 익금에 산입됨에 따라 이에 대한 조세채권이 재단채권이 되어 국가가 채권자보다 우선 변제받아가는 문제점이 있고{상세한 내용은 배영석·김병일(주1), 249~250면 및 252~253면 참

실무에서는 기업회생절차에서 조차도 대부분 금전채권을 액면가액으로 출자전환한 후 즉시 시가액을 초과하는 금액은 감자를 하는 방식으로 증자를 한다. 그래서 채권자에게는 손금(대손금)이 발생하지 않는 출자전환 방식을 취한다. 따라서 출자전환을 상계로 보는 견해를 취한다고 해서 현실적으로 채권자에게 불이익을 주는 결과를 초래하지 않는다. 이 감자 방식을 취하면 채무자는 채무면제익으로 나타날 금액이 곧바로 감자차익으로 전환하게 되는데, 이 방식은 채무면제익이 발생하는 출자전환으로 인하여 야기되는 문제점을 해결하기 위한 방안으로 현재 실무에서 널리 선택되고 있는 방식이다.[38), 39)]

피출자전환자가 일반법인이 아닌 구조조정법인(예 : 회생법인)이 이렇게 액면가액으로 출자전환한 후 즉시 감자하는 방식으로 채무면제익의 발생을 회피하는 것을 현행 세법에 따라 회계처리해 보면 다음과 같다.

〈회생법인에 액면가액으로 출자전환 후 감자함에 따른 회계처리〉

㉧ 액면가액의 출자전환에 따른 채무자의 회계처리				
(차변)	금 전 채 무	15,000	(대변) 자 본 금	15,000
㉨ 주식 시가의 초과액을 감자하는 경우 채무자의 회계처리				
(차변)	자 본 금	8,000	(대변) 감 자 차 익	8,000
㉪ 위 ㉧, ㉨을 종합한 채무자의 회계처리				
(차변)	금 전 채 무	15,000	(대변) 자 본 금	7,000
			감 자 차 익	8,000

위 ㉡의 회계처리와 위 ㉪의 회계처리를 비교해 보면, '㉡의 자본금과 주식발행액면초과액

조}, ② 채무자에게는 채무면제익의 발생으로 법인세가 과세되는 문제점이 있으며, ③ 채무자를 위한 연대보증인에게는 회생절차에서는 채무면제될 경우 보증채무의 부종성이 적용되지 않으므로 채무면제익 부분에 대해서 보증인이 별도로 변제해야 하는 문제점이 있다{상세한 내용은 배영석·김병일(주2), 159~160면 참조}. 이렇게 출자전환 관련 당사자에게 불이익이 발생하므로 실무에서는 채무면제익이 발생하는 형식의 출자전환을 하지 않는 것이 일반적이다.

38) 이렇게 채무면제익으로 나타날 금액을 감자차익으로 전환하도록 하는 방식으로 출자전환하여 조세회피하는 것이 과세상 문제가 없는 것인지의 여부에 대해서는 배영석(주4), 265~274면 참조. 상세한 검토는 차후의 연구로 미룬다.

39) 실제로 모 은행의 경우 기업회생절차에 들어 간 A회사(완전자본잠식으로 세법상 주식평가액이 0인 회사)에 대한 대출금을 출자전환한 후 그 대출금을 전액 대손금으로 세무처리하여 대출금의 장부가액이 0이었는데, 나중에 A회사를 위하여 담보제공한 제3자의 담보물을 처분하여 A회사에 대한 대출원리금 전액을 회수한 사례가 발생하였다. 이 은행은 대출금을 전액 대손처리한 이후에 A회사에 대한 대출원리금을 전액 현금 회수하였음에도 대손상각한 대출금을 출자전환함에 따른 A회사의 주식을 보유하게 되었다. 이렇게 되자 이 은행은 A회사의 주식을 부당이득한 결과로 되는 문제점이 나타나게 되었다.

의 합계액(7,000)이 ㉠의 자본금으로 된 것'과 '㉡의 채무면제익 8,000이 ㉠의 감자차익으로 전환된 것'의 차이만 있을 뿐이다. 그러나 채권자의 입장에서는, 액면가액으로 출자전환 후 감자를 하더라도 이 감자절차와는 상관없이, 위 '㉠-1'의 분개에서 보는 출자전환주식의 취득가액은 계속 15,000이 된다는 점에서 변화가 없다.

채권자가 발행주식의 시가보다 높은 가액으로 출자전환을 하게 되면, 경제적 측면에서 볼 때, 발행가액 중 시가 초과액(8,000)만큼 채권자에게는 손실이 발생하고 채무자에게는 이익이 발생하는 것으로 보인다. 만약 출자전환을 현물출자 방식으로 한다면 '현물출자에 따른 손익거래'(양도거래)와 '증자에 따른 자본거래'(자본금 증자거래)가 혼합되어 있는 혼합거래이므로 출자전환 당사자에게 손실과 이익이 발생할 수 있다.[40] 그러나 상계 방식으로 하는 출자전환은 손익거래가 없는 순수 자본거래다. 그러므로 상계 방식의 출자전환에서는 손익이 발생할 수 없는 것이 법리다.[41] 그럼에도 현행 「법인세법」 제17조 제1항 제1호 단서 및 제2항에서 채무자에게 채무면제익이라는 이익이 발생하도록 입법하고 있음에 따라 출자전환 당사자가 원하지 않았던 여러 가지 문제가 발생하는 결과가 초래되었다. 이러한 문제점이 발생하지 않도록 하기 위해 액면가액으로 출자전환한 후 즉시 감자하는 방식의 출자전환을 하고 있는 것이 현재의 실무다.

---

40) 현물출자 방식의 출자전환은 혼합거래이나 상계방식의 출자전환은 혼합거래가 아니라는 점에 대해서는 정건용·김병일, "법인세법상 자본거래와 손익거래의 혼합거래 과세에 관한 연구", 『조세연구』 제16권 제3집, 한국조세연구포럼, 2016, 71면 및 74~77면 참조.

41) 이 점에 대하여 대법원 판결(2012.11.22. 선고 2010두17564)에서 "…출자전환으로 주식을 발행하는 경우로서 당해 주식의 시가가 액면가액 이상이고 발행가액 이하에 해당하는 경우에는 출자전환되는 채무 중 발행주식 시가 초과 부분에 대하여 채무를 면제받는 것과 동일한 경제적 효과가 발생하는 것처럼 보이기는 한다…"라고 설시하여 경제적인 면에서는 손익발생 효과가 있는 점을 인정한다. 그러나 "신주발행의 경우…인수가액의 전액을 납입할 의무가 있고…신주발행의 효력은 발행예정주식 중 납입기일에 납입이 이루어진 주식에 한하여 발생한다. 이러한 신주발행의 법률관계에 비추어 보면, 채무의 출자전환으로 주식을 발행하는 경우에는 출자전환되는 채무 전부가 주식에 대한 인수가액으로 납입된 것으로 인정되어야만 발행예정 주식 전부에 대하여 신주발행의 효력이 발생하는 것이므로, 그 결과로서 나타나는 경제적 측면에서의 효과를 이유로 출자전환되는 채무 중 발행주식 시가 초과 부분만을 따로 떼어내어 주식에 대한 납입금으로서의 실질을 부인할 수는 없다…"라고 판시하여, 상계 방식의 출자전환(이 대법원 판례 사건은 상계 방식으로 출자전환을 한 경우다)은 자본거래로서 손익이 발생하지 않는 논거를 설명하고 있다.

Ⅲ. 출자전환주식의 취득가액에 관한 입법상 문제점과 개선방안

1. 입법상 문제점

앞 〈표 2〉에서 보는 바와 같이, 출자전환자와 피출자전환자 간에 주금 납입액의 세무처리에 있어서 같은 논리에 의하여 처리하는 경우도 있고 다르게 처리하는 경우도 있다. 출자전환으로 인한 발행가액·시가·액면가액이 다를 경우 채권자가 일반법인이냐 구조조정법인이냐에 따라 그 취득가액을 각각 달리하도록 규정하고 있음에 따라 세무상 여러 가지 문제가 야기되고 있는데 아래에서 이를 살펴 본다.

가. 출자전환자와 피출자전환자 간 주금납입액에 대한 세무처리의 상이

일반적으로 주주가 취득하는 신주의 취득가액은 신주 발행회사에 주금으로 납입한 금액으로 세무처리하고 신주 발행회사는 주주로부터 주금납입액으로 받은 금액을 액면가액과 주식발행액면초과액으로 구분하여 세무처리한다. 이를 출자전환에 적용해 보면 출자전환 채권자의 주식취득가액으로 되는 금액은 곧 피출자전환 채무자에게는 자본금과 주식발행액면초과액이 된다는 것이다. 그렇다면 출자전환 채권자 입장에서 출자전환대상 채권액 중에서 출자전환주식의 취득가액이 되지 않는 금액이 있다면 그 금액은 채무자(신주발행법인)의 입장에서는 주금으로 납입받지 않은 금액이 된다는 것이다. 그러면 그 금액은 출자전환으로 인하여 소멸하게 되는 채권액이 될 수 밖에 없는데, 채권자의 입장에서는 이 소멸하게 되는 채권액은 손금이 될 수밖에 없게 될 것이다.[42] 채권자의 입장에서 출자전환으로 인하여 이 초과액(=채권가액-주식의 취득가액) 만큼의 순자산이 감소된 것에 해당되기 때문이다.

출자전환으로 채권자가 취득한 주식취득가액을 '취득 당시의 시가'로 하도록 「법인세법 시행령」 제72조 제2항 제4호의2 본문에서 규정하고 있는데, 그 취지는 ① 회생절차에서 출자전환 시 시가평가액만큼을 채무자가 채무변제한 것으로 보는 입장인 시가평가액설,[43] ② "출자

42) 이 손금을 과세관청과 대부분의 학설에서는 대손금에 해당하는 것으로 보고 있으나, 처분손실로 보는 견해도 있다(주26) 및 제Ⅱ장 3. ⓒ 회계처리 참조). 이하에서는 다수설에 따라 이 손금을 대손금에 해당하는 것으로 보고 논의하기로 한다.

43) 대법원이 보증채무에 대하여 취하는 견해이다. 대법원 2003.1.10. 선고, 2002다12703·12710 판결 ; 2005.1.27. 선고, 2004다27143 판결 ; 2006.4.13. 선고, 2005다34643 판결 등 참조.

전환으로 취득하는 주식의 가액은 당해 주식의 취득 당시의 시가로 한다"라고 해석한 2005.3.5.의 재정경제부의 해석,[44] ③ 기업회계기준상 출자전환 시의 회계처리 내용[45] 등과 같은 논리이고, 따라서 〈표 1〉의 〈사례 1〉의 경우라면 시가초과액 8,000은 대손금이 된다는 논리다.

그러나 「법인세법 시행령」 제72조 제2항 제4호의2 단서는 구조조정법인에 대한 출자전환으로 채권자가 취득하는 주식취득가액은 시가액이 아닌 출자전환채권의 장부가액으로 하도록 규정하고 있는데, 구조조정법인에 대해서 출자전환을 하면 채권자 입장에서는 출자전환채권 전액이 신주의 주금으로 납입된 것으로 되므로 세법상으로 채권자는 회수하지 못한 채권액이 없는 것으로 되어 대손금이 발생하지 않게 된다.

결국, 현행 세법은 일반법인에 출자전환하느냐 구조조정법인에 출자전환하느냐에 따라 출자전환 채권자의 주식취득가액을 '주식 시가'와 '채권장부가액'으로 구분하여 달리 계상하도록 규정하고 있는 반면(그러면 채권자의 대손금의 금액도 달라지게 된다), 출자전환받는 채무자의 입장에서는 일반법인과 구조조정법인을 구분하지 않고 주식발행액면초과액과 채무면제익이 동일하게 되도록 규정하고 있다.

앞 〈그림 1〉, 〈그림 2〉, 〈그림 3〉과 이를 요약한 〈표 2〉에서 보면, 주식인수인(주주)이 '주금으로 납입한 금액'은 곧 주식발행법인에게 '액면가액과 주식발행액면초과액'을 구성하게 된다는 단순한 일반 원칙이 현행 세법상 출자전환에는 적용되지 않는다는 것을 알 수 있다. 즉, ① 〈그림 1〉은 구조조정법인에 출자전환하는 경우 채권자(주주) 입장에서의 주금 납입금이 되는 주식취득금액(15,000)과 채무자 입장에서의 주금 수납액(7,000)이 서로 다르고, ② 〈그림 2〉는 일반법인에 출자전환하는 경우 채권자(주주)의 주식취득금액(15,000)과 채무자의 주금 수납액(9,000)이 서로 다르며, ③ 〈그림 3〉은 ⓐ 일반법인에 출자전환할 때 채권자(주주)의 주금 납입금이 되는 주식취득금액(2,000)과 채무자의 주금 수납액(자본금 5,000)이 서로 다를 뿐만 아니라 ⓑ 구조조정법인에 출자전환할 때에도 채권자(주주)의 주금 납입금이 되는 주식취득금액(15,000)과 채무자의 주금 수납액(자본금 5,000)이 서로 다르다.

이렇게 출자전환 시 채권자와 채무자의 세무처리 논리가 서로 다르게 세법에서 규정한 것이 타당한 것인지 의문이다. 채권자(주주)와 채무자(주식발행법인) 간의 입장은 동전 앞뒤와 같은 관계인 점을 생각하면 출자전환 방식에 의한 증자라고 하더라도 주금납입에 관하여 채권자와 채무자의 세무처리의 논리가 일치하도록 해야 법리에도 부합하고 실무상 혼란도 없게 될 것이다.

---

44) 재정경제부, 법인 46012-37, 2003.3.5.

45) 일반기업회계기준 문단 6.95.

나. 일반법인과 구조조정법인 간 주식취득가액의 상이

출자전환이 있을 때 당초 과세관청은 "출자전환가액(발행가액)과 액면가액 간의 차액은 주식발행법인의 주식발행액면초과액에 해당한다."고 해석[46]하였다가 2003.3.5.에 당초 해석을 "출자전환으로 취득하는 주식의 가액은 당해 주식의 취득 당시의 시가로 한다."라고 변경하였다.[47] 그 후 2006.2.9.에 「법인세법 시행령」 제72조 제2항 제4호의 본문에서 '일반법인에 하는 출자전환주식의 취득가액은 취득 당시의 시가'로 하되, 그 단서에서 '구조조정법인에 하는 출자전환주식의 취득가액은 출자전환채권의 장부가액'으로 하도록 그 내용을 개정한 후 2010.6.8.에 제4호의2에서 동일한 내용을 규정하는 것으로 개정하여 현재에 이르고 있다.

일반법인에 하는 출자전환이든 구조조정법인에 하는 출자전환이든 출자전환의 방식은 상계로서 동일하다.[48] 상계로서 동일하다면 출자전환의 본질도 동일하다 할 것이고, 그러면 출자전환주식의 취득가액도 법리상 같다고 해야 논리적이다. 그러나 현행 세법은 일반법인에 하는 출자전환과 구조조정법인에 하는 출자전환으로 나누어서 그 주식의 취득가액을 각각 달리하도록 규정하고 있다.

구조조정법인에 출자전환하는 경우 그 주식의 취득가액을 당초에는 주식의 시가로 하다가 출자전환채권의 장부가액으로 하도록 「법인세법 시행령」을 개정한 취지에 관하여 재정경제부는 개정세법해설에서, "출자전환에 따른 손익의 인식을 주식처분 시까지 이연하여 출자전환 시점에서는 과세문제가 없도록 지원한다."고 하면서 "기업회계기준에서 출자전환으로 취득하는 주식의 취득가액을 출자전환채권의 장부가액과 주식의 공정가액 중 적은 가액으로 하도록 함으로써 이익은 인식하지 않고 손실만 대손으로 인정하는 것을 고려하였다"고 설명하고 있다(한국세무사회, 『2005 개정세법 주요내용』, 88면). 그러나 이 설명은 납득하기 어렵다. 왜냐하면 구조조정절차에서 출자전환할 때 손익 발생으로 인한 문제점은 출자전환하는 채권자가 아닌 출자전환받는 채무자에게 채무면제익이 발생함에 따른 법인세 과세문제인데, 채무자에게 발생하는 이 법인세 문제는 채권자의 취득가액을 어떻게 하느냐와는 관련없기 때문이다.[49] 오히려 이 「법인세법 시행령」 개정 이전의 해석에 따르면 구조조정절차에서 출자전환할 경우 채권가액 중 시가 초과액은 채권자에게 대손금으로 인정되어 채권자는 이 대손금의

46) 재정경제부, 재법인 46012-191, 1999.12.6. 이 해석은 출자전환가액(발행가액)이 출자전환하는 채권자에게는 주식취득가액이 된다는 뜻이다.

47) 재정경제부, 재법인 46012-37, 2003.3.5.

48) 제Ⅱ장 1. 참조.

49) 채무자에게 발생하는 채무면제익을 '주식발행가액 중 시가초과액'으로 규정하고 있으므로(「법인세법」 제17조 제1항 1호 단서 및 제2항), 채무면제익은 '주식 시가'와 관련이 있을 뿐이고 '출자전환 채권자의 주식취득가액'을 어떻게 하느냐와는 직접 관련이 없는 문제다.

손금 인정에 따른 법인세 부담을 줄일 수 있었으므로, 채권자는 출자전환주식의 취득가액을 채권의 장부가액으로 하는 것(즉, 개정된 세법을 따르는 것)보다 주식의 시가로 하는 것(즉, 개정 이전의 세법을 따르는 것)이 더 유리한 실정이었는데,[50] 세법을 개정함에 따라 조세를 부과하는 정부에는 유리하지만 납세자인 채권자에게는 불리하게 되었다.

채권자가 구조조정법인에 출자전환하는 경우, 일반법인에 출자전환하는 경우와는 달리, 주식의 취득가액을 출자전환채권액으로 하도록 규정하여 채권자에게 대손금이 발생하지 않도록 한 현행 「법인세법 시행령」 제72조 제2항 제4호의2 단서는 헌법과 모법에 위배되어 무효라는 주장이 있다.[51]

반면, 출자전환주식의 취득가액을 규정한 현행 「법인세법 시행령」 제72조 제2항 제4호의2의 타당성을 인정하는 견해도 있다.[52]

전자의 주장을 앞 〈표 1〉의 〈사례 1〉에 비추어 살펴보면, 채권자가 '일반법인'에 대하여 출자전환하면 발행가액 15,000과 주식 시가 7,000 간의 차액 8,000을 출자전환시점에 대손금으로 손금인정받을 수 있는데도 '구조조정법인'에 출자전환하면 차액 8,000을 출자전환시점에 대손금으로 손금인정받을 수 없다는 차별 때문에 이렇게 주장하는 것으로 생각된다.

후자의 주장을 앞 〈표 1〉의 〈사례 1〉에 비추어 살펴보면, 출자전환 시 차액 8,000은 채권

---

50) 구조조정절차에서는 출자전환받는 법인의 주식의 시가가 매우 낮은 것이 일반적이어서 대손금이 발생하는 경우가 대부분이기 때문이다.

51) 박요찬, "채무자회생 및 파산에 관한 법률상 회생인가의 결정에 따라 출자전환하는 경우 발행된 주식의 취득가액의 문제점", 『세무사』 제31권 제2호(통권 137호), 한국세무사회, 2013, 122~130면. 그 주장의 요지는, ① 「법인세법」상 자산의 취득가액은 시가주의가 원칙인데 이 원칙의 예외로서 시행령에서 장부가액 원칙을 규정한 것은 모법의 위임을 벗어나서 무효고, ② 출자전환주식의 취득가액을 채권가액으로 하면 그 주식의 처분 시에 비로소 손익을 인식하나 시가로 하면 주식취득 시점에 손익을 인식하게 되는데, 납세자의 세금에 직접적이고 큰 영향을 미치는 규정을 법률이 아닌 (포괄위임규정을 통한) 시행령에서 정할 사항이 아니며, ③ 무가치의 출자전환채권이 채무자회생법에 따라 출자전환되었다고 해서 시가주의 원칙을 무시하고 장부가액으로 취득가액을 산정하도록 하는 것은 실질과세원칙에 반하고, ④ 구조조정절차에서의 출자전환 시에만 취득가액을 장부가액으로 하도록 규정하여 피출자전환자에 대한 (채무면제익의 과세이연의 허용에 따른) 세법상 특혜에서 비롯된 세원부족을 출자전환자로부터 찾는 것은 부당하고, 이것은 출자전환하여 채권을 회수하지 못한 채권자를 국가가 압박하는 것에 다름 아니므로 헌법 제10조의 기본적 기본권, 평등권, 재산권보장원칙에 반하며, ⑤ 출자전환주식을 처분하기 전에는 채권자는 대손처리의 기회마저 잃어버리는데, 채권자의 출자전환은 구조조정절차에서 채권회수를 위해 불가피하게 참여하는 것일 뿐인데도 채권자의 출자전환에 대하여 불이익을 주는 것을 정당화시키는 입법은 필요최소한의 원칙에도 위반된다는 주장이다.

52) 이승문(주26), 38~39면. 그 주장의 요지는, ① 출자전환채권의 변제가능성이 매우 낮은 경우 그 손실 부분은 채권 발생시점부터 출자전환을 통한 채권 실현시점까지 발생한 채권의 평가손실인데, 출자전환을 통한 채권 만족을 위해서 평가손실 부분의 희생은 주식취득을 위해 치르는 희생으로서 그 취득과 불가분의 관계에 있기 때문에 취득가액으로 볼 수 있고, ② 출자전환주식의 취득가액의 문제는 결국 채권의 평가액으로 귀착되는데, 채권 평가액이 하락한 상황에서 출자전환한 것은 채권자로서는 채권을 변제받기 위한 최선의 수단으로서 선택한 것이므로 그 채권평가손실은 신주 인수에 불가피한 비용으로서 부대비용으로 볼 수 있기 때문에 권면액으로 평가해야 한다는 주장이다.

평가손실로서 채권자가 채권액 7,000을 변제받기 위해서 불가피하게 부담하는 경제적 손실인 주식취득부대비용으로 볼 수 있으므로 구조조정법인에 대한 출자전환 시 차액 8,000을 포함한 출자전환채권액(15,000)을 주식의 취득원가로 하는 것이 타당하다는 주장이다.

현행 「법인세법」에서 일반법인과 구조조정법인 간에 출자전환으로 취득한 주식취득가액을 달리 규정함에 따라 이러한 논란이 있다. 출자전환채권자를 구별하여 이렇게 달리 규정할 타당성이 있는지 의문이고, 이러한 논란을 종식시키기 위해서라도 입법 개선이 필요하다 할 것이다.

다. 출자전환 법리가 다른데도 회생절차와 비회생절차 간 동일한 세무처리

회생절차에서 회생채권과 회생담보권을 출자전환하는 경우 채무자회생법 제252조 제1항에 정한 권리변경에 의하여 채권자의 회생채무자에 대한 채권은 소멸하나(절대적 소멸설) 보증인 등 채무관계인에 대한 권리는 부종성의 예외를 정한 채무자회생법 제250조 제2항에 의하여 소멸하지 않는다.[53] 반면, 워크아웃절차 등 비회생절차에서 출자전환을 하는 경우는 그 본질이 상계이므로 출자전환하면 채권자의 채권은 그 전액이 소멸하고, 따라서 부종성의 원리에 의하여 보증인 등 채무관계인에 대한 권리도 소멸한다.[54]

이를 앞 〈표 1〉의 〈사례 1〉의 경우에 비추어 보면 ① 회생절차에서 회생채권 또는 회생담보권을 출자전환한 경우 채권자는 채권액 15,000이 소멸하므로 더 이상 '회생채무자'에게는 이를 청구하여 회수할 수 없지만 채권자가 출자전환으로 채권 만족을 얻지 못한 8,000(주식시가 7,000의 초과액)은 '보증인 등 채무관계인'에게는 청구하여 이를 회수할 수 있다. ② 이에 반하여, 비회생절차에서 하는 출자전환이라면 발행가액(출자전환채권액) 15,000 전액을 채권자가 상계에 의하여 변제받은 것이 되므로 더 이상 변제받지 못한 채권액이 없기 때문에 보증인 등에게 8,000을 청구할 수 없다.

그렇다면 같은 구조조정절차라도, 출자전환 시 '회생절차'와 '워크아웃절차 등 비회생절차'에서 채권자가 궁극적으로 변제받을 수 있는 금액이 사법(私法)상 같지 않다면 세법에서도 채권자가 출자전환으로 변제받은 금액(즉, 취득가액)이 같지 않고 달리 되도록 해야 사실에도 맞고 관련 사법(私法) 법리에도 부합하게 된다. 그럼에도 현행 세법은 이를 구분하지 않고 구조조정절차 중 회생절차와 비회생절차에서의 출자전환을 같게 취급하여 채권자의 주식취득가

---

53) 그러나 중소기업의 경우에는 2013.5.28.에 신설된 신용보증기금법 제30조의3과 기술보증기금법 제37조의3에서 채권자가 신용보증기금과 기술보증기금이면 채무자회생법 제250조 제2항에 불구하고 주채무가 소멸·감경되면 보증채무 등도 같은 비율로 소멸·감경되도록 특례를 신설하였다.

54) 대법원 2010.9.16. 선고 2008다97218 전원합의체 판결 참조.

액을 출자전환채권액으로 하도록 규정하고 있다.

이렇게 되면, '구조조정절차 중 워크아웃 등 비회생절차'에서 출자전환할 경우 채권자는 세무상 취득가액을 15,000으로 하므로 15,000 전액이 변제받은 것으로 된다. 그래서 출자전환을 상계로 보는 사법(私法)상 취급과 같게 되므로 문제가 발생하지 않는다. 그러나 채권자가 '회생절차'에서 출자전환할 경우 세무상으로 15,000을 취득가액으로 하므로 채권 전액을 회수한 것으로 처리한다. 그러나 채권자가 보증인 등에게 시가 초과액 8,000을 청구하여 회수할 경우 채권자는 세무상 익금이 8,000만큼 발생하게 된다. 그러면 채권자는 이 출자전환으로 인하여 총 23,000(=15,000+8,000)을 회수한 것으로 세무상 처리한다.[55] 이렇게 되면 세무처리와 사법(私法)상 취급이 달라지게 될 뿐만 아니라 채권자는 출자전환으로 채권 전액을 회수한 것으로 세무처리하였는데도 8,000원을 추가로 회수한 것으로 되는 모순이 발생한다.

라. 출자전환으로 인한 채무변제 범위의 법리와 상이한 세무처리

구조조정절차에서 출자전환을 하는 경우 출자전환주식의 시가가 출자전환채권액에 미치지 못하는 경우가 대부분이다. 구조조정법인은 일반적으로 재무상황이 좋지 않아서 출자전환주식의 시가가 낮게 평가되는 경우가 대부분이기 때문이다. 그러나 경우에 따라서는 출자전환채권액보다 출자전환주식의 시가가 높은 경우도 종종 발생한다.

출자전환채권액보다 출자전환주식의 시가가 높은 경우, 만약 출자전환이 회생절차에서 이루어진 것이라면 채무자가 채권자에게 사법상으로 변제한 금액은 '발행주식의 시가'가 아니라 '출자전환채권액'이 된다는 것이 대법원의 판례다.[56] 즉, 앞 〈표 1〉의 〈사례 2〉의 경우 회생채권자가 회생채무자로부터 출자전환으로 변제받은 금액은 주식 시가(15,000)가 아닌 발행가액(=출자전환채권액 9,000)이라는 것이다.

그러나 이와 달리 앞 〈표 1〉의 〈사례 1〉과 같이 출자전환가액이 시가보다 더 높은 경우, 출자전환 시 채권자가 채무자로부터 사법상 변제받은 금액은 '발행가액'(15,000)이 아니라 '주식 시가'(7,000)라는 것이 대법원 판례다.[57]

즉, 발행가액이 시가 보다 '높은 경우'와 '낮은 경우'에 채무자가 채권자에게 변제한 사법상 금액이 같지 않다는 것이 대법원 판례다. 그럼에도 불구하고 현행 「법인세법 시행령」 제72조 제2항 제4호의2 단서에서는 이를 구분하지 않고 회생절차에서 출자전환하면 그 주식의 취득원가(즉, 변제받은 금액)를 모두 출자전환가액으로 하도록 하고 있으므로 현행 「법인세법」의 규

---

55) 주39)의 사례를 참조.

56) 대법원 2009.11.12. 선고 2009다47739 판결 ; 2010.3.25. 선고 2009다85830 판결.

57) 대법원 2003.8.22. 선고 2001다64073 판결 ; 2008.7.24. 선고 2008다18376 판결 등.

정은 출자전환 시의 사법(私法)상 채무소멸에 관한 법리에 어긋난다. 또한 주식취득원가를 주식 취득을 위해 부담한 사법상 채무변제액과 일치하도록 규정하고 있지 않기 때문에 취득원가주의에도 어긋난다 할 것이다.

마. 출자전환 당사자에게 모순적 현상의 초래

(1) '발행가액>시가>액면가액'인 경우의 출자전환

앞 〈그림 1〉 사례의 경우, 발행가액 중 시가 초과액(8,000)은 ① 출자전환을 받는 채무자의 입장에서는 (주식발행액면초과액이 아닌) 채무면제익에 해당하나, ② 출자전환하는 채권자의 입장에서는 일반법인에 출자전환하면 주식취득가액은 주식 시가 7,000이므로 시가 초과액 8,000은 취득원가를 구성하지 않지만 구조조정법인에 출자전환하면 출자전환채권의 장부가액인 15,000이므로 시가 초과액 8,000도 취득원가를 구성하게 된다.

이 경우 채권자가 출자전환을 일반법인에 하는 경우는 모순이 발생하지 않으나 구조조정법인에 하는 경우는 모순이 발생한다.

구조조정법인에 출자전환 시 채권자는 출자전환채권액 15,000을 주식취득원가루 하지만 채무자는 15,000 중 시가 7,000만 주금으로 납입받은 것이고 나머지 8,000은 채무면제받은 것으로 보기 때문에, 논리적으로는 채무자는 주주(채권자)에게 채무면제익(8,000)을 즉시 현금배당할 수 있다.[58), 59)] 그러면 채권자[60)]는 주식취득원가가 15,000이므로 15,000을 지급하고 주식을 취득한 셈인데도 8,000을 배당받게 된다. 즉, 채권자가 15,000을 대가로 지급하고 취득한 주식을 보유한 상태에서 15,000 중 8,000을 채무자로부터 배당의 형태로 되돌려 받는다는 것이 된다. 지급대가 15,000은 출자전환주식의 취득가액으로서 채권자가 그대로 가지고 있는 셈인데 어떻게 채무자로부터 그 대가 일부인 8,000을 되돌려 받을 수 있는가? 이것은 논리적으로 성립할 수 없는 모순이다. 이러한 모순은 출자전환 시 주금납입자(채권자)와 주금수납자(채무자) 간에 주금납입액을 같은 논리로 보지 않고 달리 보도록 규정한 세법 규정에서 비롯된 것이다. 즉, 채권자는 주금납입액을 15,000으로 보도록 규정하면서도 채무자는 주금

---

58) 「법인세법 시행령」 제12조 제1항 제1호는 이 8,000을 배당할 경우 배당소득으로 과세하는 것으로 규정하고 있다. 이 차액 8,000은 채권자의 원본에 해당하는 것인데도 채권자에게 배당소득으로 과세하면 원본과세의 결과가 되므로 재산권의 본질적 침해로서 위헌의 소지가 있다.

59) 배당은 「상법」상 배당가능이익이 있어야 가능하다. 구조조정법인의 경우 부실화된 기업이 대부분이므로 출자전환으로 채무면제익이 발생하더라도 배당가능이익이 없는 경우가 대부분이겠지만, 본 논문에서는 현행 세법의 논리적 모순점을 고찰하기 위한 것이므로 구조조정법인에서 배당하는 경우를 가정하고 논한다.

60) 이해를 쉽게 하기 위하여 이 채권자의 지분율이 100%인 것으로 가정한다. 이하 '본장 1.마.(2),(3)'에서도 동일하다.

납입액을 7,000으로 보도록 규정한 모순적 입법에서 비롯된 것이다.

또한, 앞 〈그림 1〉의 경우 회생절차에서 출자전환한 경우 채권자는 회생채무자가 아닌 보증인 등에게 시가초과액(즉, 8,000)을 청구하여 받을 수 있다.[61] 그러면 채권자가 채권가액 전액(15,000)을 출자전환을 통하여 주식의 취득가액 형태로 채무자로부터 회수한 것으로 하였는데, 어떻게 세무처리 논리상 또다시 채권자가 8,000을 보증인 등으로부터 회수[62]할 수 있는가? 이것은 현행 세법이 민사법상 회수액과 상관없이 출자전환주식의 취득가액을 규정함에 따라 발생하는 모순이다.

(2) '시가>발행가액>액면가액'인 경우의 출자전환

앞 〈그림 2〉 사례의 경우, 구조조정법인에 출자전환하는 경우는 채권자의 취득가액(9,000)과 채무자의 주금수령액(9,000)이 일치하므로 문제가 없으나, 일반법인에 출자전환하는 경우 세무상으로 모순적인 현상이 발생한다.

즉, 채권자가 일반법인에 출자전환한다면 출자전환으로 소멸되는 채권액이 9,000이므로 출자전환으로 인하여 채권자가 부담한 금액은 9,000뿐이나, 출자전환주식의 취득가액을 시가(15,000)로 하므로 채권자는 취득 대가를 부담하지 않은 금액(6,000)도 취득원가로 해야 하기 때문에 취득원가주의에 반하는 결과가 된다. 뿐만 아니라 국가는 채권자에게 차액 6,000을 출자전환시점에 채권자의 익금으로 보아 과세를 하게 되는데[63] 채무자에게는 6,000의 손금이 이 때 발생하지 않기 때문에 국가는 6,000만 채권자에게 과세하게 된다. 물론 나중에 채권자가 이 출자전환주식을 처분할 경우 손금이 되는 장부금액은 시가 15,000이므로 6,000은 처분손익에서 조정되지만 이 주식의 처분 이전에는 이렇게 과세상 불균형이 발생한다.

(3) '발행가액>액면가액>시가'인 경우의 출자전환

비록 회생절차에서 출자전환을 하더라도 자본충실의 원칙이 준수되어야 하므로 발행가액을 액면가액보다 낮은 가액으로 출자전환하는 것은 허용되지 않으며, 출자전환하는 회생채권액이 액면가액과 같거나 그 이상이 되어야 한다.[64]

---

61) 주39)의 사례를 참조.

62) 만약 8,000을 채권자가 배당도 받고{주58) 참조} 보증인으로부터도 회수하게 되면 채권자는 총 31,000(=주식 취득가액 15,000+배당액 8,000+보증인으로부터 회수액 8,000)을 세무상 회수하는 결과가 된다.

63) 국세청, 서면2팀-1277, 2005.8.8. ; 서면2팀-1796, 2005.11.8. 참조.

64) 서울중앙지방법원 파산부 실무연구회(주15), 567면 참조. 그러나, 이와 달리, 채무자회생법 제206조 제1항에서 회생회사가 회생채권자 등에게 새로 납입 또는 현물출자를 하게 하지 아니하고 신주를 발행할 수 있다고 규정하고 있으므로, 이것은 증자 시 인수가액의 전액 납입 내지는 액면미달발행금지 원칙에 대한 예외를 둔 것이라는 견해도 있다{김용덕, "회사정리절차와 주주·주식", 서울대학교 법과대학 통합도산법 과정(전문분야

먼저, 일반법인에 출자전환하는 경우 모순점을 본다.

〈그림 3〉 사례의 경우 채권자는 채권액 15,000의 출자전환으로 취득한 주식취득가액을 시가 2,000으로 하기 때문에 그 차액(13,000)은 대손금이 된다. 그에 반하여 채무자는 액면가액 5,000을 주금납입받은 것으로 보아 자본금으로 처리하고 그 차액 10,000을 채무면제받은 것으로 보아 채무면제익으로 처리한다. 이렇게 되면 채권자는 액면가액과 시가 간의 차액(3,000=5,000-2,000)은 주금납입액이 아니라 대손금(즉, 채무면제)에 해당하게 된다. 그러나 채무자는 이 차액(3,000)을 주금으로 납입 받은 것으로 보아 자본금으로 처리한다. 그러면 채권자와 채무자 간에 주금납입액을 서로 달리 본다는 것이 되므로 상호 모순된다. 국가 입장에서도 채권자에게는 3,000만큼을 출자전환시점에 대손금으로 손금인정해 주는데도 채무자는 이 3,000을 자본금으로 처리하므로 3,000을 익금으로 과세하지 못하게 된다. 물론 나중에 채권자가 이 출자전환주식을 처분할 경우 손금이 되는 장부금액은 액면금액 5,000이 아닌 시가 2,000이 되므로 처분손익에서 3,000이 조정되겠지만 이 주식의 처분 이전에는 이렇게 과세상 불균형이 발생한다.

그 다음, 구조조정법인에 출자전환하는 경우 모순점을 본다.

구조조정법인에 출자전환하는 경우 채권자는 채권의 장부가액 15,000이 취득한 주식의 취득원가가 되나 채무자는 액면가액 5,000만 주금납입액으로 납입받고 그 나머지 10,000은 채무면제받은 것으로 본다. 그러면 채무자가 채무면제익 10,000을 즉시 배당한다고 가정하면 채권자는 15,000을 지급하고 취득한 출자전환주식을 가지고 있는데도 불구하고 10,000을 채무자로부터 배당의 형태로 되돌려 받는다는 것이 되는 모순이 발생한다. 이러한 모순도 출자전환으로 신주발행 시 주금납입액에 대하여 채권자와 채무자의 입장이 동일하지 않도록 규정하고 있는 세법의 모순적 규정에서 비롯된 것이다.

또한 이 경우에도, 채권자가 채권가액 전액 15,000을 출자전환을 통하여 회수한 것으로 세무처리하였는데 회생채권자가 채무자회생법 제250조 제2항에 의거 시가초과액 13,000을 보증인 등으로부터 회수하게 되면[65] 이를 세무상으로 납득하기 곤란한 점이 발생하게 된다.

법학연구과정) 제20기 교재, 2005, 41~42면}.

65) 채권자가 배당도 받고{주58) 참조} 보증인으로부터도 회수하게 되면 채권자는 세무상으로 38,000(=주식취득가액 15,000+배당액 10,000+보증인으로부터 회수액 13,000)을 회수하는 결과가 된다.

2. 개선방안

가. 법인세법 시행령의 개정

앞에서 본 바와 같이 출자전환으로 인하여 취득하는 주식의 취득가액에 관한 현행 문제점을 근원적으로 개선하기 위하여 「법인세법 시행령」을 다음과 같이 개정한다.

현행	개정안
제72조【자산의 취득가액 등】 ② 법 제41조 제1항 및 제2항에 따른 자산의 취득가액은 다음 각 호의 금액으로 한다. 4의2. 채무의 출자전환에 따라 취득한 주식등 : 취득 당시의 시가. 다만, 제15조 제4항 각 호의 요건을 갖춘 채무의 출자전환으로 취득한 주식등은 출자전환된 채권(법 제19조의 2 제2항 각 호의 어느 하나에 해당하는 채권은 제외한다)의 장부가액으로 한다.	제72조【자산의 취득가액 등】 ② 법 제41조 제1항 및 제2항에 따른 자산의 취득가액은 다음 각 호의 금액으로 한다. 4의2. 채권을 출자액의 납입에 갈음하는 출자전환으로 취득한 주식 등 : 출자전환하는 채권의 장부가액(채무자를 위한 보증인 등 채무관계인으로부터 회수한 가액이 있는 경우에는 그 회수가액을 차감한 가액)으로 하되, 대손상각한 채권을 출자전환하는 경우에는 출자액의 납입에 갈음하는 채권가액으로 한다.

나. 개정이유

현재 우리나라에서 금전채권을 출자전환할 경우 현물출자의 방식으로 출자전환하는 경우는 거의 찾아 볼 수 없다. 더욱이 「상법」이 2011년도에 개정되어 간편한 방식인 상계에 의한 주금납입을 허용한 이후에는 더욱 그러하다.

따라서, ① 상계방식(채무자회생법 제206조 제1항에 근거한 출자전환을 포함)으로 채권을 출자전환하여 주식을 취득하는 경우 그 채권액을 주금의 납입에 갈음하겠다는 것이 당사자의 의사인 만큼 그 의사에 맞게 주식취득가액이 되도록 하는 것이 타당하다. 따라서 상계방식의 출자전환으로 주식을 취득하는 경우 피출자전환자가 일반법인이든 구조조정법인이든 상관없이 출자전환되는 채권가액이 주식의 취득가액이다는 점이 명확하게 되도록 「법인세법 시행령」 제72조 제2항 제4호의2를 개정한다.[66] 다만, 출자전환채권자가 출자전환채권액

66) 채권자 입장에서 주식취득가액을 일반법인에 출자전환하든 구조조정법인에 출자전환하든 '시가로 하도록 규정'하되, 채무자의 입장에서 발행가액 중 주식시가초과액을 '채무면제익이 아닌 주식발행액면초과액으로 하도록 규정'하면 이를 채무면제익으로 처리함에 따라 발생하는 세무상 문제를 해결할 수 있지 않은가라고 생각해 볼 수도 있다. 그러나 이렇게 채권자와 채무자의 세무처리를 달리하도록 하면, ① 출자전환의 본질이 상계인데도 교환 내지 대물변제로 보아 입법하게 된다는 점에서 법리에 어긋나고, ② 앞 〈그림 1〉의 경우 채무자에게는 익금이

(예 : 100)을 타인으로부터 매입(예 : 매입가액 20)하여 출자전환하는 경우도 있을 수 있는데, 이 경우에 출자전환주식의 취득가액을 '출자전환채권액'으로 하면 100이 주식 취득가액이 되어 매입가액과의 차액 80이 출자전환 시점에 출자전환채권자에게 이익으로 나타나는 문제점이 있고 100을 주식취득가액으로 하면 취득원가주의에도 반하는 문제점이 있으므로, 출자전환주식의 취득가액을 '출자전환채권액(100)'이 아닌 '출자전환채권의 장부가액(20)'이 되도록 세법에 명확히 규정한다.[67] ② 또한, 채권자가 회생절차에서 출자전환한 경우 회생채무자가 아닌 보증인 등에게는 출자전환가액 중 시가 초과액을 청구하여 받을 수 있는데, 보증인 등으로부터 받은 가액이 있다면 이 회수가액을 차감한 가액이 출자전환주식의 취득가액이 된다는 점을 명확히 하도록 규정한다. ③ 뿐만 아니라, 대손상각하여 채권의 장부가액이 0(또는 비망가액인 1,000원)인 채권을 출자전환하는 경우 출자전환주식의 취득가액은 피출자전환법인에게 주금의 납입에 갈음되는 채권가액(즉, 주금납입액과 상계되는 금액)이 되는 것을 명문화함으로써[68] 취득원가주의가 일관되도록 하여 논란의 소지가 발생하지 않도록 한다.

다. 개선효과

위와 같이 개정하면 출자전환채권자가 피출자전환법인에 현금으로 주금 납입하는 대신에 금전채권액으로 주금납입에 갈음(상계)하고자 하는 당사자의 의사에 맞는 주식취득가액이 되어 출자전환을 자본거래로 하고자 하는 당사자의 의사에 합치되게 된다. 또한 구조조정법인에 출자전환한 후 출자전환에 따라 발생한 채무면제익을 피출자전환자(채무자)로부터 배당을 받게 된다는 모순점도 발생하지 않는다.[69]

만약 채권액을 피출자전환법인에 상계 방식으로 출자전환하지 않고 현물출자 방식으로 출자전환하여 주식을 취득하는 경우에는 그 취득가액을 「법인세법 시행령」 제72조 제2항 제4호에 의하여 '현물출자한 순자산의 시가' 또는 '취득 주식의 시가'에 해당하는 것으로 해석할 수

발생하지 않는데도 채권자에게는 8,000만큼의 손금이 발생한다는 점에서 수긍하기 어렵고, ③ 앞 〈그림 2〉의 경우 출자전환하는 바로 그 시점에 채권자에게 6,000의 익금이 발생하게 되어 미실현소득에 대하여 과세하게 되는 문제점이 발생하며, ④ 앞 〈그림 3〉의 경우에 채권자는 결과적으로 3,000만큼 액면미달발행에 참여했다는 것이 된다는 점에서 사실과 다른 결과가 도출되는 등 여러 가지 문제점이 발생하게 된다는 점에서 불합리하다.

67) 제Ⅵ장 3.(중도 매수채권의 출자전환 시 취득가액의 문제) 참조.

68) 제Ⅵ장 2.(대손상각채권의 출자전환 시 취득가액의 문제) 참조.

69) 물론 출자전환에 따라 발생한 채무면제익을 배당함에 따라 발생하는 문제점은 「법인세법 시행령」 제72조 제2항 제4호의2만 개정해서 해결되는 문제가 아니고 「법인세법」 제17조 제1항 및 제2항, 「법인세법 시행령」 제11조 제6호 및 제12조 제1항 제1호 등을 함께 개정해야 해결되는 문제이다. 이 부분에 대한 것은 배영석·김병일(주 1), 249~250면 및 255~260면을 참조.

있는 것이므로,[70] 위와 같이 개정한다고 해서 현물출자 방식의 출자전환으로 취득한 주식의 취득가액을 별도로 결정할 수 있는 여지를 없애는 것이 아니다.

Ⅳ. 출자전환주식의 취득가액에 관한 해석상 논점과 해석론 정립방안

1. 대손상각채권의 출자전환 시 회수가액의 문제

가. 견해의 대립

사업자(공급자)가 매출채권의 대손으로 대손세액공제를 받은 후 대손처리한 매출채권의 전부 또는 일부를 채무자(공급받은 자)로부터 나중에 회수한 경우에는 '그 회수한 금액에 관련된 대손세액'을 회수한 날이 속하는 과세기간의 매출세액에 가산하여 납부하여야 한다.[71]

그러면 다음과 같은 〈사례 4〉의 사례가 있는 경우를 가정해 보자.

〈사례 4〉

회생채무자 B에게 1억원의 매출채권을 가진 A 회생채권자가 그 매출채권이 '부도발생일로부터 6개월이 지난 어음상 채권'이라는 사유로 2016년도에 90,909,090원(공급가액)은 대손금으로서 손금산입을 하고 9,090,910원(부가가치세)은 대손세액공제를 받은 다음, 2017년도에 그 회생채권 1억원의 매출채권(대손상각을 했으므로 세무상 장부가액은 비망기록인 1,000원이다)을 출자전환하여 발행가액(=액면가액) 1억원의 주식을 회생채무자(B)로부터 교부받음으로써 대손상각한 매출채권을 회수하게 되었다.

〈사례 4〉의 경우 대손세액공제를 받은 A가 매출세액에 가산하여 납부할 부가가치세액의 기준이 되는 부가가치세법 제45조 제1항 단서의 "…회수한 대손금액…"은 ① 출자전환주식의 발행가액(=채권가액)인 1억원인가 ② 아니면 대손상각 후의 세무상 장부가액인 1,000원(비망가액)인가 ③ 또는 A가 교부받은 주식의 시가를 평가한 가액(이 가액을 1천만원으로 가정한다)인가?

---

70) 개정안이 "채권을 출자액의 납입에 갈음하는 출자전환으로 취득한 주식 등…"으로 규정하므로 개정안의 경우는 상계방식으로 출자전환하는 경우만 해당하고 현물출자방식의 출자전환은 해당하지 않기 때문이다.

71) 「부가가치세법」 제45조 제1항 단서.

「법인세법」상으로 대손금을 손금산입한 후 나중에 회수한 금액(즉, 상각채권추심액)이 있으면 이를 익금에 가산해야 하는데, 이 문제는 익금에 가산할 금액을 규정한 「법인세법」 제19조의2 제3항의 "…대손금 중 회수한 금액…"을 1억원, 1,000원(비망가액), 1천만원 중 어느 금액으로 볼 것인가의 문제이기도 하다.

위 ①은 회수가액을 출자전환한 채권가액으로 해야 한다는 견해(이하 이를 "채권가액설"이라 한다)고, 위 ②는 출자전환한 채권의 세무상 장부가액으로 해야 한다는 견해(이하 이를 "세무가액설"이라 한다)며, 위 ③은 출자전환으로 인하여 취득한 주식의 시가로 평가한 가액으로 해야 한다는 견해(이하 이를 "시가평가액설"이라 한다)다.

과세관청은 ① "회생채권이 주식으로 전환되는 경우 해당 출자전환으로 취득한 주식의 가액을 손금산입한 보험금의 환입액으로 보아[72] 「법인세법 시행령」 제72조 제2항 제6호에 따른 출자전환일의 시가 상당액을 익금으로 산입한다"고 해석[73]하여 시가평가액설의 입장을 나타낸 해석도 있고, ② "부도발생일로부터 6개월이 지난 어음상의 채권은 회생절차와 상관없이 부도발생일로부터 6개월이 지난 날이 속하는 과세기간에 대손세액공제가 가능하나, 출자전환되는 어음상의 채권은 대손세액공제가 되지 않는다."고 해석[74]하여 채권가액설의 입장을 나타낸 해석도 있다. ③ "보험업을 영위하는 내국법인이 지급보증보험 계약에 따라 보험금을 지급하여 발생한 구상채권[75]이 「법인세법 시행령」 제15조 제4항 제1호의 방법[76]으로 출자전환되는 경우 해당 출자전환으로 취득하는 주식의 가액은 「법인세법 시행령」 제72조 제2항 제4호의2 단서에 따라 출자전환된 채권의 장부가액으로 하는 것이다"고 해석하여,[77] 세무가액설의 입장을 나타낸 해석도 있다. ④ 뿐만 아니라 "「법인세법 시행령」 제72조 제1항 제4호의2 단서에서의 출자전환 채권의 장부가액은 출자전환일이 속하는 사업연도의 직전 사업연도 종료일 현재의 출자전환된 채권의 세무상 장부가액을 의미한다."라는 해석[78]도 있는데, 이 해석은 세무가액설을 원칙으로 하면서도, 위 사례의 경우 출자전환한 때가 대손상각한 2017년도이라면 출자전환시점의 세무상 장부가액인 1,000원(비망가액)이 아니라 그 전년도(2016년도) 말의 장부가액인 1억원으로 한다는 것이므로 대손상각한 연도와 출자전환한 연도가 같은 연도일 경우에는 채권가액설의 입장인 것으로 볼 수 있는 해석으로도 생각된다.

---

72) '손금산입한 보험금의 환입액으로 본다'는 뜻은 '대손상각한 금액의 회수로 본다'는 뜻이다.

73) 국세청, 법규법인 2013-200, 2013.9.9., 국제세원관리담당관실-102, 2011.3.14.도 같은 취지의 해석이다.

74) 국세청, 부가-267, 2012.3.14.

75) 질의에 의하면 질의자는 구상채권을 대손상각하여 구상채권의 장부가액이 0인 상태이다.

76) 이 경우는 회생회사에 출자전환을 하는 경우이다.

77) 국세청, 법규법인 2014-190 2014.6.25.

78) 기획재정부, 재법인-88, 2014.2.19. 최근 조세심판원도 같은 취지로 결정을 하였다(조심 2016서3619, 2016.11.25.).

조세심판원 또는 국세심판원에서는 ① "부도발생일로부터 6개월이 지난 어음상 채권을 대손세액공제를 받은 후 회생계획인가결정에 따라 출자로 전환된 금액은 주식으로 회수한 것으로 보아 대손세액공제의 범위가 출자전환되는 금액만큼 축소되는 결과가 나타나서 그 때 변제되었다"고 결정[79]하여 채권가액설의 입장을 나타낸 것도 있고, ② "출자전환에 의한 주식취득으로 대손금액의 일부를 회수한 금액은 출자전환주식의 취득 당시의 시가로 한다."라고 결정[80]하여 시가평가액설의 입장을 나타낸 것도 있다.

한편, ① "어음의 부도반환일부터 6월이 경과하여 대손확정이 되었다 하더라도 이후 변제된 날이 대손확정일과 동일한 과세기간(또는 사업연도) 내에 속해 있다면 변제된 해당금액에 대해서는 대손세액공제나 대손상각비로 손금에 산입하는 것이 어렵다"고 결정한 조세심판원의 사례[81]나 ② "사업자가 대손금액의 전부 또는 일부를 회수한 경우에는 회수한 대손세액을 회수한 날의 매출세액에 가산하고 회수한 금액을 그 회수한 날이 속하는 사업연도의 소득금액을 계산할 때 익금에 산입하므로, 대손금 발생과 같은 과세기간 또는 사업연도에 대손금이 회수된 경우에는 결국 대손세액의 공제나 대손상각비의 손금산입을 인정할 수 없다"라는 인천지방법원의 판례[82]도 있는데, 이러한 입장은 대손금 발생과 동일한 과세기간(또는 사업연도)에 대손금이 회수된 경우 그 회수금액과 대손금이 동액이어서 대손금을 인정할 수 없다는 것이므로, 결국 채권가액설의 입장이라고 하겠다.

채권가액설 등에 관한 위의 과세관청의 해석 등을 정리하면 아래 〈표 5〉와 같다.

〈표 5〉 채권가액설, 세무가액설 및 시가평가액설에 관한 해석 등

구 분	해석 등
채권가액설	① 국세청, 부가-267, 2012.3.14. ② 조세심판원, 조심 2012부724, 2012.8.21. ; 조심 2011중810, 2012.3.29. ③ 인천지방법원 2012.9.20. 선고 2012구합2843 판결.
세무가액설	① 국세청, 법규법인 2014-190 2014.6.25. ② 기획재정부, 재법인-88, 2014.2.19. ③ 조세심판원, 조심 2016서3619, 2016.11.25.
시가평가액설	① 국세청, 법규법인 2013-200, 2013.9.9. ; 국제세원관리담당관실-102, 2011.3.14. ② 국세심판원, 국심 2004중2043, 2005.1.21. ③ 조세심판원, 조심 2013전0484, 2013.12.4. ; 조심 2013구4992, 2014.4.16.

79) 조심 2012부724, 2012.8.21.
80) 국심 2004중2043, 2005.1.21. ; 조심 2013전0484, 2013.12.4. ; 조심 2013구4992, 2014.4.16.
81) 조심 2011중810, 2012.3.29.
82) 인천지방법원 2012.9.20. 선고 2012구합2843 판결.

나. 회수 시 회수금액의 익금산입 및 부가가치세 납부의 취지

앞 〈사례 4〉에서 어느 견해가 타당한가를 검토하기 이전에 대손상각한 채권을 회수한 경우(즉, 상각채권추심액이 있는 경우) '회수금액을 익금에 산입'하거나 '회수금액에 상당하는 대손세액공제액을 매출세액에 가산하여 납부'하도록 하고 있는 세법의 취지가 무엇인가를 살펴볼 필요가 있다.

먼저, 상각채권추심액이 있는 경우 회수금액(상각채권추심금액)을 익금에 산입하도록 하고 있는 「법인세법」의 취지를 살펴본다.

대손금으로 인정하는 것 중에서 소멸시효의 완성 등과 같이 '채권의 법적 권리가 소멸함에 따라 대손금으로 인정'하는 것도 있지만 부도 후 6개월이 경과한 매출채권 등과 같이 '채권의 법적 권리는 있으나 일정한 사유의 발생으로 대손금으로 인정'하는 것도 있다. 후자의 경우 세무처리상 대손처리를 했더라도 법적 권리가 존속하기 때문에 채권 회수활동을 하게 되고 이에 따라 대손처리한 채권을 회수하게 되면 그 회수금액을 익금에 산입하도록 「법인세법」이 규정하고 있다.[83)]

대손처리하는 시점에 회수할 수 있는 금액을 예상할 수 있다면 그 회수할 수 있는 금액은 채권으로 그대로 존속시키고 나머지의 금액만 대손처리하거나 아예 그 채권을 대손처리하지 않는 것이 논리적으로 타당하다. 그런데 대손처리 시점에 회수하지 못할 것으로 예상하고 대손처리하였는데 나중에 채권회수 활동을 통하여 대손상각채권에서 회수한 금액이 있다면 회수하지 못할 것으로 보고 세무상 대손처리한 그 전제가 성립하지 않게 된 경우다. 이 경우 대손처리의 전제가 성립하지 않는 것이므로 종전의 대손상각처리액 중 회수한 금액만큼 이를 취소해야 타당하다. 즉, 상각한 채권에서 추심액이 있는 경우 그 회수금액을 익금에 산입하도록 하고 있는 「법인세법」의 규정은 '대손상각하여 손금산입한 금액 중 회수한 금액만큼 세무상으로 취소하여 대손처리하지 않은 것으로 한다'라는 취지에서 입법한 것으로서 추정에 의한 대손상각처리를 사후적으로 바로 잡기 위하여 사후 회수액을 익금에 산입하도록 한 규정으로 보아야 할 것이다.

그 다음, 상각채권추심액이 있는 경우 그 회수금액에 관련된 대손세액 상당액을 부가가치세 매출세액에 가산하여 납부하도록 하고 있는 「부가가치세법」의 취지를 살펴본다.

재화 또는 용역의 공급자가 재화·용역의 공급시점에 거래징수하는 부가가치세를 국가에 납부하였는데 그 재화·용역의 공급에 따른 매출채권을 회수하지 못하게 되면 매출채권에 포함된 부가가치세를 회수하지 못했는데도 공급자가 그 부가가치세를 부담하게 되는 문제점이 있으므로 재화·용역의 공급자의 부담을 덜어주기 위하여 공급자에게 대손세액공제를 허용하

83) 「법인세법」 제19조의2 제3항.

였다. 그런데 나중에 회수하지 못할 것으로 본 매출채권 중 일부 또는 전부를 공급자가 회수하게 되면 이 회수한 매출채권에 대한 부가가치세(대손세액공제를 받은 것)도 회수하게 되고, 그러면 이전에 이에 대하여 대손세액공제를 받은 것은 부당이득을 한 셈이 된다. 그래서 이러한 부당이득의 문제를 해결하기 위하여 재화·용역의 공급자가 대손세액공제를 받은 후에 그 매출채권을 회수하게 되면 그 회수금액에 관련된 대손세액 상당액을 부가가치세 매출세액에 가산하여 납부하도록 하고 있다.[84)]

따라서 상각채권추심액이 있는 경우 그 회수금액에 관련된 대손세액 상당액을 회수시점에 납부하도록 하고 있는 「부가가치세법」 규정의 취지는 종전에 공제받은 대손세액공제액을 도로 국가에 반납하도록 한 것이라고 이해해야 할 것이다. 즉, 대손될 것으로 보고 대손세액을 공제하도록 허용하였지만 회수하게 되면 그 전제가 성립하지 않아 사후적으로 이를 바로 잡는 것으로 보아야 할 것이다.

결국 「법인세법」상으로나 「부가가치세법」상으로 상각채권추심액이 있을 경우 익금에 산입하거나 그의 부가가치세 상당액을 매출세액에 가산하여 납부하도록 한 입법 취지는 당초의 대손처리를 수정 내지 취소하는 것이라고 하겠다.

다. 대손상각채권의 출자전환으로 취득한 주식거래의 단일거래성 여부

대손상각채권으로 출자전환한 경우 이 출자전환 거래를 '대손상각처리를 취소하는 거래'와 '출자전환하는 거래'라는 2개의 거래로 구성되어 있는 것(이하 이 견해를 "복수거래설"이라 한다)으로 보아야 하는가, 아니면 '상각채권을 출자전환 주식으로 회수(채무자 입장에서는 채무변제)하는 거래'라는 하나의 거래인 것(이하 이 견해를 "단일거래설"이라 한다)으로 보아야 하는가?

만약 대손상각채권으로 출자전환하는 거래를 2개의 거래로 본다면 앞 〈사례 4〉의 경우 회생채무자 B에 대한 출자전환거래는 아래 ①,②와 같이 2개의 거래로 세무회계처리하게 될 것이고, 따라서 2016년도에 한 대손상각에 대한 취소가액(1억원)이 출자전환시점(2017년도)의 세무상 장부가액이 되므로 1억원이 출자전환주식의 취득가액이 될 것이다.

① 대손상각처리의 취소거래

(차변) 매 출 채 권	1억원	(대변) 상각채권추심익	1억원

② 출자전환의 거래

(차변) 주 식	1억원	(대변) 매 출 채 권	1억원

84) 「부가가치세법」 제45조 제1항 단서.

만약 앞 〈사례 4〉의 경우 1개의 거래로 본다면 논리적으로 아래 ③과 같이 1개의 거래로 세무회계처리하게 될 것이고, 주식취득가액은 시가액(1천만원)이 될 것이다.

③ 출자전환주식으로 상각채권의 회수			
(차변) 주　　　식	1천만원	(대변) 상각채권추심익	1천만원

위 분개 ①,②에서 보는 바와 같이 복수거래설은 대손상각채권의 회수에 따라 종전 대손상각처리를 취소한 후 그 회수한 자금(상각채권의 취소가액)으로 출자전환한다는 입장이므로 앞 〈사례 4〉에서 A가 '회생법인의 주주가 되는 과정'(=출자전환 과정. 즉, 위 분개의 ②)을 '대손상각처리의 취소 과정'(즉, 위 분개의 ①)과 별개로 보는 입장인 반면, 단일거래설은 대손상각채권의 회수 방법(채무자 입장에서는 채무변제 방법)으로 주식을 취득한다는 것이므로 A가 '회생법인의 주주가 되는 과정'을 별도로 상정하지 않는 입장이다. 단일거래설과 복수거래설의 내용을 구체적으로 비교해 보면 다음 〈표 6〉과 같이 될 것이다.

〈표 6〉 구조조정법인에 대한 출자전환 시 단일거래설과 복수거래설의 비교

구 분	단일거래설	복수거래설
상각채권추심거래의 구성	'상각채권의 회수거래' 또는 '채무변제거래'로 생각	'상각채권의 회수거래+출자전환거래'의 2가지 거래로 생각
출자전환 과정의 고려 여부	'상각채권추심거래=회수거래'로 생각하므로 출자전환과정을 고려하지 않는 논리	출자전환거래를 별도로 인정하므로 출자전환과정을 고려하는 논리
출자전환주식의 시가가 0인 경우 대손금의 회수가액	취득 주식의 시가가 0이므로 상각채권의 회수가액도 0으로 생각 → ∴ 상각채권추심에 따른 익금산입액을 0으로 생각	회수가액은 대손상각 취소액으로 생각 → ∴ 상각취소액(채권가액)을 회수에 따른 익금산입액으로 생각
출자전환시점에 채권자의 채권 장부가액	대손상각한 이후 시점의 가액이므로 장부가액은 0임	회수가액(상각취소가액)을 장부에 미계상했더라도, 상각취소가액이 장부가액으로 됨
세무상 주식취득가액	주식 시가임 → ∵ '상각채권추심액=시가'이므로	채권장부가액(상각취소가액)임 → ∵ 구조조정법인에 대한 출자전환이므로
출자전환주식을 취득하는 것의 성질(근거)	대손상각채권의 회수 그 자체로서 취득 → ∴ 출자전환을 대물변제(또는 교환)로 보는 견해와 같은 논리임	채권을 출자전환한 대가로 주식을 취득 → ∴ 출자전환을 상계로 보는 견해와 같은 논리임

구 분	단일거래설	복수거래설
채무자의 세무처리와의 관계	채무자가 '신주의 납입가액=자본금'으로 처리하는 것과 무관하게 채권자는 취득가액을 신주의 시가액으로 함	채권자는 '출자전환가액(주식취득가액)=신주의 액면가액'으로 세무처리 → 채무자의 세무처리와 일관성 있음
논리적 귀결	시가평가액설 또는 세무가액설에 적합	채권가액설에 적합

라. 소결(해석론)

(1) 상각채권 추심은 종전 대손처리의 수정이므로 채권가액설이 타당

상각채권추심의 본질을 종전 대손처리의 취소 과정으로 보든(즉, 복수거래설로 보든) 추심액만큼의 순자산이 증가하는 것으로 보든(즉, 단일거래설로 보든) 회수를 현금으로 했다면 그 금액이 동일하므로 문제가 없다. 그러나 대손상각채권을 출자전환주식으로 회수하는 것이라면 그 주식가치를 어떻게 평가하느냐에 따라 회수금액이 달라지므로 채권가액설·세무가액설·시가평가액설의 논의의 실익이 있게 된다.

상각채권추심거래의 본질을 종전에 한 대손처리를 취소하는 것으로 보는 이상, 복수거래설이 타당하다. 즉, 앞 〈사례 4〉는, ⓐ A가 대손상각한 1억원의 채권이 채무자 B의 출자전환가액(=주금납입액)으로 인정됨에 따라 종전에 대손처리한 것을 취소(위 분개의 ①에 해당)한 후, ⓑ 그 회수(취소)한 매출채권 1억원으로 1억원의 주금 납입에 충당하는 것{즉, 출자전환하는 것(위 분개의 ②에 해당)}으로 보아야만 증자 시 주금액은 전액 납입되어야 한다는 「상법」 제421조 제1항을 충족하게 되어 증자 관련 법리에 부합한다. 단일거래설은 A가 '회생법인의 주주가 되는 과정'을 상정하지 않은 채 '채권회수(또는 채무변제)만 있는 것'으로 보는 것인데, 만약 A가 상각채권추심의 대가로 채무자 B가 기 발행하여 보유하고 있던 B의 자기주식을 교부받았다면 적합하다고 할 여지가 있다. 그러나 A는 기 발행한 B 보유의 자기주식{즉, 구주(舊株)}을 교부받은 것이 아니라 A가 1억원을 B에게 출자전환한 1억원을 재원으로 하여 B가 발행한 발행가액 1억원의 신주(新株)를 취득한 것이다. 이런 점에서 단일거래설은 주금납입 과정을 무시한 견해가 된다 할 것이다.

결국, A가 대손상각하여 세무상 장부가액이 비망가액(1,000원)인 매출채권을 출자전환하여 취득한 주식의 시가가 1천만원이라고 하더라도, 채무자 B로부터 매출채권 1억원을 회수(즉, 종전 대손처리를 취소)한 후 그 1억원을 주금으로 납입(상계)하여 납입금액 1억원의 주식을 받은 것이기 때문에[85] A는 종전에 대손처리한 1억원(채권금액)을 취소한다는 의미에서 「법인세

85) 설사 A가 앞 '다'의 '①'의 회계처리를 하지 않고 있다 하더라도 세무상 상각채권추심액은 1억원이므로 출자전환시점에 A의 매출채권의 세무상 장부가액은 1억원이라고 해야 할 것이다.

법」상으로 익금에 1억원을 산입하고 또한 부가가치세도 1억원에 대해서 납부해야 한다.

만약 앞 〈사례 4〉를 이렇게 보지 않고 추심거래로 인하여 실제의 순자산 증가에 해당하는 주식가액(시가액 1천만원)을 익금에 산입해야 하는 것을 본다면(즉, 이 증가된 순자산 1천만원에 상당하는 대손세액만 부가가치세로 납부하는 것이 세법의 취지라고 한다면) 이것은 위 3가지 견해 중 시가평가액설이 되고, 또한 이 견해는 단일거래설의 입장이 될 것이다.

시가평가액설의 문제점을 보기로 한다.

앞 〈사례 4〉에서 A가 출자전환하여 주식을 취득할 시점에는 그 주식의 시가평가액이 1천만원이었지만 그 주식의 가치가 상승하여 A가 그 주식을 나중에 1억원이 아닌 3억원에 처분하였다고 가정해 보자. 이 경우 시가평가액설의 입장에서는 다음의 2가지 중 하나로 해석하게 될 것이다. 즉, ⓐ 출자전환시점에 취득 주식의 시가가 1천만원으로서 상각채권추심액이 1천만원으로 확정된 이상, A는 회수한 대손금액(1천만원)에 상당하는 대손세액 만큼만 납부하면 되고, A가 그 주식을 나중에 3억원에 처분하였다고 하더라도 그것은 사후적인 일이므로 A는 대손세액상당액 중 추가로 납부할 금액이 없다라는 견해를 취할 수 있다. ⓑ 또는 그 주식을 나중에 3억원에 처분하여 회수한 금액이 3억원인 이상, A가 당초 대손세액공제를 받은 1억원에 대한 대손세액상당액은 전액 회수했다고 보아야 하고, 따라서 A는 이미 납부한 1천만원에 대한 대손세액 상당액을 제외하고 나머지 9천만원에 대한 대손세액 상당액을 주식의 처분 시점에 납부해야 한다라는 견해를 취할 수 있다.

ⓐ의 견해는 A가 1억원에 대한 대손세액공제를 고스란히 받고 그 대손세액공제와 관련된 매출채권을 출자전환하여 받은 주식을 처분하여 3억원을 받았는데도 1천만을 제외한 9천만원에 대한 대손세액공제의 혜택을 A가 그대로 누려서 부당이득을 취하는 것을 용인하게 된다는 점에서 납득하기 곤란하다. ⓑ의 견해는 A가 나머지 9천만원에 대한 대손세액상당액을 납부해야 하는 시점이 출자전환시점에서 출자전환주식의 처분시점으로 연장된다는 점에서 납득하기 곤란하다. 따라서 시가평가액설은 이러한 문제점이 발생한다는 점에서 타당하지 않다고 할 것이다.

위 ⓐ, ⓑ의 문제점이 발생하는 것은 상각채권의 회수를 '종전 대손상각 처리의 취소'로 보지 않고 '추심액(시가 평가액)만큼의 순자산이 증가'하는 것으로 보는 것에서 연유한다. 그러나 채권가액설은 대손상각채권을 출자전환의 방법으로 회수한 경우 이를 종전 대손상각 처리의 취소로 보는 견해이므로, 자연히 상각채권추심액은 종전 대손상각금액{=사법(私法)상 채권가액}이 되게 된다. 이렇게 되면, 앞 〈사례 4〉에서 A가 대손상각한 매출채권 1억원 중 출자전환한 가액이 1억원이 아닌 7천만원이라고 한다면 이것은 곧 종전 대손상각 1억원 중 7천만원만 수정(취소)하는 것이므로 채권가액설에 의하면 상각채권추심액을 7천만원으로 할 것이다. 그러면 A가 세무상 아직 채무자로부터 회수하지 못한 채권액이 3천만원이 있는 것으로 세무처리되므로 법적으로 잔존하는 권리금액과 일치하게 된다. 따라서 채권관리면에서도 채권가액설이 시가평가액설보다 우월하다.

상각채권추심액이 있을 경우 그 회수가액을 출자전환채권의 세무상 장부가액으로 해야 한다는 세무가액설도 위 ⓐ, ⓑ의 문제점을 그대로 가지고 있다. 따라서 세무가액설도 타당하지 않다고 할 것이다.

(2) 일반법인에 대한 출자전환 시 채권가액설의 적용

'구조조정법인'에 출자전환하여 취득한 주식의 취득가액은 '출자전환채권의 장부가액'으로 하지만 '일반법인'에 출자전환하면 취득가액은 '주식 시가'로 하는데,[86] 그러면 '일반법인'에 출자전환할 경우 취득가액을 시가(앞 〈사례 4〉에서 1천만원)로 하도록 한 세법의 규정을 채권가액설은 어떻게 설명할 것인가라는 문제가 남는다.

A가 일반법인이 아닌 구조조정법인에 출자전환하는 〈사례 4〉의 경우 위 3가지 견해를 단일거래설에 의하여 세무처리할 경우 그 분개는 다음과 같게 된다.

〈대손금을 출자전환주식으로 회수 시 세무처리〉

㉠ 채권가액설 : (차변) 주식	1억원	(대변) 상각채권추심익	1억원
㉡ 세무가액설 : (차변) 주식	1,000원	(대변) 상각채권추심익	1,000원
㉢ 시가평가액설 : (차변) 주식	1천만원	(대변) 상각채권추심익	1천만원

위의 분개는 단일거래설로 표현되어 있지만 위에서 본 바와 같이 복수거래설이 타당하므로 〈사례 4〉의 거래를 복수의 거래로 보아 채권가액설에 의하여 분개하면 아래와 같다.

㉮ 대손상각채권의 회수거래			
(차변) 매 출 채 권	1억원	(대변) 상각채권추심익	1억원
㉯ 구조조정법인에 대한 출자전환의 거래			
(차변) 주 식	1억원	(대변) 매 출 채 권	1억원

86) 「법인세법 시행령」 제72조 제2항 제4호의2.

상각채권추심액이 있을 경우 그 회수금액을 종전 대손상각액의 취소가액으로 익금에 산입하므로 그 익금액은 종전 대손상각액(1억원)으로 하고(위 분개 ㉮), 구조조정법인에 대한 출자전환주식의 취득가액은 '출자전환한 채권의 장부가액'이므로 출자전환주식의 취득가액을 1억원으로 한다(위 분개 ㉯). 이렇게 되면 채권가액설에 의할 때, 앞 〈사례 4〉에서 출자전환을 2017년도에 할 경우, 출자전환채권의 대손상각을 2016년에 하였든 2017년에 하였든, 위 ㉮의 분개에서 상각채권추심익(즉, 대손상각 취소액)이 1억원이 되는 점에 차이가 없고 위 ㉯의 분개에서 출자전환주식의 취득가액이 1억원이 되는 점에도 차이가 없다.

그런데 만약 피출자전환자가 구조조정법인이 아닌 일반법인이라면 채권자가 취득한 출자전환주식의 취득가액을 주식의 시가로 계상해야 하므로 위 ㉯의 세무상 분개는 아래의 ㉰와 같이 된다.

㉰ 일반법인에 대한 출자전환의 거래				
(차변)	주 식	1천만원	(대변) 매 출 채 권	1억원
	대 손 금	9천만원		

즉, 피출자전환자가 일반법인인 경우 채권자가 대손상각채권을 추심한 금액은 채권가액설에 의하여 1억원으로 해야 하는 것이나(위 ㉮의 분개 참조), 위 ㉰ 분개에서 보는 바와 같이, 출자전환주식의 취득가액은 주식 시가 1천만원으로 해야 하므로 출자전환에 따른 대손금이 「법인세법」상 9천만원이 발생하게 된다.

채권자는 당초 매출채권 1억원을 대손처리한 시점(〈사례 4〉의 경우 2016년도)에 세무상 대손요건을 모두 갖추었기 때문에 대손처리를 한 것인데,[87] 당초 대손 요건을 충족한 대손금 1억원이 출자전환에 따라 나중에 취소(회수)되었다 하더라도, 1억원의 출자전환시점(〈사례 4〉의 경우 2017년도)에서는 1억원에 대한 세무상 대손요건은 여전히 충족되어 있다고 보아야 한다. 그렇다면 일반법인에 출자전환한 채권자의 입장에서 출자전환시점에 종전 대손처리를 취소(즉, 상각채권추심익을 계상)하였다가 출자전환주식의 시가액 1천만원을 제외한 나머지 9천만원을 다시 대손처리를 한다 하더라도 세무상 9천만원은 대손금으로 인정된다고 해석해야 할 것이다. 다만, 회계처리 시 위 ㉮, ㉰와 같이 2개의 거래로 분리, 회계처리하여 대손금 9천만원을 장부에 계상하는 방법을 선택하지 않고 위 ㉢과 같이 1개의 거래로 보아 주식취득원가를

87) 앞 〈사례 4〉의 경우 부도발생일로부터 6개월이 지난 매출채권이라는 대손요건을 갖춘 경우이다.

시가 1천만원으로 하는 회계처리를 하였다고 하더라도, 그것은 위 '㉮의 상각채권추심익 9천만원'과 위 '㉰의 대손금 9천만원'을 서로 상계한 회계처리의 생략에 불과하다 할 것이므로,[88] 대손금 9천만원을 장부에 계상하지 않았다는 이유로 이를 손금부인할 근거가 되지 못한다 할 것이다.

2. 대손상각채권의 출자전환 시 취득가액의 문제

가. 대손금 부인 채권의 출자전환의 경우

예컨대 甲법인이 乙법인(구조조정법인)에 대한 매출채권 100을 갖고 있는데 乙법인의 부실화로 인하여 회수할 수 없는 것으로 보아 매출채권 100 전액을 회계상 대손상각하여 장부에서 제각한 상태이나 세무상으로는 100을 손금인정받지 못하고 있다고 가정해 보자.[89]

위 사례에서 甲 법인이 매출채권을 대손상각함으로써 회계장부상 금액이 0이라고 해도 매출채권 100에 대한 법률상 채권액은 회계상 대손상각 처리와 상관없이 존속하는 것이므로, 甲 법인의 乙 법인에 대한 주금납입의무액 100과 乙 법인에 대한 매출채권 100을 서로 상계하여 주금납입액을 100으로 하는 출자전환이 가능하다.

이 경우 甲 법인의 출자전환주식의 취득가액이 되는 장부가액을 ① 회계상 장부가액인 0으로 보아야 하는가, ② 세무상 장부가액인 100로 보아야 하는가?

이 경우 장부가액의 의미를 ②로 해석하는 것이 타당하다. 그 이유는 다음과 같다.

위의 사례에서 장부가액을 회계상 장부가액을 뜻하는 것으로 해석하면 甲 법인이 취득한 출자전환주식의 취득가액은 0이 된다. 출자전환을 하면 매출채권 100 자체가 소멸하는데, 이와 같이 ①로 보게 되면 세무상 대손금으로 손금인정 받지 못하고 유보 처분되어 있는 매출채권 100은 출자전환을 계기로 순자산이 감소한 것에 해당되어 손금산입되게 된다. 이렇게 되면 출자전환하지 않았다면 대손금으로 인정받지 못할 100이 출자전환을 계기로 대손금으로 인정받게 되는 결과가 되어 불합리하다. 그러나 만약 이 경우 출자전환으로 취득한 주식의 취득가액을 0이 아닌 100으로 한다면 이 출자전환주식을 처분하기 전에는 손금으로 인정받지 못하여 세무상 부인되던 대손금 100이 출자전환되었다고 해서 대손금으로 손금 인정받

88) 출자전환주식의 취득가액을 시가 1천만원으로 하도록 규정한 「법인세법 시행령」 제72조 제2항 제4호의2에 의거 세무처리하면 회계원리상 위 '㉮의 상각채권추심익 9천만원'과 위 '㉰의 대손금 9천만원'을 서로 상계한 후에 위 'ⓒ의 회계처리{(차변)주식 1천만원 / (대변)상각채권추심익 1천만원}'가 되는 것이므로, 대손금 9천만원에 대한 회계처리의 생략이 있다고 보아야 할 것이다.

89) 甲법인이 회계상 대손충당금을 100 전액을 설정하여 대손충당금을 차감한 후의 회계상 채권장부가액이 0인 경우에도 동일하다.

게 되는 불합리한 결과가 발생하지 않게 된다. 이런 점에서 출자전환주식의 취득가액이 되는 장부가액을 세무상 장부가액으로 해석하는 ②가 타당하다.

나. 대손금 인정 채권의 출자전환의 경우

만약 위의 경우 甲 법인이 회계상 대손상각한 매출채권 100이 세무상으로도 그 대손처리가 인정되어 세무상 장부가액이 0이라고 한다면 출자전환으로 취득한 주식의 취득가액을 얼마로 보아야 하는가? 아래 〈사례 5〉의 경우 X은행이 취득한 출자전환주식의 세무상 취득가액이 1억원인가 아니면 0원인가의 문제이다.

〈사례 5〉

X은행이 Y법인에 대한 대출채권 1억원을 갖고 있는데 Y법인이 부실화되어 2017년도에 회생절차에 들어갔다. X은행은 ① 금융감독원장의 대손상각 승인을 얻어 대출채권 1억원 전액을 2016년 6월에 대손상각하고 이를 장부에 대손금으로 계상하고 있는 상태에서 ② X은행이 대손상각한 대출채권 1억원을 Y법인(회생법인)에 2017년 12월에 출자전환하여 액면가액 1억원의 주식을 교부받았다.

위 〈사례 5〉의 경우 과세관청은 "「법인세법 시행령」 제72조 제1항 제4호의2 단서에서 정한 출자전환 채권의 장부가액은 출자전환일이 속하는 사업연도의 직전 사업연도 종료일 현재의 출자전환된 채권의 세무상 장부가액을 의미한다"고 해석하여,[90] X은행의 출자전환주식의 세무상 취득가액은 0원인 것으로 해석했다. 최근 조세심판원도 같은 취지로 결정을 하였다.[91]

이 해석 논리에 의하면, ① X은행이 대손상각을 2016년도에 하였기 때문에 2016년도말의 대출채권 1억원의 세무상 장부가액은 0원이어서 2017년도에 출자전환하여 취득한 주식의 세무상 취득가액이 0원이 되는 것이나, ② 만약 대손상각을 2017년도에 하고 출자전환도 2017년도에 하였다면 2016년도말의 대출채권 1억원의 세무상 장부가액은 1억원이기 때문에 출자전환주식의 취득가액은 1억원이 된다는 것이다.

그러나 이 경우 X은행이 대손상각을 2016년도에 하든 2017년도에 하든 세무상 출자전환주식의 취득가액은 각각 1억원이라고 해석해야 할 것이다. 그 이유는 다음과 같다.

이 경우는 X은행이 대손상각한 대출채권 1억원을 회수하는 거래(즉, 상각채권추심거래)와 대

90) 기획재정부, 재법인-88, 2014.2.19.

91) 조심 2016서3619, 2016.11.25.

출채권 1억원을 출자전환하는 거래의 2가지로 구성되어 있다(복수거래설). 상각채권추심거래의 본질이 대손상각의 취소 거래인 이상, 이 추심거래로 인한 회수가액(즉, 대손상각의 취소가액)은 대손상각한 금액(1억원)이다. 그러면 출자전환하는 시점(2017년)에 회수한 대출채권의 세무상 장부가액이 1억원이므로 이 1억원이 출자전환주식의 취득가액(즉, 세무상 장부가액)이 된다고 해석하는 것이 타당하다.[92] 따라서 X은행은 2016년 6월에 한 대손상각 1억원은 그 시점에 대손금의 요건을 갖추고 있으므로 손금 인정이 되는 것이나, 2017년 12월에 출자전환을 함으로써 회수(즉, 대손상각의 취소)한 금액이 1억원이므로 1억원을 2017년도에 익금(상각채권추심익)에 산입해야 한다. 따라서 이 경우에 2016년도와 2017년도를 통산하면 결과적으로 대손상각을 하지 않은 결과가 된다.

X은행이 대손상각채권을 출자전환할 경우 결과적으로 2016년도의 대손상각이 허용되지 않은 결과가 초래되는 문제점를 방지하려면, 예컨대 X은행이 상각채권 1억원 중 9천만원은 대손상각으로 인정받고 나머지 1천만원만 출자전환을 하려고 한다면, 9천만원은 명시적으로 채무면제하고 1천만원만 출자전환을 하면 된다. 그러면 9천만원은 대손상각 요건을 갖춘 후에 채무면제한 것이므로 9천만원에 대한 대손금의 인정은 변동이 없는 것이고 출자전환한 1천만원만 회수금액(상각채권추심익)으로서 익금에 산입하게 된다. 이렇게 하더라도 채무면제한 9천만원은 Y법인의 잉여금(채무면제익으로서 이익잉여금)이 되는 것이므로 출자전환한 1천만원의 주식가치에 내재되어 있는 것이고 따라서 9천만원을 채무면제한 X은행에게는 손해가 발생하지 않는다.

예컨대, Y법인의 1주당 액면가액이 5,000원이고 Y법인은 완전 자본잠식법인으로서 X은행이 출자전환하기 전에 100% 감자를 한다고 하면, ① 1억원 전액을 출자전환하는 경우 X은행은 20,000주(=1억원÷@5,000)를 받아도 그 주식의 총가치는 1억원{=주금납입액 1억원, 1주당 가치는 5,000원(=1억원÷20,000주)}이고, ② 1억원 중 9천만원을 채무면제하고 1천만원만 출자전환하는 경우 X은행은 2,000주(=1천만원÷@5,000)를 받아도 그 주식의 총가치는 1억원{=채무면제익 9천만원+주금납입액 1천만원, 1주당 가치는 50,000원(=1억원÷2,000주)}이므로 X은행에게는 손해가 발생하지 않는 것이다.

3. 중도 매수채권의 출자전환 시 취득가액의 문제

앞 〈사례 5〉에서 X은행이 보유한 대출채권 1억원을 2천만원에 S법인에 매각하였고,[93] S법

92) 1억원이 출자전환주식의 취득가액이 되는 것은 '본장 1.다.'의 '②'의 분개{(차변) 주식 1억원 / (대변) 매출채권 1억원}와 같은 세무처리로 나타난다.

인은 매입한 이 대출채권을 회계장부에 취득가액으로 2천만원을 계상하고 있는 상태에서 S법인이 이 대출채권을 Y법인(회생채무자)에게 출자전환한다고 가정해 보자. 그러면 S법인의 출자전환주식의 세무상 취득가액은 ① 장부가액인 2천만원인가, ② 대출채권의 채권가액인 1억원인가?

이 경우 S법인의 출자전환주식의 취득가액은 S법인의 장부가액인 2천만원이라고 해석해야 한다. 즉, ⓐ S법인이 액면가액 1억원의 대출채권을 X은행으로부터 2천만원에 매입했으므로 대출채권의 취득가액은 「법인세법 시행령」 제72조 제1항 제1호에 의하여 매입가액인 2천만원이고, ⓑ 「법인세법 시행령」 제72조 제1항 제4호의2 단서에서 "…출자전환으로 취득한 주식 등은 출자전환된 채권(…)의 장부가액…"으로 규정하고 있으므로 출자전환채권자 S법인의 세무상 장부가액이 2천만원인 이상, ⓒ 2천만원을 출자전환주식의 취득가액으로 보는 것이 문언에 맞는 해석이 되는 것이다.

그러면 앞 〈사례 5〉에서 X은행이 출자전환을 하면 출자전환주식의 취득가액이 '1억원'이 되고 S법인이 하면 '2천만원'이 된다고 하면, X은행이 출자전환을 할 때에는 '권면액설'의 취지에 의하여 출자전환채권액을 평가, 계상하고 S법인이 출자전환을 할 때에는 '평가액설'의 취지에 의하여 평가, 계상하는 것인가라는 의문이 제기된다. 그러나 이 경우에 X은행이 출자전환하든 S법인이 출자전환하든 '권면액설'의 취지에 따라 대출채권의 채권가액을 평가, 계상하는 것이며, S법인의 출자전환주식의 취득가액은 세법의 규정에 따라 2천만원이 될 뿐이다고 해야 할 것이다. 그 논리의 과정은 다음과 같다.

Y법인은 채무 1억원을 출자전환하면서 채권자 S법인이 가진 대출채권 1억원(권면액)을 주금납입액으로 인정하여 증자를 한다.[94] 그러면, S법인은 대출채권의 취득가액이 2천만원인데 그 권면액 1억원을 Y법인이 주금납입액으로 인정하면 S법인은 8천만원(=권면액 1억원-취득가액 2천만원) 만큼 이익이 발생한다. 이것은 회계논리상으로 아래 분개 대변의 8천만원의 상환이익으로 나타난다. 이것을 어떻게 이해할 것인가의 문제가 관건이다.

---

93) 이렇게 대출채권을 매각하는 것을 부실채권(None Performing Loan ; NPL)의 매각이라고 하며, 최근 우리나라의 은행은 국제결제은행이 정한 자기자본비율(BIS 비율)을 충족하기 위한 수단의 하나로 NPL을 매각하고 있으므로, 현재 우리나라는 NPL의 매매가 활발한 실정이다.

94) 물론 Y법인이 회생회사이므로 채무자회생법 제206조 제1항에 의거 회생계획에 출자전환 내용을 반영하는 방법으로 출자전환할 것이다. 만약 Y법인이 워크아웃법인이면 채무액 1억원과 주금납입액 1억원을 상계하여 출자전환할 것이다. 이 경우 권면액 1억원을 주금 납입액으로 인정하는 것은 Y법인이 액면발행하느냐 할증발행하느냐와는 상관없다.

〈권면액 1억원이 주금납입액으로 인정됨에 따른 S법인의 분개〉

(차변) 출 자 전 환 주 식	1억원	(대변) 대 출 채 권	2천만원
		상 환 이 익	8천만원

그런데 「법인세법 시행령」 제72조 제1항 제4호의2 단서에서는 회생법인에 대한 출자전환의 경우 위 분개 차변의 출자전환주식의 취득가액을 1억원이 아닌 채권자의 장부가액인 2천만원으로 하도록 규정하고 있다. 따라서 위 주식의 취득가액을 2천만원으로 하려면 별도의 추가적인 과정이 필요한데 위 출자전환의 경우 이 회계처리를 분석하면 아래와 같이 2개(㉠, ㉡)의 분개로 구성되어 있는 것으로 이해해야 할 것이다.

〈장부가액 2천만원을 취득가액으로 함에 따른 S법인의 분개〉

㉠ 권면액으로 출자전환함에 따른 분개

(차변) 출 자 전 환 주 식	1억원	(대변) 대 출 채 권	2천만원
		상 환 이 익	8천만원

㉡ 출자전환주식의 평가 감액에 따른 분개

(차변) 평 가 손 실	8천만원	(대변) 출 자 전 환 주 식	8천만원

위 분개에서 보는 바와 같이, S법인이 가진 대출채권의 채권가액(권면액) 1억원을 Y법인이 1억원의 주금납입액으로 인정함에 따라 그 출자전환주식의 취득가액은 1억원이 되는데 이 대출채권의 취득가액(장부가액)이 2천만원이므로 차액 8천만원은 상환이익이 된다(위 분개 ㉠ 참조). 즉, 「법인세법 시행령」 제72조 제1항 제4호의2 단서에서 이 경우 채권자의 출자전환주식의 취득가액을 1억원이 아닌 2천만원으로 하도록 입법하고 있기 때문에 차액 8천만원이 발생하게 된다. 그러면 이렇게 발생한 차액 8천만원은 무엇인가라는 문제가 남는다.

이 차액 8천만원은 평가손실이다. 이 평가손실은 세법상 손금인정된다고 보아야 하는데 그것은 "이 경우 출자전환과 동시에 차액 8천만원만큼의 손금(즉, 손금인정되는 평가손실)이 발생한다"는 것(위 분개 ㉡ 참조)을 예정한 입법에 의하여 손금인정되는 것이라고 해야 할 것이다. 그러면 이 차액 8천만원이 평가손실로서 세무상 손금으로 인정되는 근거가 무엇인가라는 것을 검토할 필요가 있다.

(ⅰ) 「법인세법」 제42조 제3항 제3호에서 '회생법인' 또는 '워크아웃법인'의 주식은 시가로

감액할 수 있도록 정하고 있으므로, S법인은 Y회생법인 주식의 취득가액(출자전환가액) 1억원과 2천만원 간의 차액 8천만원을 이 규정에 의하여 감액(평가손실)한 것으로 볼 수 있고,[95] 따라서 이 규정에 의하여 S법인은 차액 8천만원을 「법인세법」상 손금인정받는다고 해석할 수 있다.

(ii) 그렇지 않더라도, ① 위 분개 ㉡에서 나타나는 8천만원의 평가손실은 「법인세법」 제41조의 위임을 받은 「법인세법 시행령」 제72조 제1항 제4호의2 단서에서 주식취득가액을 2천만원으로 하도록 규정함에 따라 발생하는 손실이고, ② 이 평가손실은 「법인세법」 제42조 제1항 제2호 및 「법인세법 시행령」 제73조 제2호 가목에서 정한 자산(즉, 주식)에서 발생한 손실인데, ③ 일정한 자산(주식)에 대한 평가손실을 「법인세법」 제42조 제1항 제2호에서 세법상 손금으로 인정하고 있으므로 이 규정에 의하여 이 8천만원의 평가손실이 손금인정된다고 해석해야 체계적 해석이 될 것이다.

결국, 위 사례에서 S법인의 대출채권 1억원이 Y법인(회생법인)이 하는 증자에서 그대로 주금납입액으로 인정됨에 따라 S법인에게 8천만원의 상환이익이 발생하지만(위 분개의 ㉠), 현행 「법인세법」은 출자전환 즉시 S법인에게 출자전환주식에서 손금으로 인정되는 8천만원의 평가손실이 발생하는 것으로 예정(위 분개의 ㉡)하고 있고, 이 예정에 따라 발생한 그 평가손실은 「법인세법」 제42조 제3항 제3호 또는 제42조 제1항 제2호에 의거 손금으로 인정되는 것이라고 할 것이다.

따라서 위 분개 ㉠, ㉡을 종합하면 위 사례에서 S법인이 출자전환하여 주식을 취득하는 거래는 아래 ㉢의 회계처리가 되고, 이것은 위 ㉠, ㉡의 회계처리 중 상환이익 8천만원과 평가손실 8천만원의 계상을 생략한 회계처리가 되는 셈이 된다.

㉢ 장부가액 2천만원 대출채권의 출자전환 시 S법인의 결과적인 분개			
(차변) 출자전환주식	2천만원	(대변) 대출채권	2천만원

그러나, 증자를 한 Y법인의 경우 채무액 1억원이 전액 자본금으로 되기 때문에[96] Y법인에게는 채무면제익이 발생하지 않으며 그 회계처리는 아래 ㉣과 같이 된다.

---

95) 물론 2천만원은 Y법인의 '주식 시가'가 아닌 S법인의 '채권의 장부가액'이다. 그러나 S법인이 X은행으로부터 매입한 채권가액(2천만원)은 Y법인에 대한 채권 1억원의 상환가능성 등 위험도 등을 감안하여 거래한 시가액으로 보아야 하므로 2천만원은 S법인이 출자전환하여 교부받은 Y법인 주식의 시가와 동 가치로 볼 수 있을 것이다.

96) 만약 Y법인이 할증발행하는 경우이라면 '1억원=자본금+주식액면초과금'이 될 것이다.

㉣ 차입금 1억원의 출자전환 시 Y법인의 분개			
(차변) 차 입 금	1억원	(대변) 자 본 금	1억원

위 ㉣ 분개에서 보는 바와 같이 채권자 S법인과 채무자 Y법인 간에 채무액 1억원 전액을 자본금으로 전환하기로 합의[97]하여 증자한 이상 Y법인은 자본금 1억원의 증자만 있고 채무면제익이 발생하지 않는 것은 당연하다 할 것이다. 이렇게 해석하지 않고 출자전환채권자 S법인의 주식취득가액이 2천만원이므로 출자전환채무자 Y법인의 출자전환되는 채무도 2천만원인 것으로 보고, 출자전환채무를 초과하는 금액(8천만원=1억원-2천만원)은 출자전환으로 소멸하는 것으로 보아 이 8천만원을 채무면제익으로 보아야 한다는 견해도 있을 수 있다. 그러나 이 견해는, ① S법인과 Y법인 간에 1억원 전액을 자본금으로 전환하기로 합의하여 출자전환한 것을 무시하는 견해가 되고,[98] ② 채무자 Y법인에게 채무면제익이 발생하는가의 문제는 '채권자 S법인의 주식취득가액을 얼마로 하느냐'와는 관련이 있는 것이 아니라[99] '발행주식의 시가가 얼마인가'에 따라 결정되는데도, 이 견해는 Y법인의 채무면제익과 S법인의 주식취득가액 간에 관련이 있다고 본다는 점에서 수긍하기 곤란하다.

결국 현행 「법인세법 시행령」 제72조 제1항 제4호의2 단서에서 출자전환주식의 취득가액을 '출자전환채권액'으로 하지 않고 '출자전환채권의 장부가액'으로 한 취지는, S법인과 같이 출자전환채권을 중도에 '권면액 이하로 취득'한 후 '권면액으로 출자전환'하는 경우, 출자전환채권자에게 익금(위 ㉠ 분개에서의 '상환이익')이 발생하더라도 출자전환 즉시 같은 금액의 평가손실(위 ㉡ 분개에서의 '평가손실')이 손금으로 인정되도록 함으로써 채권을 중도 매수취득한 출자전환채권자에게 과세상 문제가 발생하지 않도록 입법적으로 배려한 것으로 보아야 할 것이다. 즉, 현행 세법은 S법인에게 대출채권을 매각한 X은행이 8천만원의 매각손실을 손금 산입하는 것을 허용하지만 출자전환으로 인하여 매수한 S법인에게는 8천만원의 익금이 발생하지 않도록 입법적으로 배려하고 있는 것으로 보아야 할 것이다.

---

97) 회생계획에 출자전환으로 감소하게 되는 채무액을 기재하므로(채무자회생법 제206조 제1항 제4호) 이 기재를 한 후 회생계획안을 채권자가 동의, 승인하면 이것은 채권자와 채무자 간의 합의로 볼 수 있다(안윤우, "출자전환에 관한 소고", 『변호사』 제42집, 서울지방변호사회, 2012, 207면 ; 서울행정법원 2013.6.20. 선고 2012구합32703 판결 ; 수원지방법원 2016.4.21. 선고 2015구합66715 판결 등 참조).

98) Y법인의 자본금이 1억원(액면금액)인데도 2천만원의 자본금만 세무상 인정할 경우 8천만원은 법률상으로 자본금에 해당하는데도 세무상으로만 이를 자본금이 아닌 채무면제익으로 본다는 것이므로 이것은 사실과 다른 주장이 된다.

99) 피출자법인인 Y법인은 회생법인이므로 세법상 채권자 S법인은, Y법인에게 채무면제익이 발생하는가의 여부와 상관없이, 출자전환채권의 장부가액이 출자전환주식의 취득가액이 되기 때문이다.

V. 결 론

출자전환은 채권자가 가지고 있는 금전채권을 출자로 전환하여 주식을 취득하는 것이므로 자본을 증가시키는 자본거래의 성질을 지닌다. 자본을 증가시키는 당사자인 출자전환채권자와 피출자전환채무자는 출자전환에 따른 주금납입액에 대한 논리가 동일하도록 해야 타당할 것임에도 앞 〈표 2〉에서 보는 바와 같이 현행 세법은 달리 규정하고 있다. 채권자가 일반법인에 출자전환하느냐 구조조정법인에 출자전환하느냐에 따라 출자전환의 본질이 달라지는 것으로 볼 수 없는데도 현행 세법은 그 주식취득가액을 달리 하고 있는 것이다.

같게 취급해야 할 것을 세무상 달리 취급함에 따라, ① 출자전환채권자와 피출자전환채무자 간에 세무상 주금납입액을 다른 논리에 의해 처리하는 점, ② 피출자전환법인이 일반법인이냐 구조조정법인이냐에 따라 채권자의 주식취득가액을 달리 하는 점, ③ 구조조정절차라 하더라도 기업회생절차에서는 (워크아웃절차 등과는 달리) 출자전환가액 중 주식 시가 초과액을 보증인 등으로부터는 회수할 수 있음에도 세법은 이를 무시하고 세무처리하고 있는 점, ④ 구조조정법인에 대한 출자전환 시 출자전환채권가액을 주식취득가액으로 하여 채권액을 전액 회수한 것으로 처리하였음에도 채권자가 채무자로부터 주식의 시가초과액을 배당 등의 형태로 되돌려 받을 수 있다는 불합리한 점이 나타난다는 점 등에서 출자전환 관련 실무에서 여러 가지 문제가 나타나고 있다. ⑤ 뿐만 아니라 일반법인과 구조조정법인 간에 채권자의 출자전환주식의 취득가액을 달리 하여 차별적으로 규정함에 따라 취득원가를 규정한 현행 「법인세법 시행령」이 위헌이라는 주장도 제기되고 있다.

따라서 이러한 제반 문제점을 해결하기 위하여 출자전환을 받는 법인이 일반법인이든 구조조정법인이든 이를 구분하지 않고 채권자가 취득하는 주식취득가액을 '출자전환하는 채권의 장부가액'으로 하도록 「법인세법 시행령」 제72조 제2항 제4호의2를 개정해야 할 것이다.[100]

회수가 불가능하다고 판단하여 대손상각한 채권을 출자전환하는 경우에 출자전환주식의 취득가액에 관하여 출자전환가액으로 해야 한다는 견해, 세무상 장부가액으로 해야 한다는 견해, 출자전환주식의 시가액으로 해야 한다는 견해 등으로 나뉘는데, 대손상각채권을 출자

100) 주식취득가액에 관한 세법 규정을 이렇게 개정하고, 이 취지에 맞게 출자전환 시 주식 시가 초과액을 채무면제익으로 규정한 세법도 함께 개정한다면 앞 〈표 2〉의 경우는 아래 〈표〉에서 보는 바와 같이, 채권자와 채무자, 일반법인과 구조조정법인, 현금증자와 출자전환 간에 〈사례 1〉, 〈사례 2〉, 〈사례 3〉의 경우 모두 일치하게 된다.

전환하는 것은 ‘당초 대손처리한 것을 취소(수정)하는 거래’와 ‘출자전환하는 거래’의 2가지 거래로 구성되어 있다고 보아야 하므로 이 경우 출자전환주식의 취득가액을 출자전환채권의 장부가액(즉, 대손처리액의 취소가액=회수가액)으로 하는 것이 타당하다. 이렇게 되면 대손처리를 출자전환한 연도에 하느냐 그 이전의 연도에 했느냐에 따라 출자전환주식의 취득가액이 달라지지 않는다.

구조조정법인에 대한 금전채권을 중도에 권면액(100) 이하의 가액(20)으로 매수한 후 출자전환할 때 권면액(100)을 출자전환가액으로 인정하는 경우에 채권자의 출자전환주식의 취득가액을 매수가액으로 해야 하는지 권면액으로 해야 하는지에 관해서는 매수가액(20)이 출자전환채권자의 세무상 장부가액이므로 이 가액을 취득가액으로 하는 것이 타당하다.

이렇게 입법론적으로 개선하고 해석론적으로 명확히 정립해 나가면 출자전환에 관한 현행 세무상 혼선과 문제점이 해소되고 또한 출자전환 시 세무처리도 간결하게 되어 실무상 어려움을 해소하는 데에도 이바지 하게 될 것이다.

〈세법개정후 3가지 사례별 채권자·채무자의 세무처리 및 주식발행액면초과액의 처리 비교〉

구 분	출자전환 시 ‘주식취득가액’과 ‘주금납입액’에 대한 채권자와 채무자의 세무처리의 일치성 여부		‘현금증자’와 ‘출자전환’의 대비 시 주식발행액면초과액의 일치성 여부
	일반법인의 경우	구조조정법인의 경우	
사례 1 (그림 1)	일치 (15,000=5,000+10,000)	일치 (15,000=5,000+10,000)	일치 (10,000=10,000)
사례 2 (그림 2)	일치 (9,000=5,000+4,000)	일치 (9,000=5,000+4,000)	일치 (4,000=4,000)
사례 3 (그림 3)	일치 (15,000=5,000+10,000)	일치 (15,000=5,000+10,000)	일치 (10,000=10,000)

참고문헌

〈단행본〉

서울중앙지방법원 파산부 실무연구회. 2009. 『회생사건실무(상)』(제2판), 박영사.

한국세무사회. 2006. 『2005 개정세법 주요내용』.

中野 百々造. 2008. 『會社法務と稅務』, 稅務硏究出版局.

〈논문〉

김용덕. 2005. "회사정리절차와 주주·주식", 서울대학교 통합도산법 과정(전문분야 법학연구과정 제20기) 교재.

김청식. 2012.2. "회생절차 관련 세제의 문제점과 개선방안", 서울시립대학교 박사학위논문.

박요찬. 2013. "채무자회생 및 파산에 관한 법률상 회생인가의 결정에 따라 출자전환하는 경우 발행된 주식의 취득가액의 문제점", 『세무사』 제31권 제2호(통권 137호), 한국세무사회.

배영석. 2015.12. "기업회생절차의 출자전환 관련 세제에 관한 연구", 강남대학교 박사학위논문.

배영석·김병일. 2016. "출자전환 시 채무면제익에 관한 연구 - 입법론상 개선방안을 중심으로 -", 『세무학연구』 제33권 제3호, 한국세무학회.

____________. 2017. "출자전환 및 회생채권 관련 대손금과 대손세액공제에 관한 연구 - 해석론의 정립방안을 중심으로 -", 『세무학연구』 제34권 제1호, 한국세무학회.

민정석, 2011. "기업개선절차에서의 출자전환의 법적 성격 및 부진정 연대채무자 중 1인이 한 상계 내지 상계계약의 효력", 『사법』 15호, 사법발전재단.

안경봉. 2007. "회사정리(회생)절차와 조세", 『조세법연구』 제13-2호, 세경사.

안윤우. 2012. "출자전환에 관한 소고", 『변호사』 제42집, 서울지방변호사회.

이승문. 2009. "법인세법상 자산의 취득가액 - 출자전환주식의 취득가액을 중심으로 -", 『국민대학교 법학연구소 학술발표대회 논문집』, 국민대학교 법학연구소.

이의영. 2008. "출자전환 시 채무면제익에 대한 법인세 과세문제", 『사법논집』 제147집, 법원도서관.

이승환. 2012. "『기업구조조정촉진법』하에서의 출자전환의 효력 - 대법원 2010.9.16. 선고 2008다97218(전합) 판결 -", 『상사판례연구』 제25집 제1권.

이중교. 2014. "채무의 출자전환에 따른 과세문제", 『조세법연구』 제20-2호, 세경사.

임종엽. 2010. "회생채권의 출자전환과 채무의 소멸범위", 『판례연구』 제24집 제1호, 서울지방변호사회.

임치용. 2005. "회사정리절차와 출자전환", 『BFL』 제9호, 서울대학교 금융법센터.

정건용·김병일. 2016. "법인세법상 자본거래와 손익거래의 혼합거래 과세에 관한 연구", 『조세연구』 제16권 제3집, 한국조세연구포럼.

진상범. 2008. “기업개선작업(워크아웃)에서의 출자전환과 채무의 소멸범위 : 2004.12.23. 선고, 2004다46601 판결”, 『BFL』 제32호, 서울대학교 금융법센터.
한만수. 2008. “자본구조조정 및 채무조정의 과세효과에 관한 고찰”, 『조세법연구』 제14-1호, 세경사.

1.3. 출자전환하는 채권자에게 세무상 손익 발생에 관한 연구*

배영석**·배한빈***

초 록

채무자의 부채를 자본으로 전환한다는 간단한 의미의 출자전환을 두고 세무상 논란이 많이 발생하고 있는데 본 논문은 출자전환채권자 입장에서 손익의 발생에 관하여 연구하였다.

출자전환 시 논란이 발생하는 근본 이유는 출자전환을 보는 관점의 차이에서 발생한다고 생각된다. 즉, 출자전환을 채무자의 증자 과정에 채권자가 금전채권으로 주금납입에 갈음하여 신주를 취득하는 과정으로 볼 것인가 아니면 채권자가 채권을 회수하는 방편으로 채무자 발행의 신주를 취득하는 과정으로 볼 것인가라는 견해의 차이에서 논란이 발생한다고 생각된다.

전자의 견해에 따르면 채권액 중 얼마만큼이 신주의 납입금에 충당되어 신주가 발행되었는가라는 점이 중요하므로 신주의 납입금에 충당된 출자전환채권액을 먼저 생각한 후 신주 납입금에 충당되지 않은 금액(손금)이 발생하는가를 따질 것이고, 후자의 견해에 따르면 출자전환을 통한 채권회수 목적물(신주)의 평가액만큼 채권회수액을 정하고 나머지 차액은 채권자의 손실로 생각하게 된다.

증자의 절차는 신주의 인수인으로부터 납입 받은 주금액을 바탕으로 신주를 발행하여 인수인에게 교부하므로 출자전환을 증자 절차의 관점에서 보면 후자 보다는 전자로 보는 것이 타당하다. 판례는 전자의 입장이나 세법은 후자의 입장에서 입법되어 있다. 이러한 괴리 때문에 ① 회생계획에 따라 출자전환하여 발행된 주식을 '발행 즉시 100% 소각'한 경우에는 채권자의 채권회수액이 0%이지만, ② '발행 즉시 99.86%만 소각'하거나 '95%를 소각한 후 나중에 5%를 소각하여 합계 100%를 소각'한 경우에는 채권회수액이 100%라는 납득하기 어려운 양 극단의 판결이 나오는 등 혼선이 있다.

본 연구는 국내 발표된 논문, 판례 등을 바탕으로 출자전환과 관련된 손익의 문제를 출자전환채권자에게 나타나는 문제를 중심으로 살펴본 후 출자전환에 따르는 제반 문제를 해결하기 위해서는 판례가 취하는 전자의 견해에 따라 출자전환을 자본거래로 보는 것이 타당한 점을 논증하고, 따라서 이 내용으로 관련 세법(법인세법 및 부가가치세법)을 개정해야 하는 대안을 제시하였다.

이렇게 개선되면 출자전환 관련 실무처리가 간결하게 되고 출자전환 관련 이해관계자 간에 이해도가 높아지게 되어 혼선 방지에 이바지하게 될 것이다.

주제어 | 출자전환, 채무면제이익, 대손금, 주식발행초과금, 채무면제

---

* 『조세논총』 제5권 제4호(2020.12., 한국조세법학회)에 게재된 논문이다.
** 제1저자 : 진일회계법인 공인회계사, 세무학 박사
*** 제2저자 : 광교세무법인 변호사

Ⅰ. 서 언

출자전환과 관련하여 세무상 쟁점이 많다. 출자전환 시 피출자전환 채무자에게 채무면제이익이라는 익금이 발생하는가라는 종래의 주된 쟁론 이외에도 출자전환 채권자에게 대손금·접대비·기부금 등의 손금이 발생하는지, 출자전환 채권액보다 출자전환 주식의 시가가 높을 경우 익금이 발생하는지, 출자전환 시 부당행위 계산 부인이 적용이 되는지 등의 손금과 익금과 관련된 문제도 많이 제기된다. 그 중에서 특히 최근에는 출자전환 시 발생하는 대손금 및 이에 수반한 대손세액 공제액의 추징에 관한 것이 문제가 되고 있다.

기업회생절차에서 출자전환한 후 즉시 또는 시차를 두고 출자전환주식을 소각하는 경우 소각된 주식의 액면가액에 해당하는 금액이 세무상 대손금에 해당하는지, 이에 수반한 대손세액 공제액의 추징이 가능한 것인지에 관한 최근 일련의 판결 내용은 얼핏 보기에 이해하기 곤란한 면이 있다. 즉, ① 2018.6.28. 선고한 판결(2017두68295)에서는 "회생계획에서 출자전환하여 발행한 주식을 즉시 전액을 무상 소각(감자)하기로 한 경우는 출자전환한 채권가액 전액은 회수불능으로서 대손금으로 확정되었다"고 판결하였지만, ② "출자전환 후 즉시 700 : 1의 비율(99.86%)로 소각하여 나머지 0.14%만 잔존 주식으로 남긴 경우는 출자전환 채권액 전액을 회수한 것이므로 대손금이 발생하지 않는다"고 한 원심 판결을 지지한 2019.5.10. 심리불속행 기각 판결(2019두31853)이 나오고, ③ "당초 회생계획에서 출자전환주식의 95%를 소각한 후 3년 8개월 후 수정회생계획에서 나머지 5% 주식까지 모두 소각하여 결과적으로 발행주식의 100%를 소각한 경우는 대손금이 발생하지 않는다"고 한 원심판결을 지지한 2019. 7.4. 심리불속행 기각 판결(2019두35329)이 나왔다.

이 3가지 판결의 결과를 비교해 보면 다음 〈표 1〉과 같다.

〈표 1〉 출자전환주식의 소각 시 대손금 발생에 관한 최근 대법원 판결의 비교

<table>
<tr><th rowspan="2">사건번호</th><th rowspan="2">회생계획에서 출자전환하여 발행된 주식의 소각 처리</th><th colspan="3">대법원 판결 내용의 요지</th></tr>
<tr><th>채권자의 채권회수</th><th>채권자의 대손세액공제</th><th>채무자에 대한 대손세액 추징</th></tr>
<tr><td>2017두68295
(2018.6.28.)</td><td>즉시 100% 소각</td><td>0%</td><td>가능</td><td>적법</td></tr>
<tr><td>2019두31853
(2019.5.10.)</td><td>즉시 99.86%(1주 : 700주) 소각
→ 0.14% 주식만 잔존</td><td rowspan="2">100%</td><td rowspan="2">불가능</td><td rowspan="2">위법</td></tr>
<tr><td>2019두35329
(2019.7.4.)</td><td>즉시 95% 소각 후 3년 8개월 후 나머지 5% 소각 → 100% 소각</td></tr>
</table>

종전에 대손금에 관한 많은 논의 중 하나가 “채권자가 출자전환한 매출채권액(110)에 대한 대가로 받은 출자전환 주식의 시가가 ‘0’일 경우 그 차액(110)을 대손된 것으로 보아 그에 상당하는 부가가치세액(10)을 채권자가 대손세액공제를 받을 수 있는가”라는 점이었다. 그런데 위 〈표 1〉의 3가지 판례는 “① 채권자 입장에서 매출채권 110은 대손된 것으로서 10의 대손세액공제를 받았는데 ② 채권자에게 대손세액공제를 허용한 국가가 채무자에게 10을 추징할 수 있는가”라는 점이 쟁점이 된 사건이다. 추징을 받은 채무자가 “②의 추징이 부당하다”는 주장을 입증하려고 하니까 결국 “①에서 채권자가 대손세액공제 10을 받은 것이 잘못이다”라는 주장이 나오게 되었고, 이 주장은 결국 출자전환한 채권자에게 대손금이라는 손금이 발생하는지의 문제로 귀착하게 되었다. 즉, 아래 〈그림 1〉에서 (ⅰ) 종전에는 “A에게 ⓔ의 대손세액 공제 10을 허용하는 것이 타당한가”라는 점이 주쟁론이었는데, (ⅱ) 위 3가지 판례 사건 등 최근에는 “ⓔ의 대손세액 공제 10을 허용한 국가가 ⓕ 단계에서 B에게 10을 추징하는 것이 타당한가”라는 문제가 많이 쟁점화 되고 있고, (ⅲ) 이것은 결국 “B가 A에게 ⓓ의 단계에서 출자전환을 통하여 부가가치세 10을 포함한 매출채권 110을 전액 변제한 것에 해당하는가”라는 문제로 쟁점화 되고 있다.

〈그림 1〉 대손세액의 발생·공제와 추징의 과정

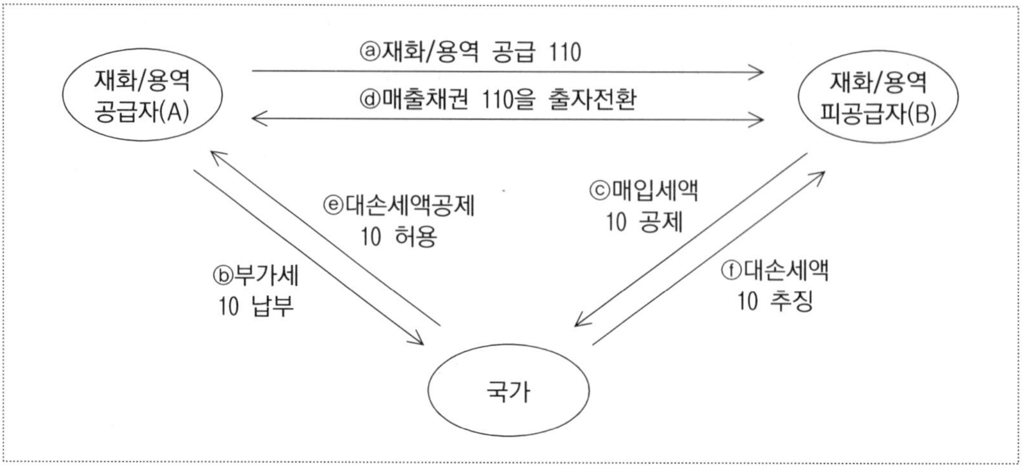

위 〈표 1〉의 3가지 판결 사건은, 거의 비슷한 사건인데도, 출자전환 채권자에게 대손금이 발생하는지(즉, 〈그림 1〉에서 A가 110을 전액 변제받은 것인지) 내지 피출자전환 채무자에게 대손금에 해당하는 대손세액을 추징할 수 있는지(즉, 〈그림 1〉에서 국가가 B에게 10을 추징할 수 있는지) 여부에 관해서 완전히 상반되는 결과를 가져오는 판결 내용이므로 실무자들은 혼란스럽다.

이 논문은 피출자전환 채무자에게 제기되는 채무면제이익이라는 익금의 문제보다는 출자전환 채권자에게 제기되는 문제에 중점을 두어, 국내에 발표된 논문과 판례를 바탕으로 채권자에게 대손금·접대비·기부금 등의 손금이 발생하는지, 출자전환 채권액보다 출자전환주식의 가액이 높을 경우 익금이 발생하는지, 출자전환 시 부당행위 계산 부인의 규정이 적용되는지 등 출자전환 채권자 입장에서 손금과 익금에 관련된 문제를 중점적으로 검토하여 출자전환과 관련하여 발생하는 논란의 해소에 도움이 되고자 한다.

Ⅱ. 출자전환의 법적 성격과 출자전환 시 손익발생시점 및 본질

1. 출자전환의 방식

회생계획이 아닌 상법상 절차에 의하여 종래부터 출자전환하던 방식은 현금증자 후 채권회수 방식, 현물출자 방식, 상계 방식 등 크게 3가지다.[1)]

1) 「채무자 회생 및 파산에 관한 법률」(이하 "채무자회생법"이라 한다)상 회생회사는 회생절차에 의하지 아니하고

현금증자 후 채권회수 방식은, 채무자의 100의 신주 발행에 채권자가 100을 현금 납입하면 채무자는 증자 등기를 완료한 후 납입받은 현금 100으로 채권자에게 금전채무 100을 상환하는 방식이다. 그러면 채권자는 채권 100을 발행가액 100인 주식으로 변제받은 셈이 되어 결과적으로 100의 금전채권을 출자전환한 것이 된다. 상법에서 주금납입을 상계에 의할 수 있도록 허용하기 전에는 이 방식에 의하여 출자전환하는 사례가 실무적으로 종종 있었는데, 이를 출자전환으로 보아 과세함으로써 세무상 분쟁이 있었던 사례가 다수 있다.[2)]

현물출자 방식은 채무자가 하는 증자에 채권자가 가진 금전채권액을 현물출자하여 주식을 취득하는 방식이다. 이 방식에서 가장 어려운 점은 현물출자하는 채권을 얼마의 가치로 평가할 것인가라는 점인데, '현물출자하는 채권액의 실질적 가치를 평가하여 그 가액으로 해야 한다는 평가액설'과 '현물출자하는 채권액의 권면액으로 평가한 가액으로 해야 한다는 권면액설'이 대립한다. 평가액설을 따라 출자전환할 경우 현물출자하는 채권액의 실질적인 가치를 객관적으로 평가한다는 것은 매우 어려운 일이기 때문에 이 방식에 따라 현물출자하는 것이 현실적으로 어려울 수밖에 없다.

그런데 2000.11.30.에 일본의 동경지방재판소 상사부에서 금전채권을 현물출자하는 경우 권면액설에 따라 평가한다는 결정[3)]을 한 이후 일본의 증자등기 실무에서는 대부분 권면액설에 따라 채권액을 평가하여 현물출자를 한 후 증자등기를 하고 있고, 우리나라의 등기실무도 권면액설에 따라 증자 등기를 하였다고 한다.[4)]

권면액설을 채택한 일본 동경지방재판소 상사부의 논리는, ① 평가액설에 따라 채권을 평가하여 현물출자를 하면 '자본거래'를 하고자 하는 당사자의 의사와는 달리 '손익거래'가 되어 당사자의 의사에 반하게 되고, ② 현물출자된 채권은 회사의 채무와 혼동으로 소멸하므로 회사의 대차대조표상에서 채무가 자본으로 대체될 뿐이어서 채권을 평가한다는 것은 회사로서는 무의미하며, ③ 권면액설을 취하면 채무의 권면액이 혼동으로 소멸하므로 재산의 과대평가에 따른 자본 부실화 문제는 발생하지 않으므로 권면액설의 채용이 자본충실원칙에 반한다고 할 수 없다는 점 등이다.[5)]

는 증자를 할 수 없는데(채무자회생법 제55조 제1항 제2호 및 제3호), 주식회사나 유한회사인 채무자는 회생채권을 회생계획에 의하여 회생채권자·회생담보권자 또는 주주에 대하여 새로 납입 또는 현물출자를 하게 하지 아니하고 신주를 발행할 수 있으므로(채무자회생법 제206조 제1항 및 제5항) 주식회사나 유한회사인 회생채무자는 이 조항에 근거하여 출자전환을 하여 왔다.

2) 이 방식으로 증자한 것이 출자전환에 해당한다고 보아 세무상 과세한 사례로는 국세심판원 사례(국심 2006서2288, 2008.12.31.), 1심 판례의 사례(서울행정법원 2011.8.26. 선고, 2011구합7410 판결), 대법원 판례의 사례(2010.12.23. 선고, 2009두11270 판결) 등이 있다.

3) 日本 東京地判, 『訴務月報』 48巻 11号, 2000.11.30., 2785頁.

4) 염춘필, "채권의 출자전환실무", 『법무사저널』 5월~6월호, 서울중앙지방법무사회, 2007, 36면.

우리나라는 2011.4.14.에 상법 제421조 제2항이 개정되어 상계 방식으로 증자가 가능하므로, 이제는 현물출자 방식에서 발생하는 평가액설과 권면액설의 논의가 우리나라에서는 실무적으로 사실상 필요 없게 되었다.

상계 방식은 채권자의 금전채권을 채무자의 주금 납입액과 상계하여 출자전환하는 방식이다. 종전 상법 제334조에서 "주주는 납입에 관하여 상계로써 회사에 대항하지 못한다."고 규정하여 상계 방식에 의한 출자전환이 불가능하였다. 그러나 2011.4.14.에 주금 납입 시 상계를 금지한 상법 제334조가 삭제되고 상법 제421조 제2항에서 "신주의 인수인은 회사의 동의 없이 주금의 납입채무와 주식회사에 대한 채권을 상계할 수 없다"라고 규정하여 상계 방식에 의한 주금 납입이 가능하게 되었다. 따라서 이제는 상계 방식에 의하여 출자전환을 할 수 있게 되었고, 실무상으로 회생절차 이외에서 출자전환하는 경우는 상계 방식으로 하고 이 이외의 방식으로 출자전환하는 경우는 찾아보기 어렵다. 아래에서는 별다른 설명이 없으면 상계 방식의 출자전환을 전제하고 설명한다.

2. 출자전환의 법적 성격

출자전환의 법적 성격을 현물출자로 보는 견해,[6] 대물변제로 보는 견해,[7] 교환으로 보는 견해,[8] 상계로 보는 견해,[9] 특수한 채무소멸사유로 보는 견해[10] 등 다양하다.

채무자회생법 제206조 제1항은 "…새로…현물출자를 하게 하지 아니하고 신주를 발행하는 때에는…"라고 규정하여 회생절차에서의 출자전환 시는 현물출자가 없는 것으로 입법하고 있고, 그 이외의 절차에서 출자전환하는 경우 실무는 모두 상계방식으로 하므로 출자전환을 현물출자로 보는 것은 비현실적인 문제점이 있다. 채무자가 이미 발행하여 보유하고 있는 자

---

5) 자세한 설명은 이승환, "대출금의 출자전환에 관한 연구 – 채권평가방법을 중심으로 –", 『법학연구』 제17권 제4호(통권 제36호), 연세대학교 법학연구소, 2007.12., 236~239면 참조.

6) 재정경제부의 예규(재법인 46012-37, 2003.3.5.)에서 취한 견해다.

7) 임수연, "회생계획에서 출자전환 후 무상소각하기로 정한 회생채권의 대손세액공제 여부", 『대법원 판례 해설』, 제116호(2018년 상), 법원도서관, 2018, 224면 ; 대법원 전원합의체 판결(2010.9.16. 선고 2008다97218 판결 ; 2012.11.22. 선고 2010두17564 판결)에서 소수의견을 취한 신영철 대법관도 이 견해이다.

8) 김완석·정지선, 『기업의 도산 관련 조세제도에 관한 연구』, 한국조세연구원, 2010.11., 27면에서, 출자전환은 넓게는 채권자가 금전채권을 주금액 납입과 상계하는 것을 의미하고, 좁게는 채무자가 채권자에게 금전채권을 일정 비율로 자사 주식과 교환하는 것을 합의하는 것을 말한다고 하고 있다.

9) 이승환, "「기업구조조정촉진법」하에서의 출자전환의 효력", – 대법원 2010.9.16. 선고 2008다97218(전합) 판결 –", 『상사판례연구』 제25집 제1권, 2012, 54~55 참조.

10) 이중교, "채무의 출자전환 과세제도에 관한 연구", 『2020 제12회 조세실무세미나(온라인)』, 한국공인회계사회, 2020.11. ; 서울중앙지방법원 파산부 실무연구회(이하 "서울중앙지법 파산실무연구회"라 한다), 『회생사건실무(상)』(제4판), 박영사, 2014, 747면 참조.

기주식을 출자전환의 대가로 채권자에게 교부한다면 출자전환을 대물변제 또는 교환으로 볼 여지가 있으나, 출자전환은 채무자가 금전채무를 주금납입의 대가로 받아서 발행한 신주를 채권자에게 교부하는 것이므로 출자전환을 대물변제 또는 교환으로 보는 대물변제설 또는 교환설은 이 점에서 한계가 있다.

우리나라 실무에서 대부분 하는 출자전환 방식은 상계[11]다. 채무자회생법은 종전의 회사정리법에는 규정하고 있지 않던 '신주의 발행으로 감소하게 되는 부채액'을 회생계획에 기재하도록 규정[12]하고 있으므로 회생절차에서 하는 출자전환의 경우 '신주의 발행으로 감소하게 되는 부채액'이 '신주의 납입액'에 충당, 상계된다. 회생절차 이외에서 출자전환을 할 때에는 간편한 방식인 상계방식으로 한다. 회생절차에서 하는 출자전환을 회생절차상 특수한 채무소멸원인으로 보는 견해가 특수한 채무소멸설이다.

출자전환의 법적 성질에 대하여 대법원은 기업회생절차에서는 명시적인 입장 표명하고 있지 않지만,[13] 워크아웃절차에서는 전원합의체 판결에서 그 본질을 상계로 판시하였다.[14]

3. 출자전환 시 손익의 발생시점

가. 출자전환 유형별 출자전환 시 손익 발생 여부

상법상 신주를 발행하는 경우 신주의 발행가액(인수인의 입장에서는 인수가액)을 신주의 인수인은 납입기일에 전액을 납입하여야 한다(상법 제421조 제1항). 만약 납입기일에 전액을 납입하지 않으면 주주의 권리를 잃으며(상법 제423조 제2항), 신주발행의 효력은 발행예정주식 중 납입기일에 납입이 이루어진 주식에 한하여 발생한다. 따라서 대법원 판결은 "…채무의 출자전환으로 주식을 발행하는 경우에는 출자전환되는 채무 전부가 주식에 대한 인수가액으로 납입된 것으로 인정되어야만 발행예정주식 전부에 대하여 신주발행의 효력이 발생하는 것이므로, 그 결과로서 나타나는 경제적 측면에서의 효과를 이유로 출자전환되는 채무 중 발행주식 시가 초과 부분만을 따로 떼어내어 주식에 대한 납입금으로서의 실질을 부인할 수는 없다.…"라고 판시했다.[15]

신주 발행 시점에 신주 인수인이 주금 전액을 납입하는 경우 이 거래는 자본거래이므로

---

11) 단독행위에 해당하는 상계뿐만 아니라 상계 계약에 의한 상계 등 출자전환하는 금전채권을 주금 납입액에 충당한다는 의미의 상계로서 넓은 의미다.

12) 채무자회생법 제206조 제1항 제4호.

13) 서울중앙지법 파산실무연구회(주10), 747면 참조.

14) 대법원 2010.9.16. 선고 2008다97218 판결 ; 대법원 2012.11.22. 선고 2010두17564 판결.

15) 대법원 2012.11.22. 선고 2010두17564 전원합의체 판결.

별도로 손익이 발생할 수 없다고 생각할 수 있지만, 출자전환 시 손익이 발생하는지 여부를 두고 논란이 발생하는 것은 출자전환은 자본거래만이 아닌 손익거래가 혼재해 있는 거래라는 생각 때문에 발생하는데, 출자전환 유형별로 출자전환 과정에서 손익이 발생할 수 있는지를 각각 보기로 한다.

현금증자 후 채권회수 방식의 출자전환 시 '채권자(신주 인수인) → 채무자(신주발행법인)' 간의 주금 납입(100)의 현금거래는 자본거래이므로 별도로 손익이 발생할 여지가 없고, '채무자(신주발행법인) → 채권자' 간의 채무변제(100)는 채무의 변제거래이므로 손익이 발생할 여지가 없다. 따라서 이 방식에서는 손익이 별도로 발생할 수 없다 할 것이다.[16)]

상계 방식의 출자전환은 이미 채무자 회사에 주금에 상당하는 금품을 납입하여 발생한 금전채권을 가진 채권자가 그 채권과 주금납입액 간에 상계하는 방식으로 증자에 참여하는 것이므로 현금증자 후 채권회수 방식과 마찬가지로 손익이 발생할 여지가 없다고 해야 할 것이나, 이 점에 관하여 의견이 일치가 이루어지지 않고 있다.

현물출자 방식의 출자전환 시 ① 권면액설에 의하면 상계 방식과 동일하므로 손익이 발생할 여지가 없게 되나, ② 평가액설에 의하면 출자전환채권액(100) 중 일부 금액(평가액 40)만 주금납입액(40)에 충당되므로 나머지의 금액(60)은 채권자에게 손실이 발생하고 채무자에게는 이익이 발생(채무 100이 혼동에 의하여 소멸됨에 따라 60의 이익이 발생)하게 된다.[17)]

실무에서는 회생절차 이외에서 출자전환하는 경우는 모두 간편한 방식인 상계 방식으로 출자전환을 하는데, 출자전환가액(500)을 액면가액(500)으로 한 출자전환을 하는 경우 발행주식의 시가가 100이라면 실질적으로 액면가액에 상응하는 자본금이 납입되지 않았음에도 주식을 액면 발행했다는 사정만으로 채무면제이익이 발생하지 않았다고 보는 것은 문제가 있다는 의견이 있다.[18)] 그러나 '출자전환할 채무를 채무자가 부담하고 있다'는 것은 '채무자가 채무액에 상당하는 금품을 채권자로부터 이미 납입받은 것에 상응하여 발생한 채무가 출자전환 시점에 존재한다'는 것이고, 상계에 의하여 채무를 출자전환한다는 것은 주금에 해당하는 그 금액(500)이 채무자에게 이미 납입되어 있는 것을 확인하는 것에 불과하므로 500이 납입되지 않았다고 볼 수 없다 할 것이다.[19)]

---

16) 그러나 이 방식의 출자전환에서 손익이 발생한다고 보아 세무상 문제가 된 사례는 주2) 참조.

17) 대물변제설과 교환설도 평가액설에 의한 현물출자방식과 동일하게 손익이 발생한다.

18) 이중교(주10), 96면.

19) ① 상법에 따라 상계에 의하여 증자 등기를 할 경우 주금 상당액이 이미 납입된 것을 확인할 수 있는 상계에 관한 서류를 등기소에 제출하도록 하는 것(등기예규 제1450호, 2012.4.12.)과 ② 회생절차에서 출자전환할 경우 새로 주금을 납입하지 않고 회생계획에 '신주의 발행으로 감소하게 되는 부채액'을 기재하면 되도록 하고 있는 것(채무자회생법 제206조 제1항 제4호)도 출자전환 시 주금에 해당하는 금액이 채무자에게 이미 납입되어 있다는 것을 시인하는 것이라 하겠다.

나. 출자전환 시 손익의 발생 시점

출자전환은 증자 형태의 하나이므로 금전채권액은 주금 납입에 충당하게 된다. '금전채권액=주금 납입액'이면 출자전환 과정에서 채권자에게 손익이 발생할 여지가 없을 것으로 보이지만, 출자전환한 금전채권액과 발행주식의 시가 간에 ① '금전채권액=발행주식의 시가'냐, ② '금전채권액>발행주식의 시가'냐 또는 ③ '금전채권액<발행주식의 시가'냐에 따라 출자전환 시 채권자에게 손익 발생 여부가 결정된다고 하는 견해가 있다. 이 견해에 따르면 ①의 경우는 채권자에게 손익이 발생하지 않지만 ②의 경우는 그 차액만큼 채권자에게 손금이 발생하고 ③의 경우는 그 차액만큼 채권자에게 익금이 발생하게 된다.

이를 사례를 들어 보기로 한다. ㉠ 채권자 X가 100의 채권을 Y법인(채무자)에 출자전환을 하고(액면가액은 50으로 가정), ㉡ 출자전환 이전에는 Y법인의 1주당 시가가 0 이었으나 출자전환 이후는 1주당 80이라고 가정한다. 이를 정리하면 아래 〈표 2〉와 같다.

〈표 2〉 출자전환 시 1주당 발행가액, 시가와 액면가액의 예시

구 분	출지전환 이전 (A시점)	출지전환시점 (B시점)	출자전환 이후 (C시점)
1주당 출자전환액(발행가액)	-	100	-
1주당 시가	0	80	80
1주당 액면가액	50	50	50

만약 출자전환 시 채권자에게 손금(접대비·기부금·대손금 등)이나 익금이 발생한다고 하면 그 손익이 출자전환시점 이전(A시점)에 발생하는지, 출자전환시점(B시점)에 발생하는지 아니면 출자전환시점 이후(C시점)에 발생하는지를 따져 볼 필요가 있다.

출자전환 시 '금전채권액(100)>발행주식의 시가(80)'인 경우 그 차액(20)만큼 채권자에게 손금이 발생한다고 하면 차액(20)은 채권포기나 채무면제라는 것인데, 그러면 이 채권포기나 채무면제는 위 A, B, C 시점 중 어느 시점에서 발생한다고 보아야 할까?

(i) 손익발생 시점을 출자전환 시점 이전(A 시점)으로 보는 견해가 있을 수 있다.

위 차액(20)만큼 채권자 X가 채권포기 또는 채무면제한 것이라면 '출자전환액 100 전액이 주금납입액에 충당'된 것이 아니라 '80만 주금납입액에 충당'되었다고 해야(즉, 20의 손금 확정 시점을 출자전환 이전인 A시점으로 보아야) 자연스럽다. 왜냐하면 X가 A시점에 20 만큼을 채권포기 등을 하고 나머지의 80을 B시점에 주금납입에 충당하면 Y법인이 80에 해당하는 신주를

발행 교부한 것이라고 해야 법률관계의 흐름상 자연스럽기 때문이다.

그러면 논리 전개상 의문이 생긴다. X는 단순히 100의 채권을 출자전환한 것뿐인데 어떻게 A시점에 20의 채권포기 등을 했다고 하는지 그 근거를 알기 어렵다는 점과 A시점에는 출자전환 신주의 가액이 80이 될 지 여부를 알 수 없는 시점인데 어떻게 A시점에 주금납입액이 80(신주의 시가)이고 나머지 20의 채권포기 등이 발생했다고 할 수 있는지가 그것이다.

A시점에 20 만큼의 채권포기 등이 있다는 주장은, ① C시점에 1주당 시가가 80인 것을 보고 사후적으로 주금납입액을 80으로 정한 후 A시점에 20 만큼의 채권포기 등이 있었다고 하는 논리가 아닌가라는 의문이 발생한다.[20] ② 또한 채권포기 등 측면에서 보면, '채권포기 등의 금액'은 C시점의 주식 시가 평가액(비상장법인일 경우 평가액이며, 상장법인일 경우는 시가)에 따라 좌우된다는 것이 되는데, 그러면 B시점에는 주금납입액 자체가 확정되지 않고 유동적이라는 주장이 되어 자본확정의 원칙이라는 회사법 원리에 어긋나게 되는 문제점이 있다. ③ Y법인이 비상장법인이라면(출자전환하는 법인은 대부분 상장법인이 아닌 비상장법인이다) B시점의 주식가치를 계산하는 것이 거의 불가능에 가깝고, 계산한다고 해도 어떤 방식으로 계산해야 되는지 의문이 남는다.[21]

A시점에 20 만큼의 채권포기 등이 있다는 주장이 위 ①,②,③에서 본 이러한 논리적 문제점을 초래하는 것은 출자전환주식의 시가(80)와 주금 납입액(100) 간에는 관련성이 없는데도 관련성이 있다고 보아 차액 20이 채권 미수회액에 해당한다고 전제함에 따른 문제점에서 연유한다.

(ⅱ) 손익발생 시점을 출자전환 시점(B 시점)으로 보는 견해가 있을 수 있다.

출자전환채권액(100)과 발행주식의 시가(80) 간의 차액(20)만큼 채권자에게 손금이 발생하되 그 손금 확정의 시점은 출자전환 시점인 B시점이라고 주장할 수 있다. 과세관청이 출자전환주식의 시가를 계산할 때, 시가산정 기준일은 신주발행의 효력발생일인 '납입기일의 다음 날'로 해석[22]하는 것도 이런 견해라 할 것이다.

출자전환시점(B시점)에 채권가액(100)을 발행가액(100)과 상계하여 주금에 전액 납입되었다고 보지 않고 발행주식의 시가(80)와의 차액(20)만큼이 손익으로 확정된다고 하면 이 견해는

---

20) 대법원 전원합의체 판결(2012.11.2. 선고 2010두17564 판결)에서 "출자전환의 경우 출자전환되는 채무 전부가 주식인수가액으로 납입된 것으로 인정되어야만 발행예정주식 전부에 대한 신주발행의 효력이 발생하는 것이므로 그 결과로서 나타나는 경제적 측면에서의 효과를 이유로 발행주식 시가 초과 부분(즉, 20)만을 따로 떼어내어 주식에 대한 납입금으로서의 실질을 부인할 수는 없다"고 판시하고 있는데, 이것은 'B시점에 출자전환채권액 100이 아닌 신주의 시가 80만 주금 납입되었고 20은 별도로 채권포기 등을 한 것'이라는 논리는 주금납입이라는 측면에서 볼 때 납득하기 어렵다는 점을 설명한 것이라 할 것이다.

21) 비상장법인 주식가치 계산의 문제점에 관해서는 배영석·김병일, "회생절차에서 출자전환 후 감자한 매출채권의 대손세액공제액에 대한 추징 가능성 여부 – 대법원 2019.7.4. 선고 2019두35329 판결사건을 중심으로 –", 『회생법학』 통권 제19호, 한국채무자회생법학회, 2019.12., 70~71면 참조.

22) 국세청, 서면-2017-법인-0963, 2017.09.18. ; 사전법령법인-662, 2017.04.13.

B시점에 발행주식의 시가(80)를 알 수 있다는 논리에 바탕을 두고 있다. 그러나 상장주식이면 몰라도 비상장주식이면 B시점에 발행주식의 시가 80을 평가할 수 있다고 전제하는 것은 비현실적이다.[23] 더욱이 출자전환주식의 평가에 관한 세무회계자료는 모두 채무자가 갖고 있는데, B시점에 채무자의 협조 없이 채권자가 출자전환주식의 시가 평가액을 80으로 계산할 수 있다고 기대할 수 없다.

(iii) 손익발생 시점을 출자전환 시점 이후(C 시점)로 보는 견해가 있을 수 있다.

출자전환 시 20 만큼의 손익이 발생하는 시점이 출자전환 이후인 C시점이라 한다면 주식의 시가가 80이라는 것을 보고 난 다음에 채권자는 주식 시가 80만큼만 출자전환을 통하여 변제를 받은 것이고 나머지 20은 채권포기 내지 채무면제한 금액으로 본다는 것이다. 그러면 이 논리는 B시점(주금납입일=출자전환일)에는 채권자가 주금납입액을 확정해서 납입하지 않았다는 것이 되므로 자본확정의 원칙에 어긋난다. 더욱이 출자전환 주식의 시가가 80이라는 것도 민사상 금액이 아닌 세무상 평가액으로 계산한 것인데, 출자전환 과정에서 민사상으로 채권자가 20만큼의 채권포기 내지 채무면제한 것인지를 따지지도 않은 채 세무상 평가액 20만큼의 채권포기 등이 있다고 주장하는 것은 민사 문제에 세법이 관여한다는 것이 되므로 민사법리에 어긋난다는 문제점이 있다.

요컨대, 상법상 신주 발행 시 신주의 인수인이 납입기일에 전액 납입하여야 하는 금액은 민사상 금액인데도 출자전환 시 출자전환가액(100)과 발행 주식의 시가(80) 간의 차액(20)이 세무상으로 채권자에게는 손실로, 채무자에게는 이익으로 각각 발생하게 된다고 주장하는 견해는 대부분 발행 주식의 시가(80)를 세무상 평가액으로 이해하고 있다.[24] 그러나 상계 방식으로 하는 출자전환에서 출자전환가액(100) 중 '민사상 금액'이 아닌 '세무상 평가액(80)' 만큼이 신주의 주금납입액에 충당되었다고 보는 것은 상법상 근거가 없을 뿐만 아니라 출자전환 이후의 주식의 시가 평가액만큼이 사후적으로 주금납입액이 된다는 주장에 다름 아니므로 출자전환시점(=주금납입시점)에는 주금납입액이 확정되지 않았다는 것이어서 상법상 자본확정 원칙에 어긋난다.

---

23) 출자전환 시 발행 주식의 시가 평가에 관한 문제점에 대하여, 앞 〈표 1〉의 대법원 2019.5.10. 선고 2019두31853판결 사건의 원심(서울고등법원 2020.1.10. 선고 2019누54001판결)은 ① '대손세액 공제 범위 산정의 적법 여부(가정적 판단)'이라는 소제목으로 그 문제점을 지적한 후 ② 국가가 발행 주식의 시가를 객관적으로 입증하지 않은 채 재무제표에 근거하여 평가한 가액을 기준으로 시가를 산정하여 대손세액 공제액을 추징하는 것은 위법하다고 판시하였다. 대법원도 동일한 취지로 판시한 바 있다(2017.9.21. 선고 2014다20554 판결).

24) 과세당국도 발행 주식의 시가를 세무상 평가액으로 보고 있다(국세청, 법규법인 2012-476, 2013.1.24. ; 서면2팀-1710, 2005.10.24.).

4. 출자전환의 본질

출자전환하는 과정을 보면 아래 〈그림 2〉와 같다.

〈그림 2〉 금전채권의 출자전환의 과정

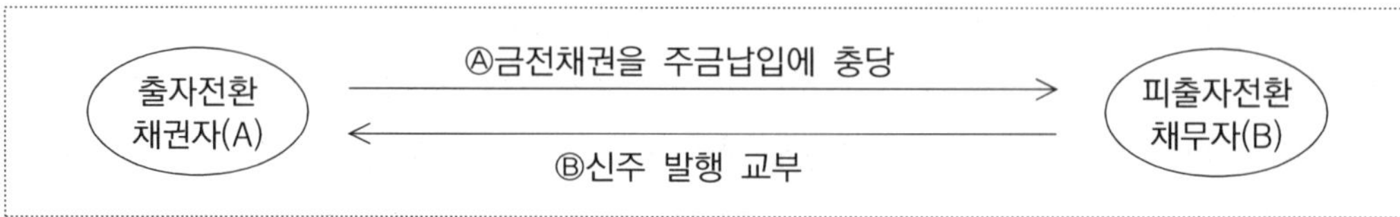

출자전환을 위 〈그림 2〉에서 보면, ① 채무자가 하는 증자 과정에 채권자가 그의 금전채권으로 참가하여(Ⓐ) 신주를 취득하는 과정(Ⓑ)으로 볼 수 있고(이하 이 견해를 "증자참여과정설"이라 한다), ② 채권자가 채권을 회수하는 방편으로 채무자가 발행한 신주를 취득하는 과정(Ⓑ)으로 볼 수도 있다(이하 이 견해를 "채권회수과정설"이라 한다).

증자참여과정설의 관점에서 출자전환을 보게 되면, 위 〈그림 2〉의 Ⓐ에서 채권자가 금전채권액을 신주의 납입금에 납입한 후 그 결과로서 Ⓑ에서 신주를 교부받는 측면을 강조하게 되므로 신주 발행과 관련된 법적 관계를 중시하고 출자전환을 자본거래로 보는 견해가 될 것이다. 따라서 출자전환 시 주금납입액에 충당되지 않는 금액이 있다면 그 금액이 채권자가 채권포기 내지 채무면제한 금액에 해당하는지 여부를 따지게 되고, 만약 출자전환채권액이 주금 납입에 모두 충당되었다면 채권포기 등은 발생할 여지가 없게 된다. 출자전환채권액과 출자전환주식의 시가 간에 차액이 있다면 그것은 신주를 취득한 이후의 사정에 불과한 것이 된다. Ⓐ의 법률관계를 중시하는 현물출자설·상계설·특수한 채무소멸설은 증자참여과정설을 뒷받침하는 견해라 할 수 있다.

채권회수과정설의 관점에서 출자전환을 보게 되면, 출자전환을 통해서 위 〈그림 2〉의 Ⓑ에서 취득한 신주의 시가가 채권회수가액에 해당하는지의 측면을 강조하게 되므로 채권회수라는 경제적 효과를 중시하게 되고, 따라서 출자전환 과정을 채권가액 회수라는 영업거래의 일부로 보는 견해가 될 것이다. 따라서 출자전환채권액 중 채권회수액이 되는 출자전환 주식의 평가액에 미달하는 금액은 채권자의 미회수 금액으로서 손실금액에 해당하게 된다. Ⓑ의 채권회수를 중시하는 대물변제설·교환설은 채권회수과정설을 뒷받침하는 견해라 할 수 있다.

대립되는 위 2가지 견해의 차이점을 예를 들어서 살펴보면 다음과 같다.

채권자 A가 출자전환채권액(100)을 신주발행가액(100)으로 하여 채무자 B에게 출자전환한 후 교부받은 주식의 시가가 20인 경우, ① 증자참여과정설의 입장은 A의 출자전환주식의 취득가액은 주금납입액인 100이고 취득 주식의 시가(20)와의 차액(80)은 취득한 주식의 '평가손실'에 해당하는 것으로 보게 된다. ② 반면 채권회수과정설의 입장은 A의 출자전환주식의 취득가액은 20이고 출자전환채권액(100)과의 차액(80)은 '대손금'에 해당하는 것으로 보게 된다. 이를 회계처리로 예를 들어 보면 다음과 같다.

증자참여과정설에 의하면 위 사례의 경우 A는 출자전환주식의 취득 시에 아래와 같은 회계처리를 하는 것이 된다.[25)]

〈분개〉	㉮ (차변) 주 식	100	(대변) 출자전환채권	100
	㉯ (차변) 평 가 손 실	80	(대변) 주 식	80

위 분개에서 ㉮의 회계처리는 A가 발행가액 100의 신주를 인수한 후 채권 100으로 신주의 주금에 납입(상계하여 납입)하여 발행가액 100의 신주를 취득한 것을 나타내고, ㉯의 회계처리는 A가 취득한 신주의 시가가 20 밖에 되지 않음에 따라 그 차액 80을 평가손실로 회계처리하는 것을 나타낸다. 즉, 증자참여과정설에서는 출자전환을 신주의 주금에 출자전환채권으로 납입(상계방식으로 납입)하여 신주를 취득하는 과정(위 분개 ㉮와 〈그림 2〉의 Ⓐ과정)으로 보고, 신주의 시가가 20 밖에 안 된다는 것은 취득한 신주의 경제적 효과(사후적 사실)에 불과하다고 보는 입장이다. 따라서 이 입장은 위 A의 출자전환을 '현금증자 후 채권회수 방식의 출자전환의 경우' 또는 '자본잠식회사의 신주를 인수하는 경우'와 다를 바가 없다고 보는 입장이다.

대법원 전원합의체 판결 사건(2010두17564)에서, ① "…출자전환되는 채무 전부(채권액 100)가 주식에 대한 인수가액(100)으로 납입된 것으로 인정되어야만 발행예정주식 전부(액면가액 100)에 대하여 신주발행의 효력이 발생하는 것이므로…"로 설시한 것은 위 분개 ㉮에서 A가 채권액 100 전부를 납입한 후 그 대가로 취득한 신주는 그 취득가액이 100이 된다는 의미이며, ② "…그 결과로서 나타나는 경제적 측면에서의 효과(시가 20)를 이유로 출자전환되는 채무 중 발행주식 시가 초과 부분(80)만을 따로 떼어내어 주식에 대한 납입금으로서의 실질을 부인할 수는 없다…"라고 설시한 것은 위 분개 ㉯에서 계상한 평가손실 80은 채권액(100)의 대가로 취득한 출자전환주식의 경제적 효과가 20인 사실에 지나지 않는다(즉, 평가손실 80이

---

25) 물론 아래 ㉯의 평가손실 계상의 회계처리는 주식의 취득 시점이 아닌 회계연도 말에 하는 것이지만 설명의 편의를 위해서 주식취득 시점에 회계처리하는 것으로 보고 설명한다.

발생한다 해도 이 80은 주금 납입액 100에 포함되어 있다는 사실을 부정할 수 없다)는 점을 설명한 것이다.

채권회수과정설에 의하면 위 사례의 경우 A는 출자전환주식의 취득 시에 아래와 같은 회계처리를 하는 것이 된다.

〈분개〉 ㉰ (차변) 주 식	20	(대변) 출자전환채권	100
대 손 금	80		

이 견해에서는 위 분개 ㉰의 회계처리는 A가 채권액 100을 회수하는 대가로 시가 20의 신주를 취득한 것이므로 차액 80은 채권 미회수액으로서 대손금이 된다는 것을 나타낸다.

대법원이 보증 채무에 있어서 회생계획에 따라 출자전환으로 신주발행 시 '회생채권액(100) 중 신주발행 효력발생일 당시의 신주평가액에 해당하는 금액(20)은 회생채권자가 회생채무자로부터 변제받았다'고 보고 '그 초과액(80)은 보증인에게 청구할 수 있다'고 판결하는데(시가평가액 소멸설), 이것은 위 분개 ㉰에서 채권자 A에게 80의 대손금이 발생한 것이라는 입장으로 볼 수 있고, 보증채무의 회수에 관해서는 출자전환을 채권회수과정설의 입장에서 보는 것이라고 생각된다.[26)]

위의 내용을 정리하면 다음 〈표 3〉과 같다.

〈표 3〉 출자전환의 본질에 관한 각 견해 내용의 요지

구 분	증자참여과정설	채권회수과정설
본 질	채무자의 증자에 참여 → 자본거래	채권자가 채권을 회수하는 과정 → 영업거래의 일부
주된 관점	주금납입액에 충당되는 부분 → 증자의 법률관계를 중시	취득 주식의 평가액 → 변제의 경제적 효과를 중시

26) 그러나 앞 〈표 1〉의 2019두35329(2019.7.4.) 판결의 원심(부산고등법원(창원), 2017누10237, 2019.1.30)에서는 ① "출자전환주식의 효력발생 시점 이후의 자본금 감소를 위한 주식병합은 출자전환을 통하여 이미 주주가 된 회생채권자들과 회생회사 사이의 자본거래에 불과하므로, 원칙적으로 그보다 앞선 출자전환주식의 취득가액에 대한 평가에 어떠한 영향을 미친다고 볼 수 없다"라고 한 후 ② "피고(과세관청)가 언급한 대법원 2009.11.12. 선고 2009다47739 판결 등은 회생채권인 주 채무가 회생계획에 따른 출자전환으로 소멸된 경우 원칙적으로 채무자회생법 제250조 제2항 제1호에 따라 회생계획의 영향을 받지 않는 보증인 등의 보증채무가 출자전환 방식의 변제로 소멸되는 범위에 관한 것으로서, 채무자회생법 제250조 제1항에 따라 회생계획의 효력이 직접 미치는 회생채권자와 채무자(회생회사) 사이의 회생채권이 출자전환 방식의 변제로 소멸되는 범위를 정하는 이 사건에는 직접 적용된다고 보기 어렵다"고 판결하였다.

구 분	증자참여과정설	채권회수과정설
손익발생의 본질	채권액이 ① 주금납입에 미이행된 부분은 채권포기, ② 주금납입에 모두 이행되었다면 주식평가액과의 차액은 평가손실	주식평가액이 채권회수액에 미달되는 부분은 출자전환채권액의 대손
위 차액 80의 본질	취득 주식의 평가손실	출자전환채권액의 대손금
바탕 학설	상계설, 현물출자설	대물변제설, 교환설
대법원 판례의 사례	전원합의체 판결 사건(2010두17564)	보증인앞 청구 범위에 관한 시가 평가액 소멸설의 판결(2002다12703 등)

Ⅲ. 출자전환하는 채권자에게 세무상 손익의 발생 여부

1. ‘출자전환가액>주식 시가’의 출자전환 시 손금 발생 여부

가. ‘발행가액=액면가액>주식 시가’로 출자전환 시 손금 발생 여부

1) ‘발행가액=액면가액>주식 시가’로 출자전환 시 자본충실원칙 위배성 여부

출자전환은 대개 부실기업이 주로 하므로 일반적으로 주식의 시가(100)가 액면가액(500)에 미치지 못하는 상황에서 액면가액으로 신주를 발행하는 경우가 많다.

1주당 시가가 100인데도 출자전환 시 ‘채권가액(500)=주식액면가액(500)’이 되도록 채무자가 신주를 액면 발행하면 실질적으로 100의 가치를 가지지 못하는 채권에 대하여 액면 500의 신주를 발행 교부한 것에 해당하여 자본충실원칙에 위배될 수 있어 이를 고려하여 법인세법이 액면가액(500)과 시가(100) 간의 차액(400)을 익금으로 하지 않았다는 견해가 있다.[27] 그러나 이렇게 신주를 발행하는 것이 자본충실원칙에 위배되는 결과를 가져온다고 보기는 어렵다 할 것이다.

이 경우 출자전환하는 채권의 경제적 가치(시가)가 100밖에 되지 않는다는 것은, 채권자의 입장에서 ‘채무자로부터 권면액 500의 채권액을 회수할 수 있는 가치를 계산한 결과 그 경제적 가치가 100이라는 것’이지, 채무자의 입장에서 ‘현재 시점에서 100만 변제하면 된다(즉, 채권자에게 100을 변제하면 변제 완료했다고 주장할 수 있다)는 것’은 아니다.

27) 이중교(주10), 95면~96면 ; 이재우·김진수, “주식 시가가 채권가액 이하인 액면 출자전환의 과세문제와 개선방안”, 『세무와 회계 연구』 통권 제19호(제8권 제3호), 한국세무사회 부설 한국조세연구소, 2019, 309면.

채무자가 500의 금전채무를 출자전환하여 액면가액 500의 신주를 발행하여 채권자에게 교부한다고 하면, 채무자의 입장에서는 500의 부채 보다 더 후순위로 변제되는 500의 자본금으로 전환되는 것이 되므로 500을 출자전환하지 않은 경우와 비교하면 채무자에게 유리한 경우이지 불리한 경우가 아니다. 따라서 채무자가 액면가액 100이 아닌 500의 주식을 발행, 교부한다고 해서 이 행위가 채무자의 자본충실원칙에 위배되는 행위로 볼 수 없다.

또한 채무자가 500의 금전채무를 부담하고 있다면 채무자가 500의 금전채무를 부담할 당시 아래와 같이 회계 처리하는데, 이 분개에서 보는 바와 같이 차변의 현금(또는 물품)을 이 시점에 채무자가 채권자로부터 납입(또는 납품)받았다는 것이다.

〈분개〉	(차변) 현금(또는 물품)	500	(대변) 채 무	500

그렇다면 채무자가 신주 발행을 '채권자로부터 500의 금품을 받은 시점(부채의 발생 시점)'이 아닌 '현재의 시점(출자전환 시점)'에 하는 것은 액면가액 500의 주식을 언제 발행하느냐라는 시점 간의 문제일 뿐이지 자본충실의 원칙과는 무관한 것이라 해야 할 것이다.

제Ⅱ장 1.에서 보는 바와 같이 일본의 동경지방재판소 상사부에서 금전채권을 현물출자할 경우 종전의 평가액설에서 권면액설로 변경하면서 제시한 논거 중 "① 출자전환 시 현물출자된 채권은 회사의 채무와 혼동으로 소멸하므로 회사의 대차대조표상에서 채무가 자본으로 대체될 뿐이어서 채권을 평가한다는 것은 회사로서는 무의미하다는 점과 ② 권면액설을 취하면 채무의 권면액이 혼동으로 소멸하므로 재산의 과대평가에 따른 자본 부실화 문제는 발생하지 않으므로 권면액설의 채용이 자본충실원칙에 반한다고 할 수 없다"의 논거는, '주식의 시가(100)가 액면가액(500)에 못 미치는 상황에서 출자전환채권액 500에 대하여 액면가액 500의 신주를 발행, 교부하더라도 자본충실원칙에 위배되지 않는다'는 것과 동일한 논리라고 할 것이다.

2011.4.14.에 상법 제421조 제2항을 개정하여 상계 방식의 신주 발행이 가능하도록 허용한 것 또는 회생절차에서 하는 출자전환에서 채무자회생법 제206조 제1항에서 회생채권 500에 대하여 주식 시가 100의 신주(액면가액은 500)를 발행 교부를 허용하는 것도 모두 이러한 출자전환이 자본충실원칙에 반하지 않기 때문에 허용하는 것이라고 할 것이다.

2) '발행가액=액면가액>주식 시가'로 출자전환 시 손금 발생 여부

채무자가 채무액(500)을 액면가액(500)으로 하여 출자전환한 후 주식의 시가가 100인 신주를 발행하여 교부한 경우, ① 채권자의 입장에서 ㉠ 출자전환채무자가 구조조정법인[28]이면 출자전환주식의 취득가액은 채무가액 500이므로 출자전환 시 손익이 발생하지 않으나[29] ㉡ 출자전환채무자가 일반법인이면 출자전환 후 받은 주식의 시가 100이므로 출자전환 시 400만큼 손금이 발생한다.[30] ② 그러나 이 경우 채무자의 입장에서는 액면발행을 하여 주식발행초과금[31]이 발생하지 않았으므로 출자전환채무자가 구조조정법인이냐 일반법인이냐와 상관없이 익금이 발생하지 않는다.[32]

출자전환 시 액면 발행할 경우 채무자에게 채무면제이익이 발생하지 않는다는 것을 이용하여 회생절차 등 실무에서는 액면가액으로 출자전환을 한 후 즉시 감자절차를 진행함으로써 할증 발행 시 나타나게 될 주식발행초과금이 없도록 함으로써(즉, 주식발행초과금이 감자차익으로 전환되게 함으로써) 회생채무자에게 익금이 발생되지 않도록 하여 조세를 회피하는 현상이 발생하고 있다.

이러한 행위는 과세형평과 조세정의에 반하므로 문제가 있다는 의견이 있다.[33] 그러나 그렇지 않다고 보아야 할 것이다. 상법상 신주 인수인이 납입기일에 신주 납입금 전액을 납입하지 않으면 유효한 증자가 되지 않는 법리에 비추어 보면 채권자가 출자전환 과정에서 신주 납입금에 충당한 금액(상계에 의하여 충당한 금액을 포함)은 주주가 납입한 금액으로서 원본 출자에 해당한다. 주주가 출자전환 과정에서 주식발행초과금이 생기지 않도록 일련의 행위를 한 것은 ① 주식발행초과금은 주주가 납입한 원본에 해당하는데도 현행 세법이 주식발행초과금 중 발행주식의 시가를 초과하는 부분을 출자전환에 의하여 발생한 것이라는 이유로 채무면제이익으로 보아 과세하도록 하고 있는 불합리를 피하기 위해서이고, ② 채권자는 출자전환채권액 500 전액을 '자본거래로서 납입한 것으로서 채무면제이익이 없다'는 사실을 분명하게 나타내기 위해서 이러한 일련의 행위를 한 것이라고 해야 할 것이다. 따라서 이것은 조세회피 행위라기보다는 오히려 부당한 과세를 피하기 위해서 한 정당한 절세행위의 하나라고 해야 할 것이다.[34]

---

28) 법인세법 시행령 제15조 제1항 각호의 요건을 갖춘 채무(회생법인의 채무, 워크아웃법인의 채무, 경영정상화계획 이행협약체결 법인의 채무, 사업재편계획승인을 받은 법인의 채무)를 부담하고 있는 4종류의 법인이다. 이하 이를 "구조조정법인"이라 한다.

29) 법인세법 시행령 제72조 제1항 제4의2호 단서.

30) 법인세법 시행령 제72조 제1항 제4의2호 본문.

31) 법적 용어로는 '주식발행액면초과액'이나(법인세법 제17조 제1항 제1호 참조), 실무에서는 회계상 용어인 주식발행초과금을 많이 사용하므로 이하에서는 "주식발행초과금"이란 용어를 사용하기로 한다.

32) 출자전환에 의한 주식발행초과금이 있어야만 채무면제이익이 발생한다(법인세법 제17조 제1항 제1호 단서 참조).

33) 이중교(주10), 96면 ; 이재우·김진수(주27), 309면.

34) 자세한 설명은, 배영석·김병일, "출자전환 행위의 조세회피행위 해당성 여부에 관한 소고 – 액면증자 후 무상감자 방식을 중심으로 –", 『세무와 회계 연구』 통권 제14호(제7권 제1호), 한국세무사회 부설 한국조세연구

나. '발행가액>시가>액면가액'으로 출자전환 시 손금 발생 여부

채권가액이 100인데 발행가액을 100(액면가액은 50)으로 하여 할증 발행의 출자전환을 한 후 주식의 시가가 80인 경우 그 차액(20)이 출자전환 채권자에게 손금이 발생한다고 볼 수 있는지에 대하여 본다.

1) 접대비 또는 기부금에 해당하는지 여부

현행 법인세법에서 위 차액 20을 피출자전환법인(채무자)의 채무면제이익에 해당하는 것으로 규정하고 있으므로[35] 출자전환하여 받은 주식(액면가액 50)의 시가(80)가 출자전환채권액(100)에 미치지 못할 때 출자전환자(채권자)의 입장에서 보면 채권자가 그 차액(20)을 채권포기 내지 채무면제한 것으로 볼 여지가 있다. 법인세법에서 채권을 임의로 포기하면 원칙적으로 기부금 또는 접대비로 보기 때문에 이 차액에 대하여, ① 출자전환 시 이러한 채권포기행위가 사업과 관련성이 없으면 기부금에 해당할 수 있다는 견해가 있고,[36] ② 이 차액(20)을 채무면제한 것으로 보고 그 채무면제가 업무관련성이 있고 채무자와 친목을 두텁게 하여 거래관계의 원활한 진행을 도모하기 위한 목적을 가지고 있다면 이를 접대비로 처리할 수 있다는 견해가 있으며,[37] ③ 출자전환은 통상 채권을 변제받기 위한 수단으로서 이용되므로 접대행위와는 거리가 멀고, 채권의 무상 출연이나 증여 행위도 아니며, 접대·교제·유흥·향응·오락·답례·위안 등 접대적 행위로 인한 지출로 보기 어려워서 이 차액(20)을 접대비로 볼 수 없다는 견해도 있다.[38] 이 차액(20)이 접대비 또는 기부금에 해당하는지를 보기로 한다.

(ⅰ) 회생절차에서 출자전환하는 경우를 출자전환의 성격에 대한 유력 학설을 근거로 보기로 한다. ① 출자전환의 성격을 상계로 보게 되면(상계설) 출자전환채권액(100)이 그대로 주금납입액(100)에 충당되어 나머지의 잔여 금액이 발생하지 않는 것이므로 출자전환채권액이 출자전환주식의 시가(80)를 초과한다 하더라도 채권포기나 채무면제가 발생할 여지가 없다. 따라서 그 차액(20)을 채권포기나 채무면제에 의해서 발생했다고 볼 수 없다. ② 출자전환의 성격을 특수한 채무소멸사유로 본다고 하더라도(특수채권소멸설) 출자전환 시에 출자전환에 갈음하여 출자전환채권액(100)이 완전히 소멸하는 것이므로 그 차액(20)이 별도의 채권포기나

소, 2018.3., 319~336면 참조.

35) 법인세법 시행령 제11조 제6호 괄호 참조.

36) 한만수, "자본구조조정 및 채무조정의 과세효과에 관한 고찰", 『조세법연구』 제14-1호, 세경사, 2008.4., 22~23면 ; 이중교, "채무의 출자전환에 따른 과세문제", 『조세법연구』 제20-2호, 세경사, 2014.8., 299면.

37) 이중교(주36), 300면.

38) 이승문, "법인세법상 자산의 취득가액 - 출자전환주식의 취득가액을 중심으로 -", 『국민대학교 법학연구소 학술발표대회 논문집』, 국민대학교 법학연구소, 2009, 43면 ; 한만수(주36), 24~25면.

채무면제의 행위에 의하여 소멸한다고 할 수 없다. 따라서 출자전환 과정에서 채권포기나 채무면제가 있다는 전제 하에 출자전환채권액과 발행주식의 시가 간의 차액이 접대비 또는 기부금에 해당하는지를 논의하는 것은 그 전제가 성립하지 않는 것이고, 그렇다면 이 차액을 접대비 또는 기부금에 해당한다는 논의 자체가 무의미하다는 결론이 된다.

(ii) 워크아웃절차 내지 일반법인에서 출자전환 할 때를 보기로 한다.

워크아웃절차 내지 일반법인에서 출자전환 할 때는 출자전환채권액(100)과 채무자의 채무액(100)을 상계하여 증자하는 것이 현실이다. 그렇다면 출자전환 과정에 출자전환채권액(100)은 전액 주금납입액(100)에 충당된 것이므로[39] 출자전환채권액 중 일부 금액의 포기 내지 채무면제가 발생할 여지가 없다. 따라서 워크아웃절차 내지 일반법인에서 출자전환 할 때도 채권포기 등의 전제가 성립하지 않기 때문에 출자전환 행위가 접대적 행위에 해당하는지 여부 등을 따져서 그 차액을 접대비에 해당하는지 등을 논할 성질이 아니라고 할 것이다.

출자전환을 현물출자로 볼 경우 현물출자 시 출자전환채권액(100)을 권면액설에 의하여 평가하면 채권액(100) 그 자체가 양도가액이 되므로 양도차손이 발생하지 않지만 평가액설에 따라 평가하면 평가한 채권액(예 : 75)과의 차액(25)은 양도차손으로 발생하게 된다. 채권의 회수가능성 때문에 권면액 이하로 평가함에 따라 발생하는 차액(=권면액-평가액)은 채권의 발생시점부터 채권을 현물출자하는 사이에 발생한 평가손실, 즉 시가 하락으로 발생한 양도차손이라고 할 수 있으므로 이 차액을 대손금이 아닌 양도차손으로 보아야 한다는 견해도 있다.[40] 이 견해는 평가액설에 의한 현물출자설을 선택할 때 가능한 논리이다.

2) 대손금에 해당하는지 여부

출자전환채권액(100)이 출자전환주식(액면가액 50)의 시가 평가액(80)을 초과할 때 이 차액(20)이 출자전환채권자의 입장에서 기부금이나 접대비에 해당하지 않는다고 하면 대손금에 해당하는지가 문제이다.

법인세법 시행령 제72조 제2항이 2006.2.9. 개정되기 이전에는 금전채권액(100)을 출자전환하면 출자전환주식의 시가(80)를 출자전환주식의 취득가액(80)으로 하였으므로 채권자는 이 차액(20)을 대손금으로 처리할 수 있었다. 그러나 법인세법 시행령이 2006.2.9. 개정되어 구조조정법인에 출자전환할 경우 주식 취득가액을 출자전환채권의 장부가액(100)으로 하도록 규정하였다. 따라서 이제는 구조조정법인에 출자전환한 채권자는 '주식 취득가액 100=출자전

39) 액면 50인데도 발행가액을 100으로 한 할증발행을 한 경우이지만 이 경우에도 100이 주금납입액으로 전액 납입되어야 한다(상법 제421조 제1항 참조).

40) 이승문(주38), 42~43면.

환 채권액 100'으로 되므로 주식 발행가액과 시가 간의 차액(20)을 대손금으로 손금산입 할 수 없고, 채권자가 향후 주식을 처분할 때 그 차액은 취득가액으로서 손금 산입될 뿐이다고 하는 부정설이 있다.[41] 과세관청도 부정설의 입장이다.[42] 한편 주권상장법인이 회생계획인가에 따라 취득한 출자전환주식은 예외적으로 그 평가손실을 손금에 산입한다는 세법의 규정[43]에 따라 그 발행가액과 시가와의 차액(20)은 여전히 손금으로 비용 처리할 수 있다는 긍정설이 있다.[44]

가) 출자전환 사례별 대손금 해당성 여부

구조조정법인에 출자전환하는 경우 채권자 입장에서 발행가액 중 발행주식의 시가 평가액 초과액을 대손금에 해당하는 것으로 보는 견해[45]는, 채무자 입장에서 이 시가 초과액이 법인세법 제17조 제1항 제1호 단서에 따라 채무면제이익인 이상 그에 대응하여 채권자 입장에서는 이 금액을 대손금으로 봐야 한다는 입장이다. 이 금액을 대손금으로 보는 것에 대해서 문제없는지 살펴본다.

(ⅰ) 회생절차에서 회생채권의 출자전환 시 대손금이 발생하는지를 보기로 한다.

증자참여과정설의 입장에서 출자전환의 본질을 보면 회생절차에서 하는 출자전환이라고 하더라도 발행가액(100)은 그 전액이 주금(=자본금 50+주식발행초과금 50)의 납입에 충당된다.[46] 따라서 회생절차에서 회생채권이 전액 주금의 납입에 충당된 것이라면 대손금이 발생할 수 없다고 보아야 한다. 그러면 법리상 발행가액(100) 중 시가 평가액(80)의 초과액(20)도 주금 납입액에 포함되었기 때문에 대손금이 될 수 없다. 앞 〈표 1〉의 대법원 판례 사건 중 2019두31853(2019.5.10.) 및 2019두35329(2019.7.4.) 사건에서 판례는, 회생회사의 증자 시에 출자전환된 회생채권(100)은 설사 ① 발행 주식의 '99.86%가 즉시 감자된 경우' 또는 ② 발행 주식의 '95%는 즉시 감자되고 그 이후에 나머지 5%가 감자되어 결국 100%가 감자된 경우'라고 하더라도, '이미 주금(=자본금 50+주식발행초과금 50)에 전액 충당'되었기 때문에[47] 별도로

41) 이중교(주36), 302면.

42) 국세청, 법인세과-1014, 2010.10.29 ; 법규법인 2012-476, 2013.1.24.

43) 법인세법 제42조 제3항 제3호, 법인세법 시행령 제78조 제2항.

44) 서울중앙지법 파산실무연구회(주10), 751면 참조.

45) 법인세법 시행령 제72조 제2항이 2006.2.9. 개정되기 전에 과세관청이 이 견해를 취하였다.

46) '신주발행으로 감소하게 되는 부채액(출자전환채권액 100)(채무자회생법 제206조 제1항 제4호)=신주발행으로 증가하게 되는 자본과 준비금의 액 100(채무자회생법 제206조 제1항 제5호)'이 된다.

47) 〈표 1〉의 대법원 사례(2019두31853 및 2019두35329)는 위에서 예를 든 할증발행 사례가 아니라 액면 발행한 경우이다. 그러나 할증 발행할 경우 주식발행초과금도 신주의 발행가액에 해당하기 때문에 할증발행이든 액면발행이든 발행가액이 모두 신주의 주금납입액이 된다는 점에서 차이가 없다.

채권포기 등에서 발생하는 대손금에 해당하는 금액은 없다고 판시하였다.[48)]

만약 회생계획에서 채권액(100) 중 일부(80)만 출자전환하고 나머지(20)는 채무면제를 한다고 명시적으로 정한 경우 나머지 금액(20)이 대손금에 해당하는지에 관하여 보기로 한다.

채무자회생법 제250조 제2항에서 "회생계획은 회생채권자가 보증인 기타 채무자와 함께 채무를 부담하는 자에 대하여 가지는 권리에는 영향을 미치지 아니한다."라고 규정하여 민법상 부종성 원칙을 배제하고 있으므로, 회생계획에서의 채무면제액은 회생채권자가 채무관계인(연대보증인·연대채무자 등)에게 청구하여 회생계획과 상관없이 회수할 수 있다. 즉, 채무면제액(20)을 회생채권자가 회생채무자로부터는 받을 수 없으나 보증인 등 채무관계인으로부터는 받을 수 있는 권리가 존속한다. 회생계획에는 보증인의 책임을 면제하는 것과 같은 내용을 정할 수 없고, 설사 이러한 책임면제 내용을 회생계획에 정했다 하더라도 그 부분은 회생계획으로서의 효력이 없다.[49)] 따라서 회생채권자가 보증인 등 채무관계인으로부터 받을 권리는 회생계획의 내용과 관계없이 보장된다.

그렇다면 회생계획에서 명시적으로 채무면제하는 경우, 채무면제 시점에 회생채무자(주채무자)에 대한 권리는 소멸하나 채권자가 보증인 등 채무관계인에게 가진 권리가 소멸하지 않고 존속하기 때문에 회생채무자에 대한 채무면제 시점에서는 채무면제액(20)은 대손금으로 확정되지 않는다고 해야 할 것이다.[50), 51)] 보증인 등 채무관계인에 대한 채권회수가 불가능한 것으로 확정되는 시점에 비로소 채무면제액(20)이 대손금으로 확정된다고 할 것이다.[52)]

(ii) '워크아웃절차나 상법상 절차'에 따라 출자전환하는 경우 채권자에게 대손금이 발생하는지를 보기로 한다.

이 경우는 채권자가 출자전환채권과 주금납입채무를 상계하여 출자전환하는 것이므로 채권자는 출자전환채권 전액을 변제받은 것이 된다. 그러면 논리적으로 채권자에게 대손금이

---

48) 앞 〈표 1〉의 대법원 판례 사건 중 2017두68295(2018.6.28.) 사건은 회생계획에서 회생채권을 출자전환한 후 즉시 100%를 감자하는 것으로 정한 사건인데, 대법원은 이 경우 자본금이 발생한 후 감자에 의하여 소멸한 것이 아니라 처음부터 자본금의 증가(즉, 출자전환)가 없는 것이라고 판시하였다.

49) 대법원 2005.11.10. 선고, 2005다48482 판결 ; 대법원 2012.6.14. 선고, 2010다28383 판결.

50) 같은 견해, 안경봉, "회사정리(회생)절차와 조세", 『조세법연구』 제13-2호, 세경사, 2007.8., 24~25면.

51) 실제로 금융기관에서 다음과 같은 일이 종종 발생하고 있다. 즉, A은행이 ① B회사에 대한 대출금(100)을 금융감독원의 승인을 얻어 모두 대손처리한 상태에서 ② B회사가 회생절차에 들어감에 따라 대손처리한 그 대출금(100)을 출자전환하여 주식(액면가액 100)을 받았으나 그 주식 가치가 '0'이었는데, ③ A은행이 제3자(B회사의 대표이사 등)가 제공한 담보물을 처분하여 120의 배당을 받음에 따라 ④ A은행은 B회사에 대한 대출금 100을 모두 상환받아 대손금이 전혀 발생하지 않고 오히려 상각채권추심이익이 발생하는 경우가 실무상 종종 발생하고 있다.

52) 그러나 국세청은 회생채권자가 보증인 등에게 가진 청구권의 회수 여부를 따지지도 아니한 채 2006.2.9. 법인세법 시행령 제72조 제2항이 개정되기 전의 해석에서 회생절차에서 출자전환하면 그 시점에 시가 초과액이 대손금에 해당한다고 해석하였다(서이 46012-10844, 2003.4.22. 등 외 다수).

발생할 여지가 없다 할 것이다.

출자전환채무액(100)과 출자전환 주식의 시가(80)간의 차액 20을 채권포기 내지 채무면제한 금액에 해당하는 것으로 볼 수 없다는 법리를 대법원은 2012.11.22. 전원합의체 판결[53]에서 "…채무(100)의 출자전환으로 주식을 발행하는 경우에는 출자전환되는 채무 전부(100)가 주식에 대한 인수가액(100)으로 납입된 것으로 인정되어야만 발행예정주식 전부에 대하여 신주발행의 효력이 발생하는 것이므로, 그 결과로서 나타나는 경제적 측면에서의 효과(시가 80)를 이유로 출자전환되는 채무 중 발행주식 시가 초과 부분(20)만을 따로 떼어내어 주식에 대한 납입금으로서의 실질을 부인할 수는 없다…"라고 하였다.

나) 2019.2.12. 신설된 부가가치세법 시행령의 문제점

2019.2.12. 신설된 부가가치세법 시행령 제87조 제1항에서 대손세액 공제 대상으로서 ① '소득세법 시행령 제55조 제2항 및 법인세법 시행령 제19조의2 제1항에 따라 대손금으로 인정되는 경우'(제1호) 이외에 ② '회생계획인가 결정에 따라 출자전환하는 경우 출자전환된 매출채권 장부가액과 출자전환 주식의 시가 간의 차액'(제2호)을 별도로 정하고 있다.

> **부가가치세법 시행령 제87조(대손세액 공제의 범위)** ① 법 제45조 제1항 본문에서 "파산·강제집행이나 그 밖에 대통령령으로 정하는 사유"란 다음 각 호의 어느 하나에 해당하는 경우를 말한다. 〈개정 2019.2.12.〉
>
> 1. 「소득세법 시행령」 제55조 제2항 및 「법인세법 시행령」 제19조의2 제1항에 따라 대손금(貸損金)으로 인정되는 경우
> 2. 「채무자 회생 및 파산에 관한 법률」에 따른 법원의 회생계획인가 결정에 따라 채무를 출자전환하는 경우. 이 경우 대손되어 회수할 수 없는 금액은 출자전환하는 시점의 출자전환된 매출채권 장부가액과 출자전환으로 취득한 주식 또는 출자지분의 시가와의 차액으로 한다.

그런데 앞 〈표 1〉의 대법원 사례 중 2019두31853(2019.5.10.) 판결과 2019두35329(2019.7.4.) 판결은 "〈그림 1〉의 경우 회생채권자 A가 회생절차에서 액면가액으로 출자전환한 채권액(110) 전액을 주금납입액에 충당한 것이어서(출자전환채권액 110=주금납입액 110) 출자전환주식의 시가(0)와의 차액(110)은 대손금이 아니므로 이 출자전환에서는 대손금이 발생하지 않는다"는 취지로 한 판결이다.[54] 그러면 이 판례의 취지에 따를 때 국가는 이 차액(110)에 해당

---

53) 대법원 2012.11.22. 선고, 2010두17564 판결.

54) 이중교(주10), 96~97면에서는 이 경우 채무자 B에게 채무면제이익(즉, 회생채권자 A에게는 대손금)이 발생

하는 부가가치세 10을 앞 〈그림 1〉에서, ① 재화·용역의 공급자(A)에게는 부가가치세법 시행령 제87조 제1항 제2호에 근거하여 10의 대손세액 공제를 허용하여야 하지만 ② 재화·용역의 피공급자(B)에게는 10의 대손세액 공제액을 추징할 수 없다는 것이 된다. 그러면 국가는 차액 110에 대한 부가가치세 10 만큼을 고스란히 손해를 보아야 한다는 결론이 된다.

이런 결과가 되는 것은 출자전환에 관한 본질을 앞 〈그림 1〉에서, ① '판례'는 채권자 A가 채무자의 증자에 채권액 110으로 주금(110)에 납입한 후 신주를 취득하는 과정으로 보는 증자참여과정설의 입장을 취하여 채무자 B는 110의 채무를 주금납입액(110)에 충당함으로써 전액 상환한 것으로 보는 반면, ② '부가가치세법'은 A가 신주의 취득을 통하여 신주의 시가액(0) 만큼의 채권액만 회수한 것으로 보는 채권회수과정설의 입장에서 입법하고 있음에 따라 그 매출채권의 미회수액(110)은 대손된 것으로 보기 때문이다. 이렇게 부가가치세법을 적용한 결과가 판례의 취지와 다른 것은 출자전환의 본질에 관해서 부가가치세법의 관점이 판례의 관점과 다른 것에서 연유한 것이라고 생각된다. 조속히 부가가치세법 시행령이 출자전환의 법리(증자참여과정설)에 맞게 입법 보완이 이루어져야 할 부분이다.

이 경우 앞 〈그림 1〉에서 A가 채권액 110에 대한 10의 대손세액 공제를 받는 것이 타당하다고 하면 A가 법인세법상으로 100(=채권액 110-대손세액공제액 10)을 대손금으로 손금인정 받을 수 있는가의 의문을 제기할 수 있다.

부가가치세법 시행령 제87조 제1항에서 법인세법상 대손금으로 인정되는 사유(법인세법 시행령 제19조의2 제1항에 열거된 사유)를 대손세액 공제 인정 항목으로 열거하고 있는 것(제1호) 외에 특별히 '회생계획인가 결정에 따라 출자전환하는 경우 출자전환된 매출채권 장부가액과 출자전환 주식의 시가 간의 차액'을 대손세액공제 인정 항목으로 별도로 열거하고 있다(제2호). 즉, 제1호에서 '법인세법상 대손금 인정 사유를 모두 그대로 대손세액 공제사유로 인정'하면서 제2호에서 '별도로 대손세액 공제사유를 추가로 인정'하고 있다. 이 점을 보면 '제1호에 정한 것' 이외에 추가로 '제2호에 정한 것'은 법인세법상 대손금으로 인정되는 것(제1호)과는 별도로 부가가치세법이 특별히 대손세액 공제사유(제2호)를 인정하겠다는 입법 취지인 것

한다는 취지로 주장한다. 즉, "채무면제이익의 본질이라는 측면에서 보면, 주식의 액면가액과 상관없이 채권액과 주식의 취득가액(시가)의 차이에 의하여 채무면제이익의 크기를 측정하는 것이 타당하다고 할 것이다. 주식의 액면가액은 법인이 보유하여야 할 규범적 기준을 의미하는 것인데, 액면가액에 상응하는 자본금이 납입되지 않았음에도 불구하고 주식을 액면가액으로 발행한 사정만으로 채무면제이익이 발생하지 않는다고 보는 것은 이론적으로 문제가 있다…주식의 취득가액(시가)이 액면가액보다 적은 경우에는 자본금에 과세하게 되는 문제가 있으나, 이는 채무의 출자전환으로 법인이 적정자본금보다 과다한 자본금을 보유한 것에서 비롯된 것이므로 과다자본금을 해소하는 과정으로 이해할 수 있을 것으로 보인다."고 주장한다. 그러나 제Ⅲ장 1.가.1)에서 보는 바와 같이, A의 출자전환채권액(110)은 이미 해당 회생회사(B)에 납입되어 있기 때문에 회생채권 110이 발생한 것이고, 이렇게 발생한 회생채권 110을 주금 납입에 충당하여 신주가 발행된 점을 감안하면 액면가액(110)에 상응하는 자본금이 B에게 납입되지 않았다고 볼 것이 아니라 할 것이다.

으로 보인다. 따라서 부가가치세법 시행령 제87조 제1항 제2호에 정한 특례에 해당한다(즉, 특례적 대손세액 공제 사유에 해당한다)고 해서 법인세법 시행령 제19조의2 제1항에 정한 대손금(제1호에 정한 일반적 대손금)에 해당한다고 볼 수 없다 할 것이다. 그러므로 A는 100을 대손금으로 손금 인정받을 수 없다고 보아야 할 것이다. 또한 A는 매출채권 110 전액을 주금납입에 충당하였으므로 대손금이 발생하지도 않았다.

2. '주식 시가>출자전환가액'의 출자전환 시 익금 발생 여부

앞 〈표 2〉에서 출자전환 이후 Y법인의 주식 시가가 130이라고 한다면 출자전환채권액(100)과의 차액(30)이 출자전환채권자에게 익금이 되는가의 문제가 있다.

현행 세법에서는 일반법인에 출자전환하는 경우는, 구조조정법인에 출자전환하는 경우와는 달리, 채권자가 취득하는 주식의 시가(130)를 출자전환주식의 취득가액으로 정하고 있다. 이 경우 채권자가 출자전환한 채권액은 100인데(채무자 Y법인의 입장에서는 100을 주금 납입받은 것이 된다), 그러면 Y법인은 세무상으로 아래 분개에서 보는 바와 같이 출자전환채권액과 주식취득가액 간의 차액(30)만큼의 수익이 발생한다. 이 30이 세무상으로 익금에 해당하는지가 문제이다.

〈분개〉 (차변) 출자전환주식	130	(대변) 출자전환채권	100
		수 익	30

가. 학설

위 분개 사례의 차액 30은 주식취득 시점에 익금으로 과세된다는 긍정설은 출자전환주식의 취득가액을 시가액(130)으로 하도록 법인세법에서 규정하고 있기 때문에 출자전환채권액(100)과의 차액 30 만큼은 출자전환을 통하여 채권자의 순자산이 증가한 것으로 보아야 하고 따라서 이를 익금으로 보아야 한다는 입장이다. 과세관청은 긍정설의 입장이다.[55)]

위 사례의 차액 30은 주식취득 시점에 익금으로 볼 수 없다는 부정설[56)]은 ① 채무자가 채권자에게 시가(130)가 채권액(100) 이상인 주식으로 변제하는 경우도 채권자가 변제받은 것은

55) 국세청, 서면인터넷방문상담2팀-1277, 2005.8.8., 서면2팀-1796, 2005.11.8.

56) 이승문(주38), 42~43면 ; 한만수(주36), 26면에서도 이 경우 "채권의 출자전환에 따라 얻는 차익(출자전환채권액을 초과하는 시가액)은 출자의 대가로 취득한 주식의 가치에 내재되어 있다가 그 처분 시에 소득으로 실현·인식된다"고 하여 같은 입장이다.

채권액(100) 그 자체일 뿐이어서 변제수령 시 소득이 발생한다고 할 수 없고, 변제받은 주식을 처분하지 않는 이상 저가 취득이라고 해서 소득이 발생하지 않으며, ② 법인세법의 규정은 출자전환으로 취득한 자산의 취득가액을 의제한 것일 뿐 양도한 자산(즉, 출자전환 채권액)의 양도가액까지 의제한 것은 아니며, 사법상 등가관계가 성립하는 것은 출자전환채권액(100)과 신주의 발행가액(100)인데, 출자전환주식의 취득가액을 시가로 하도록 규정함에 따라 회계상 발생하는 차익(30)은, 회계상으로는 몰라도, 법인세법상으로는 당연히 등가관계이어야 하는 것에서 발생한 것이 아니므로 주식의 시가(130)가 출자전환채권액의 양도가액으로 볼 수 없기 때문에 그 차익(30)은 세법상 익금이 아니라는 주장이다.

한편, 위 사례의 차액 30은 익금에는 해당하지만 이를 익금에 산입한다는 규정이 현행 세법에 없으므로 취득 시점에 과세되지 않을 뿐만 아니라 처분 시에도 과세되지 않기 때문에 과세 공백이 발생한다는 과세공백설의 논거는 다음과 같다.[57] ① 출자전환주식의 시가(130)가 발행가액(100)을 초과하는 경우, 법인세법 제15조 제2항 제1호와 같이 매입시점에 주식의 시가와 발행가액의 차액을 익금에 산입한다는 규정을 두고 있지 않으므로, 주식 취득 시점에는 시가와 발행가액 간의 차액(30)이 익금으로 과세되지 않고, ② 출자전환주식을 처분할 때 익금(처분가액)에 대응하는 손금(취득가액)은 법인세법 시행령 제72조 제2항 제4의2호 본문에 따라 주식의 시가(130)가 되므로 시가와 발행가액의 차액(30)은 처분 시점에도 과세되지 않게 되므로 과세공백이 발생한다고 주장한다. 결국 이 견해는 위 분개 대변의 수익 30은 ① 출자전환 시점(취득 시점)에는 과세한다는 규정이 없어 과세할 수 없고, ② 이 주식의 매각 시점에는 30이 취득가액에 포함되어 손금이 되므로, 결국 취득시점과 매각시점에 모두 과세되지 않는다는 견해이다.

나. 검토

자산을 취득하여 처분할 때까지 보유기간 중에는 일반적으로 익금이 발생하지 않고 처분하여 수익이 실현되면 그 시점을 익금 귀속시기로 하여 과세한다. 현행 세법은 이 익금의 실현 시점을 원칙적으로 그 자산을 처분하여 잔금을 받는 때로 정하고 있다.[58]

긍정설을 취할 경우 출자전환 시점은 주식을 취득하는 시점이어서 수익실현시기가 도래하지 않은 때인데 어떻게 이때에 익금이 발생할 수 있는가라는 의문이 발생한다. 법인세법에서 자산을 취득하는 시점에 익금으로 과세하는 것을 명시적으로 규정한 것은 법인이 특수관계

57) 이중교(주38), 305면.

58) 법인세법 시행령 제68조 제1항.

있는 개인으로부터 유가증권을 시가보다 낮은 가액으로 매입하는 경우 그 시가와 그 매입가액 간의 차액뿐이다. 이런 원칙 때문에 대법원은 "부당행위에 해당하는 실권주의 고가 인수의 경우 취득가액 중 부인 대상인 시가초과액은 그 주식인수일이 속하는 연도에는 아무런 영향을 미치지 못하고, 그 주식을 양도 후 잔금청산일이 속하는 연도에 그 시가초과액은 과세표준을 증액시키게 된다."라고 판시, 취득 시점에는 익금이 발생하지 않는 것으로 해석하고 있다.[59]

위 분개를 분석하면 아래와 같이 2개로 구분할 수 있다. 즉, 아래 Ⓐ의 분개는 출자전환채권액 100을 주금납입에 충당하여 출자전환주식을 취득한 것을 나타내는 것이고, Ⓑ는 이 주식의 시가가 130임에 따라 30만큼의 이익을 계상한 것을 나타낸다.

〈분개〉 Ⓐ	(차변) 주 식	100	(대변)	출자전환채권	100
Ⓑ	(차변) 주 식	30		수 익	30

그런데 유가증권의 경우 시가법을 적용할 수 있도록 한 규정(2009.2.4. 삭제 이전의 법인세법 시행령 제75조 제1항 제4호)이 삭제되어 이제는 시가법이 적용되지 않는 것으로 일반적으로 이해한다. 그러나 현행 법인세법 시행령 제72조 제1항 제4의2호 본문에서 출자전환으로 취득한 주식의 취득가액을 시가액으로 하도록 규정하고 있는 이상 이에 해당하는 경우에는 그 출자전환주식의 취득 시점에 주식을 시가법으로 평가하여 취득가액으로 계상하도록 규정한 것으로 이해해야 할 것이다. 즉, 법인세법 제42조 제1항 제2호에서 '대통령령이 정하는 자산과 부채의 평가'는 취득원가주의의 예외로서 시가법을 적용할 수 있도록 하고 있는데, ① 법인세법 시행령 제72조 제2항 제4의2호 본문은 이에 근거하여 정한 것에 해당한다고 보아야 할 것이고, ② 그렇다면 위 분개 Ⓑ의 대변의 수익 30은 법인세법 제42조 제1항 제2호 및 법인세법 시행령 제72조 제2항 제4의2호 본문에 근거하여 출자전환주식을 취득한 때에 시가법을 적용해야 함에 따라 발생한 평가익이고, ③ 따라서 이 적용에 따라 발생하는 평가익 30은 출자전환주식을 취득하는 시점에 익금귀속시기가 되어 익금 산입된다고 해석해야 할 것이다.

그러나 입법론적으로는 출자전환 시점에 차액 30의 익금귀속시기가 도래한 것으로 하는 것이 타당한가라는 점에서는 의문이다. 왜냐하면 시가가 130인 주식을 현금 100을 지급하고 취득(신주 인수를 포함)하는 경우가 많은데 이 경우는 차액 30을 익금으로 과세하지 않으면서, 출자전환의 경우만 이 차액 30을 세법에서 채택한 취득원가주의와 수익귀속시기에 대한 예

59) 대법원 2008.9.25. 선고, 2006두3711 판결.

외로서 과세할 합리성이 있다고 보기 어렵기 때문이다. 따라서 입법론적으로는 출자전환의 경우에도 출자전환 채권가액(100)을 주식의 취득가액으로 하는 것이 타당하다고 생각된다.

3. 출자전환 행위에 부당행위계산 부인 규정이 적용되는지 여부

회생회사의 주주는 의결권이 제한받고 회사의 관리권과 재산처분권이 관리인에게 귀속되는 등 일반법인과 많은 차이가 많다. 그러면 회생회사에서 법원의 감독하에서 이루어지는 등의 출자전환 시에서도 부당행위계산 부인 규정이 적용되는지의 문제가 있다.

가. 자본거래에서 부당행위계산 부인의 규정이 적용될 수 있는 경우

법인이 경제적 이해관계를 달리하는 제3자와 거래할 경우와는 달리, 그와 경제적 이해관계를 같이하는 주주·임직원 등 특수관계인과 거래 시 법인의 이익을 축소하고 그 만큼 특수관계인의 이익을 도모하는 경우가 있을 수 있다. 세법에서는 이 경우 법인이 특수관계인과 경제적 합리성을 무시하고 부당거래행위로 열거하고 있는 거래를 하면 객관적으로 타당하다고 인정되는 소득이 있었던 것으로 의제하여 과세함으로써 과세공평을 도모하고 조세회피를 방지하고자 둔 규정이 부당행위계산 부인의 규정이다.

현행 법인세법에서 자본거래에 관해서 부당행위로 규정하고 있는 것은 '법인의 자본증가거래에서 신주를 배정·인수받을 수 있는 권리를 포기하거나 신주를 시가보다 높은 가액으로 인수하는 경우'와 '증자, 주식의 인수 등 법인의 자본을 증가시키는 거래를 통하여 법인의 이익을 분여하였다고 인정되는 경우'이다.[60]

그러면 피출자전환법인의 특수관계인이 그의 채권액을 출자전환하고 받은 출자전환주식의 시가(20)가 출자전환채권액(100)보다 더 낮을 경우 채권자가 신주를 시가보다 높은 가격으로 인수한 경우에 해당되는 것으로 보아 부당행위계산 부인 규정을 적용할 수 있는가의 문제가 발생할 수 있다.

나. 견해의 대립

위 사례의 경우 법인의 증자 거래에서 특수관계인이 신주를 시가(20)보다 높은 가액(100)으로 인수한 행위를 한 것으로 보아 법인세법 시행령 제88조 제1항 제8호 나목에 의거 주주

---

60) 법인세법 시행령 제88조 제1항 제8호 나목 및 제8의2호.

간의 부당행위계산의 문제를 초래할 수 있다는 견해(긍정설)가 있다.[61] 과세관청은 이 경우 부당행위에 해당하지 않는다고 해석(부정설)하고 있다.[62]

다. 검토

법인이 회생절차에 들어가면 상법상 주주총회의 특별결의사항, 채권자보호절차, 감자무효의 소 등의 적용이 배제되고,[63] 회생절차개시 이후부터 그 회생절차가 종료될 때까지는 채무자는 회생절차에 의하지 아니하고는 신주를 발행하거나 자본을 증가시키는 행위를 할 수 없으며,[64] 주주는 회생계획에 의한 신주발행 시 신주인수권을 부여받지 못한다.[65]

(ⅰ) 회생절차에서 출자전환하는 경우에 부당행위계산 부인의 규정이 적용되는지를 본다.

① 회생계획에 따른 출자전환 시에는 종전 주주에게 신주인수권이 없기 때문에 신주인수권의 포기행위가 있을 수 없다. 따라서 이 경우 회생절차에서 출자전환 시는 법인세법 시행령 제88조 제1항 제8호 나목 전단의 "법인의 자본…을 증가시키는 거래에 있어서 신주…를 배정·인수받을 수 있는 권리…를 포기…하거나…"에 해당할 수 없다고 해야 할 것이다. ② 또한 회생채권자가 주식의 시가(20)보다 높은 가격(100)으로 출자전환했다고 하더라도 출자전환을 정한 회생계획에 회생채권자, 회생담보권자, 주주(의결권이 있는 경우) 등의 이해관계자들이 회생회사의 회생을 위하여 이를 동의하고 법원의 인가를 받음으로써 효력이 발생한 회생계획에 따라 출자전환이 이루어지는 것이므로 회생채권자가 출자전환주식을 80만큼 높게 인수한 경우에 해당한다고 하더라도 회생계획에 따른 출자전환으로 취득한 것은 부당성이 없는 경우이므로(즉, 경제적 합리성이 있는 것이므로) 부당행위에 해당하지 않는다고 할 것이다.

따라서 회생절차에서의 출자전환 시 주식 시가보다 높은 가격으로 출자전환하더라도 이 출자전환으로 인하여 출자전환채권자가 회생법인의 기존 주주에게 이익을 부당하게 분여할 수 있는 경우에 해당할 수 없기 때문에 법인세법 시행령 제88조 제1항 제8호 나목에 정한 부당행위에 해당하지 않고, 또한 회생절차의 출자전환을 통하여 법인은 이익을 부당하게 기존 주주에게 분여할 수 없고 또한 법인세법 시행령 제88조 제1항 제8의2호에 정한 "…법인의 이익을 분여하였다고 인정되는 경우…"에 해당되지 않아 부당행위에 해당하지 않는다고 할 것이다.

---

61) 한만수(주36), 18～19면 ; 이중교(주36), 300면.
62) 국세청, 서면2팀-1253, 2004.6.17.
63) 채무자회생법 제260조 및 제264조.
64) 채무자회생법 제55조 제1항 제2호 및 제3호.
65) 채무자회생법 제265조 제2항 및 제266조 제3항.

(ⅱ) 증자 시 기존 주주의 권리가 제한되는 회생절차가 아닌 워크아웃 등에서 출자전환을 하는 경우를 보기로 한다.

워크아웃절차라 하더라도 기존 주주에게는 신주인수권이 있으나, 워크아웃절차에서 출자전환할 때에도 워크아웃기업의 정상화를 위하여 필요하다고 인정하여 채권금융기관의 결의에 의하여 채권자가 출자전환하는 것이어서 부당행위계산부인의 규정이 적용되는 요건인 부당성이 없기 때문에(즉, 경제적 합리성이 있기 때문에) 부당행위에 해당하지 않는다고 할 것이다. 다만, 워크아웃 등 구조조정절차가 아닌 일반 절차에서 출자전환하는 경우에는 현금증자 방법과 다를 바가 없으므로 부당행위계산부인의 규정이 적용된다 할 것이다.

4. 조세특례제한법상 채무면제에 출자전환 시 채무면제이익 포함 여부

조세특례제한법 제44조 제2항에서 "…기업구조조정 투자회사법에 따른 약정체결기업이 기업구조조정투자회사로부터 채무를 출자로 전환받는 과정에서 채무의 일부를 면제받는 경우 그 채무면제익은 제1항을 준용하여 익금에 산입한다"라고 정하고 있고, 제4항에서는 "제1항에 따라 채무를 면제(채무의 출자전환으로 채무를 면제한 경우를 포함한다)한 금융채권자(…)는 해당 사업연도의 소득금액을 계산할 때 그 면제한 채무에 상당하는 금액을 손금에 산입한다"고 정하여, 채무면제라는 사실이 있어야만 과세이연 또는 손금산입의 특례를 적용받을 수 있다고 명시하면서도 '출자전환 시 발행가액 중 시가 초과액이 채무면제이익에 해당한다'는 것을 조세특례제한법에서는 명시하지 않은 채 그 시행규칙의 서식[66]에서는 발행가액 중 시가 초과액이 채무면제이익이라는 것을 제시하고 있다. 그러면 조세특례제한법 제44조를 해석할 때[67] '출자전환 시 발행가액 중 시가 초과액'이 조세특례제한법 제44조에 정한 채무면제에 포함된다고 해석하여야 하는가? 부정적으로 해석해야 할 것이다. 그 이유는 다음과 같다.

(ⅰ) 법인세법은 피출자전환법인이 폐업하거나 해산하지 않는 한 출자전환에서 발생하는 채무면제이익을 차후 발생하는 결손금 보전에 충당할 수 있도록 하여 향후 결손금이 소멸하기 전까지는 이월결손금에서 차감하도록 함으로써 무기한 익금에 산입하지 않을 수 있도록

66) 별지 38호의2 서식 중 출자전환에 관한 부분은 아래와 같이 서식화 되어 있다.
3. 출자전환 채무면제 내용

⑫ 출자전환일	⑬ 채무금액	⑭ 1주당 주식의 발행가액	⑮ 1주당 주식의 시가	⑯ 발행주식수	⑰ 채무면제금액 (⑭-⑮)×⑯

67) 조세특례제한법 제121조의29 제3항의 '사업재편계획에 따른 기업에 대한 출자전환 시의 채무면제'의 경우도 동일하다.

유예하고 있다(제17조 제2항). 그러나 조세특례제한법은 채무면제이익을 3년 거치 후 3년간 균분액 이상을 익금 산입하도록 하여(제44조 제1항) 익금산입 유예기간이 법인세법에 비해 매우 짧다. 따라서 만약 출자전환 시 발행가액(100) 중 시가(20)의 초과액(80)이 조세특례제한법 제44조 제2항에 정한 채무면제에 포함된다고 하면 법인세법 보다 불리한 조세특례제한법을 적용할 이유가 없다. 그러면 출자전환 시 발생하는 채무면제이익에 관한 특례를 정한 조세특례제한법 제44조 제2항은 법인세법 규정의 특례 조항으로 볼 수 없게 된다. 이런 점에서 조세특례제한법 제44조 제2항에 정한 채무면제는 출자전환 과정에서 발생하는 발행가액(=출자전환가액) 중 시가 초과액을 말하는 것이 아니라 출자전환 과정에서 명시적으로 채무면제를 함으로써 발생한 채무면제이익이 있으면[68] 이를 즉시 익금산입하지 않고 분할 익금 산입할 수 있도록 정한 특례 규정으로 이해해야 할 것이다.[69]

(ii) 법인세법은 구조조정법인에 출자전환하여 취득한 주식의 취득가액을 출자전환된 채권의 장부가액으로 하도록 함으로써(법인세법 시행령 제72조 제2항 제4의2호 단서) 출자전환채권자의 입장에서 출자전환 시 발생하는 채무자의 채무면제이익의 부분을 대손금으로서 손금산입하는 것을 불허하고 있다. 그러나 조세특례제한법 제44조 제4항에서는 구조조정법인에 채무면제한 금융기관은 그 채무면제액을 손금에 산입하도록 하고 있다. 만약 출자전환 시 발행가액 중 시가 초과액으로 계산되는 채무면제이익(위 사례의 80)이 조세특례제한법 제44조에 정한 채무면제에 포함되는 것이라면 구조조정법인에 출자전환한 금융기관의 경우 채무자의 이 채무면제이익 부분이 법인세법에 따르면 취득원가가 되나 조세특례제한법에 따르면 손금항목이 된다는 것이 되어 모순된다. 이렇게 모순되게 법 해석을 할 수 없는 점을 고려하면 조세특례제한법 제44조 제4항에 정한 채무면제에는 명시적인 채무면제를 말하고 법인세법에서 출자전환 시 채무면제이익으로 규정한 '발행가액 중 시가 초과액'은 포함되지 않는다고 해석해야 타당할 것이다.

(iii) 출자전환 시 발행가액 중 시가초과액을 채무면제이익으로 조세특례제한법 시행규칙의 서식에서 제시하면서도 조세특례제한법에서는 '채무의 면제'라고만 표현하고 있는데, 조세특

68) 평가액설에 의한 현물출자 방식으로 출자전환을 한다면 채권가액(100) 중 평가액(=발행가액 70)에 미달하는 30은 출자전환 시 혼동에 의하여 소멸하여 채무면제이익이 발생할 것이나, 실무에서는 간편한 방식인 상계 방식에 의하여 출자전환을 하고 평가액설에 의한 현물출자 방식을 선택하는 경우를 현실에서는 찾아보기 어렵다.

69) 서울고등법원 2010.7.8. 선고, 2009누30228 판결에서도 "조세특례법 제44조 제2항은…정리계획인가 등의 결정이나 경영정상화계획의 이행을 위한 약정에 채무를 출자로 전환하는 조건에 의한 채무의 면제액이 포함되어 있는 경우에 한하여 그 면제받은 채무에 상당하는 금액을 당해 사업연도의 소득금액계산에 있어서 익금에 불산입할 수 있다고 규정하고 있는데, 이는…일정한 시기까지 채무를 출자로 전환받는 경우에 채권자의 채무면제가 정리계획인가 등의 결정이나 경영정상화계획의 이행을 위한 약정에 의하여 명확하게 확인되는 경우에 한하여 그 채무면제액을 익금에 불산입할 수 있도록 과세특례를 두고 있는 것…"이라고 판시하여, 같은 취지로 판결했다.

례제한법 시행규칙의 서식의 채무면제는 출자전환 과정에서 출자전환채권이 주금납입액에 충당되는 것과는 별도로 명시적으로 채무면제를 한 경우에 적용되는 것이라고 해야 할 것이다. 만약 이렇게 해석하지 않으면 조세특례제한법 시행규칙의 서식의 내용은 모법에 위반된 무효라고 해야 할 것이다.

(ⅳ) 앞 〈표 1〉의 대법원 판결 중 2019두31853(2019.5.10.) 판결과 2019두35329(2019.7.4.) 판결은 출자전환 시 출자전환채권액(100) 전액이 주금납입액(100)에 충당되었기 때문에 대손이 전혀 발생하지 않는다는 취지의 판결이다. 이 판결 취지에 따르면 출자전환채권액(100)과 출자전환주식의 시가(20)와의 차액(80)은 주금납입액(100)에 포함된 것이므로 80이 채무면제로서 발생할 여지가 없다. 이 대법원 판례의 취지에 비추어 보아도 조세특례제한법 제44조 제2항 및 제4항에 정한 채무면제는 출자전환 시 발행가액 중 시가 초과액(80)이 아니라 출자전환 과정에서 별도로 명시적 채무면제를 한 경우 발생하는 것이라고 해야 할 것이다.

Ⅳ. 결 론

채무자의 부채를 자본으로 전환한다는 의미를 가진 출자전환은 단순하다고 볼 수 있어 실무상 논란이 없을 것으로 생각할 수 있는데도 세무상 논란이 많이 발생하는 것은 근본적으로 출자전환을 어떻게 보느냐라는 관점의 차이에서 발생한다고 생각된다. 즉, 출자전환에 대하여, '채무자의 증자 과정에 채권자가 금전채권으로 주금납입에 갈음하여 신주를 취득하는 과정'으로 보는 입장(증자참여과정설)과 '채권자가 채권을 회수하는 방편으로 채무자 발행의 신주를 취득하는 과정'으로 보는 입장(채권회수과정설)의 차이에서 논란이 비롯된다고 생각된다.

증자참여과정설에 따르면 채권액 중 얼마만큼이 신주의 납입금에 충당되어 신주가 발행되는가가 중요하므로 출자전환채권액 중 신주의 납입금에 충당된 금액이 얼마인가를 먼저 생각한 후 충당되지 않은 금액이 출자전환 과정에서 소멸한 것인지 여부를 따지게 될 것이다. 그러나 채권회수과정설에 따르면 출자전환을 통한 채권회수 목적물(신주)의 평가액에 따라 채권회수액이 정해지고 나머지 차액은 채권자에게 채권 미회수에 따른 손실로 발생하게 된다고 생각하게 될 것이다.

그러나 기본적으로 ① 주식발행법인(채무자 법인)이 주금을 납입 받은 후 그 납입금을 바탕으로 신주를 발행하는 것이 증자의 과정이고, ② 신주를 발행하려면 발행가액에 상당하는 주금액 전액을 납입 받아야만 하는 것이 상법의 규정인 점을 감안하면, 신주를 현금 납입이 아닌 출자전환을 통하여 발행한다고 하더라도, 출자전환은 '증자참여의 과정'이므로 '채권회수는 증자에 참여한 결과로서 신주를 취득한 경제적 효과에 지나지 않는다'고 해야 할 것이다.

판례는 증자참여과정설의 입장인데 반하여 세법은 채권회수과정설의 입장에서 입법되어 있다. 이러한 괴리 때문에, 앞 〈표 1〉의 3가지 판례에서 보는 바와 같이, (i) 회생계획에 따라 출자전환하여 발행된 주식을 ㉠ 「발행 즉시 100% 소각하는 것으로 회생계획이 되어 있는 경우에는 채권자의 채권회수액이 0%」이나 ㉡ 「'발행 즉시 99.86%만 소각'하거나 '95%를 소각한 후 나중에 5%를 소각하여 합계 100%를 소각'하는 것으로 회생계획이 되어 있는 경우에는 채권자의 채권회수액이 100%」이라는 양 극단의 판결 결과가 나오는데 실무자들은 이런 판결의 결과를 납득하기 어렵다. (ii) 또한 국가의 입장에서는 위 ㉡의 경우 회생채권자에게 대손세액공제를 해 주어야 하면서도 회생채무자에게는 이 대손세액공제액을 추징할 수 없게 되어 그만큼 국고 손실이 초래되는 현상이 발생하고 있다.

발행 주식의 시가가 20인데도 채권액 100 전액을 납입금으로 한 출자전환을 하는 것은 출자전환 당사자인 채권자와 채무자 간의 합의[70]에 의하여 한 것이다. 이러한 당사자 간 합의에 의하여 발생한 것인데도 회생절차 등 구조조정절차에서 발행가액(100)과 신주의 시가(20) 간에 차액이 발생할 경우, 채권자에게 발생한 80의 경제적 손실(채무자는 80의 이익)은 채권자가 구조조정절차에 협력한 것에서 발생한 것이므로 이를 지원해야 한다는 명분으로 '80을 채권자에게는 손금으로서 인정'하고 '채무자에게는 80의 익금산입을 이연'하는 세제 지원을 해야 한다는 주장이 많다.

그러나 이러한 주장은 납득하기 어렵다. 채권자가 80을 손금에 산입하려고 하면 회생절차에서 명시적으로 80을 채권포기하고 20을 출자전환하면 80은 '회생계획인가의 결정에 따라 회수불능으로 확정된 채권'에 해당되어 대손금이 되고 대손세액공제를 받을 수 있다.[71] 이렇게 손금 인정받는 방법을 선택하지 않은 채권자에게 출자전환했다는 이유로 80을 손금으로 인정하고 대손세액공제도 허용한 결과, 채권자에게 지원한 혜택이 채무자에게 그 만큼 손실로 전가되고 있고, 그 손실 전가 사례가 앞 〈표 1〉의 판례 사건이다. 이러한 문제는 출자전환은 채권자가 채무자의 증자에 응하여 주금을 납입한 것이라는 증자참여과정설의 입장을 일관되게 유지하지 않고, 채권자는 신주의 시가평가액 만큼의 채권회수를 한 것으로 보는 채권회수과정설의 입장에서 세법을 적용함에 따라 발생하는 것이고, 그 결과 국가는 회생채권자에게는 80에 상당하는 대손세액공제를 해 주어야 하면서도 회생채무자에게는 이 대손세액공

70) 회생절차에서는 회생계획안의 승인이라는 합의로, 워크아웃에서는 채권금융기관의 결의라는 합의로, 기타의 절차에서는 당사자 간 개별적 합의로 각각 합의한다.

71) 이것에 대한 자세한 설명은 배영석·김병일, "출자전환 및 회생채권 관련 대손금과 대손세액공제에 관한 연구 – 해석론의 정립방안을 중심으로", 『세무학연구』 제34권 제1호, 2017.3. 참조.

제액을 추징할 수 없는 문제가 초래한다고 생각된다.

채권회수과정설의 입장에 서게 되면 채권 회수한 금액을 산정해야 하므로 취득한 신주를 평가하는 문제가 수반된다. 이 신주가 비상장주식이면 사실상 평가하는 것은 불가능하며, 가능하다고 하더라도 평가의 방법, 주체, 평가비용의 부담 주체 등의 어려운 문제를 남긴다.

채권자와 채무자 간에 대손이 발생하는지, 발생한다면 얼마만큼이 발생하는가라는 문제는 민사 문제다. 세무 실무상으로 세법상 평가액을 채권회수액으로 정하여, 채권자에게는 대손금이 채무자에게는 채무면제이익이 각각 발생하는 것으로 계산하는데, 채권회수액과 대손금액을 결정하는 것 자체가 민사 문제인데도 세법상 평가액으로 계산한다. 이와 같이 세무처리를 하도록 하는 것은 세법이 민사 문제에 부당하게 개입하는 결과가 되어 불합리하다.

이러한 제반 문제를 해결하기 위해서는 출자전환은 기본적으로 민사 문제이지 세법 문제가 아니라는 점에 입각하여 세무 문제를 다루도록 해야 한다. 따라서 기본적으로 출자전환을 민사 문제로 보는 (판례가 취하고 있는) 증자참여과정설에 따라 '출자전환은 자본거래다'는 관점에 입각하여 이 내용으로 관련 세법(법인세법 및 부가가치세법)을 개정해야 할 것이다.[72] 또한 현재 출자전환과 관련하여 세무상으로 발생하는 이러한 문제는 채무자회생법이 출자전환 시 주식을 할증 발행하는 경우에 발생하는 주식발행초과금이라는 준비금을 회생계획안에 기재하도록 정하고 있음에도 이를 기재하지 않는 실무의 잘못에서도 기인하는 바가 크므로 이런 회생실무도 개선되어야 할 것이다.[73] 이렇게 개선되면 출자전환 관련 실무처리가 한결 간결하게 되고 출자전환 관련 이해관계자 간에 이해도가 높아지게 되어 혼선의 발생을 방지하는 데에 이바지하게 될 것이다.

---

72) 출자전환을 자본거래로 할 경우의 법인세법 및 법인세법 시행령의 개선방안은 배영석·김병일, "출자전환 시 채무면제익에 관한 연구 – 입법론상 개선방안을 중심으로", 『세무학연구』 제33권 제3호, 2016.9., 253~260면 및 배영석·김병일, "출자전환으로 취득하는 주식의 취득가액에 관한 연구", 『세무학연구』 제34권 제3호, 2017.9., 131~133면 참조.

73) 이 점에 대해서는 배영석, "기업회생절차에서의 출자전환 관련 입법적 개선방안의 검토", 『회생법학』 통권 제13호, 한국채무자회생법학회, 2016.12., 200~209면 참조.

참고문헌

〈단행본〉

김완석·정지선, 『기업의 도산 관련 조세제도에 관한 연구』, 한국조세연구원, 2010.11.

서울중앙지방법원 파산부 실무연구회, 『회생사건실무(상)』(제4판), 박영사, 2014.

이중교, “채무의 출자전환 과세제도에 관한 연구”, 『2020 제12회 조세실무세미나(온라인)』, 한국공인회계사회, 2020.11.

〈논문〉

배영석, “기업회생절차에서의 출자전환 관련 입법적 개선방안의 검토”, 『회생법학』 통권 제13호, 한국채무자회생법학회, 2016.12.

배영석·김병일, “출자전환 시 채무면제익에 관한 연구 - 입법론상 개선방안을 중심으로”, 『세무학연구』 제33권 제3호, 2016.9.

____________, “출자전환 및 회생채권 관련 대손금과 대손세액공제에 관한 연구 - 해석론의 정립방안을 중심으로”, 『세무학연구』 제34권 제1호 2017.3.

____________, “출자전환으로 취득하는 주식의 취득가액에 관한 연구”, 『세무학연구』 제34권 제3호, 2017.9.

____________, “출자전환 행위의 조세회피행위 해당성 여부에 관한 소고 - 액면증자 후 무상감자 방식을 중심으로 -”, 『세무와 회계 연구』 통권 제14호(제7권 제1호), 한국세무사회 부설 한국조세연구소, 2018.3.

____________, “회생절차에서 출자전환 후 감자한 매출채권의 대손세액공제액에 대한 추징 가능성 여부 - 대법원 2019.7.4. 선고 2019두35329 판결사건을 중심으로 -”, 『회생법학』 통권 제19호, 한국채무자회생법학회, 2019.12.

안경봉, “회사정리(회생)절차와 조세”, 『조세법연구』 제13-2호, 세경사, 2007.8.

염춘필, “채권의 출자전환실무”, 『법무사저널』 5월~6월호, 서울중앙지방법무사회, 2007.

이승문, “법인세법상 자산의 취득가액 - 출자전환주식의 취득가액을 중심으로 -”, 『국민대학교 법학연구소 학술발표대회 논문집』, 국민대학교 법학연구소, 2009.

이승환, “대출금의 출자전환에 관한 연구 - 채권평가방법을 중심으로 -”, 『법학연구』 제17권 제4호(통권 제36호), 연세대학교 법학연구소, 2007.12.

______, “「기업구조조정촉진법」하에서의 출자전환의 효력”, - 대법원 2010.9.16. 선고 2008다97218(전합) 판결 -”, 『상사판례연구』 제25집 제1권, 2012.

이재우·김진수, “주식 시가가 채권가액 이하인 액면 출자전환의 과세문제와 개선방안”, 『세무와 회계 연구』 통권 제19호(제8권 제3호), 한국세무사회 부설 한국조세연구소, 2019.

이중교, “채무의 출자전환에 따른 과세문제”, 『조세법연구』 제20-2호, 세경사, 2014.8.

임수연, “회생계획에서 출자전환 후 무상소각하기로 정한 회생채권의 대손세액공제 여부”, 『대법원 판례 해설』 제116호(2018년 상), 법원도서관, 2018.

한만수, “자본구조조정 및 채무조정의 과세효과에 관한 고찰”, 『조세법연구』 제14-1호, 세경사, 2008.4.

제 2 장

부가가치세법상 출자전환과 세제

2.1. 출자전환 및 회생채권 관련 대손금과 대손세액공제에 관한 연구*

– 해석론의 정립방안을 중심으로 –

배영석**·김병일***

초 록

재정적 어려움에 처한 기업뿐만 아니라 일반기업도 간편한 증자의 수단으로 이용하는 출자전환은 자본을 증가시키는 자본거래인데도 출자전환의 과정에 여러 가지 세무상 쟁점이 발생한다.

기업회생절차 이외에서 출자전환하는 경우에는 실무상 상계방식으로 출자전환하므로 법리적으로 채권자에게 대손금이 발생할 수 없음에도 그 발생 여부를 두고 논란이 있으나 출자전환채권액이 상계에 의하여 주금납입액에 전액 충당되므로 대손금이 발생하지 않는다고 해석하는 것이 타당하다.

기업회생절차에서 하는 출자전환 중에서 공익채권을 출자전환하는 경우, 피출자전환자가 인적 회사인 경우, 회생채권자가 보증인 등으로부터 잔여 채권액 전액을 변제받는 경우에는 대손금이 발생할 수 없다. 「법인세법」은 기업회생절차에서 출자전환을 할 경우 출자전환하는 주식의 취득가액을 출자전환채권액의 장부가액으로 하도록 정하고 있으므로 이 경우의 출자전환 시에도 대손금이 발생할 수 없다고 보아야 한다. 그럼에도 불구하고 여전히 논란이 있고 과세관청의 해석도 일관되지 않고 있다.

더욱이 출자전환 시 발행가액 중 주식의 시가초과액을 「법인세법」상으로는 대손금으로 인정하지 않으면서 「부가가치세법」상으로는 대손금으로 인정, 대손세액공제가 가능한 것으로 해석함에 따라 혼선이 가중되고 있다. 대손세액공제를 인정하는 견해가 납세자를 보호하는 견해인 것처럼 일견 보이나, 허용된 대손세액공제액은 곧바로 공익채권으로 국가가 우선변제를 받아가므로 국가에게는 손해가 없고 다른 일반 회생채권자에게 그 만큼 피해가 돌아간다. 이런 불합리한 점이나 논리일관성 측면에서 이 경우 대손세액공제를 허용하지 않는 것으로 해석해야 타당하다.

회생채권을 채권신고기간 내에 신고하지 않아 실권되거나 회생채권의 일부를 채무면제하는 내용의 회생계획안에 찬성함으로써 그 회생계획안이 가결된 경우 회수하지 못하는 매출채권은 회생계획인가 결정에 따라 회수불능으로 확정된 채권이므로 모두 대손세액공제가 가능하다고 해석해야 한다.

또한 회생계획안에서 매출채권의 채무면제 시기를 장래의 기일로 정했다고 하더라도 회생계획안에서 결정한 면책의 효력은 회생절차의 종결이나 폐지와 상관없이 계속 존속하므로 채무면제하기로 한 금액이 확정되는 날이 회생계획인가 결정일인 이상 이 날을 기준으로 대손세액공제의 여부를 가리는 것이 타당하다.

주제어 | 출자전환, 회생채권, 대손금, 대손세액공제, 채무면제익, 주식발행액면초과액

* 『세무학연구』 제34권 제1호(2017.3., 한국세무학회)에 게재된 논문이다.

** 주저자 : 진일회계법인 공인회계사, 세무학 박사

*** 교신저자 : 강남대학교 경영관리대학 경제세무학과 교수, 법학 박사

Ⅰ. 서 론

재정적 어려움에 처한 기업을 지원하기 위한 수단 중 하나로 채권자가 그 기업에 대하여 가진 금전채권을 출자전환하여 재무구조의 건전화를 도모하는 경우가 종종 있다.

출자전환은 재정적 어려움에 처한 기업의 지원 수단으로 이용하기도 하지만 일반기업도 종종 증자의 수단으로 주주가수금 등을 출자로 전환하기도 한다. 출자전환은 자본을 증가시키는 자본거래이므로 원칙적으로 세무 문제가 발생하지 않을 것으로 보이나, 출자전환을 받는 회사는 일반적으로 부실화된 경우가 많고 출자전환으로 발행하는 주식의 실제 가치 이상의 금액을 발행가액으로 하여 출자전환하는 경우가 많기 때문에 출자전환의 과정에 여러 가지 세무상 쟁점이 발생한다.

출자전환과 관련하여 세무상으로 제기되는 쟁점은 출자전환을 받는 채무자의 입장과 출자전환을 하는 채권자의 입장에서의 쟁점으로 나눌 수 있다. 채무자 입장에서 제기되는 쟁점은 ① 출자전환가액과 발행주식의 시가 간의 차액이 채무면제익에 해당하는지, ② 출자전환 시 주식발행액면초과액은 얼마가 되는지라는 점이 주로 거론되며, 반면에 채권자 입장에서 제기되는 쟁점은 ① 출자전환으로 취득하는 주식의 취득가액을 얼마로 할 것인지, ② 출자전환 시 대손금이 발생하는지, ③ 발행 주식의 시가 보다 높거나 낮은 가액으로 출자전환하게 되면 부당행위계산부인의 규정이 적용되는지라는 점 등이 주로 제기된다.

본 논문은 채무자 입장에서의 세무상 쟁점은 검토하지 않는다.[1] 그 대신 채권자 입장에서의 세무상 쟁점을 다루기로 하며, 그 중에서 '출자전환주식의 취득가액 문제'와 '출자전환 시 부당행위계산부인의 문제'는 제외하고 출자전환채권자 입장에서 '출자전환 및 회생채권 관련 대손금 및 대손세액공제'에 관한 쟁점을 분석·검토하여 이에 대한 바람직한 해석 방안을 제시하는 데에 그 목적이 있다.

본 논문은 다음과 같이 구성되어 있다. 제Ⅱ장에서 기업회생절차와 출자전환에 관하여 간략히 살펴본 후 제Ⅲ장에서 출자전환 시 대손금이 발생하는지에 관해서 '회생절차 이외에서 출자전환하는 경우'와 '회생절차에서 출자전환하는 경우'를 나누어서 살펴 본 후 이를 종합하여 소결론을 맺는다. 제Ⅳ장에서는 출자전환 및 회생채권 관련 대손세액공제에 관하여, 출자

1) 채무자 입장에서의 세무상 쟁점(채무면제익 및 주식발행액면초과액의 범위 등)에 대해서는 배영석·김병일, "출자전환 시 채무면제익에 관한 연구 – 입법론상 개선방안을 중심으로 –", 『세무학연구』 제33권 제3호, 한국세무학회, 2016.9., 221~261면 참조.

전환 시 출자전환가액과 발행주식의 시가 간의 차액이 「부가가치세법」상 대손세액공제의 대상이 되는지를 학설, 하급심 판례, 조세심판원의 결정례의 순으로 살펴 본 후 이를 종합하여 소결론을 맺는다. 그 다음, 회생채권을 신고하지 않아 실권되거나 채무면제의 회생계획안에 찬성한 경우 대손세액공제가 가능한지를 살펴본 후 회생계획안에서 채무면제의 시기를 장래의 기일로 정한 경우 대손세액공제의 시기에 대해서 알아본다. 제Ⅴ장에서는 이를 종합하여 결론을 내린다.

본 논문은 「법인세법」과 「부가가치세법」상 대손금과 대손세액공제에 관하여 다루므로, 출자전환하면서 채무의 일부를 면제함에 따라 발생하는 채무면제익에 대응하는 손금에 대해서 「조세특례제한법」에서 별도로 둔 특례[2)]에 대해서는 검토하지 않는다. 본 논문은 출자전환 시 발생하는 대손금과 대손세액공제를 다루므로 출자전환 시 기부금이나 접대비의 발생 문제도 별도로 검토하지 않는다. 또한 본 논문은 '출자전환'과 관련한 세무상 쟁점에 대해서 기업회생절차와 그 이외의 절차(워크아웃절차, 경영정상화 이행협약절차 및 사업재편계획 추진절차를 포함)까지 모두 살펴볼 것이나, '회생채권'과 관련한 세무상 쟁점에 대해서는 기업회생절차에 관련해서만 살펴본다.

기업회생절차에서 출자전환하는 경우 주식발행가액 중 시가 초과액이 대손금이 되는지의 여부에 관해서, 이 시가 초과액이 출자전환채권자와 피출자전환채무자 간에 거래처·특수관계의 성립 여부 등에 의하여 접대비 또는 기부금으로 되는 경우와 대손금으로 인정되는 경우가 있다는 견해[3)]도 있고, 이 시가 초과액은 성질상 출자전환채권액의 처분손실에 해당한다는 견해[4)]도 있다. 또한 기업회생절차에서 출자전환하는 경우 주식발행가액 중 시가 초과액이 「법인세법」상으로는 대손금으로 인정되지 않는다고 하더라도 「부가가치세법」상으로는 대손금으로 인정되어 대손세액공제의 대상이 된다고 볼 수 있는지 여부에 관해서, 대손세액공제의 대상이 된다는 것을 긍정하는 견해[5)]도 있고 부정하는 견해[6)]도 있다.

본 연구는 출자전환을 기업회생절차에서 하든 기업회생절차 이외의 절차에서 하든 출자전환의 본질은 상계이므로 출자전환하는 시점에는 주식발행가액 중 시가 초과액이 대손금으로 되지 않는다는 점을 논증한 후 이 시가 초과액은 출자전환주식의 취득가액을 구성하는 것으

2) 「조세특례제한법」 제44조 제4항, 제121조의29 제3항이 그 예이다.

3) 이중교, "채무의 출자전환에 따른 과세문제", 『조세법연구』 제20-2호, 세경사, 2014.8., 299~302면 ; 한만수, "자본구조조정 및 채무조정의 과세효과에 관한 고찰", 『조세법연구』 제14-1호, 세경사, 2008.4., 22~25면.

4) 이승문, "법인세법상 자산의 취득가액 – 출자전환주식의 취득가액을 중심으로 –", 『국민대학교 법학연구소 학술발표대회 논문집』, 국민대학교 법학연구소, 2009, 42~43면.

5) 오수환, "회생인가의 결정에 따라 출자전환 후 무상 감자된 매출채권의 대손세액공제 –「부가가치세법」을 중심으로", 『세무사』 제32권 제3호(통권 142호), 한국세무사회, 2014, 81~89면.

6) 이중교(주3) 310~311면.

로 해석하는 것이 타당하다는 점을 논증한다. 따라서 기업회생절차에서 한 출자전환에서 발생하는 주식발행가액 중 시가 초과액은 대손세액공제의 대상이 되지 않는다고 보는 것이 타당하며, 이를 대손세액공제의 대상으로 해석하게 되면 대손세액공제를 받는 매출채권자가 다른 회생채권자의 희생 하에 우선변제를 받는 결과가 되므로「채무자 회생 및 파산에 관한 법률」(이하 "채무자회생법"이라 함)의 취지에 반한다는 점을 논증한다. 따라서 본 연구는 이러한 점에서 선행 연구와 차별성이 있다고 할 것이다.

Ⅱ. 기업회생절차 및 출자전환의 의의

1. 기업회생절차의 의의

기업회생절차란 재정적 어려움으로 인하여 파탄에 직면해 있는 채무자에 대하여 채권자·주주·지분권자 등 이해관계인의 법률관계를 채무자회생법에 근거, 이를 조정함으로써 그 채무자의 효율적인 회생이 가능하도록 법률에서 정한 절차에 따라 기업회생을 도모하는 절차를 말한다.[7)]

기업회생절차에 들어가서 회생계획인가 결정을 받으면 채무자(회생회사)는 회생계획이나 채무자회생법의 규정에 의하여 인정된 권리를 제외하고는 모든 회생채권과 회생담보권에 관하여 그 책임을 면하고, 주주·지분권자의 권리와 채무자의 재산상에 있던 모든 담보권은 소멸한다.[8)] 또한 회생채권자 및 회생담보권자의 목록에 기재되지 아니하거나 신고하지 않은 권리 또는 회생계획에서 존속할 것으로 정하지 않은 권리는 모두 실권되고, 회생계획인가의 결정이 있으면 회생채권자·회생담보권자·주주·지분권자의 권리는 회생계획에 따라 변경된다.[9)] 기업회생제도를 통하면 채권자들의 채권회수가 중지되므로[10)] 해당 기업은 기업 본연의 활동에 전념할 수 있는 토대가 마련되고, 회생회사에 존재하는 부채 등이 확정되므로 기업에 존재하던 불확실성이 제거되어 기업회생의 발판을 마련할 수 있게 된다.

---

7) 채무자회생법 제1조 참조.

8) 채무자회생법 제251조.

9) 채무자회생법 제252조 제1항.

10) 채무자회생법 제44조 및 제45조 참조.

2. 출자전환의 의의

출자전환(debt equity swap; DES)이란 채무자가 신주를 발행하는 경우 채권자가 가지고 있는 금전채권으로 그 신주의 주금납입(출자)에 갈음하여 신주를 취득하는 것을 말한다. 출자전환의 방법으로는 현금증자후 채권회수 방식,[11] 현물출자 방식,[12] 상계 방식[13] 등 3가지 방식이 주로 이용되는데,[14] 2011.4.14.에 「상법」 제421조 제2항이 개정되어 주식발행법인(채무자)이 동의하면 주식인수인(채권자)은 신주납입의무를 채무자에 대한 채권으로 상계할 수 있게 됨에 따라 현재 실무에서는 대부분 상계 방식으로 출자전환을 하고 있다. 한편, 채무자회생법에서는 회생계획에 회생채권자·회생담보권자 또는 주주에 대하여 새로 납입 또는 현물출자를 하게 하지 아니하고 신주를 발행할 수 있도록 규정하여(종전 「회사정리법」도 동일함) 「상법」에 대한 특례규정을 두고 있는데, 회생회사는 종래 이 조항에 근거하여 출자전환을 하여 왔다.

---

11) 이 방식에 의하여 채권자가 100의 금전채권을 출자전환한다고 할 때, ① 채권자는 채무자가 발행하는 신주 100을 인수한 후 현금 100을 주금으로 납입하고, ② 채무자는 100의 증자 등기를 한 이후 납입 받은 현금 100으로 채권자에게 종전 채무 100을 상환하다 ③ 이러한 절차가 끝나면 채권자는 종전 채권액 100을 상환 받은 대가로 발행가액 100의 신주를 취득하게 된다. 즉, 이런 절차가 끝나면 100의 금전채권이 출자로 전환하게 된다.

12) 이 방식은 채무자가 신주를 발행할 때 채권자가 자신이 가진 채권액을 현물출자함으로써 증자하는 방식이다. 현물출자의 목적물에 채권자가 '제3자에 대하여 가지는 채권'이 아닌 '채무자에 대하여 가지는 채권'이 현물출자의 목적물이 될 수 있는가에 대하여 부정설과 긍정설이 대립하나, 대법원 법원행정처는 "채권도 현물출자의 목적물이 되는 것이므로 대주주의 회사에 대한 채권을 현물출자하고 그에 관한 검사인의 검사보고서와 그 부속서류를 첨부하여 한 변경등기신청은 수리될 수 있다"고 해석하여(대법원 1998.6.23. 등기 3402-559 질의회신) 긍정설의 입장이다. 이 방식에서는 출자전환하는 채권을 얼마의 가치로 인정하느냐라는 평가의 문제가 중요한데, '현물출자하는 채권의 실질적인 가치를 평가하여 그 평가액에 합당한 가액만큼만 신주가 발행되어야 한다는 평가액설'과 '현물출자하는 채권을 권면액 자체로 평가하여 그 권면액만큼의 주식을 발행하여야 한다는 권면액설'이 대립한다. 실무에서는 권면액설에 따라 처리하고 있다. 염춘필, "채권의 출자전환실무", 『법무사저널』 5월~6월, 서울중앙지법법무사회, 2007, 36면 참조.

13) 2011.4.14. 개정 이전의 「상법」 제334조에서 "주주는 납입에 관하여 상계로써 회사에 대항하지 못한다."고 규정하여 현실적으로 주금을 현금으로 납입할 것을 요구하였다. 이에 따라 신주를 발행 할 때에 채권자가 채무자에 대한 채권을 채무자에 대한 주금납입채무와 서로 상계하는 방식으로 증자할 수 있는가에 대하여 부정설과 긍정설이 대립했는데, 대법원 법원행정처는 부정설의 입장이었다(대법원 1998.6.23. 등기 3402-559 질의회답). 그러나 IMF 외환위기 이후에 대법원은 등기예규{1999.1.25. 등기예규 제960호(기업구조조정을 위한 금융기관 대출금의 출자전환에 따른 변경등기신청에 첨부할 서면에 관한 예규)}를 통하여, 종전 「비송사건절차법」 제205조 제5호에 규정된 '주금을 납입한 은행 기타 금융기관의 납입금 보관에 관한 증명서'에 갈음하여 3가지 서류를 제출하면 증자 등기가 가능한 것으로 해석함으로써 채권자가 금융기관인 경우에 한하여 상계방식에 의한 출자전환을 허용하였다. 이 등기예규 이후 워크아웃기업에 대한 금융기관의 출자전환은 대부분 이 등기예규 제960호에 의하여 상계에 의한 방식으로 증자등기를 해 왔다. 진상범,"기업개선작업(워크아웃)에서의 출자전환과 채무의 소멸범위 : 2004.12.23. 선고, 2004다46601 판결", 『BFL』 제32호, 서울대학교 금융법센터, 2008, 108면 참조.

14) 자세한 내용은 배영석, "기업회생절차의 출자전환 관련 세제에 관한 연구", 강남대학교 대학원 박사학위논문, 2015, 31~39면 참조.

출자전환은 회생법인·워크아웃법인 등 구조조정법인[15]에서 주로 실행하나 그 이외의 일반법인에서도 종종 실행한다.

출자전환은 아래 〈표 1〉에서 보는 바와 같이 발행주식의 시가보다 더 높은 가액으로 출자전환하는 경우(사례 1, 사례 3)도 있고 더 낮은 가액으로 출자전환하는 경우(사례 2)도 있으며, 발행 주식의 시가가 액면가액 이상인 상태에서 출자전환하는 경우도 있고(사례 1, 사례 2) 액면가액 이하인 상태에서 출자전환하는 경우도 있다(사례 3).[16]

〈표 1〉 3가지 사례별 발행가액·주식의 시가·주식의 액면가액

구 분	사례 1	사례 2	사례 3
출자전환가액(=주식의 발행가액)	15,000	9,000	15,000
출자전환 당시 주식의 시가	7,000	15,000	2,000
출자전환 취득 주식의 액면가액	5,000	5,000	5,000

Ⅲ. 출자전환 시 대손금의 발생 여부

1. 기업회생절차 이외에서 출자전환 시 대손금의 발생 여부

회생법인이 회생채권을 출자전환을 하면 채무자회생법 제252조[17]에서 규정한 내용이 적용되므로 출자전환 시 회생계획에서 정한 바대로 회생채권이 소멸하게 된다. 그러나 워크아웃법인[18]이나 일반법인이 「기업구조조정촉진법」이나 「상법」에 근거하여 출자전환하는 경우에는

15) ① 본 논문에서 '구조조정법인'이란 구조조정절차를 진행하는 회생법인, 워크아웃법인, 경영정상화계획 이행협약 체결법인, 사업재편계획 승인법인 등 출자전환에 따른 채무면제익을 과세 이연할 수 있는 (「법인세법 시행령」 제15조 제4항에 규정한) 4가지의 법인을 말하기로 하되, 경우에 따라서는 이 4가지 법인을 개별적으로 나열하기로 한다. ② 또한 본 논문에서 '구조조정절차'란 채무자회생법에 의한 회생절차, 「기업구조조정촉진법」상 워크아웃절차, 당해 기업의 채권금융기관과 체결한 경영정상화계획 이행협약에 따른 절차, 「기업 활력 제고를 위한 특별법」에 의한 사업재편계획 추진절차의 4가지를 말하기로 한다.

16) 본 논문은 이해의 편의를 위하여 〈표 1〉의 사례 중 〈사례 1〉의 수치를 가지고 주로 설명한다.

17) 채무자회생법 제252조(권리의 변경) ①회생계획인가의 결정이 있는 때에는 회생채권자·회생담보권자·주주·지분권자의 권리는 회생계획에 따라 변경된다.
② 「상법」 제339조(질권의 물상대위) 및 제340조(주식의 등록질) 제3항은 주주·지분권자가 제1항의 규정에 의한 권리의 변경으로 받을 금전 그 밖의 물건, 주식 또는 출자지분, 채권 그 밖의 권리와 주권에 관하여 준용한다.

18) 당해 법인의 채권금융기관과 경영정상화계획 이행협약을 체결한 법인과 「기업 활력 제고를 위한 특별법」에 의한 사업재편계획 승인법인을 포함한다.

채무자회생법 제252조의 내용이 적용되지 않기 때문에 채권자가 출자전환하는 채권이 출자전환으로 인하여 소멸하는지, 소멸한다면 얼마만큼의 채권액이 소멸하는지에 관해서는 법령에 명시적인 규정이 없이 해석론에 맡겨져 있다.

기업회생절차 이외에서 출자전환하는 경우 채권자에게 대손금이 발생하는지에 대해서 보기로 한다.

「기업구조조정촉진법」이나 「상법」에 근거하여 하는 출자전환은 채권자가 출자전환채권과 주금납입채무를 상계하는 방식으로 출자전환을 한다.[19), 20)] 상계방식으로 출자전환을 한다면 채권자는 출자전환채권 전액을 주금납입채무에 충당하는 것이므로 채권 전액을 변제받은 결과가 된다. 그러면 논리적으로는 채권자에게 대손금이 발생할 여지가 없게 된다.

상계방식으로 출자전환을 함으로써 앞 〈표 1〉의 〈사례 1〉에서 주식 시가 초과액 8,000이 민사법상으로는 채무면제액(즉, 대손금)에 해당할 여지가 없다 하더라도 세무상으로는 채권자에게 대손금에 해당한다는 주장이 있을 수 있다. 만약 시가 초과액 8,000이 채권자에게 대손금으로 인정된다고 하면 세법상 대손금으로 인정되는 근거가 무엇인지를 규명해야 한다.

출자전환 시 "주식발행액면초과액 중 시가초과액은 채무자 법인에게 채무면제익이다"라고 세법에서 규정하고 있는데,[21)] 그러면 이 규정이 "채무자 법인에게 발생한 이 채무면제익만큼은 곧 채권자 법인에게는 대손금이다"라고 해석할 근거가 된다고 볼 수 있는가?

출자전환 시 발생하는 채무면제익에 관하여 세법은 "출자전환 시 주식을 할증 발행해서 주식발행액면초과액이 발생하면 발행가액 중 시가초과액의 부분은 주식발행액면초과액이 아닌 채무면제익이다"라는 형식으로 규정하고 있다.[22)]

그런데 출자전환을 받는 것은 물적 회사(주식회사, 유한회사)만 가능한 것이 아니라 인적 회사(합명회사, 합자회사, 유한책임회사)도 가능하다. 그러나 피출자전환법인이 인적 회사라면 물적 회사의 징표인 주식을 발행할 수 없다. 그러면 인적 회사는 출자전환을 받더라도 주식발행이 없기 때문에 주식발행액면초과액이 발생할 수 없고, 그러면 주식발행액면초과액 중 시가초과액 부분이 채무면제익이라고 하는 법인세법의 규정은 인적 회사에게는 적용될 여지가

---

19) 금전채권을 상계(상계 계약에 의한 것도 포함하며, 이하 '상계'라고 하면 상계 계약에 의한 것도 포함하기로 한다) 이외에 현물출자방식이나 현금증자후 채권회수방식의 출자전환도 할 수 있으나, 2011.4.14. 「상법」이 개정된 이후에는 간편한 방법인 상계방식이 아닌 다른 방식으로 출자전환하는 경우는 찾아보기 어려운 것이 현실이므로{진상범(주13), 108면 참조}, 본 논문은 회생절차 이외에서 하는 출자전환은 상계방식으로 하는 것을 전제하고 논의한다.

20) 대법원 전원합의체 판결(대법원 2010.9.16. 선고 2008두97218 판결)에서 「기업구조조정촉진법」상 워크아웃 기업에 출자전환을 하는 경우 그 출자전환의 본질을 상계로 보았다.

21) 「법인세법」 제17조 제1항 제1호 단서 및 제2항, 「법인세법 시행령」 제11조 제6호 괄호.

22) 「법인세법」 제17조 제1항 제1호 단서 참조.

없다. 만약, "출자전환 시 주식발행액면초과액 중 시가초과액이 채무자 법인에게 채무면제익이다"는 세법의 규정[23)]이 곧 "채권자 법인에게는 대손금으로 인정되는 근거가 된다"고 하면, 주식발행액면초과액 자체가 발생할 수 없는 인적 회사에 출자전환하는 채권자는, 물적 회사에 출자전환하는 채권자와는 달리, 대손금으로 인정받을 수 있는 세법상 근거가 없기 때문에 대손금이 발생하지 않는다는 결과가 된다. 이런 결론은 형평과세원칙상 받아들이기 어렵다.

또한, 구조조정법인에 출자전환하여 취득한 주식의 취득가액은 (일반법인에 대한 출자전환과는 달리) 출자전환채권의 장부가액으로 하도록 정하고 있으므로,[24)] 〈표 1〉의 〈사례 1〉 및 〈사례 3〉와 같이 출자전환가액이 주식 시가보다 높다고 하더라도, 회생법인 이외의 구조조정법인에 출자전환할 경우 출자전환 채권자에게 대손금이 발생할 수 없다. 그런데도 만약 "출자전환 시 주식발행액면초과액 중 시가초과액이 채무자 법인에게 채무면제익이다"는 세법의 규정이 곧'채권자 법인에게 대손금으로 인정되는 근거이다'고 하면, 회생법인 이외의 구조조정법인에 출자전환한 채권자에게 출자전환 시 대손금이 발생할 수 없도록 입법하고 있는 것과 모순적인 주장이 된다.

그렇다면 출자전환 시 대손금이 발생한다고 해석하려면 이 시가초과액 8,000이 채권자 법인에게 대손금으로 인정될 수 있는 근거가 세법에 별도로 있는지 또는 해석상 가능한지 여부를 살펴보아야 한다.

「법인세법 시행령」 제19조의2 제1항 제5호[25)]에서 대손 사유로 "…회생계획인가의 결정 또는 법원의 면책결정에 따라 회수불능으로 확정된 채권"으로 규정하고 있다. 그런데 기업회생절차 이외의 기업구조조정절차에는 법원이 개입하지 않기 때문에 이 절차에서는 회생계획인가결정이나 법원의 면책결정이 있을 수 없으므로 이 절차에서 출자전환하면 이 제5호의 대손 사유에 해당할 수 없다. 그렇다고 해서 이 시가초과액 8,000이 「법인세법 시행령」 제19조의2 제1항에서 열거한 다른 대손 사유에도 해당하지 않는다. 그렇다면 기업회생절차 이외의 구조조정절차에서 하는 출자전환 시 발생하는 주식발행액면초과액 중 시가초과액이 채권자의 대손금에 해당한다고 해석하려면 「법인세법 시행령」 제19조의2 제1항에서 열거하고 있는 대손금 사유를 제한적 열거가 아닌 예시적 열거로 해석해야 가능하다.

---

23) "출자전환 시 주식발행액면초과액 중 시가초과액이 채무자 법인에게 채무면제익이다"라고 규정한 세법의 규정이 당연한 사항을 정한 주의적 규정인지, 아니면 출자전환의 경우에만 특별히 시가초과액이 주식발행액면초과액이 아닌 채무면제익에 해당한다는 것을 정한 예외적·창설적 규정인지에 대한 견해의 대립은 배영석·김병일(주1), 232~237면 및 240~249면 참조.

24) 「법인세법 시행령」 제72조 제2항 제4호의2 단서.

25) 아래에서 설명하는 내용은 동일한 내용을 규정한 「소득세법 시행령」 제55조 제2항에 의한 「소득세법」상 대손금을 포함한다.

「법인세법 시행령」 제19조의2 제1항 제1호부터 제13호까지 열거하고 있는 대손금의 사유[26]를 예시적 열거로 해석하는 견해가 있다.[27]

「법인세법 시행령」 제19조의2 제1항에서 열거한 것 중에서 제1호부터 제5호까지 정한 사유는 법률의 규정에 의하여 권리가 소멸한 경우다. 따라서 이에 해당하면 법적 권리의 소멸로 인하여 그 만큼 순자산이 감소하므로 순자산의 감소는 손금이라는 일반원칙에 의하여 그 소멸 채권액은 당연히 손금이 된다. 따라서 이에 해당하는 대손 사유는 예시적 열거로 해석하는 것이 타당하다. 그러나 제6호부터 제13호까지 정한 대손 사유는 법적 권리가 소멸하지 않았음에도 불구하고 손익귀속에 관한 일반원칙인 권리의무확정주의 원칙에 대한 예외로서 특별히 손금 인정한다고 열거하고 있는 사유이다. 제6호부터 제13호까지 정한 것은 각 호에서 정한 개별 사유 이외에 회사가 대손금으로 장부에 계상해야 비로소 이 날에 손금 인정[28]

---

26) 법인세법 시행령 제19조의2(대손금의 손금불산입) ① 법 제19조의2 제1항에서 "대통령령으로 정하는 사유로 회수할 수 없는 채권"이란 다음 각 호의 어느 하나에 해당하는 것을 말한다.

1. 「상법」에 따른 소멸시효가 완성된 외상매출금 및 미수금
2. 「어음법」에 따른 소멸시효가 완성된 어음
3. 「수표법」에 따른 소멸시효가 완성된 수표
4. 「민법」에 따른 소멸시효가 완성된 대여금 및 선급금
5. 「채무자 회생 및 파산에 관한 법률」에 따른 회생계획인가의 결정 또는 법원의 면책결정에 따라 회수불능으로 확정된 채권
6. 「민사집행법」 제102조에 따라 채무자의 재산에 대한 경매가 취소된 압류채권
7. 물품의 수출 또는 외국에서의 용역제공으로 발생한 채권으로서 외국환거래에 관한 법령에 따라 한국은행총재 또는 외국환은행의 장으로부터 채권회수의무를 면제받은 것
8. 채무자의 파산, 강제집행, 형의 집행, 사업의 폐지, 사망, 실종 또는 행방불명으로 회수할 수 없는 채권
9. 부도발생일부터 6개월 이상 지난 수표 또는 어음상의 채권 및 외상매출금(중소기업의 외상매출금으로서 부도발생일 이전의 것에 한정한다). 다만, 해당 법인이 채무자의 재산에 대하여 저당권을 설정하고 있는 경우는 제외한다.
10. 삭제 〈2013.2.15.〉
11. 회수기일이 6개월 이상 지난 채권 중 채권가액이 20만원 이하(채무자별 채권가액의 합계액을 기준으로 한다)인 채권
12. 제61조 제2항 각 호 외의 부분 단서에 따른 금융회사 등의 채권(같은 항 제13호에 따른 여신전문금융회사인 신기술사업금융업자의 경우에는 신기술사업자에 대한 것에 한정한다) 중 다음 각 목의 채권
    가. 금융감독원장이 기획재정부장관과 협의하여 정한 대손처리기준에 따라 금융회사 등이 금융감독원장으로부터 대손금으로 승인받은 것
    나. 금융감독원장이 가목의 기준에 해당한다고 인정하여 대손처리를 요구한 채권으로 금융회사 등이 대손금으로 계상한 것
13. 「중소기업창업 지원법」에 따른 중소기업창업투자회사의 창업자에 대한 채권으로서 중소기업청장이 기획재정부장관과 협의하여 정한 기준에 해당한다고 인정한 것

27) 이창희, 『세법강의』(제11판), 박영사, 2013, 831면 ; 이중교(주3), 300면 ; 한만수(주3), 38~39면 ; 구욱서, 『사법과 민법』, 도서출판 유로, 2010, 1329면.

28) 「법인세법 시행령」 제19조의2 제1항 제6호와 제7호에 정한 2가지는 법적 권리는 존재하나 객관적으로 회수불능으로 판정된 것이어서 법적 권리소멸채권과 마찬가지로 특별히 해당 사유발생일이 대손일이 되는 것으로 규정하고 있다.

한다고 정한 것[29]도 이런 취지에서 규정한 것이라고 하겠다.[30] 그러므로 논리상으로 「법인세법 시행령」 제19조의2 제1항 제6호부터 제13호까지 열거한 (법적 권리 소멸에 의한 것 이외의) 것은 세법에서 개별적으로 정한 사유에 해당해야만 비로소 (세법상 권리의무확정주의 원칙에 대한 예외가 인정되어) 대손금으로 인정될 수 있는 경우를 규정한 것으로 해석해야 타당하다. 이렇게 해석하지 않으면 법적 권리의 소멸이 확정되지 않았는데도 세법상 별도의 근거도 없이 해석에 의하여 권리의무확정주의 원칙의 예외를 인정할 수 있다는 결론이 되는 점에서 권리의무확정주의 원칙에 어긋난다 할 것이다. 이런 점에서 대손 사유는 제한적 열거로 해석해야 타당하며, 대법원도 대손금의 사유를 제한적 열거로 해석하고 있다.[31]

2007.2.28.에 「법인세법 시행령」 제62조 제1항 제15호에 "채무자와 법 제52조에 따른 특수관계에 있는지 여부를 불문하고 채권의 일부를 조기 회수하기 위하여 해당 채권의 일부를 불가피하게 포기한 경우 그 포기한 채권"을 대손의 사유로 신설하였다가 2009.2.4.에 삭제하였다. 이렇게 삭제된 이후에는 회생절차 이외의 구조조정절차에서 출자전환할 때 발행가액 중 시가초과액을 채권자가 채권포기 내지 채무면제를 했다고 하더라도[32] 이를 대손금으로 인정하는 규정이 세법에 없기 때문에 원칙적으로 채권자의 대손금에 해당한다고 해석할 수 없다고 보아야 한다. 조세심판원도 구 「법인세법 시행령」 제62조 제1항 제15호가 2009.2.4.에 삭제된 이후에는 채권의 일부라도 회수하기 위하여 채권 일부를 불가피하게 포기한 경우에는 대손금으로 인정하지 않고 있으며,[33] 과세관청도 매출채권의 일부만 회수하고 나머지 채권을 면제한 경우 그 면제금액은 대손세액공제의 적용대상인 대손금에 해당하지 않는다고 해석하여 같은 취지로 해석하고 있다.[34]

결국 출자전환 시 발행가액 중 주식 시가 초과액을 대손금으로 볼 수 있는 근거를 세법상 대손금 인정 사유가 예시적 열거라는 점에서 찾는 것은 타당하지 않다고 할 것이다.

더욱이 기업구조조정절차 중 기업회생절차 이외의 절차에서 출자전환을 하면 출자전환채권자는 출자전환주식의 취득가액을 출자전환채권의 장부가액으로 해야 하는데,[35], [36] 그러면

---

29) 「법인세법 시행령」 제19조의2 제3항 제2호.

30) 대법원 1988.9.27. 선고, 87누465 판결 ; 대법원 2002.9.24. 선고, 2001두489 판결 참조.

31) 대법원 2000.11.24. 선고, 99두3980 판결.

32) 일반적으로 회생절차 이외의 구조조정절차에서는 상계방식에 의하여 출자전환을 하므로 이 경우 출자전환 시 채권포기 내지 채무면제가 발생하지 않는 것이 일반적이다.

33) 조심 20123부1816, 2012.6.14.

34) 국세청, 부가-371, 2010.3.26.

35) 「법인세법 시행령」 제72조 제2항 제4호의2 단서.

36) 출자전환채권(100)에 대손충당금(20)이 설정되어 있다면 출자전환주식의 취득가액이 되는 채권의 장부가액은 100이 아니라 대손충당금을 차감한 후의 가액 80(=100-20)이다는 견해가 있다. 그러나 일반적으로 대손충당금은 해당 채권별로 개별적으로 설정하는 것이 아니라 설정대상 전체 채권액에 대하여 총액으로 설정하는 것이

이 경우 출자전환채권자는 출자전환채권의 장부가액 전액을 출자전환주식의 취득가액에 충당하는 것이 되므로 출자전환시점에 출자전환채권자에게 대손금이 발생할 여지가 없다.

결국, ① 기업회생절차 이외에서 출자전환할 때 상계로 출자전환한다는 점, ② 인적 회사는 주식 발행이 없어 주식발행액면초과액이 발생할 수 없기 때문에 출자전환을 받더라도 「법인세법」 제17조 제1항 제1호 단서에 따른 채무면제가 발생할 수 없다는 점, ③ 대손 사유로 규정하고 있는 세법의 규정을 예시적 열거로 볼 수 없다는 점, ④ 출자전환주식의 취득가액을 출자전환채권의 장부가액으로 하도록 세법이 정하고 있다는 점 등을 고려할 때, 구조조정절차 중 기업회생절차 이외의 절차에서 출자전환하거나 그 이외에 일반법인이 출자전환하는 경우 출자전환시점에 채권자에게 발행가액 중 시가 초과액이 대손금으로 즉시 발생한다고 보는 것은 현행 세법의 해석상 수긍하기 어렵다 할 것이다.

2. 기업회생절차에서 출자전환 시 대손금의 발생 여부

기업회생절차에서 출자전환하는 경우 대손금의 발생에 관하여 살펴본다.

먼저, 기업회생절차에서 회생채권[37]을 출자전환하는 경우를 보기로 한다.

기업회생절차에서 출자전환하면, "회생계획인가 결정이 있으면 회생계획이나 채무자회생법에서 인정한 권리를 제외하고는 회생채무자는 모든 회생채권과 회생담보권에 관하여 그 책임을 면한다"라고 규정한 채무자회생법 제251조에 의하여 회생채무자는 앞 〈표 1〉의 〈사례 1〉의 경우 발행가액 중 시가초과액 8,000(=15,000-7,000)에 대한 변제책임을 면하게 된다.[38] 한편, "회생계획인가 결정이 있으면 회생채권자의 권리는 회생계획에 따라 변경된다"는 채무자회생법 제252조 제1항에 따라 회생채권자의 권리가 절대적으로 변경되므로 회생채권자는 회생채무자에 대해서 시가 초과액 8,000에 대한 권리가 소멸하게 된다.[39] 그래서 회생채권자는 권리 소멸의 효과에 의하여 더 이상 회생채무자에게는 시가초과액 8,000을 청구

현행 실무다. 또한 대손충당금은 대손가능성을 감안하여 설정한 추계액에 지나지 않는 금액이다. 따라서 출자전환채권에 대손충당금이 설정되어 있다고 해서 이 대손충당금만큼 차감한 가액을 출자전환채권의 장부가액으로 보는 것은 '장부가액'이라는 의미에 부합하지 않는다고 해야 할 것이다.

37) 논리적으로는 회생담보권도 출자전환할 수 있으나, 회생담보권은 회생채권보다 우선 변제되므로 현실적으로는 회생담보권을 출자전환하는 경우는 거의 없다. 따라서 이하에서는 회생절차에서 하는 출자전환의 경우 회생채권을 출자전환하는 것으로 전제로 하나, 경우에 따라서는 회생담보권을 출자전환하는 경우도 있음을 전제하고 설명하기로 한다.

38) 이 면책의 의미에 관하여 대법원은 채무 자체는 존속하지만 책임은 소멸한다는 이른바 책임소멸설의 입장에 있다(대법원 2001.7.24. 선고, 2001다3122 판결).

39) 이 권리 소멸의 의미에 관하여 대법원은 채무뿐만 아니라 책임도 소멸한다는 이른바 채무소멸설의 입장에 있다(대법원 2003.3.14. 선고, 2002다20964 판결 ; 대법원 2003.8.22. 선고, 2001다64073 판결).

하여 회수할 수 없다.

그러나 채무자회생법 제250조 제2항에서 "회생계획은 회생채권자가 보증인 기타 채무자(물상보증인을 포함)와 함께 채무를 부담하는 자에 대하여 가지는 권리에는 영향을 미치지 아니한다"라고 규정하여 「민법」상 부종성의 원칙을 배제하고 있으므로 (회생계획과 상관없이) 회생채권자가 연대보증인·연대채무자 등 회생채무자 이외의 채무관계인에게 청구하거나 물상보증인의 담보물을 처분하여 시가 초과액 8,000을 회수할 수 있다. 즉, 기업회생절차에서 회생채권자가 시가 초과액 8,000을 회생채무자로부터는 받을 수 없으나 보증인 등 채무관계인으로부터는 받을 수 있는 권리가 소멸하지 않고 존속한다. 회생계획에 보증인의 책임을 면제하는 것과 같은 내용을 정할 수 없고, 설사 이러한 책임면제 내용을 회생계획에 정했다 하더라도 그 부분은 회생계획으로서의 효력이 없는 것이므로[40] 회생채권자가 보증인 등 채무관계인으로부터 받을 권리는 회생계획의 내용과 관계없이 보장되어 있다.

그렇다면 회생절차에서 회생채권을 출자전환하는 경우라 하더라도, 출자전환시점에는 채권자가 보증인 등 채무관계인에게 가진 권리가 소멸하지 않고 존속하기 때문에 출자전환시점에 곧바로 시가 초과액 8,000이 대손금으로 확정되었다고 볼 수 없다.[41], [42] 따라서 2006.2.9.에 개정된 「법인세법 시행령」 제72조 제2항에서 구조조정법인에 대한 출자전환 시 출자전환주식의 취득가액을 채권의 장부가액으로 한다고 규정하기 이전의 경우에도, 회생절차에서 출자전환 시 회생채권자가 보증인 등 채무관계인에 대해서 시가 초과액 8,000을 회수할 수 있는지 여부를 따지지도 아니한 채 시가 초과액 8,000이 출자전환시점에 곧바로 회수불능으로 확정된 채권이다(즉, 대손금에 해당한다)고 해석할 수 없고, 보증인 등 채무관계인에 대한 채권회수가 불가능한 것으로 확정되어야 비로소 그 시점에서야 시가 초과액이 대손금으로 확정된다고 해석할 수 있다.[43]

---

40) 대법원 2005.11.10. 선고, 2005다48482 판결 ; 대법원 2012.6.14. 선고, 2010다28383 판결 참조.

41) 회생계획에서 감면된 채무라 하더라도 채무보증인이나 물상보증인으로부터 회수할 수 있다면 세법상 대손사유에 해당하지 아니한다는 견해가 있다. 안경봉, "회사정리(회생)절차와 조세", 『조세법연구』 제13-2호, 세경사, 2007.8., 24~25면.

42) 실제로 모 은행의 경우 기업회생절차에 들어 간 A회사(완전자본잠식으로 세법상 주식평가액이 '0'인 회사)에 대한 대출금을 출자전환한 후 대출금을 전액 대손금으로 세무 처리하였는데, 나중에 A회사를 위하여 담보제공한 제3자의 담보물을 처분하여 A회사에 대한 대출 원리금 전액을 회수한 사례가 발생하였다. 이 경우 모 은행은 A회사에 대한 대출 원리금을 현금으로 전액 회수하였는데도 출자전환에 따른 A회사의 주식을 보유하고 있어 A회사의 주식을 부당이득 하는 결과로 나타나게 되었다. 이 사례에서 보는 바와 같이 출자전환시점에 발행가액 중 시가초과액 8,000을 보증인 등 채무관계인에게 회수할 수 있는지 여부를 따지지도 아니한 채 대손금으로 처리하는 것의 문제점이 실무상으로 그대로 나타날 수 있다.

43) 그러나 국세청은 회생채권자가 보증인 등에게 가진 청구권의 회수 여부를 따지지도 아니한 채 2006.2.9. 「법인세법 시행령」 제72조 제2항이 개정되기 이전의 해석에서 회생절차에서 출자전환하면 그 시점에 시가 초과액 8,000이 대손금에 해당한다고 하고 있다(서이 46012-10844, 2003.4.22. 등 외 다수). 또한 조세심판원도

그 다음, 기업회생절차라 하더라도, 회생채권자가 아닌 '공익채권자'가 공익채권을 출자전환하는 경우 앞 〈표 1〉의 〈사례 1〉의 시가 초과액 8,000이 출자전환시점에 대손금으로 확정된다고 볼 수 있는지를 보기로 한다.

회생채권이 아닌 공익채권을 가진 채권자(예 : 임금채권을 가진 종업원)가 회생채무자에게 출자전환 하는 경우에도 대손금이 발생할 수 있는지가 논의될 수 있다.[44] 공익채권자는 회생채권자가 아니므로 회생채권자나 회생담보권자에게만 적용되는 채무자회생법 제206조(주식회사 또는 유한회사의 신주발행), 제250조(회생계획의 효력범위), 제251조(회생채권 등의 면책 등), 제252조(권리의 변경)가 적용되지 않는다.

따라서, ① 공익채권자가 회생절차에서 출자전환을 하면 채무자회생법 제206조 제1항에 근거한 출자전환이 아니므로, 채무자회생법 제206조 제1항에 근거한 출자전환이었다면 (회생채무자로부터는 회수할 수 없으나) 보증인 등으로부터 회수할 수 있는 부분(즉, 발행가액 중 시가 초과액인 8,000)을 출자전환 시 소멸되지 않고 채권이 계속 존속하도록 할 수 있다.[45] 그러면 그 초과액(8,000)을 잔존시켜서 회생채무자로부터 받을 수 있도록 하는 회생계획안이 작성될 것이고, 만약 이런 회생계획안이 확정된다면 이 공익채권자는 출자전환채권액 전액을 회생절차 기간 중에 회생채무자로부터 회수하게 된다. 그러면 출자전환시점에 대손금이 발생할 여지가 없다. ② 만약 공익채권자가 「상법」에 근거하여 상계방식으로 채권액 전액을 출자전환하면 출자전환채권액(즉, 공익채권)이 주금으로 전액 납입된 것이 되므로 대손금이 발생할 여지가 없다. ③ 만약, 공익채권자가 현물출자방식으로 출자전환을 하면서 평가액설이 아닌 권면액설[46]에 따라 출자전환채권액을 평가하면 공익채권자에게 대손금이 발생할 여지도 없다.

마지막으로, 회생절차에서 주식회사나 유한회사가 아닌 인적 회사에 출자전환을 하는 경우 시가 초과액 8,000이 출자전환시점에 대손금으로 확정된다고 볼 수 있는지를 보기로 한다.

채무자회생법에 근거하여 출자전환을 하는 경우 채무자회생법 제206조 제1항이 그 근거 규정인데, 이 규정은 주식회사나 유한회사의 채무자에게 출자전환을 하는 경우이다. 따라서 주식회사나 유한회사가 아닌 인적 회사에게 회생절차에서 출자전환을 한다면 그 출자전환은 (채무자회생법이 아닌) 「상법」에 근거한 출자전환이다. 그러면 인적 회사인 회생채무자에게

출자전환시점에 대손금이 발생한다고 하고 있다(조심 2016중3353, 2016.10.28.).

44) 공익채권을 출자전환하는 것은 문제가 있다는 견해가 있어 공익채권의 출자전환에 의한 신주발행을 허용하지 않은 회생사건도 있고 이를 허용한 회생사건도 있다고 한다{서울중앙지방법원 파산부 실무연구회(이하 "서울중앙지법 실무연구회"라 한다), 『회생사건실무(상)』(제4판), 박영사, 2014, 747면, 주석 248 참조.

45) 그 방법은 앞 〈표 1〉의 〈사례 1〉의 경우 공익채권액(15,000) 중 7,000만 출자전환으로 상계한 것으로 하고, 잔존 공익채권 8,000은 나중에 변제하는 것으로 처리하면 될 것이다.

46) 평가액설과 권면액설은 주12) 참조.

출자전환한다면 상계 방식에 의하여 출자전환을 할 수 있고,[47] 그러면 이 출자전환 시에는 회생채권자는 회생채무자에게 납입할 출자금 납입의무와 회생채권을 상계하는 것이므로 회생채권을 전액 변제받는 것이 되고, 따라서 이 경우는 법리적으로 회생채권자에게 대손금이 발생할 여지가 없다.

이런 점에서 회생절차에서 출자전환하는 경우 여러 가지 요소를 감안하지 않은 채 출자전환시점에 곧바로 출자전환가액 중 시가 초과액이 출자전환채권자에게 대손금으로 즉시 발생한다고 해석하는 것은 법리상 타당하지 않다고 하겠다.

3. 소결(해석론)

'주식발행액면초과액이 발생할 수 없는 인적 회사에 출자전환을 하는 경우'와 '구조조정법인에 대한 출자전환으로 취득한 주식의 취득가액을 출자전환채권의 장부가액으로 하도록 한 세법의 규정'을 생각할 때 출자전환 시 "주식발행액면초과액 중 주식 시가초과액은 채무자법인에게 채무면제익이다"라는 세법의 규정이 곧바로 채권자 법인에게 대손금이 발생한다고 해석할 근거가 된다고 보기 어렵다. 또한 법적 권리가 소멸한 경우에 대손 사유로 규정한 「법인세법 시행령」 제19조의2 제1항 제1호부터 제5호까지의 규정은 권리의무확정주의 원칙에 비추어 볼 때 당연한 것을 규정한 예시적 열거로 볼 수 있으나 제6호부터 제13호까지의 규정은 권리의무확정주의 원칙상 한정적으로 정한 제한적 열거로 보는 것이 타당하므로, 발행가액 중 시가초과액을 대손금으로 보는 근거를 대손사유가 예시적 열거라는 점에서 찾는 것은 타당하지 않다고 할 것이다.

그런데, ① 회생절차 이외의 구조조정절차에서 출자전환할 때 실무상 상계방식으로 출자전환을 하므로 출자전환시점에 채무면제가 발생할 여지가 없어 채권자에게 대손금이 발생할 수 없다. ② 공익채권자가 회생절차에서 출자전환하는 경우에는 채무자회생법 제206조 제1항이 적용되지 않기 때문에 상계방식으로 출자전환을 할 수 있고,[48] 그러면 이 경우 채권자에게 대손금이 발생하지 않는다. ③ 피출자전환자가 인적 회사이면 채무자회생법 제206조 제1항에 의한 출자전환이 아니므로 「상법」에 근거하여 상계방식으로 출자전환을 하게 될 것이고, 그러면 이 경우 출자전환채권자에게 대손금이 발생하지 않는다. ④ 회생절차에서 출자전환 시 회생채권자가 회생채무자로부터는 변제를 받지 못하더라도 부종성 원칙을 배제한 채

47) 「상법」 제179조 제4호, 제195조, 제196조, 제269조, 제287조의3 및 제287조의18 참조. 이 경우 출자전환한다면 인적 회사는 간편한 방식인 상계 방식으로 출자전환을 할 것이다.

48) 실제로 실무상 간편한 방식인 상계방식 이외의 방식을 선택하여 출자전환하는 경우가 없을 것이다.

무자회생법 제250조 제2항 규정에 의하여 보증인 등으로부터는 변제받을 수 있기 때문에 보증인 등으로부터 발행가액 중 시가초과액을 회수하지 못하는 것으로 확정되어야만 이 때 비로소 출자전환채권자에게 대손금이 발생될 수 있는지를 논할 여지가 있다.

그렇다면 세법에서 규정한 대손 사유는 제한적 열거라는 견해에 따를 때, 출자전환 시 출자전환시점에 발행가액 중 주식 시가 초과액이 「법인세법 시행령」 제19조의 2 제1항 제5호(회생계획인가의 결정에 따라 회수불능으로 확정된 채권)에 의한 대손금에 해당되는지 여부를 검토할 여지가 있는 경우는, ① 회생절차에서 출자전환하는 경우로서 ② 출자전환 채권자가 공익채권자가 아닌 회생채권자나 회생담보권자이며, ③ 채무자는 인적 회사 아닌 물적 회사이고, ④ 보증인 등 채무관계인이 없이 오로지 채무자만 있는 회생절차의 경우뿐이다.

이를 요약하면 아래의 〈표 2〉와 같다.

〈표 2〉 출자전환하는 사례별 대손금의 발생 여부

<table>
<tr><th colspan="4">구 분</th><th>대손발생 여부</th><th>대손 미발생 사유</th></tr>
<tr><td colspan="4">구조조정절차 이외의 경우</td><td>×</td><td>상계</td></tr>
<tr><td rowspan="6">구조조정 절차의 경우</td><td colspan="3">워크아웃절차, 경영정상화 이행협약절차,
사업재편계획 추진절차</td><td>×</td><td>상계</td></tr>
<tr><td rowspan="5">기업회생 절차</td><td colspan="2">공익채권의 출자전환</td><td>×</td><td>상계</td></tr>
<tr><td colspan="2">인적 회사에 대한 출자전환</td><td>×</td><td>상계</td></tr>
<tr><td rowspan="2">보증인 등이 있을 때 출자전환</td><td>회수가능액 범위</td><td>×</td><td>변제(회수)</td></tr>
<tr><td>회수가능액의 초과(㉠)</td><td>검토대상</td><td>검토대상</td></tr>
<tr><td colspan="2">기타의 경우 출자전환(㉡)</td><td>검토대상</td><td>검토대상</td></tr>
</table>

위 〈표 2〉에서 보는 바와 같이 출자전환 시 출자전환하는 채권자에게 대손금이 발생하는지 여부를 검토할 여지가 있는 것은 ㉠,㉡의 경우뿐이며, 그 이외의 경우에는 출자전환을 상계방식으로 하기 때문에 채권자에게 대손금이 발생하지 않거나 또는 보증인 등 채무관계인으로부터 변제(회수)를 받았기 때문에 대손금이 발생하지 않는다.

그러나 위 ㉠,㉡의 경우마저도 「법인세법 시행령」 제72조 제2항 제4호의2 단서에서 회생법인에 출자전환하여 취득한 주식의 취득가액을 출자전환채권액의 장부가액으로 하도록 규정하고 있기 때문에, 현행 세법은 위 ㉠,㉡의 경우에도 출자전환채권액은 그 전액이 주식취득가액에 충당된 것으로 보도록 입법되어 있다. 그렇다면 현행 세법은 기업회생절차에서 출자전환하는 경우를 포함하여 모든 출자전환의 경우에 출자전환채권자에게 대손금이 발생하지 않는다는 입장을 취하고 있다고 해석하는 것이 타당하다고 할 것이다.

Ⅳ. 출자전환 및 회생채권 관련 대손세액공제

1. 출자전환 시 대손세액공제의 가능성

「법인세법 시행령」 제72조 제2항 제4호의2의 본문에서 출자전환주식의 취득가액을 주식 시가로 하도록 정하고 있으므로, 출자전환채권자가 '일반법인'에 출자전환한다면 앞 〈표 1〉의 〈사례 1〉의 차액 8,000[49]이 「법인세법」상 대손금에 해당한다고 해석할 여지가 있다. 그러나 그 단서에서 '구조조정법인'에 출자전환한다면 출자전환주식의 취득가액을 출자전환채권의 장부가액으로 하도록 정하고 있으므로, 차액 8,000은 출자전환주식의 취득가액이 되기 때문에 「법인세법」상으로 이 8,000은 대손금이 되지 않는다고 보는 것이 문언에 부합하는 해석이 된다. 그러면 출자전환채권이 상거래채권이고 피출자전환법인이 구조조정법인이라면 「부가가치세법」상으로도 이 차액 8,000을 대손금에 해당하지 않는다고 보아 대손세액공제를 허용하지 않을 것인가라는 문제가 발생한다.

가. 견해의 대립

(1) 학설

〈표 1〉의 〈사례 1〉에서 차액(8,000)은 「법인세법」의 적용 시와 마찬가지로, 「부가가치세법」상 대손금이 아니므로 이 차액에 대해서 대손세액공제가 불가능하다는 부정설과, 「법인세법」의 적용 시와는 달리 「부가가치세법」상으로는 대손금에 해당한다고 보아 대손세액공제가 가능하다는 긍정설이 대립한다.

부정설은 다음과 같은 취지로 주장한다.[50]

① 회생기업이 출자전환으로 발행한 주식의 시가가 발행가액에 미달한 경우 「법인세법 시행령」 제72조 제2항이 2006.2.9.에 개정된 후에는 채권자 입장에서 출자전환주식의 취득가액은 출자전환채권의 장부가액이 되므로, 채권자는 채권액을 그와 동 가치의 주식으로 변제받

49) 출자전환가액(15,000)과 신주의 시가(7,000) 간의 차액(8,000)이다.
50) 이중교(주3), 310~311면.

은 것이 되어 주식의 발행가액과 시가의 차액을 대손금으로 손금 산입할 수 없고, 향후 주식의 처분 시 채권액과 주식 시가의 차액(8,000)은 취득가액으로서 손금에 산입될 수 있을 뿐이다. ② 채권자가 채권액과 주식 시가의 차액을 대손금으로 손금 산입할 수 없음에도 불구하고 매출채권을 회수하지 못한 채권자에게 대손세액공제를 허용한 최근 조세심판원의 결정은 논리 일관성이 없다. ③ 2006.2.9.에 개정된「법인세법 시행령」제72조 제2항은 출자전환시점에 채무자에게 주식의 발행가액과 시가의 차액에 대한 채무면제익의 과세를 면제하기 위한 것일 뿐 채권자에게 대손금의 처리를 박탈하기 위한 것은 아니고, 채무자에 대한 채무면제익의 과세 제외와 채권자의 채무면제에 대한 대손금 처리가 논리 필연적으로 연결된 것도 아니므로, 채무자에 대한 채무면제익의 과세 제외와는 별도로 채권자의 대손금 처리가 가능하도록 법령을 개정할 필요가 있다.

긍정설은 현행법의 해석상으로 대손세액공제를 허용하는 것이 타당하다고 하면서 조세심판원에서 대손세액공제를 허용한 결정을 지지한다.[51] 그 논거는 대체로 아래에서 보는 조세심판원 심판례의 결정 이유와 동일하다.

(2) 하급심 판례의 태도

대법원에서 이 문제에 관한 판례가 아직 나오지 않은 상태인데 하급심에서는 이를 다룬 사례가 있다.

서울행정법원은 "회생계획에 기재된 사항에 대해서는 이해관계인들 사이에 합의가 존재하는 것으로 보아야 하고, 따라서 회생회사의 경우 출자전환으로 소멸되는 기존채권의 가액에 관한 합의가 회생계획상 존재하고 있으므로 회생계획에서 정하고 있는 바에 따라 주채무가 소멸하게 된다"고 한 다음, "이 사건에서 원고는 회생계획에 따라 쟁점채권의 80%를 주식으로 출자전환하여 그에 따라 쟁점채권의 80%는 소멸하며, 이 때 자산인 주식의 취득가액은 '출자전환된 채권의 장부가액'이므로, 쟁점채권의 80%는 채권의 변제에 갈음하여 그 장부가액 상당 주식을 취득하는 형태로 주식으로 출자전환된 것이다. 회생계획에서 출자전환 이후 주식을 감자하기로 결정하였다고 하여 감자된 자본금만큼의 채권을 회수불능 채권으로 확정한 것으로 볼 수는 없으므로 그 부분의 채권이 대손으로 확정되었다고도 할 수 없다. 결국, 출자전환 채권 부분에 대해서는 대손세액공제를 인정할 수 없다"라는 취지로 판결하여,[52] 부정설의 입장을 취하고 있다.

인천지방법원도 부정설의 입장이다. 즉, "원고가 주장하는 무상 감자 주식 상당 채권은 회

51) 오수환(주5), 81~89면.

52) 서울행정법원 2013.6.20. 선고, 2012구합32703 판결.

생계획인가결정에 따라 출자 전환되었다가 감자되었을 뿐 회생계획인가결정에서 회수불능으로 확정된 바 없으므로, 구 「법인세법 시행령」 제19조의2 제1항 제5호에 정한 대손금 인정사유인 '채무자회생법에 따른 회생계획인가의 결정 또는 법원의 면책결정에 따라 회수불능으로 확정된 채권'에 해당하지 아니한다"고 한 다음, "이 사건의 경우, 2009.10.15. 채권의 58%가 출자전환됨으로써 원고가 위 58% 상당 채권의 변제에 갈음하여 그 장부가액 상당 소외 회사의 주식을 취득하는 형태로 대손금을 회수하였으므로 출자전환된 채권 부분(추후 무상 감자된 부분 포함)에 대하여는 대손세액공제를 인정할 수 없다"라고 판결하였다.[53)]

수원지방법원도 "출자전환 대상 채권액은 '원고가 신규로 발행하는 주식의 효력 발생일에 해당 회생채권의 변제에 갈음하는 것으로 하였다'고 정하고 있는 이상 채권의 60% 상당액으로 회생계획에 기재된 금액은 주식으로 출자전환되어 소멸하였고, 이 때 주식의 취득가액은 출자전환된 채권의 장부가액으로 보아야 하므로 회생계획에서 출자전환 이후 주식을 감자하기로 결정하였다고 하여 감자된 자본금만큼의 채권이 회수불능 채권으로 확정된 것으로 볼 수는 없다. 따라서 이 사건 법인의 채권 중 출자전환된 부분은 「법인세법 시행령」 제19조의2 제1항 제5호에서 정한 회수불능으로 확정된 채권에 해당한다고 볼 수 없다"고 하여 부정설의 입장을 취하고 있다.[54)]

(3) 조세심판원 심판례의 태도

조세심판원은 출자전환 시에 대손세액공제가 되지 않는다고 계속 결정해 오다가 2013.9.11. 결정에서 대손세액공제가 가능하다는 취지로 결정을 변경하였고,[55)] 이 변경된 결정은 그 이후에도 계속 유지되고 있다.

---

53) 인천지방법원 2012.9.20. 선고, 2012구합2843 판결. 이 사건에서 원고가 항소하였으나 기각결정을 받았고(서울고등법원 2013.10.25. 선고, 2012누30938 판결), 그 후 대법원에 2013.11.14.에 상고하였다가(2013두2391) 2013.12.4.에 상고 취하하였다.

54) 수원지방법원 2016.4.21. 선고, 2015구합66715 판결. 이 사건에서 피고(성남세무서장)가 2016.5.25.에 서울고등법원에 항소했으나(2016누45556) 아직 선고되지 않고 있다. 위 서울행정법원과 인천지방법원의 사건과는 달리, 이 사건은 매출채권자가 출자전환에 따라 취득한 주식의 시가와 출자전환채권액 간의 차액을 대손금으로 하여 대손세액공제를 한 것을 세무서장이 인정한 후 피고가 공익채권으로 회생회사(원고)에게 추징한 것에 대하여 원고가 '이 대손세액공제액은 공익채권이 아니다'라는 취지로 소송을 제기한 사건이다. 수원지방법원에서는 회생절차개시 이후에 추징사유가 발생한 대손세액공제액은 "회생절차개시 이후의 원인에 기하여 성립한 것이므로 공익채권에 해당한다"는 점은 인정하면서도, "회생회사가 채무를 출자전환하는 경우에는 출자전환된 채권의 장부가액을 주식의 취득가액으로 하도록 「법인세법 시행령」 제72조 제2항이 규정하고 있으므로, 출자전환주식의 취득가액은 출자전환된 채권의 장부가액이어서 매출채권 중 출자전환된 부분은 「법인세법 시행령」 제19조의2 제1항 제5호에서 정한 회수불능으로 확정된 채권에 해당하지 않기 때문에 대손세액공제를 할 수 없고, 따라서 세무서장이 회생회사에게 이 대손세액공제액에 상당하는 금액을 추징할 수 없다"는 취지로 판시하였다.

55) 조심 2012서2200, 2013.9.11. ; 조심 2012서1842, 2013.9.11.

조세심판원은 2013.9.11. 결정 사례에서 아래의 논거를 내세워 대손세액공제가 가능하다고 하면서 종전 결정을 변경하였다.

첫째, 대손세액공제의 범위와 관련하여 「부가가치세법」에서 '「소득세법」 및 「법인세법」에 따라 대손금으로 인정되는 사유'라고 규정하고 부가가치세법령[56]에서 시가가 없거나 불분명하면 「법인세법 시행령」 제89조 제2항의 규정에 의한 가격으로 평가하도록 규정하고 있을 뿐, 자산취득가액에 대하여 「부가가치세법」상 별도의 규정이 없다는 점, 둘째, 「법인세법 시행령」 제72조 제2항 제4호의2 단서의 입법취지는 채권자의 대손과 채무자의 채무면제이익으로 인한 법인세 문제를 해소하려는 것이지 채권자의 대손세액공제를 배제하려는 것으로는 보기 어려운 점, 셋째, 출자전환주식의 취득가액을 회생채권의 장부가액으로 하면 출자전환가액과 주식 시가 간의 차액을 출자전환시점에서 법인세 과세 시 대손금으로 손금산입 못해도 주식 처분 시는 처분손실로 손금인정 되지만, 부가가치세는 추후 출자전환주식이 매각되어도 대손세액공제가 불가능한 점, 넷째, 부가가치세 매출세액은 물론 공사 채권 자체마저 회수하지 못한 채권자에게 거래징수하지 못한 부가가치세까지 부담하도록 하는 것은 채권자에게만 너무 과도한 부담을 준다는 점, 다섯째, 회사의 자산과 부채를 인수하려고 한 제3투자자의 인수가액이 세법상 보충적 평가방법으로 평가한 가액보다 높아 이를 시가로 보아도 무방한 점 등의 이유를 내세워, 종전 결정을 변경하는 결정을 하였다.

한편, 과세관청은 부정설의 입장을 견지해 오다가 최근에 긍정설의 입장으로 선회하였다. 즉, 국세청은 "2006년도에 신설된 「법인세법 시행령」 제72조 제1항 제4호의2 단서 규정에 의하여 회생계획인가 결정에 따라 출자전환된 주식의 취득가액은 매출채권의 장부가액으로 하여야 하므로 매출채권은 전액 출자전환 신주로 회수된 것이어서 회수불능으로 확정된 채권이 발생하지 아니하여 대손세액공제가 되지 않는다"라는 취지로 계속 해석해 왔지만,[57] 기획재정부는 "채무자회생법에 의한 법원의 회생계획인가결정에 따라 채권을 출자전환하는 경우 채권의 장부가액과 주식의 시가와의 차액은 「부가가치세법」 제45조의 대손세액 공제특례 대상에 해당한다"라고 해석을 변경하였다.[58]

그러나 국세청은 '대손세액공제'가 아닌 '대손금'에 관한 최근 예규에서는 위 기획재정부의 해석의 취지와는 달리, "채무자회생법에 따른 회생계획인가 결정에 따라 채권이 출자전환됨

56) 현행 「부가가치세법 시행령」 제62조를 말한다.

57) 국세청, 부가-753, 2011.7.12. ; 법규부가 2012-253, 2012.6.28. ; 부가-424, 2013.5.14. 외 다수.

58) 기획재정부, 부가가치세제과-153, 2015.2.16. 또한, 기획재정부는 2016.7.4. 예규(소득세제과-279)에서도 "채무자회생법에 따른 회생계획인가의 결정에 따라 외상매출채권이 채무자의 주식으로 출자전환된 경우 '출자전환된 매출채권의 장부가액'과 '출자전환으로 취득한 주식의 시가'와의 차액은 「소득세법」 제27조 및 「동법 시행령」 제55조에 따른 대손금으로 필요경비에 산입하는 것"으로 해석하여 동일한 취지로 해석하였다.

에 따라 취득한 주식의 취득가액은 법인세법 시행령 第72조 제4항 제4호의2 단서에 따라 채권의 장부가액으로 하는 것이다"라고 해석하고 있다.[59] 이는 결국 출자전환자가 개인이 아닌 법인의 경우에는 여전히 주식발행가액 중 시가 초과액이 「법인세법」상 대손금에 해당하는지 여부와 「부가가치세법」상 대손세액공제에 해당하는지 여부에 관한 판단에 있어서는 서로 다른 취지로 해석하고 있다.

한편, 회생절차 이외(예 : 워크아웃 절차)의 구조조정절차에서 매출채권을 출자전환하는 경우 이 시가초과액을 대손세액공제를 할 수 있는지에 대해서는 아직 과세관청의 입장의 표명이 없는 상황이다.

나. 긍정설의 문제점

(1) 조세심판원의 결정 근거에 대한 비판

조세심판원이 2013.9.11. 종전 결정을 변경하면서 내세운 5가지 논거는 다음과 같은 점에서 수긍하기 곤란하다.

첫째, 「부가가치세법」 제45조 제1항에서 "사업자는…공급을 받은 자의 파산·강제집행이나 그 밖에 대통령령으로 정하는 사유로 대손되어 회수할 수 없는 경우에는…그 대손이 확정된 날이 속하는 과세기간의 매출세액에서 뺄 수 있다…"라고 한 후 이를 받은 「부가가치세법 시행령」 제87조 제1항에서 "…'그 밖에 대통령령으로 정하는 사유'란 「소득세법 시행령」 제55조 제2항 및 「법인세법 시행령」 제19조의2 제1항에 따라 대손금으로 인정되는 사유를 말한다"라고 규정하고 있다. 이 세법의 문언은 「소득세법 시행령」과 「법인세법 시행령」에서 정한 대손금 인정 사유에 해당하면 대손세액공제가 가능하도록 규정하고 있을 뿐이다. 조세심판원에서 대손세액공제가 가능하다고 해석하는 근거로 내세우는 「부가가치세법 시행령」 제62조는 부가가치세의 과세표준에 관한 규정일 뿐 대손세액공제와 관련성 있는 규정이 아니다. 그럼에도 「부가가치세법 시행령」 제62조를 대손세액공제의 정당성의 근거로 내세우는 것은 설득력이 부족하다.

둘째, 조세심판원 결정에서 지적한 바와 같이, 「법인세법 시행령」 제72조 제2항 제4호의2 단서의 입법 취지가 '채권자의 대손 및 채무자의 채무면제이익으로 인한 법인세 문제를 해소하려는 것'이고 '채권자의 부가가치세 대손세액공제를 배제하려는 것'은 아니라고 하더라도, 대손세액공제에 관한 「부가가치세법」 제45조 제1항의 법문이 "…대통령령으로 정하는 사유로 대손되어 회수할 수 없는 경우…"에 해당되어야만 대손세액공제가 가능하도록 되어 있는 이상, 조세법의 대원칙인 엄격해석의 원칙상 「소득세법 시행령」 제55조 제2항 또는 「법인세법

59) 국세청, 사전법령해석 법인-0114, 2016.9.7.

시행령」 제19조의2 제1항에 정한 대손금'에 해당하지 않으면 대손세액공제가 가능한 것으로 해석할 수 없다 할 것이다. 따라서 법문보다도 입법취지를 내세워 대손세액공제가 가능하다고 해석하는 것은 법 문언의 해석 가능한 범위를 넘어서 법의 흠결을 해석에 의하여 메우는 결과를 초래하므로 조세법률주의에 근거한 엄격해석의 원칙에 반한다 할 것이다.

셋째, 출자전환 시에 대손세액공제가 가능한 것인가를 판단하기 위해서는 '출자전환시점에 대손이 발생하는가'의 문제를 먼저 결정해야 한다. 만약 출자전환시점에 대손이 발생하지 않는다고 결론이 나면 대손세액공제를 할 수 없는 것이므로 대손세액공제는 출자전환주식을 어떻게 평가하느냐와는 관련이 없다. 만약 출자전환시점에 대손이 발생한다고 인정되면 그 대손의 크기를 결정해야 하기 때문에 비로소 출자전환주식의 가액을 어떻게 평가하느냐가 문제가 된다.

그렇다면 논리전개상 출자전환시점에 대손이 발생하는가를 먼저 따진 후 대손이 있다면 비로소 출자전환주식의 평가 문제를 논해야 한다. 그러나 조세심판원은 출자전환시점에 대손이 어떤 사유로 발생하는지의 본질적인 문제는 분석하지 않은 채, "출자전환 주식을 회생채권의 장부가액으로 평가하면 「법인세법」상으로는 이 주식을 처분하여 그 처분손실을 손금으로 인정받는 방법이 있는 데에 비하여 「부가가치세법」상으로는 대손세액공제를 받을 방법이 없기 때문에, 「법인세법」상 대손금과 「부가가치세법」상 대손금을 달리 해석해야 한다"는 취지로 설명하고 있다.

대손세액공제를 인정하기 위해서는 「부가가치세법」상 대손금이 발생하는 것으로 인정되어야 한다는 취지의 주장은, 대손금이 존재해야만 대손세액공제가 가능하도록 되어 있는 법문과는 거꾸로, "대손세액공제를 인정하기 위해서는 출자전환시점에 대손금이 발생한다고 해석해야 한다"라는 주장과 다를 바 없는 주장이어서 논리가 모순된다 할 것이다.

또한 「법인세법」상 대손금이 존재해야만 대손세액공제가 가능한 것이 부가가치세법령의 법문의 내용인데도 조세심판원은 「부가가치세법」상 대손세액공제가 가능하다고 하기 위해서는 "「법인세법」상 대손금의 존부와 관계없이 「부가가치세법」상 대손금이 인정될 수 있다"고 주장하는 것이므로 법 문언에 어긋난다.

넷째, 대손세액공제를 인정하지 않으면 매출채권 마저 회수하지 못한 채권자에게 너무 과도한 부담을 준다는 주장은 입법론으로는 가능한 논리이나 이 논리를 해석론으로까지 확대하기에는 무리가 있는 주장이다.

다섯째, 회생절차에서 출자전환 시 대손이 발생한다는 논리는 우리나라 대법원이 취하는 시가평가액소멸설이 그 논리의 토대이다.[60] 출자전환 시 '신주발행의 효력발생일의 시가평가

60) 대법원 2012.11.12. 선고, 2010두17564 전원합의체 판결 참조.

액'만큼은 채권자에게 변제되었다고 볼 수 있으므로 이 시가평가액만큼은 채권이 소멸한 것이어서 채권자가 보증인 등 채무관계인에게 청구할 수 없다는 논리가 시가평가액소멸설이다. 출자전환으로 인하여 채권자가 가진 채권액의 일부가 변제된 것으로 보아 소멸된 것으로 할 수 있는가의 문제는 민사법의 문제이기 때문에 그 발행주식의 시가(즉, 채무변제액)를 '세법상 평가액'으로 해야 한다고 할 수 없다. 그런데도 위 조세심판원의 설명 내용은 신주발행의 효력발생일의 '신주의 시가'보다 출자전환 이후 회생회사를 인수하려는 '제3투자자의 인수가액'이 더 높다는 점을 그 차액(=출자전환가액-시가 평가액)에 대한 대손세액공제를 인정하는 근거로 하고 있는데, 민사법의 법리에 비추어 보면 채권자의 입장에서는 발행주식의 '세법상 시가평가액'보다 '제3투자자의 인수가액'만큼을 채권변제를 받은 것으로 보는 것, 즉 인수가액의 초과액(=출자전환가액-인수가액)이 대손된 것으로 보는 것이 오히려 더 설득력이 있다고 할 것이다. 이런 점에서 조세심판원이 긍정설의 타당한 근거로 설명한 것은 대법원 판례가 취하는 시가평가액소멸설의 취지에 맞지 않다고 할 것이다.

(2) 출자전환의 법적 성격에 비추어 볼 때의 문제점

긍정설이 타당하기 위해서는 출자전환 시점에 채권자에게 대손금이 발생해야 되는데, 그러면 이 대손금이 어떻게 발생하는 것인가가 규명되어야 한다.

출자전환은 '[채권자] → **출자전환(①)** → [채무자] → **신주 발행(②)** → [채권자]'의 과정을 거친다. 출자전환 시 대손금이 발생한다면 '①'의 과정에서 발생한다. '②'의 과정은 증자(출자전환)의 결과에 지나지 않는 후속적인 절차이므로 여기서는 대손금이 발생할 수 없기 때문이다. 따라서 '②'의 과정에서 발행한 주식의 시가가 얼마로 평가되는가라는 것은 '①'의 과정에서 대손금이 발생하는가라는 것과 관련성이 없다. 그러면 '①'의 과정에서 어떤 법리에 의하여 출자전환에서 대손금이 발생하는가를 규명해야 한다. 이것은 곧 출자전환의 법적 성격이 무엇인가라는 점과 연결된다.

출자전환의 법적 성격을 현물출자로 본다면, ⓐ '회생절차'에서 출자전환하는 경우 채무자회생법 제206조 제1항에서 "…새로…현물출자를 하게 하지 아니하고 신주를 발행하는 때에는…"이라고 규정하여, 이 경우 '출자전환에서 현물출자를 하게 하지 않는다'라고 입법자가 명시적으로 입법한 것에 반한다는 점에서 현물출자로 볼 수 없다. ⓑ '회생절차 이외'에서 출자전환하는 경우 '①'의 과정에서 현물출자 목적물인 금전채권을 어떻게 평가할 것인가에 따라 대손금의 발생 여부가 좌우될 것인데, 현재의 실무는 권면액설에 따라 평가한다.[61] 그러

61) 주12) 참조.

면 권면액설은 경제적으로 상계방식의 출자전환과 다를 바가 없기 때문에 '①'의 과정에서 대손금이 발생한다고 보기 어렵다.

출자전환의 법적 성격을 대물변제로 본다면, 채무자가 이미 발행하여 보유하고 있는 자기주식을 출자전환의 대가로 채권자에게 교부하는 것이라면 대물변제로 볼 여지가 있으나, 채무자는 출자전환을 받은 후 그 대가로 신주를 새로 발행하여 채권자에게 교부한다는 점에서 출자전환을 대물변제로 볼 여지가 없다.[62), 63)]

따라서 출자전환에서 대손금이 발생한다고 인정하는 긍정설은 그 대손금이 발생할 토대가 되는 법적 근거 측면에서 볼 때 논리적으로 이해하기 어렵다.

(3) 대손금의 계산에 있어서의 문제점

출자전환에서 채무면제(즉, 대손)가 발생한다면 위 '①'의 과정에서 발생하므로 대손금은 위 '①의 과정에서의 평가액'(출자전환 목적물인 채권액의 평가액)과 '출자전환 채권의 권면액' 간의 차액으로 계산되어야 논리적이다.[64)] 그러나 긍정설은 출자전환에서 발생하는 대손금을 이렇게 계산하지 않고 '②의 과정에서의 평가액'(발행 신주의 시가액)과 '출자전환 채권의 권면액' 간의 차액으로 계산한다. 이런 점에서 긍정설은 논리일관성이 부족하다.

다. 소결(해석론)

매출채권을 보유한 회생채권자에게 대손세액공제를 인정하게 되면 회생채무자(재화·용역을 공급받은 자)는 이 회생채권자가 받은 대손세액공제액만큼을 대손이 확정된 날이 속하는 과세기간에 매입세액에서 차감하여 부가가치세를 신고해야 하고 이 대손세액공제액만큼을 매입세액에서 차감하지 않으면 관할 세무서장이 이 금액을 추징한다.[65)] 이렇게 하지 않으면 국가의 입장에서는 재화·용역의 공급자[66)]가 대손세액공제를 받음으로써 결과적으로 이 대손세액공제

---

62) 민정석, "기업개선절차에서의 출자전환의 법적 성격 및 부진정 연대채무자 중 1인이 한 상계 내지 상계계약의 효력", 『사법』 제15호, 사법발전재단, 2011, 312면 및 318면에서도 대물변제설을 취할 경우 나타나는 이러한 문제점을 지적하면서 출자전환의 법적 성격을 대물변제로 볼 수 없다고 하고 있다.

63) 출자전환과 신주발행 간의 관계를 선후 관계가 아닌 동시 관계로 보아야 한다는 주장이 있는데, 이 주장은 출자전환을 대물변제로 보는 견해와 동일한 견해라 할 것이다. 즉, 출자전환을 '채권자 입장에서 채권추심'으로 보거나 '채무자 입장에서 채무변제'로 보아야 한다(즉, 동시 관계로 보아야 한다)는 주장은 출자전환으로 인한 채권 소멸의 원인을 대물변제로 보는 것과 같은 취지이라고 하겠다.

64) 논리적으로는 이 차액(=출자전환채권의 권면액-출자전환채권의 평가액)을 대손금이 아니라 출자전환채권의 처분손실로 보는 것이 더 논리적이다{이승문(주4), 42～43면 참조}. 이를 처분손실로 본다면 출자전환을 세법상 양도에 해당하는 현물출자로 보는 견해에 따른 것이라고 볼 수 있다.

65) 「부가가치세법」 제45조 제3항.

66) 대손세액공제를 받는 출자전환채권자이다.

액에 해당하는 부가가치세가 국가에 납부되지 않았는데도 재화·용역을 공급받은 자(회생채무자)에게 이 대손세액공제액만큼을 이미 매입세액공제를 허용했기 때문에 이 매입세액공제에 따른 금액만큼의 국고손실이 발생하게 된다. 따라서 이를 방지하기 위하여 이런 규정을 두고 있다.

매출채권의 회생채권자가 대손세액공제를 받음으로 인하여 회생채무자가 납부해야 하는 이 대손세액공제 상당액은 회생절차 개시 이후에 회생채무자가 부담하는 것으로 확정되는 것이므로 '회생절차 개시 당시 아직 납부기한이 도래하지 않은 부가가치세'에 해당하여 공익채권에 해당한다.[67), 68)] 회생채무자에 대한 추징세액(즉, 대손세액공제액)이 공익채권이 되어 회생채권에 우선하여 국가가 변제받게 되면 이것은 결국 매출채권을 가진 회생채권자가 대손세액공제라는 제도를 통해서 다른 회생채권자보다 그 만큼의 회생채권(대손세액공제액에 해당하는 매출채권)을 우선변제 받아가는 결과가 된다. 즉, [회생채무자] → **공익채권의 변제** → [국가] → **대손세액공제** → [매출채권자]의 구조로 매출채권자가 대손세액공제를 받게 되는데, 이 대손세액공제는 결과적으로 회생채무자가 다른 회생채권자에게 변제할 회생채권에 앞서 공익채권을 변제하는 것에서 나오는 것이므로 매출채권자는 다른 회생채권자의 희생에 의하여 자신의 채권을 우선 변제받는 결과가 되는 것이다.

따라서 매출채권을 가진 회생채권자에게 대손세액공제를 허용할 것인가의 본질적인 문제는 '매출채권자와 국가 간의 문제'가 아니라 '매출채권을 가진 회생채권자와 다른 회생채권자 간의 문제'인데, 이러한 결과가 초래되면 채무자회생법상 공정하고 형평에 맞게 취급되어야 하는 공정성의 원칙과 형평성의 원칙[69)]이 무너져서 대손세액공제를 받은 회생채권자와 그 이외의 회생채권자 간에 이러한 원칙이 적용되지 않게 된다.[70)]

그러므로 매출채권을 출자전환한 채권자에게 대손세액공제를 인정해야 한다는 긍정설은, "그 거래징수하지 못한 부가가치세만큼을 다른 일반 회생채권자의 희생 하에 매출채권의 회생채권자에게 우선 변제해 주어야 한다"라는 결론을 지지하는 것이 된다는 점에서 채무자회

---

67) 채무자회생법 제179조 제1항 제9호 나목.

68) 조세심판원도 대손세액공제액의 추징액을 공익채권으로 보고 있고(조심 2009주3032, 2009.12.17. ; 조심 2016서3392, 2016.11.21.), 대법원 전원합의체 판결(2012.3.22. 선고, 2010두27523 판결)도 대손세액공제액의 추징액을 공익채권으로 보는 것을 전제한 판결이다.

69) 채무자회생법 제243조 제1항 제2호 참조.

70) 조세심판 사건(조심 2015부3727, 2015.10.16.)에 의하면 '매출채권자가 대손세액공제한 것을 관할 세무서장이 회생채무자에게 공익채권으로 대손세액공제 상당액을 추징한 것'에 대하여 회생채무자(청구법인)가 "매출채권자는 신고한 회생채권에 대하여는 대손세액공제를 신청하지 아니했다가 '만약 대손세액공제 신청으로 채권자가 실질적인 채권변제의 효과를 획득하면 회생계획상 향후 변제될 채권이 순차적으로 변제된 것으로 본다'고 되어 있으므로 쟁점매출채권은 회생계획 인가결정에 따라 회수가능채권으로 인정된 것이어서 이를 대손세액공제대상에 해당한다고 보아 과세한 이 건 처분은 부당하다"고 주장하고 있는 점을 보면, '대손세액공제를 받은 매출채권자'와 이를 추징받는 '회생채무자(또는 일반회생채권자)' 간에 서로 이해가 대립되는 것을 알 수 있다.

생법의 기본취지에 어긋난다. 따라서 긍정설에 동의하기 어렵다. 그러므로 논리일관성의 면이나 회생채권자를 동등하게 취급하는 것이 타당하다는 점에서 부정설이 타당하다.

매출채권을 출자전환한 채권자에게 대손세액공제를 인정하게 되면 대손세액공제 상당액은 공익채권으로서 국가가 회생채권자보다 우선 변제받게 되는데도, 회생계획안의 승인시점에서는 매출채권자가 대손세액공제를 받을지, 받는다면 언제 받을지를 예측하기 어렵고, 대손세액 공제에 따른 공익채권액이 향후 어느 시점에서 얼마가 발생할 것인지도 예측하기 어렵다. 이런 불확실성이 있으면 회생채권자들이 회생계획안을 승인하는 데에 주저하게 되고, 그렇게 되면 회생계획안 자체가 회생채권자로부터 승인받지 못할 가능성이 있다. 이런 상황이 발생하면 매출채권을 출자전환한 채권자에게 소액의 대손세액공제를 인정해 주려고 하다가 회생계획안의 승인 자체가 무산되는 더 큰 사회적 문제가 초래될 수 있다. 이런 점에서도 긍정설은 문제가 있다.

만약 대손세액공제를 받으려는 매출채권자가 있다면 그런 매출채권자들은 별도의 회생채권자 조를 구성하도록 한 다음,[71] 매출채권을 출자전환하는 대신에 채무면제하도록 하는 회생계획안에 동의한 후 그 회생계획이 인가된다면 이 채무면제는 회생계획 인가결정에 따라 회수불능으로 확정된 채권이므로 「법인세법」상 대손금으로 인정받을 뿐만 아니라 대손세액공제도 가능하다. 따라서 이렇게 대손세액공제를 받을 수 있는 방법이 있는데도 이를 선택하지 않은 매출채권자들에게 다른 회생채권자들을 희생시켜서 대손세액공제의 방법을 통해서 회생채권의 우선적 변제를 허용하는 것으로 해석하는 것은 타당하지 않다고 하겠다.

2. 회생채권의 실권 시 대손세액공제의 가능성

가. 회생채권의 미신고로 실권 시 대손세액공제의 가능 여부

회생절차의 개시결정 이후 관리인이 법원에 제출한 회생채권자 등의 목록에 회생채권으로 포함되어 있지 않고 회생채권자도 소정의 신고기간 내에 회생채권을 신고하지 않으면 그 채권은 실권된다.

그러면 회생채권자가 매출채권을 회생채권으로 신고하지 않아서 실권된 경우 이 실권된 매출채권에 포함된 부가가치세액 상당액을 대손세액공제를 받을 수 있는가?

이 점에 대하여 법령상 신고 해태로 인한 면책의 경우는 대손사유에서 제외한다는 명시적인 규정이 없으므로 대손사유에 해당한다고 보아 대손세액공제가 가능하다는 견해가 있으

71) 채무자회생법 제236조 제3항 본문 참조.

나,[72] 과세관청은 "정당한 사유없이 회생채권을 법원에 신고하지 아니함으로써 그 권리의 행사를 포기한 것으로 인정되는 경우에는 대손금으로 인정할 수 없다"라고 해석하여[73] 대손세액공제가 불가능하다는 입장이다. 또한 조세심판원도 "채권의 일부를 조기 회수하기 위하여 해당 채권의 일부를 불가피하게 포기한 경우 그 포기한 채권을 대손금으로 인정한다는 「소득세법 시행규칙」 제25조 제1항 제11호가 2010.4.30. 삭제되었으므로, 회생절차에서 채권의 일부를 조기회수하기 위하여 해당 채권의 일부를 불가피하게 포기하였더라도 대손세액공제를 할 수 없다"라는 취지로 결정하여 부정적인 입장이다.[74]

회생채권자가 신고기한 내에 회생채권을 신고하지 않아 실권되는 경우 "회생채무자는 회생계획인가의 결정이 있으면 회생계획이나 채무자회생법에서 인정된 권리를 제외하고는 모든 회생채권과 회생담보권에 관하여 책임을 면한다"라는 채무자회생법 제251조에 따라 회생채권자는 실권된 매출채권을 회수할 수 없다. 따라서 이 경우의 실권된 매출채권은 「법인세법 시행령」 제19조의2 제1항 제5호에 정한 "…회생계획인가의 결정…에 따라 회수불능으로 확정된 채권"에 해당한다고 보아야 할 것이다. 그렇다면 이 경우는 세법에서 열거한 대손사유에 명시적으로 해당되어 대손금으로 인정되므로 대손세액공제가 가능하다 할 것이다. 즉, 이 경우는 회생채권의 미신고라는 부작위에 의하여 채무자회생법의 규정에 따라 실권되어 회수하지 못하는 것인 만큼 이를 채권포기 내지 채무면제의 행위로 볼 수 없다 할 것이고,[75] 그렇다면 회생계획안에 미반영되어 회수하지 못하게 된 것이므로 이 실권된 채권도 대손금으로 인정된다 할 것이다.

나. 채무면제의 회생계획안에 찬성·가결 시 대손세액공제의 가능 여부

회생계획안이 법원으로부터 인가를 받으려면 그 전제로 관계인집회에서 그 회생계획안이 가결되어야 한다. 회생계획안은 ① 회생담보권자, ② 일반의 우선권있는 채권을 가진 회생채권자, ③ 기타의 회생채권자, ④ 잔여재산 분배에 관하여 우선권있는 주주 등 지분권자, ⑤ 기타의 주주 등 지분권자로 조를 분류하여 조별로 결의하여야 하되, 권리의 성질과 이해관계를 고려하여 위 ①~⑤의 조를 하나의 조로 분류하거나 ①~⑤ 중 하나를 2개 이상의 조로 분류할 수 있다.[76] 회생계획안이 가결되려면 회생채권자 조에서는 의결권 총액의 2/3 이상의

72) 안경봉(주41), 24면.

73) 국세청, 제도 46012-11602, 2001.6.20.

74) 조심 2011광1029, 2011.5.27.

75) 실권된 채권은 자연채무이므로(대법원 2001.7.24. 선고 2001다3122 판결 참조) 법적으로도 채권포기나 채무면제에 해당하지 않는다 할 것이다.

76) 채무자회생법 제236조 제1항 내지 제3항.

동의가 있어야 하고, 회생담보권자 조에서는 의결권 총액의 3/4(청산·영업양도·물적 분할을 내용으로 하는 회생계획안은 4/5) 이상의 동의가 있어야 하며, 주주 등 지분권자의 조에서는 의결권 총수의 1/2 이상의 동의가 있어야 한다.[77]

그러면 예컨대, 매출채권을 가진 회생채권자가 매출채권의 80%는 면제하고 20%만 상환받기로 하는 회생계획안에 동의를 하였고, 이 회생계획안이 전체적으로 회생담보권자와 회생채권자의 가결 요건을 충족하게 되어 법원으로부터 회생계획안의 인가결정을 받았다고 하면 매출채권의 80%를 면제하는 내용의 회생계획안에 동의한 회생채권자는 이 매출채권을 임의포기한 것으로 보아 대손세액공제를 받을 수 없는 것인가?

이 점에 대하여 '거래처의 회생계획 승인안은 질의 법인의 매출채권의 80%를 탕감 요청하는데, 거래처의 기업회생절차에 따라 법원의 면책결정으로 회수 불가능하게 된 채권의 대손금 손금산입 가능여부'의 질의에 대하여, 과세관청은 "회생계획인가의 결정에 따라 회수불능으로 확정된 채권은 해당 사유가 발생한 날이 속하는 사업연도의 대손금으로 손금에 산입하는 것이나, 해당 채권에 대하여 정당한 사유없이 다른 채권자에 비하여 불리한 조건에 동의함으로써 채권의 임의포기에 해당되는 경우 그 임의포기 금액은 대손금으로 보지 아니한다"라고 해석[78]한 것이 있다. 이에 반하여, "회생개시결정 후 그 진행과정에서 채무자와 채권단들이 동일한 조건으로 일부 채권을 면제하기로 합의한 재조정안이 반영되어 법원에서 회생계획인가결정이 된 경우, 채권자인 내국법인의 채권 중 회수 불가능한 채권으로 확정된 것은 손금으로 산입한다"라고 해석[79]한 것도 있다.

과세관청의 이러한 해석의 근저에는 "채무면제가 있는 회생계획안에 매출채권자가 별다른 이의 없이 동의하면 이것이 채권의 임의 포기에 해당할 수 있다"라는 것이 전제되어 있고, "매출채권자가 단순하게 채무면제가 있는 회생계획안에 동의하면 이를 채권의 임의 포기로 보아 대손금으로 인정하지 않겠다"는 뜻이 내포된 것으로 생각된다.

그러나 법원이 회생계획을 인가하는 요건에 공정·형평성의 원칙이 있으므로 특정채권자에게 유리하고 특정채권자에게는 불리한 회생계획안은 인가될 수 없다.[80] 더욱이 채무자회생법 제243조 제1항의 본문에서 "법원은 다음의 요건을 구비하고 있는 경우에 한하여 회생계획인가의 결정을 하여야 한다"라고 정하여, 공정·형평성 원칙의 준수는 법원의 재량사항이 아님을 밝히고 있다. 또한 채무면제가 있는 회생계획안에 동의를 한 채권자이든 동의하지 않은

77) 채무자회생법 제237조.

78) 국세청, 법인-995, 2009.9.14.

79) 국세청, 법규법인 2011-484, 2011.12.19.

80) 채무자회생법 제243조 제1항 제2호.

채권자이든 또는 결의에 기권을 한 채권자이든 법원이 회생계획안을 인가결정하면 그 인가 결정의 효과는 모든 회생채권자에게 미치는 것이므로[81] 개별 채권자의 채권포기 의사의 유무에 의하여 면책의 효과가 달라지지 않는다.

따라서 채무면제가 있는 회생계획안에 회생채권자가 아무런 이의 없이 동의했다고 해서 이를 임의로 채권포기를 했다고 할 수 없다. 그렇다면 채무면제가 있는 회생계획안이 가결되어 법원이 이를 인가결정을 하였다면 회생채권자가 이 회생계획안에의 동의 유무·동의에 따른 정당 사유의 존재 유무 등을 물을 필요 없이, 「법인세법 시행령」 제19조의2 제1항 제5호에 정한 "…회생계획인가의 결정…에 따라 회수불능으로 확정된 채권"에 해당하므로 매출채권을 가진 회생채권자는 그 매출채권을 대손금으로 인정받을 수 있고, 따라서 대손세액공제도 가능하다고 해석해야 할 것이다.[82] 만약 채무면제가 있는 회생계획안을 동의한 것이 정당 사유에 의한 것인지 여부를 따져서 대손금 인정여부를 가려야 한다면 이것은 법원이 인가한 회생계획안의 공정·형평성의 원칙을 부정하는 것이 되므로 채무자회생법의 취지를 무시하는 해석이 된다는 점에서 부당하다고 하겠다.

3. 채무면제 시기의 연장과 대손세액공제의 시기

회생계획에서 매출채권의 30%는 회생계획 인가결정일에 변제하거나 출자전환하고 나머지 70%의 매출채권은 회생계획이 종료하는 10년 후에 면제하기로 하는 것으로 정한 경우, 10년 후 면제하기로 한 매출채권에 대해서 회생계획 인가결정일에 대손세액공제를 받을 수 있는가? 즉, 이 경우 70%에 대한 대손금의 발생 시점을 인가결정일로 보아야 하는가 아니면 10년 후로 보아야 하는가?

채무면제의 시기를 10년 후로 늦추는 것으로 회생계획안을 수립하는 이유는, 채무면제를 회생계획 인가결정일에 하는 것으로 하면 이 때에 회생회사에 채무면제익이 발생, 법인세가 과세되는 문제가 있으므로 회생회사에 발생할 채무면제익의 발생 시기를 최대한 늦추어서 당장의 법인세 과세문제를 해결하기 위해서이다.

대손세액공제는 재화·용역의 공급일로부터 5년이 지난 날이 속하는 확정신고기한까지 하여야 하므로[83] 만약 채무면제의 시기인 10년 후에 대손세액공제를 해야 하는 것으로 해석하

---

81) 채무자회생법 제251조 및 제252조.

82) 한만수(주3), 38면에서는 "채권 포기가 회생계획 인가 결정에 따라 이루어지는 경우 채권자에게 채권포기 의사가 부분적으로 있었다고 볼 수 있으나, 다른 채권자들이나 법원이라는 다른 당사자의 의사에 의하여 부득이하게 채권을 상실하였다고 보는 것이 합리적이므로 대손금으로 인정한다"라고 설명하고 있다.

83) 「부가가치세법 시행령」 제87조 제2항.

게 되면 대손세액공제는 불가능하게 된다.

이 점에 대하여 과세관청은 "법원의 회생계획인가 결정에 채권면제의 시기가 별도로 정하여진 경우에는 그 시기가 도래하여 당해 채권면제가 확정된 날이 속하는 사업연도의 손금에 산입하는 것이다"고 해석하여[84] 위의 경우 회생계획이 종료하는 10년 후에 대손금이 인정된다고 하나, 조세심판원은 "대손시기는 일부 채권포기의 사유가 발생한 날인 회생계획 인가결정일이 속하는 과세기간으로 하는 것이 타당하다"고 하여,[85] 위의 경우 회생계획 인가결정일에 대손세액공제를 할 수 있다고 한다.

회생계획의 인가결정이 있으면 회생채무자에게는 회생계획이나 채무자회생법에서 인정한 권리를 제외하고는 면책의 효력이 발생하며,[86] 이렇게 발생한 면책의 효력은 설사 회생절차가 종결되거나 폐지되어도 존속하므로 부활되지 않는다.[87], [88] 따라서 위의 경우 회생계획이 종료하는 10년 후에 매출채권의 70%를 면제하기로 하였다면 면제하기로 한 이 70%에 대해서 채권자가 더 이상 회수할 수 없는 것으로 확정되는 날은 회생계획인가가 결정되는 날이다. 그렇다면 70%의 매출채권도 회생계획 인가결정일에 「법인세법 시행령」 제19조의2 제1항 제5호에 정한 "…회생계획인가의 결정…에 따라 회수불능으로 확정된 채권"에 해당한다고 할 것이고, 따라서 회생계획 인가결정일에 대손금이 확정되므로 이 날에 대손세액공제도 할 수 있다고 해석하는 것이 타당하다고 하겠다.

그러나 위와 같이 70%의 매출채권을 10년 후에 면제하기로 한 것이 아니라, 일정한 조건이 성취하면 70%의 매출채권을 그 조건성취일에 면제하기로 한 것이라면(즉, 채무면제가 '기한부'가 아닌 '조건부'이라면) 면제 조건의 성취일에 대손금이 확정되므로 이 날에 대손세액공제가 가능하다고 해야 할 것이다. 왜냐하면 회생계획에서 채무면제를 조건부로 한 것이라면 조건이 성취하지 않으면 채무면제가 발생하지 않으므로 대손금이 발생할 수 없기 때문이다. 과세관청도 "「민법」상 정지조건에 해당하는 조건이 붙어 있는 회생계획에 대해 회생계획인가 결정이 있는 경우에는 조건이 성취되어 채무면제가 확정되는 날에 대손금으로 손금 산입된다"고 해석하여[89] 동일하게 해석하고 있다.

---

84) 국세청, 서면2팀-488, 2005.4.4. ; 법인세과-934, 2010.10.13.

85) 조심 2011부2273, 2011.12.27.

86) 채무자회생법 제251조 및 제252조 제1항.

87) 서울중앙지법 실무연구회, 『회생사건실무(下)』(제3판), 박영사, 2011, 247면.

88) 대법원도 "회생계획인가 결정 후 회생절차 종결 결정이 있더라도 채무자는 회생계획에서 정한 대로 채무를 변제하는 등 회생계획을 계속해서 수행할 의무가 있다"라고 판시하여(2014.1.23. 선고, 2012다84417·84424·84431 판결), 동일한 취지로 판결했다.

89) 기획재정부, 법인세제과-274, 2013.4.9. ; 국세청, 법규법인 2012-346, 2013.4.10.

V. 결 론

출자전환은 재정적 어려움에 처한 기업뿐만 아니라 일반기업도 간편한 증자의 수단으로 이용하는 방법이다. 출자전환은 자본을 증가시키는 자본거래인데도 출자전환의 과정에 여러 가지 세무상 쟁점이 발생한다.

출자전환하는 채권자 입장에서 제기되는 쟁점 중에서 출자전환 및 회생채권과 관련한 대손금과 대손세액공제에 대해서도 실무상 많은 논란이 있다.

기업회생절차 이외의 구조조정절차에서 출자전환하는 경우에는 실무상 상계방식으로 출자전환하므로 법리적으로 채권자에게 대손금이 발생할 수 없음에도 그 발생 여부를 두고 논란이 있다. 그러나, 인적 회사는 주식 발행이 없어 주식발행액면초과액이 발생할 수 없기 때문에 출자전환에 따른 채무면제가 발생할 수 없고, 권리의무확정주의 원칙상 세법상 대손사유는 예시적 열거로 볼 수 없으며, 기업회생절차 이외의 구조조정절차에서 하는 출자전환 시 주식취득가액을 출자전환채권의 장부가액으로 하도록 세법이 정하고 있다는 점 등을 고려할 때, 기업회생절차 이외에서 출자전환하는 경우 출자전환시점에 채권자에게 대손금이 발생한다고 볼 수 없다고 해석하는 것이 타당하다.

한편, 기업회생절차에서 출자전환할 때, ① 공익채권을 출자전환하는 경우, ② 피출자전환자가 인적 회사인 경우, ③ 회생채권자가 보증인 등으로부터 발행가액 중 주식의 시가초과액을 변제받는 경우에는 모두 법리상으로 대손금이 발생할 수 없다. ④ 그 이외의 경우에도 「법인세법 시행령」 제72조 제2항 제4호의2 단서에서 출자전환주식의 취득가액을 출자전환채권액의 장부가액으로 하도록 규정하고 있기 때문에, 현행 세법의 해석상으로는 기업회생절차에서 출자전환하는 모든 경우에 대손금이 발생할 수 없다고 보아야 할 것이다. 그럼에도 불구하고 대손금의 발생 여부를 두고 여전히 논란이 있고 과세관청의 해석도 일관되지 않고 있다.

게다가 출자전환 시 발행가액 중 주식의 시가초과액을 「법인세법」상으로는 대손금으로 인정하지 않으면서 「부가가치세법」상으로는 대손세액공제가 가능한 것으로 해석함에 따라 혼선이 가중되고 있다. 대손세액공제를 인정하는 것이 납세자를 보호하는 것처럼 일견 보이지만 대손세액공제를 허용한 금액은 곧바로 공익채권으로 국가가 회생채무자로부터 우선변제를 받아 가므로 국가에게는 손해가 없고, 결국 대손세액공제액으로 인정한 금액만큼 다른 일반 회생채권자에게 피해가 돌아간다. 이런 불합리한 점이나 논리일관성 측면에서 출자전환 시 발행가액 중 주식의 시가 초과액을 「법인세법」상으로나 「부가가치세법」상으로 대손금으로 인정하지 않고 대손세액공제도 가능하지 않다고 해석해야 타당하다.

회생채권을 채권신고기간 내에 신고하지 않아 실권되거나 회생채권의 일부를 채무 면제하는 내용의 회생계획안에 찬성함으로써 그 회생계획안이 가결된 경우 회생채권자가 회수하지 못하는 매출채권은 '회생계획인가 결정에 따라 회수불능으로 확정된 채권'에 해당하므로 모두 대손세액공제가 가능하다고 해석하는 것이 타당하다.

또한 회생계획안에서 매출채권을 일부 채무 면제하는 것으로 인가 결정되었다면 회생계획안에서 그 채무면제시기를 장래의 기일로 정했다고 하더라도 회생계획에서 결정한 면책의 효력은 회생절차의 종결이나 폐지와 상관없이 계속 존속하므로 채무면제하기로 한 것이 확정되는 날은 회생계획인가 결정일이기 때문에 인가결정일을 기준으로 대손세액공제의 여부를 가리는 것이 타당하다.

참고문헌

〈단행본〉

구욱서, 『사법과 세법』, 도서출판 유로, 2010.

김완석·정지선, 『기업의 도산관련 조세제도에 관한 연구』, 한국조세연구원, 2010.

법무부, 『상법 회사편 해설(상법 해설서 시리즈 Ⅱ)』, 도서출판 동강, 2012.

서울지방법원, 『회사정리실무』(개정판), 2001.

서울중앙지방법원 파산부 실무연구회, 『회생사건실무(상)』(제2판), 박영사, 2009.

______________________________, 『회생사건실무(하)』(제3판), 박영사, 2011.

______________________________, 『회생사건실무(상)』(제4판), 박영사, 2014.

이태로·한만수, 『조세법강의』, 박영사, 2009.

이창희, 『세법강의』(제11판), 박영사, 2013.

〈논문 및 기타자료〉

강혜림, "회사정리절차에 있어서 출자전환의 효력", 『판례연구』 제19집 제2호, 서울지방변호사회, 2005.

김용덕, "회사정리절차와 주주·주식", 서울대학교 통합도산법 과정(전문분야 법학연구과정 제20기) 교재, 2005.

김청식, "회생절차 관련 세제의 문제점과 개선방안", 서울시립대학교 세무전문대학원 박사학위논문, 2012.2.

도진기, "채권의 출자전환에 관한 연구 – 회사정리절차를 중심으로 –", 서울대학교 대학원 석사학위 논문, 2003.8.

배영석, "기업회생절차의 출자전환 관련 세제에 관한 연구", 강남대학교 대학원 박사학위논문, 2015.12.

배영석·김병일, "출자전환 시 채무면제익에 관한 연구 – 입법상 개선방안을 중심으로 –", 『세무학연구』 제33권 제3호, 한국세무학회, 2016.9.

민정석, "기업개선절차에서의 출자전환의 법적 성격 및 부진정 연대채무자 중 1인이 한 상계 내지 상계계약의 효력", 『사법』 15호, 사법발전재단, 2011.

안경봉, "회사정리(회생)절차와 조세", 『조세법연구』 제13-2호, 세경사, 2007.8.

안윤우, "출자전환에 관한 소고", 『변호사』 제42집, 서울지방변호사회, 2012.

염춘필, "채권의 출자전환실무", 『법무사저널』 통권 제162호, 서울중앙지방법무사회, 2007.

오수환, "회생인가의 결정에 따라 출자전환후 무상감자된 매출채권의 대손세액공제 –「부가가치세법」을 중심으로", 『세무사』 제32권 제3호(통권 142호), 한국세무사회, 2014.
이승문, "법인세법상 자산의 취득가액 - 출자전환주식의 취득가액을 중심으로 -", 『국민대학교 법학연구소 학술발표대회 논문집』, 국민대학교 법학연구소, 2009.
이승환, "대출금의 출자전환에 관한 연구 : 채권평가방법을 중심으로", 『법학연구』 제17권 제4호(통권 제36호), 연세대학교 법학연구소, 2007.12.
______, "「기업구조조정촉진법」하에서의 출자전환의 효력 - 대법원 2010.9.16. 선고 2008다97218(전합) 판결 -", 『상사판례연구』 제25집 제1권, 2012.3.
이의영, "출자전환 시 채무면제익에 대한 법인세 과세문제", 『사법논집』 제147집, 법원도서관, 2008.
______, "회사도산세제의 개선방향에 관한 연구 - 효율적 도산제도 운용을 위한 조세법적 접근", 서울대학교 대학원 박사학위논문, 2008.8.
이정란, "채무의 출자전환과 채무면제이익", 『법학연구』 제55권 제1호(통권 제79호), 부산대학교 법학연구소, 2014.2.
이중교, "채무의 출자전환에 따른 과세문제", 『조세법연구』 제20-2호, 세경사, 2014.8.
임종엽, "회생채권의 출자전환과 채무의 소멸범위", 『판례연구』 제24집 제1호, 서울지방변호사회, 2010.
임치용, "회사정리절차와 출자전환", 『BFL』 제9호, 서울대학교 금융법센터, 2005.
진상범, "기업개선작업(워크아웃)에서의 출자전환과 채무의 소멸범위 : 2004.12.23. 선고, 2004다46601 판결", 『BFL』 제32호, 서울대학교 금융법센터, 2008.
하재홍, "기업개선작업에서의 출자전환의 법적 구성", 『경기법학논총』 제13호, 2011.12.
한만수, "자본구조조정 및 채무조정의 과세효과에 관한 고찰", 『조세법연구』 제14-1호, 세경사, 2008.4.

2.2. 회생절차에서 출자전환 후 즉시 감자 시 대손세액공제 허용성*

- 대법원 2018.6.28. 선고 2017두68295 판결 -

배영석**·김병일***

초 록

현행 세법은 출자전환 시 피출자전환 채무자의 입장에서 주식발행액면초과액 중 발행가액(출자전환채권액)과 발행주식의 시가 간의 차액을 채무면제익으로 하되 구조조정법인이면 이 채무면제익을 차후 연도에 발생하는 결손금의 보전에 충당할 수 있도록 하여 과세문제를 해결하도록 하고 있고, 출자전환채권자의 입장에서는 구조조정법인에 출자전환하는 경우 채권자의 주식취득가액을 출자전환하는 채권의 장부가액으로 하여 법인세법상으로는 출자전환 시 출자전환채권액과 발행 주식의 시가 간의 차액이 대손금에 해당하지 않도록 하고 있다. 그러나 부가가치세법상으로도 출자전환채권액과 발행 주식의 시가 간의 차액이 대손세액공제의 대상이 되는 것인지에 대한 논란이 이어지다가 조세심판원이 대손세액공제가 가능하다고 결정한 이후 기획재정부도 대손세액공제가 가능한 것으로 해석을 변경하였다.

그러나 출자전환 시 채무면제익이 발생하면 당장의 익금산입에 따른 문제 이외에 여러 가지 문제가 발생하는데, 실무에서는 액면가액으로 출자전환 후 즉시 발행주식을 소각, 감자함으로써 채무면제익이 될 부분을 감자차익으로 전환하는 방식을 이용하여 문제 발생에 대처하고 있다.

그런데 최근 대법원 판결에서 회생계획에서 액면가액으로 출자전환한 후 즉시 발행주식을 소각, 감자하는 형식을 취하더라도 소각, 감자될 것으로 예정된 주식발행가액(출자전환채권액)은 '애초부터 회생계획인가의 결정에 의하여 회수불능으로 확정된 채권가액에 해당한다'고 판시하였다. 이렇게 되면 그 동안 실무에서 액면가액으로 출자전환한 후 즉시 발행주식을 소각, 감자하는 방식을 선택하여 채무면제익의 발생에 대처해 온 것이 실효성이 없게 되는 결론에 이르게 된다.

그러나 대상판결의 논리에 따를 때, 회생계획에서 출자전환·감자의 방식으로 소각할 예정인 주식의 발행가액을, ① 채무자에게 채무소멸익으로 과세하고 이를 배당할 경우 채권자에게 배당소득으로 과세할 것인지의 문제, ② 해당 회생회사를 위한 연대보증인 등에게 채무소멸에 따른 금액으로 보증책임 등을 청구할 것인지의 문제, ③ 해당 회생회사가 출자전환에 따른 증자 등기를 할 때에 등록면허세를 과세하지 않을 것인지의 문제, ④ 1차 회생계획이 아닌 2차 회생계획에서 감자를 하면 감자차익으로 인정될 것인데, 이렇게 감자의 시기를 달리 하면 감자차익이 인정된다고 하면 형평과세 측면에서 타당한 것인지의 문제, ⑤ 출자전환 후 소각된 주식가액이 출자전환주식을 취득한 이후의 손실가액 보다 더 큰 경우 실제의 경제적 손실보다 더 큰 금액이 대손금으로 손금인정되는 등의 문제가 초래된다.

출자전환 관련 논란이 발생하는 것은 할증발행 형식의 출자전환 시 발생하는 채무면제익 때문이다. ① 이 채무면제익의 발생을 방지하기 위하여, 출자전환·감자의 방식으로 우회적으로 준비금(감자차익)을 발생시키는 방법을 실무에서 선택하도록 할 것이 아니라, 할증발행 형식으로 출자전환하도록 하여 채무자회생법이 예정하고 있는 준비금(주식발행액면초과액)을 발생시켜서 문제를 해결하도록 하는 것이 바람직하고, ② 이 문제를 근원적으로 해결하기 위하여 채무자회생법을 개정하도록 하며, ③ 법인세법도 개정하여 출자전환은 자본거래임을 명시하여 출자전환 시 채무면제익이 발생하지 않도록 해야 할 것이다.

주제어 | 출자전환, 대손세액공제, 대손금, 채무면제익, 채무면제

* 『세무와 회계 연구』 통권 제16호(제7권 제3호, 2018.11., 한국세무사회 부설 한국조세연구소)에 게재된 논문이다.

** 주저자 : 진일회계법인 공인회계사, 세무학 박사

*** 교신저자 : 강남대학교 경영관리대학 경제세무학과 교수, 법학 박사

Ⅰ. 사안의 개요

1. 사실관계

원고는 A회사로부터 재화를 공급받고 2009.5.31. 세금계산서를 교부받았으나 A회사에게 매입대금을 지급하지 못한 채 2012.7.10. 의정부지방법원에 회생절차개시신청을 하여 2012.8.24. 회생절차개시결정을, 2014.2.18. 회생계획인가결정(이하 이 인가된 회생계획을 '이 사건 회생계획'이라고 한다)을 각각 받았다. 이 사건 회생계획은 상거래 회생채권의 권리변경과 변제방법에 관하여 "원금 및 개시 전 이자의 2%는 현금변제, 98%는 기명식 보통주식으로 출자전환(1주의 액면가액 5,000원, 1주당 발행가액 5,000원, 출자전환으로 인하여 감소하는 채무액 OOO원)하고, 출자전환은 신규로 발행하는 주식의 효력 발생일에 당해 회생채권의 변제에 갈음한다. 출자전환에 따라 발행된 주식 전부에 대하여 무상감자하고, 감자에 따른 자본 감소의 효력은 신주 발행의 효력 발생일의 익영업일에 발생한다. 개시 후 이자는 면제한다."라고 정하였다.

이 사건 회생계획에 따라 A회사의 원고에 대한 회생채권은 2014.2.18. 현금변제액(2%)을 제외한 나머지 채권액(98%)은 출자전환되었고, 2014.2.20.에 위 주식은 모두 무상감자를 통하여 소각되었다.

A회사는 위 회생채권 전액이 대손된 것으로 보고 2014.7.23. 관할 세무서장에게 2014년 제1기분 부가가치세 신고 시 대손세액공제를 하였으나, 관할 세무서장은 현금변제액(2%)을 제외한 나머지 출자전환된 채권(98%)의 장부가액과 상속세 및 증여세법에 의하여 평가한 주식의 시가 0원의 차액(이하 '이 사건 차액'이라고 한다)에 대해서만 대손이 발생한 것으로 인정하여 대손세액공제를 받아 들인 후 피고에게 위 대손세액공제자료를 통보하였고, 이에 따라 피고는 A회사가 공제받은 대손세액 상당을 원고의 매입세액에서 차감, 2015.10.2. 원고에게 2014년 1기분 부가가치세를 경정·고지하였다(이하 '이 사건 처분'이라고 한다).

이 사건 처분에 대하여 원고가 소송을 제기하여, 제1심에서는 승소하였으나 제2심에서는 패소하였고, 대법원에서도 패소하였다.

법인등기부등본과 전자공시된 회계감사보고서를 통하여 입수된 원고의 위 증자와 감자와 관련된 내용을 정리하면 다음과 같다.

〈표 1〉 원고의 출자전환 전후의 증자 및 감자 관련 내용

자본금 증감 원인일자	내용	자본금의 증감(단위 : 원)		
		증감전 자본금	증(감) 자본금	증감후 자본금
2014.2.18.	감자*1)	13,400,000,000	(8,933,345,000)	4,466,655,000
2014.2.19.	증자*2)	4,466,655,000	58,525,130,000	62,991,785,000
2014.2.20.	감자*3)	62,991,785,000	(62,991,785,000)	0
2014.2.21.	증자*4)	0	5,100,000,000	5,100,000,000

*1) 회생계획 인가 전에 발행된 주식 2,680,000주(1주당 액면가액 5,000원)를 3 : 1의 비율로 주식을 병합하여 감자함.

*2) 회생담보권자 및 회생채권자가 58,525,130천원을 출자전환함.

*3) 출자전환 전후의 모든 주식을 무상감자함.

*4) 제3자 배정 유상증자 방식에 의하여 증자함.

원고를 인수한 X회사는 2014.1.23. M&A를 위한 투자계약을 체결하였고, 원고는 2014.4.7.에 법원으로부터 회생절차종결결정을 받았다. 원고의 2014년도 재무제표에는 총 71,925,130,000원(=8,933,345,000원+62,991,785,000원)의 감자액을 그 때까지의 결손금 44,019,715,701원에 보전한 후 잔여액 27,905,414,299원을 감자차익(자본잉여금)으로 계상하고 있고, 원고는 과세관청으로부터 2015.10.2.에 대손세액 추징에 관한 과세예고통지를 받아 2016년도 중에 457,660천원을 납부하였고, 2016.12.26.에는 2,121,918천원의 과세예고통지를 받은 상태에 있다.

2. 이 사건의 쟁점

이 사건 회생계획에 따라 A회사는 원고에 대한 매출채권의 2%를 현금변제받았으나 98%는 출자전환 후 즉시 무상감자됨에 따라 98% 상당액 전액이 대손된 것으로 보아 이에 해당하는 부가가치세(=98%×0.1/1.1)를 대손세액공제를 받았다. 그러자 피고는 이 사건 차액에 해당하는 부가가치세를 매입세액공제 받은 원고에게 추징하였다.

원고는 "A회사가 가진 매출채권의 98%는 출자전환되어 주금납입액에 충당되었기 때문에 전액 변제받은 것이고, 따라서 98%는 '회생계획인가의 결정 또는 법원의 면책결정에 따라 회수불능으로 확정된 채권'에 해당할 여지가 없어 A회사에게 대손금이 발생할 여지가 없는 것이고, 그렇다면 과세관청이 A회사에 대하여 이 사건 차액에 대한 대손세액공제를 해 준 것이 잘못된 것이므로 피고가 원고에게 이 사건 차액에 대한 대손세액공제 해당액을 추징한 것은 위법하다"고 주장하였다.

따라서 이 사건의 쟁점은 출자전환 후 즉시 무상감자된 A회사의 원고에 대한 매출채권의 98% 해당액이 세법상 대손금에 해당하는 것으로 볼 수 있는지 여부이다.

3. 대상판결의 요지

출자전환 후 즉시 무상감자한 경우 그 소각된 주식가액에 해당하는 매출채권은 대손금으로서 대손세액공제가 가능하다고 판시한 대상판결[1]의 요지는 다음과 같다.

> "회생계획에서 별도의 납입 등을 요구하지 아니하고 신주발행 방식의 출자전환으로 기존 회생채권 등의 변제에 갈음하기로 하면서도 그 출자전환에 의하여 발행된 주식은 무상으로 소각하기로 정하였다면 그 인가된 회생계획의 효력에 따라 새로 발행된 주식은 그에 대한 주주로서의 권리를 행사할 여지가 없고 다른 대가 없이 그대로 소각될 것이 확실하게 된다. 그렇다면 위와 같은 출자전환의 전제가 된 회생채권 등은 회생계획인가의 결정에 따라 회수불능으로 확정되었다고 봄이 상당하다. 원심은, 이 사건 회생계획안은 통상의 출자전환과 달리 미리 출자전환에 의하여 발행될 주식은 무상감자하여 소각한다고 정하고 있는 등 그 판시와 같은 사정에 비추어 보면, 이 사건 회생계획인가결정으로 출자전환된 A회사의 원고에 대한 매출채권은 법인세법 시행령 제19조의2 제1항 제5호에서 정한 '회생계획인가의 결정에 따라 회수불능으로 확정된 채권'에 해당하므로, 그에 상응하는 금액을 원고의 2014년 제1기 부가가치세 매입세액에서 공제해서 한 이 사건 처분이 적법하다고 판단하였다. 원심의 위와 같은 판단에 법인세법 시행령 제19조의2 제1항 제5호의 해석 및 부가가치세법상 대손세액공제 등에 관한 법리를 오해한 잘못이 없다."

Ⅱ. 출자전환 후 즉시 감자하는 실무의 탄생 배경

1. 출자전환 시 과세관계의 개요

가. 채무자 입장

채무자의 입장에서 출자전환이란 부채(금전채무)를 자본(출자액)으로 전환하는 것이므로 과세문제가 발생한다면 주금납입액(출자전환채권액)보다 '더 많은 액면금액의 주식을 발행'하거나 '더 적은 액면금액의 주식을 발행'할 때 발생할 수 있다. 그러나 출자전환 시 주금납입액보

---

1) 2018.6.28. 선고 2017두68295 판결.

다 더 많은 액면금액의 주식을 발행하는 것은 자본충실의 원칙상 금지되므로 전자는 발생할 수 없고, 주금납입액보다 더 적은 액면금액의 주식을 발행하는 후자의 경우(즉, 할증발행의 경우)에 세무상 문제가 발생할 수 있다. 현행 세법에 의하면 채무자가 할증발행 형식으로 출자전환하면 발행가액 중 시가초과액은 채무면제익에 해당하는 것으로 규정하고 있으므로[2] 과세문제가 발생한다. 그러나 발행가액 중 시가초과액은 채무면제익이지만 익금에 산입하지 않고 차후 사업연도에 발생하는 결손금에 충당할 수 있도록 함으로써 과세이연을 허용하고 있다.[3], [4]

출자전환을 액면가액으로 하면 채무자에게 과세문제가 발생하지 않는다. 즉, 현행 세법은 ① 채무자가 구조조정법인[5]의 경우에는 액면가액(100) 이상의 가액을 발행가액(300)으로 하여

---

2) 법인세법 제17조 제1항 제1호 단서.

3) 법인세법 제17조 제2항.

4) 출자전환에 따르는 채무면제익의 과세에 관하여 미국과 일본의 사례는 다음과 같다.

(i) 미국은 ㉠ 일반기업의 출자전환에 따른 채무면제익에 대한 과세에 있어서, 종래부터 채무면제익에 대하여 과세할 것인가를 두고 대출금이론(loan proceeds theory), 자산해방이론(freeing of assets theory) 등의 과세가능론과 주식인수가격이론(subscription price theory), 채무대체이론(substitution of liabilities theoy) 등이 과세불가론이 대립하여 채무면제익에 대한 과세관계가 수차 변경되어 오다가 현행 미국 내국세입법(Internal Revenue Code) 제108조(e)(8)에서는 도산기업과 변제자력없는 법인 이외의 일반법인의 경우에는 채무의 출자전환 시 채무회사(debtor corporation)는 발행주식의 공정시장가액(fair market value)만큼 채무를 변제한 것으로 취급되므로 원칙적으로 공정시장가액을 초과하는 채무액은 채무회사에게 채무면제소득으로 인식된다. ㉡ 한편, 도산기업에 대한 과세특례로서 현행 내국세입법 제108조(a)(1)에서는 도산기업과 변제자력이 없는 법인에 대하여는 채무면제익에 대한 과세특례를 적용하여 채무면제익을 소득에서 제외하도록 하되, 같은 법 제108조(b)(2)에서는 도산기업의 과세특례에 해당하여 채무면제익을 소득에서 제외할 경우에는 그에 상응하여 채무자는 세무조정사항을 감액조정(reduction of tax attributes)을 하도록 정하고 있다. 이 감액조정에 따라 장래에 과세소득이 증가되므로 채무면제익의 과세제외는 완전한 비과세가 아니라 과세이연에 해당한다. 미국의 이 세무조정사항의 감액조정은 ①순영업손실(net operating loss) 및 이월결손금(net operating loss carryover), ②일반사업세액공제(general business credit), ③최저한세 세액공제(minimum tax credit), ④자본손실 이월금(capital loss carryover), ⑤자산의 취득가액(basis reduction), ⑥투자손실금과 세액공제이월금(passive activity and credit carryovers), ⑦외국납부세액공제 이월금(foreign tax credit carryovers)의 순서로 한다. 채무자는 위 순서로 감액조정하는 대신 감가상각자산의 취득가액을 감소시키는 방법(reducing the basis of depreciable property)을 선택할 수 있고, 이 경우에는 '0'에 이를 때까지 감액할 수 있다[내국세입법 제108조(b)(5)].

(ii) 일본은 종래 출자전환을 현물출자 방식으로 주로 하여 왔는데, 2006년 법인세법이 개정되기 전에는 출자전환 시 채무면제익이 발생하지 않는다는 이른바 권면액설에 의한 견해가 강하였으나, 2006년에 일본 법인세법 제59조 제1항 제1호 및 제2항 제1호가 개정되어 회사갱생 또는 민사재생절차 등이 개시된 때에 채권자로부터 채무면제를 받은 경우 결손금 손금산입 대상에 '채무면제 이외의 사유로 소멸한 채무에 관한 이익이 발생하는 때'를 포함하는 것으로 개정됨에 따라 출자전환 시 채무면제익(소멸익)이 발생한다는 평가액설에 의한 견해가 강해지고 있다고 한다(金子宏·垂井英夫, "法人税における資本等取引と損益取引-混合取引の法理の提案", 『税財政の今後の課題と展望(日本租税研究會創立60周年記念大會記錄)』, 日本租税研究協會, 2009, 7頁).

5) 이 글에서 '구조조정법인'이란 채무자 회생 및 파산에 관한 법률(이하 "채무자회생법"이라고 한다)에 의한 회생절차를 수행하는 회생법인, 기업구조조정촉진법상 워크아웃절차를 수행하는 워크아웃법인, 당해 기업의 채권금융기관과 체결한 경영정상화계획 이행협약에 따른 절차를 수행하는 경영정상화계획 이행협약 체결법인, 기업 활력

할증발행의 출자전환을 할 때, 발행 주식의 시가(20)가 액면가액 이하이더라도 액면가액을 초과한 발행가액(200)만 익금산입 대상인 주식발행액면초과액에 해당하는 것으로 규정[6]하고 있기 때문에 액면가액 부분에 대해서는 채무자에게 과세문제가 발생하지 않고,[7] ② 채무자가 구조조정법인 이외의 일반법인인 경우에도 과세당국은 이 경우 주식 시가(20)가 아닌 액면가액(100)만큼은 주금납입이 있는 것으로 해석하므로[8] 이 경우에도 액면가액 부분에 대해서는 과세문제가 발생하지 않는다. 따라서 채무자의 입장에서 액면가액으로 출자전환하면 과세문제가 발생하지 않는다.[9]

나. 채권자 입장

채권자의 입장에서 출자전환이란 금전채권을 채무자가 발행하는 주식을 교부받아 채권을 회수하는 것이므로 과세문제가 발생한다면 '출자전환주식의 취득가액을 얼마로 할 것인가'라는 것과 '출자전환주식과 출자전환채권액 간의 차액이 대손금에 해당하는가'라는 문제다.

현행 법인세법에서는 출자전환주식의 취득가액을 ① 취득 당시의 시가(20)로 하는 것을 원칙으로 하되, ② 피출자전환 채무자가 구조조정법인이면 채권의 장부가액(300)으로 하도록 규정하고 있다. 따라서 채권자가 구조조정법인에 출자전환 시 출자전환주식의 시가와 출자전환채권액(300) 간의 차액(280)이 세무상 대손금으로 인정받을 수 있는지의 문제가 대두된다. 이에 대하여 현행 세법에서 명시적으로 규정하고 있지 않고 해석론에 맡기고 있어 논란이 되고 있다.[10), 11)]

제고를 위한 특별법에 의한 사업재편계획 추진절차를 수행하고 있는 사업재편계획 승인법인 등 출자전환에 따른 채무면제익을 과세 이연할 수 있는 (법인세법 시행령 제15조 제4항에 규정한) 4가지의 법인을 말하기로 한다.

6) 법인세법 시행령 제15조 제4항 제1호 내지 제4호의 괄호에서 규정하고 있다.

7) 과세당국의 해석도 동일하다(국세청, 법인세과-36, 2011.1.13. 외).

8) 국세청, 서면법령법인-165, 2015.12.7. 외.

9) 할증발행 형식으로 출자전환하는 경우, ① 채무자에게 발생할 수 있는 채무면제익에 관한 상세한 설명은 배영석·김병일, "출자전환 시 채무면제익에 관한 연구 – 입법론상 개선방안을 중심으로 –", 『세무학연구』 제33권 제3호, 한국세무학회, 2016.9.을, ② 채무자가 액면가액으로 출자전환한 후 즉시 감자하는 행위가 조세회피행위에 해당하는지에 관해서는 배영석·김병일, "출자전환 행위의 조세회피행위 해당성 여부에 관한 소고 – 액면증자 후 무상감자 방식을 중심으로 –", 『세무와 회계 연구』 통권 제14호(제7권 제1호), 한국세무사회 부설 한국조세연구소, 2018.3.을 각각 참조.

10) 출자전환주식의 취득가액에 관한 상세한 내용은 ① 배영석·김병일, "출자전환으로 취득하는 주식의 취득가액에 관한 연구", 『세무학연구』 제34권 제3호, 한국세무학회, 2017.9.을, ② 출자전환 시 대손금의 발생에 관한 상세한 내용은 배영석·김병일, "출자전환 및 회생채권 관련 대손금과 대손세액공제에 관한 연구 – 해석론의 정립방안을 중심으로 –", 『세무학연구』 제34권 제1호, 한국세무학회, 2017.3.을 각각 참조.

11) 조세특례제한법 제44조 제4항 및 제121조의29 제3항에서 '채무의 출자전환으로 채무를 면제하는 경우'를 '채무면제'에 포함하도록 규정하여, 출자전환주식의 시가(20)와 출자전환채권액(300) 간의 차액(280)을 세무상 대손금으로 해석할 여지가 있도록 규정하고 있으나, 이 경우는 출자전환 과정에 채무면제가 명시적으로 발생하

2. 출자전환 시 발생하는 주식발행액면초과액의 세무처리

가. 채무자 입장

출자전환 시 신주의 발행가액(9,000)을 액면가액(5,000)보다 높게 할증발행 형식으로 하는 경우 발행가액과 신주의 시가(6,000) 간의 차액(3,000)을 과세당국은 당초 주식발행액면초과액에 해당한다고 해석하였으나,[12] 2003.3.5.에 이 차액 3,000은 채무면제익이고 시가와 액면가액 간의 차액(1,000)만 주식발행액면초과액에 해당한다고 해석을 변경하였다.[13), 14]

그 후 피출자전환자인 채무자 입장에서의 세무처리에 관하여 위 차액 3,000은 주식발행액면초과액이 아닌 채무면제익에 해당한다는 내용을 2003.12.30. 입법화(법인세법 시행령 제15조 제1항에 규정)한 후 2005.12.31.에는 이를 법인세법 제17조 제1항 제1호에서, 또한 출자전환에 따른 채무면제익은 추후 사업연도에 발생하는 결손금의 보전에 충당할 수 있도록 같은 조 제2항에서 각각 규정하여[15] 현재에 이르고 있다. 2006.2.9.에는 출자전환에 따른 채무면제익은 익금에 해당한다는 내용을 법인세법 시행령 제11조 제6호의 괄호에 규정하였다.[16]

나. 채권자 입장

당초 출자전환 채권자는 1999.12.6.의 행정해석에 따라 채무자회생법에 의한 회생절차에서 출자전환에 의하여 발행한 주식의 발행가액(9,000)을 그 주식의 취득가액으로 하였으나,

---

는 경우에만(즉, 평가액설에 의한 현물출자 방식의 출자전환에만) 적용된다 할 것이다. 자세한 설명은 배영석·김병일(주9), 『세무와 회계 연구』, 327~329면 참조.

12) 재정경제부, 재법인 46012-191, 1999.12.6. 이 해석에 의하면 위 사례의 경우 주식발행가액(9,000)과 액면가액(5,000) 간의 차액(4,000)은 그 전액이 발행주식액면초과액에 해당한다.

13) 재정경제부, 재법인 46012-37, 2003.3.5.

14) 2003.3.5.에 행정해석이 변경된 배경과 이 변경 후 해석의 문제점에 관해서는 배영석·김병일(주9), 『세무학연구』, 228~232면 참조.

15) 현행 법인세법 제17조【자본거래로 인한 수익의 익금불산입】① 다음 각 호의 구분에 따른 수익은 내국법인의 각 사업연도의 소득금액을 계산할 때 익금에 산입(算入)하지 아니한다.
   1. 주식발행액면초과액 : 액면금액 이상으로 주식을 발행한 경우 그 액면금액을 초과한 금액(무액면주식의 경우에는 발행가액 중 자본금으로 계상한 금액을 초과하는 금액을 말한다). 다만, 채무의 출자전환으로 주식등을 발행하는 경우에는 그 주식등의 제52조 제2항에 따른 시가를 초과하여 발행된 금액은 제외한다.
   ② 제1항 제1호 단서에 따른 초과금액 중 제18조 제6호를 적용받지 아니한 대통령령으로 정하는 금액은 해당 사업연도의 익금에 산입하지 아니하고 그 이후의 각 사업연도에 발생한 결손금의 보전(補塡)에 충당할 수 있다.

16) 현행 법인세법 시행령 제11조【수익의 범위】법 제15조 제1항의 규정에 의한 수익은 법 및 이 영에서 달리 정하는 것을 제외하고는 다음 각 호에 규정하는 것으로 한다.
   6. 채무의 면제 또는 소멸로 인하여 생기는 부채의 감소액(법 제17조 제1항 제1호 단서의 규정에 따른 금액을 포함한다)

2003.3.5.의 변경된 행정해석에 의하여 출자전환에 의하여 발행한 주식의 시가(6,000)를 출자전환주식의 취득가액으로 하고 발행가액과 시가 간의 차액(3,000)은 대손금으로 세무처리하였다.

그러나 2006.2.9.에 출자전환하는 채권자 입장에서 채권자가 취득하는 출자전환주식의 취득가액은 그 주식의 시가로 하는 것을 원칙으로 하되 구조조정법인에 출자전환하는 경우에는 출자전환주식의 취득가액을 출자전환하는 채권의 장부가액으로 하도록 입법화(법인세법 시행령 제72조 제1항 제4호에 규정)한 후 2010.6.8.에 이 내용을 같은 법 시행령 제72조 제2항 제4호의2로 옮겨서 별도로 규정하여 현재에 이르고 있다.[17)]

3. 회생절차에서 출자전환 후 즉시 감자하는 실무의 탄생 배경

가. 출자전환 관련 당사자가 출자전환·감자의 방식을 선택하는 이유

기업회생절차에서 할증발행 형식으로 출자전환할 때 발생하는 채무면제익을 차후 사업연도에 발생하는 결손금의 보전에 충당하도록 하여 입법적으로 과세이연이 가능하도록 개선함으로써 출자전환 시점에는 채무면제익의 익금산입에 따르는 세무 문제가 발생하지 않도록 하였으나, 현행 실무에서는 기업회생절차에서 금전채권을 출자전환할 때 '할증발행 형식'으로 출자전환하지 않고 '액면가액으로 출자전환하여 발행된 주식 중 일부 또는 전부를 소각하여 종전에 채무면제익으로 될 금액을 감자차익으로 전환하는 방식'으로 주로 출자전환한다. 즉, 위의 예에서 9,000을 출자전환한다고 할 때 9,000을 신주의 발행가액으로 하지 않고 액면가액으로 출자전환[18)]한 후 주식의 시가(6,000)를 초과하는 금액(3,000)을 즉시 감자(발행주식을 소각)하여 3,000을 채무면제익이 아닌 감자차익이 되도록 하는 방식을 사용한다. 이와 같이 하는 이유는, 할증발행 형식으로 출자전환할 때 발생하게 되는 채무면제익을 과세이연하는 것보다 관련 당사자에게 여러 가지 유리한 점이 있기 때문이다.

우선, 출자전환 채권자 입장에서는 ① 회생절차가 폐지될 경우 회생채권액 일부가 법인세로 납부되는 사례가 방지되고 ② 채무면제익 부분이 나중에 배당될 때에 배당소득으로 과세되는 것이 방지되는 등의 이점이 있다.

출자전환에서 발생한 채무면제익을 차후 사업연도에 발생하는 결손금의 보전에 충당하도

---

17) 현행 법인세법 시행령 제72조【자산의 취득가액 등】② 법 제41조 제1항 및 제2항에 따른 자산의 취득가액은 다음 각 호의 금액으로 한다.

4의2. 채무의 출자전환에 따라 취득한 주식등 : 취득 당시의 시가. 다만, 제15조 제4항 각 호의 요건을 갖춘 채무의 출자전환으로 취득한 주식등은 출자전환된 채권(법 제19조의 2 제2항 각 호의 어느 하나에 해당하는 채권은 제외한다)의 장부가액으로 한다.

18) 9,000을 발행가액이 아닌 액면가액으로 출자전환하려면 발행하는 주식수를 그만큼 늘리면 된다.

록 하여 과세이연이 가능하도록 함으로써 채무면제익이 발생하는 시점(출자전환 시점)에는 익금산입으로 인한 세부담이 발생하지 않도록 하고 있으나, 이연된 채무면제익이 결손금에 모두 보전되기 전에 해당 피출자전환법인이 폐업하거나 해산하면 그 때에 잔존하던 채무면제익을 전액 익금산입하여 법인세를 과세한다.[19] 이 때 과세되는 법인세는 재단채권이며[20] 회생채권자나 회생담보권자[21]보다 우선 변제된다.[22] 애초 채권자가 회생계획안에 반대하여 회생계획인가 전에 회생절차가 폐지되어 파산되도록 하였다면 채무자가 소유하던 자산은 모두 환가되어 그 환가액은 회생채권자에게 전액 분배되었을 것이다. 그런데 채권자가 출자전환에 동의하여 채무자가 회생하도록 지원하였는데도, 채무자가 중도에 파산절차에 들어갔다는 이유로, 채권액의 일부(출자전환 시 발생한 채무면제익 중 결손금의 보전에 충당되지 못하고 남아 있는 잔존액)가 익금에 산입되어 그 법인세가 재단채권으로서 국가에 우선 변제된다면 채권자 입장에서는 채무자를 곧바로 파산되도록 한 경우보다 출자전환을 하여 채무자를 지원한 경우가 채권회수면에서 손해가 되는 문제가 발생한다. 이러한 불합리한 결과를 방지하기 위하여 채권자는 출자전환 시 채무면제익이 발생하지 않는 방법을 더 선호한다.

또한 위 사례에서 시가(6,000)와 발행가액(9,000) 간의 차액(3,000)은 현행 세법상 채무면제익인데 이 채무면제익은 이익잉여금으로서 배당 재원이 된다.[23] 이 3,000을 배당할 경우[24] 배당소득으로 과세하면 이 3,000은 채권자의 채권 원본에 해당하는데도 원본에 대해 과세하는 결과가 된다.[25] 출자전환 채권자가 법인이라면 이 차액(3,000)은 대손금으로 손금 인정받거나 출자전환주식을 처분할 때 취득가액으로서 손금산입되기 때문에 채무면제익으로 과세되더라도 과세시기를 통산하면 익금과 손금이 동액이 되므로 과세시기만 문제가 될 뿐 원본과세의 문제가 발생하지 않지만, 출자전환 채권자가 개인이라면 법인과 같이 대손금으로 손금 인정되거나 주식 처분 시 취득가액으로 인정되는 것이 허용되지 않기 때문에[26] 원본에

19) 법인세법 시행령 제15조 제5항. 회생회사가 회생계획의 수행이 어렵게 되어 도중에 회생절차를 폐지하여 파산절차로 이행, 파산절차에 들어가면 법인 해산 사유에 해당한다(상법 제227조 제5호, 제517조 제1호, 제609조 제1항 참조).

20) 채무자회생법 제473조 제2호.

21) 회사가 파산되면 회생채권자는 파산채권자가 되고(채무자회생법 제423조 참조) 회생담보권자는 별제권자가 되는 것이므로(채무자회생법 제411조 참조), 이 경우 정확하게는 회생채권자는 파산채권자가 되고 회생담보권자는 별제권자가 된다.

22) 채무자회생법 제476조.

23) 상법 제446조의 2 및 제462조 제1항, 상법 시행령 제15조 참조.

24) 물론 배당은 배당가능이익이 있어야 가능하고 일반적으로 결손이 많은 법인이 출자전환을 받기 때문에 출자전환이 있는 경우 배당가능이익이 산출되지 않는 것이 일반적이지만, 여기서는 피출자전환자에게 배당가능이익이 있는 것으로 전제하고 논의한다.

25) 소득세법 제17조 제1항 제1호, 법인세법 시행령 제12조 제1항 제1호 참조.

26) 소득세법은 법인세법과는 달리 구조조정법인에 출자전환하여 취득하는 주식의 경우 그 취득가액을 취득 당시

대해 과세하는 결과가 되는 문제가 있으므로, 출자전환 채권자의 입장에서는 채무면제익이 발생하지 않는 방식을 선호하게 된다.

그 다음, 피출자전환자인 채무자의 입장에서는 출자전환 시 채무면제익이 발생하면 법인세가 과세되므로[27] 법인세가 과세되지 않는 출자전환 방식이 있다면 이를 선호하는 것은 당연하다.

마지막으로, 회생기업의 대표자(CEO)의 입장에서도 연대보증 책임 문제 때문에 출자전환 후 감자하는 방식을 선호한다.

채무자회생법에서는 이른바 보증책임의 부종성을 배제하고 있기 때문에[28] 기업회생절차에서 회생계획에 의하여 출자전환하여 회생채권이 소멸하더라도 회생기업을 위해 연대보증한 보증인(주로 대표이사)의 보증책임은 소멸하지 않고 존속한다. 그러면 연대보증인이 열심히 노력하여 피출자전환법인을 회생시켜서 출자전환채권자가 출자전환주식을 처분하여 당초 회생채권을 전액 회수하더라도, 연대보증인의 책임에 관하여 시가평가액 소멸설을 취하고 있는 대법원 판례[29]에 의할 때 출자전환시점의 채권액과 발행주식의 시가액 간의 차액(출자전환시점의 회생채권자의 손실)은 여전히 연대보증인이 채권자에게 변제할 책임이 있다.

이렇게 되면 연대보증인은 회생기업을 잘 경영하여 회생시켜도 자신의 보증책임이 경감되지 않기 때문에 열심히 일할 동기가 없게 되는 문제점이 있고, 이 문제 때문에 연대보증채권자가 신용보증기금이나 기술보증기금인 경우에는 연대보증인에게 연대보증책임을 묻지 못하도록 입법적으로 보완하고 있다.[30] 그러나 이것은 중소기업이 신용보증기금이나 기술보증기금으로부터 보증을 받을 때 대표자 등이 연대보증한 경우에만 적용되는 것이므로 그 혜택은 매우 제한적이다. 그래서 연대보증인의 입장에서도 출자전환 시 채무면제익(채권자의 입장에서는 대손금)이 발생하지 않도록 하는 방식을 선호하게 된다.

의 시가로 하도록 규정하고 있으므로(소득세법 시행령 제89조 제1항 제3호) 차액 3,000은 주식 매각 시 취득가액으로 인정되지 않는다.

27) 이 채무면제익을 과세이연하여 차후 사업연도에 발생하는 결손금의 보전에 충당한다 하더라도, 결손금 보전에 충당된 결손금은 과세표준 계산 시 다시 차감될 수 없으므로 궁극적으로는 과세이연된 채무면제익에 대해서 법인세가 과세된다.

28) 채무자회생법 제250조 제2항.

29) 대법원 2003.8.22. 선고 2001다64073 판결 ; 2008.7.24. 선고 2008다18376 판결 등.

30) 중소기업이 회생절차에서 주채무가 감경 또는 면제되면 연대보증채무도 동일한 비율로 감경 또는 면제되는 내용으로 2013.5.28.에 신용보증기금법 제30조의3과 기술신용보증기금법 제37조의3을 신설하여, 출자전환 시 채무면제익(채권자의 입장에서는 대손금)의 부분에 대해서는 연대보증인에게 연대보증책임을 묻지 못하도록 입법적으로 보완하고 있다.

나. 회생절차에서 출자전환·감자하는 실무가 탄생한 배경

신주 발행가액(9,000)과 액면가액(5,000) 간의 차액(4,000) 중 3,000[발행가액과 시가(6,000) 간의 차액]이 채무면제익에 해당하되 이 채무면제익을 향후 발생하는 결손금의 보전에 충당할 수 있는 것으로 법인세법을 보완하여 당장의 채무면제익의 발생에 따른 과세문제를 해결할 수 있도록 하였지만 출자전환 시 채무면제익이 발생하면 실무상으로 여전히 여러 가지 문제가 발생한다. 즉, ① 이렇게 입법적으로 보완한 내용은 이 채무면제익에 대한 법인세 과세를 이연한 것에 지나지 않는 것이어서 채무자는 회계상 이연법인세부채라는 부채항목을 계상해야 하는 문제,[31] ② 출자전환받은 회생법인이 회생절차를 진행하다가 회생 폐지되어 파산이 되면 결손금의 보전에 미처 충당되지 못하고 남아있는 채무면제익의 잔액이 익금산입되고 이 익금산입에 따른 법인세가 조세채권으로서 채권자에 우선하여 국가에 변제되기 때문에 채권자의 입장에서는 채권 원본에 법인세가 과세되어 국가에 우선 변제된다는 문제,[32] ③ 기업회생절차에서 출자전환 시 보증책임의 부종성 법리가 배제되기 때문에 회생기업을 위한 연대보증인은 채권액과 출자전환주식의 시가 간의 차액에 대해 보증책임을 져야 하는 문제 등이 여전히 남아 있다.

이러한 문제점은 발행주식의 시가와 액면가액 간의 차액을 채무면제익에 해당하는 것으로 취급함에 따라 발생하는 것이므로, 이 차액을 채무면제익이 아닌 것으로 할 수 있는 출자전환방식을 모색할 필요가 있고, 이 필요성에 의하여 액면가액으로 출자전환한 후 즉시 무상감자를 하는 방식이 탄생하게 되었다.[33]

액면가액으로 출자전환 한 후 즉시 무상감자를 하는 방식을 선택하면 위 사례에서 4,000을 감자한다고 할 경우, ① 신주의 발행가액(9,000)과 액면가액(5,000) 간의 차액 4,000은 당초 '채무면제익 3,000'과 '주식 시가(6,000)를 초과하는 부분인 주식발행액면초과액 1,000'으로 구성되었으나, ② 액면가액으로 출자전환한 후 즉시 무상감자하는 방식을 선택함에 따라 4,000 전액이 감자차익으로 전환된다. 즉, 당초 출자전환거래가 손익거래[34]와 자본거래[35]로 구성된 혼합거래[36]이던 것이 자본거래만으로 구성되는 것으로 된다. 그러면 이 방식의 출자전환에서는

31) 이연법인세부채를 계상해야 하는 문제에 대한 보다 상세한 설명은 배영석, "기업회생절차에서의 출자전환 관련 입법적 개선방안의 검토", 『회생법학』 통권 제13호, 한국채무자회생법학회, 2016.12., 226~228면 참조.

32) 회생회사의 파산 시 잔존 채무면제익이 원본 과세된다는 점에 대한 상세한 설명은 배영석·김병일(주9), 『세무학연구』, 252~253면 참조.

33) 출자전환에 관한 세법상 규율의 변천에 관해서는 서울중앙지방법원 파산부 실무연구회(이하 "서울중앙지법 실무연구회"라 한다), 『회생사건실무(상)』(제4판), 박영사, 2014, 749~751면을, 출자전환 시 채무면제익이 발생함에 따라 그 실무적 대응방안에 대한 설명은 752~754면을 각각 참조.

34) 손익거래란 수익 또는 비용이 발생하는 거래를 말한다.

35) 자본거래란 기업과 소유자 간에 일어나는 거래를 말한다(재무회계개념체계 문단 112, 상법 제459조 제1항).

채무면제익 3,000 자체가 발생하지 않기 때문에, ① 3,000에 대하여 회계상 이연법인세부채를 계상해야 하는 문제가 발생하지 않고, ② 회생절차를 진행하다가 파산이 되더라도 채무면제익 자체가 없어 익금산입되지 않기 때문에 채권자 입장에서는 원본과세되는 문제가 발생하지 않으며, ③ 출자전환하는 금전채권액 전액이 주금납입에 충당되어 채권 전액이 변제된 것으로 되므로 회생기업을 위한 연대보증인에게 보증책임을 묻는 문제가 더 이상 발생하지 않는다.

이러한 여러 가지 이유 때문에 금전채권을 출자전환하는 경우 액면가액으로 증자하였다가 즉시 감자하는 실무가 정착이 되었다.[37] 위의 예에서 출자전환 시 신주 발행가액과 주식 시가 간의 차액 3,000이 발생하는 것을 출자전환으로 보는 경우와 채무면제로 보는 경우 각 세법상 그 취급이 어떻게 차이가 나는가를 비교해 보면 아래 〈표 2〉와 같다.

〈표 2〉 차액 3,000을 출자전환과 채무면제로 보는 경우의 비교

구 분		출자전환(자본거래)으로 보는 경우	채무면제(손익거래)로 보는 경우
채권자	출자전환 성격	출자행위	채무면제
	대손금 해당성	대손금에 미해당	대손금에 해당
	대손세액공제성	공제 불가능	공제 가능
	추후 배당 시 배당소득으로 과세성	과세안됨	과세됨
	회생절차 폐지되어 파산시 조세채권의 우선 변제로 인한 권리침해 가능성	권리침해 없음	권리침해 있음
	보증인에게 구상권 청구 가능성	청구 불가능	청구 가능
	신주 평가의 필요성	불필요	필요
채무자	차액의 성격	감자차익 (자본거래)	채무면제익 (손익거래)
	익금에 따른 법인세 과세 해당성	미해당	해당
	대손세액공제액의 추징 해당성	추징 미해당	추징 해당
	자본금등기에 따른 등록면허세 과세대상 여부	과세 대상	과세대상 미해당

---

36) 혼합거래에 관한 상세한 설명은 정건용, "법인세법상 자본거래와 손익거래의 혼합거래 과세에 관한 연구", 강남대학교 대학원 박사학위논문, 2015, 참조.

37) 회생절차에서 출자전환 후 감자하여 발행주식수를 줄이는 이유는 거대 자본금의 존재로 인하여 회생회사의 M&A에 지장이 초래되는 것을 방지하기 위해서다[서울중앙지법 실무연구회(주33), 753면].

기업회생절차에서 회생채권을 출자전환하는 것은 채무자회생법 제206조 제1항[38]에 의하여 하는데, 이 경우 회생계획에 기재하도록 요구한 4가지 중 제4호(신주의 발행으로 감소하게 되는 부채액)는 종전 회사정리법에서는 없다가 채무자회생법을 입법하면서 신설되었다. 제3호(신주의 발행으로 인하여 증가하게 되는 자본과 준비금의 액)에서는 출자전환으로 신주를 발행하면 '자본의 액'뿐만 아니라 '준비금의 액'까지 회생계획에 기재하도록 규정하고 있는데, 회생계획에 '준비금의 액'까지 기재하도록 요구하고 있는 것은 이 외에도, 새로 납입 또는 현물출자를 하는 증자의 경우,[39] 주식의 포괄적 교환과 포괄적 이전을 하는 경우,[40] 회생회사의 합병과 분할(분할합병 포함)·신회사의 설립의 경우[41]에도 각각 기재하도록 하고 있다.

이러한 규정 내용을 보면 회생계획에서 출자전환을 할증발행 형식으로 하면 발행가액과 자본금 간의 차액은 제4호에 정한 준비금(주식발행액면초과액)으로서 회생계획에 기재하여야 할 것으로 생각되나, 서울중앙지방법원 파산부 실무연구회에서 발간한 책자에서는 이 경우 다음 〈사례〉에서와 같이 자본금의 액만 기재하고 준비금의 액은 기재하지 않는 것으로 제시하고 있다.[42]

---

38) 채무자회생법 제206조(주식회사 또는 유한회사의 신주발행) ① 주식회사인 채무자가 회생채권자·회생담보권자 또는 주주에 대하여 새로 납입 또는 현물출자를 하게 하지 아니하고 신주를 발행하는 때에는 회생계획에 다음 각호의 사항을 정하여야 한다.

1. 신주의 종류와 수
2. 신주의 배정에 관한 사항
3. 신주의 발행으로 인하여 증가하게 되는 자본과 준비금의 액
4. 신주의 발행으로 감소하게 되는 부채액

39) 채무자회생법 제206조 제2항 제1호 및 제3항 제4호.

40) 채무자회생법 제207조 제4호, 제208조 제4호.

41) 채무자회생법 제210조 제4호, 제211조 제2호, 제212조 제1항 제1호·제13호 및 제2항 제1호, 제213조 제1항 제5호 및 제2항 제2호, 제215조 제1항 제7호.

42) 서울중앙지법 실무연구회, 『회생사건실무(상)』(제2판), 박영사, 2009, 568면. 이 〈사례〉를 서울중앙지법 실무연구회, 『회생사건실무(상)』(제3판), 박영사, 2011, 616면에서 그대로 수록하고 있으나, 2014년도에 발간한 『회생사건실무(상)』(제4판) (주33), 702~706면에서는 채권의 출자전환에 따른 신주 발행의 사례로 2가지를 제시하면서 2가지 모두 할증발행 형식의 신주발행이 아닌 액면발행의 신주발행 사례를 출자전환에 따른 신주 발행의 사례로 제시하고 있다.

〈사례〉 채권의 출자전환에 따른 신주의 발행

1. 주식의 종류 : 기명식 보통주식
2. 1주의 액면금액 : 금 5,000원
3. 1주당 발행가액 : 금 10,000원
4. 발행할 주식의 수 : 4,000,000주
5. 신주발행으로 인하여 증가하는 자본금의 액 : 금 20,000,000,000원. 다만, 단주의 처리로 인하여 자본금이 위와 일치하지 않을 경우에는 실제의 신주발행 결과에 따른다.
6. 신주의 발행으로 감소하게 되는 부채액 : 금 40,000,000,000원
7. 신주발행의 효력발생일 : 정리계획 인가일로부터 3개월이 되는 달의 초일을 효력발생일로 한다.
8. 단주의 처리 : 단주는 관리인이 법원의 허가를 받아 처리한다.

채무자회생법에서 출자전환 시 발생하는 준비금을 자본금과 별개로 기재하도록 규정한 점을 생각하면 위 〈사례〉의 '5'는 다음과 같이 기재하는 것이 타당할 것이다. 출자전환으로 증가하는 자본금이 200억원[43]이므로 총 발행가액 400억원[44] 중에서 자본금을 차감한 후의 잔액(200억원)을 준비금(주식발행액면초과액)으로 회생계획에 기재하는 것이 타당하기 때문이다.

5. 신주발행으로 인하여 증가하는 자본금의 액과 준비금의 액 : 금 20,000,000,000원과 20,000,000,000원. 다만, 단주의 처리로 인하여 자본금이 위와 일치하지 않을 경우에는 실제의 신주발행 결과에 따른다.

할증발행 형식으로 출자전환하는 경우 회생계획안을 채무자회생법에서 요구하는 바대로 준비금을 별도로 기재하지 않음에 따라 위 〈사례〉의 경우 준비금 200억원이 세무상으로도 주식발행액면초과액으로 인정받지 못한 채 채무면제익으로 취급되어 온 원인 중 하나로 작용한 것으로 생각된다. 즉, 회생계획안에 주식발행액면초과액(준비금)을 별도로 기재하지 않는 실무 관행이 회생절차에서 출자전환한 후 즉시 감자하여 위 200억원을 감자차익(준비금)으로 나타나도록 하는 실무가 탄생한 배경 중 하나라고 생각된다.[45), 46)]

---

43) 20,000,000,000원=1주당 액면가액 5,000×발행주식수 4,000,000주.

44) 40,000,000,000원=1주당 발행가액 10,000×발행주식수 4,000,000주.

45) 주식발행액면초과액이든 감자차익이든 모두 상법상 준비금에 해당한다는 점을 생각하면 채무자회생법의 규정에 따라 위 〈사례〉의 200억원을 회생계획에 준비금(주식발행액면초과액)으로 기재하는 것이나 이 사건과 같이 출자전환·감자의 과정의 거쳐서 준비금(감자차익)으로 나타나게 하는 것이나 결과적으로 준비금을 회생계획에

4. 출자전환 후 즉시 감자하는 경우 세무처리에 대한 과세관청의 해석

매출채권을 출자전환하고 받은 신주의 시가(10)와 출자전환한 채권가액(100) 간의 차액(90)이 법인세법 시행령 제72조 제2항 제4호의2 단서에 의거 출자전환주식의 취득가액에 해당하여 대손금에 해당하지 않는다고 하더라도 부가가치세법상으로 차액 90이 대손금으로서 대손세액공제의 대상이 되지 않는가에 대하여 논란이 이어져 왔다. 이에 조세심판원은 2013.9.11. 결정에서 차액 90은 대손세액공제의 대상이 되는 것으로 종전 결정을 변경하였고,[47), 48)] 그 후 기획재정부도 차액 90은 대손세액공제의 대상이 되는 대손금에 해당한다고 해석을 변경하였다.[49)]

나타나게 한다는 점에서는 동일하다.

46) 서울중앙지법 실무연구회(주33), 753~754면에서 출자전환에 따른 신주 발행과 즉시 감자하는 경우의 회생계획안의 사례로 제시하고 있는 것은 다음과 같다.

> **제4절 출자전환에 따른 신주 발행**
>
> 채무의 권리변경에 따라 회생채권자가 주금을 신규로 납입하지 아니하고 채권액을 출자로 전환하는 경우 아래와 같이 신주를 발행하고 신주발행의 효력발생일에 변제로 갈음한다.
>
> **1. 회생채권 대여채무의 신주발행**
>
> 가. 주식의 종류 : 기명식 보통주
> 나. 1주의 액면금액 : 5,000원
> 다. 1주의 발행가액 : 5,000원
> 라. 발행할 주식수 : 798,094,906주
> 마. 신주의 발행으로 증가하는 자본금의 액 : 395,474,530,000원. 다만 단주의 처리로 인하여 자본금이 위와 일치하지 않을 경우에는 실제의 신주발행 결과에 따른다.
> 바. 신주의 발행으로 감소하게 되는 부채액 : 395,474,563,572원
> 사. 신주의 효력발생일 : 본장 제2절 주식병합에 의한 자본감소의 효력발생일 다음날에 효력이 발생하며, 관리인이 법원의 허가를 받아 신주를 발행한다.
>
> (중략)
>
> **제5절 출자전환 후 주식재병합에 의한 자본 감소**
>
> **1. 주식의 병합 방법**
>
> 본장 제2절에 의한 기존 주식의 병합과 본장 제4절에 의한 회생채권의 일부 채권액의 출자전환 후 회사 자본금 규모의 적정화를 위하여 발행 주식의 액면가 5,000원의 보통주 10주를 액면가 5,000원의 보통주 1주로 재병합한다.

47) 조심 2012서2200, 2013.9.11. ; 조심 2012서1842, 2013.9.11.

48) 조세심판원은, ① 2006.2.9. 법인세법 시행령 제72조 제1항이 개정되기 전(즉, 구조조정법인에 출자전환하는 경우에는 출자전환주식의 취득가액을 채권의 장부가액으로 하도록 개정되기 전)에는 '발행주식의 시가와 채권의 장부가액 간의 차액은 대손금에 해당하므로 대손세액공제가 가능하다'고 하였으나(국심 2001서2656, 2001.12.27. ; 국심 2004중2043, 2005.1.21.), ② 2006.2.9. 법인세법 시행령 제72조 제1항이 개정된 후에는 '출자전환한 채권가액은 주금납입액에 충당되어 전액이 회수된 것이므로 발행주식의 시가와 채권의 장부가액 간의 차액은 대손금이 아니어서 대손세액공제 대상이 아니다'고 변경 결정하다가(조심 2011중810, 2012.3.29. ; 조심 2011중1106, 20112.6.8. ; 조심 2012중1790, 2012.6.14.), ③ 2013.9.11. 결정(조심 2012서2200, 조심 2012서1842)에서 다시 결정을 변경하였다.

49) 기획재정부, 부가가치세-153, 2015.2.16.

이러한 조세심판원의 결정례와 기획재정부의 해석은 '출자전환으로 취득한 주식이 소각, 감자되지 않고 그대로 존속하는 경우에 차액 90이 대손세액공제 대상인 대손금에 해당하는가'에 대한 것인데, 이 차액 90이 대손세액공제에 해당하는가의 문제와는 별개로, 차액 90이 채무자에게 채무면제익에 해당함에 따라 여러 가지 문제가 나타나자 이를 해결하는 방법으로 (액면가액으로 출자전환한 후 즉시 감자하는 방식에 의하여) 차액 90을 감자차익으로 변경하는 출자전환 실무가 성행하게 되었다. 그러자 이렇게 차액 90을 채무자에게 채무면제익이 아닌 감자차익이 되도록 전환하면 90이 채권자 입장에서 법인세법상 대손금으로 인정되는지 내지 부가가치세법상 대손세액공제의 대상이 되는지 여부가 실무상 쟁점으로 부상하게 되었다.

이 점에 대하여, 당초에는 과세관청은 회생계획에 의하여 매출채권 중 일부는 현금으로 변제받고 일부는 출자전환하여 신주를 받은 후 그 신주 일부를 즉시 소각하더라도 감소되는 주식수에 대한 금액은 법인세법상 대손금에 해당하지 않는다고 해석하였다.[50] 출자전환한 채권자가 법인이 아닌 개인인 경우에 대한 해석에서도 "소득세법상 자산의 취득가액 규정은 법인세법과 달리 시가로 규정하고 있어서 채권의 출자전환으로 주식을 취득하는 경우에 주식의 취득가액을 시가로 보아야 하기 때문에 채권의 장부가액과 주식의 시가와의 차액(즉, 위의 90)은 소득세법상 대손금에 해당하나, 출자전환 이후 무상감자하는 경우 자본금만 감소할 뿐이고 회생계획인가의 결정에 따라 회수불능으로 확정된 바가 없으므로 감소되는 주식수에 해당하는 금액(즉, 액면증자후 감자한 경우 감자차익이 되는 90)은 대손금에 해당하지 않는다"는 취지로 해석하였으나,[51] 출자전환 후 즉시 감자하는 경우 발행 주식의 시가와 출자전환채권액의 차액은 대손금에 해당한다는 취지로 해석한 것도 있다.[52]

50) 국세청, 법규법인 2010-59, 2010.4.22.

51) 기획재정부, 소득세제과-279, 2016.7.4. 이 해석의 질의는 '2014.6.30.에 매출채권의 70%는 출자전환하고 30%는 현금변제하는 조건의 회생계획인가가 난 후 2014.7.30.에 출자전환한 주식을 10 : 1의 비율로 무상감자한 경우로서 70%가 출자전환됨과 동시에 무상감자된 경우 무상감자된 매출채권 상당액에 대한 대손 가능 여부' 내용의 질의이다.

52) 국세청은 '회생계획안에 따라 외상매출채권 중 35%는 현금변제 받고 나머지 65%는 출자전환함과 동시에 1/10로 감자된 경우 대손세액공제 여부'의 질의에 대하여, "매출채권의 전부 또는 일부가 회생계획인가의 결정에 따라 채무자의 주식으로 전환됨과 동시에 주식병합으로 감자된 경우, 대손세액공제 여부에 대하여는 기획재정부 회신사례(재부가-153, 2015.2.16.)를 참고하기 바람"으로 해석하였는데(법령해석부가-0417, 2017.07.11.), 기획재정부 회신사례(재부가-153, 2015.2.16.)는 출자전환 시 발행주식의 시가와 출자전환가액 간의 차액은 대손세액공제에 해당한다는 뜻의 해석이다.

Ⅲ. 출자전환 시 대손세액공제 가능 여부에 관한 견해의 대립

1. 학 설

신주의 발행가액(9,000)과 시가(6,000) 간의 차액(3,000)이 발생하도록 금전채권자가 구조조정법인에게 출자전환하는 경우, 법인세법 시행령 제72조 제2항 제4호의2의 단서에서 출자전환주식의 취득가액을 출자전환채권의 장부가액(9,000)으로 하도록 정하고 있으므로, 채권자의 입장에서 차액 3,000은 출자전환주식의 취득가액이 되기 때문에 문언상으로는 법인세법상 대손금이 되지 않는다. 그러면 이 차액 3,000을 부가가치세법상으로도 대손금에 해당하지 않는 것으로 보아 채권자에게 대손세액공제를 허용하지 않을 것인가라는 점을 두고 대손세액공제가 가능하다는 긍정설[53]과 대손세액공제가 불가능하다는 부정설[54]로 대립한다.

긍정설의 논거는 조세심판원이 2013.9.11.에 종전 결정을 변경하면서 출자전환 시에 대손세액공제가 가능하다고 내세운 이유와 대체로 동일하다. 조세심판원이 제시한 긍정설의 논거는, ① 대손세액공제의 범위와 관련하여 부가가치세법에서 시가가 없거나 불분명하면 법인세법 시행령 제89조 제2항의 규정에 의한 가격으로 평가하도록 규정하고 있을 뿐이고 자산취득가액에 대해서는 부가가치세법에서 별도 규정이 없으므로 부가가치세법의 적용 시에는 자산취득가액을 달리 정할 수 있고, ② 출자전환주식의 취득가액을 정한 법인세법 시행령 제72조 제2항 제4호의2 단서의 입법취지는 채무면제이익으로 인한 법인세 문제를 해소하려는 것이지 채권자의 대손세액공제 배제 취지로 보기 어렵고, ③ 출자전환주식의 취득가액을 채권장부가액으로 하면 법인세 과세 시 위 차액 3,000을 출자전환 시는 대손금으로 손금산입 못하더라도 주식 처분 시는 처분손실로서 손금인정되지만, 부가가치세는 출자전환주식의 매각 시에 대손세액공제가 불가능하다는 점에서 차이가 있으며, ④ 대손세액공제를 인정하지 않으면 매출채권 자체를 회수하지 못한 채권자에게 거래징수하지 못한 부가가치세까지 부담하도록 하여 채권자에게 과도한 부담을 주는 문제가 있다는 등의 논거이다.

부정설은 ① 법인세법 시행령 제72조 제2항이 2006.2.9.에 개정된 후에는 출자전환주식의

53) 오수환, "회생인가의 결정에 따라 출자전환 후 무상감자된 매출채권의 대손세액공제 –「부가가치세법」을 중심으로", 『세무사』 제32권 제3호(통권 142호), 한국세무사회, 2014, 81~89면.

54) 이중교, "채무의 출자전환에 따른 과세문제", 『조세법연구』 제20-2호, 세경사, 2014.8., 310~311면 ; 배영석·김병일{주10(『세무학연구』 제34권 제1호)}, 168~172면.

시가가 발행가액에 미달하면 채권자의 출자전환주식의 취득가액은 출자전환한 채권장부가액이므로, 채권자는 채권액을 동 가치의 주식으로 변제받은 것이어서 발행가액과 시가의 차액은 대손금이 아니고 향후 주식 처분 시 그 차액은 손금산입될 수 있을 뿐이고,[55] ② 회생절차에서 출자전환할 때 대손금이 발생하지 않을 뿐만 아니라[56] 대손세액공제를 인정하게 되면 국가는 이 대손세액공제액을 공익채권으로서 회생채무자에게 추징할 수 있어 손해가 없으나 대손세액공제액만큼을 출자전환 채권자에게 다른 회생채권자보다 우선 변제받게 하는 결과를 용인하므로 불합리하다[57]는 등의 논거를 제시한다.

2. 이 사건에서의 하급심의 판단

가. 회생계획인가에 의한 회수불능의 의미

회생계획에서 금전채권을 출자전환하더라도, ① 출자전환으로 발행한 주식 중 일부(예 : 90%)를 소각하고 나중에 회생계획의 진행 상황을 보아 다시 회생계획의 변경을 통하여 또다시 주식을 소각(6%)하여 당초의 출자전환 주주는 출자전환주식 중 일부(이 경우 4%)를 계속 보유하는 경우가 많은데, ② 이 사건의 경우는 〈표 1〉에서 보는 바와 같이 2014.2.19.에 금전채권 585억원을 출자전환한 후 그 다음날(2014.2.20.)에 585억원 전액을 감자하여 출자전환한 회생채권자는 출자전환주식 전부가 소각된 경우이다.

'①'의 경우는, 1차 회생계획에서 출자전환주식의 90%가 무상 소각되더라도 해당 회사의 기업가치는 그대로이므로 잔존 주식 10%의 1주당 가치가 상승할 뿐 주식가치 총액에는 변함이 없는 것이고, 2차 회생계획에서 출자전환주식의 6%가 무상 소각되어도 여전히 해당 회사의 기업가치는 그대로이므로 최종 잔존 주식 4%(=10%-6%)의 1주당 가치가 상승할 뿐 주식가치 총액에는 변함이 없다. 따라서 이 경우에는 일반적으로 무상감자하는 90%와 6%의 가치 부분은 최종 잔존 주식 4%에 남아 있는 것으로 보므로 90%와 6%의 무상 소각 시점에서는 손금이 발생하지 않는 것으로 세무처리한다.[58]

그런데 '②'의 경우는 출자전환한 주식 전부를 무상 소각하는 것으로 회생계획에서 정하였으므로 소각 후에는 주식 자체가 존속하지 않기 때문에 ①의 경우와 같이 피출자전환회사의 기업가치가 잔존 주식 10%, 4%에 그대로 잔존하는 경우가 아니다. ②의 경우는 'ⓐ매출채권

55) 이중교(주54), 310~311면.
56) 배영석·김병일{주10(『세무학연구』 제34권 제1호)}, 162~164면.
57) 배영석·김병일{주10(『세무학연구』 제34권 제1호)}, 171~172면.
58) 국세청, 법규법인 2010-59, 2010.4.22. 참조.

→ ⓑ출자전환 → ⓒ주식 전부 소각'의 형식을 거친 경우인데, ⓑ,ⓒ의 절차를 거친 것이 ㉠ 세법상 의미있는 것으로 해석할 것인지 아니면 ㉡세법상 의미없는 것으로 해석할 것인지 여부가 쟁점이고, 이 사건에서 제1심은 ㉠으로 해석했으나 제2심과 대법원은 ㉡으로 해석하였다. 대법원이 ㉡으로 해석한 이유를 "그 출자전환에 의하여 발행된 주식은 무상으로 소각하기로 정하였다면 그 인가된 회생계획의 효력에 따라 새로 발행된 주식은 그에 대한 주주로서의 권리를 행사할 여지가 없고 다른 대가 없이 그대로 소각될 것이 확실하게 되므로, 위와 같은 출자전환의 전제가 된 회생채권 등은 회생계획인가의 결정에 따라 회수불능으로 확정되었다고 봄이 상당하다"고 설시하고 있다.

그러면 대상판결에서 설시한 법리에 따르면 '①'의 경우 1차 회생계획에서 출자전환함과 동시에 발행주식의 90%를 즉시 소각하기로 정하였다면 소각하기로 예정된 주식의 액면가액(즉, 출자전환채권액의 90%)의 부분도 대상판결에서 설시한 '회생계획에 따라 새로 발행된 주식은 그에 대한 주주로서의 권리를 행사할 여지가 없이 그대로 소각될 것이 확실하므로, 90% 부분의 출자전환채권의 가치가 잔존 10% 주식에 남아 있는지 여부와 상관없이 회생계획인가의 결정에 따라 회수불능으로 확정된 것'에 해당하는 게 아닌가라는 의문이 제기된다. 즉, ①의 경우이든 ②의 경우이든 이를 구분할 필요가 없이, 회생계획에서 출자전환으로 발행한 주식을 즉시 소각하기로 예정하고 있다면 그 소각 예정의 주식은 주주의 권리행사가 불가능한 것이므로 소각 예정으로 된 주식에 해당하는 출자전환채권가액은 그 전액이 '회생계획인가의 결정에 따라 회수불능으로 확정된 것'에 해당하지 않는가라는 의문이 제기되는 것이다.

출자전환·감자의 경우 현재 대부분의 논의는 출자전환주식의 일부만 소각하는 위 ①의 경우로서 출자전환 시점에 '출자전환으로 교부받은 주식의 시가(10)와 출자전환 채권가액(100) 간의 차액(90)을 대손금으로 인정할 것인가'에 대한 논의이다. 그러나 차액 90이 대손금으로 인정된다고 하면서도 대손금으로 인정되는 근거에 대해서는 거의 논의하지 않고 90이 대손금으로 인정되는 것을 전제로 한 논의이다. 이 사건의 경우에도 과세관청은 A회사가 '출자전환으로 취득한 주식[59]의 시가인 상속세 및 증여세법에 의하여 평가한 가액(0원)과 출자전환채권 간의 차액'을 대손금으로 한 것을 보면 '소각하기로 예정된 주식의 가액(출자전환채권액)을 회생계획인가 결정에 의하여 회수불능에 해당하는 것'으로 본 대상판결의 논리와 같은 논리가 아니다. A회사가 출자전환으로 취득한 주식의 세법상 시가 평가액이 0원이어서 이 사건에서 과세관청이 대손금으로 본 금액과 대상판결에서 대손금으로 본 금액이 동액인 것이

59) 이 사건은 회생계획에서 원고가 발행한 주식 전부를 즉시 감자하기로 정하였지만 2014.2.19.의 출자전환액 58,525,130,000원에 대한 주식 11,705,026주(=58,525,130,000원÷액면가액 5,000원)가 발행된 것으로 보고 피고는 이 발행주식의 세무상 평가액을 0원으로 평가하여 과세하였다.

지 만약 원고가 출자전환으로 발행한 주식평가액이 0원이 아니라면 과세관청이 대손금으로 보는 금액과 대상판결에서 대손금으로 보는 금액은 달라졌을 것이다.

과세관청의 견해와 같이 '출자전환채권액과 주식 시가 간의 차액이 채권자의 대손금'이라는 주장은, 대법원이 회생채권자가 회생채권을 출자전환을 한 후 연대보증인에게 보증책임을 물을 수 있는 범위에 대하여 취하는 이른바 시가평가액 소멸설[60]과 같은 논리로서, 위의 예의 경우 '주식 시가 10을 변제받은 것이고 나머지 차액 90만 회수불가능한 것에 해당하므로 90을 대손금으로 해야 한다'고 보는 견해로 생각된다.[61]

나. 제1심 법원의 판단

이 사건에서 제1심[62]은 다음과 같은 이유를 내세워서 "이 사건 차액 부분은 '회생계획인가의 결정 또는 법원의 면책결정에 따라 회수불능으로 확정된 채권'에 해당하지 않으므로, 부가가치세법 제45조 제1항에 따른 대손세액공제의 대상이 되는 대손금액으로 볼 수 없다"고 판시하였다.

① 회생계획에서 신주발행 방식의 출자전환으로 회생채권이나 회생담보권의 변제에 갈음하기로 한 경우에 '출자전환으로 인하여 소멸되는 회생채권 또는 회생담보권의 가액'에 관한 정함이 있으면 그에 따라 신주발행의 효력발생일에 그 가액 상당의 회생채권 또는 회생담보권이 소멸된 것으로 봄이 상당하다.

② 채무자회생법 제206조 제1항 제4호는 출자전환 시 회생계획에서 정해야 하는 사항 중 하나로 '신주의 발행으로 감소하게 되는 부채액'을 규정하고 있는바, 이 규정 역시 출자전환으로 회생채권자가 신주를 발행받으면 출자전환되는 회생채권의 장부가액 전체가 소멸한다는 점을 전제로 하고 있는 것으로 보인다.

③ 법인세법 시행령 제72조 제2항은 회생 법인이 채무를 출자전환하는 경우에는 출자전환된 '채권의 장부가액'을 주식취득가액으로 하도록 규정하여 출자전환 시점에 과세문제가 발생하지 않도록 하였다.

---

60) 대법원 2003.8.22 선고 2001다64073 판결 ; 2008.7.24. 선고 2008다18376 판결 등.

61) 현행 법인세법 시행령에서 대손금의 인정 사유를 열거하고 있는 것은 예시적 열거가 아닌 한정적 열거이고 차액 90은 열거된 대손 사유에 해당하지 않기 때문에 현행 법인세법의 해석상 차액 90은 대손금에 해당할 수 없다는 견해에 대해서는 배영석·김병일{주10(『세무학연구』 제34권 제1호)}, 154~163면 참조.

62) 의정부지방법원 2017.5.16. 선고 2016구합9867 판결. 이 사건과 동일한 내용의 사건에 관하여 청주지방법원의 판결(2015.11.19. 선고 2015구합10921 판결), 수원지방법원의 판결(2016.4.21. 선고 2015구합66715 판결)에서도 제1심 판결 내용과 동일한 내용의 이유를 내세워서 원고 승소의 판결(즉, 출자전환 후 즉시 감자한 금액은 대손세액공제 대상에 해당하지 않는다는 판결)을 하였다.

④ 출자전환 시 주식의 시가에 해당하는 금액만이 변제된 것이고 나머지는 회수불능으로 확정된 채권에 해당한다고 보게 되면, 원고의 인수인은 회생계획에서 예측하지 못한 채무를 추가로 부담하므로 이는 회생채무자 또는 그 사업의 효율적인 회생을 도모하고자 하는 채무자회생제도(채무자회생법 제1조)의 취지에 반한다. 회생채권자 등의 대손세액 공제가 증가함에 따라 원고의 매입세액 공제가 부인됨으로써 그로 인한 조세채무의 부담이 걷잡을 수 없을 정도로 커져 사실상 원고의 회생을 어렵게 만드는 부당한 결과가 초래될 위험성도 배제할 수 없다.

⑤ 이 사건 회생계획은 '출자전환을 통하여 회생채권의 변제에 갈음하는 경우'와 '회생채권을 면제하는 경우'를 구분하고 있고, 회생채권자들은 이에 대하여 동의 또는 불복 여부를 결정하였을 것이므로, 회생계획에 따라 이 사건 채권 전부가 변제된 것으로 보더라도 회생채권자들에게 크게 불리하다고 보기는 어렵다. 오히려 이 사건 차액 부분을 회수불능으로 확정된 채권으로 보게 되면, 회생채권자들이 회생계획에서 미처 예상하지 않았던 이익을 얻게 되어 형평에 반하는 결과가 된다.

⑥ 법인세법 시행령 제19조의2 제1항 제5호는 대손금으로 인정 사유로 '채무자회생법에 따른 회생계획인가의 결정 또는 법원의 면책 결정에 따라 회수불능으로 확정된 채권'을 들고 있는데, 이 사건 채권은 출자전환되었다가 무상감자를 통하여 소각되었을 뿐 위 인가결정에서 회수불능으로 확정된 바 없으므로 문언의 해석상 대손금 인정 사유에 해당하지 아니한다.

⑦ 출자전환 시 출자전환되는 채무 전부가 주식에 대한 인수가액으로 납입된 것으로 인정되어야만 발행예정주식 전부에 대하여 신주발행의 효력이 발생하는 것이므로, 그 결과로서 나타나는 경제적 측면에서의 효과를 이유로 출자전환되는 채무 중 발행주식의 시가 초과 부분만을 따로 떼어내어 주식에 대한 납입금으로서의 실질을 부인할 수는 없다(대법원 2012.11.22. 선고 2010두17564 전원합의체 판결 참조). 따라서 명문의 규정이 없는 한 회생계획에 따라 채무의 출자전환으로 주식을 발행하는 경우에도 장부상의 주식가액 전부에 대하여 채무소멸의 효과가 발생한다고 보아야 한다. 이와 달리 경제적 측면에서의 효과만을 들어 출자전환되는 채무 중 주식의 시가를 초과하는 부분이 변제로 인하여 소멸되는 범위에서 제외된다고 해석하는 것은 조세법규에 대한 엄격해석의 원칙에 비추어 허용될 수 없다.

⑧ 비록 출자전환된 주식이 무상감자를 통해 소각되어 채무를 면제받는 것과 동일한 경제적 효과가 발생하는 것처럼 보이더라도, 이 사건 회생계획이 가장행위이거나 부당한 조세회피행위라고 보기 어려운 이상 회생채무자 등이 선택한 거래형식을 함부로 부인할 수는 없다(회생계획에 따라 출자전환이 이루어진 이후에 주식이 무상감자를 통하여 소각되었다 하더라도 이는 출자전환으로 인하여 채권의 장부가액이 모두 소멸된 이후의 사정에 불과할 뿐이다).

다. 원심의 판단

이 사건에서 원심[63]은 다음과 같은 이유를 내세워서 "출자전환 된 이 사건 채권은 법인세법 시행령 제19조의2 제1항 제5호에서 정한 '회생계획인가의 결정에 따라 회수불능으로 확정된 채권'에 해당한다고 봄이 상당하므로, 이 사건 차액 상당이 대손금에 해당한다고 보아 원고의 부가가치세 매입세액에서 차감하여 이루어진 이 사건 처분은 적법하다"고 판시하였다.

① 회생절차에서 출자전환은, 채무자 입장에서는 채무면제와 동일한 효과를 누리면서도 채무면제이익이 즉시 익금 산입되지 않는 장점이 있고, 채권자 입장에서도 그만큼 면제를 당하지 않으면서 출자전환 주식을 보유, 환가할 가능성이 있고 회생절차 종결 후에도 주주로서 경영에 관여할 수 있다는 점 등에서 자주 활용된다(이하 이러한 내용의 출자전환을 이 사건 회생계획에 따라 이루어진 출자전환과 대비하여 '통상의 출자전환'이라고 한다). 그러나 이 사건 회생계획은 통상의 출자전환과는 달리, 회생채권의 일부는 출자전환하여 발행 주식의 효력 발생일에 당해 회생채권의 변제에 갈음하되, 출자전환 주식은 전부 무상감자되어 소각되었으므로 이 사건은 통상의 출자전환과는 달리 단지 형식상으로만 출자전환의 외관을 취하였을 뿐 '채무의 면제'와 다를 바 없다.

② 법인세법 시행령 제72조 제2항 제4호의2는 '법인세법 제41조의 자산 취득가액'을 산정하는 방법을 구체화한 규정으로, 이 사건과 같이 통상의 출자전환이 아닌 실질상 '채무의 면제'에 해당하는 경우에도 채권자로부터 매출세액의 대손세액공제마저 배제하려는 취지로 해석하기는 어렵다. 회생계획인가결정에서부터 출자전환과 그에 따른 무상감자를 통한 소각을 예정하고 있는 이 사건에서는 실질적으로 '채무의 면제'에 해당하는바, 무상감자되어 소각될 주식의 취득가액을 '채권의 장부가액'으로 볼 수는 없다. 이 사건 회생계획 당사자들이 의도한 법률효과는 실질적으로 '대가 없는 채무의 면제'라는 목적을 위한 것이라고 봄이 상당하고, 이와 달리 '출자전환에 따른 신주발행'과 '그 신주의 무상 소각'을 따로 떼어내어 별개로 볼 수는 없다.

③ 법인세법 시행령 제19조의2 제1항 제5호의 '채무자회생법에 따른 회생계획인가의 결정 또는 법원의 면책결정에 따라 회수불능으로 확정된 채권'이라는 문언 중 '회수불능(回收不能)'이라는 문구 자체가 경제적 실질의 측면을 배제하고 판단할 수 없는 개념인데다 채권의 출자전환 후 주식을 무상 소각하기로 하는 회생계획안이 인가된 이상 이해관계인들은 그 회생계획에 따라야 하고 주식의 무상 소각은 위 결정에 따른 실행행위에 불과한바, 출자전환의 형

63) 서울고등법원 2017.10.24. 선고 2017누52650 판결. 이 사건과 동일한 내용의 사건에 관하여 대전고등법원(청주)의 판결(2016.12.7 선고 2015누11548 판결)에서도 원심판결 내용과 동일한 내용의 이유를 내세워서 원고 패소의 판결(즉, 출자전환 후 즉시 감자한 금액은 대손세액공제에 해당한다는 내용의 판결)을 하였다.

식을 빌려 '채무의 면제'를 정하고 있는 이 사건 회생계획으로 위 채권의 회수불능이 '확정'되었다고 봄이 상당하다.

④ 만일 출자전환으로 취득한 주식을 통하여 매출채권을 회수하였다고 본다면, A회사는 그 주식의 무상감자 및 소각으로 손실을 입은 것에 더하여 원고와의 거래에서 징수하지도 못한 부가가치세액까지도 부담하는 반면, 원고는 출자전환 및 무상감자를 통하여 채무의 면제라는 이익을 얻은 것에 그치지 않고 부가가치세를 징수당할 가능성도 없는데다 자신이 부담하지도 않은 부가가치세액을 매입세액에서 차감하게 되는 셈이어서 조세부담의 형평에 심한 불균형이 발생한다. 이는 부가가치세법상 대손세액공제제도의 취지는 물론 실질과세의 원칙에도 위배된다.

⑤ 이 사건 회생계획은 채무자의 과세문제를 해결하기 위하여 단지 출자전환의 형식을 취한 것에 불과하므로 당사자들에게 조세회피의 목적이 전혀 없다고 단정할 수 없으며, 이 사건 회생계획에 따르면 A회사는 이 사건 채권에 관하여 실질적으로 아무런 만족을 보지 못하게 되므로, A회사에 대하여 이 사건 채권 상당액을 대손금으로 인정하여 실질적으로 그 부가가치세액 상당을 원고에 부담시키도록 하는 이 사건 처분은 부가가치세의 원칙적인 납세의무에 따른 것으로 위법하다고 볼 수 없다.

Ⅳ. 원심 및 대상판결의 법리에 따를 때의 문제점

원심판결과 대상판결의 법리에 의하면 회생계획에서 금전채권을 출자전환한 후 즉시 발행주식을 소각하기로 하였다면 회생계획인가의 결정에 따라 회수불능으로 확정된 채권에 해당한다는 것인데, 원심판결과 대상판결의 법리에 따르면 실무상 다음과 같은 많은 문제점이 제기될 수 있다.

1. 원심판결 법리에 대한 비판적 검토

가. 당사자의 진정한 의도 측면

원심판결은 이 사건 회생계획 당사자들이 의도한 법률효과는 실질적으로 '대가 없는 채무의 면제'라는 목적을 위한 것이라고 봄이 상당하다고 하고 있으나, 이 사건을 전체적으로 보면 이 사건 회생계획 당사자들이 의도한 진정한 법률효과는 '채무면제'라기 보다는 오히려

‘출자전환과 주식소각을 각각 모두 의도한 것’이라고 보는 것이 타당하다 할 것이다. 그 이유는 다음과 같다.

첫째, 채무면제익의 과세 측면에서 채무면제를 의도한 것으로 보기 어렵다.

이 사건에서 이 사건 회생계획 당사자들이 진정으로 의도한 것이 2014.2.19. 출자전환한 채권가액 585억원 전액을 채무면제하는 것이라고 하면 회생계획에서 정한 출자전환과 감자의 절차는 무의미한 것이 된다. 그러면 이 사건에서 원고는 585억원 전액이 법인세법 시행령 제11조 제6호에 정한 ‘채무의 면제 또는 소멸로 인하여 생기는 부채의 감소액’에 해당하므로 채무면제익으로 익금에 산입하여야 한다. 그러면 원고는 채무소멸액 585억원에서 이월결손금 440억원을 차감한 후의 잔액 145억원에 대하여 법인세를 부담해야 하는데,[64] 과연 이 사건 회생계획 당사자들이 이 거액의 법인세를 부담할 것을 감수하고 진정으로 채무면제를 의도하여 출자전환·감자의 절차를 거쳤다고 볼 수 있는지 의문이다. 원고가 출자전환·감자의 과정을 거쳐서 발생한 금액을 이월결손금에 보전한 후 남은 잔액을 재무제표에 ‘감자차익(자본잉여금)’으로 계상하고 있는 점으로 보아 오히려 출자전환 채무액 585억원이 채무면제익이 되지 않도록(즉, 채무면제가 없도록) 하기 위한 의도에서 이러한 절차를 거쳤을 것으로 생각된다.[65]

둘째, 거래 측면에서 채무면제를 의도한 것으로 보기 어렵다.

이 사건에서 회생채권자들은 회생채권의 2%만 현금변제받고 나머지 98%는 출자전환한 후 즉시 그 전액을 무상감자, 소각하는 내용의 회생계획안에 동의하였다. 회생채권자들이 불과 2%만 변제받고 98%는 변제받지 않는 것에 동의한 진정한 의도는, 원고를 회생시켜서 향후 계속적으로 원고와 거래를 함으로써 향후 거래에 따르는 이익을 얻을 목적에서 회생계획안에 동의한 것으로 생각된다.

만약 회생채권자들이 향후 거래에 따르는 이익을 얻을 목적이 아니었다고 하면 원고가 감자금액에서 이월결손금에 충당하고도 279억원[66]이라는 거액의 감자차익(자본잉여금)이 남을 수 있도록 발행주식 전부를 소각, 감자하는 데 동의하지 않고 회생채권 98% 중 일부만 소각, 감자하고 나머지는 그대로 주식으로 보유하는 방안의 회생계획안 수립을 요구하였을 것이고 이 요구가 받아들여지지 않았다면 회생계획안에 동의하지 않았을 것으로 생각하는 것이 오히려 현실적이다. A회사 등의 회생채권자가 원고에게 회생채권 585억원을 채무면제하면 원고는 거액의 법인세 부담이 수반되어 경영 정상화에 문제가 생길 수 있는데, 이 사건에서 회

64) 물론 공시된 회계감사보고서 의할 때 440억원이 세무상 이월결손금에 해당한다는 것은 아니지만 여기서는 일단 회계상 이월결손금 440억원이 세무상 이월결손금과 같다고 보고 논의한다.

65) 공시되어 있는 원고의 재무제표를 보면 원고는 세무상으로 585억원을 채무소멸익으로서 익금에 산입하는 세무처리를 하지 않은 것으로 보인다.

66) 원고가 공시한 재무제표에 나타난 금액이다.

생채권자들의 진정한 의도가 585억원을 채무면제하는 것이라고 보는 것은 비현실적이다. 오히려 회생채권자들은 원고에게 출자전환에 따른 법인세 부담이 발생하지 않는 방법을 선택함으로써 원고가 순조롭게 회생절차에서 벗어날 수 있도록 한 후 향후 정상적으로 원고와 거래하여 거래이익을 취할 목적에서 회생채권자들은 원고에게 279억원이라는 거액의 감자차익이 남게 되는 회생계획안에 동의한 것으로 보는 것이 경제적 관점에서 타당하다. 그렇다면 회생채권자들의 진정한 의도는 채무면제를 의도한 것이라기 보다는 채무면제가 발생하지 않는 것을 의도한 것이라고 보는 것이 오히려 합리적인 경제인의 태도라고 할 것이다.

셋째, 그동안의 세무처리의 실무 관행 측면에서도 채무면제를 의도한 것으로 보기 어렵다. 제Ⅱ장 3.에서 보는 바와 같이 회생계획에서 출자전환 후 즉시 감자하는 실무는 출자전환 시 채무면제익이 발생함에 따라 나타나는 문제를 해결하기 위한 방안으로 정착된 것이고, 제Ⅱ장 4.에서 보는 바와 같이 그 동안 회생절차에서 출자전환 후 즉시 감자하는 경우 주식소각으로 감소되는 주식가액은 대손금에 해당하지 않는다는 것이 과세관청의 해석이었고 대부분의 실무도 대손금으로 처리하지 않는 것으로 처리해 왔다. 이 사건에서 채무면제라는 간단한 방법이 있음에도 불구하고 출자전환·감자의 과정을 거쳐서 채무면제익이 나타나지 않고 감자차익이 나타나도록 한 회생계획안을 원고가 수립하고 A회사 등 회생채권자가 이에 동의한 것 모두가 채무면제익이 나타나지 않도록 하기 위해서 한 것이라고 보아야 할 것이다. 그렇다면 그 동안의 세무처리의 실무 관행에 비추어 볼 때, 출자전환 당사자들은 출자전환·감자의 절차를 거치면 채무면제익이 발생하지 않는다는 사실을 알고 의도적으로 채무면제가 없도록 하기 위해서 출자전환·감자의 과정을 거쳤다고 보는 것이 보다 더 현실적이다.

나. 채권자에게 대손세액공제의 불허용 시 조세형평에 반한다는 측면

원심은 "A회사에게 대손세액공제를 허용하지 않으면 A회사는 출자전환 주식의 전액 무상감자로 손실을 입은 것 외에 원고에게 징수하지 못한 부가가치세액까지도 부담하나, 원고는 채무면제 이익을 얻은 것 외에 자신이 부담하지도 않은 부가가치세액까지 매입세액공제를 받는 셈이어서 조세부담의 형평에 심한 불균형이 발생하는 문제가 있으므로, A회사에게 대손세액공제를 허용하는 것이 타당하다"고 하고 있으나, A회사에게 대손세액공제를 허용하면 오히려 회생채권자들 간에 형평성이 상실되는 문제가 있으므로 A회사에게 대손세액공제를 허용하지 않는 것이 타당하다. 그 이유는 다음과 같다.

A회사에게 대손세액공제를 허용하면 이 대손세액은 A회사로부터 재화나 용역을 공급받은 자(이 사건의 경우 원고)에게 추징하게 되고 이 추징세액은 채무자회생법상 공익채권에 해당하

므로 회생채권에 우선하여 징수할 수 있다. 이렇게 되면 A회사에게 허용한 대손세액공제액 만큼은 '원고 → 국가 → A회사'의 과정으로 변제되는 셈이 되므로 국가는 아무런 부담이 없고 오로지 '원고 → A회사'의 과정으로 원고가 이 대손세액을 부담하게 된다. 즉, 원고가 부담하는 이 대손세액은 원고가 국가에게 공익채권을 변제하는 형식으로 부담하므로, 이 대손세액은 A회사 이외의 회생채권자들보다 우선적으로 국가를 통하여 A회사에 변제하는 셈이 되어 결국 A회사는 원고의 다른 회생채권자들보다 우선적으로 대손세액 상당액의 회생채권을 우선변제 받는 결과가 된다.

결국 A회사에게 대손세액공제를 허용할 것인가의 문제는 'A회사와 국가' 간의 문제가 아니라 'A회사와 다른 회생채권자들' 간의 문제이다.

출자전환·감자의 과정을 거친 거래인데도 A회사가 실질적으로 채무면제한 것으로 보아 대손세액공제가 가능하다고 해석하여 A회사를 구제하는 것 보다는 A회사가 실제로 회생계획에서 채무면제하도록 한 후 이 채무면제에 따르는 대손세액공제를 하도록 하여 구제하면 된다. 만약 A회사가 출자전환·감자의 과정을 거치지 않고 회생계획에 의하여 실제로 채무면제를 하는 경우에는, ① 'A회사와 같이 대손세액공제가 가능한 회생채권자들'은 '대손세액공제와 상관없는 회생채권자들'과 별도의 회생채권자 조를 구성[67]한 다음 그들의 대손세액공제액을 감안하여 현금변제율을 정해야 채무자회생법상 공정·형평성의 원칙에 부합할 것이고, ② 별도의 회생채권자 조를 구성하지 않는다면 A회사와 같이 대손세액공제를 받을 수가 있는 회생채권자들이 대손세액공제를 받은 만큼은 회생채권을 회수한 것으로 보도록 회생계획에서 별도로 정해서 회생채권자별로 회수율이 같게 되도록 회생계획을 수립해야 채무자회생법상 공정·형평성의 원칙에 부합할 것이다.

이 사건의 경우 A회사가 대손세액공제를 받을 수 있는 것으로 해석하게 되면 대손세액공제액은 8.9%(=98%×0.1/1.1)가 되므로 A회사는 총 10.9%(=당초 현금회수 2%+8.9%)를 현금변제 받는 결과가 된다. 그러면 다른 회생채권자는 2%만 현금변제를 받는 것에 비하여 A회사는 10.9%를 현금변제받게 되므로 현저히 회수율에 있어서 차이가 난다. A회사가 8.9%만큼 회생채권을 추가로 회수한 결과는, 이 사건의 제1심 판결에서 '이 사건 차액 부분을 회수불능으로 확정된 채권으로 보게 되면, 회생채권자들이 회생계획에서 미처 예상하지 않았던 이익을 얻게 되어 형평에 반하는 결과가 된다'고 판시한 것이 현실화된 것을 보여준다. A회사와 같이 대손세액공제를 받을 수 있는 회생채권자는 8.9%만큼 회생채권을 추가로 회수하여 총회수율이 10.9%이고 나머지 회생채권자들은 총회수율이 2%가 된다는 사실을 회생계획안의 동

67) 채무자회생법 제236조 제3항 본문 참조.

의 과정에서 알려졌다고 하면 이런 회생계획안은 채권자들로부터 동의를 받기 어려웠을 것이고 법원으로부터 회생계획인가도 받기 어려웠을 것이다. A회사와 같이 대손세액공제를 받을 수 있는 회생채권자가 추가로 회수한 8.9%는 이 사건의 경우 궁극적으로 원고를 인수한 X회사가 부담하는 것으로서 전자공시된 재무제표에 의하면 A회사는 대손세액공제의 추징액이 26억원에 이르는 것으로 나타난다. 원고를 인수한 X회사는 A회사가 대손세액공제의 추징액으로 26억원만큼 추가로 더 부담해야 한다는 것을 알았다면 2014.2.21.에 51억원의 증자에 참여하여 A회사를 인수하지 않고 이 만큼의 금액을 감액하여 A회사의 증자에 참여, 인수하였을 것이다.[68]

원심은 만약 A회사가 받은 대손세액공제액만큼을 원고에게 추징할 수 없다면 원고는 A회사에게 지급하지도 않은 부가가치세 매입세액을 공제받아 조세부담의 형평에 심한 불균형이 초래한다고 하지만, 조세채권도 회생절차개시 전의 원인으로 생긴 것이면 회생채권이 되는 것이고, 부가가치세도 회생절차개시 당시 아직 납부기한이 도래하지 아니한 것만 공익채권이고[69] 나머지는 회생채권이다. 회생회사가 재화·용역의 공급자에게 지급하지도 않은 부가가치세를 매입세액공제를 받아 이익을 취한 경우라 하더라도 이미 공제받은 이 매입부가가치세를 공익채권으로 추징하도록 하고 있지 않는 점을 고려하면, 회생절차에 들어간 원고가 지급하지도 않은 부가가치세 매입세액을 공제받는 점을 들어서 이 사건의 부가가치세 추징의 타당성의 근거로 삼는 것은 다른 경우와 대비해 볼 때 합리적이지 않다고 할 것이다.

다. 주식취득가액 측면

원심은 "출자전환 시 자산의 취득가액을 규정한 법인세법 시행령 제72조 제2항 제4호의2는 실질상 '채무의 면제'에 해당하는 이 사건의 출자전환의 경우에 적용된다고 보기 어려워서 무상감자되어 소각될 주식의 취득가액을 '채권의 장부가액'으로 볼 수는 없다"고 하고 있다. 그러나, ① 같은 법 시행령 제72조 제2항 제4호의2의 단서는 '구조조정법인에 출자전환하여 취득한 주식의 취득가액은 출자전환된 채권의 장부가액으로 한다'라고 정하여 출자전환주식이 나중에 감자되어 소각되는 경우에 달리 해석할 여지를 남기고 있지 않는 점에서, 무상감자되어 소각될 주식의 취득가액은 출자전환주식의 취득가액이 되는 채권의 장부가액으로 볼

68) 제1심 판결에서 "출자전환 시 주식의 시가에 해당하는 금액만이 변제된 것이고 나머지는 회수불능으로 확정된 채권에 해당한다고 보게 되면, 원고의 인수인(X회사)은 회생계획에서 예측하지 못한 채무를 추가로 부담하므로 이는 회생채무자 또는 그 사업의 효율적인 회생을 도모하고자 하는 채무자회생제도(채무자회생법 제1조)의 취지에 반한다"고 지적한 것이 바로 이것이다.

69) 채무자회생법 제179조 제1항 제9호 나목.

수는 없다고 하는 것은 문언을 벗어난 해석으로 볼 수 있고, ② 재정경제부가 출자전환으로 취득한 주식의 취득가액은 취득 당시의 시가로 한다라고 해석[70]한 이후 2006.2.9.에 구조조정법인에 출자전환할 경우에는 그 주식의 취득가액을 출자전환채권의 장부가액으로 하도록 같은 법 시행령 제72조 제2항에 규정한 것은 '출자전환에 따른 손익의 인식을 주식 처분 시까지 이연하여 출자전환시점에서는 과세문제가 없도록 하기 위해서 개정'한 것인데,[71), 72)] 출자전환 시 자산의 취득가액에 관하여 규정한 같은 법 시행령 제72조 제2항 제4호의2의 입법취지나 입법되기까지의 연혁에 비추어 보면 출자전환의 경우에는 출자전환주식의 취득가액은 출자전환채권의 장부가액을 그대로 한다고 해석하는 것이 더 타당할 것이다.

라. 당사자들에게 조세회피 목적의 존부 측면

채권자가 금전채권을 출자전환할 때 이 금전채권을 주금납입액에 전액 충당되도록 하느냐(즉, 출자전환거래를 자본거래로 하느냐) 아니면 출자전환하는 일부 채권을 채무면제하고 나머지 채권만 주금납입액에 충당되도록 하느냐(즉, 출자전환거래를 자본거래와 손익거래가 혼합된 혼합거래로 하느냐)의 문제는 출자전환 당사자가 선택할 수 있는 것이다.

출자전환이란 문언의 뜻은 '채권자가 가진 채권을 출자로 바꾸는 것'이다. 그렇다면 출자전환의 당사자가 출자전환을 한다고 했을 때 당사자의 뜻은 자본거래로 한다는 것이어서, 비록 경제적 효과가 채무면제와 동일하게 보인다고 하더라도, 특별한 사정이 없는 한 채무를 면제할 의도가 있는 것이 아니라고 해야 할 것이다.

따라서 이 사건에서 회생계획에서 금전채권을 액면가액으로 출자전환한 후 즉시 무상감자의 과정을 거쳐서 출자전환채권 전액을 감자차익으로 전환시키고 있다 하더라도, 이것은 출자전환 당사자가 출자전환하는 금전채권은 그 전액을 주주의 납입액으로 한다(즉, 자본거래로 한다)는 사실이 분명히 드러날 수 있도록 한 행위라고 보아야 할 것이다. 특히 회생절차에서

---

70) 재정경제부, 법인 46012-37, 2003.3.5.

71) 한국세무사회, 『2005 개정세법 주요내용』, 2006.2., 88면. 따라서 법인세법 시행령 제72조 제2항이 개정된 경과 등에 비추어 보면 제1심 판결에서 "법인세법 시행령 제72조 제2항은 회생 법인이 채무를 출자전환하는 경우에는 출자전환된 '채권의 장부가액'을 주식취득가액으로 하도록 규정하여 출자전환 시점에 과세문제가 발생하지 않도록 하였다"고 하는 것이 세법의 개정 취지에 맞는 해석이라고 할 것이다.

72) 출자전환채권자가 취득하는 주식의 취득가액을 그 시가가 아니라 출자전환채권액으로 하도록 법인세법 시행령을 개정함에 따라 채권자에게 출자전환채권액과 주식의 시가 간의 차액을 주식 취득시점에 손금에 산입하지 못하도록 법인세법 시행령이 개정된 것은 출자전환채권자에게 극히 불리한 것이므로 이 법인세법 시행령은 모법에 위배되어 무효라는 주장이 있다(박요찬, "채무자회생 및 파산에 관한 법률상 회생인가의 결정에 따라 출자전환하는 경우 발행된 주식의 취득가액의 문제점, 『세무사』 제31권 제2호(통권 137호), 한국세무사회, 2013, 122~130면 참조).

회생채권을 액면가액으로 출자전환한 후 즉시 무상감자하는 실무가 탄생한 배경이 할증발행 형식으로 출자전환을 할 때 발생하는 주식발행액면초과액이 채무면제익으로 되도록 행정해석 → 법인세법 시행령의 규정 → 법인세법의 규정 등의 형식으로 상승적 과정을 거쳐서 입법된 것에 대응하여 발생한 점을 고려하면[73] 이 사건과 같이 회생절차에서 액면가액으로 출자전환·감자를 하는 당사자의 진정한 의도는, 단순히 출자전환을 한 것에 불과한데도 자신들에게 세무상 여러 가지 불이익이 초래되는 것은 받아 들이기 어렵기 때문에, 세무상 불이익이 초래되는 것을 제거하고자 하는 뜻에서 하는 것이라고 보아야 한다. 따라서 이 사건에서 액면가액으로 출자전환·감자의 회생계획에 동의한 관련 당사자들의 행위는 출자전환거래를 자본거래로 하여 채무면제익이 발생하지 않도록 한다는 자신의 진정한 의도를 나타내기 위해서 한 행위로 보아야 할 것이다.[74]

따라서 원심 판시와 같이 '이 사건 출자전환 관련 당사자들에게 조세회피 의도가 없었다고 할 수 없다고 하는 것' 보다는 '이 사건 출자전환거래를 자본거래로 하고자 하는 의도를 명백히 나타내기 위하여 이 사건 출자전환 관련 당사자들이 이렇게 우회적 절차를 거친 것'이라고 하는 것이 오히려 당사자의 의도에 부합하는 해석이라고 할 것이다.[75]

2. 대상판결 법리에 따를 때의 문제점

대상판결은 회생채권을 출자전환한 후 즉시 감자한 경우의 대손금은 '출자전환 주식의 시가와 출자전환 채권가액 간의 차액'이 아니라 '출자전환 후 소각하기로 한 주식에 해당하는 출자전환 채권가액'이라는 취지로 판시한 것이어서, 그동안 발행주식의 시가와 출자전환 채권액 간의 차액이 대손금이라는 논의와는 차원이 다른 것이다. 즉, 대상판결은 '회생채권자가 출자전환한 후 연대보증인에게 물을 수 있는 보증책임의 범위를 제시한 시가평가액 소멸설'의 논리에 기초한 것이 아니라 '회생계획에서 무상으로 소각하기로 하고 발행된 출자전환주식은 주주로서의 권리를 행사할 여지가 없이 그대로 소각될 것이 확실하므로 그 주식가액은

73) 회생절차에서 회생채권을 액면가액으로 출자전환한 후 즉시 무상감자하는 실무가 탄생한 배경에 대한 설명은 서울중앙지법 연구회(주33), 749~754면 참조.

74) 제1심 판결에서 "비록 출자전환된 주식이 무상감자를 통해 소각되어 채무를 면제받는 것과 동일한 경제적 효과가 발생하는 것처럼 보이더라도, 이 사건 회생계획이 가장행위이거나 부당한 조세회피행위라고 보기 어려운 이상 회생채무자 등이 선택한 거래형식을 함부로 부인할 수는 없다"고 판시하고 있는데, 이 사건에서 A회사와 같은 회생채권자들이 출자전환·감자의 행위를 하는 것은 '조세회피 목적'에서 하는 것이라기 보다는 '자신의 의도를 분명히 나타내기 위한 목적'에서 하는 것이라고 할 것이다.

75) 출자전환 후 즉시 감자하는 경우 관련 당사자들에게 조세회피 목적이 있다고 볼 것인지 여부에 관해서는 배영석·김병일(주9), 『세무와 회계 연구』, 309~334면 참조.

회생계획인가의 결정에 따라 회수불능으로 확정된 것'으로 본다는 논리이다. 이 논리에 의하면 출자전환후 즉시 발행주식의 일부를 소각하느냐 전부를 소각하느냐와는 상관없이 '출자전환에 의하여 발행된 주식이 주주로서의 권리를 행사할 여지가 없이 그대로 소각될 것이 확실한지'의 여부에 의하여 '출자전환 후 소각된 주식에 해당하는 회생채권액이 대손금에 해당하는지' 여부를 판단해야 한다는 의미가 된다.[76]

대상판결의 논리는 회생절차에서 출자전환할 때 발생하는 채무면제익의 문제를 해결하기 위하여 실무에서 이용하고 있는 출자전환 후 즉시 감자하는 방법은 더 이상 채무면제익의 문제를 해결할 수 있는 방법이 될 수 없다는 결과가 되는 논리다. 그러나 대상판결의 법리에 의하면 실무상 많은 문제점이 나타날 것으로 예상되는데, 아래에서 그 문제점을 살펴본다.

가. 채무면제익으로 채무자 및 채권자에게 과세할 것인지의 문제

대상판결은 이 사건에서 2014.2.19.에 출자전환한 채권가액 585억원은 그 전액이 회생계획인가의 결정에 따라 회수불능으로 확정되었다고 하고 있는데, 그렇다면 원고(채무자)의 입장에서는 585억원 전액이 출자전환된 것이 아니라 채무면제받아 소멸된 것이므로 법인세법 시행령 제11조 제6호에 정한 '채무의 면제 또는 소멸로 인하여 생기는 부채의 감소액'에 해당되어 익금에 해당한다.[77] 그러면 원고는 채무소멸액 585억원에서 이월결손금 440억원을 차감한 후의 잔액 145억원에 대하여 법인세를 부담해야 타당하다는 결론이 된다.

원고가 출자전환·감자의 과정을 거치고 이월결손금에 보전한 후의 잔액을 재무제표에 감자차익(자본잉여금)으로 계상하고 있는 점으로 보아 출자전환 채무액 585억원이 채무면제익이 되지 않도록 하기 위하여 이러한 절차를 거쳤을 것으로 생각되는데, 대상판결의 법리에 의하면 원고는 예상하지 못한 거액의 법인세를 부담해야 하는 문제가 발생한다.

할증 발행의 출자전환 시 출자전환 채무액과 발행주식의 시가 간의 차액을 피출자전환 채무자에게 채무면제익(익금)으로 과세함에 따라 발생하는 문제점을 해결하기 위하여 현행 세법은 피출자전환 채무자가 구조조정법인이면 이 채무면제익을 차후 사업연도에 발생하는 결손금의 보전에 충당할 수 있도록 하여[78] 출자전환 시점에는 채무면제익의 익금산입에 따르는 세무 문

---

76) 회생절차에서는 회생회사의 경영권은 관리인에게 귀속되는 것이므로 회생회사의 주주의 권리는 단체법상의 권리밖에 없고, 회생절차의 개시 당시 채무자의 부채가 자산의 총액을 초과하면 주주는 의결권을 가지지 못한다(채무자회생법 제146조 제3항). 이 사건의 경우 공시된 재무제표를 보면 원고는 회생절차의 개시 당시 부채가 자산의 총액을 초과한 경우에 해당한다.

77) 원심판결은 명시적으로 '채무의 면제'가 있다고 하고 있으나, 대상판결은 '회생계획인가의 결정에 따라 회수불능으로 확정되었다'고만 할 뿐 명시적으로는 채무면제가 있는지 여부를 언급하고 있지는 않다.

78) 법인세법 제17조 제2항.

제가 없도록 하고 있다. 그러나 대상판결은 출자전환 채권자 입장에서 '회생계획에서 무상으로 소각하기로 예정한 주식가액'은 '회생계획인가의 결정에 따라 회수불능으로 확정된 금액'이라는 것이므로, 이를 피출자전환 채무자의 입장에서 보면 '회생계획인가의 결정에 따라 소멸된 채무액(채무면제익)'에 해당하게 된다. 이렇게 되면 이 채무면제익은 '할증 발행의 출자전환 시 발행가액 중 시가초과액을 채무면제익으로 보도록 한 법인세법 제17조 제1항 제1호 단서'가 적용되지 않는 것이고, 그렇다면 '할증 발행의 출자전환 시 발생하는 채무면제익'을 차후 사업연도에 발생하는 결손금의 보전에 충당할 수 있도록 한 법인세법 제17조 제2항은 이 사건과 같은 경우에는 적용될 수 없다. 그러면 대상판결의 논리는 출자전환 후 즉시 무상감자하기로 한 주식가액은 해당 회생계획의 인가결정이 되면 그 전액은 인가결정 시점에 그대로 해당 채무자 법인의 익금에 산입되어 과세되어야 한다는 결론이 되는 문제가 발생한다.

뿐만 아니라 대상판결의 법리에 의하면 이 사건에서 출자전환채권액(585억원)에서 이월결손금(440억원)에 충당하고도 남은 금액(감자차익으로 남아 있는 145억원)을 나중에 주주에게 배당하거나 자본금에 전입하여 무상주를 발행할 경우 145억원은 자본거래에서 발생한 감자차익이 아니라 손익거래에서 발생한 채무면제익이 되므로 출자전환채권자(주주)에게 배당소득으로 과세해야 한다는 문제가 발생한다.

나. 연대보증인에게 채무소멸에 따른 보증책임을 청구할 것인지의 문제

대상판결의 법리는 회생계획에서 출자전환 후 즉시 감자하기로 한 채권가액은 회생계획인가의 결정에 따라 회수불능으로 확정된 것이라는 주장이므로 출자전환·감자하기로 한 회생채권가액은 채무자회생법 제252조 제1항[79]에 의하여 소멸한 것이 된다. 그러면 이 논리에 의할 때 회생회사를 위한 연대보증인·연대채무자 등의 채무는 채무자회생법 제250조 제2항[80]에 의하여 소멸되지 않고 존속하는 것이 된다. 그러면 회생절차에서 출자전환·감자의 절차를 취하는 이유 중 하나가 연대보증인 등의 책임이 출자전환에 의하여 소멸되도록 하기 위해서인데,[81] 연대보증인 등의 책임이 소멸되도록 하기 위해서 출자전환 후 즉시 감자하기로 하는

79) 채무자회생법 제252조(권리의 변경) ① 회생계획인가의 결정이 있는 때에는 회생채권자·회생담보권자·주주·지분권자의 권리는 회생계획에 따라 변경된다.

80) 채무자회생법 제250조(회생계획의 효력범위) ② 회생계획은 다음 각호의 권리 또는 담보에 영향을 미치지 아니한다.

1. 회생채권자 또는 회생생담보권자가 회생절차가 개시된 채무자의 보증인 그 밖에 회생절차가 개시된 채무자와 함께 채무를 부담하는 자에 대하여 가지는 권리
2. 채무자 외의 자가 회생채권자 또는 회생담보권자를 위하여 제공한 담보

81) 대법원은 "정리회사의 채무를 보증한 보증인의 책임을 면제하는 것과 같은 내용을 정리계획으로 정할 수 있는 성질이 아니고, 설사 그와 같은 내용을 정리계획에 규정하였다고 하더라도 그 부분은 정리계획으로서 효력이

회생계획은 더 이상 유효한 방법이 아니라는 것이 된다.

이렇게 되면 출자전환 후 감자를 하더라도 출자전환하는 그 회생계획에서 감자를 하도록 정할 것이 아니라 추후에 다시 채권자집회를 거쳐서 수정 회생계획안에서 감자하는 방안을 모색해야 할 것이다. 그러면 출자전환한 후 감자한다는 결과는 동일한데도 이렇게 복잡한 절차를 거쳐야만 연대보증인 등의 책임이 소멸하게 된다고 논리를 구성할 필요가 있는지 의문이다.

다. 증자에 따른 등록면허세의 과세 문제

종전에는 기업회생절차에서 출자전환하여 자본금이 증가함에 따른 증자 등기를 하는 경우 '법원 촉탁으로 인한 등기'에 해당하는 것으로 보아 등록면허세의 비과세대상인 것으로 하였으나[82] 2015.12.29.에 지방세법 제26조 제2항 제1호의 단서를 신설하여 '출자전환에 따른 등기'의 경우에는 법원 촉탁으로 인한 등기에 해당한다 하더라도 등록면허세의 비과세대상이 되지 않는 것으로 개정하였다. 따라서 2016.1.1. 이후에 출자전환에 따라 증자등기를 할 때에는 출자전환으로 증가된 자본금의 금액은 지방세법 제28조 제1항 제6호 가목 2)에 정한 '납입한 금액 또는 출자가액'에 해당하여 출자전환에 의한 자본금 증가액의 0.48%(지방교육세 0.08% 포함)를 등록면허세로 납부하여야 한다.[83]

그러면 회생계획에서 출자전환 후 즉시 감자하는 것을 정하였다면, 대상판결의 논리에 의할 때, 감자하기로 한 출자전환금액은 회생계획인가 결정에 따라 회수불능으로 확정된 것이어서 자본금으로 납입된 금액에 해당하지 않기 때문에 증자의 효력이 없는 것으로 보아 증자등기에 따른 등록면허세의 과세대상이 되지 않는 것으로 해석하여야 하는지 의문이 제기된다. 물론 대상판결은 "출자전환에 의하여 발행된 주식은 무상으로 소각하기로 정하였다면 그 인가된 회생계획의 효력에 따라 새로 발행된 주식은 그에 대한 주주로서의 권리를 행사할 여지가 없이 그대로 소각될 것이 확실하게 되므로, 출자전환의 전제가 된 회생채권 등은 회생계획인가의 결정에 따라 회수불능으로 확정되었다고 봄이 상당하다."고 하고 있을 뿐, 출자전환에 의한 증자 등기의 유효성 여부에 관해서는 판단하지 않았다. 그러나 대상판결이 받아들인 이 사건의 원심에서는 이 경우 감자에 의하여 소각되는 출자전환금액(주식발행가액)은

없다"라고 판시하여(2005.11.10. 선고 2005다48482 판결) 회생계획에 의하여 보증인의 보증책임을 면제해 주는 것은 불가능하다고 하고 있다.

82) 행정안전부, 지방세운영-2900, 2009.7.20 ; 지방세운영-3093, 2009.8.3. 참조

83) 이 사건의 경우에는 원고는 2014.2.20.에 증자 등기를 하였기 때문에 2015.12.31. 이전의 등기이어서 등록면허세가 비과세된 경우이다.

채무면제에 해당한다고 판시하고 있는데 이 논리에 의하면 감자에 의하여 소각되는 출자전환금액은 채무면제액에 해당하는 이상 자본 증가 또는 출자 증가에 따라 '납입한 금액 또는 출자가액'에 해당하지 않게 되어 등록면허세의 과세대상이 된다고 볼 수 없다는 논리가 된다. 이 사건과 같은 경우에 과연 이렇게 등록면허세의 과세대상이 된다고 볼 수 없는지는 의문이다.

라. 출자전환 후 수정 회생계획에 의하여 감자한 경우와의 형평성 문제

대상판결은 회생계획에서 출자전환에 의하여 발행된 주식은 즉시 무상으로 소각하기로 정하였기 때문에 그 인가된 회생계획의 효력에 따라 새로 발행된 주식은 주주로서의 권리를 행사할 여지가 없이 그대로 소각될 것이 확실하므로 회생계획인가의 결정에 따라 회수불능으로 확정된 것으로 보았다.

대상판결의 논리에 의하면 1차 회생계획에서는 액면가액으로 출자전환만 하고 나중에 다시 채권자집회를 거쳐서 1차 회생계획에 따라 출자전환하여 발행한 주식을 수정된 2차 회생계획안에서 소각하는 것으로 정하여 감자를 한다면 당초 1차 회생계획에 따라 액면가액으로 출자전환한 주식가액은 주주로서의 권리를 행사할 여지가 없이 그대로 소각될 것이 확실한 것이 아니므로, '회생계획인가의 결정에 따라 회수불능으로 확정된 대손금'이 아니라 2차 회생계획에 의하여 소각된 주식가액이므로 '감자차익'이 된다고 보아야 할 것이다.

그러면 이렇게 1차 회생계획이 아닌 수정된 2차 회생계획에서 1차 회생계획에 의거 발행한 주식을 소각, 감자를 하면 대손금(채무자 측면에서는 채무면제익)이 발생하지 않지만 1차 회생계획에서 출자전환을 하고 동시에 감자를 할 경우에는 대손금이 발생한다고 하면, 결과는 동일한데도, 복잡하게 채권자 집회를 다시 소집하여 수정된 2차 회생계획안의 의결을 거쳐야만 회생채권 관련자들이 의도하는(즉, 채무면제익이 없도록 하는) 출자전환거래(자본거래)를 할 수 있다는 것이 된다. 이것은 회생채권 관련자들이 출자전환거래를 자본거래로 하고자 한 의도는 당초 회생계획안에서는 인정될 수 없고 채권자집회를 2번 이상을 거쳐 수정된 회생계획안에 의해서만 인정된다는 것에 다름아니므로 사회경제적으로 복잡한 낭비적 절차를 거쳐야만 한다는 견해가 되는 문제가 있다.

마. 소각된 주식가액이 출자전환주식 취득 후의 손실 보다 더 큰 경우의 문제

출자전환 후 발행주식을 소각, 감자하기로 한 금액은 회생계획인가 결정에 따라 회수불능으로 확정된 것이어서 대손금에 해당한다는 대상판결의 논리에 의할 때, 이 사건과 같이 출자전환으로 발행하는 주식 전부를 소각하는 것이 아니라 일부만 소각하는 경우(예컨대 90%는 소각하고 10%는 잔존시키는 경우)에 문제가 발생할 수 있다. 예컨대, M회사(회생회사)가 N회사(회생채권자)에 대한 금전채무액 9,000을 출자전환한 후 발행주식의 90%를 즉시 소각하고 10%의 주식만 존속시키는 내용의 회생계획을 수립, 인가를 받았는데 출자전환으로 발행한 주식의 시가가 1,500이라고 하면, N회사는 이 출자전환으로 인하여 주식 시가 1,500에 해당하는 가치를 회수한 것이므로 경제적 손실은 7,500(=회생채권액 9,000-주식가치 1,500)이다. 그런데 대상판결의 논리에 따라 N회사의 대손금을 계산하면 8,100(=회생채권액 9,000×감자율 90%. 즉, 소각예정인 주식가액)이 된다. 그러면 출자전환한 N회사는 경제적 손실이 7,500인데도 8,100만큼을 대손금으로 세무상 인정받을 수 있게 된다.[84]

주식의 가치는 기본적으로 미래의 성장률 등에 의하여 결정되는 것이므로 M회사가 재무제표상으로 완전 자본잠식이 되어 있다고 하더라도 M회사의 주식 가치가 상당한 가액으로 형성되어 있는 경우가 많이 있다.

출자전환 채권가액에서 출자전환으로 발행한 주식의 시가를 차감한 가액을 대손금으로 보는 입장인 과세관청과는 달리, 대상판결은 회생계획에서 출자전환에 의하여 발행된 주식을 무상소각하기로 하였다면 다른 대가 없이 그대로 소각될 것이 확실한 회생채권은 회생계획의 효력에 의해 회생계획인가 결정에 따라 회수불능으로 확정되었다는 입장을 취하고 있으므로, 위의 예에서 무상소각하기로 한 출자전환의 전제가 된 회생채권은 8,100이다.

그러면 소각된 주식가액(8,100)이 출자전환주식 취득 후의 손실(7,500) 보다 더 큰 경우, 대상판결의 논리에 의하면, N회사는 실제의 경제적 손실(7,500)보다 더 큰 금액(8,100)을 대손금으로 손금인정받아서 대손세액공제를 받을 수 있는 결과가 된다는 문제점이 초래된다.

V. 결 론

현행 세법은 출자전환 시 피출자전환 채무자의 입장에서 주식발행액면초과액 중 발행가액(출자전환채권액)과 발행 주식의 시가 간의 차액을 채무면제익으로 하되 피출자전환 채무자가 구조조정법인이면 이 채무면제익을 차후 사업연도에 발생하는 결손금의 보전에 충당할 수

84) 이 사건의 경우 2014.2.19. 출자전환으로 발행한 주식의 시가가 0원이 아니라 10억원이라고 가정하면 출자전환 후 주식 전부를 소각하였다고 하더라도 과세관청은 대손금을 575억원(=출자전환가액 585억원-발행주식의 시가 10억원)이라고 하였을 것이나, 대상판결의 논리에 의하면 회생계획에서 소각이 예정된 585억원 전액이 대손금이 된다라는 결론이 된다. 그러면 대상판결 논리에 의하면 회수가능액(주식 시가 10억원)을 고려하지 않고 대손금을 인정하는 결과가 되는 문제가 발생한다.

있도록 하고 있다. 한편 출자전환채권자의 입장에서는 2006.2.9.에 법인세법 시행령 제72조를 개정하여 구조조정법인에 출자전환하는 경우 채권자의 주식취득가액을 출자전환하는 채권의 장부가액으로 하도록 함으로써 법인세법상으로는 출자전환 시 출자전환채권액과 발행주식의 시가 간의 차액이 대손금에 해당하지 않도록 하고 있으나 부가가치세법상으로도 출자전환채권액과 발행 주식의 시가 간의 차액이 대손세액공제의 대상이 되지 않는 것인지를 두고 논란이 이어지다가 조세심판원이 대손세액공제가 가능하다고 결정한 이후 기획재정부도 대손세액공제가 가능한 것으로 해석을 변경하였다.

그러나 출자전환 시 주식의 발행가액(출자전환채권액)과 주식의 시가 간의 차액을 채무면제익으로 취급함에 따라 여러 가지 문제가 발생되자 실무에서는 이 채무면제익의 발생을 방지하기 위하여 액면가액으로 출자전환한 후 즉시 발행주식을 소각, 감자하는 형식을 선택하여, 채무면제익이 될 부분을 감자차익으로 전환하는 방식을 채택하고 있다.

그런데 대상판결에서는 회생계획에서 액면가액으로 출자전환한 후 즉시 발행주식을 소각, 감자하는 형식을 취할 경우 '감자될 것으로 예정된 주식의 발행가액에 해당하는 출자전환채권액'은 '주금으로 납입된 후 감자된 금액'이 아니라 '애초부터 회생계획인가의 결정에 의하여 회수불능으로 확정된 채권가액'에 해당한다고 판시하였다. 이렇게 되면 그 동안 회생계획에서 액면가액으로 출자전환한 후 즉시 발행주식을 소각, 감자하는 방식을 선택하여 채무면제익의 발생에 대처해 온 실무가 실효성이 없게 되는 결론에 이르게 된다.

그러나 대상판결의 논리에 따를 때, ① 회생계획에서 액면가액으로 출자전환한 후 즉시 발행주식을 소각, 감자하면 소각이 예정된 주식의 발행가액(100)에 해당하는 금액을 피출자전환채무자에게 채무소멸익으로 보아 익금으로 과세하고, 또한 이를 배당할 경우 출자전환 채권자에게 배당소득으로 과세할 것인가라는 문제, ② 소각이 예정된 주식의 발행가액(100)이 회생계획인가 결정에 따라 소멸된 것이라면 채무자회생법상 보증책임 등은 부종성이 배제되므로 해당 회생회사를 위한 연대보증인·연대채무자 등에게 채무소멸에 따른 금액(100)에 대하여 보증책임 등을 청구할 것인가라는 문제, ③ 출자전환에 따라 회생회사가 증자 등기를 할 때에 소각이 예정된 주식의 발행가액(100)에 대해서는 등록면허세를 과세하지 않아야 하는가의 문제, ④ 1차 회생계획에서 액면가액으로 출자전환한 후 즉시 발행주식을 소각, 감자하지 않고 채권자집회를 다시 개최하여 수정된 2차 회생계획안에서 발행주식을 소각하면 소각되는 주식가액은 '주주로서의 권리를 행사할 여지가 없이 회생계획인가 결정에 따라 소멸된 회생채권가액'이 아니라 '감자절차에 따라 소각된 주식가액'으로 인정될 것인데, 이렇게 출자전환 후 즉시 주식을 소각하는 경우와 수정회생계획안에 의하여 주식을 소각하는 경우를 달리 취급하는 것이 형평과세 측면에서 타당한 것인가라는 문제, ⑤ 출자전환 후 소각된 주식가액

(8,100=출자전환가액 9,000×감자율 90%)이 출자전환주식을 취득함에 따른 손실(7,500=출자전환가액 9,000-주식 시가 1,500) 보다 더 큰 경우 회생채권자는 실제의 경제적 손실(7,500)보다 더 큰 금액(8,100)을 대손금으로 손금인정받게 된다는 등의 문제가 초래된다.

금전채권을 주식으로 전환한다는 간단한 사실인 출자전환을 두고 많은 논란이 일어나는 것은 할증발행 형식으로 출자전환할 경우 발생하는 채무면제익 때문이다. 회생절차에서 출자전환하는 경우 채무면제익이 발생하는 것을 방지하기 위하여 실무에서는 '할증발행하여 그 때 발생하는 주식발행액면초과액을 채무자회생법 제206조 제1항 제3호에 규정하고 있는 준비금으로 회생계획에 기재하는 방법'을 선택하지 않고, '액면가액으로 출자전환한 후 즉시 발행주식을 소각하여 채무면제익이 감자차익으로 전환되도록 회생계획에 정하는 방법'을 선택해 왔는데, 대상판결은 이 경우 채무면제익이 발생하게 된다는 취지로 판시했다.

출자전환 시 채무면제익이 발생하는 것을 방지하기 위하여, ① 출자전환·감자의 방식으로 '준비금(감자차익)'을 발생시키는 우회적 방법을 실무에서 선택하도록 할 것이 아니라, 할증발행 형식으로 출자전환하여 채무자회생법 제206조 제1항 제3호에 규정하고 있는 '준비금(주식발행액면초과액)'을 발생시켜서 이를 회생계획에 기재하도록 하는 것이 올바르고, ② 이 경우 채무자회생법 제206조 제1항 '제3호(신주의 발행으로 인하여 증가하게 되는 자본과 준비금의 액)의 금액'과 '제4호(신주의 발행으로 감소하게 되는 부채액)의 금액'이 상호 상계되어 제4호의 금액이 제3호의 금액에 전액 충당된다라는 취지로 입법하여 회생절차에서 출자전환하는 경우 채무면제익이 발생하지 않도록 근원적으로 해결하도록 하며,[85] ③ 법인세법을 개정하여 출자전환은 자본거래에 해당함을 명시하여 출자전환 시 세무상 채무면제익이 발생하지 않도록 해야 할 것이다.[86]

이 사건과 같이 채무면제익 발생에 대처하기 위하여 출자전환 후 즉시 감자하는 형식으로 실무에서 많이 채택하고 있는 회생계획안의 방식은 대상판결의 논리에 의하면 과세상 문제가 있으므로 실무처리에 주의가 요구된다 할 것이다.

아울러 이 사건에서 보는 바와 같이, 대상판결에 의할 때 A회사가 대손세액공제를 받은 금액 만큼을 원고를 인수한 X회사가 부담한 반면, 대손세액공제를 허용한 국가는 전혀 부담하지 않는 결과가 초래된다. 법인세법상으로 출자전환 시 발행주식의 시가를 초과하는 출자전환가액을 대손금으로 인정하지 않으면서 부가가치세법상으로는 대손세액공제를 인정하고자 하는 취지가 매출채권을 회수하지 못한 채권자(이 사건의 경우 A회사)에게 거래징수하지 못

85) 이 점에 대해서는 배영석(주31), 228~232면 참조.

86) 출자전환을 자본거래로 할 경우의 법인세법 및 법인세법 시행령의 개선방안은 배영석·김병일(주9), 『세무학연구』, 253~260면 및 배영석·김병일{주10(『세무학연구』 제34권 제3호)}, 131~133면 참조.

한 부가가치세까지 부담시키는 것은 과도한 부담이므로 이를 완화시켜 주려는 것이지만, 결과적으로 국가는 이 대손세액공제액을 부담하는 것이 없고 다른 회생절차 관련자가 부담하게 되는 불합리한 결과가 초래되고 있다. 따라서 출자전환에 따른 불합리한 이러한 문제점을 해결하기 위해서라도 조속히 채무자회생법과 출자전환에 관련된 세법을 개정하는 것이 바람직하다 할 것이다.

참고문헌

서울중앙지방법원 파산부 실무연구회, 『회생사건실무(상)』(제2판), 박영사, 2009.

____________________, 『회생사건실무(상)』(제3판), 박영사, 2011.

____________________, 『회생사건실무(상)』(제4판), 박영사, 2014.

박요찬, "채무자회생 및 파산에 관한 법률상 회생인가의 결정에 따라 출자전환하는 경우 발행된 주식의 취득가액의 문제점", 『세무사』 제31권 제2호(통권 137호), 한국세무사회, 2013.

배영석, "기업회생절차에서의 출자전환 관련 입법적 개선방안의 검토", 『회생법학』 통권 제13호, 한국채무자회생법학회, 2016.12.

배영석·김병일, "출자전환 시 채무면제익에 관한 연구 – 입법론상 개선방안을 중심으로 –", 『세무학연구』 제33권 제3호, 한국세무학회, 2016.9.

__________, "출자전환 및 회생채권 관련 대손금과 대손세액공제에 관한 연구 – 해석론의 정립방안을 중심으로 –", 『세무학연구』 제34권 제1호, 한국세무학회, 2017.3.

__________, "출자전환으로 취득하는 주식의 취득가액에 관한 연구", 『세무학연구』 제34권 제3호, 한국세무학회, 2017.9.

__________, "출자전환 행위의 조세회피행위 해당성 여부에 관한 소고 – 액면증자 후 무상감자 방식을 중심으로 –", 『세무와 회계 연구』 통권 제14호(제7권 제1호), 한국세무사회 부설 한국조세연구소, 2018.3.

오수환, "회생인가의 결정에 따라 출자전환 후 무상감자된 매출채권의 대손세액공제 – 「부가가치세법」을 중심으로", 『세무사』 제32권 제3호(통권 142호), 한국세무사회, 2014.

이중교, "채무의 출자전환에 따른 과세문제", 『조세법연구』 제20-2호, 세경사, 2014.8.

정건용, "법인세법상 자본거래와 손익거래의 혼합거래 과세에 관한 연구", 강남대학교 대학원 박사학위논문, 2015.

金子宏·垂井英夫, "法人税における資本等取引と損益取引-混合取引の法理の提案", 『税財政の今後の課題と展望(日本租税研究會創立60周年記念大會記錄)』, 日本租税研究協會, 2009.

2.3. 회생절차에서 출자전환 후 감자한 매출채권의 대손세액공제액에 대한 추징 가능성 여부*

– 대법원 2019.7.4. 선고 2019두35329 판결 사건 –

배영석**·김병일***

초 록

회생계획에서 금전채권을 출자전환한 후 발행 주식을 즉시 '전부' 무상소각하기로 한 경우 2018년도 대법원 판결에서는 출자전환 채권가액 전액은 대손금으로 확정되었다고 하였으나, 출자전환주식의 '일부'만 소각하기로 한 경우 2019년도 판결에서는 출자전환 채권가액은 '전액 회수'되었기 때문에 대손금이 없다고 판결하였다. 특히 2건의 2019년도 판결은 ① 출자전환채권의 '99.86%는 소각하고 0.14%만 잔존 주식으로 남긴 경우와 ② 95%를 소각하고 5%만 남긴 후 나머지 5%를 다시 변경 회생계획에서 전부 소각하여 결과적으로 100%를 소각한 경우에 대한 판결이다. ①, ②의 경우 채권자는 출자전환으로 회생채권을 100% 회수하였기 때문에 대손금이 전혀 없다는 판결이다. 얼핏 보면 2018년도 사건과 2019년도 사건은 똑같은 것으로 보이나 결론은 정반대의 판결이다.

이해하기 힘든 이런 결론의 판결은, ㉠ 출자전환주식의 취득에 의하여 채권자가 출자전환 채권가액 전부를 회수한 것으로 볼 것인가(전액소멸설) 시가 평가액 만큼만 회수한 것으로 볼 것인가(일부소멸설)라는 채무자회생법의 해석상 차이와 ㉡ 채무자회생법에서 출자전환으로 소멸하는 채무액과 준비금을 회생계획에 기재하도록 하고 있음에도 불구하고 할증 발행 형식의 출자전환 시 회생계획에 발행가액과 액면가액 간의 차액을 준비금으로 기재하지 않는 실무에 기인한 바가 크다고 생각된다.

출자전환 시 채권자에게 대손이 발생하는 문제는 채무자 입장에서는 채무면제익이 발생하는 문제와 불가분의 관계에 있다. 그동안 출자전환 시 채무자에게 채무면제익 발생에 따른 문제를 해결하기 위하여 과세당국 해석의 변경에 이어 법인세법 시행령, 법인세법 및 부가가치세법 시행령을 각각 수차례 개정 하였다. 그러나 대법원의 2018년도 판결과 2019년도 판결에서 보는 바와 같이 얼핏 보면 같은 내용인 것 같은데도 정반대의 결과가 나오는 등 여전히 문제가 많다.

지금까지 출자전환 시 세무상 문제는 '채무자에게 발생하는 채무면제익의 문제'와 '채권자에게 발생하는 출자전환주식의 취득가액의 문제 및 대손금·대손세액공제의 문제'이었다. 출자전환 채권자의 손해의 일부라도 보전해 주기 위하여 채권자에게 출자전환가액과 주식 시가 간의 차액을 대손금으로 인정, 대손세액공제가 가능하도록 해야 한다는 주장을 과세당국이 받아들여 2019년도에는 부가가치세법 시행령까지 개정하였다. 그러나 채권자에게 허용된 대손세액 공제액이 곧바로 채무자에게 공익채권으로 추징됨에 따라 회생채권자들 간에 채권회수에 있어서의 형평성 문제가 발생하고 회생계획 진행에 지장이 초래되는 문제가 발생하고 있다. 이러한 문제를 없애기 위해서는 출자전환 시 출자전환 채권액이 발행주식의 주금납입액에 충당되는 것으로 되도록 회생계획의 작성 실무도 변경되어야 하고 대법원 판례 변경도 필요하며, 무엇보다도 관련 세법의 개정이 요구된다 할 것이다.

주제어 | 대손세액공제, 대손금, 출자전환, 채무면제익, 신주의 시가, 발행가액, 준비금

* 『회생법학』 제19호(2019.12., 한국채무자회생법학회)에 게재된 논문이다.

** 주저자 : 진일회계법인 공인회계사, 세무학 박사

*** 교신저자 : 강남대학교 경영관리대학 경제세무학과 교수, 법학 박사

Ⅰ. 들어가며

기업회생절차에서 회생회사를 정상화하는 방법 중 하나로 금전채권을 출자전환하는 경우가 많다. 이 경우 회생채권자의 입장에서 출자전환하는 금전채권의 액면가액과 출자전환으로 교부받은 주식의 시가 간의 차액을 회수불능(즉, 대손)으로 보아 과세상 취급을 할 것인가를 두고 논란이 많은데, 대법원은 2018.6.28.에 선고한 판결(2017두68295)에서 "회생계획에서 출자전환하여 발행한 주식을 즉시 전액을 무상소각(감자)하기로 한 경우에는 출자전환 채권가액 전액은 회수불능으로 대손금으로 확정되었다"고 판시하였다.

그러나 금년에 들어서는 "회생계획에서 출자전환으로 발행한 주식을 즉시 '전액'을 무상소각하지 않고 '일부'만 소각하기로 한 경우에는 출자전환한 채권가액 전액은 '회수불능'이 아니라 '전액 회수'되었기 때문에 그 전액은 대손금으로 확정되었다고 볼 수 없다"는 취지의 원심판결에 대해 과세당국이 항소한 것을 2019.5.10.과 2019.7.4.에 각각 심리불속행 기각하여 원심판결을 지지하였다.

그런데 ① 2018.6.28.의 판결 사건은 출자전환 주식을 즉시 전부 소각한 사건이므로 잔존주식이 전혀 없는 것이나, 2019.5.10.의 판결 사건(2019두31853)은 출자전환 후 즉시 700 : 1의 비율로 소각하여 소각 후 출자전환채권의 0.14%만 잔존 주식으로 남은 사건이다. 출자전환주식을 '출자전환 후 즉시 100% 소각하면 출자전환 채권액 전액이 회수불능으로서 대손금에 해당'하나 '99.86%(=1-0.14%)만 소각하면 출자전환 채권액 전액이 회수된 것에 해당하여 대손금에 해당하는 금액은 전혀 없다'는 양극단의 결론에 대해서 쉽게 수긍이 가지 않는다. ② 더욱이 2019.7.4.의 판결 사건(2019두35329)은 당초에는 금전채권의 95%를 소각한 후 3년 8개월 후에는 나머지 5%까지 모두 소각함으로써 결과적으로 출자전환한 금전채권 100%를 소각한 경우다. 그런데 대법원은 ㉠ 회생절차에서 출자전환 후 '즉시 100%를 소각'하면 출자전환 채권액 중 변제된 것이 전혀 없어 출자전환 채권액 100%가 대손금이 된다고 하면서(2018.6.28.의 판결 사건), ㉡ 출자전환 후 '즉시 출자전환주식의 100%를 소각'하지 않고 '95%, 5%로 나누어 시간적 간격을 두고 전액 소각'한다면 회생채권자가 100%를 변제받은 것이 되어 대손금이 전혀 발생하지 않게 된다고 판시한다(2019.7.4.의 판결 사건). ㉠의 경우에는 회생채권자가 변제받은 금액이 전혀 없고, ㉡의 경우에는 100%를 변제 받았다는 양극단의 결론에 대해서도 얼른 수긍하기 어렵다.

위 판례 내용을 정리하면 아래 〈표 1〉과 같다.

〈표 1〉 출자전환 주식의 처리 사례별 대법원 판례의 비교

사건번호	출자전환 후 출자전환 주식의 처리	대법원 판결 내용의 요지		
		채권회수	대손세액공제	대손세액 추징
2017두68295 (2018.6.28.)	즉시 100% 소각	0%	가능	적법
2019두31853 (2019.5.10.)	즉시 99.86% 소각	100%	불가능	위법
2019두35329 (2019.7.4.)	즉시 95% 소각 후 100% 소각			

이 글에서는 이렇게 얼핏 보아 이해하기 힘든 판결의 내용을 2019.7.4. 선고한 대법원 판결의 원심 판결을 바탕으로 검토한 후 그 합리적인 해결방안을 모색, 제시하여 보기로 한다.

Ⅱ. 대상판결의 개요

1. 사실관계의 개요

원고(STX건설 주식회사)가 2013.10.31. 서울중앙지방법원으로부터 인가결정받은 회생계획(이하 "이 사건 회생계획")은 아래와 같이 정하고 있었고, 회생채권자들은 이 사건 회생계획에 따라 원고에 대한 회생채권(이하 "이 사건 회생채권") 중 79.5%는 2013.11.1. 액면가액으로 출자전환하였고 그 출자전환 주식은 2013.11.2. 자본금 감소를 위하여 20 : 1의 비율로 주식병합(감자)되었다.

〈이 사건 회생계획〉

"회생채권에 해당하는 채무는 원금 및 개시전이자의 79.5%를 출자전환하고 20.5%를 현금변제하며, 출자전환하는 채무는 원고가 신규로 발행하는 주식의 효력발생일에 당해 회생채권의 변제에 갈음한다. 출자전환 시 채권액 5,000원을 액면가 5,000원의 보통주 1주로 발행하고, 출자전환에 의한 신주의 효력발생일 다음 날에 액면가 5,000원의 보통주 각 20주를 액면가 5,000원의 보통주 각 1주로 병합한다."

원고는 2017.6.30. 인가된 변경회생계획에서 "종전 회생계획에 따라 현금변제해야 할 회생채권(즉 20.5%) 중 변제하지 못한 미변제금액의 원금 및 개시 전 이자는 그중 7.2390344%를 현금변제하고 나머지는 전액 출자전환하며, 종전에 발생된 원고의 보통주 3,182,906주 및 위와 같은 회생채권의 출자전환에 따라 발행되는 신주는 출자전환주식의 효력발생일 다음 날에 전부 무상소각한다."고 정하여, 이 사건 회생계획에 따라 주식병합 후 남은 주식[1])도 전부 무상소각하였다.

이 사건 회생계획에 따라 발행된 출자전환 주식을 현금흐름할인(DCF) 모형으로 평가한 결과 2013.11.2. 기준 1주당 1,274원으로 평가되어 회생채권자들은 출자전환 채권의 장부가액과 출자전환 주식 시가(1주당 1,274원)의 차액(이하 "이 사건 차액")에 대하여 부가가치세법상의 대손이 발생한 것으로 보아, 부가가치세 상당 금액에 대하여 대손세액공제를 받았다.

피고(창원세무서장)는 2016.2.1. 원고에게 회생채권자들이 이렇게 대손세액 공제를 받은 금액(153백만원)에 대하여 2013년 제2기 부가가치세의 부과처분을 하였다(이하 "이 사건 처분").

2013.10.31.부터 2018.12.31.까지 원고의 법인등기부등본상 자본금의 증감(증자 및 감자)에 관한 내용을 정리하면 아래 〈표 2〉와 같다.

〈표 2〉 원고의 출자전환 전후의 증자 및 감자 관련 내용

자본금 증감 원인일자	내용	자본금의 증감(단위 : 천원)		
		증감전 자본금	증(감) 자본금	증감후 자본금
2013.11.01.	증자(*1)	9,645,000	292,902,170	302,547,170
2013.11.02.	감자(*2)	302,547,170	(287,420,680)	15,126,490
(…8회의 증자와 8회의 감자 과정의 생략…)				
2017.06.21.	증자(*3)	17,774,310	1,481,140	19,255,450
2017.06.22.	감자	19,255,450	(1,407,085)	17,848,365
2017.07.03.	감자(*4)	17,848,365	(17,848,365)	0
2017.07.03.	증자(*5)	0	40,232,015	40,232,015
2017.07.04.	감자(*5)	40,232,015	(40,232,015)	0
2017.07.04.	증자	0	4,000,000	4,000,000
2018.12.20.	증자	4,000,000	1,593,750	5,593,750
2018.12.29.	증자	5,593,750	718,750	6,312,500

(*1) 회생계획에 따라 원금 및 개시전 이자의 79.5%를 출자전환

(*2) 회생계획에 따라 출자전환에 의한 신주의 효력발생일 다음날에 95%(20 : 1)를 감자

1) 주식 병합 후 남은 주식의 액면가액은 당초 출자전환한 채권가액의 3.975%[=당초 금전채권의 출자전환비율 79.5%×(1-감자비율 95%)]에 해당하는 금액이 된다.

(*3) 회생계획에 따라 출자전환
(*4) 2013.11.2. 95% 감자 후의 잔존 5%의 주식도 회생계획에 따라 모두 감자
(*5) 회생계획에 따라 증자 및 감자

2. 제1심 판결의 요지

이 사건 처분에 대하여 제1심 판결[2]에서 원고 승소의 판결을 하였다. 제1심 판결의 요지는 다음과 같다.

아래와 같은 사정들에 비추어 보면, 이 사건 차액 부분이 구 법인세법 시행령 제19조의2 제1항 제5호가 정하고 있는 '「채무자 회생 및 파산에 관한 법률」(이하 "채무자회생법")에 따른 회생계획인가의 결정 또는 법원의 면책결정에 따라 회수불능으로 확정된 채권'에 해당한다고 할 수 없으므로, 이 사건 차액 부분은 대손세액 공제대상에 해당한다고 할 수 없다.

① 신주발행 방식의 출자전환으로 기존 채권의 변제에 갈음하기로 한 경우, 회생계획안의 가결요건을 충족하여 인가된 이상 회생계획에 기재된 사항에 대하여 이해관계인들 사이에 합의가 존재하는 것으로 보아야 하는데, 출자전환으로 소멸되는 기존채권의 가액에 관한 합의가 회생계획상 존재하고 있으므로 회생계획에서 정하고 있는 바에 따라 주채무가 소멸한다. ② 구 법인세법 시행령 제72조 제1항은 채무를 출자로 전환하는 내용이 포함된 회생계획인가의 결정을 받은 법인이 채무를 출자전환하는 경우에는 출자전환된 '채권의 장부가액'을 주식의 취득가액으로 하도록 규정하고 있으므로, 회생채권은 주식가액으로 전액 회수된 것이다. ③ 채무자회생법 제206조 제1항은 출자전환을 통한 회생계획에서 정해야 하는 사항 중 하나로 '신주의 발행으로 감소하게 되는 부채액'을 정하고 있는데, 회생채권자가 신주를 발행받으면 이와 동시에 출자전환되는 금액 전체(출자전환되는 주식의 장부가액)에 해당하는 회생채권액이 소멸한다는 점을 전제로 하고 있는 것으로 보인다. ④ 신주발행의 경우 신주인수인은 인수가액의 전액을 납입해야만 신주발행의 효력이 발생하는 상법상 신주발행의 법률관계에 비추어 보면, 출자전환의 경우 출자전환되는 채무 전부가 주식인수가액으로 납입된 것으로 인정되어야만 발행예정주식 전부에 대한 신주발행의 효력이 발생하는 것이므로, 그 결과로서 나타나는 경제적 측면에서의 효과를 이유로 발행주식 시가 초과 부분만을 따로 떼어내어 주식에 대한 납입금으로서의 실질을 부인할 수는 없는 것이어서 시가 초과 부분만이 아니라 출자전환이 이루어지는 장부상의 주식가액 전액에 대하여 채무소멸의 효과가 발생한다고 보아야 한다.

---

2) 창원지방법원, 2017.1.10. 선고 2016구합52390 판결. 이 사건의 제1심 판결에 앞서 2019.5.10.에 대법원이 심리불속행 기각 판결한 2019두31853 사건(이하 "2019.5.10. 판결 사건")의 제1심(서울행정법원)도 이 사건의 제1심과 동일한 취지로 원고(납세자) 승소의 판결을 하였다(2015.9.3. 선고 2014구합67352 판결).

3. 대상판결의 요지

이 사건 처분에 대하여 원심[3]도 원고 승소 판결(이하 "대상판결")을 하였고, 대법원은 심리불속행 기각 결정을 하였다.[4] 대상 판결의 요지는 다음과 같다.

조세법률주의 원칙상 특별한 사정이 없는 한 법문대로 해석할 것이고 합리적 이유 없이 확장해석하거나 유추해석하는 것은 허용되지 않으며, 부가가치세가 거래세의 성격을 가진다는 점에 비추어 볼 때, 법인의 소득에 대한 과세를 규율하는 법인세법에서조차 대손금으로 인정하지 않은 사유를 부가가치세에 있어서 대손세액공제 사유로 해석하는 것은 특별한 사정이 없는 한 허용되어서는 안 될 것이다.

다음과 같은 사정들에 비추어 보면, 이 사건 차액 부분은 구 법인세법 시행령 제19조의2 제1항 제5호가 대손금으로 정하고 있는 '회생계획인가의 결정 또는 법원의 면책결정에 따라 회수불능으로 확정된 채권'에 해당한다고 보기 어렵기 때문에 이 사건 처분은 위법하다.

① 회생계획안이 인가된 이상 회생계획에 기재된 사항에 대하여 이해관계인들 사이에 합의가 존재하는 것으로 보아야 하므로, 출자전환으로 소멸되는 기존채권의 가액에 관한 합의가 회생계획상 존재하고 있어 회생계획에서 정하고 있는 바에 따라 주채무가 소멸하게 된다. 구 법인세법 시행령에서 채무자회생법에 따라 출자전환하는 경우 출자전환된 채권의 장부가액을 주식의 취득가액으로 하도록 한 규정은 오로지 채무면제익을 배제하기 위한 조항이라고만 보기는 어렵고, 구 법인세법 시행령 제19조의2 제1항 제5호가 대손금으로 정하고 있는 '회생계획인가의 결정 또는 법원의 면책결정에 따라 회수불능으로 확정된 채권'에 해당하는지 여부의 판단과 이러한 판단을 기초로 부가가치세법상 대손세액공제 사유 해당 여부를 판단하는 데 있어서도 원칙적으로 적용되는 조항이라 할 것이다. 출자전환 주식의 취득가액은 출자전환된 채권의 장부가액으로 봄이 타당하므로, 이 사건 차액 부분은 대손금으로 정한 '회생계획인가의 결정 또는 법원의 면책결정에 따라 회수불능으로 확정된 채권'에 해당한다고 볼 수 없다.

② 출자전환주식의 효력발생 시점 이후의 자본금 감소를 위한 주식병합은 출자전환을 통하여 이미 주주가 된 회생채권자들과 회생회사 사이의 자본거래에 불과하므로, 원칙적으로 그보다 앞선 출자전환주식의 취득가액에 대한 평가에 어떠한 영향을 미친다고 볼 수 없다.

---

3) 부산고등법원(창원) 2019.1.30. 선고 2017누10237 판결. 이 원심 판결은 대법원에서 심리불속행 기각되었으므로, 이 글에서는 이 원심 판결을 대상판결로 하여 살펴본다. 이 사건의 원심 판결에 앞서 2019.5.10. 판결 사건의 제2심(서울고등법원)도 원고(납세자) 승소의 판결을 하였다(2018.12.5. 선고 2015누60657 판결).

4) 대법원 2019.7.4. 선고 2019두35329 판결. 이 대법원 판결에 앞서 대법원은 2019.5.10. 판결 사건에서도 심리불속행 기각하여 원고(납세자) 승소의 판결을 하였다.

대법원 2009.11.12. 선고 2009다47739 판결 등은 채무자회생법 제250조 제2항 제1호에 따라 회생계획의 영향을 받지 않는 보증인 등의 보증채무가 출자전환 방식의 변제로 소멸되는 범위에 관한 것으로서, 채무자회생법 제250조 제1항[5]에 따라 회생계획의 효력이 직접 미치는 회생채권자와 채무자(회생회사) 사이의 회생채권이 출자전환 방식의 변제로 소멸되는 범위를 정하는 이 사건에는 직접 적용된다고 보기 어렵다.

③ 만약 회생채권자들이 대손세액공제를 받을 수 있고 그에 따라 회생절차가 개시된 이후 부가가치세 부과처분을 할 수 있다고 본다면, 부가가치세 납부의무가 없는 다른 회생채권자들과 달리 대손세액공제를 받은 회생채권자들은 회생채권이 출자전환되어 변제되었음에도 추가로 대손세액공제를 통하여 부가가치세 납세분을 환급받게 되고, 그 결과 피고는 공익채권인 부가가치세액 상당의 조세채권을 회생회사에게 추징한다. 이는 회생회사의 효율적 회생도모에 곤란을 초래하고 나머지 회생채권자 사이에서 예상하지 못한 불합리한 차별이 발생하게 되는 사정을 고려하면 조세경감 혜택이라 할 수 있는 대손세액공제 범위를 확장하여 적용할 필요성이 크다고 보기 어렵다.

④ 대법원 2018.6.28. 선고 2017두68295 판결 및 대법원 2018.7.11. 선고 2016두65565 판결들은 이 사건과 달리 회생계획에서 출자전환과 함께 출자전환주식을 전부 무상으로 소각하기로 정한 예외적인 경우로서 종전 채권자가 주주로서의 권리를 행사할 여지가 없이 그대로 소각될 것이 확실한 반면, 이 사건과 같이 출자전환 후 감자하여 잔존 주식이 있는 경우는 출자전환 주식과 주식병합 후 남은 주식 사이에 실질적 가치에는 아무런 변동이 없으므로,[6] 이 사건 차액 부분이 회수불능으로 확정되었다고 보기 어렵다. 2017.6.30. 인가된 변경 회생계획에 따라 이 사건 회생계획에서 주식병합 후 남은 주식도 전부 무상소각되었으나, 이는 이 사건 회생계획과는 별개의 2017.6.30.자 회생계획으로 인한 것이므로, 이를 이 사건 처

---

5) 채무자회생법 제250조(회생계획의 효력범위) ① 회생계획은 다음 각호의 자에 대하여 효력이 있다.
  1. 채무자
  2. 회생채권자·회생담보권자·주주·지분권자
  3. 회생을 위하여 채무를 부담하거나 담보를 제공하는 자
  4. 신회사(합병 또는 분할합병으로 설립되는 신회사를 제외한다)

  ② 회생계획은 다음 각호의 권리 또는 담보에 영향을 미치지 아니한다.
  1. 회생채권자 또는 회생생담보권자가 회생절차가 개시된 채무자의 보증인 그 밖에 회생절차가 개시된 채무자와 함께 채무를 부담하는 자에 대하여 가지는 권리
  2. 채무자 외의 자가 회생채권자 또는 회생담보권자를 위하여 제공한 담보

6) 이 사건의 경우에는 회생채권을 2013.11.2.에 20 : 1의 비율로 소각(감자)하였고, 그 후 감자 후 잔존 주식(당초 회생채권의 5% 상당)도 2017.7.3.에 감자하여 전부 소각되었다(〈표 2〉 참조). 한편 2019.5.10. 판결 사건은 액면가액으로 출자전환 후 출자전환 주식은 700 : 1의 비율로 소각(즉, 99.86%가 감자)된 사례인데, 감자 후 잔존 주식(0.14%)이 있으므로 99.86% 감자한 것은 0.14%의 잔존 주식의 가치에 영향이 없다고 해당 사건의 원심(서울고등법원 2018.12.5. 선고 2015누60657 판결)에서 판시하였다.

분의 근거로 삼을 수는 없다.

⑤ 회생채권자들은 회생채권을 전부 출자전환하여 변제에 갈음할지 일부만 출자전환하고 나머지는 확정적으로 면제할지 등에 관하여 자유롭게 결의할 수 있으므로, 회생계획대로 회생채권의 변경을 인정하는 것이 불합리하다고 보기 어렵다. 회생계획에서 일부만 출자전환하여 변제에 갈음하는 것으로 정하였음에도, 나중에 주식의 시가에 해당하는 금액만이 변제된 것이고 나머지는 회수불능으로 확정된 채권에 해당한다고 보게 되면, 예측하지 못한 채무를 부담하게 되는 회생회사, 회생계획에서 예상하지 않았던 이익을 보게 되는 일부 회생채권자들, 나머지 다른 회생채권자들과의 관계에서 형평에 반하게 되어 회생제도의 취지에 반한다.

Ⅲ. 출자전환 시 대손금에 관한 세법의 개정 경과 및 행정해석의 변화

1. 출자전환 시 대손금에 관한 세법의 개정 경과

(1) 법인세법

당초 법인세법에서는 출자전환 시 세무처리에 대하여 규정하고 있지 않았는데 IMF 경제위기 이후 출자전환하는 사례가 많아지자 과세당국은, ① 출자전환으로 발행하는 신주의 발행가액(180)을 액면가액(100)보다 높게 할증 발행 형식으로 발행하는 경우 발행가액과 액면가액 간의 차액(80)은 주식발행액면초과액에 해당한다고 해석하였다.[7] ② 그러나 과세당국은 2003.3.5.에 출자전환주식의 발행가액과 시가(120) 간의 차액(60)은 채무면제익에 해당하고 주식발행액면초과액은 신주의 시가와 액면가액 간의 차액(20=120-100)만 해당한다고 해석을 변경하였다.[8]

③ 2003.12.30.에는 법인세법 시행령 제15조 제1항의 후문에 2003.3.5. 해석의 내용(채무자 입장에서 위 차액 60은 주식발행액면초과액이 아닌 채무면제익에 해당한다는 내용)을 규정하였다가[9]

---

7) 재정경제부, 재법인 46012-191, 1999.12.6.

8) 재정경제부, 재법인 46012-37, 2003.3.5. 이렇게 행정해석이 변경된 배경과 이 변경 후 해석의 문제점에 관해서는 배영석·김병일, "출자전환 시 채무면제익에 관한 연구 – 입법론상 개선방안을 중심으로 –", 『세무학연구』 제33권 제3호, 한국세무학회, 2016.9., 228~232면 참조.

9) 채무자 입장에서 위 차액 60은 주식발행액면초과액이 아닌 채무면제익에 해당한다고 정한 법인세법 시행령 제15조 제1항의 후문은 모법에서 정한 주식발행액면초과액의 범위를 벗어난 무효의 규정이라고 대법원에서 판결하였다(2012.12.22. 선고 2010두175564 판결).

④ 2005.12.31.에는 ㉠ 이 시행령의 취지를 법인세법 제17조 제1항 제1호 단서에 규정하고 ㉡ 동시에 출자전환에 따른 채무면제익은 추후 사업연도에 발생하는 결손금의 보전에 충당할 수 있도록 같은 조 제2항에 규정하여[10] 현재에 이르고 있다.

2006.2.9.에는 ① 법인세법 시행령 제11조 제6호의 괄호에 출자전환에 따른 채무면제익은 익금에 해당한다는 내용을 규정하고,[11] ② 동시에 법인세법 시행령 제72조 제1항 제4호를 개정하여, ㉠ 채권자가 출자전환으로 취득하는 신주의 취득가액은 그 주식의 시가로 하는 것을 원칙으로 하되 ㉡ 회생법인 등[12]에게 출자전환하는 경우에는 출자전환하는 채권의 장부가액으로 하도록 하였다. 2010.6.8.에는 법인세법 시행령 제72조 제1항 제4호의 내용을 제4호의2로 옮겨서 별도의 호에 규정하여 현재에 이르고 있다.[13], [14]

(2) 부가가치세법

당초 과세당국은 대손금에 관하여 법인세법과 부가가치세법을 동일하게 해석·적용해왔다. 그러나 조세심판원이 2013.9.11.에 출자전환으로 취득한 주식의 시가와 출자전환채권 간의 차액은 대손세액공제의 대상이 된다고 결정하여[15] 종전 결정[16]을 변경하였고, 기획재정부도

---

10) 현행 법인세법 제17조【자본거래로 인한 수익의 익금불산입】① 다음 각 호의 구분에 따른 수익은 내국법인의 각 사업연도의 소득금액을 계산할 때 익금에 산입(算入)하지 아니한다.
  1. 주식발행액면초과액 : 액면금액 이상으로 주식을 발행한 경우 그 액면금액을 초과한 금액(무액면주식의 경우에는 발행가액 중 자본금으로 계상한 금액을 초과하는 금액을 말한다). 다만, 채무의 출자전환으로 주식등을 발행하는 경우에는 그 주식등의 제52조 제2항에 따른 시가를 초과하여 발행된 금액은 제외한다.
  ② 제1항 제1호 단서에 따른 초과금액 중 제18조 제6호를 적용받지 아니한 대통령령으로 정하는 금액은 해당 사업연도의 익금에 산입하지 아니하고 그 이후의 각 사업연도에 발생한 결손금의 보전(補塡)에 충당할 수 있다.

11) 현행 법인세법 시행령 제11조【수익의 범위】법 제15조 제1항의 규정에 의한 수익은 법 및 이 영에서 달리 정하는 것을 제외하고는 다음 각 호에 규정하는 것으로 한다.
  6. 채무의 면제 또는 소멸로 인하여 생기는 부채의 감소액(법 제17조 제1항 제1호 단서의 규정에 따른 금액을 포함한다)

12) '회생법인 등'에는 채무자회생법상 회생절차 수행법인, 기업구조조정촉진법상 워크아웃법인, 채권금융기관과 체결한 협약에 따른 경영정상화계획 이행협약 체결법인, 기업활력제고를 위한 특별법에 의한 사업재편계획 승인법인 등 출자전환에 따른 채무면제익을 과세이연할 수 있는, 법인세법 시행령 제15조 제4항에 규정한 4가지의 법인을 말한다.

13) 현행 법인세법 시행령 제72조【자산의 취득가액 등】② 법 제41조 제1항 및 제2항에 따른 자산의 취득가액은 다음 각 호의 금액으로 한다.
  4의2. 채무의 출자전환에 따라 취득한 주식등 : 취득 당시의 시가. 다만, 제15조 제4항 각 호의 요건을 갖춘 채무의 출자전환으로 취득한 주식등은 출자전환된 채권(법 제19조의 2 제2항 각 호의 어느 하나에 해당하는 채권은 제외한다)의 장부가액으로 한다.

14) 조세특례제한법 제44조, 제121조의29 등에서 출자전환 시 조세특례를 규정하고 있으나 이 글에서는 출자전환에 관한 특례를 조세특례제한법에서 정한 것은 제외하고 논하기로 한다.

15) 조심 2012서2200, 2013.9.11. ; 조심 2012서1842, 2013.9.11.

16) 조세심판원은 2006.2.9. 법인세법 시행령 제72조 제1항의 개정 이후에는 출자전환채권은 출자전환 주식으로

이 차액을 부가가치세법상 대손세액공제의 대상이 되는 대손금에 해당한다고 해석하여[17] 종전 해석[18]을 변경하였다. 즉, 과세당국은 매출채권의 출자전환 시 대손금 처리에 관하여 법인세법과 부가가치세법상 처리가 동일한 것으로 해석·적용해 오다가 조세심판원의 2013.9.11.자 결정을 계기로 서로 다르게 취급하는 것으로 변경하였다.

2019.2.12.에는 부가가치세법 시행령 제87조 제1항 제2호를 신설, 회생계획인가 결정에 따라 채무를 출자전환하는 경우 출자전환 시점의 매출채권의 장부가액과 출자전환 주식의 시가 간의 차액이 대손금에 해당하는 것으로 규정하여 대손세액공제가 가능함을 명시하였다.[19] 이 조항을 신설한 취지에 대하여 과세당국은 '기존 예규의 법령화'라고 설명하고 있다.

2. 출자전환 시 대손금에 관한 행정해석의 변화

2006.2.9.에 회생법인 등에게 출자전환하는 경우 출자전환한 주식의 취득가액을 출자전환 채권의 장부가액으로 하도록 법인세법 시행령 제72조 제1항 제4호에 규정한 이후에는, 출자전환한 채권은 전액 출자전환 주식으로 회수된 것이므로 회수불능으로 확정된 채권이 아니어서 대손금에 해당하지 않는다고 과세당국이 해석해 왔으나, 출자전환주식의 시가(10)와 출자전환 채권(100) 간의 차액(90)이 법인세법상 대손금에 해당하지 않는다 하더라도 부가가치세법상으로도 이 차액 90이 대손금으로서 대손세액공제의 대상이 되지 않는가에 대하여 논란이 계속 이어졌다. 그러다가 조세심판원은 앞에서 본 바와 같이 2013.9.11.에 이 차액 90에 해당하는 부가가치세는 대손세액공제의 대상이 된다고 결정, 종전 결정을 변경하였다. 그러자 기획재정부도 2015.2.16. 이 차액 90은 부가가치세법상 대손세액공제의 대상이 되는 대손금에 해당한다고 해석, 종전 해석을 변경하였다는 것도 앞에서 본 바와 같다.

대손세액 공제에 관한 이러한 세무행정상의 변화와는 별개의 문제로, 할증 발행 형식으로 출자전환할 경우 발생하는 주식발행액면초과액 중 시가초과액이 법인세법 제17조 제1항 제1호 단서에 의거 회생채무자에게 채무면제익에 해당함에 따라 실무상 여러가지 문제가 나타

전액 회수된 것이어서 회수불능채권이 아니므로 대손금에 해당하지 않는다는 취지로 결정하였다(조심 2011중810, 2012.3.29. ; 조심 2011중1106, 2012.6.8. ; 조심 2012중1790, 2012.6.14.).

17) 기획재정부, 부가가치세-153, 2015.2.16.

18) 국세청, 법규법인 2010-59, 2010.4.22. 외.

19) 부가가치세법 시행령 제87조(대손세액 공제의 범위) ① 법 제45조 제1항 본문에서 "파산·강제집행이나 그 밖에 대통령령으로 정하는 사유"란 다음 각 호의 어느 하나에 해당하는 경우를 말한다.

2. 「채무자 회생 및 파산에 관한 법률」에 따른 법원의 회생계획인가 결정에 따라 채무를 출자전환하는 경우. 이 경우 대손되어 회수할 수 없는 금액은 출자전환하는 시점의 출자전환된 매출채권 장부가액과 출자전환으로 취득한 주식 또는 출자지분의 시가와의 차액으로 한다.

났다.[20] 그러자 이 문제를 해결하기 위하여 액면가액으로 출자전환 후 즉시 감자하는 방식의 출자전환 실무가 성행하게 되었다. 이렇게 하면 채무자에게 채무면제익으로 나타날 위 차액 90이 감자차익으로 전환된다. 그러자 위 차액 90이 법인세법상 채권자에게 대손금으로 인정될 수 있는지 내지 부가가치세법상 대손세액공제의 대상채권이 되는지의 여부가 실무에서 쟁점으로 부상하였다.

이에 대해 과세관청은 당초에는 "회생계획에 따라 매출채권 중 일부는 현금 변제받고 일부는 출자전환한 후 즉시 그 주식을 소각하더라도 소각된 주식에 대한 채권가액 상당액은 법인세법상 대손금에 해당하지 않는다"고 해석하였고,[21] 출자전환 채권자가 개인인 경우의 해석에서도 "감소되는 주식수에 해당하는 금액(즉, 액면증자 후 감자함에 따라 발생하는 감자차익이 되는 위 사례의 90의 금액)은 대손금에 해당하지 않는다"는 취지로 해석하였다.[22] 그러나 과세당국은 그 후 "출자전환 후 즉시 감자하는 경우 발행 주식의 시가와 출자전환채권액의 차액이 대손금에 해당하는지 여부는 기획재정부 회신사례(재부가-153, 2015.2.16.)를 참조하라"고 해석하여[23] 대손금에 해당하는지 여부 중 어느 입장인지 모호한 태도를 취하고 있다.

---

20) 출자전환 시 채무면제익의 발생에 따른 실무상의 문제점에 대한 자세한 설명은 배영석·김병일, "출자전환 행위의 조세회피행위 해당성 여부에 관한 소고 – 액면증자 후 무상감자 방식을 중심으로 –", 『세무와 회계 연구』 통권 제14호(제7권 제1호), 한국세무사회 부설 한국조세연구소, 2018.3., 304~309면 참조.

21) 국세청, 법규법인 2010-59, 2010.4.22.

22) 기획재정부, 소득세제과-279, 2016.7.4. 이 해석은 "소득세법상 자산의 취득가액 규정은 법인세법과 달리 시가로 규정하고 있어서 채권의 출자전환으로 주식을 취득하는 경우에 주식의 취득가액을 시가로 보아야 하기 때문에 채권의 장부가액과 주식의 시가와의 차액은 소득세법상 대손금에 해당하나, 출자전환 이후 무상감자하는 경우 자본금만 감소할 뿐이고 회생계획인가의 결정에 따라 회수불능으로 확정된 바가 없으므로 감소되는 주식수에 해당하는 금액은 대손금에 해당하지 않는다"는 취지로 해석하였다.

23) 국세청, 법령해석부가-0417, 2017.7.11. 이 해석은 '회생계획안에 따라 외상매출채권 중 35%는 현금변제받고 나머지 65%는 출자전환함과 동시에 1/10로 감자된 경우 대손세액공제 여부'의 질의에 대한 것이었는데, 국세청은 "매출채권의 전부 또는 일부가 회생계획인가의 결정에 따라 채무자의 주식으로 전환됨과 동시에 주식병합으로 감자된 경우, 대손세액공제 여부에 대하여는 기획재정부 회신사례(재부가-153, 2015.2.16.)를 참고하기 바람"으로 해석하였다(법령해석부가-0417, 2017.7.11.). 그런데 기획재정부 회신사례(재부가-153, 2015.2.16.)는 출자전환 시 발행주식의 시가와 출자전환가액 간의 차액은 대손세액공제에 해당한다는 뜻의 해석이다.

Ⅳ. 출자전환 시 대손세액 공제 여부에 대한 견해 대립

1. 출자전환 시 대손세액 공제 여부에 대한 논쟁의 쟁점

출자전환 시 출자전환 매출채권액과 발행주식의 시가 간의 차액이 대손금으로서 대손세액 공제의 대상이 되어 출자전환받은 회생채무자에게 국가가 대손세액 공제액을 부가가치세로서 추징할 수 있느냐의 여부를 살펴보기 전에 국가가 대손세액 공제액을 부가가치세로서 추징하는 과정을 그림으로 보면 다음과 같다.

〈그림 1〉 대손세액의 발생과 추징 과정

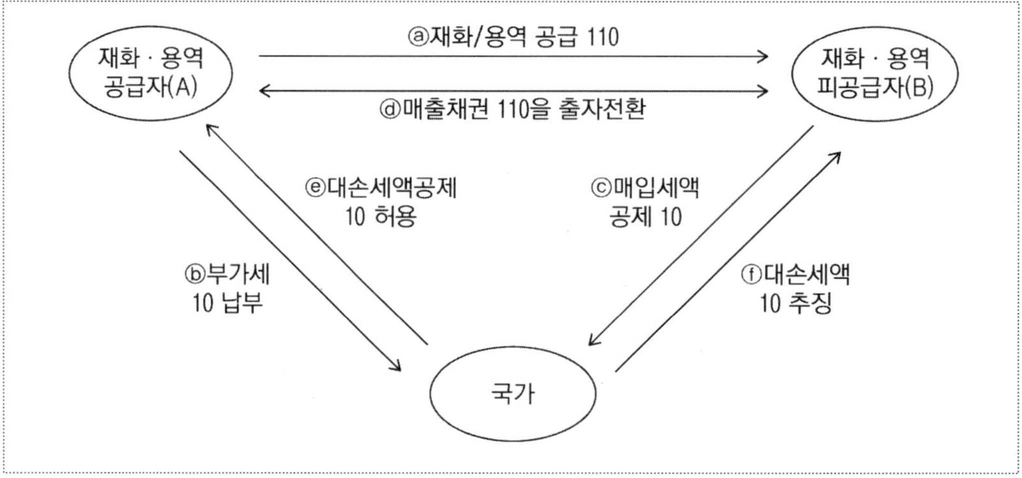

대손세액공제를 국가가 허용하는 이유는, 위 〈그림 1〉에서 보는 바와 같이, A가 B에게 매출을 하고(ⓐ의 과정) 매출가액의 10%(10)를 부가가치세로서 국가에 납부(ⓑ의 과정)하였으나 A가 B로부터 매출채권 110을 받지 못하고 대손이 된 경우, A가 부담한 부가가치세 10을 대손세액 공제액으로 차감할 수 있도록 허용하여[24] A의 부담을 줄여주기 위해서다. B는 이미 재화·용역을 공급받은 때에 A에게 부가가치세 10을 지급하지 않은 상태에서 매입세액 공제(ⓒ의 과정)를 받았기 때문에 10을 국가로부터 공제받는 혜택을 누렸다. 그래서 나중에 A가

24) 부가가치세법 제45조 제1항.

대손세액 공제를 받는 경우에는 B는 그 대손세액 공제액 만큼을 국가에 납부하여야 하고[25] 만약 B가 이 대손세액 공제액 만큼을 국가에 납부하지 않을 경우에는 국가는 B에게 10을 추징한다(ⓕ의 과정). 그러면 결과적으로 국가는 B가 매입세액 공제를 받은 10을 도로 환수하게 되는 것이다.[26]

이 사건을 위 〈그림 1〉을 통해서 살펴보면 다음과 같다.

㉠ 위 〈그림 1〉의 '재화·용역의 피공급자(B)'에 해당하는 원고(STX건설)가 '재화·용역의 공급자'에 해당하는 A로부터 재화·용역을 공급받은 다음, ㉡ 공급대가 110의 부가가치세 해당액(10)을 국가로부터 매입세액으로서 공제를 받았으나(ⓒ의 과정) 대가 110을 A에게 지급하지 않은 채 회생절차에 들어갔다. ㉢ 그 후 A는 미회수 매출채권 110을 B의 회생절차에서 출자전환한 후 신주를 교부받았으나 이 신주의 가치가 없어[27] 매출채권 110만큼 대손된 것으로 보아 대손세액 공제 10을 받았다(ⓔ의 과정).[28]

국가 입장에서 보면 다음과 같다. ㉠ A로부터 납부받은 부가가치세 10(ⓑ의 과정)은 대손세액 공제를 허용함(ⓔ의 과정)으로서 A에게 10을 반환한 것에 해당하기 때문에 A와의 관계에 있어서는 아무런 이익이나 손실이 없게 되었다. ㉡ 그러나 B와의 관계에 있어서는, 부가가치세 매입세액 공제 10을 허용함으로써(ⓒ의 과정) 10만큼 손실을 입게 되었기 때문에 A에게 대손세액 공제를 허용(ⓔ의 과정)한 10 만큼을 B에게 추징(ⓕ의 과정)해야만 국가는 손실을 입지 않게 된다.

따라서 이 사건에서 쟁점은, ㉠ 국가가 B에게 위 〈그림 1〉 ⓕ의 추징을 할 수 있느냐의 문제다. ㉡ 이 쟁점은 곧 A가 위 ⓔ의 대손세액 공제를 받은 것이 타당한가의 문제로 연결되며, ㉢ 이 문제는 다시 A가 위 ⓓ에서 출자전환으로 주식을 취득한 것을 두고 '매출채권 110을 회수한 것으로 보아야 하는지' 아니면 '110을 전액 회수하지 못하고 대손된 것으로 보아야 하는지'의 여부의 문제로 된다. 따라서 결국 이 사건에서 쟁점은, 위 〈그림 1〉 ⓓ의 과정에서 A의 매출채권 110의 회수 여부에 대한 판단의 문제로 귀결된다.

---

25) 부가가치세법 제45조 제3항 본문.

26) 부가가치세법 제45조 제3항 단서.

27) 이 사건의 경우 95%의 감자 후 5%의 잔존주식의 1주당 가액을 1,274원으로 평가하였으나 이해의 편의를 위하여 여기에서는 1주당 가액을 0으로 보아 설명한다.

28) 이 사건의 경우 95%의 감자 후 남은 5%의 잔존주식 1주당 가치를 1,274원으로 평가한 것이므로 매출채권 전액이 대손된 것이 아니지만 여기에서는 이해의 편의상 1주당 가액이 0으로서 출자전환 채권 전액이 대손된 것으로 보고 설명한다.

2. 학 설[29)]

〈그림 1〉에서 A가 매출채권 110을 출자전환(ⓓ의 과정)한 후 교부받은 신주의 시가가 0일 경우 매출채권 110이 대손된 것으로 보아 A가 ⓔ의 대손세액공제 10을 할 수 있는지 여부를 두고 할 수 있다는 긍정설[30)]과 할 수 없다는 부정설[31)]로 대립한다.

긍정설의 논거는 조세심판원이 2013.9.11.에 종전 결정을 변경하면서 대손세액공제를 허용한 논거와 대체로 동일하다. 주된 논거는, (ⅰ) A에게 ⓔ의 대손세액공제를 허용하지 않으면 ⓐ의 대가 110을 받지 못했는데도 A는 ⓑ의 부가세 10만 납부한 것이 되므로 공급자인 A 입장에서는 심히 부당하고, (ⅱ) 법인세 과세 시는 A가 출자전환주식을 처분하면 10을 포함한 110을 처분손실로서 손금산입할 수 있으나 부가가치세 과세 시 대손세액공제를 허용하지 않으면 A가 부담한 10을 A에게 구제해 줄 수 있는 방법이 없기 때문에 법인세법과 부가가치세법의 적용에 있어서 달리 취급하는 것이 타당하다는 점을 들고 있다.

부정설의 논거는, (ⅰ) 2006.2.9.에 법인세법 시행령 제72조 제2항이 개정된 이후에는 채권자의 출자전환주식의 취득가액은 출자전환채권의 장부가액이어서 채권자는 출자전환 채권액과 동 가치의 주식으로 변제받은 것이고, 따라서 발행가액과 시가의 차액은 대손금이 아니라 향후 주식 처분 시 처분손실로서 손금산입될 수 있을 뿐이며,[32)] (ⅱ) 회생절차에서 출자전환을 하면 출자전환 채권이 주금 납입액에 전액 충당되기 때문에 대손금이 발생할 여지가 없어 대손세액 공제가 불가능하고,[33)] (ⅲ) 회생채권자에게 대손세액공제를 허용하면 국가는 이 대손세액 공제액 만큼을 공익채권으로서 회생채무자에게 추징하므로 손해가 없으나[34)] 그러면 A는 대손세액공제 10을 받은 만큼을 다른 회생채권자보다 10만큼 우선 변제받게 되는 결과가 되므로 채권자 간에 형평성이 어긋난다는 점을 들고 있다.[35)]

---

29) 이 부분은 배영석·김병일, "회생절차에서 출자전환 후 즉시 감자 시 대손세액공제 허용성 – 대법원 2018.6.28. 선고 2017두68295 판결 –", 『세무와 회계 연구』 통권 제16호(제7권 제3호), 2018.11., 284~285면을 수정 보완하였다.

30) 오수환, "회생인가의 결정에 따라 출자전환 후 무상감자된 매출채권의 대손세액공제 –「부가가치세법」을 중심으로", 『세무사』 제32권 제3호(통권 142호), 한국세무사회, 2014, 81~89면 ; 임수연, "회생계획에서 출자전환 후 무상소각하기로 정한 회생채권의 대손세액공제 여부", 『대법원판례 해설』 제116호(2018년 상), 법원도서관, 2018, 228~232면.

31) 이중교, "채무의 출자전환에 따른 과세문제", 『조세법연구』 제20-2호, 세경사, 2014.8., 310~311면 ; 배영석·김병일, "출자전환 및 회생채권 관련 대손금과 대손세액공제에 관한 연구 – 해석론의 정립방안을 중심으로 –", 『세무학연구』 제34권 제1호, 한국세무학회, 2017.3., 168~172면.

32) 이중교(주31), 310~311면.

33) 배영석·김병일(주31), 162~164면.

34) 〈그림 1〉에서 국가는 A에게 ⓔ의 대손세액공제 10을 허용하더라도 B로부터 ⓕ에서 추징하는 부가가치세 10은 공익채권으로서 우선변제받기 때문에 국가는 손해가 없게 되는 것이다.

Ⅴ. 출자전환 시 채무소멸의 범위와 시가평가액 소멸설의 문제점

1. 출자전환 시 채무소멸의 범위

(1) 출자전환의 본질에 대한 견해 및 채무소멸의 범위

이 사건에서 쟁점은 표면상으로는, 앞 'Ⅳ.1.'에서 본 바와 같이, 위 〈그림 1〉에서 국가가 B에게 ⓕ의 추징을 할 수 있느냐의 문제이지만, 내용적으로는 위 〈그림 1〉 ⓓ의 과정에서 A가 매출채권 110을 출자전환하고 신주를 교부받은 것에 의하여 A가 110을 회수한 것으로 볼 것인가(즉, B가 회생채무 110을 변제한 것인가) 아니면 대손된 것으로 볼 것인가(즉, B가 회생채무 110을 변제하지 않고 채무면제 등을 받은 것인가)의 문제로 귀결된다. 이 문제를 해결하려면 회생절차에서 하는 출자전환의 본질이 무엇인가라는 점이 먼저 규명되어야 할 것이다. 그래야만 출자전환으로 채무가 어떻게 소멸하는가(즉, 회생채권자의 채권이 '변제받은 것'으로 되어 소멸하는가 아니면 '면제 등 다른 이유'로 소멸하는가)의 문제가 해결될 수 있기 때문이다.

출자전환은 회생절차 이외에서도 할 수 있는데, 여기서는 출자전환의 본질에 관한 견해를 회생절차에서 하는 출자전환에 한하여 간략히 보면 다음과 같다.[36]

출자전환을 '현물출자'로 이해하는 견해가 있다.[37]

그러나 회생절차에서 출자전환하는 근거인 채무자회생법 제206조 제1항은 "…새로…현물출자를 하게 하지 아니하고 신주를 발행하는 때에는…"라고 규정하고 있기 때문에 회생절차에서 하는 출자전환에는 현물출자가 발생할 수 없고, 따라서 회생절차에서 하는 출자전환의 본질을 현물출자로 이해하기 어렵다 할 것이다.

출자전환을 '대물변제'로 이해하는 견해도 있다.[38] 그러나 회생채무자가 이미 발행하여 보유하고 있는 자기주식을 회생채권자에게 출자전환의 대가로 교부한다면 출자전환을 대물변제로

---

35) 배영석·김병일(주31), 171~172면.

36) 출자전환의 본질에 관해서 자세한 것은 배영석·김병일, "출자전환으로 취득하는 주식의 취득가액에 관한 연구", 『세무학연구』 제34권 제3호, 한국세무학회, 2017.9., 117~123면 참조.

37) 재정경제부가 2005.3.5.의 예규에서 ① 출자전환주식의 취득가액을 '당해 주식의 취득 당시의 시가'로 해석하면서 당시의 법인세법 시행령 제72조 제1항 제4호(여기의 제4호에 '현물출자'가 열거되어 있었다)를 제시한 후 ② 법정관리계획(현행의 회생계획)에 따라 채무를 출자전환하는 경우 주식의 액면가액과 시가와의 차액만 주식발행액면초과액에 해당한다고 해석했다. 이 예규를 보면 재정경제부는 회생절차에서 하는 출자전환의 본질을 현물출자로 보는 입장으로 보인다.

38) 임수연(주30), 224면. 대법원 전원합의체 판결(2010.9.16. 선고 2008다97218 판결 ; 2012.11.22. 선고 2010두17564 판결)에서 소수의견을 취한 신영철 대법관도 이 입장이다.

해석할 여지가 있지만, 출자전환은 채무자가 출자전환을 근거로 신주를 새로 발행한 다음 이를 회생채권자에게 교부하는 것이므로 출자전환을 대물변제로 볼 여지가 없다 할 것이다.[39]

출자전환을 '교환'으로 보는 견해도 있을 수 있다.[40] 출자전환을 영어로 debt equity swap라고 표현하고 있고 외견상으로 채권자의 금전채권과 채무자 발행의 신주를 교환하는 것으로 보이므로 이런 견해를 취할 여지가 있다. 그러나 교환에 해당하려면 교환하려는 목적물이 교환시점(출자전환 시점)에 존재해야 한다. 그렇지만 출자전환은 회생채무자가 출자전환받은 주금액을 근거로 새로 신주(新株)를 발행하여 채권자에게 교부하는 것이지 기 보유하던 구주(舊株)를 회생채권자에게 교부하는 것이 아니다. 따라서 출자전환 시점에 회생채무자에게 교환목적물이 없다는 점에서 출자전환을 교환으로 보기 어렵다 할 것이다.

출자전환을 '상계'[41]로 이해하는 견해가 있다. 이 견해는 채무자회생법은 종전의 회사정리법과는 달리, 회생계획에 '신주의 발행으로 감소하게 되는 부채액'을 기재하도록 규정하고 있으므로[42] '신주의 발행으로 감소하게 되는 부채액'이 '신주의 납입액'에 충당된다(즉, 상계된다)고 보는 것이 타당하다는 것이다.[43]

출자전환을 '회생절차상 특수한 채무소멸원인'으로 보는 견해도 있다.[44]

우리나라 대법원은 기업회생절차에서 하는 출자전환의 법적 성질에 대해서는 명시적인 입장은 표명하지 않고 있다.[45] 그러나 워크아웃절차에서 출자전환하는 경우 전원합의체 판결에서 그 본질을 상계로 판시하였다.[46]

출자전환을 현물출자, 대물변제 또는 교환으로 보는 경우에는 앞 〈그림 1〉에서 A는 매출

39) 민정석, "기업개선절차에서의 출자전환의 법적 성격 및 부진정 연대채무자 중 1인이 한 상계 내지 상계계약의 효력", 『사법』 제15호, 사법발전재단, 2011, 312면 및 318면에서 대물변제설이 내재한 이러한 문제점을 지적하면서 출자전환의 법적 성격을 대물변제로 볼 수 없다고 하고 있다.

40) 김완석·정지선, 『기업의 도산 관련 조세제도에 관한 연구』, 한국조세연구원, 2010.11., 27면에서, 출자전환은 넓게는 채권자가 금전채권을 주금액 납입과 상계하는 것을 의미하고, 좁게는 채무자가 채권자에게 금전채권을 일정 비율로 자사의 주식과 교환하는 것을 합의하는 것을 말한다고 설명하고 있다.

41) 단독행위에 해당하는 상계뿐만 아니라 상계 계약에 의한 상계 등 출자전환하는 금전채권을 주금 납입액에 충당한다는 의미의 상계로서 넓은 의미이다.

42) 채무자회생법 제206조 제1항 제4호.

43) 이승환, "「기업구조조정촉진법」하에서의 출자전환의 효력", – 대법원 2010.9.16. 선고 2008다97218(전합) 판결 –", 『상사판례연구』 제25집 제1권, 2012, 54~55면에서는 "채무자회생법 제206조 제1항에서 신주발행시에 증가하는 자본(제3호)과 「회사정리법」에서는 없던 조항인 '신주발행으로 감소하게 되는 부채액(제4호)'을 게기토록 한 것은 상계로 인하여 증자하는 자본과 소멸하는 채무의 범위를 명확하게 하고자 한 것으로 볼 수 있다"라고 하여, 기업회생절차에서 회생채권자가 하는 출자전환의 성질을 상계로 보고 있다.

44) 서울중앙지방법원 파산부 실무연구회(이하 "서울중앙지법 실무연구회"라 함), 『회생사건실무(상)』(제4판), 박영사, 2014. 747면 참조.

45) 서울중앙지법 실무연구회(주44), 747면 참조.

46) 대법원 2010.9.16. 선고 2008다97218 판결 ; 대법원 2012.11.22. 선고 2010두17564 판결.

채권 110의 대신에 가치가 0인 신주를 교부받았으므로 그 차액 110만큼 회수하지 못한 것에 해당하게 된다. 이렇게 되면 채권회수가 0이므로 A는 10의 대손세액공제를 받을 수 있다는 논리가 가능해 진다.[47] 그러나 상계 또는 회생절차상 특수한 채무소멸원인으로 보게 되면 '신주를 인수한 A는 B에게 110만큼 신주 납입금으로 지급해야 할 주금액과 출자전환하는 금전채권 110을 서로 상계한 것' 또는 '110 만큼 채무자회생법의 규정에 의하여 채무가 소멸한다고 보는 것'이므로, A는 금전채권 110을 전액 상환받은 것이 된다. 그러면 A는 대손된 것이 없기 때문에 대손세액공제를 할 수 없다는 결론이 도출된다.

(2) 출자전환 시 채무소멸 범위에 관한 판례의 입장

대법원은 회생절차에서 출자전환 시 주채무가 소멸하는 범위에 관하여, ① 신주의 시가가 발행가액보다 낮은 경우에는 발행가액에 해당하는 주채무가 전부 소멸하나, ② 신주의 시가가 발행가액보다 높은 경우에는 시가평가액과 회생계획에서 변제하기로 한 금액 중 적은 금액이 소멸한다는 입장이다.

즉, 대법원은 ① "정리채권자 등의 권리는 정리계획의 조항에 따라 채무의 전부 또는 일부의 면제효과가 생기고 정리채권이나 정리담보권을 출자전환하는 경우에는 그 권리는 인가결정시 또는 정리계획에서 정하는 시점에서 소멸한다"는 취지의 판결[48] 이후 출자전환 시 주채무가 소멸한다는 입장을 취하고 있다.[49] ② 그러나 대한통운 사건[50]에서, ㉠ 원고(은행)가 피고(동아건설)에 대한 회생채권의 신고 시 출자전환으로 교부받은 대한통운(피고를 위한 보증인) 주식의 1주당 25,000원(신주발행가액)으로 평가한 금액 상당액(153억원)만 변제받은 것으로 보고 1주당 25,000원을 초과하는 나머지 채권액은 미변제받은 것으로 보아 회생채권으로 신고하자, ㉡ 피고(동아건설)는 "출자전환주식의 1주당 시가 72,000원으로 평가한 금액 상당액(439억원)은 이미 변제되었다고 주장하였고, ㉢ 이에 대해 대법원은 출자전환으로 채무 변제로 볼 수 있는 금액은 주당 시가 72,000원이 아니라 발행가액(주당 25,000원)이라고 판결하였다. 즉, 출자전환으로 발생하는 신주의 시가(72,000원)가 발행가액(25,000원)보다 높은 경우에는 시가평가액(72,000원)과 회생계획에서 변제하기로 한 금액(25,000원) 중 적은 금액(25,000원)이 소멸

---

47) 임수연 재판연구관은 출자전환의 본질을 대물변제로 보고 있으면서도[임수연(주30), 224면] 통상의 출자전환에서는 대물변제설이 대손세액 공제 부정설에 적용될 수 있으나 회생절차에서의 출자전환에서 무상소각까지 회생계획에서 직접 정하고 있는 경우에는 대손세액 공제 부정설이 타당하지 않다고 하고 있다[임수연(주30), 228~232면].

48) 대법원 2003.8.22. 선고, 2001다64073 판결.

49) 대법원 2008.7.24. 선고, 2008다18376 판결 등.

50) 대법원 2009.11.12. 선고, 2009다47739 판결.

한다고 판시한 것이다.

대법원은 보증채무에 관해서 ① 신주의 시가가 발행가액보다 낮은 경우에는 시가평가액 소멸설을 취하나, ② 신주의 시가가 발행가액보다 높은 경우에는 발행가액이 소멸한다는 입장이다. ①의 경우는 "정리계획에서 출자전환으로 정리채권의 변제에 갈음하기로 한 경우, 신주발행의 효력발생일 당시의 신주의 시가 평가액에 상당하는 채권액은 변제된 것이고, 주채무자의 채무를 보증한 보증인은 이 변제된 금액의 공제를 주장할 수 있다"라는 취지의 판결[51] 이후 계속 시가평가액 소멸설의 입장을 유지하고 있고,[52), 53] ②의 경우는 2010.3.25. 선고한 판결(2009다85830)에서 "출자전환 무렵 출자전환 주식의 주당 가치가 발행가액을 넘고 있었다 하더라도, 정리회사의 보증인의 보증채무는 위 주식의 발행가액에다가 출자전환받은 주식수를 곱하여 산출한 액수를 한도로 소멸할 뿐 이를 넘은 부분까지 소멸한다고 볼 수 없다"고 판결, 신주의 시가가 발행가액보다 높은 경우에는 발행가액이 소멸한다고 하였다.

2. 시가평가액 소멸설의 문제점

과세당국이 출자전환 시 출자전환주식의 취득가액과 채무면제익에 관하여 종전 해석을 2003.3.5.에 변경한 논리의 토대가 시가평가액 소멸설이다.[54] 그러나 그 후 회생절차에서 출자전환 시에 대손 발생 등으로 인한 세무상 문제를 없애기 위하여 전액 소멸설의 논리에 근거하여 2006.2.3.에 법인세법 시행령을 개정하였다는 것을 앞 'Ⅲ.1.(1)'에서 본 바와 같다. 그렇지만 대손세액공제에 있어서는 2019.2.12.에 부가가치세법 시행령 제87조 제1항 제2호를 신설하여 다시 시가평가액 소멸설에 근거, 시가 평가액을 초과하는 금액은 회수 불능인 것으로 입법하였다는 것도 앞 'Ⅲ.1.(2)'에서 본 바와 같다. 즉 현행 세법은 출자전환 시 법인세법은 전액 소멸설에 따라 입법하고 있고 부가가치세법은 시가평가액 소멸설(일부 소멸설)의 입장에 따라 입법하고 있다.

이 사건은 시가평가액 소멸설에 근거한 부가가치세법 시행령 제87조 제1항 제2호가 신설

---

51) 대법원 2003.1.10. 선고, 2002다12703·12710 판결.

52) 대법원 2005.1.27. 선고, 2004다27143 판결 ; 대법원 2006.4.13. 선고, 2005다34643 판결 외 다수.

53) 한편 워크아웃절차 출자전환 시 채무의 소멸범위에 관하여, 대법원은 2010.9.16. 전원합의체 판결(2008다97218 판결)에서 워크아웃절차에서의 출자전환을 상계로 보아 전액소멸설을 취하였지만, 이 전원합의체 판결에서 신영철 대법관은 소수의견을 통하여 "출자전환이 이루어질 당시 신주의 시가 상당을 대물로 변제받고 그 나머지 금액은 면제한 것으로 해석해야 한다"고 하여, 일부소멸설(시가평가액 소멸설)을 주장하였다.

54) 기업회계도 시가평가액 소멸설(일부 소멸설)의 입장이다. 그러나 비상장주식의 경우에는 출자전환으로 신주를 발행하는 채무자 입장에서는 채무의 장부가액을 주금납입액으로 하여 채무조정이익을 인식하지 않도록 하고 있으므로(일반기업회계기준 문단 6.87. 단서), 이 경우는 전액소멸설의 입장이다.

되기 전에 출자전환한 사건인데, (ⅰ) 앞 〈그림 1〉의 A는 출자전환 후 시가 0인 신주를 받았기 때문에 과세관청은 시가평가액 소멸설에 근거, 회생채권(매출채권) 110을 변제받지 못한 경우에 해당하므로 110에 대한 부가가치세 10을 A가 ⓔ의 과정에서 대손세액공제를 한 것은 정당하다고 보아 B에게 ⓕ의 과정에서 대손세액공제 10을 추징한 것이다. (ⅱ) 이에 대하여, 대상판결은 전액 소멸설의 입장에서 A는 매출채권 110을 전액 변제받았기 때문에 대손이 발생할 수 없어 ⓔ의 대손세액공제 10을 받을 수 없고, 따라서 국가는 ⓕ의 과정으로 B에게 대손세액 공제액 10을 추징할 수 없다고 판시한 사건이다.

그러면 현행 부가가치세법 시행령이 취하는 시가평가액 소멸설이 어떤 문제점을 안고 있는가를 보기로 하자.

첫째, 회생절차에서 채권자가 채권회수를 모두 하였기 때문에 출자전환주식을 보유할 이유가 없는데도 시가평가액 소멸설은 이를 보유하게 하는 불합리한 현상을 초래한다는 점이다. 시가평가액 소멸설에 따라 회계처리하는 은행에서 실제 다음과 같은 일이 종종 발생하고 있다. 즉, 은행이 기업회생절차에 들어 간 X회사(완전자본잠식으로 주식평가액이 0인 회사)에 대한 대출금을 X회사의 회생계획에 따라 출자전환하고 받은 주식평가액이 0임에 따라 은행은 그 대출금을 전액 대손금으로 회계처리하였고 따라서 대출금의 장부가액이 0이 되었다. 은행은 제3자 제공 담보물이 있기 때문에 X회사에 대한 대출원리금을 전액 회수할 수 있음에도 불구하고 시가 평가액 소멸설의 논리에 의하여 대출금을 전액 대손상각 처리한 것이다.[55] 그러나 그 후 은행은 X회사를 위하여 은행에 담보제공한 제3자의 담보물을 처분하여 X회사에 대한 대출원리금을 전액 회수하게 되었다. 그러자 은행은 대출금 채권을 출자전환한 결과로 취득한 X회사의 주식을 부당이득으로 보유하고 있는 결과로 나타나게 되었다. 즉, 은행은 대출금을 모두 회수하고도 X회사의 주식을 보유하게 되어 결과적으로 X회사가 발행한 출자전환 주식을 부당이득한 것이 되는 불합리한 결과가 실제 종종 발생하고 있다.

둘째, 출자전환으로 발행하는 신주의 시가를 어떻게 평가할 것인가의 문제이다. 신주를 어떤 기준으로 평가할 것이며, 누가 평가하고, 그 평가비용은 누가 부담할 것인가라는 문제가 남는다. 출자전환으로 발행하는 주식이 비상장주식이면 출자전환 당사자 간에 납득할 수 있도록 객관적으로 평가하는 것은 현실적으로 불가능하다.

즉, ① 비상장주식을 시가 평가하는 방법은 자산가치법, 수익가치법(현금흐름할인법 포함),

---

55) 회생채권이나 회생담보권에 보증인이나 제3자가 제공한 담보가 있으면 이를 통한 회수 여부를 감안하여 채권의 대손 여부를 가려야 타당할 것이나, 국세청은 회생절차에서 출자전환하면 '그 시점'에 대손금이 발생한다고 해석하고(서이 46012-10844, 2003.4.22.) 조세심판원도 '출자전환시점'에 대손금이 발생한다고 하고 있어(조심 2016중3353, 2016.10.28.), 보증인이나 제3자 제공 담보물의 존부를 따지지 않고 대손 여부를 가린다고 하고 있다.

상대가치법, 세법에 의한 평가방법 등 다양한 방법이 있지만 과거 수치를 기준으로 평가하는 세법에 의한 평가방법 외에는 모두 평가자의 주관이 개입될 수밖에 없다. 세법에 의한 평가방법이 평가자의 주관을 배제하는 방법이고 과세관청은 출자전환 주식의 시가를 세법에 의한 평가액으로 해서 과세한다고 해석하지만[56] 채무자로부터 얼마만큼 변제받았느냐(즉, 변제의 대가로 받은 신주의 시가평가액이 얼마인가)는 것은 민사 법리에 의하여 결정할 문제이지 세무상 법리에 의하여 결정할 문제가 아니다. 따라서 세법에 의한 평가액 만큼 회생채무를 변제했다고 하는 것은 민사 법리상으로 성립할 수 없다. 이 사건의 경우 현금흐름할인(DCF) 방법에 따라 평가한 1주당 1,274원이 과연 채무자가 민사 법리상으로 채무상환한 금액에 해당하는지는 의문이다. ② 비상장주식의 평가에 관한 기본적인 자료는 회생채무자가 가지고 있는데, 회생채권자가 출자전환 후 취득한 신주를 평가하기 위해서는 회생채무자가 평가자료를 주어야만 가능하다. 평가자료를 갖고 있는 채무자가 신주의 시가를 평가해서 채권자에게 제시한다고 하더라도 채권자가 이 평가액을 쉽게 수긍하지 않을 뿐더러 채권자가 이 평가의 적정성을 검증하는 것도 쉬운 일이 아니다. 대법원 판례[57]에서는 출자전환 주식의 주당 가치에 관한 증명책임은 채무 소멸을 주장하는 당사자에게 있다고 하는데, 채무 소멸을 주장하는 당사자가 객관성있는 주당 가치를 제시하는 것은 현실적으로 어렵다. ③ 이해 당사자 간에 이해가 대립되는 비상장주식 가액을 평가할 자가 결정되었다고 하더라도 평가 비용을 누가 부담할 것인가라는 문제가 남는다. 비상장법인의 평가는 근본적으로 용이한 것이 아니므로 회계법인 등 외부의 전문가가 평가하더라도 많은 평가비용을 요구할 것인데, 채권자와 채무자 간에 평가비용 부담자를 두고 대립할 수 있다.

결국 신주의 시가를 평가하는 데에 따른 문제점을 고려하면 현실적으로 비상장법인은 시가평가액 소멸설은 적용할 수 없는 논리라고 할 것이다.[58], [59]

---

56) 국세청, 법규법인 2012-476, 2013.1.24. ; 서면2팀-1710, 2005.10.24.

57) 대법원 2010.3.25. 선고 2009다85830 판결.

58) 채무자가 상장법인이더라도 당사자 간에 주식평가액을 두고 서로 대립한 실제 사례(대법원 2017.9.21. 선고 2014다25054 판결)가 있다. 이 사건에서 ① 원고(대한주택보증 주식회사)는 "「출자전환으로 인한 변제금=출자전환에 의한 신주발행의 효력발생일의 다음날의 주식수(220 : 1로 병합한 후의 주식수)×주당 시가 0원」으로 평가해야 하므로 구상금 채무는 아직 변제되지 않았다"라고 주장한 반면, ② 피고(주식회사 이월드)는, "「출자전환으로 인한 변제금=출자전환에 의한 신주발행의 효력발생일의 주식수(220 : 1로 병합하기 전의 주식수)×1주당 시가 22,633원」으로 평가해야 하므로 구상금 채무는 전부 변제되었다"고 주장한 사건이다. 대법원은 이 사건에서 출자전환 후 보증인의 채무 소멸범위를 산정함에 있어서, '주식수'는 '신주발행의 효력발생일 다음날'의 병합 이후의 출자전환주식수로 해야 하고, '주당 가액'은 '신주발행의 효력발생일'의 가액으로 해야 한다고 판시했다. 시가평가액 소멸설을 취할 때 상장주식이라도 시가 평가액을 두고서 당사자 간에 분쟁이 될 수 있는 것을 보여 주는 좋은 사례다.

59) 출자전환 시 발행 주식의 시가 평가에 관한 문제점에 관하여 2019.5.10. 판결 사건의 원심(서울고등법원)은 '대손세액 공제 범위 산정의 적법 여부(가정적 판단)'이라는 소제목으로 그 문제점을 지적한 후 평가액 산정이

셋째, 시가평가액 소멸설에 의할 때 논리적으로 채무가 어떻게 소멸하며, 소멸한다면 소멸하는 시점이 언제인가라는 점이 문제이다.

회생절차에서 신주발행할 때에도 신주발행에 따른 주금이 전액 납입되어야만 한다는 상법 규정이 적용된다. 그러면 신주의 시가평가액 만큼 채무가 소멸한다고 하면, 신주 발행에 따르는 주금납입이 전액 이루어지고 난 다음에 그 이후 발행된 신주의 가치가 출자전환 채권액에 미달할 때 비로소 소멸한다고 해야 논리적이다. 이렇게 된다고 하면 출자전환 채권액은 일단 신주 발행에 따른 주금납입에 모두 충당되는데 주금납입에 모두 충당된 출자전환 채권액이 어떻게 신주의 시가평가액 만큼 소멸할 수 있는가라는 논리상의 문제점이 있다.[60)]

또한 출자전환 시 신주의 시가 초과액만큼 채무가 소멸한다면 채무소멸의 시점이 출자전환시점이냐 아니면 신주 발행시점이냐의 문제도 있다. 신주는 출자전환이 이루어진 이후에 비로소 발행되는 것이므로 채무소멸이 있다고 하려면 채무소멸 시점은 신주의 발행시점이라고 해야 논리적이다. 그러면 신주가 발행된 이후에 시가평가액이 계산되면 그 때에 채무소멸액이 확정된 후 채무의 소멸은 신주의 발행시점으로 소급하여 이루어진다고 해야 논리에 부합할 것이다.[61)] 이렇게 해석할 근거를 출자전환 관련 당사자의 의사에서 찾아야 하는지 아니

위법하다는 사유로 대손세액 공제가 위법하다고 판시하였다. 2019.5.10. 판결 사건의 원심에서 지적한 요지는 다음과 같다. "① 비록 출자전환주식의 효력발생일 당시 회생계획에 따른 유상증자가 실시되지 않은 상태라 하더라도, 출자전환주식의 시가는 특별한 사정이 없는 한 곧 대규모의 유상증자가 실시되리라는 사정을 반영하여 형성된다고 봄이 타당한데, 출자전환주식의 효력발생일 당시 아직 유상증자가 실시되지 아니하여 대차대조표에 반영되지 아니하였다는 형식적인 이유로 그 회계처리에 따른 회생채무자의 재무구조와 발행주식 수만을 반영하여 주당 순자산가치 등을 평가하는 방식은 타당하지 않다. ② 과세처분에 관한 행정소송에 있어 과세원인 및 과세표준금액 등 과세요건이 되는 사실에 관하여는 과세관청에 그 증명책임이 있으므로, 대손세액 추징처분의 적법성의 전제가 되는 대손세액 공제사유의 존재 및 공제 범위에 관한 증명책임은 과세관청이 부담한다. ③ 피고(과세관청)는 단순히 주식병합 후 매입처 회사들이 보유하게 된 주식 수에 액면가액을 곱한 금액을 출자전환주식의 시가로 보아 출자전환채권의 장부가액에서 이를 차감한 금액 전부를 대손세액 공제 액수를 산정하였고, 달리 적법한 방식으로 출자전환주식의 순자산가치 등을 평가했다고 볼 증거가 없다. 이러한 점에 비추어 보더라도 이 사건 대손세액 공제는 위법하다."

60) 이 점에 대해서 이 사건의 제1심에서는 "출자전환의 경우 출자전환되는 채무 전부가 주식인수가액으로 납입된 것으로 인정되어야만 발행예정주식 전부에 대한 신주발행의 효력이 발생하는 것이므로 그 결과로서 나타나는 경제적 측면에서의 효과를 이유로 발행주식 시가 초과 부분만을 따로 떼어내어 주식에 대한 납입금으로서의 실질을 부인할 수는 없는 것이고, 따라서 신주의 시가 초과 부분만이 아니라 출자전환이 이루어지는 장부상의 주식가액 전액에 대하여 채무소멸의 효과가 발생한다고 보아야 한다"고 판시하고 있고, 대법원 전원합의체 판결(2012.11.2. 선고 2010두17564 판결)에서도 동일하게 판시했다.

61) 당사자 간에 주식평가액을 두고 서로 대립한 사건(대법원 2017.9.21. 선고 2014다25054 판결)에서 채무소멸액이 되는 '주식평가액=주식수×주당 가액'의 적용에 있어서, ① '주식수'는 '신주발행의 효력발생일 다음날'의 '병합 이후의 출자전환주식수'로 하고, ② '주당 가액'은 '신주발행의 효력발생일'의 가액으로 해야 한다고 판결한 원심 판결에 대하여, 대법원은 ①의 주식수는 원심판결이 옳다고 했으나 ②의 주당 가액은 유상증자에 따른 재무구조 변동과 발행주식 수 증가 등을 고려하여 평가하여야 하는데 이는 '병합 후의 주당 가치'라고 하였다. 평가시점 확정의 어려움을 잘 보여주는 사례다.

면 어디에서 찾아야 하는지 의문이다. 시가평가액 소멸설을 취하면 이렇게 어려운 시가평가의 문제를 남긴다.

Ⅵ. 출자전환 후 즉시 감자 시 대손세액공제액 추징의 허용 여부

1. 회생계획에서 출자전환 후 즉시 감자하는 이유

회생계획에서 액면가액으로 출자전환한 후 즉시 발행주식을 감자하는 이유는 무엇 때문에 하는 것일까?

현행 법인세법은 출자전환을 할증발행 형식으로 할 때 발생하는 채무면제익(발행주식의 시가 초과액)을 차후 사업연도에 발생하는 결손금의 보전에 충당할 수 있도록 허용하여,[62] 출자전환 시점에는 채무면제익의 발생에 따른 법인세 과세 문제가 발생하지 않도록 입법적으로 과세이연을 허용하고 있다. 그러나 이 과세이연만으로 모든 문제가 해결되지 않기 때문에 근원적 문제 해결을 위하여 회생계획에서 출자전환 후 즉시 감자하는 방식을 선택하고 있다.[63] 그 선택 이유는 다음과 같다.

① 출자전환 채권자 입장에서는 회생절차가 진행되다가 중도 폐지될 경우 회생채권액 일부가 법인세로 납부되어 채권 회수면에서 손해보게 되는 사례가 방지될 수 있다는 이점이 있으므로 이 방식을 선택한다. 즉, '액면가액으로 출자전환 후 감자'하는 방식을 선택하는 대신에 '할증 발행 형식의 출자전환'을 할 경우 나타나는 발행주식의 시가 초과액에 해당하는 채무면제익을 차후 연도에 발생하는 결손금의 보전에 충당할 수 있도록 과세이연을 허용하고 있으나 이렇게 이연된 채무면제익이 결손금에 모두 보전되기 전에 해당 채무자가 폐업하거나 해산하면 잔존하던 채무면제익은 일시에 익금산입되어 법인세가 과세된다.[64] 즉, 애초에 채권자가 회생계획안에 반대하여 회생절차가 진행되지 않고 파산되도록 하였다면 채무자 재산이 모두 환가되어 회생채권자에게 분배되었을 채무자 소유 자산의 환가액 마저도 회생 폐지 시 잔존 채무면제익의 익금산입으로 그에 해당하는 법인세가 재단채권으로서 국가에 우선 변제된다. 이렇게 되면 채권자 입장에서는 곧바로 파산되도록 한 경우보다 채권회수면

62) 법인세법 제17조 제2항.

63) 회생계획에서 출자전환 후 즉시 감자하는 방식을 선택하는 이유에 대한 자세한 설명은 배영석·김병일(주20), 304~309면 참조.

64) 법인세법 시행령 제15조 제5항.

에서 불리한 결과가 된다. 이런 문제를 방지하기 위하여 채권자는 출자전환 시 아예 채무면제익이 발생하지 않도록 하는 방법인 출자전환 후 즉시 감자하는 방법을 선택하여 회생절차가 중도 폐지되더라도 채무면제익의 익금산입이 발생하지 않도록 하고 있다.

② 출자전환받는 채무자의 입장에서는 출자전환 시 채무면제익이 발생하면 법인세가 과세되므로[65] 법인세가 과세되지 않는 출자전환 방식인 출자전환 후 즉시 감자하는 방법을 당연히 선호한다.

2. 회생절차에서 출자전환 후 감자하는 방식의 실무 탄생의 근원

회생채권을 기업회생절차에서 출자전환하는 근거는 채무자회생법 제206조 제1항이다.[66] 출자전환 시 회생계획에는 채무자회생법 제206조 제1항 제3호에서 '자본의 액' 뿐만 아니라 '준비금의 액'까지 기재할 것을 규정하고 있다. 채무자회생법은 새로 납입 또는 현물출자를 하는 증자 시,[67] 주식의 포괄적 교환과 포괄적 이전 시,[68] 회생회사의 합병과 분할(분할합병 포함)·신회사의 설립 시[69]에도 '준비금의 액'을 회생계획에 기재하도록 하고 있다.

이러한 규정 내용을 종합하면 회생절차에서 회생채권을 할증발행 형식으로 출자전환하면 발행가액과 자본금 간의 차액은 채무자회생법 제206조 제1항 제3호의 준비금(주식발행액면초과액)에 해당하므로 회생계획에 기재하여야 할 대상으로 생각된다. 그러나 실무는 그렇지 않다. 즉, 서울중앙지방법원 파산부 실무연구회에서 발간한 책자는 이 경우 다음 〈사례 1〉과 같이 준비금의 액은 기재하지 않고 자본금의 액만 기재하는 것으로 제시하고 있다.[70]

---

65) 할증 발행 방식의 출자전환에 따라 발생하는 채무면제익을 차후 연도에 발생하는 결손금 보전에 충당하여 과세이연하더라도, 결손금 보전에 충당된 결손금은 더 이상 과세표준 계산 시 차감될 수 없으므로 과세이연된 채무면제익은 궁극적으로는 법인세가 과세되는 것이다.

66) 채무자회생법 제206조(주식회사 또는 유한회사의 신주발행) ① 주식회사인 채무자가 회생채권자·회생담보권자 또는 주주에 대하여 새로 납입 또는 현물출자를 하게 하지 아니하고 신주를 발행하는 때에는 회생계획에 다음 각호의 사항을 정하여야 한다.
1. 신주의 종류와 수
2. 신주의 배정에 관한 사항
3. 신주의 발행으로 인하여 증가하게 되는 자본과 준비금의 액
4. 신주의 발행으로 감소하게 되는 부채액

67) 채무자회생법 제206조 제2항 제1호 및 제3항 제4호.

68) 채무자회생법 제207조 제4호, 제208조 제4호.

69) 채무자회생법 제210조 제4호, 제211조 제2호, 제212조 제1항 제1호·제13호 및 제2항 제1호, 제213조 제1항 제5호 및 제2항 제2호, 제215조 제1항 제7호.

70) 서울중앙지법 실무연구회, 『회생사건실무(상)』(제2판), 박영사, 2009, 568면. 〈사례 1〉을 서울중앙지법 실무연구회, 『회생사건실무(상)』(제3판), 박영사, 2011, 616면에서 그대로 수록하고 있으나, 2014년도에 발간한 『회생사건실무(상)』(제4판) 702~706면에서는 '할증발행 형식의 신주발행'이 아닌 '액면발행의 신주발행 후 감

〈사례 1〉 채권의 출자전환에 따른 신주의 발행

1. 주식의 종류 : 기명식 보통주식
2. 1주의 액면금액 : 금 5,000원
3. 1주당 발행가액 : 금 10,000원
4. 발행할 주식의 수 : 4,000,000주
5. 신주발행으로 인하여 증가하는 자본금의 액 : 금 20,000,000,000원. 다만, 단주의 처리로 인하여 자본금이 위와 일치하지 않을 경우에는 실제의 신주발행 결과에 따른다.
6. 신주의 발행으로 감소하게 되는 부채액 : 금 40,000,000,000원
7. 신주발행의 효력발생일 : 정리계획 인가일로부터 3개월이 되는 달의 초일을 효력발생일로 한다.
8. 단주의 처리 : 단주는 관리인이 법원의 허가를 받아 처리한다.

채무자회생법 제206조 제1항에서 회생채권을 출자전환할 때 발생하는 준비금을 자본금과 구분하여 기재하도록 한 것을 생각하면 위 〈사례 1〉의 '5'는 다음과 같이 기재해야 타당할 것이다. 왜냐하면 출자전환에 따른 총발행가액 400억원[71] 중에서 자본금 증가액 200억원[72]을 차감한 후의 잔액(200억원)은 상법상 준비금(주식발행액면초과액)에 해당하므로 회생계획에 이를 기재하는 것이 타당하기 때문이다.

5. 신주발행으로 인하여 증가하는 자본금의 액과 준비금의 액 : 금 20,000,000,000원과 20,000,000,000원. 다만, 단주의 처리로 인하여 자본금이 위와 일치하지 않을 경우에는 실제의 신주발행 결과에 따른다.

그러나 실무는, 위 〈사례 1〉과 같이, 출자전환을 할증 발행 형식으로 하더라도 회생계획에 준비금을 자본금과 별도로 기재하지 않고 있다. 이에 따라, 위 〈사례 1〉의 경우 200억원은 법률적으로 준비금(주식발행액면초과액)에 해당하지 않는 것으로 생각되었고 이러한 생각이 결국에는 200억원은 회계 및 세무처리 시에도 준비금(주식발행액면초과액)이 아니라 채무면제익에 해당하는 것으로 취급되어 온 원인 중 하나로 작용하였을 것으로 생각된다.

출자전환을 할증발행 형식으로 할 때 회생계획을 위 〈사례 1〉과 같이 기재하는 실무 관행에 그치지 않고 주식발행액면초과액 중 시가초과액을 채무면제익으로 보도록 하는 법인세법

자' 사례를 출자전환에 따른 신주 발행의 사례로 제시하면서 이 〈사례 1〉은 제시하지 않고 있다.

71) 40,000,000,000원=1주당 발행가액 10,000×발행주식수 4,000,000주.

72) 20,000,000,000원=1주당 액면가액 5,000×발행주식수 4,000,000주.

이 입법까지 됨에 따라, 실무상 문제 발생을 방지하기 위하여, 아예 주식발행액면초과액 자체가 발생하지 않도록 하는 방법인 '액면가액으로 출자전환한 후 즉시 감자하는 방식'을 고안해 내어 실행하고 있다. 이 방식에 따르면 위 〈사례 1〉의 200억원은 채무면제익에서 감자차익(준비금)으로 전환된다. 즉, 세무상 문제가 발생하는 원천인 채무면제익이 아예 발생하지 않게 된다.[73)]

3. 대손세액공제 허용 시 문제점

만약 앞 〈그림 1〉에서 출자전환한 A에게 10의 대손세액공제를 허용해 주게 되면 어떤 문제가 발생하는지를 본다.[74)]

(1) 출자전환한 채권자에게 대손세액 공제액 만큼 우선 변제를 보장하게 되는 문제 발생

앞 〈그림 1〉에서 A에게 대손세액공제를 허용하면, 이 사건에서 보는 바와 같이, 국가는 B에게 10을 추징한다. 이 추징이 곧 이 사건 처분이다. 국가는 대손세액 추징액 10을 공익채권으로 우선적으로 징수하므로 국가는 아무런 부담이 없지만, A는 대손세액공제 제도를 통해서 10을 A 이외의 회생채권자들보다 우선적 변제를 보장받게 되는 결과가 된다.

결국 A에게 대손세액공제를 허용할 것인가의 문제는 'A와 국가' 간의 문제가 아니라 'A와 다른 회생채권자들' 간의 우선 변제의 문제이다. 따라서 A에게 대손세액공제액 10만큼 우선 변제받을 수 있도록 세법을 해석하는 것이 과연 타당한가라는 점이 의문으로 제기된다.

A가 출자전환을 하지 않고도 10만큼의 대손세액공제를 받으려면 앞 〈그림 1〉의 경우 매출채권 110을 채무면제하면 된다. 채무면제하여 대손세액공제를 받을 수 있는데도 출자전환을 한 A를 채무면제한 것과 동일하게 되도록 대손세액공제를 받을 수 있다고 해석하는 것이 과연 타당한가라는 점이 이 사건에서의 핵심이다. A가 출자전환하지 않고 실제로 채무면제를 하여 대손세액공제를 받으려고 하면, 채무면제하여 대손세액공제를 받으려는 다른 회생채권자들과 함께 대손세액공제와 상관없는 회생채권자들과는 별도의 회생채권자 조를 구성하도록 하여[75)] 대손세액공제액을 감안하여 변제율을 정해야만 채무자회생법상 공정·형평성의 원

---

73) 주식발행액면초과액이든 감자차익이든 모두 상법상 준비금에 해당한다. 따라서 채무자회생법의 규정에 따라 위 〈사례 1〉의 200억원을 준비금(주식발행액면초과액)으로 회생계획에 기재하는 것이든 출자전환 후 즉시 감자의 과정의 거쳐서 준비금(감자차익)으로 나타나게 하는 것이든 200억원의 준비금이 회생계획에 따라 나타나게 된다는 점에서는 동일하다.

74) 자세한 것은 배영석·김병일(주29), 301~308면 참조.

75) 채무자회생법 제236조 제3항 본문 참조.

칙에 부합한다. 만약 별도의 회생채권자 조를 구성하지 않는다면 A와 같이 대손세액공제를 받는 회생채권자들은 대손세액공제액 만큼을 회생채권의 회수액으로 보아 회생채권자별로 회수율이 같게 되도록 해야 채무자회생법상 공정·형평성의 원칙에 부합하게 된다.

앞 〈그림 1〉에서 A가 받은 대손세액공제액 10만큼을 B에게 추징하지 않으면 B는 A에게 10을 지급하지 않은 채 ⓒ의 과정에서 국가로부터 부가가치세 10을 공제받았으므로 10만큼의 부당이득을 취하게 되는 불합리한 점이 초래되기 때문에 ⓕ의 추징이 타당하다는 주장이 있다.[76] 그러나 회생절차개시 전의 원인으로 생긴 조세채권은 회생채권이고, 부가가치세도 회생절차개시 당시 아직 납부기한이 도래하지 아니한 것만 공익채권이며[77] 나머지는 회생채권이다. 회생회사가 재화·용역의 공급자에게 부가가치세를 지급하지도 않은 채 매입세액공제를 받아 이익을 취했다 하더라도 회생절차에 들어간 이후에는 채무자가 이미 공제받은 매입부가가치세를 공익채권으로 추징하지 않는다. 그렇다면 앞 〈그림 1〉에서 회생절차에 들어간 B가 A에게 지급하지 않은 부가가치세 매입세액 10을 ⓒ의 과정을 통해 공제받은 것이 부당하다는 이유로 ⓕ과정의 부가가치세 10을 추징해야 타당하다고 주장하는 것은, 채무자가 매입세액 공제를 받은 후 매출처에게 그 대가를 지급하지 않은 채 회생절차에 들어갔다 하더라도 그 공제받은 부가가치세를 국가가 공익채권으로 추징하지 않는 점을 생각하면 설득력이 약하다.

(2) 채무면제익으로 채무자에게 법인세를 과세해야 하는 문제 발생

만약 앞 〈그림 1〉에서 ⓓ의 과정에서 출자전환한 110이 채무면제된 것이라면 110은 법인세법 시행령 제11조 제6호의 괄호에서 익금으로 규정한 '채무의 면제 또는 소멸로 인하여 생기는 부채의 감소액'에 해당하므로 이에 대해 법인세를 과세해야 한다.

할증 발행 형식의 출자전환에서 발행 주식의 시가초과액을 채무자는 차후 연도에 발생하는 결손금의 보전에 충당할 수 있도록 함으로써[78] 출자전환 시점에는 채무면제익의 익금산입에 따른 과세 문제가 발생하지 않도록 하고 있다. 그러나 앞 〈그림 1〉 ⓓ의 110이 A에게 대손이라고 한다면 이를 B 입장에서 보면, '할증 발행'이 아닌 '액면 발행'의 출자전환으로서 '회생계획인가의 결정에 따라 소멸된 채무액(채무면제익)'에 해당하는 것이 명백하다. 그러면 이 경우는 '할증 발행'의 출자전환에서 발행가액 중 시가초과액에 대해서만 과세이연이 가능

76) 임수연(주30), 231~232면 ; 2018.6.28. 선고 2017두68295 판결의 원심(서울고등법원)도 이런 이유를 기각 이유 중 하나로 내세웠다(2017 10 24. 선고 2017누52650 판결).

77) 채무자회생법 제179조 제1항 제9호 나목.

78) 법인세법 제17조 제2항.

하도록 한 법인세법 제17조 제2항이 적용될 수 없는 것은 명백해 진다. 그렇다면 앞 〈그림 1〉에서 국가가 ⓕ의 부가가치세 10을 추징하는 것이 타당하다면(즉, ⓔ과정의 대손세액 공제 10이 타당하다고 한다면) 당연히 ⓓ과정의 출자전환 채권가액 110은 B에게 채무면제익으로 법인세가 과세되는 것이 타당하다는 결론이 된다.[79)] 그러나 출자전환의 당사자인 A와 B가 채무면제를 하지 않고 출자전환한 것은 110이 B에게 익금이 되지 않도록 한 것인데, 이러한 당사자의 의사를 무시하고 세법을 해석하는 것이 과연 타당한가라는 의문이 제기된다.

(3) 증자 등기에 따른 등록면허세를 과세해야 하는 문제 발생

종전에는 기업회생절차에서 출자전환에 따른 자본금 증자 등기 시는 '법원 촉탁으로 인한 등기'로 보아 등록면허세의 비과세대상인 것으로 하였다.[80)] 그러나 2015.12.29.에 지방세법 제26조 제2항 제1호의 단서를 신설하여 이 경우 법원 촉탁으로 인한 등기에 해당하더라도 등록면허세의 비과세대상에서 제외되도록 개정하였다. 따라서 2016.1.1.이후에 출자전환에 따라 증자등기 시는 출자전환으로 증가된 자본금은 '납입한 금액 또는 출자가액'에 해당하여 출자전환에 의한 자본금 증가액의 0.48%(지방교육세 0.08% 포함)를 등록면허세로 납부하여야 한다.[81), 82)]

만약 회생계획안에서 출자전환 후 감자하기로 한 금액은 회생계획인가 결정에 따라 회수불능으로 확정된 것이어서 자본금으로 납입된 금액에 해당하지 않는다고 본다면 증자 등기에 따른 등록면허세의 과세대상에도 해당되지 않는 것으로 해석해야 논리일관성이 있다. 과연 이렇게 해석해야 하여야 하는지 의문이다.

4. 대상판결의 의미

대상판결은 그동안 출자전환 시 대손금과 관련하여 논란이 많던 부분에 대해서 아래와 같은 입장을 밝혔다. 이 대상판결 내용은 그 동안 실무계의 논란에 어느 정도 해결 논리를 제시한 것으로 생각된다.

---

79) 오광석, "2018년 부가가치세 및 관세 판례 회고", 『조세법연구』 25(2), 한국세법학회, 2019.8., 237~238면에서도 2018.6.28. 대법원 판례(2017두68295)에 의할 때 출자전환 후 무상소각을 채무면제로 보는 것이 되기 때문에 이 채무면제익에 대하여 법인세를 과세할 가능성이 있다고 하고 있다.

80) 행정안전부, 지방세운영-2900, 2009.7.20 ; 지방세운영-3093, 2009.8.3. 참조.

81) 지방세법 제28조 제1항 제6호 가목 2).

82) 이 사건의 경우에는 원고는 2013.11.1.에 증자 등기를 하였기 때문에 2015.12.31. 이전의 등기이어서 등록면허세가 비과세된 경우다.

① 회생절차에서 출자전환 시 신주의 시가평가액을 초과하는 것을 대손금으로 인정하여 대손세액공제를 허용하는 것으로 하지 않으면 채무자로부터 매출채권을 회수하지 못한 채권자에게 부가가치세만 부과한다는 점에서 너무 가혹하다는 이유로 부가가치세법과 법인세법상 대손금을 달리 취급해야 한다는 일부의 주장에 대하여, 대상판결은 엄격해석을 요하는 조세법률주의 원칙상 법인세법에서 대손금으로 인정하지 않은 사유를 부가가치세법에서 대손세액공제 사유로 해석하는 것은 허용되지 않는다고 판시했다.

② 회생채권자가 회생채권을 전부 출자전환할지 일부만 출자전환하고 나머지는 면제할지를 자유롭게 결의할 수 있는 상태에서 하는 출자전환은 채권자들이 회생계획안에 대한 동의를 거쳐 법원으로부터 인가되었으므로 출자전환으로 소멸되는 채권가액에 관해서 당사자 간에 합의가 있다고 보아야 한다고 판시했다. 따라서 회생계획에 따라 출자전환하는 경우 출자전환채권의 장부가액을 주식취득가액으로 하도록 정한 법인세법 시행령의 규정은 채무면제익을 배제하기 위한 조항이라고만 보기 어렵고 '대손금의 사유인 회생계획인가 결정에 따라 회수불능으로 확정된 채권에 해당하는지 여부'와 '부가가치세법상 대손세액공제 사유에 해당하는지 여부'의 판단 시에도 적용되는 조항이라고 판시했다.

③ 출자전환 채권자들이 대손세액공제를 받을 수 있다면 그들은 다른 회생채권자들과 달리 추가로 대손세액공제액 만큼 추가로 회생채권을 회수한 결과가 되어, 대손세액공제를 받지 못하는 다른 회생채권자들과의 관계에서 형평에 반하게 되어 회생제도의 취지에 반한다고 하였다.

④ 2018년도 대법원 판례[83]는 회생계획에서 출자전환한 후 전부 무상으로 소각하기로 하여 종전 채권자가 주주로서의 권리를 행사할 여지가 없이 그대로 소각될 것이 확실한 사건에 대한 것이나, 이 사건은 감자 후 남은 주식이 있으므로 감자하더라도 남은 주식에 실질적 가치에는 아무런 변동이 없어 대손금이 발생한다고 볼 수 없다고 판시했다.

⑤ 출자전환 시 채무소멸에 관한 사건의 판결[84]은 채무자회생법 제250조 제2항 제1호에 따라 회생계획의 영향을 받지 않는 보증인 등의 보증채무가 출자전환 방식의 변제로 인하여 소멸되는 범위에 관한 것이고, 회생계획의 효력이 직접 미치는 회생채권자와 회생채무자 간의 회생채권이 출자전환 방식의 변제로 소멸되는 범위를 정하는 이 사건은 채무자회생법 제250조 제1항이 적용되므로, 다른 사안에 대한 판결이라고 했다.

83) 대법원 2018.6.28. 선고 2017두68295 판결 ; 대법원 2018.7.11. 선고 2016두65565 판결.

84) 대법원 2009.11.12. 선고 2009다47739 판결.

5. 대손세액공제액 추징의 허용 여부

회생절차에서 하는 출자전환은 회생계획에 기재되는 '신주의 발행으로 감소하게 되는 부채액'을 출자전환 채권액으로 해서 증자를 한다. 따라서 회생계획에 기재된 이 부채액(즉, 출자전환 채권액)은 출자전환으로 발행하는 신주의 발행가액에 그대로 충당된다고 보는 것이 타당하다. 그렇지 않다면 회생계획에 이 부채액을 기재하도록 할 이유가 없기 때문이다. 따라서 회생절차에서 출자전환에 의해 신주를 발행하는 것은 상계[85]에 의하여 주금을 납입받아 발행하는 것으로 보아야 할 것이다. 즉, 출자전환주식을 교부받은 채권자는 출자전환채권에 대한 대가로 그 주식을 교부받는 것이므로 이 주식의 수령으로 출자전환채권 전액을 모두 변제받은 것으로 보아야 할 것이다. 따라서 설사 출자전환주식의 시가평가액이 출자전환 채권액에 미달한다고 하더라도, 출자전환으로 출자전환채권 전액을 모두 변제받은 것이므로 출자전환 채권자에게 대손금이 발생할 여지가 없다 할 것이다. 이런 점에서 대손이 발생하지 않아 채무자에게 대손세액 공제액을 추징할 수 없다고 한 대상판결은 타당하다고 생각된다.

따라서 출자전환 후 일부 주식을 감자한 이 사건 뿐만 아니라 출자전환 후 즉시 발행주식 전부를 소각(감자)한 경우에도 출자전환 채권자는 출자전환채권 전액을 모두 변제받은 것으로 보는 것이 타당하고, 따라서 이 경우에도 대손세액 공제액을 추징할 수 없다고 해야 할 것이다.

2019.2.12.에 신설한 부가가치세법 시행령 제87조 제1항 제2호에서 시가평가액 소멸설에 근거하여 출자전환 시 발행가액 중 시가초과액을 회수불능가액으로서 대손금에 해당하는 것으로 규정하여 시가액 산정이 가능한 것을 전제하고 있으나, 비상장법인의 경우 출자전환으로 발행한 주식의 시가를 평가하는 것은 현실적으로 불가능하다. 대손세액 공제액을 회생회사에게 추징하는 국가는 이 출자전환 주식의 시가에 대한 증명 책임이 있는데,[86] 국가가 주식 시가 평가액의 객관성을 증명하는 것은 현실적으로 불가능하다. 왜냐하면 국가는 '대손금=출자전환채권액-시가 평가액'의 산식에서 시가 평가액을 세법상 평가방법에 따라 평가한 가액을 주식 시가로 하여 산출된 대손세액 공제액을 회생회사에 추징하려고 하겠지만, '채권회수가 되지 않았다라는 의미의 대손'을 계산할 때 시가평가액은 민사 법리에 의하여 평가하여야 하는 것이지 세법상 평가법에 의하여 평가할 문제가 아니므로 세법상 평가액을 시가로 보아 대손세액 공제액을 계산하여 추징하는 것은 허용되지 않는다고 해야 할 것이다.[87]

---

85) 주41)에서 보는 바와 같이 넓은 의미의 상계다.

86) 2019.5.10. 판결 사건의 원심에서도 국가가 출자전환주식의 시가에 대한 증명 책임이 있다고 지적했다[주59) 참조].

87) 주59)에서 보는 바와 같이, 2019.5.10. 판결 사건의 원심은 이 점을 지적하여 국가가 발행 주식의 시가를 객관적으로 입증하지 않은 채 재무제표에 의하여 평가한 가액을 기준으로 시가를 산정하여 대손세액공제액을

그러면 부가가치세법 시행령 제87조 제1항 제2호에서 출자전환 시 발행가액 중 시가초과액을 대손금으로 규정한 것은 어떻게 이해할 것인가는 점이 문제가 된다. 이것은 이렇게 이해해야 할 것이다. 즉, ① 출자전환의 법리상 회생절차의 출자전환주식의 취득가액을 출자전환 채권가액으로 하도록 정한 법인세법 시행령 제72조 제1항 제4호의2는 법리상 당연한 사항을 주의적으로 규정한 것으로 보아야 하고, ② 앞 〈그림 1〉에서 A가 ⓔ의 과정에서 대손세액공제를 받을 수 있도록 입법한 부가가치세법 시행령 제87조 제1항 제2호는 특별히 출자전환 채권자를 위하여 입법한 예외적 창설규정으로 보아야 할 것이다. ③ 따라서 〈그림 1〉에서 A는 부가가치세법 시행령 제87조 제1항 제2호에 의하여 ⓔ의 과정에서 대손세액공제를 받을 수 있으나,[88] ④ B는 ⓓ의 출자전환 과정을 통하여 A에게 회생채권 110을 모두 변제하였기 때문에 부가가치세 10을 A에게 지급한 것에 해당하므로, 국가는 ⓕ의 과정을 통하여 B에게 대손세액 공제액 10을 추징할 수 없다고 해석해야 할 것이다.[89]

추징한 것은 위법하다고 판시했다. 대법원 판결(2017.9.21. 선고 2014다25054 판결)에서도 "① 출자전환주식의 효력발생일 당시에는 아직 회생계획에 따른 유상증자가 실시되지 아니한 상태라고 하더라도, 출자전환주식의 시가는 특별한 사정이 없는 한 곧 대규모의 유상증자가 실시되리라는 사정을 반영하여 형성된다고 봄이 상당하므로, 출자전환주식의 효력발생일 당시 아직 유상증자가 실시되지 아니하여 대차대조표에 반영되지 아니하였다는 형식적인 이유로 그 회계처리에 따른 회생채무자의 재무구조와 발행주식 수만을 반영하여 주당 순자산가치 등을 평가하는 방식은 타당하지 않고, 출자전환 후 회생계획에 따라 곧이어 실시될 유상증자에 따른 재무구조 변동과 발행주식 수 증가 등을 아울러 고려하여 출자전환주식의 주당 순자산가치 등을 평가하여야 하며, ② 출자전환 후 출자전환주식의 병합에 의한 자본감소, 신주인수대금을 예납한 인수인에 대한 신주발행을 단기간의 간격을 두고 실행하는 것을 내용으로 하고 있는 경우에도 마찬가지인데, 이러한 경우 유상증자에 따른 재무구조 변동과 발행주식 수 증가 등을 고려하여 평가한 주당 순자산가치는 병합된 출자전환주식의 주당 순자산가치이므로, 이 주당 순자산가치에 병합된 출자전환주식수를 곱하는 방식으로 보증인 등의 채무소멸범위를 산정할 수 있다"고 판시하고 있다. 이 대법원 판례 내용을 보아도 민사 법리에 의한 주식가치 평가가 현실적으로 얼마나 어려운 일인가를 잘 알 수 있다.

88) (i) 부가가치세법 제45조 제1항에서는 "사업자는……재화 또는 용역을 공급하고 외상매출금……전부 또는 일부가 공급을 받은 자의 파산·강제집행이나 그 밖에 대통령령으로 정하는 사유로 대손되어 회수할 수 없는 경우에는 다음의 계산식에 따라 계산한 금액(이하 "대손세액"이라 한다)을 그 대손이 확정된 날이 속하는 과세기간의 매출세액에서 뺄 수 있다.(단서 생략)…"고 규정하고 있는데, (ii) 부가가치세법 시행령 제87조 제1항에서 "법 제45조 제1항 본문에서 "파산·강제집행이나 그 밖에 대통령령으로 정하는 사유"란 다음 각 호의 어느 하나에 해당하는 경우를 말한다"고 한 후 ㉠ 제2호 **제1문**에서 "…회생계획인가 결정에 따라 채무를 출자전환하는 경우"를 정한 다음 ㉡ **제2문**에서는 "이 경우 **대손되어 회수할 수 없는 금액**은 출자전환하는 시점의 출자전환된 매출채권 장부가액과 출자전환으로 취득한 주식 또는 출자지분의 시가와의 차액으로 한다"고 규정하고 있다. (iii) 부가가치세법 시행령 제87조 제1항 제2호 **제1문**은 부가가치세법 제45조 제1항에서 대통령령으로 정하도록 위임한 사항(즉, 위 첫번째 밑줄친 부분)을 규정하고 있지만, (iv) **제2문**에서는 모법에서 대통령령에서 정하도록 위임하지도 않았는데도 위임하지 않은 사항(즉, 위 두번째 밑줄친 부분)을 규정하고 있다. (v) 따라서 부가가치세법 시행령 제87조 제1항 제2호는 〈그림 1〉에서 채무자 B가 ⓕ에서 대손세액 공제를 추징받는지 여부와 상관없이 채권자 A가 ⓔ 과정에서 대손세액 공제를 받을 수 있도록 특별히 입법정책적으로 허용하고 있는 것이라고 할 것이다.

89) 부가가치세법 제45조 제3항 단서에서 "그 공급을 받은 사업자가 대손세액에 해당하는 금액을 빼지 아니한 경우에는…그 사업자의 관할 세무서장이 빼야 할 매입세액을 결정 또는 경정(更正)하여야 한다."고 정하여 앞 〈그림 1〉의 ⓕ의 과정에서 국가가 B에게 대손세액 10을 추징하는 것으로 규정하고 있다. 그러나 여기서의

이렇게 되면 국가는 10만큼 손해보고 A는 10만큼 이익을 보는데, 이러한 국가의 손해는 출자전환 시 출자전환채권액은 모두 채무자가 채권자에게 변제한 것인데도 채권자가 특별히 대손세액공제를 할 수 있도록 부가가치세법 시행령 제87조 제1항 제2호에서 허용했기 때문에 발생하는 것이므로 국가가 이 손실을 감수해야 할 것이다. 이런 점을 고려하면 대손세액공제를 허용하고 있는 부가가치세법 시행령 제87조 제1항 제2호는 잘못된 입법이라고 할 것이다.

Ⅶ. 결 어

회생절차에서 출자전환 시 세무상 채무면제익 발생과 관련하여 발생하는 논란을 해결하기 위하여 '과세관청 해석의 변경 → 법인세법 시행령의 개정 → 법인세법의 개정'의 형식으로 상승적으로 보완을 하였고, 과세관청의 해석 등도 수차례 변경되었다. 그 동안 세무상 쟁점화 되었던 것을 입법적으로 보완하기 위하여 세법이 개정된 것을 앞 〈그림 1〉의 해당 과정별로 관계자에 따라 정리하면 다음 〈표 3〉과 같다.

〈표 3〉 〈그림 1〉의 관계자별 쟁점화 대상의 해결을 위해 보완한 세법의 규정

구 분	관계자	쟁점화 대상	보완한 세법의 규정
ⓓ 과정	채무자	채무면제익의 발생	·법인세법 제17조 제1항 제1호, 제2항 ·법인세법 시행령 제11조 제6호
	채권자	주식취득가액 내지 대손금의 범위	·법인세법 시행령 제72조 제1항 제4호의2
ⓔ 과정	채권자	대손세액공제 여부	·부가가치세법 시행령 제87조 제1항 제2호
ⓕ 과정	채무자	대손세액공제 추징 여부	-

이렇게 입법적으로 보완하였음에도 불구하고 여전히 회생절차에서 출자전환할 경우 세무상 문제가 남아 있다. 그 문제 중 하나가 대손세액공제의 문제이다. 그동안 출자전환 시 대

'대손세액'은 '회생계획인가 결정에 따른 출자전환으로 대손되어 회수할 수 없는 금액'을 말하는 것인데(부가가치세법 제45조 제1항 두 번째 괄호에서 "이하 '대손세액'이라 한다"라고 한 문언을 참조), 출자전환하면 앞 〈그림 1〉의 채무자 B는 출자전환채무액 110을 상환한 것이므로 대손세액 자체가 발생하지 않는다. 따라서 부가가치세법 제45조 제3항 단서를 근거로 해서 B에게 대손세액 공제액을 추징할 수 있는 것은 아니라고 해석해야 할 것이다.

손세액공제에 관한 문제는 주로 앞 〈그림 1〉에서 A가 ⓔ의 과정에서 대손세액공제를 받을 수 있는가의 문제이었다. 과세당국은 법인세법 시행령 제72조 제1항이 2006.2.9. 개정된 이후에는 대손세액공제가 불가능하다고 해석해 오다가 2013.9.11. 조세심판원의 결정이 변경된 이후에 가능하다고 해석을 변경했고, 2019.2.12.에는 부가가치세법 시행령 제87조 제1항 제2호를 신설하여 대손세액 공제가 가능하다고 명문화하였다.

그러나 앞 〈그림 1〉의 ⓕ의 과정에서 국가가 'ⓔ 과정에서 A가 받은 대손세액공제액' 만큼 공익채권으로 B에게 추징을 하자 ⓔ 과정의 대손세액공제가 타당한가라는 문제가 새롭게 부각되면서 A에게 ⓔ 과정의 대손세액공제를 허용한 것의 문제점이 드러나고 있다.

이런 상황에서 대법원은 ㉠ '회생계획에서 출자전환 후 즉시 출자전환주식을 전부 무상으로 소각하기로 한 사건'에 대한 판결[90]에서는 '출자전환한 회생채권액을 **전액 대손**된 것'으로 판결한 반면, ㉡ '회생계획에서 출자전환 후 즉시 무상 소각하더라도 일부(5%, 0.14%)를 남겨 놓고 소각한 사건'과 '일부 남겨 놓은 나머지 주식도 나중에 전부 소각하여 결과적으로 전부를 소각한 사건'에 대한 이 사건 등의 판례에서는 '출자전환한 회생채권액은 **전액 회수**된 것'이라고 판결했다. 얼핏 보면 ㉠ 사건이나 ㉡ 사건은 차이가 별로 없어 보이는데도 대법원은 채권회수 측면에서는 완전히 정반대인 것으로 판단하였다.[91]

회생절차에서 하는 출자전환 시 '세무상 대손금이 발생하는가'의 문제는 '출자전환에 따라 주채무가 소멸하는 범위가 민사법상으로 얼마인가'라는 점과 관련이 있다. 당초 회생절차에서 출자전환을 할 때 할증 발행 형식으로 하는 경우가 많았는데, 이 경우 '준비금'을 자본과 별도로 회생계획에 기재하도록 채무자회생법이 규정하고 있음에도 불구하고 발행가액 중 액면가액을 초과하는 금액을 '준비금'으로서 회생계획에 기재하지 않는 것이 실무이었다. 이러한 실무 처리가 할증 발행의 출자전환 시 '발행가액 중 시가초과액'을 준비금(주식발행액면초과액)이 아닌 채무면제익에 해당하는 것으로 생각하게 하는 계기가 되었을 것으로 생각된다.

채무자회생법 제206조 제1항에서 '자본의 액, 준비금의 액 및 신주의 발행으로 감소하게 되는 부채액'을 회생계획에 각각 기재하도록 규정하고 있으므로, ① '신주의 발행으로 감소하게 되는 부채액(4호)-자본의 액(3호)=준비금의 액(3호)'으로 계산된다고 생각되는 것은 자연스럽고, ② 이 산식의 준비금의 액은 '같은 조 같은 항 제3호에 규정한 준비금의 액'에 해당한다고 생각

90) 대법원 2018.6.28. 선고 2017두68295 판결 ; 대법원 2018.7.11. 선고 2016두65565 판결.

91) ㉡ 사건은, ㉠ 사건과는 달리, 출자전환 후 주식을 소각하더라도 일부의 주식이 남아 있는 경우다. 따라서 ㉠ 사건은 '채권자가 출자전환으로 채권회수한 것이 없다라고 해석한 후 대손세액공제를 받을 수 있다'고 해석하는 것이 채권자의 이익보호를 위해서 바람직하지 않은가라고 생각할 수 있다. 그러나 제Ⅵ장 1.에서 보는 바와 같이 회생절차를 진행하다가 중도에 회생폐지가 되는 경우에 익금산입에 따른 법인세 과세문제, 출자전환주식의 시가초과액을 나중에 배당할 경우 원본과세되는 문제 등을 생각하면 이렇게 해석하는 것이 출자전환채권자의 보호를 위한 해석으로 보기 어렵다.

되어지는 것도 자연스럽다 할 것이다. ③ 만약 회생계획에 이 준비금을 기재하는 실무가 이루어져 왔다면 이 준비금은 주주가 납입한 금액에 해당하므로 주식발행액면초과액에 해당하여 채무자(회생회사)에게 익금산입의 대상이 되지 않는다는 생각에 자연히 이르게 되었을 것이다.

그러나 할증 발행 형식으로 출자전환하는 경우 '발행가액 중 액면초과액'을 준비금으로서 회생계획에 기재하지 않는 실무가 이루어져 왔다. 이에 따라 ① 발행가액 중 시가초과액은 준비금(주식발행액면초과액)이 아닌 채무면제익에 해당하는 것으로 생각되었고, ② 이 채무면제익의 발생에 따라 회생회사에 법인세 문제가 발생하자 법인세 문제를 해결하기 위하여 법인세법을 개정, 출자전환 시점에는 익금산입하지 않고 추후 사업연도에 발생하는 이월결손금에 충당하도록 하여 과세이연을 할 수 있도록 하였다. ③ 그러나 과세이연만으로 해결할 수 없는, 채무면제익 발생에 따른 문제가 발생하자 이 문제를 해결하기 위하여 액면가액으로 출자전환한 후 즉시 감자하는 실무가 탄생하게 되었다. ④ 그러나 액면가액으로 출자전환 후 즉시 감자하는 방식을 선택해서 법인세 문제 등을 해결하였지만 최근에 들어 회생회사에게 부가가치세를 추징하는 문제가 부각되었다. 그러자 ㉠ 출자전환 채권자에게 대손세액공제를 허용하는 것이 타당한가라는 의문이 제기되었으며, ㉡ 이 의문은 출자전환 채권자가 출자전환으로 주식을 취득하면 채권 전부를 회수한 것에 해당하는지 여부의 문제로 연결되었다.

결국 이 사건은 앞 〈그림 1〉의 ⓓ의 과정에서 채권자 A가 ⓓ의 출자전환으로 인하여 회생채권액 110을 전부 회수한 것에 해당하는가의 문제로 귀결된다.

① 회생절차에서 하는 출자전환은 출자전환하는 회생채권과 주금납입액을 상호 상계하여 출자전환 채권액 전부가 변제된 것으로 보아야 하는 점, ② 출자전환 시 발행가액 중 시가초과액이 채무면제된 것으로 보아 회생채권자에게 대손세액공제를 허용하게 되면 앞 〈그림 1〉의 채권자 A는 대손세액 공제액 10 만큼 우선 변제받는 결과가 되어 다른 회생채권자와 채권회수면에서 균형이 맞지 않을 뿐만 아니라 대손세액 공제액 10의 추징으로 회생채무자 등 회생관련자에게 예기치 못한 피해를 주게 된다는 점, ③ 출자전환주식을 발행하는 회생회사가 비상장법인일 경우 출자전환 주식의 가치를 객관적으로 평가하는 것이 현실적으로 불가능하므로 대손액을 현실적으로 산정할 수 없는 점 등을 고려하면, ④ 회생절차에서 하는 출자전환은 '출자전환 채권액=신주의 주금 납입액'이 되는 상계이므로 출자전환으로 채권 전부가 회수된 것이어서 대손이 발생할 여지가 없다고 보는 것이 타당하다.

이런 점에서 대상판결이 타당하며, 출자전환 후 즉시 출자전환주식을 전부 소각한 경우에도 동일하게 대손이 발생할 수 없다고 보는 것이 타당하다.[92]

---

92) 출자전환 후 즉시 출자전환주식을 전부 소각한 경우에도 대손이 발생할 수 없다고 보아야 하는 점에 대한 보다 자세한 설명은 배영석·김병일(주29) 참조.

출자전환 시 이러한 혼선이 발생하는 것을 방지하기 위해서 다음의 조치를 취해야 할 것이다. 즉, ① 할증 발행 형식으로 출자전환하는 경우 발행가액 중 액면가액을 초과하는 금액을 '준비금'으로 회생계획에 기재하도록 회생계획 작성 실무가 변경되어야 한다.[93] 이렇게 되면 '출자전환 후 즉시 출자전환주식을 전부 소각'하는 등의 변칙적인 실무가 실행될 필요없이 준비금이 발생하는 것을 예정한 채무자회생법의 규정대로 할증 발행의 출자전환 방식으로 실무가 실행될 것이다. ② 회생절차에서 하는 출자전환 시 발행주식의 시가가 발행가액을 초과하는지 미달하는지 여부와 관계없이 채무소멸 범위에 관해서는 시가평가액 소멸설이 아닌 전액 소멸설이 적용되도록 대법원 판결이 변경되어야 하고, 필요하면 채무자회생법을 개정해야 할 것이다. ③ 또한 회생절차에서 출자전환 시 앞 〈그림 1〉에서 ⓕ의 대손세액 공제액을 추징할 수 없는 것이 법리이므로, ⓔ의 대손세액 공제의 허용에 의하여 국가가 10만큼의 손해를 보게 하는 부가가치세법 시행령 제87조 제1항 제2호는 삭제해야 할 것이다. ④ 무엇보다도 출자전환은 자본거래로서 세무상 대손금이 발생하지 않는다는 것을 법인세법에 명시해서 이러한 혼란을 근원적으로 방지하는 것이 필요하다고 할 것이다.[94]

이렇게 되면 '채무를 출자(주금의 납입금)로 바꾼다'는 뜻인 '출자전환'이라는 언어의 본연의 의미에 부합하는 세무처리가 되어, 채무를 출자로 바꾸는 데에 채무면제가 별도로 존재한다고 하는, 납득하기 어려운 일이 없어져 실무상 혼선이 없어지게 될 것으로 생각된다.

93) 회생계획 작성실무의 변경은 회생법원에서 주도하여 실시하여야 할 것이다.

94) 구체적인 법인세법의 개정에 대해서, 채권자 입장에서의 개정안은 배영석·김병일(주36)을, 채무자 입장에서는 개정안은 배영석·김병일(주8)을 각각 참조.

참고문헌

서울중앙지방법원 파산부 실무연구회, 『회생사건실무(상)』(제2판), 박영사, 2009.

________________, 『회생사건실무(상)』(제3판), 박영사, 2011.

________________, 『회생사건실무(상)』(제4판), 박영사, 2014.

김완석·정지선, 『기업의 도산 관련 조세제도에 관한 연구』, 한국조세연구원, 2010.11.

민정석, "기업개선절차에서의 출자전환의 법적 성격 및 부진정 연대채무자 중 1인이 한 상계 내지 상계계약의 효력", 『사법』 제15호, 사법발전재단, 2011.

배영석, "기업회생절차에서의 출자전환 관련 입법적 개선방안의 검토", 『회생법학』 통권 제13호, 한국채무자회생법학회, 2016.12.

배영석·김병일, "출자전환 시 채무면제익에 관한 연구 - 입법론상 개선방안을 중심으로 -", 『세무학연구』 제33권 제3호, 한국세무학회, 2016.9.

________, "출자전환 및 회생채권 관련 대손금과 대손세액공제에 관한 연구 - 해석론의 정립방안을 중심으로 -", 『세무학연구』 제34권 제1호, 한국세무학회, 2017.3.

________, "출자전환으로 취득하는 주식의 취득가액에 관한 연구", 『세무학연구』 제34권 제3호, 한국세무학회, 2017.9.

________, "출자전환 행위의 조세회피행위 해당성 여부에 관한 소고 - 액면증자 후 무상감자 방식을 중심으로 -", 『세무와 회계 연구』 통권 제14호(제7권 제1호), 한국세무사회 부설 한국조세연구소, 2018.3.

________, "회생절차에서 출자전환 후 즉시 감자 시 대손세액공제 허용성 - 대법원 2018.6.28. 선고 2017두68295 판결 -", 『세무와 회계 연구』 통권 제16호(제7권 제3호), 한국세무사회 부설 한국조세연구소, 2018.11.

오광석, "2018년 부가가치세 및 관세 판례 회고", 『조세법연구』 제25권 제2호, 한국세법학회, 2019.8.

오수환, "회생인가의 결정에 따라 출자전환 후 무상감자된 매출채권의 대손세액공제 -「부가가치세법」을 중심으로", 『세무사』 제32권 제3호(통권 142호), 한국세무사회, 2014.

이승환, "「기업구조조정촉진법」하에서의 출자전환의 효력 - 대법원 2010.9.16. 선고 2008다97218(전합) 판결 -", 『상사판례연구』 제25집 제1권, 2012.

이중교, "채무의 출자전환에 따른 과세문제", 『조세법연구』 제20-2호, 세경사, 2014.8.

임수연, "회생계획에서 출자전환 후 무상소각하기로 정한 회생채권의 대손세액공제 여부", 『대법원 판례 해설』 제116호(2018년 상), 법원도서관, 2018.

제 3 장

기타 법률상 출자전환과 세제

3.1. 기업회생절차에서의 출자전환 관련 입법적 개선방안의 검토

3.2. 출자전환 행위의 조세회피행위 해당성 여부에 관한 소고
- 액면증자 후 무상감자 방식을 중심으로 -

3.3. 출자전환 시 채무면제익·대손금의 발생과 주주에 대한 증여세 과세 문제에 관한 연구

3.1. 기업회생절차에서의 출자전환 관련 입법적 개선방안의 검토*

배영석**

초 록

현행 「채무자회생 및 파산에 관한 법률」에서는 보증채무에 대하여 부종성을 부인하고 있으므로 회생기업을 살리기 위해 출자전환을 하여 채무자는 변제책임에서 벗어나더라도 그 기업을 살리는 주역인 대표이사의 연대보증책임은 출자전환 이후에도 여전히 잔존한다. 이렇게 되면 대표이사가 열심히 노력하여 그 회생기업을 살린 덕분으로 출자전환채권자가 출자전환주식을 처분하여 출자전환한 채권 전액을 회수하더라도, 출자전환시점의 출자전환채권액과 출자전환주식의 시가액 간의 차액은 그 기업의 회생여부와 상관없이 대표이사는 연대보증책임은 이행해야 한다.

이러한 문제를 해결하기 위하여, ① 신용보증기금법 제30조의3과 기술신용보증기금법 제37조의3을 2013.5.28.에 신설하였고, ② 실무적으로는 액면가액으로 출자전환한 후 즉시 감자하는 방법을 선택하여 출자전환 시 채무면제가 발생하지 않도록 하고 있다. 현행 실무에서 ②의 방법으로 출자전환에 따른 연대보증 문제를 해결한다는 것 자체가 기업회생절차에서 출자전환을 할 때 적용하는 현행의 법리는 현실과 괴리되어 있다는 것의 반증이다.

회생절차에서 하는 출자전환 시 채무면제가 발생하는가의 문제는 회생채권자와 연대보증인 간의 문제에 그치는 것이 아니다. 이것은 채무면제익에 대한 법인세 과세문제, 이 채무면제익의 배당시 배당소득으로 과세함에 따른 원본과세의 문제, 회생절차 진행 도중에 회생절차가 폐지되어 파산될 경우 채권자의 원본에 해당되는 채무면제익에 대한 법인세가 재단채권으로 국가가 우선 변제받게 되어 채권자의 채권을 국가에 조세채무로 납부하게 되는 결과가 초래되는 문제이기도 하다.

그러므로 이러한 모든 문제를 해결하기 위해서는 회생절차에서 하는 출자전환의 경우 출자전환채권액과 주식발행가액 간에 상계에 의하여 출자전환채권액이 전액 소멸한다고 보는 상계설로 판례가 변경되는 것이 바람직하다. 만약 이 판례변경이 어렵다면 현행 채무자회생법 제206조 제1항을 개정하여 출자전환의 본질이 상계임을 명시하도록 해야 한다. 이렇게 개선하면 민사법상 문제뿐만 아니라 세무상 문제도 해결되고, 회생회사의 대표이사의 연대보증책임도 없게 되어 회생회사의 원활한 지원에도 도움이 된다.

주제어 | 출자전환, 채무면제익, 준비금, 시가평가액 소멸설, 상계설, 주식발행액면초과액

---

* 『회생법학』 통권 제13호(2016.12., 한국채무자회생법학회)에 게재된 논문이다.

** 진일회계법인 공인회계사, 세무학 박사

Ⅰ. 문제의 제기

기업이 부실화되어 기업회생절차에 들어갈 경우 그 기업에 대하여 채권을 가지고 있는 채권자가 그 기업을 살리기 위하여 자신의 채권을 출자로 전환함으로써 채무자인 기업이 채무의 변제로부터 벗어나게 하여 정상화되도록 지원한 후에 그 기업이 정상화되면 소유주식을 처분하여 주식가치 상승이익을 취하려고 하는 출자전환 사례가 많이 발생한다.

회생기업을 살리기 위해 출자전환을 하는데 그 기업을 살리는 주역인 대표이사가 그 기업을 위해 금융기관에 연대보증한 보증책임은 출자전환 이후에도 여전히 잔존한다. 이렇게 되면 대표이사가 열심히 노력하여 그 회생기업을 살린 덕분으로 나중에 출자전환한 금융기관이 출자전환주식을 처분하여 출자전환채권액을 전액 회수한다고 하더라도, 출자전환시점에 출자전환채권액과 출자전환주식의 시가액 간의 차액은 그 기업의 회생여부와 상관없이 대표이사는 연대보증책임으로 이를 변제해야 한다. 이렇게 되면 대표이사의 입장에서는 그 기업을 살린 의미가 퇴색하게 된다. 이러한 문제점을 해결하는 방안으로 ① 신용보증기금법 제30조의3과 기술신용보증기금법[1] 제37조의3을 2013.5.28.에 신설하여[2] 중소기업이 회생절차에서 주채무가 감경 또는 면제되면 연대보증채무도 동일한 비율로 감경 또는 면제된다고 규정함으로써 입법적으로 이 문제의 해결을 도모하고 있고, ② 출자전환할 때 액면가액으로 출자전환한 후 즉시 감자하는 방법에 의하여 출자전환에 따른 채무면제액이 발생하지 않도록 하는 방안[3]을 선택하여 이 문제의 해결을 실무적으로 도모하고 있다.

---

1) 「기술신용보증기금법」이 2016.3.29.에 개정(시행은 2016.9.30.부터 시행)되어 「기술보증기금법」으로 법률 명칭이 변경되었으며, 기술신용보증기금도 기술보증기금으로 명칭이 변경되었다.

2) 신용보증기금법 제30조의3(연대보증채무의 감경·면제) 「채무자 회생 및 파산에 관한 법률」 제250조 제2항, 제567조, 제625조 제3항에도 불구하고 채권자가 기금인 경우에는 중소기업의 회생계획인가결정을 받는 시점 및 파산선고 이후 면책결정을 받는 시점에 주채무가 감경 또는 면제될 경우 연대보증채무도 동일한 비율로 감경 또는 면제한다.[본조신설 2013.5.28.]
기술신용보증기금법 제37조의3(연대보증채무의 감경·면제) 「채무자 회생 및 파산에 관한 법률」 제250조 제2항, 제567조, 제625조 제3항에도 불구하고 채권자가 기금인 경우에는 중소기업의 회생계획인가결정을 받는 시점 및 파산선고 이후 면책결정을 받는 시점에 주채무가 감경 또는 면제될 경우 연대보증채무도 동일한 비율로 감경 또는 면제한다.[본조신설 2013.5.28.]

3) 이 방안을 간략히 설명하면 다음과 같다. 출자전환 시 발행주식의 시가가 7,000(액면가액은 5,000으로 가정)인 회생기업에서 신주의 발행가액을 15,000으로 하는 할증발행의 방법으로 출자전환하면 발행가액(15,000)과 시가(7,000) 간의 차액 8,000 만큼 채권자에게 대손금이 발생하게 되는데(채무자에게는 8,000의 채무면제익이 발생하게 된다) 이 대손금의 금액은 회생기업의 보증인에게 구상할 수 있다. 따라서 ① 할증발행이 아닌 액면발행의 출자전환을 하여 자본금을 15,000으로 한 다음, ② 8,000을 즉시 무상감자(주식병합)하여 자본금을 7,000으로 감소시키면 ③ 출자전환 시점에 출자전환채권액 15,000 전액이 자본금에 충당된 것으로 되게 되므

그러나 ①,②의 방법은 근본적인 문제해결방안이 아니다. 중소기업 중 신용보증기금이나 기술보증기금으로부터 연대보증받은 것만 ①의 혜택을 받는 것이어서 ①의 방법은 제한적인 문제해결방안이고, 액면가액으로 출자전환후 즉시 감자하는 방법은 우회적인 방법이어서 근본적 해결방안이 아니기 때문이다. 현행 실무에서 ②의 방법으로 출자전환에 따른 연대보증 문제를 해결하는 방법을 선택한다는 것 자체가 기업회생절차에서 출자전환을 할 때 적용하는 현행의 법리는 실무계의 요구가 제대로 반영되지 못한다는 것의 반증이다.

회생절차에서 출자전환 시 채무면제가 발생한다고 하면 이 채무면제액만큼 회생회사를 위한 보증인이나 연대채무자 등 채무관계자에게 구상할 수 있는가라는 문제는 회생채권자와 연대보증인 등 채무관계자 간의 문제에 그치는 것이 아니다. 채무면제가 발생하면, ① 그 금액만큼 채무면제익으로서 출자전환받은 회생채무자에게는 법인세법상 익금이 되므로 법인세가 과세되고, ② 만약 이 채무면제익을 나중에 주주(출자전환한 회생채권자)에게 배당할 경우 주주에게는 배당소득으로 과세되므로 원본과세되는 결과가 초래되며,[4] ③ 회생절차를 진행하다가 중도에 회생폐지가 되어 파산되면 이 채무면제익에 대하여 과세이연하던 것이 과세대상으로 전환되어 공익채권[5]으로서 우선 변제되므로 출자전환한 채권자의 원본(채무면제익에 해당하는 출자전환채권액)에 대하여 국가가 조세채권을 부과하여 우선 변제받아 가게 되는 결과가 발생한다. 따라서 회생절차에서 출자전환 시 채무면제가 발생한다고 하면 과세상으로도 많은 문제가 발생하기 때문에 채무면제 발생 여부는 매우 중요한 문제이다.

본 논문은 기업회생절차에서 출자전환할 때 출자전환채권(채무자 입장에서는 출자전환채무) 중 발행주식의 시가평가액 만큼만 소멸한다고 하는 시가평가액 소멸설(대법원 판례의 입장)이 타당한지를 살펴 보고 시가평가액 소멸설이 지닌 문제점을 해결하기 위한 입법적 개선방안을 제시하여, 현행 실무와 법리의 괴리를 제거하는데에 도움을 주고자 한다. 또한 출자전환 시 채무가 소멸하는지의 여부에 의하여 발생하게 되는 채무소멸익의 과세문제를 해결하기 위해서는 근본적으로 출자전환에서 채무면제가 발생하지 않는 것으로 법리가 정립되어야 가능한데, 본 논문은 이 과세문제를 해결하는데에 간접적으로 도움이 될 것이다.

로 대손금이 발생하지 않게 된다. ④ 그러면 출자전환채권자는 보증인에게 구상할 채권이 없게 되어 구상하지 않게 된다. 따라서 이 방안을 선택하면 발행가액(15,000)과 시가(7,000) 간의 차액 8,000은 피출자전환자에게 채무면제익이 아니라 감자차익으로 발생하게 되는데, 그러면 회생채무자에게는 법인세 문제가 없게 되고 동시에 회생채권자는 연대보증인에게 구상하게 되는 문제가 없게 되므로 현재 실무에서는 이 방안을 많이 선택하고 있다.

4) 출자전환으로 발생한 채무면제익은 '출자전환채권액 중 발행주식의 시가초과액'이므로 이 채무면제익은 출자전환채권액의 일부에 해당한다. 주주(출자전환채권자)가 이 채무면제익을 배당의 명목으로 되돌려 받을 때 배당소득으로 과세되기 때문에 원본과세되는 결과가 되는 것이다.

5) 회생회사가 파산되었기 때문에 정확하게는 재단채권이다(채무자회생법 제473조 제2호).

Ⅱ. 회생절차에서의 출자전환 시 채무의 소멸성 문제

1. 출자전환[6] 시 채무의 소멸성

채무자의 책임 면제를 규정한 「채무자 회생 및 파산에 관한 법률」(이하 "채무자회생법"이라 한다) 법 제251조[7]와 회생채권자 등[8]의 권리 변경을 규정한 채무자회생법 제252조 제1항[9]에 관하여, 대법원은 제251조에 의한 채무자의 면책은 채무 자체는 존속하지만 책임은 소멸한다는 책임소멸설로 해석하나,[10] 제252조 제1항에 의한 회생채권자 등의 권리변경은 채무가 절대적으로 소멸한다는 채무소멸설로 해석한다.[11]

채무자회생법 제206조 제1항에서 "주식회사인 채무자가 회생채권자·회생담보권자 또는 주주에 대하여 새로 납입 또는 현물출자를 하게 하지 아니하고 신주를 발행하는 때에는 회생계획에 다음 각 호의 사항[12]을 정하여야 한다."라고 규정하고 있는데, 이것은 회생절차에서 회생채권을 출자전환하는 경우 「상법」상 증자에 관련된 규정에 대한 특례이다.

채무자회생법 제206조 제1항에 의하여 회생채권자가 출자전환할 경우 그 출자전환하는 회생채권액이 소멸하는지, 소멸한다면 얼마만큼의 금액이 소멸하는지에 관하여 견해가 일치하

6) 출자전환(debt equity swap ; DES)이란 일반적으로 채무자가 하는 증자에 채권자가 가지고 있는 금전채권으로 주금납입(출자)에 갈음하는 것을 말한다. 상법상 출자전환의 방법으로 현금증자후 채권회수 방식, 현물출자 방식, 상계 방식 등 3가지 방식이 주로 사용되는데, 2011.4.14.에 「상법」 제421조 제2항이 개정되어 주식발행법인(채무자)이 동의하면 주식인수인은 신주납입의무와 채무자에 대한 채권으로 상계할 수 있게 되어 현재 실무에서는 대부분 상계 방식으로 출자전환을 하는 실정이다. 채무자회생법(종전 회사정리법도 동일함)에서는 「상법」에 대한 특례규정을 두어, 회생계획에 회생채권자·회생담보권자 또는 주주에 대하여 새로 납입 또는 현물출자를 하게 하지 아니하고 신주를 발행할 수 있도록 하는 근거를 두고 있었고, 회생회사는 종래 이 조항에 근거하여 출자전환을 하여 왔다.

7) 채무자회생법 제251조(회생채권 등의 면책 등) 회생계획인가의 결정이 있는 때에는 회생계획이나 이 법의 규정에 의하여 인정된 권리를 제외하고는 채무자는 모든 회생채권과 회생담보권에 관하여 그 책임을 면하며, 주주·지분권자의 권리와 채무자의 재산상에 있던 모든 담보권은 소멸한다. 다만, 제140조 제1항의 청구권은 그러하지 아니하다.

8) 본 논문에서 '회생채권자 등'이라고 하면 '회생채권자'와 '회생담보권자'를 가리키는 것으로 하며, 별도로 '회생채권자 등'이라고 하지 않고 '회생채권자'라고 할 때에도 문맥에 따라 동일한 의미로 사용하는 것으로 한다.

9) 채무자회생법 제252조(권리의 변경) ①회생계획인가의 결정이 있는 때에는 회생채권자·회생담보권자·주주·지분권자의 권리는 회생계획에 따라 변경된다.

10) 대법원 2001.7.24. 선고, 2001다3122 판결.

11) 대법원 2003.3.14. 선고, 2002다20964 판결 ; 대법원 2003.8.22. 선고, 2001다64073 판결.

12) 그 각 호의 사항은 '① 신주의 종류와 수, ② 신주의 배정에 관한 사항, ③ 신주의 발행으로 인하여 증가하게 되는 자본과 준비금의 액, ④ 신주의 발행으로 감소하게 되는 부채액'의 4가지이다.

지 않으며, 워크아웃절차에서 출자전환하는 경우 출자전환채권액이 소멸하는지에 관해서도 견해가 대립되어 있다.

(1) 학설

회생절차에서 출자전환하면 '주채무'가 소멸하는지에 관해서는 대체로 주채무가 소멸한다는 입장(소멸설)이다. 소멸설은 회생계획에서 회생채권의 변제에 갈음하여 출자전환하여 신주발행을 한다고 정하면 그것은 회생계획에 따른 권리변경이므로 회생채권이 소멸한다고 하거나 출자전환은 현물출자의 일종으로서 채권자가 출자전환하여 주식을 취득하게 되면 채권의 만족을 얻기 때문에 채권자의 지위를 잃는다고 설명한다. 다만, 그 근거를 대물변제로 볼 것인지, 채무의 혼동으로 볼 것인지에 관하여는 견해가 일치되어 있지 않다. 소멸설에서는 "소멸설을 취하지 않으면 출자전환한 회생채권자는 주주로서의 지위도 있고 회생채권자로서의 지위도 있게 되는 불합리한 점이 발생하고, 출자전환한 주식의 가치가 나중에 출자전환채권의 가액보다 더 상승할 경우 그 차액(=주식가치-출자전환채권 가액)을 누구에게 귀속시킬 것인가라는 복잡한 문제가 발생한다."고 한다.[13)]

회생절차에서 출자전환하면 '보증채무'가 소멸하는지에 관해서는, ① 채권자가 출자전환하여 주식을 취득하면 채권의 만족을 얻음과 동시에 채권자의 지위를 상실한다고 보아야 하므로 출자전환의 효력발생 시에 채권자는 채권액 전부에 대하여 보증인에게 보증채무의 이행을 청구할 수 없다고 하는 전액소멸설,[14)] ② 회생채권의 변제에 갈음하여 신주를 발행한다고 회생계획에 정함으로써 회생채권이 회생회사에 대한 관계에서 소멸되더라도 회생회사의 보증인에게 그 소멸의 효과가 인정될 것인가의 여부 및 그 소멸의 범위가 어느 정도인가는 그 변제에 갈음하여 교부된 신주에 의하여 회생채권자가 변제와 같은 실질적인 만족을 얻은 것으로 볼 수 있는가의 여부 및 그 만족의 정도에 의하여 판단되어야 한다고 하는 일부소멸설,[15)] ③ 채권을 출자전환했다고 해서 채권자가 보증인에게 구상권을 행사할 수 없다면 회생채권을 면제한 경우보다 회생채권자에게 불리하게 되어 채무자회생법 제250조 제2항[16)]의 취지에 반하므로 출자전환이 있더라도 보증채무는 소멸하지 아니하고 주식의 양도나 주식배당금 수령 등으로 현실적으로 금전적 만족을 얻은 때에 그 한도 내에서 보증인의 채무가 소멸

13) 임치용, "회사정리절차와 출자전환", 『BFL』 제9호, 서울대학교 금융법센터, 2005, 44면.

14) 서울지방법원, 『회사정리실무』(개정판), 2001, 454면.

15) 김용덕, "정리채권의 출자전환과 공동채무자의 채무소멸", 『상사판례연구(Ⅵ)』, 2007, 435면.

16) 채무자회생법 제250조 제2항은 "회생계획은 회생채권자 또는 회생담보권자가 회생절차가 개시된 채무자의 보증인 또는 연대채무자 등 채무관계인에 대하여 가지는 권리에는 영향을 미치지 아니한다."는 취지로 규정하고 있다.

한다고 하는 불소멸설[17]로 견해가 나뉘어져 있다.

한편, 워크아웃절차에서 출자전환 시 '주채무'가 소멸하는지 여부에 관하여, ① 출자전환을 하면 주채무자인 워크아웃기업과 채권자인 금융기관 간에 채무자의 신주인수대금채권과 채권자의 대출금채권 간에 상계에 의하여 대출채권이 소멸하므로 주채무자에 대해서는 출자전환이 일어난 채권액 전액에 대하여 그 효력이 발생한다고 하는 전액소멸설,[18] ② 출자전환 시 절차상 주식인수대금의 납입과 채권의 변제를 서로 상계하는 것으로 처리하는 것은 절차의 번잡 혹은 부작용을 피하기 위한 방편에 불과하고 상계로 처리하더라도 반드시 채권 전액을 수동채권으로 할 필요가 없고 주식평가액에 해당하는 금액만을 수동채권으로 할 수 있으므로 출자전환했다고 해서 상계에 의하여 모든 채권이 소멸한다는 것은 논리의 비약이어서 소멸되는 주채무는 출자전환 당시의 주식평가액뿐이다고 하는 일부소멸설[19]로 나뉜다.

워크아웃절차에서 출자전환 시 '보증채무'가 소멸하는지 여부에 관하여, ① 주채무자에 대한 출자전환에 대해서는 채무자회생법 제250조 제2항과 같은 조항이 존재하지 않는 이상 부종성의 예외가 인정되지 아니하므로 주채무가 소멸하는 효력은 보증인에 대해서도 동일하게 미치는 것으로 보아야 한다고 하는 전액소멸설,[20] ② 주채무가 출자전환 당시의 주식평가액만 소멸한다고 보므로 당연히 보증채무도 출자전환 당시의 주식평가액만 소멸한다고 보아야 한다고 하는 일부소멸설[21]로 나뉘어져 있다.

(2) 판례

회생절차에서 출자전환 시 주채무의 소멸 여부에 관하여 대법원은, ① 신주발행 당시 주식의 시가가 신주발행가액보다 낮은 경우에는 주채무가 소멸한다는 입장이나, ② 신주발행 당시 주식의 시가가 신주발행가액보다 높은 경우에는 시가평가액과 회생계획에서 변제하기로 한 금액 중 적은 금액이 소멸한다고 한다.

즉, 대법원은 종전 「회사정리법」에 관한 판례에서 "…정리채권자 등의 권리는 정리계획의 조항에 따라 채무의 전부 또는 일부의 면제효과가 생기고…정리채권이나 정리담보권을 출자전환하는 경우에는 그 권리는 인가결정시 또는 정리계획에서 정하는 시점에서 소멸한다고 할 것이고…"라고 판시하여[22] 출자전환하면 주채무가 소멸한다는 소멸설을 취한 이후 계속

---

17) 박승두, 『회사정리법』, 법률SOS, 2000, 857면.

18) 안윤우, "출자전환에 관한 소고", 『변호사』 제42집, 서울지방변호사회, 2012, 223면.

19) 박승두, "출자전환시 채무의 소멸성에 관한 연구", 『법학연구』 제21권 제4호, 경상대학교 법학연구소, 2013, 324면.

20) 안윤우(주18), 225면.

21) 박승두(주19), 324면.

소멸설을 취하고 있다.[23] 현행 채무자회생법에서는 출자전환하는 경우 회생계획에 '신주의 발행으로 감소하게 되는 채무액'을 정하도록 규정하고 있으므로[24] 회생계획에 채무액의 감소액으로 기재된 주채무는 소멸한다는 소멸설의 입장이라고 한다.[25]

그러나 대한통운 사건[26]에서 대법원은 "…정리계획에서 출자전환으로 정리채권의 변제에 갈음하기로 한 경우에는, 정리채권자가 인수한 신주의 시가를 평가하여 정리계획에 따라 변제에 갈음하기로 한 액수를 한도로 그 평가액에 상당하는 채권액이 변제된 것으로 보아야 한다.…"라고 한 후, "…주식 610,000주를 출자전환 받았는데, 그 신주효력발생일인 2006.6.1. 소외 주식회사 신주 1주당 시가는 72,000원 상당임을 알 수 있는바, 그렇다면 소외 주식회사의 신주발행의 효력발생일 당시 신주의 시가가 정리계획에서 변제에 갈음하기로 한 액수를 초과하는 이 사건에서 원고는 소외 주식회사의 정리절차에서 출자전환 받은 소외 주식회사 주식 610,000주를 1주당 25,000원으로 평가한 15,250,000,000원에 대하여만 그 채권액이 변제된 것으로 보아야 하므로 주채무자인 피고 회사로서도 원고에 대하여 위 15,250,000,000원의 공제를 주장할 수 있을 뿐이다…"라고 판시하였다. 즉, 대법원은 출자전환에 따른 신주를 발행할 당시 주식의 시가가 신주발행가액보다 '높은 경우'에는, '낮은 경우'와는 달리, '변제에 갈음하기로 한 액수'와 '시가 평가액' 중 적은 금액이 소멸한다고 판시하였다.[27]

한편, 회생절차에서 출자전환 시 보증채무에 관해서는 대법원은 일부소멸설(시가평가액 소멸설)을 취하고 있다. 즉, "…정리계획에서 출자전환으로 정리채권의 변제에 갈음하기로 한 경우에는 신주발행의 효력발생일 당시를 기준으로 하여 정리채권자가 인수한 신주의 시가를 평가하여 그 평가액에 상당하는 채권액이 변제된 것으로 보아야 하고, 이러한 경우 주채무자인 정리회사의 채무를 보증한 보증인들로서는 정리채권자에 대하여 위 변제된 금액의 공제를 주장할 수 있다 할 것이다.…"라고 판시하여,[28] 시가평가액 소멸설의 입장을 명확히 한

22) 대법원, 2003.8.22. 선고, 2001다64073 판결.

23) 대법원, 2008.7.24. 선고, 2008다18376 판결 등.

24) 채무자회생법 제206조 제1항 제4호.

25) 안윤우(주18), 207면 ; 임종엽, "회생채권의 출자전환과 채무의 소멸범위", 『판례연구』 제24집 제1호, 서울지방변호사회, 2010, 165~166면.

26) 대법원, 2009.11.12. 선고, 2009다47739 판결. 이 사건은, 원고(은행)는 2007.2.21.에 피고(동아건설)에 대한 회생채권을 신고하면서 대한통운(피고를 위한 보증인)의 주식 610,000주를 1주당 25,000원(신주발행가액)으로 평가한 금액(15,250백만원=610,000주×@25,000)만을 변제충당하고 이 금액을 초과하는 나머지 채권액을 회생채권으로 신고했는데, 피고(동아건설)는 "2006.6.1.(출자전환으로 인한 신주 효력발생일)의 '시가(1주당 72,000원)로 평가한 가액'(43,920백만원=610,000주×@72,000)이 변제충당되었다"고 주장한 사건이다.

27) 대법원 2010.3.25. 선고, 2009다85830 판결에서도 "출자전환 무렵 출자전환 주식의 주당 가치가 발행가액을 넘고 있었다 하더라도, 정리회사의 보증인의 보증채무는 위 주식의 발행가액에다가 출자전환받은 주식수를 곱하여 산출한 액수를 한도로 소멸할 뿐 이를 넘은 부분까지 소멸한다고 볼 수 없다"고 판시했다.

28) 대법원 2003.1.10. 선고, 2002다12703·12710 판결.

이후 계속 이 입장을 유지하고 있다.[29)]

그러나, 워크아웃절차에서의 출자전환에 관해서는 2010.9.16. 전원합의체 판결[30)]에서 "… 당사자 쌍방이 가지고 있는 같은 종류의 급부를 목적으로 하는 채권을 서로 대등액에서 소멸시키기로 하는 상계계약이 이루어진 경우, 상계계약의 효과로서 각 채권은 당사자들이 그 계약에서 정한 금액만큼 소멸한다. 이러한 법리는 기업개선작업절차에서 채무자인 기업과 채권자인 금융기관 사이에 채무자가 채권자에게 주식을 발행하여 주고 채권자의 신주인수대금채무와 채무자의 기존 채무를 같은 금액만큼 소멸시키기로 하는 내용의 상계계약 방식에 의하여 이른바 출자전환을 하는 경우에도 마찬가지로 적용되며, 이와 달리 주식의 시가를 평가하여 그 시가 평가액만큼만 기존의 채무가 변제되고 나머지 금액은 면제된 것으로 볼 것은 아니다…"라고 판결하여, 대법원은 워크아웃절차에서의 출자전환을 상계로 보아 전액소멸설을 취하였다.

이 전원합의체 판결에서 신영철 대법관은 소수의견을 통하여 "…기업개선작업에서의 출자전환의 효용 등에 비추어 볼 때, 출자전환이 이루어지는 경우 이를 '신주 시가 상당액의 변제와 나머지 채권액의 면제'가 이루어지는 경우보다 채권자를 불리한 지위에 처하도록 하는 해석론은 취할 수 없다. …원고와 쌍용건설은 이 사건 출자전환에 의하여 이 사건 대출금 등 채권에 관하여 그 출자전환이 이루어질 당시 원고가 발행받는 신주의 시가 상당을 대물로 변제받고 그 나머지 금액은 면제한 것으로 해석함이 상당하고…"라고 하여, 회생절차에서의 출자전환과 동일하게 일부소멸설(시가평가액 소멸설)을 주장하였다.

위 전원합의체 판결 이후 대법원은 2012.11.22. 전원합의체 판결[31)]에서도 "…채무의 출자전환으로 주식을 발행하는 경우에는 출자전환되는 채무 전부가 주식에 대한 인수가액으로 납입된 것으로 인정되어야만 발행예정주식 전부에 대하여 신주발행의 효력이 발생하는 것이므로, 그 결과로서 나타나는 경제적 측면에서의 효과를 이유로 출자전환되는 채무 중 발행주식 시가 초과 부분만을 따로 떼어내어 주식에 대한 납입금으로서의 실질을 부인할 수는 없다. 따라서 명문의 규정이 없는 한 채무의 출자전환으로 주식을 발행하는 경우에도 그 인수가액 중 액면을 초과하는 금액은 그 전액이 구 「법인세법」 제17조 제1호가 규정한 주식발행액면초과액에 해당한다고 봄이 타당하고, 이와 달리 위와 같은 경제적 측면에서의 효과만을 들어 출자전환되는 채무 중 발행 주식 시가 초과 부분이 구 「법인세법」 제17조 제1호의 주식발행액면초과액의 범위에서 제외된다고 해석하는 것은 조세법규에 대한 엄격해석의 원칙에

29) 대법원 2005.1.27. 선고, 2004다27143 판결 ; 대법원 2006.4.13. 선고, 2005다34643 판결 외 다수.
30) 대법원 2010.9.16. 선고, 2008다97218 판결.
31) 대법원 2012.11.22. 선고, 2010두17564 판결.

비추어 허용될 수 없을 뿐만 아니라 실질과세원칙의 적용범위도 벗어나는 것이다…"라고 하여, 워크아웃절차에서의 출자전환 시 상계로 보아 전액소멸설을 취하였다.

이에 대하여 신영철 대법관은 소수의견을 통하여, "…채무의 출자전환으로 주식을 발행하는 경우로서 당해 주식의 시가가 액면가액 이상이고 발행가액 이하에 해당하는 경우에는 원칙적으로 출자전환되는 채무 중 발행주식 시가 초과 부분은 그 실질이 자본의 납입금과 같다고 볼 수는 없고 오히려 채무면제이익에 해당하여 그 금액만큼 법인의 소득 또는 담세력이 증가하였다고 봄이 타당하므로, 이를 구 「법인세법」 제17조 제1호의 주식발행액면초과액에 해당한다고 볼 수는 없다.…"라고 하여 시가평가액 소멸설을 취하였다.

워크아웃절차에서의 출자전환 시 보증채무에 관하여 대법원은 "…기업개선작업약정을 체결한 경우, 이를 규율하는 「기업구조조정촉진법」에서 보증채무의 부종성에 관한 예외규정을 두고 있지 아니할 뿐만 아니라, 기업개선작업약정은 법원의 관여 없이 일부 채권자들인 채권금융기관들과 기업 사이의 사적 합의에 의하여 이루어지고 그러한 합의의 내용에 따른 효력을 갖는 것으로서…보증인으로서는 원래의 채무 전액에 대하여 보증채무를 부담한다는 의사표시를 하거나 채권금융기관들과 사이에 그러한 내용의 약정을 하는 등의 특별한 사정이 없는 한, 보증채무의 부종성에 의하여 기업개선작업약정에 의하여 축소·감경된 주채무의 내용에 따라 보증채무를 부담한다…"고 하여, 주채무의 소멸 범위에 따라 보증채무의 소멸범위가 확정된다고 판시하였다.[32] 즉, 대법원은 워크아웃절차에서 출자전환 시 주채무에 관해서 상계의 법리를 취하여 전액소멸설을 취하고 있으므로 보증채무도 전액소멸설의 입장이다.

2. 회생계획에 기재하는 '준비금의 액'의 의미

(1) 회생계획에 기재할 준비금의 액에 대한 견해

회생절차에서 출자전환하는 근거는 채무자회생법 제206조 제1항이고, 이 조항에서 회생채권과 회생담보권을 출자전환하는 경우 회생계획에 4가지를 기재하도록 규정하고 있다.[33] 여

---

32) 대법원 2004.12.23. 선고, 2004다46601 판결.

33) 채무자회생법 제206조(주식회사 또는 유한회사의 신주발행) ① 주식회사인 채무자가 회생채권자·회생담보권자 또는 주주에 대하여 새로 납입 또는 현물출자를 하게 하지 아니하고 신주를 발행하는 때에는 회생계획에 다음 각호의 사항을 정하여야 한다.
1. 신주의 종류와 수
2. 신주의 배정에 관한 사항
3. 신주의 발행으로 인하여 증가하게 되는 자본과 준비금의 액
4. 신주의 발행으로 감소하게 되는 부채액

기서 주목할 부분은 제3호의 '신주의 발행으로 인하여 증가하게 되는 자본과 준비금의 액'과 제4호의 '신주의 발행으로 감소하게 되는 부채액'의 부분이다. 제4호는 종전 「회사정리법」에는 없던 내용인데 채무자회생법에서 새로 신설되었다.

회생절차에서 출자전환을 하게 되면 회생채무가 자본금으로 전환되어 신주의 발행으로 인하여 증가하게 되는 '자본의 액'이 존재하므로 이를 회생계획에 기재하도록 한 것은 쉽게 이해할 수 있다. 그러면 회생절차에서 출자전환을 할 경우, '준비금의 액'을 회생계획에 기재하도록 한 것은 무슨 의미인가?

이 점에 관하여 일본의 경우에는 회생회사가 무액면주식을 발행할 수 있도록 허용하고 있으므로 무액면주식을 발행한 후 발행가액 1/4을 초과하지 아니하는 액을 자본으로 편입시키지 아니하고 납입잉여금을 만들 경우 '준비금'의 액이 증가할 수 있으나, 액면주식의 발행만 허용하는 우리나라의 경우[34] 신주발행에 의하여 준비금이 발생하지 않아 증가할 준비금의 액도 없다고 할 것이므로, 이 준비금의 액을 기재하도록 한 것은 실익이 없는 법규정이라는 견해가 있다.[35]

회생절차에서 신주 발행 시 '자본의 액' 뿐만 아니라 '준비금의 액'도 회생계획에 기재하도록 규정하고 있는 것은 출자전환으로 인한 신주발행의 경우에 한정하지 않고 여러 곳에서 규정하고 있다. 즉, 새로 납입 또는 현물출자를 하는 증자의 경우 '자본의 액과 준비금(또는 신주발행가액 중 자본에 추가되지 않는 금액)의 액'을 기재하도록 규정하고 있고,[36] 주식의 포괄적 교환과 포괄적 이전을 하는 때에도 회생계획에 '자본의 액과 준비금의 액'을 기재하도록 규정하고 있으며,[37] 회생회사의 합병과 분할(분할합병 포함), 신회사의 설립의 경우에도 회생계획에 '자본의 액과 준비금의 액'을 기재하도록 규정하고 있다.[38]

이렇게 채무자회생법에서 새로 납입 또는 현물출자를 하는 증자, 회생회사의 주식의 포괄적 교환과 포괄적 이전, 합병과 분할, 신회사의 설립의 경우에 회생계획에 '준비금'의 액을 기재하도록 규정하고 있는 것을 보면 채무자회생법 제206조 제1항 제3호에서 '준비금의 액'을 기재하도록 한 것을 오로지 무액면주식을 발행할 경우에 발생하는 자본준비금을 '준비금의

34) 우리나라도 2011.4.11.에 「상법」을 개정하여 무액면주식의 발행을 허용하였고, 무액면주식을 도입한 회사의 자본금은 발행가액의 1/2 이상의 금액으로서 이사회에서 자본금으로 계상하기로 한 금액의 총액으로 하고, 발행가액 중 자본금으로 계상하지 아니한 금액은 자본준비금으로 계상하도록 정하고 있다(「상법」 제451조 제2항).

35) 도진기, "채권의 출자전환에 관한 연구 – 회사정리절차를 중심으로 –", 서울대학교 석사학위논문, 2003.6, 55~60면 ; 서경환, "정리회사의 신주발행", 『실무논단』, 서울지방법원, 1997, 142면.

36) 채무자회생법 제206조 제2항 제1호 및 제3항 제4호.

37) 채무자회생법 제207조 제4호, 제208조 제4호.

38) 채무자회생법 제210조 제4호, 제211조 제2호, 제212조 제1항 제1호·제13호 및 제2항 제1호, 제213조 제1항 제5호 및 제2항 제2호, 제215조 제1항 제7호.

액'으로 기재하기 위한 것이라고 하는 것은 납득하기 어렵다. 더욱이 우리나라 「상법」이 액면주식만 발행할 수 있도록 한 종전 「회사정리법」에서도 회생절차에서 신주를 발행하는 경우 자본의 액과 준비금의 액을 회생계획에 기재하도록 한 것[39]을 보면 일본의 경우와 동일시 할 수 없고 또한 이것이 실익이 없는 법규정이라고 평가하기 어렵다. 새로 납입 또는 현물출자를 하는 증자의 경우 발생하는 준비금(또는 신주발행가액 중 자본에 추가되지 않는 금액), 주식의 포괄적 교환과 포괄적 이전을 할 경우 발생하는 교환차익과 이전차익,[40] 합병과 분할의 경우에 발생하는 합병차익과 분할차익[41]도 자본준비금인데, 오히려 이러한 거래에서 발생하는 자본준비금은 모두 회생회사로 하여금 회생계획에 '준비금'으로 기재하도록 한 것으로 생각된다.

액면주식을 발행하는 경우 주식발행액면초과액이 발생하면 이 주식발행액면초과액은 자본준비금이다.[42] 자본준비금에 해당하는 교환차익과 이전차익, 합병차익과 분할차익을 회생계획에 준비금으로 기재해야 하는 것이라면 같은 자본준비금인 주식발행액면초과액이 발생한다면 이것도 회생계획에 준비금으로 기재해야 하는 것이라고 이해하는 것이 자연스럽다. 그렇다면 채무자회생법 제206조 제1항 제3호에서 회생절차에서 출자전환하는 경우 회생계획에 기재하도록 한 '준비금의 액'은 발행가액(출자전환채무액) 중에서 액면가액을 초과하는 금액, 즉 주식발행액면초과액을 말한다고 해석해야 합리적이다.

이렇게 해석하게 되면, ① 회생절차에서 회생채권자·회생담보권자 또는 기존 주주로 하여금, (채무자회생법 제206조 제1항에 의한 출자전환이 아니라), 실제로 새로 현금을 납입 또는 현물출자를 하게 하여 신주를 발행할 경우 발생하는 준비금의 액(즉, 할증발행 시 발생하는 주식발행액면초과액)을 채무자회생법 제206조 제2항 제1호에서 회생계획에 기재하도록 요구하는 것으로 이해할 수 있고, ② 회생절차에서 이해관계자(즉, 회생채권자·회생담보권자 또는 기존 주주)가 아닌 제3자로 하여금 실제로 회생회사에 새로 현금을 납입 또는 현물출자를 하게 하여 신주를 발행할 경우 '신주의 발행가액 중 자본에 추가되지 않는 금액'을 회생계획에 기재(즉, 할증 발행 시 발생하는 주식발행액면초과액을 회생계획에 기재)하도록 채무자회생법 제206조 제3항 제4호에서 요구하는 것으로 이해할 수 있게 된다. ③ 특히 채무자회생법 제206조 제3항 제4호에서 회생계획에 기재하도록 한 '신주의 발행가액 중 자본에 추가되지 않는 금액'은 종전 「회사정리법」에는 없다가 채무자회생법에 새로이 규정된 것인데, 이것은 회생회사의 기업가치가 높아서 할증 발행하는 증자에 제3자가 참여할 경우 발생하는 주식발행액면초과액을 말하는 것으로 이해할 수

---

39) 종전 「회사정리법」 제222조 제1항 제3호에서 현행 채무자회생법 제206조 제1항 제3호와 동일한 내용을 규정하고 있었다.
40) 2011.4.14. 개정 전의 「상법」 제459조 제1항 제1의2호·제1의3호, 「법인세법」 제17조 제1항 제2호·제3호.
41) 2011.4.14. 개정 전의 「상법」 제459조 제1항 제3호·제3의2호, 「법인세법」 제17조 제1항 제5호·제6호.
42) 2011.4.14. 개정 전의 「상법」 제459조 제1항 제1호, 「법인세법」 제17조 제1항 제1호 본문.

있고,[43] '준비금'을 회생계획에 기재하도록 한 규정[44]과 같은 취지에서 규정한 것으로 이해 할 수 있게 된다. ④ 또한 회생채권자·회생담보권자 또는 주주에게 새로 납입하게 하여 전환사채나 신주인수권부사채를 발행하는 경우 그 등기의 촉탁서나 신청서에 납입증명서면을 첨부하도록 하고 있는데,[45] 이것도 회생절차에서 전환사채나 신주인수권부사채가 신주로 전환될 경우 발생할 수 있는 준비금(=사채발행가액-신주액면가액)의 납입을 보장받기 위한 수단으로 요구하고 있는 것으로 생각되는 점을 고려하면 채무자회생법 제206조 제1항 제3호에서 회생계획에 기재하도록 한 '준비금의 액'은 주식발행액면초과액을 말하는 것으로 이해하는 것이 타당하다 할 것이다.

(2) '준비금의 액'의 회생계획에의 기재 사례 및 의미

위에서 본 바와 같이 회생절차에서 출자전환하면서 신주를 할증발행하는 경우 발생하는 주식발행액면초과액은 채무자회생법에서 규정한 바대로 회생계획에 기재하여야 타당하다. 그러나 서울중앙지방법원 파산부 실무연구회에서 발간한 책자에서 출자전환의 경우 회생계획안의 작성 사례로 제시한 것은 다음과 같고, 이 사례에서는 출자전환의 경우 자본금의 액만 기재하고 준비금의 액은 기재하지 않는 것으로 제시하고 있다.[46]

〈사례〉 채권의 출자전환에 따른 신주의 발행

1. 주식의 종류 : 기명식 보통주식
2. 1주의 액면금액 : 금 5,000원
3. 1주당 발행가액 : 금 10,000원
4. 발행할 주식의 수 : 4,000,000주
5. 신주발행으로 인하여 증가하는 자본금의 액 : 금 20,000,000,000원. 다만, 단주의 처리로 인하여 자본금이 위와 일치하지 않을 경우에는 실제의 신주발행 결과에 따른다.
6. 신주의 발행으로 감소하게 되는 부채액 : 금 40,000,000,000원
7. 신주발행의 효력발생일 : 정리계획 인가일로부터 3개월이 되는 달의 초일을 효력발생일로 한다.
8. 단주의 처리 : 단주는 관리인이 법원의 허가를 받아 처리한다.

---

43) 또한 이렇게 이해하는 것 외에, 우리나라가 2011.4.11.에 「상법」 제451조 제2항을 개정하여 무액면주식의 발행을 허용했는데, 무액면주식 발행할 경우 발행가액 중 자본금으로 계상하지 않는 자본준비금을 기재하도록 한 것으로 이해할 수도 있다.

44) 채무자회생법 제206조 제1항 제3호 및 제2항 제1호.

45) 채무자회생법 제268조 제4항 제3호.

46) 서울중앙지방법원 파산부 실무연구회(이하 "서울중앙지법 실무연구회"라고 한다), 『회생사건실무(상)』(제2판), 박영사, 2009, 568면.

만약 출자전환하면서 신주를 할증발행함에 따라 발생하는 주식발행액면초과액을 준비금으로 인정한다면 위 〈사례〉의 '5'는 다음과 같이 기재하는 것이 타당하다. 왜냐하면 이 출자전환으로(즉, 신주발행으로) 인하여 증가하는 자본금이 200억원[47]이므로, 총 발행가액 400억원[48] 중 자본금을 차감한 후의 잔액(200억원)이 주식발행액면초과액이 되고, 따라서 채무자회생법에서 규정한 대로 이를 준비금으로 회생계획에 기재하는 것이 타당하기 때문이다.

> 5. 신주발행으로 인하여 증가하는 자본금의 액과 준비금의 액 : 금 20,000,000,000원과 20,000,000,000원. 다만, 단주의 처리로 인하여 자본금이 위와 일치하지 않을 경우에는 실제의 신주발행 결과에 따른다.

채무자회생법과 그 이전의 「회사정리법」에서 '신주의 발행으로 인하여 증가하게 되는 준비금의 액'을 회생계획에 기재하도록 하고 있음에도 불구하고 회생계획에 이를 기재하지 않은 이유를 이 200억원 만큼은 출자전환 시 채무면제된 것이어서 자본준비금이 아니라고 보아 기재하지 않은 것으로 이해해야 하는 것일까? 즉, 출자전환 시 이른바 시가평가액 소멸설에 따르면 회생채무자는 시가평가액 만큼만 변제하고 그 초과액은 면책된 것으로 보는데, 그렇다면 발행가액 중 액면가액 초과액 200억원은 채무면제된 것에 해당되어 주식발행액면초과액에 해당하지 않기 때문에 회생계획에 준비금의 액으로 기재하지 않은 것일까?

그러나 이렇게 이해하기 어렵다. 시가평가액 소멸설은 액면가액이 아닌 신주의 시가평가액 만큼 소멸된 것으로 보는 것이므로 이 견해에 따른다면 위 〈사례〉의 경우 신주의 시가액을 평가한 후 그 평가액을 초과하는 금액(즉, 발행가액 중 시가초과액)이 채무면제된 것으로 보아야 한다. 그러나 위 〈사례〉를 보면, ① 회생회사가 비상장회사이면 출자전환 시점에 그 시가를 정확히 평가하는 것은 거의 불가능하여 이를 회생계획에 기재할 수 없는 점, ② 신주의 시가가 얼마로 평가되는가를 위 〈사례〉에서 고려하고 있지 않다는 점, ③ 신주의 시가가 발행가액보다 더 높으면 발행가액에서 액면가액을 차감한 금액이 주식발행액면초과액으로서 자본준비금이 되는데도 이를 고려하지 않고 있는 점 등을 생각하면 위 〈사례〉에서는 시가평가액 소멸설에 근거하여 출자전환 시 회생계획에 준비금이 없는 것으로 기재한 것으로 보이지 않는다.

그렇다면 출자전환 시 '준비금의 액'을 회생계획에 기재하도록 채무자회생법이 명시하고

47) 20,000,000,000원=1주당 액면가액 5,000×발행주식수 4,000,000주.

48) 40,000,000,000원=1주당 발행가액 10,000×발행주식수 4,000,000주.

있는데도 불구하고 이것을 준수하고 있지 않는 현행 실무는 잘못이라고 하겠다.

채무자회생법 제206조 제1항 제4호에서 출자전환 시 회생계획에 '신주의 발행으로 감소하게 되는 부채액'을 기재하도록 하고 있는데, 이것은 종전 「회사정리법」에서는 없었으나 채무자회생법이 제정되면서 새로 신설된 내용이다. 위 〈사례〉를 보면 출자전환할 채무액(400억원)을 '신주의 발행으로 감소하게 되는 부채액'으로 기재하고 있다.[49]

그러면 이 400억원과 출자전환으로 인한 신주발행으로 증가하는 자본금 200억원 간의 차액 200억원은 무엇인가?

출자전환으로 회생회사의 채무액이 400억원이 감소하되 자본금이 200억원이 증가한다면 그 차액 200억원은 '채무면제익'에 해당하거나 '신주를 할증 발행함에 따른 주식발행액면초과액'에 해당할 것이다.

차액 200억원이 채무면제익에 해당하려면 이 출자전환으로 회생회사의 자본금에 해당하는 금액(200억원)만 회생채권자에게 채무변제한 것으로 하고 나머지 금액(200억원)은 채무면제한 것으로 보아야 성립할 수 있는 논리[50]인데 이 논리를 지지하는 학자는 국내에서 찾아 보기 어렵고 대법원은 시가평가액 소멸설을 취하고 있기 때문에 나머지 차액 200억원을 채무면제익에 해당한다고 보기 어렵다. 오히려 차액 200억원을 '신주를 할증 발행함에 따른 주식발행액면초과액'에 해당한다고 보아야만 설명이 가능하게 된다.

대법원은 "신주발행 방식의 출자전환으로 기존채권의 변제에 갈음하기로 한 경우에 채권자와 채무자 사이에 출자전환으로 인하여 소멸되는 기존채권의 가액에 관한 약정 내지 합의가 없는 때에는, 특별한 사정이 없는 한, 신주발행의 효력발생일을 기준으로 신주의 가액을 평가하여 그 평가액 상당의 기존채권이 변제된 것으로 봄이 상당하다"고 판결하여,[51] 출자전환 시 채권자와 채무자 사이에 약정 내지 합의가 있으면 소멸되는 회생채무는 출자전환주식의 시가평가액이 아닌 약정 내지 합의 금액이 되는 것으로 판시하였다.

---

49) 박승두(주19), 321~322면에서는 '신주의 발행으로 감소하게 되는 부채액'을 위 〈사례〉에서 '출자전환되는 채무액 400억원'이 아니라 '신주의 가치를 평가한 금액'으로 기재해야 한다고 주장하는데, 출자전환 시점에 출자전환으로 발행하는 신주의 시가액을 평가하여 기재하는 것은 현실적으로 불가능한 점(회생회사가 비상장법인인 경우를 생각하면 불가능한 점을 쉽게 알 수 있다)을 생각하면 이 주장은 비현실적이다. 반면, 안윤우(주18), 207~208면에서는 "회생계획에 기재된 사항에 대하여는 해당 이해관계인자들 사이에서 합의가 존재하는 것으로 보아야 한다"라고 하면서, "회생계획안에 '신주 발행으로 감소하게 되는 부채액'을 기재하므로 소멸되는 기존채권에 관한 합의가 항상 존재하고, 그 기재된 부채액(주채무)은 소멸하므로 특별한 사정이 없는 한 신주의 가액에 대한 별도의 평가가 필요하지 않다"고 주장한다.

50) 이 논리는 결국 출자전환 시 채무의 소멸 범위에 관한 견해 중 '액면가 합계액 소멸설'의 입장이라고 할 것이다 {김용덕, "회사정리절차와 주주·주식", 서울대학교 법과대학 통합도산법 과정(전문분야 법학연구과정 제20기) 교재, 2005.11., 40면 참조}.

51) 대법원 2008.7.24. 선고, 2008다18376 판결 ; 대법원 2009.11.12. 선고, 2009다47739 판결 등.

그렇다면 출자전환 시 '신주의 발행으로 감소하게 되는 부채액'을 회생계획에 기재하도록 한 채무자회생법 제206조 제1항 제4호가 새로 신설된 이후 이 부채액을 회생계획에 기재한다면 이 부채액은 출자전환 시 채권자와 채무자 사이에 기존채권의 '변제'에 관한 약정 내지 합의한 금액에 해당한다고 해야 할 것이고,[52] 그렇다면 위 〈사례〉의 경우, 그 차액 200억원은 '채무면제액'이 아니라 '채무변제액의 일부에 해당하는 금액'이라고 해야 할 것이므로 나머지 차액 200억원은 '채무면제익'이라 할 수 없고 회생계획에 기재되어야 할 '준비금의 액'인 것으로 해석해야 논리적이라 할 것이다.

Ⅲ. 회생절차에서의 출자전환 시 채무의 전액소멸의 논거

회생절차에서 출자전환할 경우 그 법적 성질에 관하여 현물출자설, 대물변제설, 상계설 등 다양한 견해가 있다. 현재 우리나라 대법원에서는 출자전환의 성질에 관하여 명시적인 의견을 제시하지 않고 있다.[53]

우리나라 대법원이 회생절차에서 출자전환할 경우 보증채무의 소멸범위에 관하여 시가평가액 소멸설을 취함에 따라 현실적으로 여러가지 문제가 발생하고 있다.

우리나라의 경우 중소기업은 대주주이면서 대표자인 경우가 많은데, 이 경우 대표자가 은행 차입 등에 대하여 연대보증하는 경우가 일반적이다. 그런데 이 중소기업(A법인)이 회생절차에 들어가서 은행 등으로부터 출자전환을 받는 경우 연대보증인인 대표자는 보증 책임으로부터 면책을 받을 수 없어 대표자가 개인회생이나 개인파산을 신청하는 경우가 많이 발생하고 있다. 특히 보증인의 면책을 A법인의 회생계획에서 규정하더라도 이 면책의 내용은 무효라는 대법원 판례[54]에 의하여 회생계획에서 중소기업의 대표자에게 보증책임을 면하게 할 수도 없다. 그래서 A법인이 회생채무(15,000으로 가정)을 출자전환받고 시가 7,000의 신주를 회생채권자에게 발행해 준 경우라면 A법인 대표자는 시가 초과액 8,000을 A법인의 회생계획이나 A법인의 회생여부와 관계없이 회생채권자에게 변제해야 하는데, 현실적으로 이를 변제하는 것이 곤란한 A법인 대표자는 변제책임을 유예받거나 면책받기 위해서 불가피하게 개인회생이나 개인파산을 신청하는 것이다.

---

52) 같은 견해, 임종엽(주25), 166면 ; 안윤우(주18), 207~208면 ; 이중교, "채무의 출자전환에 따른 과세문제", 『조세법연구』 제20-2호, 세경사, 2014.8., 289면.

53) 서울중앙지법 실무연구회, 『회생사건실무(상)』(제2판), 박영사, 2009, 601면 참조.

54) 대법원 2005.11.10. 선고, 2005다48482 판결 ; 대법원 2012.6.14. 선고, 2010다28383 판결.

이렇게 대표자가 개인회생이나 개인파산을 신청하는 것을 피하기 위해서, A법인이 15,000을 액면가액으로 출자전환한 후 8,000을 감자를 하여 액면가액이 시가 7,000이 되도록 함으로써 시가초과액 8,000(=회생채무 15,000-시가 7,000)이 (채무면제익이 아닌) 감자차익으로 전환되도록 하는 방법을 현실에서 선택하기도 한다.[55)]

만약 회생절차에서 회생계획에 따라 하는 출자전환의 본질을 상계로 보아 이 사례에서 회생채무 15,000과 신주납입대금 15,000(=액면가액 5,000+액면초과액 10,000)을 상계함으로써 회생채무 15,000 전액이 소멸되는 것으로 본다면, A법인은 회생채무 15,000을 모두 변제한 셈이 되어 A법인 대표자는 보증책임에서 벗어나게 될 것이다. 그러면 A법인 대표자가 보증책임에서 벗어나기 위하여 개인회생이나 개인파산을 신청하지 않아도 되고, 액면 증자했다가 즉시 감자하는 우회적 절차를 거치지 않아도 된다.

일부 학설에서는 다음과 같은 논리로 대물변제설을 주장한다. 즉, ① 채무자회생법 제206조 제1항에서 "…새로 납입 또는 현물출자를 하게 하지 아니하고 신주를 발행하는 때에는…"이라고 명시하고 있으므로 회생채권이 현물출자로 소멸되었다거나 그 현물출자에 의하여 회생회사가 회생채권을 취득함으로써 혼동에 의하여 회생채권이 소멸되었다고 하는 현물출자설은 문제가 있다고 지적하고, ② 회생계획에서 납입절차를 예상하고 있지 아니한 이상 신주발행대금과 회생채권이 상계에 의하여 소멸된다는 이론 구성도 부절적하며, 특히 신주의 액면가액(회생계획에서 발행가액을 정한 경우도 마찬가지이다)과 소멸되는 회생채권 금액은 서로 다르고 후자의 금액이 더 큰 경우가 대부분이므로 그 대등액에서 이를 상계한다는 상계설은 문제가 있다고 비판한 후,[56)] ③ 회생계획에서 회생채권에 갈음하여 신주를 발행하여 회생채권을 소멸시키는 것을 정한 경우에 회생회사와 회생채권자 사이에서 그 회생채권이 소멸되는 기본적인 근거는 회생계획에 의한 권리변경이고, 구체적으로 회생계획에서 '회생채권의 변제에 갈음하여 신주를 발행한다'라고 정한 이상, 어떠한 채무변제에 갈음하여 다른 급부를 현실적으로 제공하는 것은 「민법」상 대물변제로 보아야 하기 때문에, 그 회생계획에서 회생채권을 소멸시키는 근거는 회생채권에 대한 대물변제로 신주를 발행한다는 점에 있다고 주장하는 견해가 있다.[57)]

그러나 현행 채무자회생법상 출자전환의 본질을 상계 또는 상계에 유사한 것으로 보는 것이 타당할 것이다.[58)] 그 논거는 다음과 같다.

---

55) 이 사례에서 A법인은 1주당 액면가액이 5,000인 경우이지만, A법인이 1주당 액면가액을 1,000으로 낮추면 시가초과액 8,000을 단주의 발생없이 감자할 수 있다.

56) 김용덕(주50) 42면, 주석 166.

57) 김용덕(주50), 42면.

58) 법률적으로 상계에 해당하지 않더라도 적어도 상계에 유사한 것으로 보는 것이 타당할 것이다. 본 논문에서는

1. 입법적인 근거

(1) 회생계획에 준비금의 액의 기재

채무자회생법 제206조 제1항 제3호에서 '신주의 발행으로 인하여 증가하게 되는 자본과 준비금의 액'을 기재하도록 정하고 있는데, 여기서 '준비금'을 기재하도록 요구하고 있다는 것은 할증발행 형식으로 출자전환을 하게 되면 주식발행액면초과액이 발생할 수 있다는 것을 예정한 것이라 할 것이고, 이 예정에 따라 할증발행을 한다면 신주발행가액(=출자전환채무)은 곧 자본금과 준비금(주식발행액면초과액)으로 구성되므로 이를 회생계획에 기재하도록 한 것으로 보아야 할 것이다.

즉, 채무자회생법 제206조 제1항에 의거 출자전환에 의하여 증자를 하는 경우(즉, 새로 현금을 납입하지 않고 신주를 발행하는 경우) 발생하게 되는 '준비금의 액'과 신주발행으로 '감소하게 되는 부채액'을 동시에 회생계획에 기재하도록 요구하고 있다는 것은 채무자회생법의 입법자는 "신주발행가액(3호의 '자본과 준비금의 액')과 출자전환채무(4호의 '감소하게 되는 부채액') 간에 상계에 의하여 신주가 발행된다"는 것을 전제하고 입법하였다고 이해해야 할 것이다.[59)] '준비금의 액'을 회생계획에 기재하도록 한 의미를 출자전환 시 할증 발행하는 경우를 예정한 것으로 보지 않으면 채무자회생법 제206조 제1항 제3호에서 '준비금의 액'을 기재하도록 요구한 취지를 이해하기 어렵다. 그렇지만 출자전환 시 할증 발행하는 경우를 예정한 것으로 보면, 채무자회생법 제206조 제2항에 의하여 회생채권자 등이 새로 현금을 납입하는 방식으로 증자하는 경우 발생하는 '준비금'이든 제3항에 의하여 회생채권자 등 이외의 제3자가 새로 현금을 납입하는 방식으로 증자하는 경우 발생하는 '신주의 발행가액 중 자본에 추가되지 않는 금액'이든 모두 이를 준비금으로 회생계획에 기재하도록 요구하는 것과 같은 취지에서 요구하는 것으로 이해할 수 있게 된다.

반면, 채무자회생법 제206조 제1항에 의한 출자전환의 성격을 상계로 이해하지 않고 현물

상계에 유사한 것도 상계에 해당하는 것으로 보고 설명한다. 민정석, "기업개선절차에서의 출자전환의 법적 성격 및 부진정 연대채무자 중 1인이 한 상계 내지 상계계약의 효력", 『사법』 제15호, 사법발전재단, 2011, 312면에서는 회생절차에서 출자전환 시 출자전환채무가 소멸하는 것은 상계 등이 아니라 회생절차상의 특수한 채무소멸원인에 의하여 소멸하는 것이라고 하고 있다.

59) 이승환, "「기업구조조정촉진법」하에서의 출자전환의 효력, – 대법원 2010.9.16. 선고 2008다97218(전합) 판결 –", 『상사판례연구』 제25집 제1권, 2012.3., 54~55면에서는 "채무자회생법 제206조 제1항은 회생계획에 따라 주금납입 또는 현물출자없이 신주를 발행할 수 있도록 하고 있으므로, 이는 주금납입상계방식에 의한 출자전환을 인정한 것으로 보인다"라고 한 후, "신주발행시에는 증가하는 자본(제3호)과 「회사정리법」에서는 없던 조항인 '신주발행으로 감소하게 되는 부채액(제4호)'을 게기토록 한 것은 상계로 인하여 증자하는 자본과 소멸하는 채무의 범위를 명확하게 하고자 한 것으로 볼 수 있다"라고 하고 있다.

출자 등으로 이해하여 신주의 시가평가액 만큼만 주채무자가 채무를 변제한 것으로 보아 출자전환가액 중 시가 초과액이 채무면제에 해당한다고 하면, 회생회사가 채무자회생법 제206조 제2항 또는 제3항에 의하여 새로 현금을 납입받아 신주를 할증 발행할 경우 발행가액 중 시가 초과액(즉, 준비금에 해당하는 금액)도 채무면제에 해당한다고 할 것인가라는 문제를 해결하기 어렵다. 이러한 점에서도 회생계획에 의한 출자전환의 성격을 상계로 이해하는 것이 타당하고, 그래야 채무자회생법 제206조 제1항 내지 제3항을 통일적으로 설명할 수 있다.

따라서 회생절차에서 출자전환 시 신주의 액면가액(또는 발행가액)과 소멸되는 회생채권 금액이 같지 않아서 그 대등액에서 이를 상계할 수 없다는 견해[60]는 할증발행하면 이를 대등액에서 상계할 수 있는데도 이 할증발행의 경우를 감안하지 않은 견해이어서 부적절하다 하겠다.

(2) 검사인의 현물출자 조사 생략의 입법

회생절차에서 이해관계인(회생채권자·회생담보권자 또는 주주)으로 하여금 새로 납입 또는 현물출자를 하게 하고 신주를 발행할 경우에 '준비금의 액'을 회생계획에 기재하도록 하고 있고,[61] 회생절차에서 이해관계인이 아닌 제3자로 하여금 회생회사에 새로 납입하거나 현물출자하게 하여 신주를 발행할 경우에도 회생계획에 '신주의 발행가액 중 자본에 추가되지 않는 금액'을 기재하도록 정하여,[62] 회생절차에서 이해관계인이든 이해관계인이 아니든 '새로 납입 또는 현물출자를 하는 경우'에 발생하는 '준비금의 액' 등은 회생계획에 기재하도록 규정하고 있다.

그런데 채무자회생법 제266조에서 '새로 납입 또는 현물출자가 있는 신주발행'의 경우 상법에 관한 특례를 정하면서 검사인을 선임하여 현물출자를 검사하도록 한 「상법」 제422조는 배제하도록 정하고 있으나, 제265조에서 '새로 납입 또는 현물출자가 없는 신주발행'의 경우 「상법」에 관한 특례를 정하면서도 검사인을 선임한 후 현물출자를 조사하도록 한 「상법」 제422조를 배제하는 규정을 두고 있지 않다. 이 점에 착안하여 채무자회생법 제206조 제1항에 의하여 출자전환할 경우, 「상법」 제422조에 의하여 검사인의 조사를 받아야 하는 것을 채무자회생법이 배제하고 있지 않는 이상, 이 경우 검사인의 조사를 받지 않은 채 증자 등기하고 있는 현행 실무는 잘못되었다고 비판하는 견해가 있다.[63]

60) 김용덕(주50), 42면.

61) 채무자회생법 제206조 제2항 제1호.

62) 채무자회생법 제206조 제3항 제4호.

63) 임치용(주13), 42~43면. 이 논문에 의하면 일본은 이 경우 검사인의 검사절차를 거쳐서 출자전환을 해 오다가 일본의 신 회사갱생법에서는 검사인에 의한 현물출자에 대한 조사의 상법 조항을 적용하지 않도록 입법 개선하였다고 한다.

그러나, 채무자회생법 제206조 제1항은 "…새로…현물출자를 하게 하지 아니하고 신주를 발행하는 때에는…"라고 규정하여 이 조항은 현물출자가 없는 경우를 규정한 것인데도, 이 조항에 의하여 출자전환한 사실은 인정하면서도 이 조항에 근거하여 한 출자전환을 현물출자에 해당하는 것으로 보아 현물출자에 따른 검사인의 조사가 필요하다고 하는 것은 모순적인 주장이라 할 것이다. 채무자회생법은 "회생채권 또는 회생담보권을 출자전환할 경우 신주발행대금이 될 금전은 이미 회생회사에 투입되었고 그 투입의 진실성은 회생채권의 시부인 과정을 통하여 확인된 상태이므로 현물출자 목적물의 가액을 별도로 평가할 필요없이 그 채권액을 신주납입대금으로 하면 된다"는 점을 인정하여 검사인의 조사가 불필요하다는 점을 인정하였고,[64] 따라서 채무자회생법 제265조에서 검사인 선임에 관한 「상법」 제422조의 적용을 배제한다고 구태여 규정할 필요가 없기 때문에 이를 규정하고 있지 않다고 해석해야 논리 일관성이 있다.[65]

이 점은 사채발행의 경우에서도 확인할 수 있다. 즉, 채무자회생법은 회생채권자·회생담보권자 또는 주주에게 새로 납입하게 하지 아니하고 사채를 발행할 경우에는 사채 대금의 납입이 없이 회생계획인가가 결정된 때에 사채권자가 된다고 규정하고 있는데,[66] 사채대금의 납입이 없이 회생채권자가 사채권자로 된다는 것은 회생채권과 사채납입의무를 간단히 상계하면 된다는 것을 예정한 것이라 할 것이다. 그렇다면 회생채권이나 회생담보권을 출자전환할 때에도 동일하게 보아야 합리적이다.

결국 회생절차에서 새로 납입하여 증자를 하는 경우는 그 납입절차를 채무자회생법 제266조 제5항 내지 제7항에서 정하고 있으면서도 출자전환 시는 납입절차를 별도로 규정하고 있지 않다는 것은 출자전환 시 상계를 하면 별도의 납입절차가 필요없기 때문에 채무자회생법 제265조 제1항에서 회생계획인가가 결정되면 그 때 주주가 된다고만 정하면 충분하다고 보아 입법한 것으로 이해해야 할 것이다. 따라서 회생계획에서 납입절차를 예정하고 있지 않아서 상계로 볼 수 없다는 견해[67]는 이 점에서 부적절하다고 할 것이다.

---

64) 이렇게 되면 결과적으로 출자전환채권을 이른바 권면액설에 따라 평가하는 것이 될 것이다.

65) 같은 견해, 도진기(주35), 64면.

66) 채무자회생법 제267조 제1항. 상법에 따라 사채를 발행하는 때에는 사채인수인은 사채대금 전액을 납입하여야 하며(상법 제476조 제1항), 발행한 전환사채를 등기할 때에는 전환사채 대금의 납입이 있음을 증명하는 서면을 첨부하여야 한다(상업등기법 제91조 제1항 제4호).

67) 김용덕(주50), 42면.

(3) 회생계획에 소멸부채액의 기재

종전 「회사정리법」에는 없다가 채무자회생법이 제정되면서 새로 신설된 채무자회생법 제206조 제1항 제4호(신주의 발행으로 감소하게 되는 부채액)에 따라 출자전환 시 소멸하는 부채는 회생계획에 출자전환채무액으로 기재하고 있다. 출자전환 시 소멸하는 부채액을 회생계획에 기재한다면 이 소멸부채액은 관계인 집회와 회생계획 인가라는 절차를 거쳐서 회생절차 관계인이 부채소멸액으로 동의한 것이라고 해야 할 것이다.[68]

그렇다면 회생절차 관계인은 채무자회생법 제206조 제1항 제4호에 의한 '부채소멸액'이 제3호에 의한 '자본과 준비금의 액'으로 전환된다고 생각하여 그 전환되는 부채(회생채권 등)가 소멸하는 것으로 된 회생계획에 동의했다고 보는 것이 자연스럽고, 그렇다면 회생계획 인가결정에 의하여 제4호의 금액(부채소멸액)과 제3호의 금액(자본과 준비금의 액)은 서로 대등액에서 상계되었다고 보는 것이 자연스럽다고 할 것이다.

2. 당사자의 진정한 의사

출자전환 시 발생하는 채무면제익에 따른 법인세 문제를 해결하기 위하여 출자전환채무를 액면가액으로 출자전환한 후 즉시 감자하는 방법을 선택하는 것이 현재 대부분의 우리나라 현실이라고 설명하고 있다.[69] 이를 뒤집어 보면, 회생채권의 당사자가 액면가액으로 증자한 후 즉시 감자하는 방법을 선택한다는 것은, 회생채무(15,000으로 가정)와 신주납입대금(=발행가액. 15,000으로 가정)을 상계하여 증자한 다음, 무상 감자(감자액을 8,000으로 가정)하여 자본금을 액면가액 7,000(=신주의 시가평가액)이 되도록 하는 방법을 선택한다는 것은 회생채무 15,000 전액이 증자금액이 되도록 증자함으로써 채무면제익이 발생하지 않도록 하는 것이 당사자의 진정한 뜻이라고 해야 할 것이다. 이것이 당사자의 진정한 뜻이라면 할증 발행 방식으로 출자전환하는 경우에 출자전환가액(15,000)과 액면가액(7,000) 간의 차액(8,000)은 그 전액이 주금 납입액의 일부인 주식발행액면초과액(즉, 준비금)에 해당한다는 뜻이라고 해석하는 것이 당사자의 진정한 의사에 부합하는 해석이라고 할 것이다.

다시 말하면, '액면가액으로 증자 → 감자'라는 우회적인 방법을 통하여 결과적으로 회생채

68) 같은 견해, 안윤우(주18), 207면 참조. 서울행정법원도 "회생계획에 기재된 사항에 대해서는 이해관계인들 사이에 합의가 존재하는 것으로 보아야 하고, 출자전환으로 소멸되는 기존채권의 가액에 관한 합의가 회생계획상 존재하고 있으므로 회생계획에서 정하고 있는 바에 따라 주채무가 소멸한다."고 판시하고 있다(서울행정법원 2013.6.20. 선고, 2012구합32703 판결).

69) 서울중앙지법 실무연구회, 『회생사건실무(상)』(제4판), 박영사, 2014, 753면.

무(15,000)의 전액이 주식대금으로 납입된 것으로 출자전환 당사자가 의욕한다는 것은 처음부터 15,000 전액이 주금 납입된 것으로 한다는 것과 다를 바 없는 것이고, 그렇다면 회생채무(15,000)와 할증 발행에 따른 신주납입대금(15,000) 간 상계에 의하여 대등액이 소멸한 것으로 해석해 주는 것이 당사자의 진정한 의사에 합치되는 해석이 된다 할 것이다.[70]

시가평가액 소멸설을 취하면 이 경우 회생채권자는 보증인에게 발행가액 중 시가초과액(8,000=15,000-7,000)을 청구하여 회수할 수 있는데, 상계설을 취하게 되면 이 보증인앞 청구가 불가능하여 회생채권자의 보호에 미흡하게 되므로 시가평가액 소멸설을 취해야 채권자 보호에 부합하게 된다는 주장[71]이 있으나, 회생채권자가 보증인에게 청구하여 받을 수 있는 회생채권이 있다면 그 받을 수 있는 금액 만큼은 회생계획에서 회생채권으로 남겨 두거나 그 금액을 명시적으로 채무면제하면 보증인으로부터 받을 수 있으므로, 그렇지 않다고 해야 할 것이다.[72] 예컨대 위 사례에서 회생채권자가 보증인에게 3,000을 받을 수 있다고 하면 회생채권(15,000) 중 12,000만 출자전환하고 3,000을 회생채권으로 그대로 남겨 두거나 명시적으로 3,000을 채무면제하면 회생채권자가 보증인에게 3,000을 받는 데에 지장이 없다.

출자전환 시 '액면가액의 증자 → 감자'라는 우회적인 방법을 통하여 채무면제익의 발생에 따른 문제를 피하고 있는 것이 현실이고, 이렇게 우회적 방법을 선택하면 결과적으로 회생채권자가 보증인에게 청구할 수 있는 권리가 모두 소멸하는 불이익이 초래되는데도 대부분 이렇게 우회적으로 출자전환하고 있는 것이 현실이다. 그렇다면 회생채권자의 보호를 내세워 시가평가액 소멸설의 정당성을 주장하는 것은 현실적이지 않다.

시가평가액 소멸설을 취하면 그에 수반하여 발생하는 채무면제익에 대하여 회생채무자에게 법인세가 과세되는 등의 문제로 인하여 오히려 채권자 보호에 부합하지 않는 결과가 초래되는 등의 문제를 고려하면 시가평가액 소멸설을 채택해야만 회생채권자의 보호에 충실하게 된다고 볼 것은 아니라고 할 것이다.

---

70) 임치용(주13), 47~48면에서 ① 시가평가액 소멸설을 취하게 되면 당사자들이 소멸되는 액수를 미리 정하는 것이 불가능하게 되어 법적 안정성에 반하고, ② 정리절차에 참여한 당사자들은 출자전환되면 출자전환채권액이 소멸된다고 기대하는데 시가평가액만 채무가 소멸한다면 당사자의 의사에 어긋나며, ③ 신주발행의 효력발생일의 시가 평가액 만큼 소멸된다고 하면 정리계획인가 시에 소멸시키려는 채무의 액수를 미리 확정하여 주식의 발행가액을 달리하려는 당사자의 의사를 뒤엎는 결과가 되고, ④ 당사자들은 채권액이 출자전환으로 일정액만큼 감액되는 것을 기대하고 정리계획안에 동의하였는데, 주식의 시가가 출자전환채권액에 미치지 못하면 일부 채권이 남게 되고 이렇게 되면 정리계획의 변경에 의하지 않고 정리채권액을 변경하게 되는 문제점이 있다는 이유를 내세워, 전액소멸설이 타당하다고 하고 있다.

71) 이중교(주52), 289면. 대법원 전원합의체 판결(2010.9.16. 선고, 2008다97218 판결 및 2012.11.22. 선고, 2010두17564 판결)의 소수의견.

72) 같은 견해, 강혜림, "회사정리절차에 있어서 출자전환의 효력", 『판례연구』 제19집 제2호, 서울지방변호사회, 2005, 200~210면.

3. 실무상 애로점의 해소

(1) 모든 경우에 공통적으로 적용

주식회사나 유한회사가 아닌 인적회사(합명회사, 합자회사, 유한책임회사)에 회생절차에서 출자전환하거나 회생채권이 아닌 공익채권을 출자전환하는 경우에는 시가평가액 소멸설이 적용될 수 없다는 등의 한계가 있다. 그 내용은 다음과 같다.

첫째, 시가평가액 소멸설은 보증인 등 채무관계인에 대한 회생채권자의 권리는 회생계획과 관계없이 청구할 수 있다는 규정[73]에 근거를 둔 것이므로 회생채권이 아닌 공익채권의 출자전환 시에는 적용되지 않는다. 또한 채무자회생법에서 정한 출자전환은 회생채무자가 주식회사나 유한회사인 경우에만 적용되므로 회생채무자가 인적회사인 경우에는 적용되지 않는다.[74] 그렇다면 시가평가액 소멸설은 회생절차에서 이루어지는 출자전환 중에서 피출자전환법인이 주식회사나 유한회사이고 회생채권과 회생담보권을 출자전환하는 경우에만 한정적으로 적용된다는 견해가 된다. 이에 비해 상계설을 취하게 되면 출자전환으로 증가하는 자본액(자본금+준비금)과 회생채무액을 대등액에서 상계한다는 것이므로, 인적회사에 하는 출자전환이든 공익채권을 출자전환하는 경우이든 모두 적용될 수 있게 된다.

둘째, 현재 대법원은 시가평가액 소멸설은 회생절차에서 하는 출자전환 중에서 시가가 발행가액에 미달하는 경우에만 적용된다고 하고 있다. 즉, ① 대법원 전원합의체 판결[75]에서 워크아웃절차에서 하는 출자전환의 본질을 상계로 판시하므로 시가평가액 소멸설은 워크아웃절차에서는 적용될 수 없고, ② 신주발행 당시 시가가 발행가액을 초과하는 경우에는 '시가 평가액'이 아닌 '변제에 갈음하기로 한 금액'[76]이 소멸한다고 판시하므로[77] 시가평가액 소멸설이 적용될 수 없다.

대법원이 ②로 판결함에 따라 채권자는, 주식 시가(15,000으로 가정)가 출자전환채권액(9,000으로 가정)보다 더 높으면 그 이익(6,000)을 취하고, 주식 시가(8,000으로 가정)가 출자전환채권액(15,000으로 가정)보다 낮으면 그 손실(7,000)은 보증인 등 채무관계인에게 전가하는 결과가 된다. 이러한 결과에 찬성하는 자[78]도 있으나 비판하는 자[79]도 있다.

---

73) 채무자회생법 제250조 제2항.

74) 채무자회생법 제206조 제1항 및 제5항 참조.

75) 대법원 2010.9.16 선고 2008두97218 판결 ; 대법원 2012.11.22 선고 2010두17564 판결.

76) 이 금액은 채무자회생법 제206조 제1항 제4호에 정한 '신주의 발행으로 감소하게 되는 부채액'이 될 것이다.

77) 대법원 2009.11.12. 선고, 2009다47739 판결 ; 2010.3.25. 선고, 2009다85830 판결.

78) 임종엽(주25), 173~175면.

79) 안윤우(주18), 216면.

그러나 상계설을 취하면 회생절차·워크아웃절차 등 구조조정절차에서 하는 출자전환이든 일반법인에 하는 출자전환이든 모두 통일적으로 적용 가능하고, 회생절차에서 하는 출자전환 중 시가가 발행가액에 미달하는 경우이든 시가가 발행가액을 초과하는 경우이든 모두 통일적으로 적용할 수 있게 된다.

셋째, 대법원이 시가평가액 소멸설을 취하면서도 회생채권을 전환사채로 전환하는 경우에는 그 성격을 상계에 해당하는 것으로 본다.[80] 따라서 회생채권을 전환사채로 전환한 후 전환권 행사에 의하여 신주를 발행하는 방식으로 하면 시가평가액 소멸설을 회피할 수 있다. 이렇게 우회적인 절차를 거치면 시가평가액 소멸설을 회피할 수 있다고 하는 것은 논리상의 문제가 있음을 내포한 것이라 할 것이다. 그러나 상계설을 취하면 회생채권을 전환사채로 전환한 후 주식으로 전환하는 경우에도 모두 상계설이 적용되므로, 이런 문제없이 설명할 수 있게 된다.

이런 점을 고려하더라도 회생절차에서 출자전환을 하게 되면 출자전환채권액은 그 전액이 상계에 의하여 소멸하게 된다고 보아야 할 것이다.

(2) 신주 평가문제의 해소

시가평가액 소멸설을 취할 경우, 주식의 시가를 어떤 기준에 의하여 평가하고 누가 평가하며 평가비용은 누가 부담할 것인가라는 점을 남겨 오히려 당사자 간에 분쟁만 초래하게 한다는 점에서 불합리하다. 그 이유는 다음과 같다.

첫째, 출자전환으로 발행하는 주식이 상장주식이면 객관적인 시가가 있기 때문에 그 평가액을 결정하는 것은 용이하지만, 그 주식이 비상장주식이면 이를 당사자 간에 납득할 수 있도록 객관적으로 평가하는 것은 현실적으로 거의 불가능하다.

비상장주식의 시가를 평가하는 방법은 자산가치법, 수익가치법, 상대가치법, 현금흐름할인법, 세법에 의한 평가법 등 다양한 방법이 있으나, 이러한 평가방법을 크게 나누면 ① 과거 회계자료를 바탕으로 한 평가방법(자산가치법, 세법에 의한 평가법), ② 미래 수익창출능력을 기준으로 한 평가방법(현금흐름할인법), ③ 유사한 기업의 주식가치와 대조하여 평가하는 방법(상대가치법) 등 3가지로 크게 분류할 수 있다. 이러한 방법 중 ①의 방법은 과거의 경영성적이 미래에도 그대로 반복될 것이라는 가정 하에 평가하는 것인데, 미래는 과거의 반복이 아닌 점에서 근본적으로 한계가 있고, ②의 방법은 미래 수익창출능력을 추정하기 위해서는 일정한 가정을 할 수밖에 없는데, 그 가정은 필연적으로 평가자의 주관이 개입될 수밖에 없어

80) 대법원 2005.1.27. 선고, 2004다27143 판결 참조.

객관적인 평가액을 산출한다는 것은 근원적으로 불가능하다는 점에서 문제가 있고, ③의 방법은 평가대상 기업과 재무구조·사업구조·제품의 경쟁력·경영자의 능력·종업원 구조 등에서 유사한 기업을 찾는 것이 현실적으로 불가능하다는 점에서 한계가 있다.

비상장법인의 주식가치를 객관적으로 평가하는 것이 불가능하다는 이러한 문제점 때문에, 우리나라의 일반기업회계기준에서는 피출자전환자가 비상장회사의 경우 '채무의 장부가액'을 주식발행가액으로 하도록 하고 있고, 국제회계기준에서는 비상장회사의 경우 '소멸부채의 시가'를 주식발행가액으로 하도록 하면서 채권자가 취득하는 주식의 취득가액에 관해서는 아예 평가기준을 제정하지 않은 배경인 것으로 생각된다.[81]

더욱이 회생절차에서 채무가 소멸된 것으로 보는 주식 시가의 평가액이 어떻게 결정되느냐에 따라 채권자와 보증인 간에 이해가 첨예하게 대립되는데, 출자전환 시 시가 평가액 만큼의 채무가 소멸된다고 하면서 그 시가를 어떻게 평가할 것인가라는 중요한 점은 그대로 내버려 두는 것은 문제를 해결하는 것이 아니라 오히려 문제를 복잡하게 할 뿐이다.

과세관청은 출자전환채권자가 취득하는 주식의 시가를 세법에 의하여 평가한 가액으로 해석하는데,[82] 이렇게 되면 세무상으로는 채권자가 세무상 평가액 만큼을 채무자로부터 변제받은 것이 된다. 그러나 채권자가 출자전환으로 인하여 채무자로부터 얼마만큼 변제받았느냐 하는 것은 민사법리에서 결정될 문제이지 세무상으로 결정될 문제가 아니다. 과세관청이 채권자가 취득하는 출자전환주식의 시가(즉, 채권자가 세무상 회수한 채권액)를 세법상 평가방법으로 평가한다라고 해석하더라도, 민사법적으로 채무자가 채권자에게 변제한 금액을 다른 평가방법에 의한 가액으로 한다면(민사법리상 다른 가액으로 할 수 있는 것이다) 당사자 입장에서는 출자전환 후 민사법상 잔존 채권액과 세무상 잔존 채권액이 서로 다르게 되어 오히려 실무상 혼란만 초래된다.

둘째, 비상장주식에 관하여 객관적 평가 기준을 정하여 이 기준에 의한 평가액을 채무의 소멸액으로 본다고 하더라도 이 평가를 누가 할 것인가라는 문제가 있다. 이 평가에 관한 기본적인 자료는 채무자가 가지고 있기 때문에 현실적으로 채권자는 채무자가 평가자료를 제출해 주지 않으면 평가할 수 없다. 그렇다고 채무자가 평가한 자료를 채권자가 쉽게 이를 수긍하지도 않을 뿐더러 이 평가의 적정성을 채권자가 검증하는 것도 용이한 문제가 아니다.

셋째, 비상장주식을 평가할 자를 결정한다고 하더라도 이 평가에 소요되는 비용을 누가 부담할 것인가라는 점이 또다시 문제로 남는다. 채권자와 채무자가 평가액을 납득하기 위해서는 회계법인 등 외부의 전문가가 평가해야 할 것인데, 비상장법인의 평가는 근본적으로 용이

---

81) 배영석, "기업회생절차의 출자전환 관련 세제에 관한 연구", 강남대학교 박사학위논문, 2016.2., 27~31면 참조.
82) 국세청, 법규법인 2012-476, 2013.1.24. ; 서면2팀-1710, 2005.10.24.

한 것이 아니므로 외부 전문가가 이 평가를 하는 데에 많은 비용을 요구할 것이다. 그러면 이 평가비용을 채권자와 채무자 간에 누가 부담할 것인가를 두고 또다시 대립할 수 있다.

결국 주식 시가를 평가하는 데에 따른 문제점을 고려하면 시가평가액 소멸설은 현실적으로 비상장법인에게는 적용할 수 없는 논리라고 할 것이다.[83)]

넷째, 상장법인이라고 하더라도 출자전환으로 인한 대위변제금을 산정할 때 기준이 되는 주식수와 주식 시가를 두고 대립한 실제 사례가 있다. 즉, ① 원고(대한주택보증 주식회사)는 "ⓐ 주식수는 출자전환에 의한 신주발행의 효력발생일의 다음날(2011.1.1.)의 주식수(220 : 1로 병합한 후의 주식수)로 산정하고 ⓑ 1주당 시가는 0원으로 평가해야 하므로 구상금 채무는 아직 변제되지 않았다"라고 주장하고, ② 피고(주식회사 이월드)는, ⓐ 주식수는 출자전환에 의한 신주발행의 효력발생일(2010.12.31.)의 주식수(220 : 1로 병합하기 전의 주식수)로 산정하고 ⓑ 1주당 시가는 22,633원으로 평가해야 하므로 구상금 채무는 전부 변제되었다"라고 주장한 사건이다. 이에 대하여 대구고등법원은 "'주식 수'는 '신주발행에 따라 그 효력발생일 무렵에 채권자가 실제 인수하여 이를 처분할 수 있는 권리와 기회를 가진 주식 수'라고 봄이 타당하고, 출자전환으로 인한 변제금 산정에 필요한 '주가'도 '신주발행에 따라 그 효력발생일 무렵에 채권자가 실제 인수하여 이를 처분할 수 있는 권리와 기회를 가진 주식의 시가'라고 봄이 타당하다"고 판결하였다.[84)]

상장주식이라도 시가평가액 소멸설을 취하면 그 시가 평가액을 두고서, 이 판례의 당사자 간에 분쟁이 되고 있는 바와 같이, 논란의 소지가 있는 것이다.

이런 점을 고려하더라도 회생절차에서 출자전환을 하게 되면 출자전환채권액은 그 전액이 상계에 의하여 소멸하게 된다고 보는 것이 합리적이라 할 것이다.

---

83) 안윤우(주18), 211~212면에서도 시가평가액 소멸설을 취하였을 때 주식 시가 평가의 곤란성의 문제(평가방법 선택, 평가비용 부담, 관계자 간 평가액 수용 거부 시 문제)를 지적하면서, 시가평가액 소멸설은 비상장주식의 경우 이러한 어려움이 있음을 지적하고 있다.

84) 대구고등법원 2014.3.5. 선고, 2013나1144 판결. 피고는 이 사건을 2014.4.8.에 대법원에 상고(2014다25054)했으나 아직 선고되지 않고 있다. 대구 고등법원은 이 판결에서 "원고가 출자전환으로 인하여 실질적으로 만족을 얻은 금액은 '신주발행의 효력발생일 익일에 취득한 병합 후의 주식수를 기준으로 산정'함이 상당하다(실제로 원고가 병합 전의 주식을 인수하여 이를 처분할 수 있는 권리와 기회를 가질 수 있었다고 보기는 어렵다). 따라서 병합 전의 주식수를 기준으로 출자전환으로 인한 변제금을 산정하여야 한다는 피고의 이 주장은 받아 들이기 어렵다"고 판시한 후 "출자전환으로 인한 변제금 산정에 필요한 주가도 '신주발행에 따라 그 효력발생일 무렵에 채권자가 실제 인수하여 이를 처분할 수 있는 권리와 기회를 가진 주식의 시가'라고 봄이 상당한데, 원고가 병합된 주식을 인수한 2011.11.1.과 2011.4.30.(주 : 흡수합병을 반대하여 주식매수청구한 주주에게 결정한 소송에서 기준일로 삼은 날짜)의 시간적 간격, 양 시점을 기준으로 한 회사의 자산이나 주식수, 영업활동 내용 등에 큰 차이가 없다. 따라서 피고의 이 부분에 관한 주장은 위 인정범위 내에서 이유있다."라고 판시했다.

(3) 이연법인세 문제의 미발생

시가평가액 소멸설을 취하더라도 회생회사인 채무자에게 발생하는 채무면제익은 그 발생연도에 익금산입하지 않고 이월하여 추후 발생하는 결손금의 보전에 충당할 수 있도록 허용하고 있으므로 당장의 법인세 부담에서는 벗어난다.[85] 그러나 과세이연하는 이 채무면제익에 대해서 채무자는 나중에 익금에 산입하여 법인세를 부담해야 하기 때문에 회계상으로 채무면제익에 대한 이연법인세부채를 계상해야 하는 문제가 있다. 즉, 일반기업회계기준 제22장(법인세 회계)에 의하여 모든 가산할 일시적 차이[86]에 대해서는 이연법인세부채를 계상해야 하는데,[87] 출자전환 시 발생하는 이 채무면제익은 '가산할 일시적 차이'에 해당되므로 이에 대해서 이연법인세부채를 계상하면 이 금액은 회생회사의 부채로 계상되고, 이렇게 되면 이연법인세부채 만큼 부채비율이 높게 계산되므로 재무구조가 좋지 않은 것으로 나타난다. 이연법인세부채는 현재가치로 할인하지 않고 표시하므로[88] 출자전환 시 발생하는 이 채무면제익에 법인세율을 곱한 만큼의 금액이 이연법인세부채로 계상되고, 따라서 먼 미래에 납부할 법인세라고 하더라도 이연법인세부채의 금액이 적게 표시되지 않는다.[89]

그러나 상계설을 취하면 출자전환 시 발생하는 이 채무면제익은 주식발행액면초과액이므로 법인세가 과세되지 않기 때문에 이연법인세부채의 문제도 발생하지 않는다.

4. 소결론

회생절차에서 하는 출자전환의 본질을 상계설에 의하여 채무자회생법을 해석하는 것이 타당하다.

이렇게 해석하면 ① 시가평가액 소멸설이 지닌 제반 문제점을 해결할 수 있고, ② 중소기업이 회생절차에서 출자전환하는 경우 중소기업의 대표자가 보증책임을 면하기 위하여 개인

85) 법인세법 제17조 제2항.

86) '가산할 일시적 차이'란 '자산·부채가 회수·상환되는 미래기간의 과세소득을 증가시키는 효과를 가지는 일시적 차이'를 말하는데(일반기업회계기준 제22장 용어의 정의), 출자전환에서 발생하는 채무면제익은 차후(즉, 미래기간)에 발생하는 결손금에서 차감하므로 이 차감한 금액 만큼 미래의 결손금이 감소하고 따라서 이 채무면제익은 가산할 일시적 차이에 해당하며, 또한 채무자가 폐업·해산할 경우에는 잔여 채무면제익을 익금에 산입하므로 이 채무면제익은 가산할 일시적 차이에 해당한다.

87) 일반기업회계기준 문단 22.10. 본문.

88) 일반기업회계기준 문단 22.42.

89) 이 채무면제익에 대해서 이연법인세부채를 계상해야 하는지 여부에 관하여 견해가 대립된다는 의견이 있으나 {서울중앙지법 실무연구회(주69), 752면, 주석 262}, 일반기업회계기준의 내용이나 법인세회계의 특성에 비추어 볼 때 이연법인세부채를 계상하는 것이 타당하다.

회생이나 개인파산을 신청하는 불합리한 현실적 문제점도 나타나지 않을 것이며, 중소기업 특히 벤처기업이 회생가능성이 높은데도 일시적인 재무적 곤란으로 회생절차에 들어가서 출자전환을 받게 되더라도 그 대표자가 연대보증이라는 올가미에서 벗어날 수 없어 패자부활전을 기하기 어렵다는 문제점도 해결할 수 있다. 따라서 이러한 점을 감안하더라도 회생절차에서 하는 출자전환의 본질을 상계로 보는 것이 타당하다 할 것이다. 회생절차에서 출자전환 시 채무의 소멸범위에 관한 대법원 판례는 변경되어야 하고, 판례 변경이 어렵다면 입법적 개선을 통하여 문제를 해결해야 할 것이다.

Ⅳ. 개선방안

1. 채무자회생법의 개정

회생계획에 의하여 출자전환하는 경우 출자전환채권액이 주금납입의무와의 상계(또는 이와 유사한 법리)에 의하여 전액 소멸되는 것으로 판례를 변경하는 것이 어렵다면 채무자회생법 제206조 제1항을 아래와 같이 개정하여 현행 문제점을 해결하도록 한다.

현행	개정안
제206조(주식회사 또는 유한회사의 신주발행) ① 주식회사인 채무자가 회생채권자·회생담보권자 또는 주주에 대하여 새로 납입 또는 현물출자를 하게 하지 아니하고 신주를 발행하는 때에는 회생계획에 다음 각호의 사항을 정하여야 한다. <u>(2문 신설)</u> 1. 신주의 종류와 수 2. 신주의 배정에 관한 사항 3. 신주의 발행으로 인하여 증가하게 되는 자본과 준비금의 액 4. 신주의 발행으로 감소하게 되는 부채액	제206조(주식회사 또는 유한회사의 신주발행) ① 주식회사인 채무자가 회생채권자·회생담보권자 또는 주주에 대하여 새로 납입 또는 현물출자를 하게 하지 아니하고 신주를 발행하는 때에는 회생계획에 다음 각호의 사항을 정하여야 한다. <u>이 경우 회생채권 또는 회생담보권 중 제4호의 부채액은 신주의 납입대금에 갈음되는 것으로 한다.</u> 1. 신주의 종류와 수 2. 신주의 배정에 관한 사항 3. 신주의 발행으로 인하여 증가하게 되는 자본과 준비금의 액 4. 신주의 발행으로 감소하게 되는 부채액

2. 개정이유

회생절차에서 출자전환 시 보증채무의 소멸범위에 관하여 소멸설, 일부소멸설, 불소멸설 등으로 견해가 다양하다. 대법원은 원칙적으로 일부소멸설(시가평가액 소멸설)을 취하고 있으나 신주의 시가가 출자전환채권액(신주발행가액)보다 더 높을 경우에는 시가평가액과 변제로 갈음하기로 한 액수 중 적은 금액이 소멸한다고 한다.

이렇게 회생절차에서 출자전환 시 보증채무의 소멸범위에 관하여 논란이 있는 것을 대법원의 판례 변경으로 해결하기 곤란하다면 입법적으로 해결하기 위하여 채무자회생법 제206조 제1항을 개정한다.

3. 개선효과

위와 같이 개정하면 그 동안 많은 논란이 입법적으로 해결, 종식되어 여러 가지 문제가 해소된다. 예를 들어, ① 출자전환 시 발생하는 준비금의 액을 채무자회생법 제206조 제1항 제3호에서 회생계획에 기재하도록 정하고 있음에도 불구하고 그 동안 이를 기재하지 않고 있었는데, 위와 같이 개정하면 채무자회생법 제206조 제1항 제4호의 금액과 신주발행으로 증가하는 자본금 간의 차액은 준비금의 액이 되는 것이 명확해 지므로 이 차액을 준비금의 액으로 기재하게 될 것이고, 그러면 그 동안 채무자회생법을 위반하던 문제가 해소될 것으로 예상된다. ② 이 준비금의 액을 회생계획에 기재하게 되면 이를 회생계획에서 준비금(즉, 주식발행액면초과액)으로 본다는 것이 명확해지므로 회계상 또는 세무상으로도 이 준비금을 주식발행액면초과액으로 처리하는 근거가 명확하게 되어 그 동안 있었던 회계 및 세무상 논란이 제거될 기초가 될 수 있다. ③ 위와 같이 개정되면 회생절차에서 신주를 할증 발행하는 경우 주식발행액면초과액의 부분도 회생채권자 또는 회생담보권자에게 변제한 금액에 해당하게 된다. 그러면 출자전환 시 발행가액 중 시가초과액의 부분도 채권자에게 변제된 것이 되므로 더 이상 회생회사를 위한 보증인에게 변제를 요청하지 않게 될 것이다. 그렇게 되면 보증인에게 대위변제 요청함에 따른 사회적 문제가 해소될 것이며, 그러면 회생회사의 대표자가 연대보증 때문에 법인의 회생절차 신청과 동시에 개인회생 내지 파산을 신청하는 사례가 없어질 것이므로 젊은이들이 창업을 기피하는 사회적 풍토도 어느 정도 완화될 수 있을 것이다. ④ 출자전환을 회생절차에서 하느냐 워크아웃절차에서 하느냐에 따라 대법원이 채무의 소멸범위를 달리 하는 것으로 판결함에 따라 혼선이 있었는데, 위와 같이 개선하면 출자전환을 회생절차에서 하든 워크아웃절차에서 하든 채무의 소멸범위가 동일하게 되므로 실무자들의 업무처리에 혼선이 없게 된다. ⑤ 회생절차에서 출자전환을 하는 경우에도 신주의 시가평가액이 출자전환가액을 초과하느냐 미달하느냐에 따라 대법원은 회생회사가 채권자에게 변제한 금액을 다르게 보고 있는데, 위와 같이 개선하면 변제된 금액이 동일하게 되므로 실무처리에 혼선이 없게 된다. ⑥ 대법원이 취한 시가평가액 소멸설에서는 비상장법인인 회생회사에게 출자전환할 경우, 신주의 시가평가액을 어떻게 평가하고, 누가 평가하며, 그 평가비용은 누가 부담할 것인가라는 문제를 해결하지 못하고 그대로 방치하는 결과가 되어 오히려 출자전환 관련인에게 분쟁의 소지를 남기고 있는데, 위와 같이 개선하면 출자전환에 따른 채무의 소멸범위가 명료하게 되어 이러한 분쟁 소지를 남기지 않는 장점이 있게 된다. ⑦ 또한 위와 같이 개선되면 법률적으로 발행가액 중 시가 초과액은 주식발행액면초과액이 된다는 점이 명확해지므로 이 초과액이 채무면제익으로서 법인세 과세대상이 되고 있는 현행 법인세법이 개선될 가능성이 커지게 된다. 이렇게 법인세법이 개정되면 시가 초과액의 채무면제익에 따른 법인세 문제를 해결하기 위한 방안으로 액면증자 후 즉시 감자하는 편법적인 출자전환의 방법은 없어지게 될 것이다.

Ⅴ. 결 론

회생절차에서 회생기업을 살리기 위해 하는 출자전환에서 회생기업을 위해 연대보증한 대표이사의 연대보증책임의 문제를 해결하기 위하여, ① 신용보증기금법 제30조의3과 기술신용보증기금법 제37조의3을 2013.5.28.에 신설하였고, ② 실무적으로는 액면가액으로 출자전환한 후 즉시 감액하는 방법을 선택함으로써 출자전환 시 발생하는 채무면제가 없도록 하는 방안을 선택하는 것이 현실이다. 현행 실무에서 ②의 방법으로 출자전환에 따른 연대보증 문제를 해결한다는 것 자체가 기업회생절차에서 출자전환을 할 때 적용하는 현행의 법리는 현실과 괴리되어 있다는 것의 반증이다.

회생절차에서 하는 출자전환 시 채무면제가 발생하는가의 문제는 회생채권자와 연대보증인 등 간의 문제에 그치는 것이 아니다. 이것은 채무면제익에 대한 법인세 과세문제, 이 채무면제익의 배당시 배당소득으로 과세함에 따른 원본과세의 문제, 회생절차 진행 도중에 회생절차가 폐지되어 파산될 경우 채권자의 원본에 해당되는 채무면제익에 대한 법인세가 재단채권으로 국가가 우선 변제받게 되어 채권자의 채권을 국가에 조세채무로 납부하게 되는 결과가 초래되는 문제이기도 하다.

그러므로 이러한 모든 문제를 해결하기 위해서는 회생절차에서 하는 출자전환의 경우에는 주식발행가액과 출자전환채권액이 상계에 의하여 출자전환채권액 전액이 소멸되는 것으로 보는 상계설로 판례가 변경되는 것이 바람직하다. 만약 이 판례변경이 어렵다면 현행 채무자회생법 제206조 제1항을 개정하여 출자전환의 본질이 상계임을 명시하도록 하여야 할 것이다. 이렇게 개선되면 민사법상 문제뿐만 아니라 세무상 문제도 해결되며, 회생회사의 대표이사의 연대보증책임도 없게 되어 이들의 재기를 지원하게 결과가 되기도 한다.

참고문헌

강혜림, "회사정리절차에 있어서 출자전환의 효력", 『판례연구』 제19집 제2호, 서울지방변호사회, 2005.

김용덕, "회사정리절차와 주주·주식", 서울대학교 통합도산법 과정(전문분야 법학연구과정 제20기) 교재, 2005.

김청식, "회생절차 관련 세제의 문제점과 개선방안", 서울시립대학교 박사학위논문, 2012.2.

김현석, "파산절차에서의 조세법률관계", 『재판자료』 제98집, 법원도서관, 2002.

도진기, "채권의 출자전환에 관한 연구 - 회사정리절차를 중심으로 -", 서울대학교 대학원 석사학위논문, 2003.8.

민정석, "기업개선절차에서의 출자전환의 법적 성격 및 부진정 연대채무자 중 1인이 한 상계 내지 상계계약의 효력", 『사법』 15호, 사법발전재단, 2011.

박승두, 『회사정리법』, 법률SOS, 2000.

______, "출자전환시 채무의 소멸성에 관한 연구", 『법학연구』 제21권 제4호, 경상대학교 법학연구소, 2013.10.

법무부, 『상법회사편 해설(상법 해설서 시리즈 Ⅱ)』, 도서출판 동강, 2012.

안경봉, "회사정리(회생)절차와 조세", 『조세법연구』 제13-2호, 세경사, 2007.8.

안윤우, "출자전환에 관한 소고", 『변호사』 제42집, 서울지방변호사회, 2012.

염춘필, "채권의 출자전환실무", 『법무사저널』 5월~6월호, 서울중앙지방법무사회, 2007.

이승환, "대출금의 출자전환에 관한 연구 : 채권평가방법을 중심으로", 『법학연구』 제17권 제4호(통권 제36호), 연세대학교 법학연구소, 2007.12.

______, "「기업구조조정촉진법」하에서의 출자전환의 효력 - 대법원 2010.9.16. 선고 2008다97218(전합) 판결 -", 『상사판례연구』 제25집 제1권, 2012.3.

이의영, "출자전환 시 채무면제익에 대한 법인세 과세문제", 『사법논집』 제147집, 법원도서관, 2008.

______, "회사도산세제의 개선방향에 관한 연구 - 효율적 도산제도 운용을 위한 조세법적 접근", 서울대학교 대학원 박사학위논문, 2008.8.

이중교, "채무의 출자전환에 따른 과세문제", 『조세법연구』 제20-2호, 세경사, 2014.8.

임종엽, "회생채권의 출자전환과 채무의 소멸범위", 『판례연구』 제24집 제1호, 서울지방변호사회, 2010.

임치용, "회사정리절차와 출자전환", 『BFL』 제9호, 서울대학교 금융법센터, 2005.

서울지방법원, 『회사정리실무』(개정판), 2001.

서울중앙지방법원 파산부 실무연구회, 『회생사건실무(상)』(제2판), 박영사, 2009.

__________________________________, 『회생사건실무(하)』(제3판), 박영사, 2011.

__________________________________, 『회생사건실무(상)』(제4판), 박영사, 2014.

진상범, “기업개선작업(워크아웃)에서의 출자전환과 채무의 소멸범위 : 2004.12.23. 선고, 2004다46601 판결”, 『BFL』 제32호, 서울대학교 금융법센터, 2008.

하재홍, “기업개선작업에서의 출자전환의 법적 구성”, 『경기법학논총』 제13호, 2011.12.

3.2. 출자전환 행위의 조세회피행위 해당성 여부에 관한 소고*
– 액면증자 후 무상감자 방식을 중심으로 –

배영석**·김병일***

초 록

회생절차에서 하는 회생채권의 출자전환은 채무자회생법의 규정에 따라 회생계획에 기재하여 하고 그 이외에 출자전환하는 경우에는 대부분 간편한 방식인 상계 방식에 의하여 한다.

출자전환 시 나타나는 채무면제익으로 인한 문제점을 해결하기 위하여 현재 실무에서 많이 활용하는 방식은 액면가액으로 출자전환한 후 즉시 무상 감자하는 방식이다. 이 방식은, 결과적으로는 할증 발행 형식으로 출자전환한 것과 다를 바가 없고 채무면제익으로 될 부분을 의도적으로 감자차익으로 전환한 것에 해당한다 하더라도, 이를 조세회피행위로 보아 「국세기본법」 제14조 제3항의 규정에 따른 다단계거래에 의한 실질과세원칙을 적용하여 과세할 수 없다.

그 이유는 다음과 같다. 첫째, 회생절차에서 회생채권을 출자전환하든 그 이외의 절차에서 출자전환하든 상계방식으로 출자전환하는 현행 실무처리에 따를 때 출자전환 과정에는 채무면제가 발생하지 않으므로 채무면제익 자체가 발생할 수 없어 이러한 일련의 행위를 조세회피행위로 볼 수 없기 때문이다. 둘째, 이 방안은 출자전환 당사자가 자신에게 초래되는 불이익을 피하기 위하여 절세권 차원에서 선택가능한 방안 중 하나를 선택한 것에 지나지 않으므로 국가는 이를 존중해서 세법을 해석, 적용해야 하기 때문이다. 셋째, 이 방안은 할증발행형식의 출자전환에서 발생할 수 있는 채무면제익을 의도적으로 감자차익으로 전환시켜서 조세를 회피하는 것에 해당한다 하더라도 이는 조세 문제 이외에 출자전환 당사자에게 초래되는 사업상 여러가지 불이익을 극복하기 위하여 선택한 것으로서 사업목적의 원칙(business purpose doctrine)이 적용되어야 하므로 다단계거래에 의한 실질과세의 적용대상으로 볼 수 없기 때문이다. 넷째, 금전채권을 전환사채로 전환 후 전환권을 행사하여 자본화를 하거나 액면가액으로 출자전환만 하고 감자는 하지 않을 경우에는 채무면제익이 발생하지 않는다고 하면서 이것과 경제적 결과가 동일한 이 방안에 의한 경우에만 채무면제익이 발생하는 것으로 보아 과세한다면 형평과세원칙에 어긋나기 때문이다.

액면가액으로 출자전환한 후 무상 감자하면 세무상 불이익이 없고 할증발행 형식의 출자전환을 하면 채무면제익이 발생하여 세무상 불이익이 초래된다는 결론에 대해서는, 논리의 정치성을 떠나서, 일반인은 수긍하기 쉽지 않다.

출자전환에 따른 채무면제익의 문제의 해소를 위하여 채무면제익을 차후 발생하는 결손금 보전에 충당할 수 있도록 한 세법상 특혜적 내용의 방법을 다수의 국민이 선택하지 않고 다른 방법을 선택한다면 그 세법의 내용은 문제가 있다는 것의 방증으로 볼 수 있다. 출자전환 후 감자 절차를 취하기 어려운 법인은 할증발행 방법의 출자전환을 하여 채무면제익이 발생하는 불이익을 감수하고, 출자전환 후 감자 절차를 취하기 쉬운 법인은 채무면제익이 발생하지 않는 방법의 출자전환을 선택하여 불이익을 피할 수 있다면 형평과세 원리에 어긋난다. 따라서 출자전환에 관한 현행 세법의 규정은 차별적인 과세가 되지 않도록 개정하는 것이 바람직하며, 개정 이전의 현행 세법의 해석상으로도 액면증자 후 무상감자하는 방식으로 출자전환하는 경우에 조세회피행위로 보아 실질과세원칙을 적용하여 과세할 수 없다고 해석하는 것이 형평과세 측면 등에서 타당하다 할 것이다.

주제어 | 출자전환, 다단계거래에 의한 실질과세, 감자차익, 채무면제익, 조세회피

---

* 『세무와 회계 연구』 통권 제14호(제7권 제1호, 2018.3., 한국세무사회 부설 한국조세연구소)에 게재된 논문이다.

** 주저자 : 진일회계법인 공인회계사, 세무학 박사

*** 교신저자 : 강남대학교 경영관리대학 경제세무학과 교수, 법학 박사

Ⅰ. 서 론

「상법」이 2011.4.14.에 개정되어 상계방식에 의하여 주금을 납입할 수 있도록 허용한 이후에는 일반법인도 상계방식으로 출자전환하여 증자하는 경우가 많이 있다. 그러나 현행 세법은 출자전환을 상계방식으로 하느냐 다른 방식으로 하느냐를 구분하지 않고 출자전환주식의 시가를 초과하는 출자전환가액은 채무면제익에 해당하는 것으로 규정하고 있기 때문에 출자전환 시 채무면제익이 발생하는 경우가 많다. 실무에서 출자전환 시 채무면제익의 발생으로 여러 가지 문제가 나타나자 이 문제를 해결하기 위하여 다양한 방안을 모색, 수행하고 있다.

기업회생절차의 실무에서 많이 활용하는 대표적인 방안은 다음과 같다.

기업회생절차에서 할증발행 형식의 출자전환 시 발생하는 채무면제익에 대해 법인세가 과세되는 문제점을 해결하기 위하여, 종전에는 출자전환을 할증 발행의 방법으로 하되 출자전환의 시기를 회생계획의 최종연도로 미룬 다음 회생절차 폐지 시 원래의 채권(또는 후순위채권)으로 환원하는 방식을 사용한 예가 있었다. 그러나 현재 서울중앙지방법원[1]에서는 출자전환 시기를 늦추면 인가후 M&A에 부정적 요소로 작용한다고 보아 원칙적으로 이를 허용하지 않고 있다.[2] 이에 따라 최근에는, ① 채권액을 일단 액면발행 형식으로 출자전환하여 채무면제익의 발생을 방지한 다음, ② 발행된 신주를 출자전환에 따른 신주의 효력발생 직후 병합함으로써(즉, 무상 감자를 하여) 출자전환으로 발생하는 '채무면제익'을 '감자차익'으로 전환시키는 방법을 사용하고 있다. 이렇게 하면 법인세 과세문제를 피하면서 자본 규모를 적정한 수준으로 감소시킬 수 있기 때문에 채무면제익이 발생하지 않는다는 장점을 활용하면서도 채무자의 자본구조가 기형화되고 M&A에 지장이 초래될 수 있는 문제도 피할 수 있는 장점이 있어, 현재 서울중앙지방법원의 경우 대다수의 사건에서 이 같은 방식으로 출자전환을 한 후 주식병합을 하는 방식을 활용하고 있다고 한다.[3]

그러면 이렇게 출자전환에서 발생하는 채무면제익에 대한 법인세 과세문제를 피하기 위하여 현재 실무에서 대부분 채택하고 있는 형식인 액면가액으로 출자전환 후 즉시 무상 감자하는 방식으로 출자전환함으로써 채무면제익이 될 금액을 감자차익으로 전환시키는 일련의 행

---

1) 현재는 서울중앙지방법원의 파산부가 2017.3.1.에 서울회생법원으로서 분리 독립하였다.

2) 서울중앙지방법원 파산부 실무연구회(이하 "서울중앙지법 연구회"라 한다), 『회생사건실무(상)』(제4판), 박영사, 2014, 752면, 주석 261 참조.

3) 서울중앙지법 연구회(주2), 753면.

위를 조세회피행위로 보아 실질과세원칙에 의하여 이를 과세할 수 있는지 여부가 세무상 쟁점으로 대두된다.

본 논문은 제Ⅱ장에서 출자전환의 의의, 본질을 살펴 본 후 그 회계 및 세무처리에 관하여 알아본 다음, 제Ⅲ장에서는 액면가액으로 출자전환을 한 후 즉시 무상 감자하는 방식으로 함으로써 할증발행 형식의 출자전환에서 발생하는 채무면제익을 감자차익으로 전환시키는 이유가 무엇인지를 채권자, 채무자, 연대보증인의 입장에서 각각 살펴본다. 제Ⅳ장에서는 출자전환 시 채무면제익의 발생을 방지하기 위하여 실행하는 실무적 사례를 본 다음 채무면제익을 감자차익으로 전환하는 일련의 행위를 조세회피행위로 보아 현행 세법상 실질과세원칙에 의하여 과세할 수 있는지를 고찰한다. 그런 다음 제Ⅴ장에서는 이를 종합하여 결론을 맺는다.

우리나라의 경우 대부분의 논문에서 할증발행 형식으로 출자전환하면 채무면제익이 발생한다는 것을 인정하고 이 채무면제익의 과세에 대해서는 기업구조조정 차원에서 세제지원을 해야 한다는 주장을 하고 있으나,[4] 본 논문에서는 출자전환에서는 원칙적으로 채무면제익이 발생하지 않는다는 점을 논증한 다음 액면가액으로 출자전환한 후 즉시 무상 감자하는 일련의 행위를 조세회피행위로 보아 과세할 수 없다는 점을 밝히는 점에서 기존 논문과 차별화가 된다고 할 것이다.

Ⅱ. 출자전환 시 회계 및 세무처리

1. 출자전환의 의의

출자전환(debt equity swap; DES)이란 채권자가 가지고 있는 금전채권을 채무자가 하는 증자의 주금납입(출자)에 갈음하는 것을 말한다.

출자전환은 채권자가 가진 채권(債權)을 주식으로 바꾸는 것이므로 넓게 보면 전환사채나 신주인수권부사채를 주식으로 전환하는 것도 출자전환의 일종이라고 볼 수 있으나 일반적으로 이 경우는 출자전환이라고 하지 않는다.[5]

「채무자 회생 및 파산에 관한 법률」(이하 "채무자회생법"이라 한다)에 의한 기업회생절차에서

4) 대표적으로는 김완석·정지선, 『기업의 도산관련 조세제도에 관한 연구』, 한국조세연구원, 2010. ; 김청식, "회생절차 관련 세제의 문제점과 개선방안", 서울시립대학교 박사학위논문, 2012.2. ; 이중교, "채무의 출자전환에 따른 과세문제", 『조세법연구』 제20-2호, 세경사, 2014.8. 등.

5) 조세심판원에서도 전환사채의 전환권 행사에 의한 주식 취득을 출자전환으로 보지 않고 있다(조심 2013전3688, 2015.3.18.).

는 주식회사나 유한회사인 채무자가 회생계획에 회생채권자·회생담보권자 또는 주주에 대하여 새로 납입 또는 현물출자를 하게 하지 아니하고 신주를 발행할 수 있도록 하는 근거[6]를 두고 있으므로 회생회사는 종래 이 조항에 근거하여 출자전환을 하여 왔고, 회생절차 이외에서는 2011.4.14. 「상법」이 개정되기 이전에는 대체로 현금증자후 채권회수 방식,[7] 현물출자 방식, 상계 방식 등 3가지 방식으로 출자전환을 하여 왔다.[8]

'현물출자' 방식에 의한 출자전환은 채권자가 가진 금전채권을 현물출자 목적물로 출자하여 증자하는 방식이다. 이 때 출자전환채권을 얼마의 가치로 인정하느냐라는 평가의 문제가 있는데, 채권액의 실질적 평가액에 합당한 가액만큼만 신주를 발행해야 한다는 '평가액설'과 채권액의 권면액만큼의 신주를 발행하여야 한다는 '권면액설'이 대립해 왔다. 채권의 실질적 가치를 평가하는 것은 매우 어려운 일이므로 평가액설을 취하면 금전채권을 현물출자하는 것이 현실적으로 어렵게 되는데, 일본은 동경지방재판소 상사부에서 2000.11.30.에 권면액설을 취함[9]에 따라 일본의 실무에서는 현물출자방식으로 하는 출자전환은 대부분 권면액설에 따라 증자등기를 하여 평가액설에 따른 실무적 어려움을 해소하고 있고, 우리나라의 상업등기실무도 권면액설에 따른다고 한다.[10] 2011.4.14.에 개정된 「상법」 제422조 제2항 제3호에서 '변제기가 돌아온 회사에 대한 금전채권을 출자의 목적으로 하는 경우로서 그 가액이 회사장부에 적혀 있는 가액을 초과하지 아니하는 경우'에는 검사인에 의한 현물출자의 검사를 생략하고 현물출자를 할 수 있도록 정하여, 현행 우리 「상법」은 현물출자 시 권면액설을 채택할 수 있음을 명문화하고 있다.

'상계' 방식에 의한 출자전환은 채권자가 신주를 인수함에 따른 주금납입의무와 보유한 금전채권액을 상계하여 주금납입에 갈음하는 방식이다. 종전에는 상계방식에 의한 증자가 가능

---

6) 채무자회생법 제206조 제1항 및 제5항.

7) 이 방식으로 금전채권 100을 출자전환하는 방법은 다음과 같다. ① 채권자는 채무자가 발행하는 신주 100을 인수하여 현금 100을 주금으로 납입하고, ② 채무자는 현금 100을 납입 받은 후 증자등기를 완료한 다음, ③ 당해 채권자에게 채무 100을 현금 상환하는 방식이다. ①,②,③의 절차가 끝나면 채권자는 신주 100을 취득한 대가로 금전채권 100을 상환 받은 결과가 된다. 이 방식은 현물출자방식에 의할 때 수행해야 하는 검사인 선임절차가 필요없기 때문에 간단히 출자전환한다는 장점이 있으나, 채권자가 신주납입대금 100을 일시적으로 준비해야 하는 부담이 있고, 출자전환 과정에 다른 채권자가 신주납입대금 100에 대하여 압류 등을 할 가능성이 있어 채권자가 채권 100의 상환을 확실하게 보장받지 못한다는 단점이 있다. 이 방식으로 증자한 것을 세무상 출자전환으로 보아 과세한 사례로는 국세심판원 사례(국심 2006서2288, 2008.12.31.), 1심 판례의 사례(서울행정법원 2011.8.26. 선고 2011구합7410 판결), 대법원 판례의 사례(2010.12.23. 선고 2009두11270 판결 ; 2014.5.29. 선고 2012두10345 판결) 등이 있다.

8) 출자전환의 방식과 상세한 내용은 배영석·김병일, "출자전환 시 채무면제익에 관한 연구", 『세무학연구』 제33권 제3호, 한국세무학회, 2016.9., 224~227면을 참조.

9) 日本 東京地判, 2000.11.30., 『訴務月報』 48卷 11号, 2785頁.

10) 염춘필, "채권의 출자전환실무", 『법무사저널』 5월~6월호, 서울중앙지방법무사회, 2007, 36면.

한 것인가에 대하여 논란이 있었으나,[11),12)] 2011.4.14.에 「상법」 제421조 제2항이 개정되어 '주식발행법인(채무자)이 동의하면 주식인수인은 신주납입의무와 채무자에 대한 채권으로 상계할 수 있다'고 규정함에 따라 이제는 입법적으로 해결이 되었다.[13)]

외국의 경우는, 미국은 상계제한규정이 존재하지 않고, 영국과 프랑스는 상계가 허용되며 독일은 상계가 허용되지 않는다는 것이 통설이고, 일본은 독일과 같이 상계가 허용되지 않는다는 것이 통설이었으나 2005년 제정된 회사법 제208조 제3호에서 인수인에 의한 상계만 금지됨을 규정하여 회사에 의한 상계는 허용하는 것으로 하였다.[14)]

2. 출자전환의 본질

법리상으로 출자전환의 본질[15)]이 무엇인지에 대하여 견해가 갈리고 있다.

출자전환을 '현물출자'로 이해하는 견해가 있다. 재정경제부가 2005.3.5.의 예규[16)]에서 "… 출자전환으로 취득하는 주식의 가액은 「법인세법 시행령」 제72조 제1항 제4호[17)]의 규정에 의하여 당해 주식의 취득 당시의 시가로 하는 것…"으로 해석하는 점을 보면 과세당국은 출자

---

11) 종전 대법원행정처의 등기예규(1998.6.23. 등기 3402-559 질의회답)에서는 상계방식으로 주금을 납입할 수 없고 현물출자방식으로만 할 수 있다고 하였으나, 대법원의 1999.1.25. 자 등기예규 제960호에서는 종전 「비송사건절차법」 제205조 제5호에서 요구한 '주금 납입금 보관증명서'에 갈음하여 3가지 서류{① 회사가 주식인수인(금융기관)에 대하여 채무를 부담하고 있다는 사실을 증명하는 서면, ② 그 채무에 대하여 회사로부터 상계의 의사표시가 있음을 증명하는 서면 또는 주식인수인의 상계의사표시에 대하여 회사가 이를 승인하였음을 증명하는 서면, ③ 위와 같은 출자전환이 있었음을 증명하는 금융감독원장의 확인서(또는 은행법 제37조 제2항에 해당하는 경우에는 금융감독위원회의 승인서)의 3가지이다}를 제출하면 증자 등기가 가능한 것으로 해석하여, 채권자가 금융기관인 경우에 한하여 상계방식에 의한 출자전환을 허용하였다.

12) 진상범, "기업개선작업(워크아웃)에서의 출자전환과 채무의 소멸범위 : 2004.12.23. 선고 2004다46601 판결", 『BFL』 제32호, 서울대학교 금융법센터, 2008, 108면에 의하면 "워크아웃에서의 출자전환은 보통 상계방식에 의하여 진행하고, 워크아웃에 관한 하급심 판결들의 사실관계에서도 명백하게 현물출자방식으로 진행되었다고 볼 만한 사례는 찾아볼 수 없었다"고 하고 있다.

13) 대법원 법원행정처에서 「상법」이 2011.4.14. 개정된 이후 상계에 의하여 증자할 경우 변경등기신청서에 첨부할 서면에 관한 등기예규(제1450호)를 2012.4.24.에 제정하였는데, 이에 의하면 상계를 증명하는 서면으로 '① 회사가 신주인수인에 대하여 채무를 부담하고 있다는 사실을 증명하는 서면(소비대차계약서 등), ② 회사가 상계를 한 경우에는 회사가 신주인수인에 대하여 상계의 의사표시를 하였음을 증명하는 서면, ③ 신주인수인이 상계를 한 경우에는 신주인수인이 회사에 대하여 상계의 의사표시를 하였음을 증명하는 서면과 회사가 그 의사표시에 대하여 동의를 하였음을 증명하는 서면'을 제출하도록 정하고 있다.

14) 진상범(주12), 104~105면 참조.

15) 이 부분은 배영석·김병일, "출자전환으로 취득하는 주식의 취득가액에 관한 연구", 『세무학연구』 제34권 제3호, 한국세무학회, 2017.9., 110~113면의 내용을 정리, 요약한 것이다.

16) 재정경제부, 재법인 46012-37, 2003.3.5.

17) 2005.3.5. 당시 「법인세법 시행령」 제72조(자산의 취득가액 등) 제1항
4. 현물출자·합병 또는 분할에 의하여 주주등이 취득한 주식등 : 취득 당시의 시가. (단서 생략)

전환을 현물출자로 이해하는 것으로 보인다.

그러나 출자전환을 현물출자로 볼 수 없다 할 것이다. 그 이유는, ① 채무자회생법 제206조 제1항은 "…새로…현물출자를 하게 하지 아니하고 신주를 발행하는 때에는…"라고 규정하여 회생채권자가 '회생절차'에서 출자전환하는 경우 현물출자가 없는 것으로 입법하고 있어 '회생채권'의 출자전환에서는 현물출자가 발생할 수 없기 때문이고, ② '그 이외의 절차'에서 출자전환하는 경우(즉, 회생절차에서 '공익채권'을 출자전환하거나 워크아웃절차·일반절차 등에서 출자전환하는 경우) 현행 실무는 현물출자방식에 따라 출자전환을 하는 것이 아니라 상계방식에 따라 출자전환하고 있으므로 이 경우의 출자전환을 현물출자로 보기 어렵기 때문이다.

출자전환이 사법상(私法上) 현물출자가 아니라면 세무상으로도 출자전환을 현물출자로 보기 어렵다 할 것이다. 왜냐하면, 상법상 현물출자를 하려면 원칙적으로 검사인의 조사가액 또는 공인된 감정인의 감정가액으로 평가한 가액으로 출자를 하여야 하는데, 이러한 절차를 거치지 않은 출자전환을 현물출자로 볼 근거를 현행 세법이 두고 있지 않는 상황에서 세법상으로 현물출자로 보는 것은 타당하지 않기 때문이다. 또한 세법상 출자전환하는 '채권가액'을 평가하여 출자가액으로 하지 않고 출자전환한 이후 발행하는 '주식의 시가평가액'을 출자가액으로 보아 출자전환에 따른 채무면제익의 크기를 결정하게 되면, 현물출자주식은 '현물출자하는 목적물을 평가하여 이 평가액을 바탕으로 발행'하는 것인데도 '출자한 이후에 발행하는 주식의 시가액을 출자가액으로 한 다음 이 가액을 기준으로 채무면제익의 크기를 결정한다'는 논리가 되는 결과이므로 법리상으로 성립하기 곤란한 논리가 되기 때문이다.

출자전환을 '대물변제'로 이해하는 견해[18]도 있다. 그러나 출자전환을 대물변제로 볼 수 없다 할 것이다. 그 이유는, ① 채무자가 이미 발행하여 보유하고 있는 자기주식을 출자전환의 대가로 채권자에게 교부하는 것이라면 출자전환을 대물변제로 볼 여지가 있으나, 채무자는 출자전환으로 받은 대가를 신주의 납입액으로 하여 새로 발행한 신주를 채권자에게 교부한다는 점에서 출자전환을 대물변제로 볼 여지가 없기 때문이고,[19] ② 대물변제의 방식으로 신주를 발행할 수 있는 근거를 「상법」이나 「상업등기법」에서 두고 있지 않는 점에서도 법리상 출자전환을 대물변제로 보기 어렵기 때문이다.

출자전환을 '교환'으로 보는 견해도 있을 수 있다. 출자전환이 외견상으로 '채권자가 가진 금전채권'과 '채무자가 발행한 신주'를 맞교환하는 것으로 보일 뿐만 아니라 출자전환을 영어

---

18) 대법원 전원합의체 판결(2010.9.16. 선고 2008다97218 판결 ; 2012.11.22. 선고 2010두17564 판결)에서 소수의견을 취한 신영철 대법관의 견해다.

19) 민정석, "기업개선절차에서의 출자전환의 법적 성격 및 부진정 연대채무자 중 1인이 한 상계 내지 상계계약의 효력", 『사법』 제15호, 사법발전재단, 2011, 312면 및 318면에서도 대물변제설을 취할 경우 나타나는 이러한 문제점을 지적하면서 출자전환의 법적 성격을 대물변제로 볼 수 없다고 하고 있다.

로 debt equity swap이라고 표현하고 있기 때문에 이런 견해를 취할 수 있다. 그러나 출자전환을 교환으로 볼 수 없다 할 것이다. 그 이유는, ① 법적 성질이 교환이 되려면 출자전환 시점에 교환하려는 목적물이 교환 당사자 상호 간에 존재해야 하는데, 출자전환은 채무자가 출자전환받은 주금납입액을 근거로 채권자에게 새로 '신주(新株)를 발행하여 교부'하는 것이고 보유하던 '구주(舊株)를 교부'하는 것이 아니어서 출자전환 시점에 채무자에게는 교환의 목적물이 없다는 점에서 출자전환을 교환으로 볼 수 없기 때문이고, ② 「상법」이나 「상업등기법」에서 신주를 교환에 의하여 발행할 수 있는 근거를 두고 있지 않다는 점에서도 출자전환을 교환으로 보기 어렵기 때문이다.

결국, 출자전환은 우리나라 실무에서 대부분 채택하고 있는 방식인 상계가 그 본질이라고 해야 할 것이다. 그 이유는, ① 채무자회생법은 종전의 「회사정리법」에는 규정하고 있지 않던 '신주의 발행으로 감소하게 되는 부채액'을 회생계획에 기재[20]하도록 규정하고 있으므로 현행 채무자회생법에 의한 출자전환의 경우 '신주의 발행으로 감소하게 되는 부채액'이 '신주의 납입액'에 충당된다(즉, 상계된다)고 보는 것이 타당하기 때문이고,[21), 22)] ② 회생계획 이외의 절차에서 출자전환을 할 때에는 상계방식으로 출자전환하는 것이 현실이므로[23)] 당사자가 선택한 의사에 맞게 출자전환의 본질을 상계로 이해하는 것이 타당하기 때문이다.

대법원은 ① 기업회생절차에서 하는 출자전환의 법적 성질에 대하여 명시적인 입장은 표명하고 있지 않지만,[24), 25)] 워크아웃절차에서 출자전환하는 경우 전원합의체 판결에서 그 본질을 상계로 판시하였다.[26)]

---

20) 채무자회생법 제206조 제1항 제4호가 그것이다.

21) 이승환, "「기업구조조정촉진법」하에서의 출자전환의 효력 – 대법원 2010.9.16. 선고 2008다97218(전합) 판결 –", 『상사판례연구』 제25집 제1권, 2012, 54~55면에서는 "채무자회생법 제206조 제1항에서 신주발행시에 증가하는 자본(제3호)과 「회사정리법」에서는 없던 조항인 '신주발행으로 감소하게 되는 부채액(제4호)'을 게기토록 한 것은 상계로 인하여 증자하는 자본과 소멸하는 채무의 범위를 명확하게 하고자 한 것으로 볼 수 있다"라고 하여, 기업회생절차에서 회생채권자가 하는 출자전환의 성질을 상계로 보고 있다.

22) 수원지방법원, 2016.4.21. 선고 2015구합66715 판결에서 "…회생계획안이 인가된 이상 이해관계인들은 그 회생계획에 따라야 하므로, 회생계획에 기재된 사항에 대하여 이해관계인들 사이에 합의가 존재하는 것으로 보아야 한다. 따라서 회생회사의 경우 출자전환으로 소멸되는 기존채권의 가액에 관한 합의가 회생계획상 존재하는 것이므로 회생계획에서 정하고 있는 바에 따라 주채무가 소멸하게 된다.…"라고 판시하여 출자전환을 상계로 보는 것으로 생각된다.

23) 주 12에서 보는 바와 같이 현물출자방식으로 출자전환하는 경우를 현실에서는 찾기 어렵다.

24) 서울중앙지법 연구회(주2), 747면 참조.

25) 대법원이 대한통운 사건(2009.11.12. 선고 2009다47739 판결)에서 1주당 발행가액이 25,000원이고 1주당 시가액이 72,000원 상태에서 출자전환한 경우, '채권액의 변제로 볼 수 있는 금액'은 시가액(1주당 72,000원)이 아니라 발행가액(1주당 25,000원)이라고 판시하는 점을 보면 대법원은 회생절차에서도 출자전환을 상계설로 보는 입장이거나 이에 유사한 입장인 것으로 생각된다.

26) 대법원, 2010.9.16. 선고 2008다97218 판결 ; 대법원, 2012.11.22. 선고 2010두17564 판결.

3. 출자전환 시 회계처리

현재 우리나라의 기업회계기준은 일반법인이 적용하는 일반기업회계기준과 상장법인이 적용하는 한국채택국제회계처리기준(K-IFRS)으로 양분되어 있으므로 출자전환 회계처리 역시 양 기준에 따라 살펴보고자 한다.[27)]

먼저, 일반기업회계기준에서 정한 출자전환 시의 회계처리내용을 본다.

채무자가 채무 변제를 위하여 채권, 부동산 등 자산을 채권자에게 이전하면 채무자는 '변제되는 채무의 장부가액'과 '이전되는 자산의 공정가치' 간의 차이를 채무조정이익으로 인식하나,[28)] 출자전환의 경우에는 '지분증권의 공정가치'와 '채무의 장부금액'과의 차이를 채무조정이익[29)]으로 인식하되, 비상장 지분증권의 경우에는 발행되는 지분증권을 조정대상채무의 장부금액으로 회계처리하고 채무조정이익을 인식하지 않는다.[30)]

채권자의 입장에서는 채권·채무조정으로 채무자의 지분증권을 받은 경우 받은 출자전환자산을 공정가치로 회계처리한다. 받은 출자전환자산의 공정가치(예 : 10)가 해당 채권의 대손충당금(예 : 60)의 차감전 장부금액(예 : 100)보다 작으면 장부금액을 해당 대손충당금과 우선 상계하고 부족하면 대손상각비{=30(=100-60)-10}로 인식한다.[31)]

그 다음, 한국채택국제회계기준에서 정한 출자전환 시의 회계처리내용을 본다.

한국채택국제회계기준의 기업회계기준해석서 제2119호(지분상품에 의한 금융부채의 소멸)에서 피출자전환 채무자의 회계처리만 규정하고 출자전환법인(채권자)의 회계처리는 다루지 않는다고 규정하면서, 피출자전환법인이 출자전환받고 주식을 발행할 때 그 '주식의 공정가치'를 신뢰성 있게 측정할 수 있다면 공정가치로 발행가액을 정하고, 공정가치를 신뢰성있게 측정할 수 없다면 '소멸되는 금융부채의 공정가치'를 반영하여 주식의 발행가액을 정한다고 규정하고 있다.

이해를 돕기 위하여 아래 〈사례 1〉과 같은 사례가 있다고 가정하고 출자전환 시 현행 회계처리의 내용을 알아 본다.

---

27) 이 부분은 배영석, "기업회생절차의 출자전환 관련 세제에 관한 연구", 강남대학교 대학원 박사학위 논문, 2015, 27~31면과 187~190면의 내용을 요약·정리한 것이다.

28) 일반기업회계기준 문단 6.86.

29) 종전 기업회계기준해석 55-67(채권·채무 재조정의 회계처리)에서는 이를 '채무면제이익'이라는 계정과목을 사용하였으나 기업회계기준서 제13호에서부터는 '채무조정이익'의 계정과목을 사용하고 있다. 그러나 내용적으로는 채무면제이익과 채무조정이익은 동일하다.

30) 일반기업회계기준 문단 6.87.

31) 일반기업회계기준 문단 6.95.

〈사례 1〉
- 발행가액(=출자전환가액) : 300
- 액면가액 : 100
- 출자전환으로 발행하는 주식의 시가(=공정가치) : 120

〈사례 1〉을 바탕으로 현행 회계처리내용을 요약, 정리하면 다음 〈표 1〉과 같다.

〈표 1〉 출자전환 시 회계처리 내용의 요약

<table>
<tr><th rowspan="2">회계
기준
별</th><th colspan="3">채무자(피출자전환법인)</th><th colspan="3">채권자(출자전환법인)</th></tr>
<tr><th>구 분</th><th>상장
회사</th><th>비상장
회사</th><th>구 분</th><th>상장
회사</th><th>비상장
회사</th></tr>
<tr><td rowspan="2">일반
기업
회계
기준</td><td>주식발행가액의
범위</td><td>발행주식의
시가
(120)</td><td>채무의
장부가액
(300)</td><td>주식취득
가액</td><td>취득주식의
시가
(120)</td><td>취득주식의
시가
(120)</td></tr>
<tr><td>채무면제익*1)
발생 여부</td><td>발생
(180)</td><td>미발생
(0)</td><td>대손상각비
발생 여부</td><td>발생
(180)</td><td>발생
(180)</td></tr>
<tr><td rowspan="2">국제
회계
기준</td><td>주식발행가액의
범위</td><td>발행주식의
시가
(120)</td><td>소멸부채의
시가*2)
(?)</td><td colspan="3" rowspan="2">규정하고 있지 않음</td></tr>
<tr><td>채무면제익 발생
여부</td><td>발생
(180)</td><td>발생
(?)</td></tr>
</table>

*1) 일반기업회계기준에서는 '채무조정이익'으로 표현하고 있음.
*2) 주식발행가액을 '소멸부채의 시가'로 계상하므로 부채의 평가가 필요함.

위 〈표 1〉에서 보는 바와 같이, 현행 기업회계기준에 의하면 피출자전환 채무자의 입장에서, '상장회사'면 주식발행가액을 발행주식의 시가(120)로 하므로 채무면제익(180)이 발생하나 '비상장회사'면 채무의 장부가액(300)으로 하므로 채무면제익이 발생하지 않는다. 이것은 출자전환으로 발행하는 상장주식의 시가는 평가하기 용이하나 비상장주식의 시가는 평가하기 곤란한 점을 감안한 결과로 생각되나, '측정의 문제'와 '본질의 문제'를 혼동한 것으로 생각된다. 출자전환으로 발행하는 '비상장주식의 시가를 평가하기 곤란하다'는 것(즉, 측정의 문제)과 '주금납입액이 얼마며 채무면제익이 발생하는가'라는 것(즉, 본질의 문제)은 별개의 문제인데도 측정의 곤란성 때문에 기업회계에서 상장법인과 비상장법인 간에 출자전환을 두고 그 본질을 다르게 회계처리하도록 한 것은 논리적으로 납득하기 어렵다. 측정이 곤란하다고 해서 본질을 다르게 표현해야 할 당위성이나 타당성이 있다고 볼 수 없다. 측정의 문제와 본질의 문제는 다른 차원의 문제이기 때문이다.[32] 또한, 비상장주식이더라도 '출자전환 채권자'의 취득가액을 '취득 주식의 시가'로 하도록 하면서 '피출자전환 채무자'의 주식발행가액은 '채무의 장부가액'으로 계상하도록 한 것은 논리적이지도 않다. 더욱이 출자전환주식의 평가에 관한 자료는 채권자가 아닌 채무자가 갖고 있는데도 평가에 관한 자료가 없는 채권자만 비상장주식의 가치를 평가하여 주식의 취득가액을 계상하도록 한 것은 비현실적이다.

또한, ① 제Ⅲ장 3.에서 보는 바와 같이, '회생절차'에서 회생채권을 출자전환하면 앞 〈사례 1〉의 경우 발행가액 중 시가초과액(180)은 당해 회생회사를 위한 연대보증인에게 청구, 회수하거나 제3자가 제공한 담보물을 처분하여 채권회수를 할 수 있는데도 이를 고려하지 않은 채 발행주식의 시가(120)를 채권의 회수액으로 한 후 나머지의 차액(180)을 대손상각비로 계상하도록 하고 있는데 이것은 사실과 다른 회계처리다.[33] ② '그 이외의 절차'에서 출자전환(회생절차에서의 공익채권의 출자전환, 워크아웃절차에서의 출자전환, 일반법인의 출자전환 등)하는 경우 실무상으로 상계(주금 납입액과 금전채권 간의 상계) 방식으로 하므로 대손상각비가 발생할 여지가 없는데도 대손상각비를 계상하도록 하고 있는 점에서도 사실과 다른 회계처리다. 따라서 현행 기업회계에 따라 회계처리하면 구체적 사실관계를 왜곡하는 결과를 가져올 수 있기 때문에,[34] 현행 기업회계가 오히려 사실과 다르게(즉, 경제적 실질에 어긋나게) 회계처리하도록 요구하고 있다고 할 것이고, 이런 점에서 현행 회계처리는 기업의 언어라는 회계의 본질에 어긋난다 할 것이다.

4. 출자전환 시 세무처리

출자전환과 관련하여, 채무자의 입장에서 출자전환으로 소멸하는 채무의 금액이 얼마인가라는 문제는 곧 채권자가 취득한 출자전환주식의 취득가액을 얼마로 할 것인가와 관련된 문

---

32) 자세한 것은 배영석(주27), 189~190면 참조.

33) 실제로 모 은행은, 기업회생절차에 들어 간 A회사(완전자본잠식으로 주식평가액이 '0'인 회사)에 대한 대출금을 출자전환하고 받은 주식평가액이 '0'이므로 그 대출금은 전액 대손금으로 회계처리하였고 이에 따라 대출금의 장부가액이 '0'이었는데, 나중에 그 은행은 A회사를 위하여 담보제공한 제3자의 담보물을 처분하여 A회사에 대한 대출원리금 전액을 회수한 사례가 발생하였다. 이 은행은 제3자가 제공한 담보를 확보하고 있어 A회사에 대한 대출원리금을 회수할 수 있음에도 전액 대손상각하였고, 대출금(대손상각후 장부가액이 '0'인 대출금)을 출자전환함에 따른 A회사의 주식을 취득하게 되어 A회사의 주식을 부당이득한 결과로 나타나게 되었다.

34) (주33)의 사건의 경우를 참조하면 사실의 왜곡(대손처리를 할 대상이 아닌데도 대손처리한 사실)을 가져오는 점을 잘 알 수 있다.

제이기도 하다.

피출자전환 채무자의 세무처리에 관해서 현행 「법인세법」 제17조 제1항 제1호[35]에서 규정하고 있는데, 그 본문에서는 주식발행액면초과액이 익금불산입항목에 해당한다는 것을 규정하면서 그 단서에서는 출자전환 시 주식 시가 초과액은 본문의 주식발행액면초과액에서 제외한다고 규정하고 있다. 또한 동 조 제2항에서는 제1항 단서에 따른 초과금액[36]은 해당 사업연도의 익금에 산입하지 않고 차후 사업연도에 발생한 결손금의 보전에 충당할 수 있도록 규정하고 있다. 그러면서 「법인세법 시행령」 제11조 제6호 괄호에서는 「법인세법」 제17조 제1항 제1호 단서의 규정에 따른 금액을 채무의 면제·소멸익의 범위에 포함하도록 규정하고 있다.

이 내용을 요약하면 다음 〈표 2〉와 같다.

〈표 2〉 출자전환 시 주식발행액면초과액과 채무면제익에 관한 법령 내용

법인세법 및 동법 시행령			내 용
법 제17조	제1항 제1호	본문	ⓐ 주식발행액면초과액을 규정
		단서	ⓑ 출자전환 시 주식 시가초과액은 'ⓐ'에서 제외함
	제2항		ⓒ 'ⓑ'의 초과액 중 이월결손금 보전에 충당하지 않은 'ⓔ'의 금액은 차후 결손금 보전에 충당
영 제11조 제6호 괄호			ⓓ 'ⓑ'의 주식시가 초과액은 채무 면제·소멸익에 포함
영 제15조 제4항			ⓔ 'ⓒ'는 구조조정법인에 대한 출자전환 시는 주식 시가(액면가액 미달 시는 액면가액)의 초과액임

출자전환 채권자의 출자전환주식의 취득가액에 관해서 현행 「법인세법 시행령」 제72조 제2항 제4호의2[37]에서 규정하고 있는데, 그 본문에서는 일반법인에 대한 출자전환 시는 '주식

35) 「법인세법」 제17조 제1항 제1호는 "주식발행액면초과액 : 액면금액 이상으로 주식을 발행한 경우 그 액면금액을 초과한 금액(…생략…). 다만, 채무의 출자전환으로 주식 등을 발행하는 경우에는 그 주식 등의 제52조 제2항에 따른 시가를 초과하여 발행된 금액은 제외한다"라고 규정하고 있다.

36) 정확하게는 제1항 단서에 따른 초과금액 중 이월결손금 보전에 충당하지 않은 금액으로서 「법인세법 시행령」 제15조 제4항에 정한 금액을 말한다. '「법인세법 시행령」 제15조 제4항에 정한 금액'이란 ① 채무자회생법에 의한 회생법인, ② 「기업구조조정촉진법」상 워크아웃법인, ③ 당해 기업의 채권금융기관과 체결한 경영정상화계획 이행협약법인, ④ 「기업 활력 제고를 위한 특별법」에 의한 사업재편계획 승인 법인 등 4가지 법인이 채무를 출자전환하는 경우 발행 주식의 시가(시가가 액면가액에 미달하는 경우는 액면가액)를 초과하여 발행된 금액을 말한다(이하 ①,②,③,④의 4개 법인을 한꺼번에 말할 때는 "구조조정법인"이라고 하고, 구조조정법인과 관련한 기업회생절차, 워크아웃절차, 경영정상화계획 이행협약절차, 기업 활력제고를 위한 사업재편계획추진절차 등 4개 절차를 한꺼번에 말할 때는 "구조조정절차"라고 한다).

37) 「법인세법 시행령」 제72조(자산의 취득가액 등) ② 법 제41조 제1항 및 제2항에 따른 자산의 취득가액은 다음 각 호의 금액으로 한다.

의 시가'를 출자전환주식의 취득가액으로 하도록 하되, 그 단서에서는 구조조정법인에 대한 출자전환 시는 '출자전환채권의 장부가액'으로 하도록 규정하고 있다.[38)]

Ⅲ. 액면증자 후 무상감자 방식의 출자전환의 선택 이유

출자전환을 한 후 즉시 무상 감자함으로써 채무면제익으로 될 부분을 감자차익으로 전환시키는 방식으로 출자전환을 하는 실무(특히 기업회생절차)상 이유는 무엇인가? 이렇게 우회적인 할증발행 형식으로 출자전환을 하는 것은 출자전환과 관련한 당사자들에게 여러 가지 유리한 점이 있기 때문이다.

1. 채권자 입장

출자전환을 하는 채권자 입장에서 액면가액으로 출자전환 후 즉시 무상 감자하는 형식을 선택하는 것은 다음과 같은 이유 때문이다.

가. 채무면제익 부분이 배당소득으로 과세되는 문제에 대한 대처

예컨대, 앞 〈사례 1〉의 경우 시가(120)와 발행가액(300) 간의 차액(180)을 과세당국은 채무면제익에 해당하는 것으로 보는데, 그러면 이 때 발생하는 채무면제익 180은 이익잉여금에 해당하므로 배당의 재원이 된다.[39)] 만약 피출자전환 채무자가 이 채무면제익 180을 배당[40)]한다면 180은 애초 채권자의 채권 일부(즉, 원본)인데도 출자전환채권자에게 배당소득이 있는 것으로 보아 과세한다.[41)]

4의2. 채무의 출자전환에 따라 취득한 주식등 : 취득 당시의 시가. 다만, 제15조 제4항 각 호의 요건을 갖춘 채무의 출자전환으로 취득한 주식등은 출자전환된 채권(법 제19조의2 제2항 각 호의 어느 하나에 해당하는 채권은 제외한다)의 장부가액으로 한다.

38) 이 단서의 괄호에 정한 채권(대손금으로 처리하더라도 손금으로 인정하지 않는 채권)은 단서의 적용이 배제되므로 본문이 적용되는 것이지만 이 단서의 괄호에 정한 채권이 실무상 출자전환과 관련하여 발생하는 쟁점은 본 논문의 주제와 거리가 있으므로 본 논문은 단서의 괄호에 정한 채권은 제외하고 논의한다.

39) 「상법」 제462조 제1항 및 제459조 제1항, 「상법 시행령」 제18조 참조.

40) 물론 배당은 배당가능이익이 있어야 가능하고 출자전환을 받는 법인은 일반적으로 결손이 많은 경우이어서 출자전환을 받더라도 배당가능이익이 없는 것이 일반적이지만, 여기서는 액면가액으로 출자전환 후 무상 감자하는 형식을 취하는 이유를 알아보는 것이 주목적이므로 피출자전환자에게 배당가능이익이 있는 것으로 전제하고 논의한다.

41) 「소득세법」 제17조 제1항 제1호, 「법인세법 시행령」 제12조 제1항 제1호 참조.

법인채권자가 출자전환하는 경우라면 이 차액 180을 출자전환시점에 대손금으로 손금 인정받거나(일반법인에 출자전환하는 경우) 출자전환주식의 처분 시점에 취득가액으로서 손금 인정[42]받기 때문에(구조조정법인에 출자전환하는 경우) 채무면제익이 배당소득으로 과세되더라도 손금(대손금 또는 취득가액)과 익금(배당소득) 간의 귀속시기의 문제에 불과할 뿐 익금과 손금이 동액이므로 문제가 크게 발생하지 않는다. 그러나, 개인채권자가 출자전환하는 경우라면 ① 주식양도차익으로는 비과세(피출자전환법인이 상장회사인 경우)되지만 180을 실제 배당받으면 배당소득으로 과세되는 경우에 해당하거나, ② 출자전환주식의 처분 시점에 필요경비가 되는 취득가액(피출자전환법인이 비상장회사이거나 출자전환자가 상장법인의 대주주에 해당하는 경우)은 시가(120)이므로[43] 차액(180)은 양도차익으로 전환되어 과세됨과 아울러 배당받을 때 배당소득으로도 과세되는 문제가 초래된다.

출자전환 시 채무면제익의 발생으로 원본이 과세되는 이러한 문제점이 발생한다면 출자전환 채권자의 입장에서는 채무면제익이 발생하지 않도록 하는 출자전환 방식을 선호하는 것은 당연하다.

나. 회생채권자의 채권액 일부가 법인세로 납부되는 사례의 방지

출자전환에서 발생한 채무면제익은 차후 발생하는 결손금의 보전에 충당할 수 있도록 하여 당장의 익금산입에 따른 조세부담이 발생하지 않도록 배려하고 있으나,[44] 이연되던 채무면제익도 결손금 보전에 모두 충당하기 전에 당해 피출자전환법인이 폐업하거나 당해 법인이 해산하면 그 사유 발생연도에 잔존 채무면제익을 전액 익금산입하여야 한다.[45], [46] 이 때 익금 산입되는 채무면제익보다 더 큰 금액의 이월결손금이 당해 회생법인에 없다면 이 익금산입에 따른 법인세가 당해 회생법인에게 부과되는데, 이 때의 법인세는 재단채권이므로[47] 회생채권자나 회생담보권자[48]보다 우선적으로 국가에 변제된다.[49]

42) 구조조정법인에 대해서 출자전환한 경우 채권자는 주식취득가액을 출자전환채권액 300으로 하기 때문에 출자전환주식을 처분할 때에 차액 180은 취득원가로서 손금산입된다.

43) 「소득세법 시행령」 제163조 제1항 제1호 및 제89조 제1항 제3호 참조.

44) 「법인세법」 제17조 제2항.

45) 「법인세법 시행령」 제15조 제5항.

46) 회생회사가 회생계획의 수행이 어렵게 되어 도중에 회생절차를 폐지하여 파산절차로 이행하여 파산절차에 들어가면 법인 해산 사유에 해당한다(「상법」 제227조 제5호, 제517조 제1호, 제609조 제1항 참조).

47) 채무자회생법 제473조 제2호.

48) 회사가 파산되면 회생채권자는 파산채권자가 되고(채무자회생법 제336조 참조) 회생담보권자는 별제권자가 되는 것이므로(채무자회생법 제411조 참조), 이 경우 정확하게는 회생채권자는 파산채권자가 되고 회생담보권자는 별제권자가 된다.

49) 채무자회생법 제476조.

애초 채무자가 회생절차에 들어가지 않았거나 회생계획인가 전에 회생절차가 폐지되어 파산되었더라면 채무자가 소유한 자산의 환가액은 출자전환하기 이전의 채권액을 기준으로 회생채권자에게 전액 분배되었을 것이다. 그런데 회생채권자가 출자전환까지 하여 채무자의 회생을 지원하였는데, 중도에 회생절차가 중단, 파산절차에 들어갔다는 이유로 채권 원본액의 일부(즉, 출자전환에 따른 채무면제익 중 결손금에 충당되지 못하고 남아 있는 잔존액)가 익금에 산입되고 그 법인세액이 재단채권으로서 국가에 우선 변제되는 결과가 초래되면 채권자의 입장에서는 출자전환하지 않고 채무자를 곧바로 파산되도록 한 경우보다 채권회수액이 적게 되는 손해가 초래된다. 따라서 출자전환 채권자의 입장에서는 이런 불합리한 결과가 초래되는 것을 방지할 필요가 있고, 이 방지 수단으로 출자전환 시 채무면제익이 발생하지 않도록 하는 방법을 선호하게 된다.

2. 채무자 입장

채무자의 입장에서는 출자전환에 따른 채무면제익이 발생하면 법인세가 과세되기 때문에[50] 이 법인세 과세문제가 없도록 하는(즉, 채무면제익이 발생하지 않도록 하는) 출자전환 방식이 있다면 이를 선택하는 것은 당연하다.[51]

또한, '채무면제익'은 회계상 이익잉여금이므로 이를 자본금으로 전환하려면 무상주를 발행할 수 없고 주식배당을 해야 하기 때문에 주주들에게 배당소득이 과세되어 주주의 세부담을 초래하게 되나, '감자차익'은 회계상 자본잉여금이므로 무상주를 발행하여 자본금으로 전환할 수 있고 이 경우 주주들에게 배당소득이 과세되지 않아 주주의 세부담없이 자본금으로 전환할 수 있다. 따라서 채무자 입장에서는 감자차익이 발생하는 방안이 채무면제익이 발생하는 방안 보다 더 주주를 보호하는 방안이므로 채무자도 이 방안을 선호하게 된다.

---

50) 이 채무면제익을 과세이연하여 추후 발생하는 결손금의 보전에 충당하더라도, 결손금 보전에 충당된 결손금은 과세표준 계산 시 다시 차감될 수 없으므로 과세이연된 채무면제익에 대해서는 궁극적으로 법인세가 과세되는 것이다.

51) 최근 조세심판원의 사건(조심 2015서3704, 2016.11.18.)에서 "일반기업인 모회사가 100% 자회사에 대한 대여금을 출자전환한 경우 주식발행액면초과액 중 주식 시가초과액을 채무면제익으로 보아 법인세를 과세한 것이 타당하다"고 결정하고 있는데, 출자전환 시 채무면제익의 발생에 따른 세부담의 회피방안이 있다면 채무자는 당연히 이 회피방안을 선택하게 될 것이다.

3. 연대보증인 입장

기업회생절차에서 출자전환을 하여 회생채권액이 소멸하더라도 회생계획에 의한 채무소멸 시에는 이른바 보증책임의 부종성의 법리가 배제되므로 그 기업을 위하여 연대보증한 보증인(주로 대표이사가 해당한다)의 책임은 소멸하지 않는다.52) 따라서 출자전환 이후에 연대보증인이 열심히 노력하여 피출자전환법인을 회생시킨 다음 출자전환채권자가 출자전환주식을 처분하여 출자전환채권 전액을 회수한다고 하더라도, 출자전환시점에 출자전환채권액과 출자전환주식의 시가액 간의 차액은 그 기업의 회생여부와 상관없이 이를 변제해야 한다.53)

이렇게 되면 연대보증인(주로 대표이사)의 입장에서는 그 기업을 열심히 경영하여 회생시켜야 할 의미가 퇴색된다. 이러한 문제점 때문에 연대보증채권자가 신용보증기금이나 기술보증기금인 경우에는 중소기업이 회생절차에서 주채무가 감경 또는 면제되면 연대보증채무도 동일한 비율로 감경 또는 면제되는 내용으로 2013.5.28.에 신용보증기금법 제30조의3과 기술신용보증기금법54) 제37조의3을 신설하여, 출자전환 시 채무면제익(채권자의 입장에서는 대손금)의 부분에 대해서는 연대보증인에게 연대보증책임을 묻지 못하도록 입법적으로 보완하고 있다. 그러나 이것은 어디까지나 중소기업이 신용보증기금이나 기술보증기금으로부터 보증을 받을 때 그 기업의 대표자 등이 연대보증한 경우에만 적용되는 것이어서 그 혜택은 매우 제한적이다.

결국, 연대보증인의 입장에서는 출자전환 시 채무면제익(채권자의 입장에서는 대손금)의 발생에 따른 이러한 문제점이 발생하지 않도록 하는(즉, 출자전환 시 채무면제액이 발생하지 않도록 하는) 방식을 선호하게 된다. 또한 연대보증인에게 대손금에 해당하는 금액만큼을 회수할 수 없는 것이 현실인 점을 감안하여 은행 등 채권자들 입장에서도 연대보증인이 회생기업을 열심히 경영하여 회생시킴으로서 채권회수가 극대화될 수 있도록 유도하기 위하여 연대보증책임을 면제시킬 수 있는 방식의 출자전환을 선호하게 된다.

---

52) 채무자회생법 제250조 제2항.

53) 벤처기업협회의 초대회장을 지낸 ㈜메디슨의 이민화 전 회장의 경우 ㈜메디슨이 신용보증기금에서 보증을 받을 때 대표이사로서 5백억원의 연대보증을 하였는데, ㈜메디슨의 회생절차에서 신용보증기금이 이 5백억원의 구상채권을 출자전환하여 취득한 주식을 삼성그룹에게 1,500억원에 매각하여 이익을 1,000억원이나 취하였음에도 이민화 전 회장의 신용보증기금에 대한 보증채무가 존속하고 있고, 이에 따라 이민화 전 회장은 신용불량자 상태라고 한다(2011.12.5., 매일경제신문).

54) 「기술신용보증기금법」이 2016.3.29.에 개정(시행은 2016.9.30.부터 시행)되어 「기술보증기금법」으로 법률 명칭이 변경되었으며, 기술신용보증기금도 기술보증기금으로 명칭이 변경되었다.

Ⅳ. 액면증자 후 무상감자 방식 출자전환 시 조세회피행위 해당성 여부

1. 출자전환 시 채무면제익 발생과 문제 제기

예컨대 금전채무를 출자전환 하는 방법으로 아래 〈사례 2〉의 Ⓐ,Ⓑ,Ⓒ,Ⓓ의 경우를 각각 선택한다고 가정해 보자.[55] 각 경우별로 그 경제적 결과는 동일하지만 어느 방법을 선택하느냐에 따라 채무면제익 발생 여부가 좌우된다.

〈사례 2〉 금전채무의 출자전환 방법

- X회사(회생회사)의 재무상태 : 차입금 100, 자본금 5, 결손금 △ 35, 자산총액 70
- 차입금 100을 출자전환함. 출자전환 시 주식의 시가(=액면가액)를 10으로 가정
- 각 경우별 가정
  - Ⓐ 채권자가 100을 액면증자에 참여, 현금납입→차입금 100을 변제하는 경우
  - Ⓑ 차입금을 발행가액 100(액면금액 10)으로 10배수 출자전환하는 경우
  - Ⓒ 차입금을 10배수 전환사채로 전환했다가 전환권을 행사, 주식을 발행하는 경우
  - Ⓓ 차입금을 발행가액 100으로 출자전환하였다가 90%(90)를 감자하는 경우

위 각 경우별로 X회사의 '출자전환의 각 과정에서의 세무상 재무상태표'와 '출자전환이 종결된 후의 세무상 재무상태표'를 비교해 보면 다음과 같다.

Ⓐ 100을 액면가액으로 현금증자 후 차입금 100을 변제하는 경우

재무상태표					재무상태표					재무상태표			
자산	70	**차입금**	**100**	⇨	자산	70	**차입금**	**100**	⇨	자산	70	**차입금**	**0**
		자본금	**5**	100	현금	100	**자본금**	**105**	100			**자본금**	**105**
		결손금	△ 35	현금증자			결손금	△ 35	변제			결손금	△ 35
	70		70			170		170			70		70

55) 이 사례는 배영석(주27), 74~75면에서 인용.

Ⓑ 10배수 할증으로 출자전환하는 경우

재무상태표

자산	70	**차입금**	100
		자본금	5
		결손금	△ 35
	70		70

⇨ 10배수 출자전환

재무상태표

자산	70	**차입금**	0
		자본금	15
		채무면제익	90 ←현행 회계처리 (액면초과액)
		결손금	△ 35
	70		70

Ⓒ 전환사채로 전환 후 전환권 행사하는 경우

재무상태표

자산	70	**차입금**	100
		자본금	5
		결손금	△ 35
	70		70

⇨ 전환사채로 전환

재무상태표

자산	70	**전환사채**	100
		자본금	5
		결손금	△ 35
	70		70

⇨ 전환권 행사

재무상태표

자산	70	**전환사채**	0
		자본금	15
		주발초(*)	90
		결손금	△ 35
	70		70

Ⓓ 액면가액의 출자전환 후 90% 무상 감자하는 경우

재무상태표

자산	70	**차입금**	100
		자본금	5
		결손금	△ 35
	70		70

⇨ 액면가 출자전환

재무상태표

자산	70	**차입금**	0
		자본금	105
		결손금	△ 35
	70		70

⇨ 90% 무상 감자

재무상태표

자산	70	**차입금**	0
		자본금	15
		감자차익	90
		결손금	△ 35
	70		70

(*) 주발초 : 주식발행액면초과액

위 Ⓐ,Ⓑ,Ⓒ,Ⓓ 사례에서 최종적으로 X회사는 차입금 100을 출자전환하여 자본을 증가시킨 점에서는 동일하다. 그러면 위 4가지 경우 세무상 취급도 같아야 할 것으로 생각되지만 현행 세법은 그렇지 않다.

'Ⓐ'는 채권자가 X회사의 액면증자에 현금 100을 납입한 후 X회사로부터 차입금 100을 변제받았으므로 결과적으로 X회사는 현금증자 후 채무변제방식으로 차입금 100을 출자전환한 것에 해당한다.[56] 이 경우 주식을 액면발행했으므로 주식발행액면초과액 자체가 발생하지 않아 현행 세법의 해석상 X회사에 채무면제익이 발생하지 않는다.

'Ⓑ'는 액면증자가 아닌 할증 증자의 형식으로 채무를 출자전환했으므로 90은 세무상 채무면제익에 해당한다. 만약 채무자가 회생법인 등의 구조조정법인에 해당한다면 채무면제익 90은 출자전환한 이후의 연도에서 발생하는 결손금의 보전에 충당할 수 있는 특례를 「법인세법」 제17조 제2항에서 허용하고 있다.

56) X회사가 회생회사이므로 채권자가 현금을 납입하여 X회사의 증자에 참여하는 것은 채무자회생법 제206조 제2항에 의한 것이다. 회생절차에서 회생채권자가 현금으로 납입한 증자 자금으로 회생채권의 변제에 충당하는 경우는 회생계획의 변제순서상 현실적으로 발생할 가능성이 희박하나, 경우에 따라서는 회생채권자와 주주가 소수로서 동일인일 경우 출자전환 시 회생회사(X회사)에게 채무면제익이 발생하는 것을 방지하기 위하여 실행할 수도 있는 방안으로 생각된다.

'Ⓒ'는 채무 100을 납입액으로 한 전환사채를 발행한 다음 전환권 행사에 의하여 자본금으로 전환하는 경우인데, 이런 과정을 거치면 채무자의 입장에서 90은 세무상으로 채무면제익이 아닌 주식발행액면초과액으로 인정된다.

'Ⓓ'는 채무 100 전액을 액면가액으로 출자전환한 후 90을 감자하여 결과적으로 자본금은 10, 감자차익은 90이 되도록 하는 방법이다. 이 방법은 채무면제익의 발생에 따른 과세문제를 피하기 위하여 현재 실무계에서 널리 이용되는 방법이다.[57] 감자차익은 세무상 익금으로 과세하지 않으므로 세무상으로 채무면제익에 따른 법인세 부담이 없어지게 된다.

위 Ⓐ,Ⓑ,Ⓒ,Ⓓ의 경우, X회사는 차입금 100을 출자전환했다는 결과는 동일하다. 그러나 출자전환을 어떤 방법을 선택하여 하였느냐에 따라 세무상 채무면제익의 발생 여부 등 세무처리가 달라지고 있다. 위 Ⓑ의 경우에만 채무면제익 90이 발생하고 나머지 Ⓐ,Ⓒ,Ⓓ의 경우는 채무면제익이 발생하지 않는다고 하면 형평과세의 측면에서 타당한가라는 의문이 제기될 수 있다. 특히 Ⓓ의 경우는 의도적으로 90을 채무면제익이 아닌 감자차익으로 전환시킨 경우인데, Ⓓ의 경우에 조세회피행위로 보아 실질과세원칙상 90을 채무면제익으로 과세하는 것이 타당하지 않은가라는 의문이 제기될 수 있다.

2. 출자전환 시 채무면제익 발생 규정에 대한 견해의 대립

출자전환 시 발행가액 중 발행 주식의 시가[58]를 초과한 금액이 채무면제익에 해당한다고 하면[59] (출자전환 시 채무면제익이 발생한다는 주장의 원천이 되는) 「법인세법」 제17조 제1항 제1호 단서의 의미를 두고 견해가 갈린다. 이를 앞 〈사례 1〉의 숫자를 가지고 본다.

제1설은 '출자전환가액(=발행가액. 300)에서 액면가액(100)을 차감한 차액(200)'이 주식발행액면초과액(즉, 주금의 납입액)에 해당한다는 점에서는 변함이 없고 이 차액(200) 중 발행주식의 시가(120)를 초과하는 금액(180=300-120)만 '익금불산입항목인 주식발행액면초과액'에 해당하지 않는다라는 점을 단서에서 특별히 규정한 것으로 해석(이하 이 견해를 "의제면제익설"이라 한다)한다. 제2설은 발행가액 중 시가초과액(180)은 '성질상 채무면제익'에 해당하므로 이를 주식발행액면초과액에서 제외한다고 규정한 것은 당연한 사실을 주의적으로 규정한 것에 불과하다고 해석(이하 이 견해를 "당연면제익설"이라 한다)한다.

---

57) 서울중앙지법 연구회(주2), 753면 참조.

58) 구조조정법인에 출자전환하는 경우에는 주식 시가가 액면가액 이하이면 액면가액으로 한다(「법인세법 시행령」 제15조 제4항 1호부터 4호의 괄호 참조).

59) 본장 **4. 가.**에서 보는 바와 같이 본 논문은 출자전환 시 채무면제익이 원칙적으로 발생하지 않는다는 입장을 취하고 있다.

당연면제익설의 논거로는, ① 주식의 발행가액과 시가의 차액을 채무면제익이라고 하는 것은 주식의 시가에 해당하는 금액(120)은 주식의 발행가액으로 납입한 것이고 시가를 초과한 금액(180)은 면제한 것임을 의미하는데, 당사자의 의사에 따른 해석에 충실하면, ⓐ 채무액 300 중 주금으로 납입받기로 한 금액이 시가(120)이면 120이 소멸하므로 나머지 180은 채무면제익에 해당한다고 볼 수 있으나, ⓑ 300을 주금으로 납입하기로 하면 300이 소멸하므로 발행가액과 시가의 차액인 180은 채무면제익이라고 하기 어렵지만, 사안별로 당사자의 의사를 파악하여 채무면제익에 대한 과세 여부를 결정하는 것은 과세행정을 복잡하게 하고 분쟁의 가능성을 높이므로 객관적인 기준에 따라 일률적으로 법적 효과를 부여하기 위해 현행 세법은 ⓐ,ⓑ를 구분하지 않고 출자전환으로 발행된 주식의 시가가 발행가액 이하인 경우 채무면제익이 발생한 것으로 간주한다고 하는 견해,[60] ② 채무의 출자전환시 출자로 전환되는 채권의 원리금 가액(즉, 주식 등의 발행가액)이 그 출자전환으로 발행되는 주식의 시가를 초과하는 경우 그 차액은 그 실질이 채무면제이익이기 때문이라고 보아야 한다는 견해,[61] ③ 기업구조조정에서 하는 출자전환은 채권자가 채무자인 기업의 채무를 탕감해주는 대신 그 기업의 주식을 취득하는 채무조정방식인데, 이 경우 새로 발행되는 주식의 시가가 채무액에 미치는 못하는 경우는 실질적으로 일부 채무면제에 해당한다고 볼 수 있다는 견해[62] 등이 제시된다.

그러나, 출자전환가액 중 출자전환주식의 시가를 초과하는 가액(180)이 주식발행액면초과액이 아니라 채무면제익에 해당한다고 하더라도, 채무자나 채권자의 입장에서는 자본잉여금(주식발행액면초과액)에 해당하느냐 이익잉여금(채무면제익)에 해당하느냐의 문제일 뿐 주주의 지분에 해당하는 잉여금이라는 점에서 차이가 없고[63] 제Ⅲ장에서 본 바와 같이 출자전환 관련 당사자(채권자, 채무자, 연대보증인)의 입장에서는 출자전환 시 채무면제가 없다고 하는 것이 유리하다. 세법에서 출자전환 시 발행주식의 시가초과액을 채무면제익에 해당하는 것으로

60) 이중교(주4), 291~292면.

61) 이정란, "채무의 출자전환과 채무면제이익 - 2012.11.22. 선고 2010두17564 전원합의체 판결 -", 『부산대학교 법학연구』 제55권 제1호·통권79호, 2014.2., 343면.

62) 김영순, "최근 조세사건에 관한 대법원 판결에 대한 소고", 『인하대학교 법학연구』 제16집 제2호, 2013.7., 317면.

63) 이 점을 서울고등법원의 판례에서 다음과 같이 설시하고 있다. 즉, '완전 자본잠식으로 1주당 평가액이 499원 밖에 안되는 회사가 액면가액(5,000원)으로 유상증자하는 데에 특수관계법인이 증자에 참여한 사건'에서, "주식발행법인과 증자하는 주주 간에는 이익을 주고 받는 당사자가 될 수 없기 때문에 신주를 고가로 인수한다고 해서 증자법인에 이익이 발생하지 않는다. 증자법인으로서는 고가 인수가액을 출연받았다가 청산 시에 남아 있는 자기자본을 지분비율에 따라 주주들에게 돌려주면 그만이기 때문이다"라는 취지로 판시하여{서울고등법원 2012.9.26. 선고 2012누5451 판결. 이 2심 판결은 대법원에서 인용되어 원고 승소 확정되었다(2014.6.26. 선고 2012두23488 판결)}, 주주와 증자법인 간에는 이익을 서로 주고 받는 관계가 될 수 없다고 보는 이유를 설명하였다.

명시적이고 적극적으로 규정하고 있지 않은데도, 출자전환 관련 당사자의 이러한 입장 내지 의사 나아가 상계방식으로 출자전환하는 당사자의 행위를 무시한 채 출자전환 시 발행주식의 시가초과액이 채무면제익이라고 해석하는 입장인 당연면제익설은 출자전환 거래의 당사자를 고려하지 않은 견해라고 할 것이다.

결국, 출자전환 당사자의 의사, 상계방식으로 하는 출자전환 형태 등을 감안할 때 의제면제익설이 타당하다 할 것이다.[64), 65)]

대법원은 전원합의체 판결[66)]에서 다수의견은 의제면제익설의 입장에 선 것으로 보이고 소수의견은 당연면제익설의 입장에 선 것으로 보인다. 즉, 이 전원합의체 판결의 1심[67)]은 "출자전환 과정에서 발행가액에서 시가를 차감한 금액은 주식 발행과 관련하여 주주로부터 실제 납입 받은 금액이 아니라 실질적으로 채권자로부터 채무면제 받은 금액에 불과하므로 익금대상인 수익금액이다"고 판시하였고, 2심(원심)[68)]은 "채무의 출자전환 과정에서 발행가액에서 시가를 차감한 금액은 주식발행액면초과액에 해당함이 명확하므로 이 초과액을 주식발행액면초과액에서 제외하려면 법률의 개정에 의하여 할 것이지 시행령의 개정으로 할 수 없다"

---

64) 의제면제익설과 당연면제익설에 관한 자세한 설명은 배영석·김병일(주8), 233~237면 및 240~249면 참조.

65) 출자전환한 채권자(재화의 공급자)에게 발행 주식의 시가 초과액 180을 대손금으로 인정하여 관할 세무서장이 180에 대한 대손세액공제를 허용한 후 출자전환받은 채무자(재화의 피공급자)에게 이 대손세액공제액을 추징(「부가가치세법」 제45조 제3항 단서 참조)을 한 사건이 있다(수원지방법원 2016.4.21. 선고 2015구합66715 판결). 이 사건의 쟁점은 '채무자에게 채무면제익이 발생하는가'라는 점이 아니라 '채권자에게 대손금이 발생하는가'라는 것으로서, 주식 시가 초과액 180이 대손금이라면 채권자가 받은 대손세액공제액을 채무자에게 추징할 수 있게 된다. 수원지방법원(1심)은 "출자전환으로 소멸되는 기존채권의 가액에 관한 합의가 회생계획상 존재하는 것이므로 회생계획에서 정하고 있는 바에 따라 주채무가 소멸하게 되고, 「법인세법 시행령」 제72조 제2항에 의하여 출자전환주식의 취득가액은 출자전환된 채권의 장부가액으로 보아야 하므로 회생계획에서 출자전환 이후 주식을 감자하기로 결정하였다고 하여 감자된 자본금만큼의 채권이 회수불능 채권으로 확정된 것으로 볼 수는 없다"고 한 후 "출자전환채권은 대손세액공제의 대상이 아니다"라는 취지로 판시하였다. 이 1심 판결은 피고(성남세무서장)가 2016.5.25.에 서울고등법원에 항소했으나(2016누45556) 아직 선고되지 않고 있다. 만약 이 1심 판례 내용대로 대법원에서까지 그대로 원고 승소로 확정이 된다면 채권자는 주식 시가초과액(180)에 대한 부가가치세를 공급자로서 국가에 납부하고 국가로부터 대손세액공제를 받기 때문에 부가가치세의 손실이 없으나, 채무자는 부가가치세를 채권자에게 지급하지도 않으면서도 공급받은 재화에 대한 매입세액공제에 대해서 대손세액공제의 추징을 받지 않아 그만큼 이득이 된다. 그러면 결과적으로 국가는 180에 대한 부가가치세만큼 국고손실을 입게 되는 문제가 발생한다. 당연면제익설은 주식시가 초과액(180)은 그 성질상 당연히 채무자에게는 채무면제익이다는 입장이므로 역으로 채권자에게는 대손금이 된다는 논리가 될 수 있으나, 의제면제익설은 주식 시가초과액(180)이 대손금으로 되는 것이 당연하다고 보지 않는 입장이므로 180은 대손세액공제를 할 수 없다고 해석하며, 이런 점에서 이 경우 국고 손실이 발생하지 않게 되는 견해가 된다. 출자전환 관련 대손세액 공제에 관해서는 배영석·김병일, "출자전환 및 회생채권 관련 대손금과 대손세액공제에 관한 연구", 『세무학연구』 제34권 제1호, 한국세무학회, 2017.3., 154~163면을, 출자전환을 현물출자와 상계로 보았을 때 회계처리상 각각의 차이점과 액면가액으로 출자전환 후 감자함에 따른 회계처리에 따른 분석은 배영석·김병일(주15), 117~123면을 참조.

66) 대법원 2012.11.12. 선고, 2010두17564 판결.

67) 서울행정법원 2009.8.28. 선고, 2009구합9000 판결.

68) 서울고등법원 2010.7.8. 선고, 2009누30228 판결.

라고 판시했는데, 대법원의 다수의견은 "출자전환 채무 중 시가초과 부분에 대하여 채무면제 받는 것과 동일한 경제적 효과가 발생하는 것처럼 보이기는 하나, 출자전환채무 전부가 신주인수가액으로 납입된 것으로 인정되어야만 신주발행의 효력이 발생하는 것이므로, 그 결과로서 나타나는 경제적 측면에서의 효과를 이유로 출자전환 채무 중 시가초과액 부분만을 떼어내어 주식납입금으로서의 실질을 부인할 수 없다"라고 설시하였고, 소수의견은 "출자전환 채무 중 시가초과 부분은 그 실질이 자본의 납입금과 같다고 볼 수 없고, 오히려 채무면제익에 해당하여 그 금액만큼 법인의 소득이 증가하였다고 봄이 타당하여 이 초과액을 주식발행액면초과액에 해당한다고 볼 수 없다"고 설시한 점을 보면, 다수의견은 의제면제익설의 입장이고 소수의견은 당연면제익설의 입장인 것으로 생각된다.[69]

대법원은 현금증자 후 채권회수방식의 출자전환을 한 사건에 관한 판결[70]에서도 명문의 규정이 없는 한 출자전환으로 주식을 발행하는 경우 그 인수가액 중 액면가액을 초과하는 금액은 그 전액이 주식발행액면초과액에 해당한다고 판시하는 점을 보면 대법원은 의제면제익설의 입장으로 생각된다.

3. 다단계거래에 대한 실질과세원칙

종래 실질과세원칙은 귀속의 실질과세와 거래형태의 실질과세의 2가지가 있었으나 이것만으로 조세회피 사례에 적절히 대처할 수 없다고 보아 2007.12.31.에 「국세기본법」 제14조 제3항을 신설, "제3자를 통한 간접적인 방법이나 둘 이상의 행위 또는 거래를 거치는 방법으로 이 법 또는 세법의 혜택을 부당하게 받기 위한 것으로 인정되는 경우에는 그 경제적 실질

69) 물론 이 대법원 전원합의체 판결은, 출자전환으로 발행하는 주식의 시가가 액면가액 이상이고 발행가액 이하인 경우 주식발행액면초과액을 시가에서 액면가액을 차감한 금액으로 하도록 정한 구 법인세법 시행령 제15조 제1항 후문이 법률의 위임 없이 위임입법의 한계를 벗어나 법인세법 제17조 제1호에 규정된 주식발행액면초과액의 범위를 제한하는 것인지, 아니면 모법의 취지에 부합하는 것으로서 모법의 해석상 가능한 것을 명시한 것 내지 모법을 구체화하기 위한 것인지를 가리는 것이다. 그러나, 다수의견과 소수의견이 내세우는 논리, 이 전원합의체 판결의 1심과 2심 판례의 내용 등을 보면 다수의견은 의제면제익설의 입장이고 소수의견은 의제면제익설의 입장으로 생각된다. 특히 이 대법원 전원합의체 판결 외의 또다른 대법원 전원합의체 판결(2010.9.16. 선고 2008두97218 판결)에서도 소수의견을 취한 신영철 대법관은 "금전채권 300의 출자전환 시, 주식 시가 상당액(120)의 변제와 나머지 채권액(180=300−120)의 면제가 이루어지는 경우보다 채권자를 불리한 지위에 처하도록 하는 해석론은 취할 수 없다"고 한 후 "금전채권 300의 출자전환 시, 채권자는 시가상당액(120)을 대물로 변제받고 나머지의 금액(180)은 면제한 것으로 해석함이 타당하다"라는 취지로 설명한 점을 보면, 소수의견은 당연면제익설의 입장으로 평가할 수 있다고 생각된다.

70) 대법원 2014.5.29. 선고, 2012두10345 판결. 이 판결은 특수관계법인으로부터 1,181백만원을 증자(1주당 액면가액은 5,000원, 발행가액은 500,000원)받은 법인에게 주식발행초과금 1,169,190천원(=증자총액 1,181백만원−자본금 11,810천원)을 채무면제익으로 보아 과세한 사건에 관한 판결이다.

내용에 따라 당사자가 직접 거래를 한 것으로 보거나 연속된 하나의 행위 또는 거래를 한 것으로 보아 이 법 또는 세법을 적용한다"라고 규정하여, 이른바 우회거래·다단계거래에 대한 실질과세원칙을 규정하였다. 그러나 동 조 제3항에서 규정한, ① '제3자를 통한 간접적인 방법'(즉, 우회거래에 의한 방법)은 귀속을 바꾸는 행위이므로 동 조 제1항에 규정한 귀속의 실질과세의 한 형태에 불과하고, ② '둘 이상의 행위 또는 거래를 거치는 방법'(즉, 다단계거래에 의한 방법)은 거래의 형태를 바꾸는 것이므로 동 조 제2항에 규정한 거래형태의 실질과세의 한 형태에 불과하다 할 것이다.[71]

실질과세원칙은 실질과 형식(외관)이 다른 경우에 실질에 따라 과세한다는 원칙이나, 납세자가 선택한 형식이 '조세회피와 관계없는 이유에 의하여 선택한 경우'이거나 선택한 형식이 '조세회피목적이 수반된 것이라고 하더라도 합리적인 거래형식을 취한 경우'에는 실질과세원칙을 내세워서 납세자가 취한 형식을 무시하고 실질을 내세워서 과세할 수 없다.[72] 미국 판례법상 확립된 사업목적의 원칙(business purpose doctrine)은 우리나라의 실질과세원칙의 적용 시에도 많이 참고가 된다. 따라서 거래의 전체를 관찰할 때 조세회피의 목적 이외에 상당한 사업상의 이유 때문에 납세자가 그 거래를 선택했다면 실질과세원칙을 내세워 과세할 수 있다고 쉽게 판단할 것은 아니라고 할 것이다.

4. 액면증자후 무상감자 형식의 출자전환 시 조세회피행위 해당성 여부

앞 〈사례 2〉 'Ⓓ'의 경우는 출자전환 시 채무자에게 90의 채무면제익이 발생하지 않도록 하기 위해 액면발행 형식으로 출자전환한 후 즉시 90만큼의 무상감자를 하여 90을 감자차익으로 전환시키는 일련의 조치를 취한 경우다. 이러한 일련의 조치를 조세회피를 위한 부당행위로 보아 「국세기본법」 제14조 제3항에 정한 (다단계거래에 의한) 실질과세원칙을 적용하여 감자차익 90을 채무면제익에 해당하는 것으로 볼 수 있는가? 부정적으로 해석해야 할 것이다. 그 이유는 다음과 같다.

가. 출자전환 시 채무면제익의 미발생 측면에서의 비해당성

당초 과세관청은 출자전환 시 발행가액(300)과 액면가액(100) 간의 차액(200)은 전액 주식발행액면초과액에 해당한다고 해석[73]하다가 2003.3.5.에 출자전환의 성질을 현물출자로 보아

---

71) 김완석, "거래내용에 관한 실질과세원칙의 적용 범위", 『조세논총』 제1권, 한국조세법학회, 2016.12., 57~60면 ; 강석규, 『조세법 쟁론』, 삼일인포마인, 2017, 86면 참조.

72) 김완석(주71), 55~56면 ; 강석규(주71), 92면 참조.

시가(120)와 액면가액(100) 간의 차액(20)만 주식발행액면초과액에 해당하고 발행가액(300)과 시가(120) 간의 차액(180)은 채무면제익에 해당하는 것으로 해석을 변경[74]한 후 2003.12.30.에 「법인세법 시행령」 제15조 제1항 후단에 이 해석의 내용을 삽입하였다. 이렇게 삽입한 취지에 대하여 재정경제부는 '채무의 출자전환으로 발행한 주식의 발행가액과 액면가액의 차이 중 시가를 초과하는 금액은 실제로 납입된 금액이 아니므로, 이를 채무면제익으로 보도록 한 기업회계기준 및 예규를 법령으로 명확화'한다고 설명하였다.[75] 이 「법인세법 시행령」의 내용은 2005.12.31.자로 「법인세법」 제17조 제1항 제1호 단서로 이관하고 동시에 제2항을 신설하여 출자전환주식의 시가를 초과하는 출자전환가액(180) 중 「법인세법」 제18조 제1항의 규정을 적용받지 않는 대통령령이 정하는 금액은 차후 연도의 결손금의 보전에 충당할 수 있도록 하였다. 이렇게 개정한 취지에 대하여 재정경제부는 '채무의 출자전환을 통한 단순한 자본구조의 재편성에 대해 과세문제가 없도록 일반 제도화'를 한다고 하면서 '출자전환에 따른 손익의 인식을 주식처분 시까지 이연하여 출자전환시점에서는 과세문제가 없도록 지원'하는 것이라고 설명하고 있다.[76]

이러한 일련의 입법 과정을 생각하면 「법인세법」 제17조 제1항 제1호 단서에 규정된 출자전환 시 주식발행액면초과액 중 주식 시가초과액(180)은 채무면제익에 해당한다는 취지로 입법한 것으로 생각된다.

그렇다고 해도, 논리적으로 생각하면 출자전환의 과정에 '채무면제'가 있어야만 '채무면제익'이 발생할 수 있다. 「법인세법 시행령」 제11조 제6호의 괄호에서는 (「법인세법」 제17조 제1항 제1호 단서에 따라 발생하는) '출자전환 시 발행주식의 시가초과액은 채무면제·소멸익에 포함된다'고 규정하고 있는데, 그러면 채무를 주식 시가를 초과하여 할증발행 형식으로 출자전환하면 '채무면제가 발생하여 발행주식의 시가초과액이 언제나 채무면제익이 된다'고 볼 수 있는가?

먼저, '기업회생절차'에서 회생채권을 출자전환하는 경우 채무면제익이 발생하는지 여부를 보기로 한다.

기업회생절차에서 회생채권을 출자전환하는 경우 그 본질에 관하여 다양한 견해가 제시되고 있으나 현재 대법원은 그 법적 성격에 관하여 명시적으로 밝히지 않고 있다.[77]

종전 「회사정리법」과는 달리 채무자회생법 제206조 제1항에서는 출자전환을 하는 경우에 회생계획에 '신주의 발행으로 감소하게 되는 부채액'(제4호)을 기재하도록 규정하고 있는데,

---

73) 재정경제부, 재법인 46012-191, 1999.12.6.

74) 재정경제부, 재법인 46012-37, 2003.3.5.

75) 한국공인회계사회, 『개정세법해설』, 2004, 154면.

76) 한국세무사회, 『2005 개정세법 주요내용』, 2006.2., 87면.

77) 서울중앙지법 연구회(주2), 747면 참조.

이를 근거로 출자전환의 법적 성격을 이 부채액과 '신주의 발행으로 인하여 증가하게 되는 자본과 준비금의 액'(제3호) 간에 상계로서 소멸하게 된다는 상계설[78]과 회생계획이 인가되면 채무자회생법의 규정에 의하여 출자전환된 회생채무가 소멸한다는 특수한 채무소멸설[79]이 대립한다. 어쨌든 회생계획이 인가되면 채무자회생법 제206조 제1항 제4호에 의하여 기재된 출자전환채무액이 소멸하게 된다.[80] 그러면 상계의 의사에 의하여 소멸되든(상계설) 회생계획 인가의 결정으로 소멸되든(특수한 채무소멸설) 출자전환의 일련의 과정에서는 '채무면제'가 별도로 존재하지 않는다. 그렇다면 '채무면제익'도 역시 발생할 여지가 없다고 해석해야 옳다.

그 다음, '그 이외의 절차'(즉, 기업회생절차에서 공익채권을 출자전환하거나 워크아웃·일반증자의 절차 등)에서 출자전환하는 경우 채무면제익이 발생하는지를 보기로 한다. 이 경우 출자전환의 본질을 상계로 보거나 현물출자로 볼 수 있는데, 상계 이외의 방식으로 출자전환하는 경우를 현재 실무에서는 보기 어렵다.

현물출자 방식에 의할 때 원칙적으로 출자전환하는 금전채권액을 시가로 평가해야 하나, 이것은 매우 어려운 일이고 이 시가를 외부 전문가가 평가하는데에는 많은 평가비용을 지급해야 하며 시간도 많이 소요되는 문제가 있다. 비용부담없이 간단하게 할 수 있는 상계 방식을 내버려 두고 비경제적인 현물출자 방식을 선택할 이유가 없으므로 현물출자 방식으로 출자전환하는 사례를 현실에서는 보기 어렵다.

또한 출자전환을 '현물출자'로 보더라도 출자전환 목적물(금전채권)을 '시가(앞 〈사례 2〉의 경우 10)로 평가'하는 것(평가액설의 적용)이 아니라 '권면액(100)으로 평가'하는 것(권면액설의 적용)이 현행 실무이므로[81] 이 경우에는 상계와 다를 바가 없기 때문에 채무면제가 발생한다고 볼 수 없다.

만약 출자전환의 본질을 '상계'로 본다면 출자전환채권액과 할증발행에 따른 주금납입액을 상계하는 것이므로 법률적으로는 채무면제익이 발생할 여지가 없다.

그렇다면 세법에서 채무를 할증발행 형식으로 출자전환할 경우 채무면제익이 발생한다고 규정하고 있는 것은 어떤 의미인가?

채무를 할증발행 형식으로 출자전환할 경우 채무면제익이 발생하는 경우는 출자전환 목적물을 '평가액설에 따라 평가하여 현물출자'하는 경우의 출자전환에서만 발생할 수 있다고 해

---

78) 이승환(주21), 54~55면.

79) 이 견해는, 회생절차에서의 출자전환을 현물출자나 대물변제로 볼 수 없고 회생절차상의 특수한 채무소멸원인이라는 주장이다. 서울중앙지법 연구회(주2), 747면 참조.

80) 채무자회생법 제251조. 그러나 정확하게는, 대법원 판례에 의할 때, '회생채무가 소멸'되는 것(채무소멸설)이 아니라 '회생채무자의 책임이 면제'되는 것(책임소멸설)이다(대법원 2001.7.24. 선고 2001다3122 판결 참조).

81) 「상법」 제422조 제2항 제3호는 금전채권을 현물출자할 때 권면액으로 평가할 수 있음을 명문화하고 있다.

야 할 것이다. 그 논리는 다음과 같다. 즉, 앞 〈사례 2〉 Ⓓ의 경우 금전채권(100)을 시가(10)로 평가하여 이 10을 출자가액으로 하여 출자전환하면 채무자가 채권자로부터 출자전환으로 이전받은 금전채권(100)은 혼동(混同)의 법리에 의하여 소멸하게 되는데, 그러면 90(=금전채무의 권면액 100-주식의 발행가액 10)만큼 채무자에게는 채무소멸익이 발생한다. 이 때 발생하는 이 '채무소멸익'이 출자전환 시 발생한다고 하는 '채무면제익'에 해당한다 할 것이다.

채무가 '혼동에 의하여 소멸'하는 것과 '채무면제로 인하여 소멸'하는 것은 법리상으로 같지 않기 때문에[82] 일본은 '갱생절차 등에 따른 채무면제 등이 있는 경우의 손금산입특례'를 규정한 일본 법인세법 제59조 제1항 제1호 및 제2항 제1호가 2006년에 개정되어, 채권자로부터 채무면제를 받은 범위에 '채무면제 이외의 사유로 소멸한 경우로서 그 소멸한 채무에 관한 이익이 발생하는 때'가 포함되었고, 이에 따라 출자전환 시 발생한 '채무소멸익'이 '채무면제익'으로서 이월결손금의 손금산입대상이 되는지 여부가 종전에는 불명확하였으나 이 개정으로 명확하게 되었다고 한다.[83), 84)]

그러나 출자전환을 평가액설에 의한 현물출자 방식으로 하는 경우는 앞에서 본 바와 같이 현행 실무에서는 찾아보기 어렵다. 그렇다면 회생채권을 기업회생절차에서 출자전환하는 경우 이외에서는 상계방식이나 권면액설에 의한 현물출자방식에 따라 출자전환을 하는 것이므로, 이 과정에 채무면제가 발생할 여지가 없고 따라서 채무면제익도 발생할 여지가 없게 된다.

마지막으로, '관련 세법의 문언'상으로도 할증발행의 출자전환 시 일반적인 경우에는 주식시가초과액이 채무면제익이 된다고 해석할 수 없다.

주주가 납입한 출자금에 해당하는 주식발행액면초과액을 익금불산입사항으로 규정한 「법인세법」 제17조 제1항 제1호 본문은 당연한 사항을 규정한 주의적 규정인데,[85] 그 단서에서

---

82) 자기사채를 사채발행자(채무자)가 액면가액 이하로 매입, 소각하는 경우 사채액면가액(100)은 혼동에 의하여 소멸하는데, 사채액면가액(100)과 매입가액(10) 간의 차액(90)을 사채발행자는 '상환이익'으로 회계처리하고 '채무면제익'으로 회계처리하지 않으며(일반기업회계기준 실6.15 참조), 매각한 사채권자도 이 차액을 '처분손실'로 회계처리하고 '대손상각비'로 회계처리하지 않는다. 이 점을 보아도, 채무가 '혼동에 의하여 소멸'하는 것과 '채무면제로 인하여 소멸'하는 것은 법리상으로나 회계상으로 같지 않다는 점을 알 수 있다.

83) 일본 법인세법 제59조 제1항 제1호(제2항 제1호도 같은 내용이다)에서 "当該更生手続開始の決定があつた時において…債権を有する者…から当該債権につき債務の免除を受けた場合(当該債権が<u>債務の免除以外の事由により消滅した場合でその消滅した債務に係る利益の額が生ずるときを含む。</u>)その債務の免除を受けた金額(<u>当該利益の額を含む。</u>)"로 표현하여, 밑줄친 부분에서 채무소멸익이 채무면제익에 포함됨을 명시하고 있다.

84) 우리나라의 세법이 2005.12.31.에 법인세법 제17조 제1항 단서와 제2항 그리고 2006.2.9.에 「법인세법 시행령」 제11조 제6호의 괄호가 신설된 이후 할증발행 형식의 출자전환 시 발행가액 중 시가초과액(위 〈사례 2〉 Ⓓ의 경우 90)은 채무면제익에 포함된다고 해석하는 것이 다수 견해이지만, 이 90이 '채무면제에서 발생'한 것인지 아니면 '혼동에 의한 채무소멸에서 발생'한 것인지에 대해서는 우리나라에서는 본격적인 논의가 없는 실정이다.

85) 김완석·황남석, 『법인세법론』, 광교이택스, 2014, 225면 참조.

는 '채무의 출자전환의 경우 발행주식의 시가를 초과하는 금액은 주식발행액면초과액에서 제외된다'고 규정하고 있을 뿐이지 이를 익금에 해당한다고 적극적으로 규정하고 있지 않다. 뿐만 아니라 「법인세법」 제17조 제2항에서도 "…제1호 단서에 따른…금액은…익금에 산입하지 아니하고…결손금의 보전에 충당할 수 있다"라고 규정할 뿐, '제1호 단서에 따른 금액'이 채무면제익으로서 익금에 해당한다고 적극적으로 규정하고 있지 않다.

출자전환가액 중 발행주식의 시가초과액(〈사례 2〉의 90)이 주식발행액면초과액이냐 또는 채무면제익이냐의 문제는 채무자나 채권자의 입장에서는 자본잉여금(주식발행액면초과액)이냐 이익잉여금(채무면제익)이냐의 문제일 뿐 시가초과액(90)이 주주의 지분에 해당하는 잉여금이라는 점에서 아무런 차이가 없고, 이를 채무면제익으로 보면 채무자나 채권자에게 모두 불리하게 되므로[86] 출자전환 관련 당사자는 이를 주식발행액면초과액이 아닌 채무면제익으로 볼 이유가 없다 할 것이다. 특히 「법인세법 시행령」 제72조 제2항 제4호의2 단서에서 회생절차, 워크아웃절차 등 기업구조조정절차에서 하는 출자전환으로 취득하는 주식의 취득가액은 출자전환채권가액(〈사례 2〉의 100)으로 하도록 정하여 채권자는 시가초과액(90)을 대손금으로도 손금인정받지 못하므로 이 경우의 채권자는 발행주식의 시가초과액을 채무면제익으로 하는 논리에 찬성할 이유가 없다.[87] 그렇다면 출자전환 시 당사자가 채무면제를 의욕하지 않았는데도 세법상 채무면제가 있는 것으로 보아 출자전환주식의 시가초과액을 채무면제익으로 과세하려면 적극적으로 세법에서 이를 채무면제익에 해당하는 것으로 입법하여야만 가능하다 할 것이다. 조세법률주의 내지 차용개념 적용의 논리상 출자전환 거래의 당사자가 의욕하지 않은 채무면제의 법적 효과가 세법상 있는 것으로 하려면 별도의 입법으로 이를 명시해야만 가능하다고 보아야 하기 때문이다.

'제1호 단서에 따른 금액'이 주식발행액면초과액에서 제외된다고 하더라도 (「법인세법」 제

---

86) 채권자, 채무자, 연대보증인 등 출자전환 관련 당사자가 채무면제익의 발생을 원하지 않아서 액면증자 후 무상감자 방식의 출자전환을 한다는 점에 대해서는 제Ⅲ장 참조.

87) 〈사례 2〉의 시가초과액 90을 법인세법상 대손금으로 손금인정하지 않더라도 「부가가치세법」상 대손세액공제가 가능한 것으로 해석, 적용하고 있으나, 주석 65에서 보는 바와 같이, 〈사례 2〉의 시가초과액 90은 대손세액공제의 대상이 아니므로 과세관청은 출자전환을 받은 채무자(재화의 피공급자)에게 대손세액공제상당액의 추징을 할 수 없다는 수원지방법원의 1심 판례가 대법원에서 최종적으로 받아들여지면 국가는 채권자에게는 대손세액공제를 해 주면서도 채무자에게는 대손세액공제액의 추징을 할 수 없어 국고손실을 보게 된다는 점에서 「부가가치세법」상 대손세액공제가 가능하다는 과세당국의 해석도 변경될 것으로 예상된다. 수원지방법원 이외에 서울행정법원에서도 시가초과액 90을 대손세액공제를 허용하지 않은 것으로 판시한 바 있고(2013.6.20. 선고 2012구합32703 판결), 인천지방법원에서도 시가초과액 90을 대손세액공제를 허용하지 않은 것으로 판시한 바 있다(2012.9.20. 선고 2012구합2843 판결). 인천지방법원의 판결 사건에서 원고가 항소했으나 서울고등법원에서도 시가초과액 90을 대손세액공제를 허용하지 않은 것으로 판시하였고(2013.10.25. 선고 2012누30938 판결), 이에 대해 납세자가 2013.11.14.에 상고(2013두2391)했다가 2013.12.4.에 상고를 취하하였다.

15조 제1항에서 익금에 해당하지 않는 것으로 명시한) '출자의 납입액'에 해당한다면(즉, 자본거래에서 발생한 금액에 해당한다면) 익금에 해당하지 않는 것은 익금의 본질상 당연하다. 그런데 상계방식[88]으로 출자전환을 한다면 출자전환된 채권액(앞 〈사례 2〉 Ⓓ의 경우 100)은 주금납입액에 충당되고 이를 근거로 채무자는 신주를 발행하는 것이므로, 이 채권액(100) 중 주식시가(10)의 초과액(90)이 주식발행액면초과액에서 제외된다 하더라도, 주금 납입액이라는 본질이 사라지는 것은 아니다.[89] 따라서 상계방식의 출자전환 시 주식 시가의 초과액(90)은 그 성질상 「법인세법」 제15조 제1항에서 규정한 '출자의 납입'에 해당하기 때문에 익금의 본질상 익금에 해당할 수 없다고 보아야 한다.

그렇다면 '제1호 단서에 따른 금액'이 '출자의 납입'이 아니라 '순자산의 증가 항목'(채무면제익)으로서 익금에 해당되는 경우는 어떤 경우인가? 이 경우는 오로지 평가액설에 의한 현물출자방식으로 출자전환(즉, 채권액 100을 시가평가액 10의 출자가액으로 한 출자전환)하는 경우만 해당한다 할 것이다. 즉, 이 경우에서만 '채무소멸익'이 발생(차액 90이 혼동의 법리에 의하여 발생)하는데, 바로 이 '채무소멸익이 채무면제익에 해당한다' 할 것이다.[90] 그렇다면 현재 우리나라 실무에서 행하고 있는 상계방식의 출자전환에서는 그 과정에서 '채무면제'가 발생할 여지가 없기 때문에 '채무면제익'이라는 익금도 발생할 여지가 없다는 것은 당연하다 할 것이다.

이런 점에서 차후 결손금의 보전에 충당할 수 있도록 정한 「법인세법」 제17조 제2항의 "…제1호 단서에 따른…금액…"의 문언과 「법인세법 시행령」 제11조 제1항 제6호의 괄호에서 정한 "법 제17조 제1항 제1호 단서의 규정에 따른 금액…"의 문언에서 '금액'의 뜻은 '평가액설에 의한 현물출자방식의 출자전환에서 혼동(混同)의 법리에 의해서 발생하는 채무소멸익'을 말하는 것이라 할 것이다. 그러나 현실적으로 '평가액설에 의한 현물출자방식의 출자전환' 사례는 찾기 어렵다는 것은 이미 앞에서 본 바와 같다.

결국, 상계방식의 출자전환을 하는 현행 실무의 절차에서는, 할증발행 형식의 출자전환을

---

88) 여기에서의 상계방식에는 '권면액설에 의한 현물출자방식'과 '회생절차에서 회생채권을 출자전환하는 경우'를 포함한다. '권면액설에 의한 현물출자방식'은 상계방식과 다를 바가 없고, '회생절차에서 회생채권을 출자전환하는 경우'는 상계설에 의하든 특수한 채무소멸설에 의하든 '출자전환으로 소멸되는 부채'(채무자회생법 제206조 제1항 제4호)가 곧바로 '자본과 준비금의 액'(채무자회생법 제206조 제1항 제3호)으로 전환되므로 상계방식과 다를 바가 없다.

89) 여기서의 주식 시가초과액(90)의 본질이 주금납입액의 성질을 가지고 있다는 점을 대법원 전원합의체 판결(2012.11.22. 선고 2010두17564 판결)에서 "…그 결과로서 나타나는 경제적 측면에서의 효과를 이유로 출자전환 채무 중 시가초과액 부분만을 떼어내어 주식납입금으로서의 실질을 부인할 수 없다…"라고 설명하고 있다.

90) 일본은 상계방식이 아닌 현물출자방식으로 출자전환을 하는데, 이 때 존재하는 (혼동으로 인한) '채무소멸'을 '채무면제의 사유'에 포함하는 것으로 2006년도에 세법을 개정한 것을 보아도 현물출자방식의 출자전환에서만 '채무소멸익으로서 채무면제익'이 발생한다 할 것이다. 또한 우리나라도 2006.2.9.에 개정한 「법인세법 시행령」 제11조 제1항 제6호의 괄호에서 이 시가초과액(90)을 '채무의 면제 또는 소멸로 인하여 생기는 부채의 감소액'에 포함한다고 규정한 것도 이런 뜻이라고 할 것이다.

하더라도, 원칙적으로 채무면제가 발생하지 않기 때문에 일반적인 출자전환의 경우에는 채무면제익이 세법 문언의 주식 시가 초과액에 해당할 여지가 없다고 할 것이다.[91)]

그런데, 「조세특례제한법」 제44조(재무구조개선계획 등에 따른 기업의 채무면제익에 대한 과세특례) 제4항에서 "…채무를 면제(채무의 출자전환으로 채무를 면제한 경우를 포함한다)한 금융기관…은…그 면제한 채무에 상당하는 금액을 손금에 산입한다"라고 규정하고 있고, 같은 취지를 제121조의29(사업재편계획에 따른 기업의 채무면제익에 대한 과세특례) 제3항에서도 규정하고 있다. 그러면 구조조정절차에서 출자전환을 할 때는 이 괄호의 규정을 '출자전환 시 발행가액 중 시가초과액이 채무면제익에 해당한다'고 해석할 근거로 삼을 수 있는가? 부정적으로 해석해야 할 것이다.

출자전환은 구조조정절차에서도 상계방식으로 하는 것이 현실인데,[92)] 위에서 본 바와 같이, 출자전환 시 채무면제가 발생하는 경우는 '평가액설에 의한 현물출자 방식으로 출자전환하는 경우'에만 발생할 수 있는 것이 법리다. 그렇다면 이 괄호 규정의 '채무의 출자전환으로 채무를 면제한 경우'라는 문언을, 이러한 민사 법리에 불구하고, 세법이 독자적으로 구조조정절차에서 출자전환하는 모든 경우에 '할증 발행하면 발행가액 중 주식 시가 초과액은 채무면제익으로 한다'라는 뜻으로 별도로 둔 규정으로 해석하기 어렵고,[93)] 문언상으로도 "…출자전환으로 채무를 면제한 경우…"라고 표현하고 있으므로 채무 면제가 출자전환 과정에서 있어야 한다는 점을 명시하고 있는 점에서도 {채무면제(채무소멸)가 발생하는} '평가액설에 의한 현물출자 방식으로 출자전환하는 경우'만 해당한다 할 것이다.

따라서 평가액설에 의한 현물출자 방식으로 출자전환할 때 혼동(混同)의 법리에 의하여 발생하는 '채무소멸'만이 오로지 이 규정의 "…출자전환으로 채무를 면제…"하는 것에 해당한다 할 것이다. 즉, 이 규정 문언의 '면제'는 '혼동에 의한 소멸'을 말한다 할 것이고, 2006년도에 일본이 법인세법을 개정하여 채무소멸익이 채무면제익에 포함되도록 한 것과 같은 취지이라고 할 것이다.

출자전환 시 채무면제익이 발생하는지 여부를 정리하면 아래 〈표 3〉과 같다.

---

91) 출자전환 채권자의 입장에서도 할증발행 형식의 출자전환에서 대손금이 발생하지 않는다는 자세한 설명은 배영석·김병일(주65), 154~163면 참조.

92) 이 점은 (주12)에서 보는 바와 같고, 대법원 법원행정처에서 1999.1.25.에 상업등기예규 제960호를 제정하여 채권자가 금융기관에 한하여 상계에 관련된 3가지 서류를 등기소에 제출하면 증자등기를 할 수 있도록 허용한 것도(주11 참조) 종래 기업구조조정 실무에서는 상계방식으로 출자전환을 해 왔다는 점을 나타낸다.

93) 당연면제익설을 취한 것으로 평가되는 대법원 전원합의체 판결(2012.11.12. 선고 2010두17564 판결)의 원심판결(서울고등법원 2010.7.8. 선고 2009누30228 판결)에서도 「조세특례제한법」 제44조가 현행 「법인세법」 제17조 제1항 제1호의 단서(그 당시는 「법인세법 시행령」 제15조 제1항 후문)의 내용을 포함하고 있다고 할 수 없다고 판시하였다.

〈표 3〉 출자전환 시 채무면제익의 발생 여부의 정리

<table>
<tr><th colspan="4" rowspan="2">구 분</th><th colspan="2">채무면제익</th></tr>
<tr><th>발생 여부</th><th>미발생 사유</th></tr>
<tr><td rowspan="6">법인세법</td><td rowspan="3">회생
절차</td><td rowspan="2">회생채권의
출자전환</td><td>상계설</td><td>×</td><td>상계에 의한 소멸</td></tr>
<tr><td>특수한 채무소멸설</td><td>×</td><td>법률에 의한 소멸</td></tr>
<tr><td colspan="2">공익채권의 출자전환</td><td>×</td><td>상계에 의한 소멸</td></tr>
<tr><td rowspan="3">비회생
절차</td><td colspan="2">상계에 의한 출자전환</td><td>×</td><td>상계에 의한 소멸</td></tr>
<tr><td rowspan="2">현물출자에 의한
출자전환</td><td>권면액설</td><td>×</td><td>출자가액=권면액*1)</td></tr>
<tr><td>평가액설</td><td>○</td><td>*2)</td></tr>
<tr><td rowspan="2">조세특례
제한법</td><td colspan="3">제44조 제3항에 의한 재무구조개선계획 등에 따른 출자전환</td><td>×</td><td rowspan="2">출자전환 시
채무면제가 미발생*3)</td></tr>
<tr><td colspan="3">제121조의29 제3항에 의한 사업재편계획에 따른 출자전환</td><td>×</td></tr>
</table>

*1) 권면액설에 의할 때 권면액 전부가 출자가액이 되므로 채무면제가 발생할 여지가 없음.

*2) 평가액설은 '권면액>출자가액(=시가)'이므로, 차액(=권면액−출자가액)이 채무소멸익(소멸원인은 混同)이 되고, 이 채무소멸익이 채무면제익이 됨. 그러나 평가액설에 의한 현물출자하는 경우는 현실에서는 찾기 곤란함.

*3) 출자전환 시 채무면제익 발생은 '평가액설에 의한 현물출자 방식'에서만 가능하나, 이 경우는 현실적으로 없음. 따라서 일반적인 출자전환에서는 채무면제익이 미발생.

위 〈표 3〉에서 보는 바와 같이 출자전환 시 채무면제익이 발생할 수 있는 경우는 비회생절차에서 현물출자 방식으로 출자전환하면서 출자전환채권액을 시가에 의하여 평가하여 이를 출자가액으로 하는 경우(평가액설의 적용) 뿐이다. 그러나 이 경우는 현실적으로는 찾기 어렵다. 이런 점에서 보면 현행 세법은 사실상 사문화된 법리에 의한 출자전환의 경우를 전제하여 규정하고 있다고 할 것이다.

결국, 회생절차이든 그 이외의 절차이든 현행 실무상 수행하는 방식에 의한 출자전환 시에는 법리상으로 채무면제익이 발생하지 않는다고 할 것이다. 그렇다면 앞 〈사례 2〉의 'Ⓓ'의 경우 90은 애초부터 채무면제익이 아닌 것이므로 실질과세원칙을 내세워서 90의 감자차익을 채무면제익인 것으로 해석할 수 없다 할 것이고, 만약 90을 채무면제익으로 해석한다면 존재하지 않는 채무면제를 있는 것으로 의제하는 것이므로 사실과 다른 것이어서 실질과세원칙에 오히려 어긋난다 할 것이다.

경제적 실질을 존중하는 회계에서 위 90을 채권자가 대손상각비로 회계처리하므로[94)] 세법

94) 제Ⅱ장 3. 및 〈표 1〉 참조.

에서도 경제적 실질상 위 90을 채무면제익으로 보는 것이 타당하다는 주장을 할 수 있으나, 피출자전환 채무자인 X회사가 비상장회사이면 회계상으로도 90의 채무면제가 발생하지 않는 것으로 볼 뿐만 아니라 현행 기업회계규정은 본질과 측정을 혼동하여 사실과 다르게 규정하고 있는 것이라 할 것이므로[95] 회계처리를 내세워 위 90을 세무상 채무면제익으로 보는 근거로 삼을 수 없다 할 것이다.

나. 선택가능한 방안의 선택 측면에서의 비해당성

국민은 행복추구권을 보장받고 있기 때문에[96] 국민은 법률이 허용하는 범위 내에서는 자신의 이익(행복)을 추구하기 위하여 선택가능한 여러 가지 대안 중에서 선택할 자유가 있다. 따라서 국민은 경제활동을 함에 있어서 자신이 추구하는 경제적 목적 달성을 위해서 여러 가지 법률관계 중 하나를 선택할 수 있고, 과세관청은 특별한 사정이 없는 한 납세자가 선택한 법률관계를 존중해야 한다.[97] 최근 대법원 판례에서도 "…납세의무자는 경제활동을 함에 있어서 동일한 경제적 목적을 달성하기 위하여 여러 가지 법률관계 중 하나를 선택할 수 있으므로 납세의무자가 조세의 부담을 줄이기 위하여 경제적으로 하나의 거래임에도 형식적으로 중간 거래를 개입시켰다는 이유만으로는 납세의무자가 선택한 거래형식을 함부로 부인할 수 없으나…"라고 판시하여[98] 이 점을 분명하게 하고 있다.

그렇다면 출자전환을 할 때에 할증발행 형식으로 하지 않고 액면발행 형식으로 한 후에 즉시 무상 감자를 함으로써 결과적으로 할증발행 형식의 출자전환을 한 경우와 동일하게 되었다고 하더라도, 이것은 자신에게 초래되는 부당한 불이익을 제거하기 위하여 국민이 선택할 수 있는 방식 중 하나를 선택한 것이므로 국가는 이를 존중해야 한다. 납세의무자가 선택할 수 있는 다양한 방법 중에서 자신에게 가장 유리한 방법을 선택한 것을 두고 그 선택 행위를 비정상적이거나 불합리하다고 평가할 수 없다고 할 것이다. 만약 선택가능한 행위 중 납세자가 가장 유리한 행위를 선택하여 세부담을 줄였다는 이유로 조세회피 행위로 평가할 수 있다면 재산권 보호에 관한 조세법률주의가 형해화되는 결과를 가져온다는 점에서 불합

95) 제Ⅱ장 3. 및 주 33 사례 참조.

96) 「헌법」 제10조.

97) 대법원 2008.3.14. 선고 2006두11008 판결 ; 대법원 2011.4.28. 선고 2010두3961 판결 ; 대법원 2014.1.23. 선고 2013두17343 판결 외 다수 참조.

98) 대법원 2014.1.23. 선고 2013두17343 판결. 최근 대법원 판례(2017.12.22. 선고 2017두57516 판결)에서도 "여러 단계의 거래를 거친 후의 결과에는 손실 등의 위험 부담에 대한 보상 뿐 아니라 외부적인 요인이나 행위 등이 개입되어 있을 수 있으므로, 그 여러 단계의 거래를 거친 후의 결과만을 가지고 그 실질이 하나의 행위 또는 거래라고 쉽게 단정하여 과세대상으로 삼아서는 아니 된다."고 판시하여 같은 취지다.

리하다 할 것이다.

그렇다면 조세회피행위 내지 실질과세원칙을 내세워 앞 〈사례 2〉 'Ⓓ'의 90을 감자차익이 아닌 채무면제익에 해당한다고 하는 것은 국민의 정당한 절세권을 부정하는 것에 해당한다 할 것이고, 또한 출자전환의 당사자가 90을 자본거래로 인한 금액임을 분명히 하여 이 자본거래에서 손익이 발생하지 않도록 하기 위하여 이렇게 액면가액으로 출자전환한 후 무상 감자하는 방식을 선택한 것인 이상, 이를 무시하고 조세회피행위를 한 것으로 보는 것은 부당하다 할 것이다.

다. 다단계거래에 의한 조세회피행위에의 미해당

2007.12.31.에 신설된 「국세기본법」 제14조 제3항에서 우회거래·다단계거래의 방법으로 세법의 혜택을 부당하게 받기 위한 것으로 인정되면 그 경제적 실질 내용에 따라 하나의 행위 또는 거래로 보아 세법을 적용할 수 있도록 정하고 있는데, 그러면 이 규정의 다단계거래로 보아 위 〈사례 2〉 'Ⓓ'의 감자차익 90을 채무면제익에 해당하는 것으로 볼 수 있지 않은가라는 점을 생각할 수 있다. 그러나 이 규정에 의하여 감자차익 90을 채무면제익으로 볼 수 없다고 해석해야 할 것이다. 그 이유는 다음과 같다.

첫째, 위에서 본 바와 같이 법리상으로 출자전환 시 원칙적으로 '채무면제'가 발생하지 않는 것이므로 '채무면제익'도 발생할 수 없는 것은 당연하고, 그렇다면 실질과세원칙을 내세워 위 〈사례 2〉 'Ⓓ'의 행위를 조세회피행위로 보아 감자차익 90을 채무면제익에 해당하는 것으로 볼 수 없는 것은 당연하다.

둘째, 출자전환 시 발행가액 중 주식시가 초과액이 주식발행액면초과액에서 제외되더라도 그 본질은 채무면제익이 아니라 주금납입액의 일부인데, 액면가액으로 출자전환한 후 무상감자의 과정을 거쳐서 앞 〈사례 2〉 'Ⓓ'의 90을 감자차익으로 전환시킨 것에 해당한다고 하더라도, 이것은 「국세기본법」 제14조 제3항 법문의 "…세법의 혜택을 부당하게 받기 위한 것…"에 해당한다고 하기 보다는 오히려 주식발행가액이라는 본질(즉, 주주의 납입액)이 분명히 드러날 수 있도록 출자전환 당사자가 이런 행위를 한 것이라고 보아야 한다. 그렇다면 이것은 납세자가 '세법의 혜택을 부당하게 받기 위한 것'이라기 보다는 '자본거래에 관한 세법의 규용을 명확히 적용받기 위하여 한 것'에 지나지 않는다 할 것이고, 그렇다면 이러한 일련의 행위를 다단계거래를 거쳐서 본질을 바꾼 조세회피행위라고 할 수 없기 때문에 다단계거래에 의한 실질과세원칙을 내세워서 과세할 수 있다고 보기 어렵다.[99]

---

99) 「국세기본법」 제14조 제3항이 신설되기 이전의 사례이지만 재정경제부는 실질적으로 자산수증익으로 볼 수

셋째, 회생절차에서 출자전환 시 채무면제가 〈사례 2〉 'Ⓓ'의 경우 90만큼 발생한다고 하면, ① 출자전환채권자는 이 채무면제액(90)만큼 회생회사를 위한 보증인(주로 대표이사)에게 구상할 수 있어 오히려 회생회사의 재기를 어렵게 할 가능성이 있으므로 이 구상 문제를 차단할 필요가 있고, ② 이 채무면제익을 나중에 주주(출자전환한 회생채권자)에게 배당할 경우 주주에게 배당소득으로 과세되어 원본과세되는 결과가 초래되므로 이 문제를 해소할 필요가 있으며, ③ 회생절차를 진행하다가 중도에 회생폐지되어 파산되면 과세이연하던 이 채무면제익 90이 과세대상으로 전환, 공익채권[100]이 되어 출자전환 채권자의 원본의 일부를 국가가 조세채권으로서 출자전환 채권자보다 우선 변제받아 가게 되는 불합리한 결과가 발생하는 것을 방지할 필요가 있다. ④ 또한, 회생법인의 원활한 M&A를 위하여 출자전환에 따른 과다한 자본금의 규모를 현실에 맞게 축소할 필요에 의하여 회생절차에서 무상 감자를 하여 발행주식수를 축소한다. 결국 실무상 문제점을 해결하기 위하여 출자전환에 관련된 당사자의 의사가 합치되어 액면증자 후 무상 감자 방식의 출자전환의 방식을 선택한 것이다.

그렇다면 이러한 일련의 행위는 조세회피가 주된 이유이라기 보다는 경영상의 이유 내지 필요에 의하여 선택한 것이고, 그렇다면 이러한 일련의 행위는 미국 판례법에서 말하는 이른바 사업목적의 원칙(business purpose doctrine)이 적용되어야 하므로 조세회피를 위한 다단계거래를 규제하기 위한 논리인 실질과세원칙을 내세워 과세할 것은 아니라고 할 것이다.

라. 형평과세상 적용 곤란 측면에서의 미해당

주식으로 전환이 예정되어 있는 채권(전환사채 또는 신주인수권부 사채)을 전환권 등을 행사하여 주식을 취득하는 것은 일반적으로 회계나 세무상 출자전환으로 보지 않는다.

앞 〈사례 2〉의 'Ⓒ'과 같이, 회생채권자가 회생채권을 바로 출자전환하지 않고 회생채권을 전환사채로 먼저 전환[101]한 후 전환권의 행사에 의하여 자본금으로 전환할 경우, 세무상으로 회생채무자에게 채무면제익이 발생하는지 여부에 관하여 과세관청은 이 차액(앞 〈사례 2〉의

있는 감자차익을 자산수증익이 아닌 감자차익으로 해석한 사례가 있다. 즉, 부실금융기관으로 지정된 은행에 1998.1.31. 정부와 예금보험공사가 각각 7,500억원씩 합계 1조 5천억원을 증자(증자후 은행의 자본금은 1조 6천억원)한 후 1999.7.9. 은행이 1조 3,279억원을 감자{감자후 은행의 자본금은 2,721억원(=16,000억원−13,279억원)}하여 1조 3,279억원의 감자차익이 발생하였는데, 이 감자차익은 1998.1.31. 정부와 예금보험공사가 증자한 1조 5천억원에서 발생한 것인 만큼 은행 입장에서 자산수증익으로 볼 여지가 있었지만, 재정경제부는 이 감자차익을 자산수증익이 아닌 정당한 감자차익으로 인정하는 해석을 하였다(재정경제부, 재법인 46012-191, 1999.12.6.).

100) 회생회사가 파산되었기 때문에 정확하게는 재단채권이다(채무자회생법 제473조 제2호).

101) 새로 납입하지 않고 회생채권 100을 전환사채로 바꾸는 것은 회생계획에 그 배정에 관한 사항을 기재하면 된다(채무자회생법 제209조 제3호).

‘ⓒ’의 경우 90)은 실질적으로 기존의 채무가 주식으로 출자전환한 경우와 다를 바 없다고 보아 채무면제익에 해당된다고 해석하나,[102] 조세심판원은 해당되지 않는다는 취지로 결정하였다.[103] 한편, 대법원은 회생채권을 출자전환하지 않고 전환사채로 전환하는 것은 “채권액을 유통성을 높이고자 유가증권의 형식을 갖춘 것에 불과하므로 전환사채를 취득한 시점에 그 평가액 만큼 주채무가 만족을 얻은 것으로 볼 수 없어 보증채무가 소멸한다고 볼 수 없다”고 판시하므로,[104] 이 경우 채무면제익이 발생하지 않는다는 입장이다.

회생채권을 전환사채로 전환하는 경우 시가액과의 차액(앞 〈사례 2〉 ‘ⓒ’의 90)은 세무상 채무면제익에 해당되지 않는다고 해석하는 것이 타당하다. 그 이유는, 회생채무를 전환사채로 전환할 경우에는 그 배정에 관한 사항을 회생계획에 기재하면 되고, 그 후 전환권 행사가 있으면 이 회생채무액 100은 그대로 신주 발행가액으로 되므로 이 일련의 과정에서 ‘채무면제’가 발생할 여지가 없고, 그렇다면 이 과정에서 ‘채무면제익’이 발생하지 않는 것도 또한 당연하기 때문이다. 더욱이, 채무자회생법에 근거하여 회생채권을 전환사채의 납입대금에 갈음하여 전환사채를 발행한 후 전환권 행사에 의하여 전환사채의 발행가액(앞 〈사례 2〉 ‘ⓒ’의 100)을 바로 신주발행가액(100)으로 한 것은 법률이 예정한 대로 한 것에 불과할 뿐인데도 이것을 세법에서 부당한 방법을 선택한 것(즉, 조세 회피)으로 평가한다면 법률이 예정한 방법을 선택한 것조차 세법이 부당하다고 평가하는 것에 다름 아니어서 부당하다고 할 것이다.

또한 워크아웃 등 기타의 절차에서도 채무자가 채무를 전환사채로 전환한 후 전환권 행사에 의하여 주식으로 전환하는 경우에도, 회생채권의 출자전환과 마찬가지로, 채무면제익이 발생하지 않는다고 해야 타당하다. 워크아웃회사 등이 하는 출자전환의 성질을 상계로 보는 것이므로,[105] 채무를 전환사채로 전환한 후 전환권 행사에 의하여 신주를 발행하는 경우에도 채무면제익이 발생하지 않는다고 해석하는 것이 형평과세상 합리적이기 때문이다.

그렇다면, 채권자가 금전채권을 곧바로 출자전환하지 않고 전환사채로 전환한 후 전환권 행사로 주식을 취득하는 경우 채무면제익이 발생하지 않는다고 하면, (이와 동일한 결과가 되는), 액면가액으로 출자전환한 후 즉시 무상 감자하여 채무면제익의 발생을 방지하였다고

---

102) 재정경제부, 재법인-116, 2005.2.7. ; 같은 취지의 국세청, 서면2팀-446, 2005.3.23.

103) 조심 2013전3688, 2015.3.18. 조세심판원은 이 결정사례에서 “…전환사채의 전환권 행사에 따른 주식 취득의 경우 전환권을 행사할 시점에 주식의 취득원가(사채의 발행가액)와 그 주식의 시가 사이에 차이가 존재하더라도 이미 사채의 발생시점부터 주식으로의 전환이 예정되어 있었던 것이어서 그 주식의 인수는 단순히 보유하는 자산의 종류가 변경된 경우에 해당하고, 전환으로 취득한 주식을 양도하기 전까지는 「법인세법」상 손익귀속시기가 도래하지 아니한 것이라 할 수 있고, 쟁점전환이익은 「법인세법」상 익금불산입 대상인 ‘자산의 평가이익’에 해당한다 할 것이다…”라고 결정하였다.

104) 대법원 2005.1.27. 선고, 2004다27143 판결.

105) 주30) 및 주31) 판례 참조.

하더라도 이를 조세회피행위 내지 실질과세원칙을 내세워 과세할 수 있는 경우에 해당하지 않는다고 해석하는 것이 형평과세의 원칙상 타당하다고 할 것이다.

또한, 단순히 100을 액면가액으로 출자전환만 하고 그대로 있는 앞 〈사례 2〉 'Ⓐ'의 경우, 'Ⓓ'의 경우와 비교해서, 90만큼 무상 감자를 했느냐의 여부의 차이밖에 없다. 'Ⓐ'의 경우는 무상 감자를 하지 않아 채무면제익이 발생하지 않는다고 하면서 'Ⓓ'의 경우는 무상 감자를 했다는 이유로 채무면제익이 발생한다고 하면 경제적 실질이 동일한데도 달리 과세한다는 것이어서 형평과세에 어긋난다.

Ⅴ. 결 론

회생채권을 회생절차에서 출자전환을 할 때는 채무자회생법의 규정에 따라 회생계획에 기재하여 수행하고, 그 이외에 출자전환하는 경우에는 대부분 실무상 간편한 방식인 상계 방식에 의하여 출자전환한다.

출자전환 시 나타나는 채무면제익으로 인한 문제점을 해결하기 위하여 현재 실무에서 많이 활용하는 방식인 액면가액으로 출자전환 후 무상 감자하는 형식은, 결과적으로는 할증 발행 형식으로 출자전환한 것과 다를 바가 없다. 그러나 채무면제익의 부분을 감자차익으로 의도적으로 전환한 것과 다를 바가 없다고 하더라도, 이를 조세회피행위로 보아 「국세기본법」 제14조 제3항에 정한 다단계거래에 의한 실질과세원칙을 적용할 수 있는 경우에 해당하지 않는다고 보아야 한다. 그 이유는 다음과 같다.

첫째, 회생채권을 회생절차에서 출자전환하든 그 이외의 절차에서 출자전환하든 상계방식에 의하여 출자전환하고 있는 현행 실무처리에 따를 때, 출자전환 과정에는 채무면제가 발생하지 않으므로 채무면제익 자체가 발생할 수 없어 이러한 일련의 행위를 조세회피행위로 평가할 수 없기 때문이다.

둘째, 액면가액으로 출자전환 후 무상 감자하는 형식으로 출자전환하는 것은 출자전환 당사자가 자신에게 초래될 불이익을 제거하기 위하여 선택할 수 있는 정당한 방안 중 하나를 선택한 것이므로 이를 세무상 부인할 수 없고 국가는 이 선택을 존중해야 한다.

셋째, 액면가액으로 출자전환한 후 무상 감자하여 발생한 감자차익이 결과적으로 채무면제익과 동일하게 보인다 하더라도 이것은 출자전환 당사자 간에 초래되는 사업상 여러 가지 불이익을 극복하기 위하여 선택한 것이므로 사업목적의 원칙(business purpose doctrine)이 적용되어야 하기 때문에 다단계거래에 의한 실질과세의 적용대상으로 볼 수 없다.

넷째, 금전채권을 '전환사채로 전환 후 전환권 행사하여 자본화'를 하거나 '액면가액으로 출자전환만 하고 감자하지 않을 경우'에는 채무면제익이 발생하지 않는다고 하면서 이것과 경제적 결과가 동일한 '액면가액으로 출자전환한 후 무상감자한 경우'에만 채무면제익이 발생하는 것으로 보아 과세할 수 있다면 형평과세원칙에 어긋난다는 점에서도 다단계거래에 의한 실질과세의 적용대상으로 볼 수 없다.

그렇다면, '액면가액으로 출자전환한 후 무상 감자'하면 세무상 불이익이 없고, '주식 시가를 초과하여 할증발행 형식의 출자전환'을 하면 채무면제익이 발생하여 세무상 불이익이 초래된다는 결론은, 논리의 정치성을 떠나서, 일반 납세자가 수긍하기 어렵다. 이렇게 납득하기 곤란한 점이 초래되는 것은 현행 세법의 잘못에 기인한다.

할증발행 형식의 출자전환에서 발생하는 채무면제익에 대한 과세 문제 때문에 기업구조조정이 제대로 이행되지 않는 것을 방지하기 위하여 이 채무면제익을 차후에 발생하는 결손금의 보전에 충당할 수 있도록 입법하고 있으나, 현행 실무는 대부분 (세법이 예정한 방식인) '채무면제익을 차후에 발생하는 결손금의 보전에 충당하는 방식'을 채택하지 않고 '액면가액으로 출자전환 후 즉시 감자하는 방식'을 채택하고 있다. 출자전환에 따른 문제를 해소하기 위하여 세법이 특혜적 내용의 규정을 두어 예정하고 있는 방식을 대다수의 국민이 선택하지 않고 다른 방식을 선택한다면 그 세법의 내용은 문제가 있다는 방증으로 볼 여지가 있다.

일반인은 '상계에 의한 할증발행 방식의 출자전환'과 '단순한 현금증자방식의 할증 증자' 간에 기본적으로 차이가 있다고 생각하기 어려운 일인데, 전자의 경우 세무상으로 채무면제익이 발생한다고 하여 문제가 되는 경우[106]가 종종 있다. 또한 출자전환 후 M&A 등의 이유로 출자전환에 따른 발행주식수를 적게 할 필요가 있지만 액면가액으로 출자전환한 후 쉽게 감자절차를 취할 수 없는 법인[107]이 현행 세법이 예정한 방식(할증발행하여 발생한 채무면제익을 차후 발생 결손금 보전에 충당하는 방식)을 선택할 경우 (실무에서 대부분 채택하는) '액면가액으로 출자전환 후 즉시 감자하는 방식'과 비교할 때 출자전환 관련 당사자 입장에서는 여러 가지 면에서 불리하다. 만약 이 법인이 채무면제익의 발생에 따른 문제를 피하려고 하면 채무액을 전환사채로 전환한 후 채권자로 하여금 전환권을 행사하도록 하여 자본화를 하는 방식(앞 〈사례 2〉의 '©'의 방식)을 선택해야 하는데, 이 방식도 절차가 복잡하고 채권자가 나중에 주식으로 전환하지 않을 위험성이 내포되어 있다.

---

106) 주51)의 조세심판원의 사건(조심 2015서3704, 2016.11.18.)은 모회사가 100% 자회사에 대한 대여금을 할증발행형식으로 출자전환했는데 채무면제익의 발생에 따른 법인세가 과세된 사건이다.

107) 감자 절차는 채권자 보호절차를 거쳐야 할 뿐만 아니라 주주총회의 특별결의를 얻어야 하기 때문에 감자 절차를 취하기 곤란한 대기업 상장법인 등이 이런 법인에 해당될 것이다.

'출자전환에 관한 세법의 내용을 잘 모르는 법인'이나 '출자전환 후 감자 절차를 취하기 어려운 법인'은 할증발행의 출자전환 시 채무면제익 발생에 따른 불이익을 감수하게 되고, '출자전환에 관한 세법의 내용을 잘 아는 법인'이나 '출자전환 후 감자 절차를 취하기 쉬운 법인'은 채무면제익이 발생하지 않도록 하는 출자전환 방식을 선택하여 불이익을 피할 수 있게 되는 것은 형평과세에 어긋난다.

따라서 이러한 차별적인 취급이 개선되기 위해서는 실무상 대부분 상계방식으로 출자전환하는 것을 감안하여 상계에 관한 기본법리가 반영된 내용으로 세법을 개정하는 것이 바람직하며,[108] 세법이 개정되기 전의 현행 세법 하에서도 당사자 의사의 존중, 형평과세 등의 측면에서, 액면증자 후 무상감자하는 방식으로 출자전환하는 행위를 조세회피행위로 보아 실질과세원칙을 적용하여 과세할 수 없다고 해석하는 것이 타당하다 할 것이다.

108) 그 개정의 방향은 상계방식의 출자전환은 자본거래로서 채무면제익이 발생하지 않도록 하는 것이다. 채무자 입장에서의 개정방안은 배영석·김병일(주8)을, 채권자 입장에서의 개정방안은 배영석·김병일(주15)을 각각 참고.

참고문헌

〈단행본〉

강석규, 『조세법 쟁론』, 삼일인포마인, 2017.

김완석·황남석, 『법인세법론』, 광교이택스, 2014.

김완석·정지선, 『기업의 도산관련 조세제도에 관한 연구』, 한국조세연구원, 2010.

서울중앙지방법원 파산부 실무연구회, 『회생사건실무(상)』(제4판), 박영사, 2014.

한국공인회계사회, 『개정세법해설』, 2004.

한국세무사회, 『2005 개정세법 주요내용』, 2006.2.

〈논문〉

김영순, “최근 조세사건에 관한 대법원 판결에 대한 소고”, 『인하대학교 법학연구』 제16집 제2호, 2013.7.

김완석, “거래내용에 관한 실질과세원칙의 적용 범위”, 『조세논총』 제1권, 한국조세법학회, 2016.12.

김청식, “회생절차 관련 세제의 문제점과 개선방안”, 서울시립대학교 박사학위논문, 2012.2.

민정석, “기업개선절차에서의 출자전환의 법적 성격 및 부진정 연대채무자 중 1인이 한 상계 내지 상계계약의 효력”, 『사법』 제15호, 사법발전재단, 2011.

배영석, “기업회생절차의 출자전환 관련 세제에 관한 연구”, 강남대학교 대학원 박사학위 논문, 2015.

배영석·김병일, “출자전환 시 채무면제익에 관한 연구”, 『세무학연구』 제33권 제3호, 한국세무학회, 2016.9.

____________, “출자전환 및 회생채권 관련 대손금과 대손세액공제에 관한 연구”, 『세무학연구』 제34권 제1호, 한국세무학회, 2017.3.

____________, “출자전환으로 취득하는 주식의 취득가액에 관한 연구”, 『세무학연구』 제34권 제3호, 한국세무학회, 2017.9.

염춘필, “채권의 출자전환실무”, 『법무사저널』 5월~6월호, 서울중앙지방법무사회, 2007.

이승환, “「기업구조조정촉진법」하에서의 출자전환의 효력 - 대법원 2010.9.16. 선고 2008다97218(전합) 판결 -”, 『상사판례연구』 제25집 제1권, 2012.

이정란, “채무의 출자전환과 채무면제이익 - 2012.11.22. 선고 2010두17564 전원합의체 판결 -”, 『부산대학교 법학연구』 제55권 제1호·통권79호, 2014.2.

이중교, “채무의 출자전환에 따른 과세문제”, 『조세법연구』 제20-2호, 세경사, 2014.8.

진상범, “기업개선작업(워크아웃)에서의 출자전환과 채무의 소멸범위 : 2004.12.23. 선고 2004다46601 판결”, 『BFL』 제32호, 서울대학교 금융법센터, 2008.

3.3. 출자전환 시 채무면제익·대손금의 발생과 주주에 대한 증여세 과세 문제에 관한 연구*

배영석**·배한빈***

초 록

현행 상속세 및 증여세법은 증자 과정에서 신주 인수자로부터 기존 주주에게 그 주식가치가 증가하는 방법으로 富가 이전 되면 증여세를 과세하도록 하고 있고, 지배주주 및 그 특수관계인이 30% 이상 지분을 가진 특정법인에 지배주주 등이 채무면제 등을 하여 특정법인 주주의 주식가치가 증가하는 방법으로 富가 이전될 경우도 증여세를 과세하도록 하고 있다.

금전채권을 출자전환하면 자본금이 증가하고 이 증가에 따른 신주가 발행되어 출자전환채권자에게 교부된다. 따라서 출자전환 시 출자전환받은 채무자 법인의 기존 주주에게 증여세 과세 문제가 발생한다면 출자전환을 신주 발행의 과정을 중시하여 증자에 따른 이익의 증여세로서 과세할 것인지, 아니면 채권자의 채권회수의 과정을 중시하여 채권회수 과정에 채무면제가 발생하는지를 파악하여 채무면제익에 따른 증여세로서 과세할 것인지의 문제가 제기될 수 있다.

본 논문은 출자전환이 가진 이러한 2가지의 성질(채무자 입장에서는 증자의 성질과 채권자 입장에서는 채권 회수의 성질)을 구분해서 출자전환 시 주주에게 증여세 문제가 발생할 경우 어떻게 과세하는 것이 타당한지를 논증한다.

회생절차, 워크아웃절차, 일반절차 등 어느 절차에서 출자전환을 하든 실무에서는 '출자전환채권액=신주의 주금 납입액'이 되는 상계 방식으로 하는 것이 대부분이다. 이렇게 상계 방식으로 출자전환하면 채무면제익이 발생할 수 없기 때문에 출자전환 시 주주에게 증여세 문제가 제기될 경우 채무면제익이 발생해야만 적용되는 상속세 및 증여세법 제45조의5를 적용할 수 없고, 증자에 따른 경제적 이익이 발생할 경우 적용되는 제39조가 적용되어야 한다.

그렇다면 출자전환 시 채무면제가 있을 수 있다는 전제 하에 '주식발행액면초과액 중 주식 시가 초과액을 채무면제익으로 정한 법인세법의 규정'과 '회생계획 인가 결정에 따라 출자전환 시 출자전환한 매출채권과 주식 시가 간의 차액을 대손금으로 정한 부가가치세법 시행령의 규정'은 피출자전환법인의 기존 주주에게 증여세를 과세할 때에는 적용되지 않는다고 할 것이다.

이런 논란을 없애고 세법을 일관성있게 적용할 수 있도록 하기 위해서 출자전환채권액을 주금납입에 갈음하는 방식으로 출자전환을 할 때에는 자본거래에 해당하여 손익이 발생하지 않는 것으로 관련 법인세법과 부가가치세법 시행령을 개정하는 것이 필요하다.

출자전환과 관련한 기존 연구는 출자전환 채권자 입장과 피출자전환 채무자 입장에서 연구한 것이 대부분인데, 본 논문은 출자전환 시 주주의 입장에서 주주의 증여세 과세 문제를 연구한 것이므로 향후 주주의 증여세 문제가 제기될 경우 이를 해결하는 데에 많은 도움이 될 것으로 기대된다.

주제어 | 출자전환, 채무면제익, 대손금, 주식발행액면초과액, 채무면제, 특정법인

---

* 『조세논총』 제6권 제3호(2021.9.,한국조세법학회)에 게재된 논문이다.

** 제1저자 : 진일회계법인 공인회계사, 세무학 박사

*** 제2저자 : ㈜조이시티 사내 변호사

Ⅰ. 서 언

종래에는 기업회생절차, 워크아웃절차 등 기업구조조정절차에서 부실기업의 재무구조를 개선하기 위하여 출자전환을 많이 했지만, 상법이 2011.4.14.에 개정되어 신주를 발행할 때 납입할 주금과 채권자가 가진 금전채권을 상계할 수 있도록 허용됨에 따라 일반기업들도 증자할 때에 출자전환을 많이 활용한다.

출자전환에 의하여 신주를 할증 발행하면 주식발행액면초과액이 발생한다. 법인세법은 이 경우 피출자전환법인(채무자)의 주식발행가액 중 주식 시가를 초과하는 금액은 채무면제익에 해당한다고 규정하고 있다. 그러면서 출자전환법인(채권자)이 취득하는 주식의 취득가액은 원칙적으로 시가로 하도록 정하면서도 채무자가 회생법인, 워크아웃법인 등에 해당하면 출자전환채권의 장부가액으로 하도록 정하고 있다.

현행 상속세 및 증여세법에서는 증자 과정에서 증자에 참여하는 주주와 기존 주주 간에 부(富)가 이전되면 그 富의 이전에 대하여 증여세를 과세하는데, 자본금의 증가를 가져오는 출자전환 과정에서 주주 간에 富가 이전된다면 증여세 과세 문제가 제기된다.

현행 법인세법은 출자전환 시 자본금과 주식발행액면초과액이 증가하는 자본거래 요소 이외에 채무면제익이 발생하는 손익거래 요소의 내용도 규정하고 있다. 만약 출자전환에 의하여 신주의 인수인과 기존 주주 간에 부(富)가 이전된다면 기존 주주에게 ① '증자라는 자본거래'로 인한 주식가치 증가분의 증여세를 과세할 것인지, ② '채무면제라는 손익거래'로 인한 주식가치 증가분의 증여세를 과세할 것인지의 문제가 제기될 수 있다. 따라서 출자전환 시 채무면제가 발생하는지, 발생한다면 얼마만큼이 발생하는지의 문제는 출자전환 채권자와 채무자 간의 문제에 그치지 않고 증자 법인의 기존 주주에게도 매우 중요한 세무 문제가 된다.

2019.2.12.에 부가가치세법 시행령 제87조 제1항 제2호가 신설되어 회생계획인가 결정에 따라 채무를 출자전환하는 경우를 대손세액공제를 받을 수 있는 대손사유에 해당하는 것으로 정하면서 '대손되어 회수할 수 없는 금액'은 출자전환된 매출채권의 장부가액과 출자전환으로 취득한 주식의 시가와의 차액으로 하도록 명시하고 있다. 그러면 출자전환채권자에게 '대손되어 회수할 수 없는 금액'에 해당하는 '회생계획인가 결정에 따라 출자전환하는 매출채권의 장부가액과 출자전환으로 취득한 주식의 시가와의 차액'은 피출자전환법인(채무자)에게는 채무면제익에 해당한다고 보아 기존 주주에게 채무면제익에 따른 증여세를 과세해야 하는가의 문제가 제기될 수 있다.

법인세법은 할증발행 형식으로 출자전환하여 주식발행액면초과액이 발생해야만 채무면제익이 발생하는 것으로 규정하고 있으나, 부가가치세법 시행령은 출자전환을 할증발행 형식으로 하는지 여부를 불문하고 출자전환채권의 장부가액과 출자전환주식의 시가 간의 차액이 발생하면 그 차액이 곧 채권자에게 대손금인 것으로 규정하고 있으므로, 해당 채무자에게는 그 차액이 채무면제익에 해당한다고 반대해석할 여지가 있도록 정하고 있다. 법인세법과 부가가치세법 시행령에서 채무면제익과 대손금의 발생에 관한 규정이 일관성 있게 규정하고 있지 않기 때문에 피출자전환법인의 기존 주주에게 증여세 과세문제가 발생한다면 어떻게 과세할 것인지를 판단하는데에 혼선이 생길 수 밖에 없다.

본 논문은 출자전환하는 경우 피출자전환법인의 기존 주주에게 증여세 문제가 발생하는지, 발생한다면 '증자에 따른 이익의 증여에 대한 증여세'의 문제인지 '채무면제익의 발생에 따른 증여세'의 문제인지를 국내에 발표된 논문, 판례, 조세심판례, 과세당국의 해석 등을 바탕으로 검토하여 출자전환과 관련한 증여세 문제에 대하여 바람직한 해석 방향을 제시하고 개선방안을 제시하는 데에 목적을 두고 있다.

본 논문 내용과 관련된 선행연구는 다음과 같다.

강련호(2020)는 출자전환을 상계방식과 현물출자방식으로 하는지를 구분하지 않은 채 출자전환채권액 중 주식의 시가 초과액을 전부 채무면제익으로 보아 법인세를 과세하고 있는데, 현물출자방식에서는 채무면제익이 발생하는 손익거래가 동반하나 상계방식에서는 자본거래만 있고 손익거래는 없으므로 법인세를 과세할 때 이를 고려해야 한다고 주장한다. 또한 기업구조조정절차에서 출자전환을 하여 가업승계하는 주주의 지분이 감소하더라도 상속세나 증여세를 추징할 사유인 사후관리 위반에 해당하지 않도록 하고 연부연납의 혜택도 지속하도록 개선하여야 한다고 주장한다. 김영원·권형기(2020)는 회생법인의 출자전환 시 대손금과 대손세액공제를 배제하여 대손세액공제액이 공익채권으로 우선 추징되는 문제가 발생하지 않도록 해야 하고, 채권자의 출자전환에 따른 손금 인정은 주식감액손실의 인정방법으로 해야 하며, 법인세법과 부가가치세법상 대손관련 규정을 일치시키기 위하여 부가가치세법 시행령 제87조 제1항 제2호는 삭제해야 한다고 주장한다. 이중교(2014)는 출자전환에 따른 채무자의 채무면제익은 과세형평을 고려하여 비과세보다 과세이연이 타당하고, 채권자는 주식의 발행가액과 시가 간의 차액은 회수하지 못한 것이므로 대손금처리와 대손세액공제를 허용하는 것이 타당하다고 하고 있다.

본 논문은 출자전환 시 출자전환채권액 중 주식의 시가 초과액의 본질이 채무면제익에 해당하는지 여부를 먼저 검토한 후 이를 바탕으로 증자에 따른 채무자 법인의 기존 주주에게의 증여세 과세문제를 연구한 것이므로 선행연구와 차별화가 있다.

Ⅱ. 출자전환 시 주주에게 증여세 과세문제 관련 세법의 내용

1. 법인세법 및 관련 조세특례제한법의 내용

법인세법은 금전채권(300)을 출자전환할 때 액면가액(100) 이상을 발행가액(300)으로 하는 할증발행에서 발생하는 주식발행액면초과액(200) 중에서 발행주식의 시가 평가액(120)의 초과액(180=300-120)은 익금불산입되는 주식발행액면초과액에 해당하지 않고 채무면제익 내지 채무소멸익으로서 익금에 해당한다고 규정하고 있다.[1] 이 경우 법인세법 시행령 제15조 제1항에서 정한 회생법인, 워크아웃법인, 경영정상화계획 이행협약 체결법인, 사업재편계획승인법인 등 4개의 법인[2]이 출자전환하는 경우는 신주의 시가(시가가 액면가액에 미달하는 경우에는 액면가액)를 초과하는 금액은 차후 발생하는 결손금의 보전에 충당하기 위해 과세이연을 할 수 있고,[3] 이렇게 과세이연을 하면 그 법인이 과세이연한 금액을 결손금에 보전하기 전에 폐업하거나 해산하는 경우 그 사유 발생일이 속하는 사업연도에 잔여 금액은 전액 익금에 산입하도록 정하고 있다.[4]

그런데 출자전환하는 채권자는, 채무자의 세무 처리와는 달리, 출자전환하여 취득한 주식의 취득가액을 취득 당시의 시가로 하는 것을 원칙으로 하되, 채무자가 부실징후기업등에 해당하면 출자전환채권의 장부가액으로 하도록 정하고 있다.[5] 한편, 기업구조조정 투자회사법에 따른 약정체결기업이 기업구조조정투자회사로부터 채무를 출자로 전환받는 과정에서 채무의 일부를 면제받는 경우 그 채무면제익은 3년 거치 3년간 균등액 이상을 익금에 산입하고, 채무의 출자전환으로 채무를 면제한 금융채권자는 해당 사업연도에 그 면제한 채무에 상당하는 금액을 손금에 산입하며,[6] 기업 활력 제고를 위한 특별법상 사업재편계획을 이행 중인 법인에 대하여 채무의 출자전환으로 채무를 면제한 금융채권자는 해당 사업연도에 그 면제한 채무 상당액을 손금에 산입하도록 정하고 있다.[7]

---

1) 법인세법 제17조 제1항 제1호 단서 및 법인세법 시행령 제11조 제6호 괄호.

2) 이하 법인세법 시행령 제15조 제1항에 열거한 이 4가지의 법인을 한꺼번에 부를 때는 '부실징후기업등'이라 하기로 한다.

3) 법인세법 제17조 제2항.

4) 법인세법 시행령 제15조 제2항.

5) 법인세법 시행령 제72조 제2항 제4호의2.

6) 조세특례제한법 제44조 제2항, 제4항.

7) 조세특례제한법 제121조의29 제3항.

과세당국은 개정세법해설에서 2005년에 법인세법 제17조 제1호 단서와 법인세법 시행령 제72조 제2항 제4호의2의 규정을 개정, 현행 출자전환 관련 내용을 규정한 취지를 '채무의 출자전환을 통한 단순한 자본구조의 재편성에 대해 과세문제가 없도록 일반 제도화'라고 한 후 '출자전환에 따른 손익의 인식을 주식처분시까지 이연하여 출자전환시점에서는 과세문제가 없도록 지원'이라고 하면서 '기업회계기준에서는 출자전환으로 취득하는 주식의 취득가액을 출자전환채권의 장부가액과 주식의 공정가액 중 적은 가액으로 하도록 함으로써 이익은 인식하지 않고, 손실만 대손으로 인정'이라고 설명하고 있다.[8), 9)]

2. 부가가치세법의 내용

종래에 회생채권자가 회생채권인 매출채권(100)을 출자전환한 후 교부받은 신주의 시가 평가액(10)이 출자전환채권가액(100)에 미달하는 경우 그 차액(90)을 채권자의 대손금으로 보아 대손세액공제를 허용할 것인가를 두고 논란이 많았다. 당초 국세청은 차액 90은 출자전환 신주로 회수된 것이어서 대손세액공제의 대상이 되지 않는다고 해석해 왔는데,[10)] 조세심판원이 2013.9.11.에 차액 90이 대손세액공제 대상에 해당한다고 종전 결정을 변경하자[11)] 기획재정

8) 국세청, 「개정세법해설(2006)」, 전자도서관. 221면.

9) 미국과 일본에서 출자전환 시 채무자 법인의 기존주주의 주식가치 증가에 따른 증여세 과세문제에 대한 논의는 찾아 보기 어렵고, 출자전환채권액 중 발행주식의 시가 초과액이 채무면제익에 해당하는지 여부에 대한 과세관계는 다음과 같다.

미국은 ㉠ 출자전환 시 채무면제익에 대하여 과세가능론[대출금이론(loan proceeds theory), 자산해방이론(freeing of assets theory) 등]과 과세불가론[주식인수가격이론(subscription price theory), 채무대체이론(substitution of liabilities theoy) 등]이 대립, 과세관계가 수차 변경되었다. 현행 미국 내국세입법(Internal Revenue Code) 제108조(e)(8)에서는 도산기업과 변제력없는 법인 이외의 일반법인은 발행주식의 공정시장가액(fair market value)만큼 채무 변제로 취급되어 공정시장가액 초과액은 채무면제소득으로 인식된다. ㉡ 도산기업과 변제력 없는 법인은 과세특례로서 내국세입법 제108조(a)(1)에서 채무면제익을 소득에서 제외하되, 제108조(b)(2)에서는 이 과세특례를 적용, 채무면제익을 소득에서 제외할 경우 해당 채무자는 세무조정사항을 감액조정(reduction of tax attributes) 하는 과세이연을 한다. 이 감액조정은 ① 순영업손실(net operating loss) 및 이월결손금(net operating loss carryover), ② 일반사업세액공제(general business credit), ③ 최저한세세액공제(minimum tax credit), ④ 자본손실 이월금(capital loss carryover), ⑤ 자산의 취득가액(basis reduction), ⑥ 투자손실금과 세액공제이월금(passive activity and credit carryovers), ⑦ 외국납부세액공제 이월금(foreign tax credit carryovers)의 순서로 하는데, 이 감액조정하는 대신 감가상각자산의 취득가액 감소 방법(reducing the basis of depreciable property)을 선택할 수 있다.

일본은 현물출자 방식의 출자전환을 주로 하면서 출자전환을 해도 채무면제익이 발생하지 않는 권면액설에 의한 방법으로 해 오다가, 회사갱생 또는 민사재생절차 등이 개시된 때에 채권자로부터 채무면제를 받은 경우 결손금 손금산입 대상에 '채무면제 이외의 사유로 소멸한 채무에 관한 이익이 발생하는 때'를 포함하는 것으로 2006년의 일본 법인세법(제59조 제1항 제1호 및 제2항 제1호)이 개정됨에 따라 출자전환 시 채무면제익(소멸익)이 발생한다는 평가액설에 의한 방법이 강해지고 있다 한다.

10) 부가-753, 2011.7.12.; 법규부가 2012-253, 2012.6.28. 외 다수.

부도 종전 해석을 변경하여 차액 90이 대손세액공제에 해당한다고 해석하였다.[12)]

실무상 혼선이 거듭되자 2019.2.12.에 부가가치세법 시행령 제87조 제1항 제2호를 신설하여 차액 90이 대손세액공제 대상에 해당하는 것으로 입법하였다. 즉, 종전부터 '회생계획인가의 결정에 따라 회수불능으로 확정된 채권'을 대손세액공제의 사유로 인정해 왔는데, 이 사유 외에 '회생계획인가 결정에 따라 채무를 출자전환하는 경우'를 대손세액공제의 사유에 해당하는 것으로 추가하면서 이 경우 '대손되어 회수할 수 없는 금액'은 출자전환하는 시점의 출자전환된 매출채권 장부가액과 출자전환으로 취득한 주식의 시가와의 차액으로 하도록 명시하고 있다. 이 규정을 신설한 취지를 과세당국은 '회생계획인가결정에 따라 채권을 출자전환하는 경우 대손금액은 채권의 장부가액과 주식의 시가와의 차액에 해당'이라고 한 후 '기존 예규 법령화'라고 설명하고 있다.[13)]

3. 상속세 및 증여세법의 내용

출자전환을 하면 신주가 발행되므로 기존 주주에게 증자에 따른 증여세 과세문제가 발생할 수 있고, 또한 출자전환 시 채무면제익이 발생한다면 이 채무면제익에 따른 증여세 과세문제도 기존 주주에게 발생할 수 있다.

증자를 통하여 증자 법인의 기존 주주에게 경제적 이익이 발생할 경우 이 이익에 대하여 증여세를 과세하는 것을 상속세 및 증여세법(이하 "상증세법"이라고 한다) 제39조에서 정하고 있다. 이 경우의 증여세는 ① 신주를 시가보다 낮은 가액으로 발행하는 경우(제1항 제1호)와 ② 신주를 시가보다 높은 가액으로 발행하는 경우(제1항 제2호)로 나누어 각각 규정하고 있다.

출자전환은 부실기업이 재무구조를 개선할 목적으로 주로 하는데, 이 경우 주식 시가(100)보다 높게 출자전환 채권가액(300)을 발행가액(300)으로 하여 신주를 발행하는 경우가 대부분이어서 주로 위 ②에 해당하는지 여부가 문제가 된다.

신주 발행가액이 시가보다 높을 때 증여세를 과세하는 것을 정한 위 ②의 경우 증여세 과세대상 유형을 4가지로 구분해서 정하고 있는데, ㉠ 주주가 신주인수권을 포기하여 발생한 실권주를 제3자가 인수함으로써 특수관계인에 해당하는 신주 인수 포기자가 얻은 이익(즉, 고가의 실권주의 재배정 시의 이익)이 있는 경우(가목), ㉡ 주주가 신주인수권을 포기한 후 해당 법인이 실권주를 재배정하지 않음으로써 신주를 인수한 자의 특수관계인에 해당하는 신주

---

11) 조심 2012서2200, 2013.9.11. ; 조심 2012서1842, 2013.9.11.

12) 부가가치세과-153, 2015.2.16.

13) 국세청, 「2019 개정세법해설」, 2019.3., 252면.

인수 포기자가 얻은 이익(즉, 고가의 실권주의 미배정 시의 이익)이 있는 경우(나목), ㉢ 제3자 배정을 한 경우 그 제3자가 신주를 직접 배정받아 인수함으로써 그의 특수관계인인 주주가 얻은 이익(즉, 고가의 신주의 제3자 배정 시의 이익)이 있는 경우(다목), ㉣ 주주의 보유 지분에 따라 균등 배정받을 수 있는 수를 초과하여 신주를 직접 배정받아 인수함으로써 그의 특수관계인인 주주가 얻은 이익(즉, 주주 균등 지분 초과 배정 시의 이익)이 있는 경우(라목)의 4가지로 나누어 각각 정하고 있다.

출자전환은 채권자가 증자에 참여하는 것이므로 주로 위 ㉢의 경우이다. 따라서 아래에서는 ㉢의 경우를 전제하고 논하기로 한다.

신주를 시가보다 높은 가액으로 발행할 때 증여세 과세대상으로 규정한 위 ②의 ㉢의 경우에 '증자에 따른 이익의 계산'은 아래 〈산식 1〉과 같이 계산한다.[14]

〈산식 1〉 증여재산가액=(ⓐ-ⓑ)×ⓒ×(ⓓ÷ⓔ)=신주 인수의 경제적 이익[(ⓐ-ⓑ)×ⓒ] ×특수관계인 신주 인수비율(ⓓ÷ⓔ)

ⓐ 신주 1주당 인수가액

ⓑ 증자 후의 1주당 평가액=[(증자 전의 1주당 평가가액×증자 전의 발행주식총수)+(신주 1주당 인수가액×증자에 의하여 증가한 주식수)]÷(증자 전의 발행주식총수+증자에 의하여 증가한 주식수)

ⓒ 제3자 배정주식수=신주를 배정받지 아니하거나 균등한 조건에 의하여 배정받을 신주수에 미달되게 배정받는 주주의 배정받지 아니하거나 그 미달되게 배정받은 부분의 신주수

ⓓ 특수관계인 인수 주식수=신주를 배정받지 아니하거나 미달되게 배정받은 주주의 특수관계인이 인수한 신주수

ⓔ 제3자 배정주식총수=주주가 아닌 자에게 배정된 신주 및 당해 법인의 주주가 균등한 조건에 의하여 배정받을 신주수를 초과하여 인수한 신주의 총수

한편, 법인에 채무면제가 발생할 경우 해당 법인의 주식가치 증가분에 대하여 주주에게 증여세를 과세하는 것은 상증세법 제45조의5에서 정하고 있다. 법인에 채무면제 시 증여세를 과세하는 경우는 지배주주와 그 친족이 직접 또는 간접으로 보유하는 지분이 30% 이상인 특정법인에게 지배주주 또는 그 특수관계인이 재산을 무상으로 제공하거나 채무를 면제하는 등의 거래로 이익을 주는 경우이다.

이 때에 그 거래일을 증여일로 하여 '특정법인의 이익×특정법인의 지배주주의 지분율'로

14) 상증세법 시행령 제29조 제2항 제5호.

계산한 금액을 그 특정법인의 지배주주가 증여받은 것으로 보아 증여세를 과세하며, 증여재산가액은 아래 〈산식 2〉와 같이 계산한다.[15)]

〈산식 2〉 증여재산가액=(채무면제 등 이익-채무면제 등에 대한 법인세 상당액(*))
×특정법인의 지배주주의 지분율

(*) 채무면제 등에 대한 법인세 상당액=채무면제 등×(법인세 산출세액-공제감면세액)
÷사업연도소득

Ⅲ. 출자전환 시 법인세법상 채무면제익에 대한 견해의 대립

1. 출자전환의 성격

출자전환을 하면 피출자전환법인(채무자)의 자본금이 증가한다. 출자전환은 증자의 과정이기도 하지만, 채권자가 금전으로 채권 변제를 받는 대신에 채무자가 발행한 신주를 교부받는 것이므로 채권을 회수하는 과정으로 볼 수도 있다. 즉, 출자전환의 성격을 ① 채무자가 하는 증자에 채권자가 그의 금전채권을 주금납입에 갈음한 후 신주를 취득하는 것으로 볼 수도 있고(이하 이 견해를 "증자참여과정설"이라 하기로 한다), ② 채권자가 금전 대신에 채무자가 발행한 신주를 교부받아 채권회수에 충당하는 것으로 볼 수도 있다(이하 이 견해를 "채권회수과정설"이라 하기로 한다).[16)]

법인세법은 할증 발행 형식으로 출자전환할 경우 발생하는 주식발행액면초과액 중 시가평가액을 초과하는 금액은 채무면제익에 해당하는 것으로 규정하고 있으나, 부가가치세법 시행령은 회생계획인가 결정에 따라 채무를 출자전환할 때 신주의 시가가 출자전환하는 매출채권액보다 적을 경우 대손사유에 해당하고 이 경우 '대손되어 회수할 수 없는 금액'은 출자전환된 매출채권의 장부가액과 발행주식의 시가 간의 차액으로 하도록 명시하고 있다.

출자전환 시 손익발생에 관해서 법인세법과 부가가치세법 시행령에서 정하는 내용을 비교하면 다음 〈표 1〉과 같다.

---

15) 상증세법 제45조의5 제1항, 상증세법 시행령 제34조의5 제4항.

16) 이 부분에 대한 자세한 설명은 배영석·배한빈, "출자전환하는 채권자에게 세무상 손익 발생에 관한 연구", 『조세논총』 제5권 제4호, 2020.12., 55~59면 참조.

〈표 1〉 출자전환시 손익발생에 관한 법인세법과 부가가치세법 시행령 규정의 비교

구 분	법인세법의 규정 내용	부가가치세법의 규정 내용
당사자 및 차액의 성격	피출자전환자(채무자)의 채무면제익으로 규정	출자전환자(채권자)의 대손금으로 규정
채무면제익 또는 대손금이 발생하는 경우	할증발행하여 주식발행액면초과액이 발생하는 경우만 채무면제익이 발생	할증발행 여부와 상관없이 출자전환채권액과 발행주식의 시가 간의 차액이 있으면 대손금이 발생
출자전환 절차별 손익의 발생	모든 절차에서의 출자전환에서 채무면제익이 발생	회생계획인가 결정에 따른 출자전환에서만 대손금이 발생
출자전환 채권의 종류	모든 금전채권의 출자전환 시 적용	매출채권의 출자전환 시만 대손금이 발생

증자참여과정설은 채권자가 가진 금전채권을 신주의 주금납입에 갈음하는 측면을 중시하므로 신주 발행과 관련된 법적 관계를 중시한 견해다. 따라서 출자전환 후 신주를 교부받는 것은 증자의 결과에 지나지 않는 것으로 보므로 출자전환을 자본거래에 해당한다고 보는 입장이 된다. 반면, 채권회수과정설은 채권자가 채권회수의 대가로 취득한 출자전환 수식의 시가가 채권회수가액에 해당하는지를 중시하므로 채권회수라는 경제적 효과를 중시한 견해로서 출자전환을 채권회수라는 영업거래의 과정으로 보는 입장이 된다.

증자참여과정설의 논리에 따를 경우 출자전환 시 채권가액이 신주의 납입액에 전액 충당된다면 출자전환 과정에서 채권포기 내지 채무면제가 발생할 여지가 없다. 채권가액 중 주금납입액에 충당되지 않는 금액이 있을 때만 그 충당되지 않은 금액이 채권포기 내지 채무면제에 해당할 수 있을 뿐이다. 즉, 출자전환 시 채권가액(100)이 주금납입(100)에 전액 충당되었다고 한다면 출자전환 후 출자전환채권액과 신주의 시가(20) 간에 차액(80)이 있다 하더라도 차액(80)은 신주를 취득한 이후의 사정에 불과하여 평가손실에 해당하는 것으로 보게 본다.

반면, 채권회수과정설의 논리에 따를 경우 출자전환채권액이 100인데도 출자전환으로 발행한 신주의 시가가 20밖에 되지 않는다면 그 차액(80)은 채권자의 미회수채권액으로서 대손금에 해당하게 된다.

결국 두 견해의 차이는 출자전환 채권자의 입장에서 위 차액(80)을 증자참여과정설은 평가손실로 보나 채권회수과정설은 대손금으로 보는 견해의 차이다.

대법원은 전원합의체 판결[17]에서, "…출자전환되는 채무 전부(채권액 100)가 주식에 대한 인수가액(100)으로 납입된 것으로 인정되어야만 발행예정주식 전부(액면가액 100)에 대하여 신

17) 대법원 전원합의체 2012.11.12. 선고 2010두17564 판결.

주발행의 효력이 발생하는 것이므로…"로 판시한 것은 채권자가 출자전환 시 채권액(100) 전액을 납입해야만 이 때 신주 발행의 효력이 있다는 뜻이므로 대법원은 증자참여과정설의 입장이라고 할 수 있다. 또한 대법원은 이 판결에서 "…그 결과로서 나타나는 경제적 측면에서의 효과(시가 20)를 이유로 출자전환되는 채무 중 발행주식 시가 초과 부분(80)만을 따로 떼어내어 주식에 대한 납입금으로서의 실질을 부인할 수는 없다…"라고 판시하여, 시가와의 차액(80)은 출자전환한 결과로서 취득한 신주의 경제적 효과가 20인 사실에 지나지 않는다(즉, 출자전환을 통하여 채권자에게 80만큼의 손실이 발생했지만 주금 납입액 100에 이 80이 포함되어 있다는 사실은 달라지지 않는다)고 설명하고 있는 점을 보아도 이를 확인할 수 있다.

2. 출자전환 시 법인세법상 채무면제익에 대한 견해의 대립

법인세법 제17조 제1항 제1호 본문은 주주가 납입한 출자금에 해당하는 주식발행액면초과액을 익금불산입에 해당하는 것으로 규정하면서 그 단서는 출자전환 시 출자전환가액 중 발행주식의 시가 초과액은 본문의 주식발행액면초과액에서 제외된다고 규정하고 있고, 법인세법 시행령 제11조 제6호의 괄호에서 이 단서에 해당하는 금액은 채무면제익으로서 익금에 포함된다고 규정하고 있다.

여기서 출자전환으로 주식을 발행하는 경우 발행가액 중 발행주식의 시가 초과액이 주식발행액면초과액에서 제외된다고 규정한 법인세법 제17조 제1항 제1호 단서의 의미를 두고 견해가 갈린다.

가. 학설

제1설은, ① 발행가액(300)에서 액면가액(100)을 차감한 차액(200)은 출자전환에서 발생했다 하더라도 그 성격이 주식발행액면초과액에 해당한다는 사실은 달라지지 않고, ② 이 차액(200) 중 시가(120)의 초과액(180=300-120)은 법인세법상 '익금불산입되는 주식발행액면초과액에 해당하지 않을 뿐이다'라는 점을 단서에서 특별히 규정하고 있는 것으로 보는 견해다(이하 이 견해를 "의제면제익설"이라 하기로 한다).[18] 의제면제익설은 기본적으로 출자전환을 자본거래

18) 배영석·김병일, "출자전환 시 채무면제익에 관한 연구", 『세무학연구』 제33권 제3호, 2016.9., 232~253면 ; 이승문, "법인세법상 자산의 취득가액 – 출자전환주식의 취득가액을 중심으로 –", 『국민대학교 법학연구소 학술발표대회 논문집』, 국민대학교 법학연구소, 2009, 40~41면에서는 "시가 초과액(180)을 익금불산입하는 주식발행액면초과액이 아니라고 해서 자본거래의 특성이 사라지는 것이 아니고 자본의 납입으로 발생하는 차익이므로 엄연히 자본거래이며, 이를 익금불산입하는 조치는 별론으로 하고 그 성격은 변함이 없다."라고 하고 있다. 또한 이렇게 되면 "시가 초과액(180)은 법인세법 제17조 제1항 제1호에 의해서는 익금불산입할

로 보는 증자참여과정설의 입장에서 본 견해다.

의제면제익설에 의하면 시가의 초과액(180)은 법인세법을 적용할 때만 채무면제익에 해당할 뿐이고 다른 세법(예컨대 상증세법)을 적용할 때는 채무면제익이 아니라 주금납입액에 해당하는 주식발행액면초과액(200)에 포함된다는 입장이 된다.

제2설은, ① 출자전환으로 신주를 발행하는 경우 발행가액 중 시가 초과액(180)은 그 성질상 채무자에게 발생한 채무면제익에 해당하는 것이고, ② 이 초과액(180)을 주식발행액면초과액(200)에서 제외한다고 단서에서 규정하고 있는 것은 당연한 사실을 주의적으로 규정한 것에 불과하다고 보는 견해다(이하 이 견해를 "당연면제익설"이라 하기로 한다).[19] 당연면제익설은 기본적으로 출자전환을 채권회수과정설의 입장에서 본 견해다.

당연면제익설에 의하면 시가의 초과액(180)은 법인세법을 적용할 때 뿐만 아니라 다른 세법(예컨대 상증세법)을 적용할 때에도 주금납입액(주식발행액면초과액)이 아니라 채무면제익에 해당하는 것으로 세법을 적용해야 한다는 입장이 된다.

의제면제익설의 입장에 서게 되면 ① 조세특례제한법 제44조 제2항, 제4항에서 채무면제익에 대한 과세특례를 규정하면서 법문에 '채무면제'가 있어야 한다고 명시하면서도 '출자전환 시 발행가액 중 시가초과액이 채무면제에 포함된다'고 명시하고 있지 않기 때문에 조세특례제한법 제44조에 정한 채무면제에 이 시가 초과액이 포함되지 않는 것은 당연하다고 해석한다. ② 이렇게 되면 조세특례제한법 시행규칙의 별지 제38호의2 서식에서 '채무면제익=(1주당 주식의 발행가액-1주당 주식의 시가)×발행주식수'로 규정한 것은 조세특례제한법에 위배되게 정한 것에 해당되어 무효에 해당하게 된다.[20]

당연면제익설의 입장에 서게 되면 ① 조세특례제한법 제44조 제2항, 제4항에 규정한 '출자전환 시 발생하는 채무면제'에는 출자전환 시 발행가액 중 시가 초과액이 당연히 포함되는 것으로 이해하게 된다. ② 따라서 조세특례제한법 시행규칙의 별지 제38호의2 서식(출자전환 채무면제신청서)에서 '채무면제익=(1주당 주식의 발행가액-1주당 주식의 시가)×발행주식수'로 규정한 것은 당연한 사항을 서식으로 제시한 것에 불과한 것으로 보게 된다.

수 없어도 제15조에 의해서는 익금불산입을 할 수 있게 되고, 그러면 이 180을 주식발행액면초과액에서 제외한 취지가 몰각된다"고 한다.

19) 황남석, "2012년도 법인세법 판례 觀見", 『계간 세무사』 제31권 제3호, 2013, 153면 ; 이의영, "회사도산세제의 개선방향에 관한 연구 – 효율적 도산제도 운용을 위한 조세법적 접근", 서울대학교 대학원 박사학위논문, 2008.8., 141면 ; 이태로·한만수, 『조세법강의』, 박영사, 2009, 384면에서는 "출자전환되는 채권의 원리금가액과 출자전환으로 발행하는 주식의 시가와의 차액은 채무면제익임에도 불구하고 그 과세에 관한 사항을 주식발행액면초과액 규정에 삽입한 것은 입법오류다."라고 주장한다.

20) 서울고등법원 2010.7.8. 선고 2009누30228 판결에서는 "조세특례제한법 시행규칙의 별지 제38호의2 서식 내용이 구체적인 채무면제금액을 특정하는 것으로 볼 수 없다."고 판시하였다.

나. 과세당국의 견해

당초 과세당국은 출자전환의 성격을 상계에 해당하는 것으로 보아, 1999.12.6.에 출자전환 시 발행가액(300)과 액면가액(100) 간의 차액(200)은 그 전액이 주금납입금에 해당하는 주식발행액면초과액으로서 법인세 과세대상이 아니라고 해석했다.[21] 그러나 그 후 과세당국은 2003.3.5.에 출자전환의 성질을 현물출자로 보고, ① 피출자전환자(채무자)의 입장에서 발행주식의 시가(120)의 초과액(180)은 주금납입액이 아니라 실질상으로 채무면제 받은 것과 동일하다고 보아, ② 그 차액(180)은 채무면제익이고 주식 시가와 액면가액(100) 간의 차액(20)만 주식발행액면초과액에 해당한다는 취지로 해석을 변경하였다.[22]

과세당국은 이렇게 예규를 변경한 취지를 입법에 반영하여 2003.12.30.에는 법인세법 시행령 제15조 제1항에 이 내용을 규정하였고, 2005.12.31.에는 이 내용을 법인세법 제17조 제1항 제1호를 개정하여 반영하였다.

재정경제부는 개정세법해설에서, 2003.12.30.에 법인세법 시행령 제15조 제1항 후단에 '출자전환 시 주식 시가가 액면가액 이상이고 발행가액 이하에 해당하는 경우에는 시가에서 액면가액을 차감한 금액만을 주식발행액면초과액에 해당한다'라고 신설한 취지를 "채무의 출자전환으로 발행한 주식의 발행가액과 액면가액의 차이 중 시가를 초과하는 금액은 실제 납입된 금액이 아니므로,[23] 이를 채무면제익으로 보도록 한 기업회계기준 및 예규(재법인 46012-37, 2003.3.5.)를 법령으로 명확화"라고 설명하였다.[24] 조세심판원도 "2003.12.30. 개정된 법인세법 시행령 제15조 제1항 후단은 당시 시행되던 법인세법 제17조의 일반적인 유상증자에 관한 사항을 구체화하여 채무의 출자전환에 관하여 별도로 규정한 것으로 볼 수 있고, 그에 따라 2005.12.31. 법인세법 제17조를 개정하면서 구체적으로 규정하였다고 할 수 있다"라고 한다.[25]

즉, 과세당국은 출자전환을 당초에는 증자참여과정설의 입장에서 파악하였으나 지금은 채권회수과정설의 입장이며, 이에 따라 현재 기획재정부와 조세심판원은 당연면제익설의 입장을 취하고 있다고 할 수 있다.[26]

---

21) 재정경제부, 재법인 46012-191, 1999.12.6.

22) 재정경제부, 재법인 46012-37, 2003.3.5.

23) 채무액 300을 발행가액(액면가액은 100)으로 한 출자전환으로 발행된 주식의 시가가 120이라면 그 시가 초과액 180은 실제 납입된 금액이 아니라는 재정경제부의 이 설명은 잘못이다. 왜냐하면 채무자는 채권자로부터 300을 이미 지급받았기 때문에 채무액 300이 발생하여 존재하는 것이고, 그렇다면 차액 180은 발행가액 300에 포함된 금액으로서 이미 채무자에게 납입된 금액에 해당하기 때문이다. 자세한 설명은 배영석·배한빈(주16) 51면, 60~61면 참조.

24) 한국공인회계사, 『개정세법해설』, 2004, 154면.

25) 조심 2008서2411, 2008.12.11.

다. 판례

판례는 처음에는 의견이 일치하지 않았으나 지금은 출자전환을 증자참여과정설의 입장에서 의제면제익설을 취한다고 볼 수 있다. 이에 대한 법원의 판단을 '모법에서 정한 주식발행액면초과액의 범위를 제한한 구 법인세법 시행령 제15조 제1항 제2문[27]의 유효성 여부'에 관한 대법원 판결 사건을 통하여 보면 다음과 같다.

이 판결 사건에서, ① 1심 법원은 "채무의 출자전환 과정에서 발행가액(300)에서 시가(120)를 차감한 금액(180)은 주식 발행과 관련하여 주주로부터 실제 납입 받은 금액이 아니라 실질적으로 채권자로부터 채무면제 받은 금액에 불과하므로 익금대상인 수익금액이고, 조세특례제한법 시행규칙의 별지 제38호의2 서식은 이를 명확히 하고 있다."고 판시하여,[28] 당연면제익설의 입장을 취하였다. ② 그러나 2심 법원에서는 "채무의 출자전환 과정에서 발행가액에서 시가를 차감한 금액(180)은 주식발행액면초과액에 해당함이 명확하므로 이 초과액을 주식발행액면초과액에서 제외하려면 법률의 개정에 의하여 할 것이지 시행령의 개정으로 할 수 없고, 조세특례제한법 제44조에서 회생기업이나 부실징후기업이 채무를 출자전환 받는 경우에 채권자의 채무면제가 회생계획인가나 경영정상화계획 이행 약정에 명확하게 확인되는 경우에 한하여 그 채무면제액을 익금불산입하는 과세특례를 두고 있으므로 조세특례제한법 제44조가 구 법인세법 시행령 제15조 제1항 후문의 내용을 포함한다고 할 수 없으며, 조세특례제한법 시행규칙의 별지 제38호의2 서식은 서식에 불과하여 구체적인 채무면제금액을 특정하는 것이라고 볼 수 없다."라고 판시하여,[29] 의제면제익설의 입장을 취하였다. ③ 대법원[30]에서는 ㉠ 다수의견은 "출자전환 채무 중 시가 초과 부분에 대하여 채무면제 받는 것과 동일한 경제적 효과가 발생하는 것처럼 보이기는 하나, 출자전환채무 전부가 신주인수가액으로 납입된 것으로 인정되어야만 신주발행의 효력이 발생하는 것이므로, 그 결과로서 나타나는 경제적 측면에서의 효과를 이유로 출자전환 채무 중 시가 초과액 부분만을 떼어내어 주식납

26) 최근 기획재정부는 '금융기관이 회생계획인가결정에 따라 채무를 출자전환하는 경우로서 주식의 발행가액(100)과 액면가액(100)이 동일하고, 시가(20)가 액면가액에 미달하는 경우에도 조세특례제한법 제44조 제4항에 따라 손금산입이 가능한지 여부'의 질의에 대하여 '손금산입이 가능하다'고 해석하여(법인세제과-119, 2021.2.25.), 출자전환채권자(금융기관)는 채권회수의 과정에서 손금이 발생한다는 입장이므로 당연면제익설로서 채권회수과정설의 입장임을 다시 표명하였다.

27) 당시의 법인세법 시행령 제15조 (주식발행액면초과액 등) ① 법 제17조 각호의 규정에 의한 수익은 각각 상법 제459조 제1항 제1호 내지 제3호 및 제3호의2에 해당하는 금액으로 한다. 이 경우 법 제17조 제1호의 주식발행액면초과액에 있어서 채무의 출자전환으로 주식을 발행하는 경우로서 당해 주식의 시가가 액면가액 이상이고 발행가액 이하에 해당하는 경우에는 시가에서 액면가액을 차감한 금액을 말한다. 〈개정 2003.12.30.〉

28) 서울행정법원 2009.8.28. 선고 2009구합9000 판결.

29) 서울고등법원 2010.7.8. 선고 2009누30228 판결.

30) 대법원 전원합의체 2012.11.12. 선고 2010두17564 판결.

입금으로서의 실질을 부인할 수 없다."라고 판시하여 의제면제익설의 입장이다. ㉡ 그러나 소수의견은 "채무의 출자전환 시 주식의 시가가 액면가액 이상이고 발행가액 이하에 해당하는 경우 출자전환 채무 중 시가 초과 부분은 그 실질이 자본의 납입금과 같다고 볼 수 없고, 오히려 채무면제익에 해당하여 그 금액만큼 법인의 소득이 증가하였다고 봄이 타당하여 이 초과액을 주식발행액면초과액에 해당한다고 볼 수 없다."고 하여 당연면제익설을 취하였다.

Ⅳ. 출자전환 시 증여세 과세에서 과세 근거 구분의 중요성

1. 채무면제는 평가액설에 의한 현물출자 방식의 출자전환에서만 발생

출자전환은 기업회생절차 뿐만 아니라 워크아웃기업 등 부실징후기업을 구조조정하는 과정에서도 많이 한다. 2011.4.14.에 상법이 개정되어 주금납입을 금전채권과 상계할 수 있도록 허용함에 따라 일반법인도 출자전환의 방식으로 증자하는 경우가 많다.

대법원은 기업회생절차에서 금전채권을 출자전환을 할 때 그 출자전환의 법적 성격이 무엇인가에 대해서 명시적인 입장을 표명하고 있지 않으나[31] 워크아웃절차에서 하는 출자전환은 그 법적 성격이 상계임을 전원합의체 판결을 통해서 판시하였다.[32]

금전채권을 출자전환할 때 현물출자 방식으로 할 수도 있으나 실무에서는 간단한 방식인 상계 방식으로 하는 것이 대부분이다. 금전채권의 액면액이 100이고 이를 시가로 평가할 경우 20이라고 할 때,[33] 현물출자 방식으로 출자전환을 할 때에 출자전환할 금전채권을 시가(20)로 평가한 가액을 주금납입액(20)으로 하는 이른바 '평가액설에 의한 현물출자' 방식으로 하지 않고, 대부분 실무에서는 금전채권의 액면액(100)을 주금납입액으로 하는 이른바 '권면액설에 의한 현물출자' 방식으로 한다.[34] 금전채권액 100의 시가가 20에 해당하는지를 평가

31) 서울중앙지방법원 파산부 실무연구회, 『회생사건실무(상)』(제4판), 박영사, 2014, 747면.

32) 대법원 2010.9.16. 선고 2008다97218 판결 ; 대법원 2012.11.22. 선고 2010두17564 판결.

33) 출자전환은 부실기업이 주로 하는데, 금전채권액의 시가 평가액이 20이라고 하는 것은 발행 주식의 시가 평가액이 20이라는 것이 아니라 금전채권액 100 전액이 회수되지 않을 가능성이 높은 점 등을 고려하여 출자전환채권자가 피출자전환자(부실기업)로부터 상환받을 금전채권액(100)의 경제적 가치의 평가액이 20이라는 의미다.

34) 금전채권의 현물출자는 상법 제422조 제1항에 의한 방식(평가액설에 의한 현물출자 방식)과 제422조 제2항 제3호에 의한 방식(권면액설에 의한 현물출자 방식)으로 구분된다. 평가액설에 의한 현물출자는 검사인의 검사보고서를 첨부해서 증자 등기를 하나(법원행정처, 등기선례 제5-838호 단서, 1998.6.23.), 권면액설에 의한 현물출자는 검사인의 검사보고서를 첨부할 필요없이 '변제기가 도래한 금전채권의 장부가액'을 입증하는 서류를 첨부해서 증자 등기를 한다(법원행정처, 등기선례 제201807-2호, 2018.7.27.). 한편, 상계방식의 출자전환은 상법 제421조 제2항에 근거하여 하는데, 이 경우의 증자등기는 법원행정처 제정의 등기예규 제1450호

하는 것은 매우 어려운 일이며, 평가할 수 있다고 하더라도 20으로 평가하는 데에는 평가비용이 많이 소요되는 문제점이 있기 때문이다. 2011.4.14.에 상법이 개정되기 전에는 금전채권을 현물출자할 때 평가액설에 따라야 하는지 권면액설에 따라야 하는지 논란이 있었으나, 2011.4.14.에 상법 제422조를 개정하여 '변제기가 돌아온 회사에 대한 금전채권을 출자의 목적으로 하는 경우로서 그 가액이 회사장부에 적혀 있는 가액을 초과하지 아니하는 경우'에는 현물출자가액을 평가하기 위한 검사인의 조사 내지 감정인의 감정을 하지 않고 금전채권액을 현물출자가액으로 하도록 함으로써 금전채권을 현물출자할 때에 가장 큰 난점이었던 금전채권의 평가를 권면액으로 할 수 있도록 입법화하였다. 금전채권을 권면액으로 평가하여 현물출자를 한다면 내용적으로는 상계 방식으로 출자전환하는 것과 다를 바가 없다.

출자전환을 '상계 방식'으로 하거나 '권면액설에 의한 현물출자 방식'으로 하게 되면 금전채권액(100)이 그대로 주금납입액(100)에 충당되는 것이므로 출자전환 과정에서 채무면제가 발생할 수 없다.

그러나 출자전환을 '평가액설에 의한 현물출자 방식'으로 하면 금전채권의 시가 평가액(20)을 주금납입액(20)으로 하여 증자하므로 금전채권의 권면액(100)과의 차액(80)이 채무자에게는 이익(채권자에게는 손실)으로 발생한다. 채무자가 금전채권(100)을 20으로 평가하여 현물출자 대가로 받았지만 채무자가 부담하고 있는 금전채무의 권면액(100)은 혼동에 의하여 소멸하므로 그 차액(80)은 채무자에게 이익으로 나타나는 것이다.

현물출자 방식으로 출자전환을 한다는 점에서는 동일한데도, 현물출자를 권면액설과 평가액설로 구분해서 채무면제익 발생 여부가 달라진다고 하는 이유는, ① 권면액설에서는 출자전환채권액 전부(100)를 주금납입으로 하겠다(즉, 자본거래로 하겠다)는 것이 출자전환 당사자의 의사인 반면, ② 평가액설에서는 금전채권의 시가 평가액(20)만큼만 주금납입으로 하고 나머지(80)는 채무면제 내지 채권포기하겠다는 것이 출자전환 당사자의 의사이어서, 당사자의 의사가 다르기 때문이다. 즉, 채무면제익 발생 여부는 거래 당사자가 의욕한 채무면제 등의 의사 여부에 따라야 한다는 것이다.

결국, 실무에서 주로 하는 상계 방식에 의한 출자전환이나 권면액설에 의한 현물출자방식의 출자전환에서는 출자전환채권액이 전부 신주의 주금납입액에 충당되기 때문에 신주를 할증발행함으로써 주식발행액면초과액이 발생한다고 해도 사법상으로는 채무면제가 발생하지 않는다. 그러나 과세당국은 출자전환을 어떤 방식으로 하느냐를 구분하지 않고 출자전환채권액과 발행 주식의 시가와의 차액 여부에 의하여 출자전환에서 손익이 발생하는지를 파악하고 있다.

(2012.4.24.)에서 정한 서류를 첨부해서 한다.

회생회사나 워크아웃회사가 아닌 일반회사가 출자전환하는 경우 "100% 자회사에 대한 대여금을 출자전환하여 취득하는 주식의 시가(세법상 평가액)가 액면금액에 미달하는 경우 액면금액을 초과하여 발행된 금액을 채무면제이익으로 한다."고 해석하는 것이 그 예이다.[35] 조세심판원도 채권자가 100% 자회사에 대한 금전채권을 '상계 방식의 출자전환'을 하여 신주를 교부받은 사례에서, "청구법인(채권자) 지분이 100%인 자회사에 대한 채권이 출자전환을 통해 자본화될 경우 회계상 자본과 부채 간 계정대체가 일어날 뿐 채무면제의 효과가 발생한다고 볼 수 없으므로 출자전환으로 발생한 주식발행초과금은 채무면제이익으로 볼 수 없다."는 채권자의 주장을 배척하고, "법인세법 시행령 제15조 제4항에 열거한 4가지의 부실징후기업등에 해당하지 않는 이상 상계 방식으로 출자전환을 했더라도 출자전환으로 발생한 주식발행초과금 중 발행주식의 시가 초과액을 익금으로 보아 법인세를 과세한 처분은 잘못이 없다."고 결정하고 있다.[36]

2. 출자전환 시 증여세 과세에서 과세 근거 구분의 중요성

출자전환을 통하여 새로 주주로 참여한 출자전환채권자의 증자 행위로 인하여 피출자전환법인의 기존 주주의 주식가치가 증가할 수 있다. 이렇게 부(富)가 출자전환채권자로부터 무상으로 기존 주주에게로 이전된다면 이에 대해서 증여세를 과세해야 한다는 의견이 나올 수 있다. 한편, 출자전환을 통하여 새로 주주가 된 출자전환채권자가 피출자전환법인(채무자)에게 채무면제한 것이 있다면 이 채무면제로 인하여 채무자 법인의 기존 주주의 주식가치가 증가할 수 있는데, 이 채무면제로 인한 기존 주주의 주식가치 증가에 대하여 증여세를 과세해야 한다는 의견도 나올 수 있다.

그러면 출자전환으로 기존 주주에게 경제적 이익이 발생한다고 하면 ① 증자의 과정을 중시하는 증자참여과정설의 입장에서 증여세를 과세해야 할 것인지, ② 채권회수의 과정을 중시하는 채권회수과정설의 입장에서 증여세를 과세해야 할 것인지가 문제가 된다. 증여세를 증자참여과정설의 입장에서 과세한다면 상증세법 제39조(증자에 따른 이익의 증여)에 근거하여 과세해야 할 것이고, 채권회수과정설의 입장에서 과세한다면 제45조의5(채무면제에 따른 이익

35) 국세청, 서면법령법인-1655, 2015.12.7.

36) 조심 2015서3704, 2016.11.18. ; 최근 조세심판례(조심 2019중1863, 2020.10.5.)에서도 "출자전환 시 주식발행액면초과액 중 발행주식의 시가를 초과하여 발행된 금액은 익금불산입에서 제외하도록 규정한 법인세법 제17조 제1항 제1호 단서의 규정은 기업회생절차에 따른 출자전환의 경우나 출자전환하는 법인이 채무상환능력이 없는 경우만을 적용대상으로 제한하고 있지 아니하므로, 외국인투자 촉진법이 규율하는 외국인 투자절차에서 진행된 출자전환이라 하더라도, 출자전환에 따른 신주의 발행금액이 그 신주의 시가보다 높은 경우는 그 차액을 채무면제이익으로 과세하는 것이 타당하다."는 취지로 결정하였다.

의 증여 의제)37)에 근거하여 과세해야 할 것이다.

출자전환은 부실기업에서 재무구조를 개선하기 위하여 하는 경우가 대부분이다. 따라서 상증세법 제39조(증자에 따른 이익의 증여)에 의하여 과세한다고 했을 때 그 사례는, ① 신주의 시가(100)보다 낮은 가격(10)으로 출자전환하는 경우는 거의 없고, ② 신주의 시가(100)보다 높은 가격(300)으로 출자전환하는 경우가 대부분이다.

출자전환 시 피출자전환법인의 기존 주주에게 증여세 과세문제가 제기될 경우를 증자참여과정설과 채권회수과정설의 입장에서 증여세를 각각 과세한다고 보고 이를 구분해서 비교해 보면 아래 〈표 2〉와 같다.

〈표 2〉 출자전환 시 증여세 과세문제에 대한 비교

구 분	증자참여과정설 (증자에 따른 증여)	채권회수과정설 (채무면제에 따른 증여의제)
근거 조문	상증세법 제39조	상증세법 제45조의5
대상법인	모든 법인	지배주주 및 친족의 지분이 30% 이상인 법인
증여자	신주 인수인	신주 인수인
수증자	기존 주주 전부	지배 주주
증여자와 수증자 간 특수관계 성립	성립해야 함	성립해야 함
증여일	주금납입일(상장주식은 권리락일)	거래일
증여재산가액	신주 인수의 경제적 이익(*1)×특수관계인 신주인수비율(*2)	(채무면제액(*3)-채무면제액의 법인세 부담액(*4))×지배주주의 지분율
최저 과세대상 증여재산	없음	1억원
증자 전후 1주당 가액이 음수일 경우 과세 규정	과세하지 않는다고 규정	규정 없음

(*1) 신주인수의 경제적 이익=(신주 1주당 인수가액−증자 후 1주당 평가액㈜)×제3자 배정주식수
㈜ 증자 후 1주당 평가액=(증자 전 주식가치+증자액)÷(증자 후 주식총수)=[(증자 전 1주당 평가액×증자 전 주식총수)+(신주 1주당 인수가액×증자 주식수)]÷[증자 전 주식총수+증자 주식수]
(*2) 특수관계인 신주인수비율=특수관계인이 인수한 신주수÷제3자에 배정된 주식총수
(*3) 채무면제액=출자전환액 중 채무면제 해당액
(*4) 채무면제액의 법인세 부담액=채무면제액×(법인세 산출세액−공제감면세액)÷사업연도소득

37) 상증세법 제45조의5의 조 제목은 '특정법인과의 거래를 통한 이익의 증여'이나, 이하에서는 '채무면제에 따른 이익의 증여 의제'로 불러서 본 논문은 출자전환에 따른 채무면제익 발생 여부의 증여세 과세문제가 검토의 대상임을 보다 분명히 드러나도록 한다.

위 〈표 2〉에서 보는 바와 같이 출자전환에서 기존 주주에게 발생하는 경제적 이익을 어느 관점에서 파악하느냐에 따라 증여세의 과세대상과 증여재산가액의 계산 등이 각각 달라지게 된다. 또한 '증자에 따른 이익의 증여'는 상증세법상 증여의 개념에 포함되어 과세되는 것이나, '특정법인과의 거래를 통한 이익의 증여(채무면제에 따른 이익의 증여 의제)'는 증여의 개념에 포함되지 않고 증여 의제로서 증여세가 과세된다는 점이 다르다.

더욱이 상증세법 제43조에서 '증자에 따른 이익의 증여(제39조)'와 '채무면제에 따른 이익의 증여 의제(제45조의5)'가 동시에 적용될 때에는 증여세가 많이 계산되는 규정을 적용해야 하고(제1항), 증여일로부터 소급하여 1년 이내에 동일한 거래 등이 있는 경우에는 각각의 거래에 따른 이익을 해당 이익별로 합산하여 계산하도록 정하고 있으므로(제2항), 출자전환 시 주주에게 증여세 과세 문제가 발생한다면 이것이 '증자에 따른 이익의 증여'와 '채무면제익에 따른 증여 의제'가 동시에 적용되는 경우인지 아니면 별개의 증여 대상인지 여부의 구분은 증여세 과세에서 매우 중요한 문제가 된다.

V. 출자전환 시 증자 사유에 의한 증여세 과세의 타당성

1. 출자전환 시 채무면제 부존재 측면에서 타당

출자전환은 회생법인, 워크아웃법인, 일반법인을 불문하고 실행한다. 기업회생절차, 워크아웃절차, 기타 일반절차에서 각각 출자전환을 할 때 그 과정에서 채무면제가 발생하는지를 생각해 보면 출자전환 시 증여세를 과세할 때는 채무면제 발생 사유가 아닌 증자 사유로 증여세를 과세하는 것이 타당하다. 그 이유를 아래에서 본다.

가. 회생절차에서 출자전환 시 채무면제 미발생 측면

기업회생절차에서는 채무자 회생 및 파산에 관한 법률(이하 "채무자회생법"이라 한다)을 적용하여 출자전환을 하는데, 채무자회생법 제206조 제1항[38]에서는 회생채권자·회생담보권자 또

38) 채무자회생법 제206조 (주식회사 또는 유한회사의 신주발행) ① 주식회사인 채무자가 회생채권자·회생담보권자 또는 주주에 대하여 새로 납입 또는 현물출자를 하게 하지 아니하고 신주를 발행하는 때에는 회생계획에 다음 각호의 사항을 정하여야 한다.
  1. 신주의 종류와 수
  2. 신주의 배정에 관한 사항
  3. 신주의 발행으로 인하여 증가하게 되는 자본과 준비금의 액

는 주주에 대하여 새로 납입 또는 현물출자를 하지 아니하고 신주를 발행(즉, 출자전환)할 수 있도록 규정하고 있다. 이 규정에 따라 출자전환하는 경우에는 회생계획에 '신주의 발행으로 감소하게 되는 부채액(제4호)=신주를 발행할 경우 증가하게 되는 자본과 준비금의 액(제3호)'이 되도록 기재한다.[39] 따라서 회생절차에서 출자전환할 경우 출자전환채권액 전부는 자본금과 준비금의 납입에 충당되는 것이므로 이 과정에서 사법상으로 채무면제가 발생할 여지가 없다.

만약 회생계획에서 할증발행 형식으로 출자전환을 하는 경우 세법상으로 기존 주주에게 어떤 증여세 과세문제가 발생할 수 있는지를 보기로 한다.

법인세법은 채권가액(300)을 액면가액(100)으로 하지 않고 할증발행 형식(발행가액 300)으로 출자전환을 하면 발행주식액면초과액(200) 중 주식의 시가 평가액(120)을 초과하는 금액(180=300-120)은 채무면제익에 해당하는 것으로 규정하고 있다.[40] 그렇다면 이 경우 출자전환하는 채권자와 회생법인의 기존 주주 간에 세법상 특수관계인에 해당할 경우 상증세법 제39조(증자에 따른 이익의 증여)가 아닌 제45조의5(채무면제에 따른 이익의 증여 의제)에 근거해서 증여세를 과세해야 하는가?[41] 이 문제는 상증세법을 적용할 때 법인세법상 채무면제익에 해당하는 위 사례의 180이 ① 피출자전환채무자에게 '신주납입액'에 해당하는 것으로 볼 것인지 '채무면제익'에 해당하는 것으로 볼 것인지의 문제이며, ② 출자전환채권자에게는 위 180이 '신주인수가액'에 해당하는지 아니면 '대손금'에 해당하는지 문제이기도 하다.

위 180이 ㉠ 신주납입액에 해당한다고 하면 상증세법 제39조를 적용, 자본거래에 따른 증여세 과세문제로 보게 되나, ㉡ 채무면제익에 해당한다고 하면 제45조의5를 적용, 손익거래에 따른 증여세 과세문제로 보게 된다. 또한, ㉠ 위 차액 180이 신주납입액에 해당한다고 하면 180이, 법인세법상으로는 채무면제익에 해당하더라도, 다른 세법을 적용할 때는 채무면제

---

4. 신주의 발행으로 감소하게 되는 부채액

39) 출자전환에서 신주를 할증발행하면 세무상 채무면제익이 발생하여 과세상 문제가 발생하기 때문에 현행 실무에서는 신주를 할증발행하는 경우를 찾아보기 어렵고 대부분 액면발행하므로, '신주의 발행으로 감소하게 되는 부채액=신주를 발행할 경우 증가하게 되는 자본금'인 경우가 대부분이다.

40) 이 경우 발행 주식의 시가가 액면가액(100)에 미달하는 10이라면 채무자 회사는 회생법인이므로 채무면제익은 주식 시가의 초과액인 290(=300-10)이 아닌 액면가액을 초과하는 200(=300-100)이 된다(법인세법 제17조 제1항 제1호 단서 및 법인세법 시행령 제15조 참조). 그러나 이 경우 부가가치세법 시행령 제87조 제1항 제2호에서는 출자전환채권이 매출채권인 경우에는 출자전환가액(300) 중 액면초과액(200=300-100)이 아닌 주식 시가의 초과액(290=300-10)이 출자전환채권자에게 대손금에 해당하는 것으로 규정하고 있다. 따라서 법인세법의 규정과 그 내용이 다르다.

41) 실무상으로는 출자전환을 하기 전에 회생회사의 기존 대주주의 주식은 전부 소각하는 경우가 많다. 그러면 이 경우 기존 주주가 전부 없어지게 되므로 출자전환채권자(신 주주)와 기존 주주 간에 특수관계인에 해당하는 경우가 실무상 많지 않다. 그러나 논의를 위하여 출자전환채권자(신 주주)와 기존 주주가 존재하고 이들 간에 특수관계인에 해당하는 것으로 가정하고 논의한다.

익이 아닌 신주납입액(주식발행액면초과액)에 해당한다고 해석하는 입장(의제면제익설)이므로 증자참여과정설의 견해가 된다. 즉, 출자전환 채권자의 입장에서 위 180(=채권가액 300-주식시가 120)의 본질은 대손금이 아니라 평가손실이라는 입장이다. ㉡ 반면, 채무면제익에 해당한다고 하면 위 180은 그 성격상 채무면제익이라는 당연한 사실을 법인세법이 주의적으로 규정한 것에 불과하다고 보는 것이므로, 상증세법상으로도 당연히 채무면제익에 해당한다는 입장(당연면제익설)으로서 채권회수과정설의 견해가 된다. 즉, 출자전환 채권자의 입장에서는 180의 본질은 평가손실이 아니라 대손금이라는 입장이다.

이 경우 위 차액 180을 채무면제익에 해당하는 것으로 보아 피출자전환법인의 기존 주주에게 증여세를 과세해야 한다고 보아 상증세법 제45조의5가 적용된다고 하면 다음과 같은 문제가 발생한다.

첫째, 위 180(발행가액 중 시가 초과액)이 채무면제익에 해당한다고 보아 증여세를 과세해야 한다고 하면 앞 〈표 2〉에서 보는 바와 같이 해당 회생법인은 기존 주주(그의 특수관계인을 포함)가 지분 30% 이상을 가진 특정법인에 해당해야만 증여세 과세대상이 되어 과세 범위가 매우 좁게 된다. 그러면 증자 과정에서 주주 간 富의 이전이 발생했는데도 증자를 출자전환 방식으로 했다고 해서 특정법인(증자 법인의 지배주주의 지분이 30% 이상)에 해당해야만 증여세의 과세대상이 된다고 하면, 현금증자를 했다면 제39조가 적용되어 증자에 따른 이익 증가로 증여세가 과세될 수 있는 것인데도 출자전환 방식으로 증자했다는 이유로 증여세가 과세되지 않게 되므로 증자 방식에 따라 과세 여부가 달라지게 되는 문제점이 발생한다.

둘째, 위 사례의 180이 채무면제익에 해당한다고 하면 증여세 과세표준 계산 시 다음과 같은 문제점이 발생한다. 즉, 이 경우 '증여세 과세가액=증여재산가액(채무면제익)-이에 대응하는 법인세 해당액'으로 계산하는데, 회생계획에서 출자전환을 받는 경우는 대부분 누적 결손금이 많은 법인이므로 채무면제익이 발생하더라도 결손금의 공제로 인하여 법인세가 없는 경우가 대부분이다. 그러면 이 경우 '증여세 과세가액=증여재산가액(채무면제익)'이 되는데, 그러면 실제 해당 법인의 기존 주주의 주식가치가 증가하는가와 상관없이[42] 해당 법인에게 발생한 채무면제익에 비례하여 증여세가 과세되므로 해당 주주에게 발생한 주식가치가 실제 증가한 것과 다르게 계산되어 증여세가 과세되는 문제점이 발생하게 된다.[43]

---

42) 상증세법 제39조가 적용되려면 주식가치가 증가해야만 증여세가 과세된다(〈산식 1〉 참조).

43) 물론 대법원 전원합의체 판례(2017.4.20. 선고 2015두45700)에서 "특정법인에 재산을 증여한 이후에도 여전히 주식가치가 음수로 계산되면 증여세를 과세할 수 없다."고 판시하고 있지만, 이 판례는 2014.2.21.에 상증세법 시행령이 개정되기 전에 증여가 발생한 사건에 대한 판례다. 따라서 2014.2.21. 이후에는 채무면제익(위 사례의 경우 180)이 발생하면 누적 결손금으로 인하여 해당 법인의 기존 주주의 주식가치가 증가하지 않더라도(즉, 계속 주식가치가 음수가 되더라도) 채무면제익의 발생에 따른 증여세가 과세되는 문제점이 있다.

셋째, 회생절차에서 출자전환을 할 때 회생계획에 '신주의 발행으로 감소하게 되는 부채액=신주의 발행으로 인하여 증가하게 되는 자본과 준비금의 액'으로 기재하므로 회생계획에 의한 출자전환은 자본거래가 되는 것이어서 손익이 발생하지 않는다. 그렇다면 사법상으로 채무면제가 발생하지 않는데도 세무상으로 채무면제가 발생한다고 해석하는 것은 문제가 있다고 할 것이다. 신주를 발행할 경우 신주 인수인과 신주의 발행법인 간에는 기본적으로 자본거래이어서 손익이 발생할 수 없는 것이 법리인데도[44] 위 사례의 180은 신주 인수인(출자전환자)과 신주의 발행법인(피출자전환자) 간에 손익이 발생한다는 것이 되므로, 자본거래의 본질에 부합하지 않는 문제가 발생한다.

넷째, 만약 회생계획에서 출자전환을 할 때 신주를 할증발행하지 않고 액면발행하면 법인세법상으로 채무면제익이 발생하지 않게 된다.[45] 그러면 법인세법상 채무면제가 발생하지 않는다고 하면 상증세법상 채무면제가 발생할 수 있다고 해석할 근거가 없다.[46] 물론 당연면제익설의 논리를 일관할 경우 발행 주식의 시가(10)와 발행가액(=액면가액 100) 간의 차액(90)을 채무면제로 해석할 수 있겠지만 이렇게 해석하면 90은 주금납입액에 충당되지 않았다는 것이므로 신주를 액면가액 이하로 할인발행했다고 보아야 한다. 그러면 액면 발행했는데도 할인 발행했다고 보는 것이어서 사실과 다른 주장이 될 뿐만 아니라 액면가액 이하로 주식을 할인발행할 경우에는 원칙적으로 주주총회의 특별결의와 법원의 인가를 얻어서 할 수 있도록 정한 상법의 규정[47]에 위배되게 해석하게 되는 문제점이 있다.[48] 만약, 신주를 할증 발행할 경우에는 채무면제익이 발생하지만 액면 발행할 경우에는 채무면제익이 발생하지 않는다고 하면[49] 신주를 할증 발행하느냐 액면 발행하느냐에 따라 채무면제익의 발생 여부가 달라진다는 것이어서 발행가액(출자전환채권액)과 신주의 시가 간의 차액을 채무면제익으로 보는 기본 논리를 일관하지 않는 문제점이 있다.

---

44) 주석 53, 54 및 59의 판례 참조.

45) 법인세법 제17조 제1항 단서의 반대해석.

46) 부가가치세법 시행령 제87조 제1항 제2호에 근거하여 채무면제가 발생한다고 주장할 여지가 있으나, 이것도 출자전환하는 채권이 매출채권인 경우에 한하여 적용되는 경우다.

47) 상법 제417조 참조.

48) 오문성·이중교·이재우·이태규, 『채무의 출자전환에 관한 연구』, 한국공인회계사회, 2020.11., 127면에서는 이렇게 출자전환 주식의 시가(10)가 액면가액(100) 이하인데도 신주를 액면가액(100)으로 발행하면 자본충실을 해할 우려가 있다고 주장하고 있다. 그러나 당초 출자전환채무가 발생한 시점에 이미 채무자는 채권자로부터 출자전환채무(100) 만큼의 현금 또는 현물을 납입받았기 때문에 100의 채무가 발생한 것이므로 채무자가 액면가액 100의 신주를 발행한다고 해서 자본충실원칙에 어긋난다고 볼 수 없다 할 것이다. 자세한 설명은 배영석·배한빈(주16), 59~61면 참조.

49) 국세청은 '출자전환으로 발행하는 주식의 시가가 액면금액에 미달하면 액면금액을 초과하여 발행된 금액만 채무면제익으로 해석'하므로, 액면발행하면 채무면제익이 발생하지 않는다고 해석하고 있다(서면법령법인-1655, 2015.12.7.).

결국 회생계획에 의하여 출자전환을 할 때 할증발행 형식으로 하든 액면발행 형식으로 하든 이를 불문하고 모두 '신주의 발행으로 감소하게 되는 부채액=신주를 발행할 경우 증가하게 되는 자본과 준비금의 액'이 되는 것이므로, 사법상으로 채무면제가 발생할 여지가 없다. 그렇다면 법인세법 제17조 제1항 제1호 단서와 같이 위 사례의 차액 180(=발행가액 300-주식시가 120)을 채무면제익에 해당한다고 명시적으로 규정하고 있지 않는 상증세법을 해석할 때는, 차액 180은 법률적으로 주금납입에 충당된 것이 분명하므로 채무면제익이 아닌 주금납입액에 해당하는 것으로 보아야 한다.

따라서 이 경우 차액 180은 주식발행액면초과액으로서 납입된 주금에 해당하므로 신주 발행에 따른 경제적 이익이 이전될 경우 증여세를 과세하는 규정인 제39조를 적용하여 과세해야 타당하다는 것을 알 수 있다.

나. 워크아웃절차에서 출자전환 시 채무면제 미발생 측면

법인세법은 회생절차, 워크아웃절차, 일반절차를 구분하지 않고 할증발행 형식으로 출자전환을 하면 발행주식액면초과액 중 주식의 시가 평가액을 초과하는 금액은 채무면제익에 해당하는 것으로 규정하고 있다. 워크아웃절차에서 할증발행 형식으로 출자전환을 하더라도 일반적으로 상계 방식으로 한다.[50] 따라서 이 경우 '출자전환채권액(300)=주금납입액(300)'이 되는 것이므로 민사법상으로 채무면제가 발생할 여지가 없다. 그렇다면 출자전환채권자(신 주주)와 기존 주주 간에 이전된 경제적 이익에 대하여 증여세를 과세한다고 할 경우, 워크아웃절차에서는 할증 발행이든 액면 발행이든 모두 상계 방식으로 출자전환을 하므로 채무면제익이 발생하지 않기 때문에 상증세법 제45조의5(채무면제에 따른 이익의 증여 의제)를 적용할 수 없고 제39조(증자에 따른 이익의 증여)를 적용해서 과세해야 한다고 해야 할 것이다.

다만, 제Ⅳ장 1.에서 본 바와 같이 '권면액설'이 아닌 '평가액설'에 따라 출자전환을 하면[51] 피출자전환자(채무자)에게 채무면제익이 발생할 수 있다. 그러면 이 경우 채무자 법인에게 발생하는 채무소멸익(채무면제익)에 대해서는 상증세법 제45조의5를 적용하여 해당 기존 주주에게 증여세를 과세할 수 있다고 할 것이다.

---

50) 워크아웃절차에서 발생한 출자전환에 관한 대법원 판례 사건(2010.9.16. 선고 2008다97218 판결)도 상계 방식으로 출자전환을 한 경우다.

51) 그러나 제Ⅳ장 1.에서 본 바와 같이 출자전환채권액을 평가하는 것은 매우 어려운 일이기 때문에 실제로 평가액설에 의한 현물출자 방식으로 출자전환하는 경우는 찾아보기 어려운 것이 현실이다.

다. 기타 일반절차에서 출자전환 시 채무면제 미발생 측면

일반절차에서 할증 발행 형식으로 출자전환을 하는 경우는 워크아웃절차에서 본 바와 마찬가지로 출자전환을 할증 발행 형식으로 하든 액면 발행 형식으로 하든 모두 상계 방식으로 출자전환을 하는 것이 현실이다. 상계 방식의 출자전환에서는 출자전환채권자(신 주주)와 기존 주주 간에 발생한 증여 이익에 대하여 증여세를 과세한다고 할 때 채무면제익이 발생하지 않기 때문에 채무면제가 있는 경우에 적용되는 상증세법 제45조의5를 적용하여 과세할 수 없고, 증자에 따른 경제적 이익의 이전이 있는 경우에 적용되는 제39조를 적용해서 과세해야 한다고 할 것이다. 다만 출자전환을 '평가액설'에 의한 현물출자 방식으로 할 경우에는, 위 '나'에서 본 바와 동일한 법리에 의하여, 채무자 법인에게 발생하는 채무소멸익(채무면제익) 180에 대해서는 상증세법 제45조의5를 적용하여 해당 기존 주주에게 증여세를 과세할 수 있다고 할 것이다.

2. 증여재산가액 계산 측면에서도 타당

만약, 출자전환 시 증여세 과세에 있어서 상증세법 제39조가 적용된다고 하면 위 차액(180=발행가액 300-주식 시가 120)은 그 본질상 채무면제익이 아닌 주식발행액면초과액에 해당한다는 것이므로 이것은 의제면제익설의 논리가 되는데, 그러면 증여세 과세에 있어서 타당하게 되는가를 보기로 한다.

이 경우 '증자에 따른 이익의 증여'로 증여세를 과세할 경우 그 증여재산가액은 위 〈산식 1〉과 위 〈표 2〉에서 보는 바와 같이 아래 〈산식 3〉으로 계산된다.

〈산식 3〉 증여재산가액=(**신주 1주당 인수가액**-증자 후의 1주당 평가액(*))×제3자 배정 주식수×(특수관계인인 제3자 인수인이 인수한 주식수÷제3자에 배정된 신주의 총수)

(*) 증자 후의 1주당 평가액=[(**증자 전의 1주당 평가가액**×증자 전의 발행주식총수)+(**신주 1주당 인수가액**×증자에 의하여 증가한 주식수)]÷(증자 전의 발행주식총수+증자에 의하여 증가한 주식수)

위 사례에서 의제면제익설의 논리에 따르게 되면 차액(180)은 상증세법상 주금납입액에 해당하므로 회생절차이든 워크아웃절차이든 일반절차이든 불문하고 위 〈산식 3〉의 '신주 1주당 인수가액'에 해당(포함)한다. 따라서 출자전환 시 주주 간 富의 이전에 대해서 증여세를 과세한다는 취지에 맞게 증여재산가액이 계산된다.

만약 위 차액(180)은 본질상 채무면제익이라는 당연면제익설을 취하면서도, 출자전환을 하면 자본이 증가한다는 이유로 증여세를 과세할 때는 상증세법 제45조의5가 아닌 제39조가 적용된다고 주장하면 어떤 문제가 있는지를 보기로 한다.

당연면제익설은 위 사례에서 차액(180)은 발행가액(=신주의 인수가액)이 아닌 채무면제익이라는 것인데, 그러면 차액(180)은 위 〈산식 3〉의 '증자 전의 1주당 평가가액'을 계산할 때와 '신주 1주당 인수가액'을 계산할 때 반영되지 않는다. 차액(180)의 채무면제익은 ① '증자 전'에 발생한 것이 아니라 '증자와 동시 또는 증자 후'에 발생한 것이므로 '증자 전의 1주당 평가가액'의 계산 시 반영될 수 없고, ② 차액(180)은 그 성격상 채무면제익에 해당하는 것이 당연하다는 것이 당연면제익설이므로 논리상으로 180은 주금납입액이 될 수 없어 '신주 1주당 인수가액'에 해당될 수 없기 때문이다.

결국 당연면제익설의 논리에 따르면 출자전환 시 해당 채무자 법인의 기존 주주에게 신주발행에 따른 이익에 대하여 상증세법 제39조(증자에 따른 이익의 증여)에 의하여 증여세를 과세할 경우, 위 사례의 차액 180은 증여재산가액의 계산에 포함되지 않기 때문에 증여세가 과세되지 않게 되는 불합리한 결과가 발생한다. 따라서 출자전환 시 증여세를 과세하는 측면에서 보면 의제면제익설의 논리에 따라 증여세를 과세해야만 위 차액 180을 채무면제익이 아닌 주금납입액으로 볼 수 있게 되어 증여세를 과세할 수 있다는 점에서도 출자전환 시 증여세를 과세할 때는 증자에 따른 이익의 증여세를 과세하는 것이 타당하다는 것을 알 수 있다.

3. 부당행위계산 부인 규정 법리 측면에서도 타당

출자전환하는 금전채권자가 법인이고 피출자전환 채무자의 기존 주주도 법인인 경우에는 출자전환에서 주주 간에 富의 이전이 발생하더라도 상증세법이 적용되지 않고 법인세법이 적용된다.

증자 시 법인 주주 간에 富의 이전에 따른 세무상 문제가 발생한다면 법인세법 제52조에 정한 부당행위계산 부인에 해당하는지 여부가 문제다. 이 문제에 대하여 최근 대법원 판례 사건[52]에서 2심 법원[53]은 "① 자본거래인 신주발행의 법적 성격상 발행법인이 발행가격을

52) 대법원 2020.12.10. 선고 2018두56602 판결 사건. 이 사건은, 원고가 2010.7.26. 미화 88만달러(원화 환산액 1,055백만원)를 납입하고 취득한 신주를 약 1달 후인 2010.8.31.에 미화 10달러(원화 환산액 12천원)에 매각하여 원고가 2010년도 법인세 신고 시 손금산입한 주식처분손실(1,055백만원)을 '특수관계자가 발행한 신주를 고가 인수한 것에서 발생한 손실이어서 손금산입할 수 없다'는 이유로 과세당국이 법인세를 부과한 사건이다.

높여 신주를 발행하였다고 하여도 원칙적으로 발행법인과 신주인수인과의 관계에 있어 신주인수인이 발행법인에 이익을 분여한 것이라고 보기 어렵고,[54] ② 자본잠식 상태에 있거나 재무상태가 매우 악화된 법인의 경우 주식의 시가가 0원이거나 이에 근접할 정도로 하락할 수 있고, 이러한 경우 법인으로서는 그 시가 보다 훨씬 높은 가액으로 주식을 발행할 수밖에 없는데, 이러한 경우 주주가 신주를 고가로 인수함으로써 신주발행법인에 이익을 분여하였다고 보고 부당행위계산부인 규정인 이 사건 규정을 적용한다면 법인으로서는 사실상 추가 자금조달이 어려워지게 되고, 이로 인하여 계속하여 사업활동을 할 수 있는 기회를 상실하게 된다." 등의 이유로 특수관계법인이 발행한 신주를 법인이 시가보다 높게 인수했다 하더라도 주식 발행법인 간에는 부당행위계산 부인의 규정을 적용할 수 없다고 판시하였다.

결국 이 2심 법원 판결의 법리에 따르면 증자의 당사자인 출자전환자(채권자)와 피출자전환자(채무자) 간은 자본거래이어서 이익을 분여할 수 있는 관계가 아닌 것이 되므로, 설사 출자전환채권액(300) 보다 발행 주식의 시가(120)가 낮은 경우라 하더라도 그 차액(180)은 피출자전환자에게 채무면제익에 해당할 수 없다는 논리가 된다. 따라서 부당행위 계산 부인 규정을 적용하는 측면의 법리에서 볼 때에도 차액 180은 주금의 납입액이지 채무면제익이 아니라는 것이므로 출자전환 시 증여세를 과세할 때는 증자에 따른 이익의 증여세를 과세하는 것이 타당하다는 것을 알 수 있다.

4. 출자전환 관련 판례의 취지 측면에서 타당

가. 회생절차에서 출자전환 후 일부 소각 내지 순차로 100% 소각한 경우

기업회생절차에서 금전채권을 출자전환한 후 '발행한 주식을 즉시 전부를 무상 소각(감자)' 한 후 다시 금전채권을 새로 출자전환을 하는 경우가 종종 있다. 이 경우 출자전환으로 발행

---

53) 서울고등법원 2018.8.22. 선고 2017누82712 판결.

54) 이 판결 외에 서울고등법원의 판결(2012누5451, 2012.9.26.)에서도 "① 법인(A)이 실권주를 시가 평가액(100)보다 높게 발행(500)한다고 해서 실권주 인수 주주(B)와 관계에서 이익이 발생하지 않는다. 실권주 발행법인으로서는 그 발행시점에 무상으로 인수가액을 출연받았다가 청산 시에 남아있는 자기자본을 지분비율에 따라 주주들에게 돌려주면 그만이기 때문이다. 따라서 그 과정에서 법인에 차익이 생길 수가 없다. ② 실권주 고가 인수에서 경제적 이익의 분여가 실권주 인수자인 원고(B)와 실권주 발행법인(A) 사이에 이루어진 것으로 보고 부당행위계산 부인을 적용했으나, 실권주 고가 인수에서 경제적 이익의 분여는 실권주 인수자(B)와 실권주주(C) 사이에 생기고 실권주 발행 법인(A)은 그 이익을 주고받는 당사자가 될 수 없다"고 판결하였다. 이 사건에서 대법원은 "주주인 법인(B)이 특수관계자인 다른 법인(A)으로부터 그 발행의 신주를 시가보다 높은 가액으로 인수하였다고 하더라도 부당행위계산 부인을 할 수는 없고, 신주의 고가 인수로 인하여 이익을 분여받은 다른 주주(C)가 특수관계자인 경우에 부당행위계산부인을 할 수 있을 뿐이다."고 판결(2012두23488, 2014.6.26.)하였다.

한 주식(신주) 뿐만 아니라 회생법인의 기존 주식(구주)을 전부 소각하여 일시적으로 자본금을 '0'으로 하면 자본금이 '0'이 되는 순간 그 회생법인에는 기존 주주가 모두 없어지기 때문에[55] 그 이후에 출자전환을 하더라도 출자전환에 따른 주주 간의 富의 이전이 발생할 수 없는 것이고, 따라서 이 경우는 상증세법 제45조의5(채무면제에 따른 이익의 증여 의제) 또는 제39조(증자에 따른 이익의 증여)에 의한 증여세 과세 문제는 발생할 여지가 없다.

그러나 출자전환으로 발행한 신주만 전부 소각하고 나머지 기존 구주는 소각하지 않거나 일부만 소각하는 경우에는 잔존하는 구주의 주주에게 증여세 과세 문제가 발생할 수 있다. 예컨대 회생법인의 대주주가 가진 채권을 출자전환하면서 대주주가 부실경영에 대한 책임을 진다는 의미에서 대주주의 출자전환주식 전부만 소각하는 경우가 있을 수 있는데, 이런 경우 세무상 문제가 발생할 수 있다.

기업회생절차에서 출자전환주식(액면가액 100)을 즉시 전부(100)를 무상 소각하는 경우 '출자전환한 채권가액 전액(100)은 회수불능으로서 대손금으로 확정된 것이다'고 판시한 대법원 판결[56]의 논리에 의하면 출자전환채권 전액(100)은 발행주식의 주금납입액에 충당되지 않고 소멸했다는 것이다. 그러면 이 경우는 출자전환에 관한 사항을 회생계획에 기재했다 하더라도 그 금전채권액(100)은 증자에 따른 주금납입에 충당된 것이 아니라 처음부터 전부 소멸한 것이 된다. 그러면 피출자전환법인의 주식 중에서 소각되지 않고 잔존하는 기존 주주가 있어 그 기존 주주(물론 출자전환채권자와 특수관계인에 해당하는 주주다)에게 증여세를 과세한다면, 이 경우는 증자 자체가 없다는 것이므로, 상증세법 제39조에 정한 '증자에 따른 이익의 증여'에 근거해서 과세할 것이 아니라 제45조의5에 정한 '채무면제에 따른 이익의 증여 의제'에 근거해서 과세해야 한다.

그러나 ① '금전채권액(10,000)을 액면가액(10,000)으로 출자전환을 한 후 발행 주식을 700 : 1의 비율(99.86%)로 소각하고 나머지의 주식(0.14%에 해당하는 액면가액 14의 주식)은 잔존 주식으로 남겨 두는 회생계획을 인가받는 경우는 출자전환채권(10,000)은 100% 회수된 것이어서 대손금이 발생하지 않는다'고 판시한 원심 판결을 지지한 대법원 판결[57]과, ② '당초 회생계획에서 금전채권액(10,000)을 액면가액(10,000)으로 출자전환한 후 발행주식의 95%는 즉시 소각하고 나머지 5%는 3년 8개월이 지난 후에 수정회생계획에서 소각하여 결과적으로 발행주식의 100%(출자전환채권액 10,000)를 전부 소각한 경우 대손금이 발생하지 않는다."고 한 원심

55) 물적회사인 주식회사 등에서 자본금이 '0'인 상태가 존재할 수 있는가라는 의문이 제기될 수 있으나 실무에서 자본금이 '0'이 되는 상태(즉, 발행 주식 전부를 소각한 후 즉시 증자하는 경우)가 종종 발생한다.

56) 대법원 2018.6.28. 선고 2017두68295 판결.

57) 대법원 2019.5.10. 선고 2019두31853 심리불속행 기각 판결.

판결을 지지한 대법원 판결[58]의 논리에 의하면, 위 ①과 ②의 경우 출자전환채권액(10,000)은 전액 주금납입액에 충당된 것이므로 대손금이 전혀 발생하지 않는다는 것이다.

이것은 상증세법을 적용할 때 의제면제익설의 논리가 적용된다(즉, 출자전환채권액 10,000의 전부 또는 일부가 상증세법상 채무면제된 것이 아니라 그 전액은 주금에 납입된 것이다)고 해석해야 위 ①, ②의 판결 취지에 맞게 된다. 이런 논리는 증여세 과세문제에서 '채무면제익 발생에 따른 증여 의제(상증세법 제45조의 5)'가 아니라 '증자에 따른 이익의 증여(상증세법 제39조)'에 근거해서 과세해야 옳다는 것이다. 물론 이 경우 증여에 따른 이익이 계산되어야 과세된다.

결국 출자전환 시 채무면제익 발생 사유가 아닌 증자 사유로 증여세를 과세하는 것이 타당하다는 것을 알 수 있다.

나. 보증인에게 구상가능하다고 해서 주채무자에게 채무면제 발생은 아님

회생계획에 의하여 출자전환으로 발행된 주식 중에서 95%는 출자전환 후 즉시 소각하고 나머지 5%의 주식은 3년 8개월 후에 소각하여 결국 출자전환주식의 100%를 소각한 사례에 대하여 출자전환채권자에게 대손금이 발생하지 않았다는 내용으로 심리불속행 기각 판결한 사건[59]에서 과세당국(피고)의 주장과 원심의 판시 내용은 다음과 같다.

① 과세당국은 "출자전환 채권(300)을 가진 회생채권자가 미변제받은 금액을 연대보증인에게 구상할 때 회생채권자가 교부받은 주식의 시가 평가액(120)만큼만 변제받은 것이어서 그 초과액(180)은 미변제액으로서 보증인에게 구상할 수 있다."는 취지로 판시한 대법원 판결(2009.11.12. 선고 2009다47739)을 내세워서, '차액 180(=출자전환채권액 300-발행주식의 시가 평가액 120)은 주금에 납입된 금액(즉, 변제된 금액)이 아니라 채무면제액에 해당한다'라는 주장을 하였다.

② 이에 대하여 원심[60]은, "이 대법원 판결(2009.11.12. 선고 2009다47739) 등은 회생채권인 주채무가 회생계획에 따른 출자전환으로 소멸된 경우 원칙적으로 채무자회생법 제250조[61]

58) 대법원 2019.7.4. 선고 2019두35329 심리불속행 기각 판결.

59) 대법원 2019.7.4. 선고 2019두35329 판결.

60) 부산고등법원(창원) 2019.1.30. 선고 2017누10237 판결.

61) 채무자회생법 제250조(회생계획의 효력범위) ① 회생계획은 다음 각 호의 자에 대하여 효력이 있다.
 1. 채무자
 2. 회생채권자·회생담보권자·주주·지분권자
 3. 회생을 위하여 채무를 부담하거나 담보를 제공하는 자
 4. 신회사(합병 또는 분할합병으로 설립되는 신회사를 제외한다)
② 회생계획은 다음 각호의 권리 또는 담보에 영향을 미치지 아니한다.
 1. 회생채권자 또는 회생담보권자가 회생절차가 개시된 채무자의 보증인 그 밖에 회생절차가 개시된 채무

제2항 제1호에 따라 회생계획의 영향을 받지 않는 보증인 등의 보증채무가 출자전환 방식의 변제로 소멸되는 범위에 관한 것으로서, 채무자회생법 제250조 제1항에 따라 회생계획의 효력이 직접 미치는 회생채권자와 채무자(회생회사) 사이의 회생채권이 출자전환 방식의 변제로 소멸되는 범위를 정하는 이 사건에는 직접 적용된다고 보기 어렵다."고 판시했다.[62]

결국 위 원심 판례는 위 사례에서 발행가액과 발행주식의 시가 간의 차액(180)은 주금납입액에 해당하는 것이지 채무면제액에 해당할 수 없다는 것이다. 이 판례 취지에 의하면 기존 주주에게 증여세를 과세할 때에 상증세법 제39조(증자에 따른 이익의 증여)를 적용해야 한다는 것이 된다.

과세당국도 "회생절차에 따라 금융기관 등의 출자전환 등으로 주식가치가 상승한 사실만으로는 그 증가이익에 대하여 증여세를 과세하지 않는 것이 타당하나, 이 경우에도 증여세를 회피할 목적 등 부당한 방법으로 증여세를 감소시킨 경우에 해당하는 경우에는 그러하지 않는 것이며 이에 해당하는지 여부는 상호관계, 주식증여 경위, 채권자와의 합의내용 등을 확인하여 판단할 사항이다."고 해석하였는데,[63] 출자전환에 따른 증여세 과세 시는 상증세법 제39조(증자에 따른 이익의 증여)가 적용된다는 뜻의 해석이다.

5. 소결론

법인세법을 적용할 때는 당연면제익설을 취하면서도 상증세법을 적용할 때는 당연면제익설의 논리가 적용되지 않는 입장을 취하여 위 차액(180)은 주금납입액에 해당한다고 보아 피출자전환법인의 기존 주주에게는 증자에 따른 이익의 증여세 규정을 적용해야 한다고 주장할 수 있다. 그러면 위 차액(180)은 그 성격상 당연히 채무면제익이라는 논리를 부정하는 것이 된다. 이렇게 되면 당연면제익설의 논리를 일관하지 않고 임의적으로 취사 선택해서 주장한다는 문제점이 있다.

이런 점을 고려하더라도 출자전환 시 상증세법의 적용에 있어서는 당연면제익설의 논리가

자와 함께 채무를 부담하는 자에 대하여 가지는 권리
2. 채무자 외의 자가 회생채권자 또는 회생담보권자를 위하여 제공한 담보

62) 출자전환으로 발행한 주식 중 99.86%는 발행 즉시 소각하고 0.14%만 잔존 주식으로 남는 방식으로 회생계획에서 출자전환한 사례에 대하여 출자전환채권자에게 대손금이 발생하지 않는다는 내용으로 심리불속행 기각 판결한 사건(대법원 2019.5.10. 선고 2019두31853 판결)에서도 그 원심(서울고등법원 2018.12.5.선고 2015누60657 판결)은, "피고(과세당국)가 언급한 대법원 2009.11.12. 선고 2009다47739 등은 회생채권인 주채무가 출자전환으로 소멸된 경우 보증인의 보증채무가 위 출자전환을 통한 변제에 의해 소멸하는 범위에 관한 것으로서 회생채권자와 보증인 사이에서 회생채권자를 보다 두텁게 보호할 필요가 있는 사안에 관한 것이어서 이 사건에 적용된다고 보기 어렵다."고 판시하여, 동일한 취지로 판결했다.

63) 국세청, 재산세과-101, 2010.2.17.

아닌 의제면제익설의 논리를 적용해서 증자에 따른 이익 증가의 증여세를 과세하는 것이 타당하다는 것을 알 수 있다.

Ⅵ. 결 론

출자전환에 의하여 신주를 할증 발행하여 주식발행액면초과액이 발생하면 법인세법은 채무자 법인의 주식발행가액 중 주식 시가를 초과하는 금액이 채무면제익에 해당한다고 규정하고, 부가가치세법 시행령은 회생계획인가 결정에 따라 채무를 출자전환하면 대손세액공제를 받을 수 있는 대손사유에 해당하며 이 경우 '대손되어 회수할 수 없는 금액'은 출자전환된 매출채권의 장부가액과 출자전환으로 취득한 주식의 시가와의 차액으로 하도록 규정하고 있다.

이 법인세법과 부가가치세법 시행령의 규정 내용에 의하면 금전채권을 출자전환하면 채무자 법인에게 채무면제익이 발생할 수 있는 것이 되고, 그러면 이 채무면제익의 발생으로 채무자 법인의 기존 주주의 주식가치가 증가하게 되는 부분에 대해서는 상증세법 제45조의5에 의하여 증여세를 과세해야 한다는 의견이 나올 수 있다. 한편, 출자전환이라는 증자 행위에 의하여 피출자전환법인의 기존 주주의 주식가치가 증가하게 되면 이 주식가치의 증가에 대해서는 상증세법 제39조의 규정에 의하여 증여세를 과세해야 한다는 의견도 나올 수 있다. 그러면 신주의 시가 평가액 보다 높은 가액으로 금전채권을 출자전환을 하게 될 경우 상증세법 제39조와 제45조의5 중에서 어느 조항을 적용해서 증여세를 과세할 것인가의 문제가 제기된다.

출자전환을 회생절차, 워크아웃절차, 일반절차에서 수행할 때 실무는 대부분 출자전환할 금전채권액을 시가로 평가해야 하는 어려움이 없는 간단한 상계 방식으로 출자전환을 한다. 그러면 '출자전환채권액=주금납입액'이 되는 것이므로 출자전환 과정에서 채무면제익이 발생할 여지가 없게 된다. 따라서 출자전환 시 피출자전환법인의 기존 주주에게 출자전환에 따른 증여세 과세 문제가 발생할 경우에는 '채무면제익의 발생 시에 적용되는 상증세법 제45조의5'가 아니라 '증자에 따른 이익의 발생 시에 적용되는 제39조'를 적용해서 증여세를 과세해야 타당하다.

과세당국도 출자전환에 따른 증여세 과세 시는 상증세법 제39조에 의하여 증여세를 과세해야 한다고 해석하는데, 이렇게 되면 과세당국이 법인세법을 해석할 때 적용하는 논리인 당연면제익설의 논리를 배척하고 의제면제익설의 논리를 적용한다는 결과가 되므로 일관성이 없다.

출자전환 시 피출자전환법인의 기존 주주에게 증여세를 과세하는 경우를 생각해 보면 출자전환을 '채권회수 과정으로 보는 견해인 채권회수과정설'보다는 '증자참여 과정으로 보는 견해인 증자참여과정설'이 타당하다. 또한 할증발행 형식으로 출자전환할 경우 주식발행액면초과액 중 주식 시가의 초과액을 채무면제익으로 보는 법인세법의 규정을 '당연한 사실(이 시가 초과액은 성질상 당연히 채무면제익이라는 것)을 주의적으로 규정한 것을 보는 당연면제익설' 보다는 '법인세법에서 특별히 이 시가 초과액을 익금으로 규정하고 있는 예외적 규정에 지나지 않는다(따라서 법인세법 이외에서는 이 시가 초과액은 채무면제익에 해당하지 않고 주식발행액면초과액에 해당한다)는 의제면제익설'이 타당하다.

결국 상증세법을 적용할 때는 출자전환 시 출자전환채권액이 발행주식의 시가를 초과하더라도 채무면제익이 발생하지 않는 것이므로 피출자전환법인의 기존 주주의 주식가치의 증가에 대하여 증여세를 과세하는 경우에는 상증세법 제43조에서 규정한 '증자에 따른 이익의 증여(제39조)'와 '채무면제에 따른 이익의 증여 의제(제45조의5)'가 동시에 적용될 사안이 아니며, 오로지 제39조에 근거하여 증여세를 과세하는 것이 타당하다.

이런 논란을 없애고 세법을 간결하게 적용하기 위해서는 출자전환채권액을 신주의 주금납입에 충당하는 방식(즉, 상계 방식 내지 권면액설에 의한 현물출자 방식)으로 출자전환을 할 때에는 세무상 자본거래가 된다는 뜻으로 명확하게 법인세법의 규정을 개정하는 것이 필요하다. 즉 법인세법 제15조(익금의 범위) 제1항의 "익금은 자본 또는 출자의 납입…은 제외하고…수익의 금액으로 한다."의 내용을 "익금은 자본 또는 출자의 납입(**채무를 출자의 납입에 갈음하기로 하는 출자전환을 포함한다**)…은 제외하고…수익의 금액으로 한다."로 개정하여야 한다. 또한 이 개정과 함께 이에 관련된 규정도 함께 개정하는 것이 타당하며, 회생절차에 의하여 출자전환할 경우 매출채권의 장부가액과 출자전환으로 취득한 주식의 시가와의 차액을 대손금에 해당하는 것으로 규정한 부가가치세법 시행령 제87조 제1항 제2호를 삭제하는 것이 타당하다.

이렇게 개선되면 출자전환 시 법인세법, 부가가치세법, 상증세법의 적용 시 일관성있게 세법을 해석 적용할 수 있게 되므로 실무에서의 혼선이 없어져서 실무 수행에 많은 도움이 될 것이다.

참고문헌

국세청, 『개정세법해설(2006)』, 전자도서관.

______, 『2019 개정세법해설』, 2019.3.

강련호, "채무의 출자전환에 관한 과세제도 개선방안에 대한 연구", 고려대학교 대학원 박사 학위논문, 2020.2.

김영원·권형기, "출자전환 회생채권의 대손금과 대손세액공제 개선에 관한 연구 - 대법원 2018.6.28. 선고 2017두68295 판결 -", 『서울법학』 제28권 제2호, 서울시립대학교 법학연구소, 2020.8.

배영석·김병일, "출자전환 시 채무면제익에 관한 연구", 『세무학연구』 제33권 제3호, 2016.9.

배영석·배한빈, "출자전환하는 채권자에게 세무상 손익 발생에 관한 연구", 『조세논총』 제5권 제4호, 2020.12.

서울중앙지방법원 파산부 실무연구회, 『회생사건실무(상)』(제4판), 박영사, 2014.

오문성·이중교·이재우·이태규, 『채무의 출자전환에 관한 연구』, 한국공인회계사회, 2020.11.

이승문, "법인세법상 자산의 취득가액 - 출자전환주식의 취득가액을 중심으로 -", 『국민대학교 법학연구소 학술발표대회 논문집』, 국민대학교 법학연구소, 2009.

이의영, "회사도산세제의 개선방향에 관한 연구 - 효율적 도산제도 운용을 위한 조세법적 접근", 서울대학교 대학원 박사학위논문, 2008.8.

이중교, "채무의 출자전환에 따른 과세문제", 『조세법연구』 제20집 제2호, 한국세법학회, 2014.

이태로·한만수, 『조세법강의』, 박영사, 2009.

한국공인회계사, 『개정세법해설』, 2004.

황남석, "2012년도 법인세법 판례 觀見", 『계간 세무사』 제31권 제3호, 2013.

金子宏·垂井英夫, "法人税における資本等取引と損益取引-混合取引の法理の提案", 『税財政の今後の課題と展望(日本租税研究會創立60周年記念大會記錄)』, 日本租税研究協會, 2009.

부 록

참고자료

1. 출자전환 관련 세법의 주요 개정 내용
2. 출자전환 관련 과세관청의 주요 예규
3. 출자전환 관련 주요 판례

1. 출자전환 관련 세법의 주요 개정 내용

1.1. 법인세법

(1) 출자전환 시 「채무면제익=발행가액-주식 시가」로 규정하는 법인세법 시행령의 개정 (2003.12.30. 개정, 대통령령 제18176호)

종전	개정
제15조 (주식발행액면초과액 등) ①법 제17조 각호의 규정에 의한 수익은 각각 상법 제459조 제1항 제1호 내지 제3호 및 제3호의2에 해당하는 금액으로 한다. 〈단서 신설〉	**제15조 (주식발행액면초과액 등)** ①법 제17조 각호의 규정에 의한 수익은 각각 상법 제459조 제1항 제1호 내지 제3호 및 제3호의2에 해당하는 금액으로 한다. 이 경우 법 제17조 제1호의 주식발행액면초과액에 있어서 채무의 출자전환으로 주식을 발행하는 경우로서 당해 주식의 시가가 액면가액 이상이고 발행가액 이하에 해당하는 경우에는 시가에서 액면가액을 차감한 금액을 말한다. 〈개정 2003.12.30.〉

[국세청, 「개정세법 해설(2004)」에서 설명한 개정 취지]

☞ **채무의 출자전환 시 주식발행액면초과액의 범위 명확화(시행령 제15조 제1항)**

가. 개정취지

- 채무의 출자전환으로 발행한 주식의 발행가액과 액면가액의 차이 중 시가를 초과하는 금액은 실제 납입된 금액이 아니므로
  - 기업회계기준과 같이 이를 주식발행액면초과액이 아닌 채무면제익으로 보도록 한 재경부 예규의 입장을 법령에 반영함(재경부, 법인 46012-37, 2003.3.5. 재경부, 법인 46012-147, 2003.9.5.).

나. 개정내용

종전	개정
□ 익금불산입되는 주식발행액면초과액의 범위 o 주식발행액면초과액 * (발행가-액면가)×주식수	〈후단 신설〉 o 채무의 출자전환으로 주식을 발행하는 경우로서 시가가 액면가액 이상이고 발행가액 이하인

종전	개정
	경우에는 시가에서 액면가액을 차감한 금액을 주식발행액면초과액으로 함. • (시가-액면가)×주식수

다. 적용시기 및 적용례

• 2004.1.1. 이후 채무를 출자전환하는 분부터 적용

(2) 출자전환 시 「채무면제익=발행가액-주식 시가」로 규정하는 법인세법의 개정 (2005.12.31. 개정, 법률 제7838호)

종전	개정
제17조 (자본거래로 인한 수익의 익금불산입) 다음 각호의 수익은 내국법인의 각 사업연도의 소득금액계산에 있어서 이를 익금에 산입하지 아니한다.	**제17조 (자본거래로 인한 수익의 익금불산입)** ①다음 각호의 수익은 내국법인의 각 사업연도의 소득금액계산에 있어서 이를 익금에 산입하지 아니한다. 〈개정 2005.12.31.〉
1. 주식발행액면초과액 〈단서 신설〉	1. 주식발행액면초과액. 다만, 채무의 출자전환으로 주식등을 발행하는 경우에는 당해 주식등의 시가를 초과하여 발행된 금액을 제외한다.
〈신설〉	② 제1항 제1호 단서의 규정에 따른 초과금액 중 제18조 제8호의 규정을 적용받지 아니한 대통령령이 정하는 금액은 이를 당해 사업연도의 익금에 산입하지 아니하고 그 이후의 각 사업연도에 발생한 결손금의 보전에 충당할 수 있다. 〈신설 2005.12.31.〉

[국세청, 「개정세법 해설(2006)」에서 설명한 개정 취지]

☞ 자본거래 발생 소득의 범위 보완(법 제17조)

가. 개정 취지

□ 채무출자전환시 주식발행액면초과액의 범위를 명확하게 보완

* 현재는 주식의 시가가 액면가액 이상이고 발행가액 이하인 경우만 규정

나. 개정내용

종전	개정
ㅇ 다음 자본거래의 발생금액(상법상 자본준비금)에 대해 익금불산입하고, 자본에 전입하여 무상주 분배시에도 배당으로 보지 아니함. - 주식발행액면초과액	ㅇ 익금불산입 대상에 추가 - 채무의 출자전환시 주식 시가를 초과하여 발행된 금액(채무면제익) 제외 * 시행령 규정을 법으로 이관

다. 적용시기 및 적용례

- 2006.1.1. 이후 개시하는 사업연도 분부터 적용

(3) 출자전환 시 「주식취득가액=시가(예외 : 채권장부가액)」 등을 규정한 법인세법 시행령의 개정(2006.2.9. 개정, 대통령령 제19328호)

종전	개정
제11조 (수익의 범위) 법 제15조 제1항의 규정에 의한 수익은 법 및 이 영에서 달리 정하는 것을 제외하고는 다음 각호에 규정하는 것으로 한다. 6. 채무의 면제 또는 소멸로 인하여 생기는 부채의 감소액	**제11조 (수익의 범위)** 법 제15조 제1항의 규정에 의한 수익은 법 및 이 영에서 달리 정하는 것을 제외하고는 다음 각호에 규정하는 것으로 한다. 6. 채무의 면제 또는 소멸로 인하여 생기는 부채의 감소액(법 제17조 제1항 제1호 단서의 규정에 따른 금액을 포함한다)
제72조 (자산의 취득가액 등) ①법 제41조 제1항 및 제2항의 규정에 의한 자산의 취득가액은 다음 각호의 금액으로 한다. 〈개정 2001.12.31.〉 4. 현물출자·합병 또는 분할에 의하여 주주등이 취득한 주식등 : 취득당시의 시가. 다만, 합병 또는 분할(물적분할을 제외한다)의 경우에는 종전의 장부가액에 법 제16조 제1항 제5호 또는 동항 제6호의 금액 및 제11조 제9호의 금액을 가산한 가액으로 한다.	**제72조 (자산의 취득가액 등)** ①법 제41조 제1항 및 제2항의 규정에 의한 자산의 취득가액은 다음 각호의 금액으로 한다. 〈개정 2001.12.31., 2006.2.9.〉 4. 현물출자, 채무의 출자전환, 합병 또는 분할에 의하여 주주등이 취득한 주식등 : 취득당시의 시가. 다만, 제15조 제4항 각 호의 요건을 갖춘 채무의 출자전환으로 취득한 주식 등은 출자전환된 채권(법 제34조 제3항 각 호의 어느 하나에 해당하는 채권을 제외한다)의 장부가액으로 하고, 합병 또는 분할(물적분할을 제외한다)의 경우에는 종전의 장부가액에 법 제16조 제1항 제5호 또는 동항 제6호의 금액 및 제11조 제9호의 금액을 가산한 가액으로 한다.

[국세청, 「개정세법 해설(2006)」에서 설명한 개정취지]

☞ **출자전환에 따른 손익의 인식시기 이연**(법 제17조, 시행령 제72조)

가. 개정취지

- 채무의 출자전환을 통한 단순한 자본구조의 재편성에 대해 과세문제가 없도록 일반 제도화
- 출자전환에 따른 손익의 인식을 주식처분시까지 이연하여 출자전환시점에서는 과세문제가 없도록 지원
  * 기업회계기준에서는 출자전환으로 취득하는 주식의 취득가액을 출자전환채권의 장부가액과 주식의 공정가액 중 적은 가액으로 하도록 함으로써 이익은 인식하지 않고, 손실만 대손으로 인정

나. 개정내용

종전	개정
ㅇ 채무를 출자전환하는 경우 **- 채권법인** · 출자전환된 채권가액 중 취득한 주식의 시가를 초과하는 금액은 기부금(손비부인) 또는 접대비 · 다만, 불가피한 사유가 있는 경우 대손처리 인정(통칙 34-62…5) * 정리계획인가, 화의인가, 부실징후기업에 대한 출자전환의 경우 손금산입(05.12.종료)	· 출자전환으로 취득하는 주식의 취득가액을 출자전환된 채권가액*으로 변경 * 회생계획인가, 부실징후기업, 경영정상화계획 이행협약 체결법인의 출자전환시 적용 * 손실(주식 시가 - 소멸채무) 인식시기를 주식처분시까지 이연
- 채무법인 · 소멸된 채무 중 발행주식의 시가를 초과하는 금액은 채무면제익 · 다만, 정리계획인가, 화의인가, 부실징후기업의 경우 익금불산입후 결손금과 상계(2005.12. 종료) * 인가결정, 경영정상화계획 약정에 출자전환 포함시 적용	· 경영정상화계획을 작성한 모든 기업에 대해 출자전환 채무면제익을 익금불산입후 결손금과 상계 〈채무면제익의 범위〉 * 회생계획인가 결정 법인 * 기촉법상 부실징후기업 * 채권금융기관과 경영정상화 이행 협약을 체결한 법인 * 회생계획인가·경영정상화계획 이행 협약 채무출자 전환내용이 포함되어 있을 것

다. 적용시기 및 적용례

- 2006.1.1.(채권법인은 2006.2.9.) 이후 출자전환하는 분부터 적용

〈참고1〉

[사례]

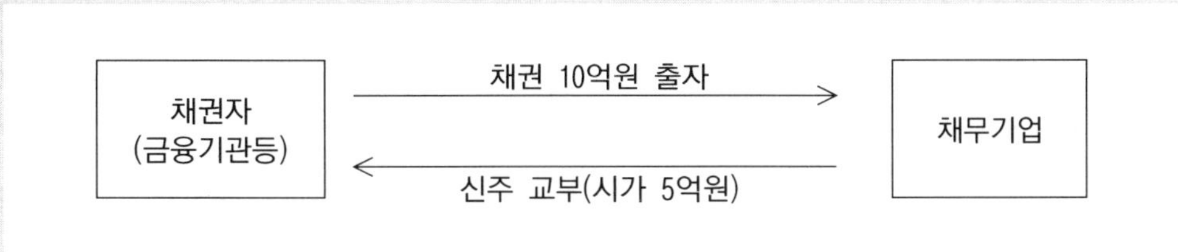

□ **채무기업**

- 현재 출자로 전환된 채무액(10억원) 중 발행주식의 시가(5억원)를 초과하여 출자로 전환된 채무액(5억원)은 채무를 면제받은 것과 동일하므로 법인세 과세대상
- 다만, 정리계획인가·화의인가 기업 또는 부실징후기업에 대해서는 출자전환시점에서 동 채무면제익을 과세하지 아니하고
  - 향후 발생하는 결손금과 상계토록 하는 방법으로 지원

  * 부실징후기업 : 기업구조조정촉진법상 여신금액이 500억원 이상인 기업으로서 채권금융기관이 채무상환이 곤란하다고 인정한 기업
- 2006.1.1.부터는 채권금융기관과 체결한 경영정상화계획 이행을 위한 협약에 따라 출자전환받는 기업 등 사실상 출자전환하는 모든 기업으로 확대

  * 채권금융기관과 채무기업간 채무출자전환에 관한 사항이 포함된 경영정상화계획 이행을 위한 협약을 체결하고 출자전환하는 경우

□ **채권금융기관** : 신주의 취득가액을 출자당시 신주의 시가(5억원)가 아닌 채권가액(10억원)으로 보도록 하여 향후 처분시 손익인식

〈참고2〉 **채무의 출자전환에 따른 채무면제익**

1. 시가<발행가액

① **액면가**<시가<발행가액 ⇨ 채무면제익

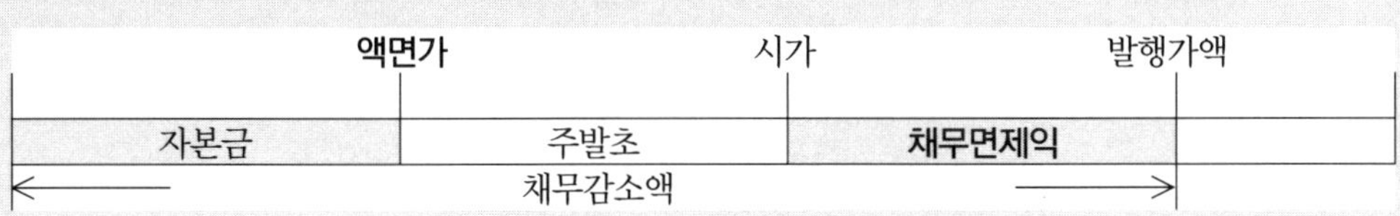

② 시가 < **액면가** < 발행가액 ⇨ 자본금+채무면제익

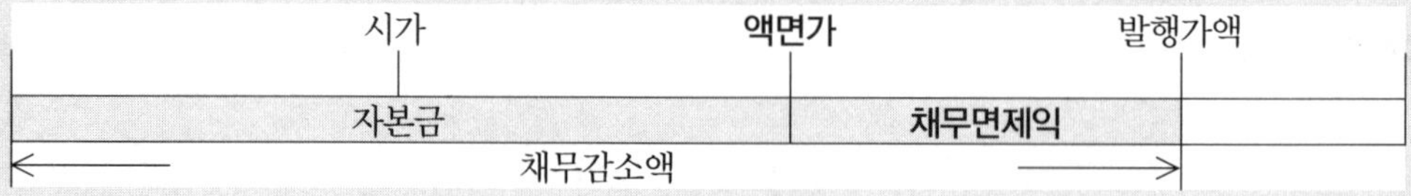

③ 시가 < 발행가액 < **액면가** ⇨ 자본금

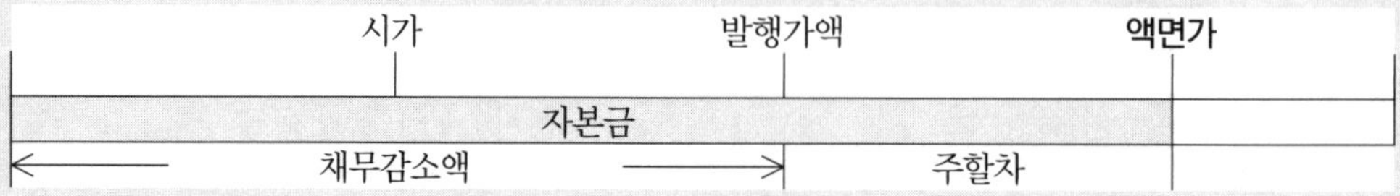

2. 발행가액 < 시가

① **액면가** < 발행가액 < 시가 ⇨ 주식발행초과금

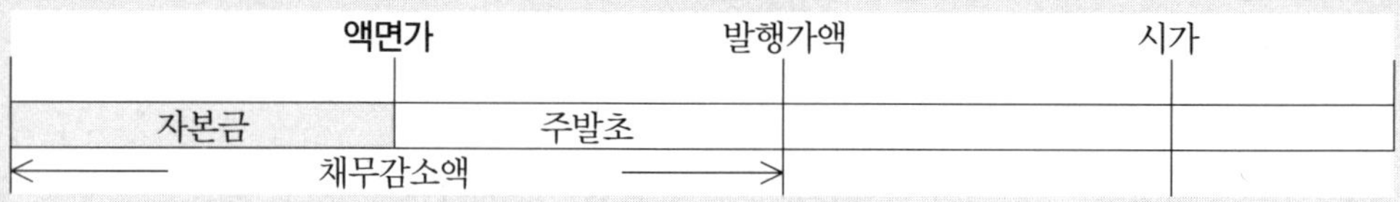

② 발행가액 < **액면가** < 시가 ⇨ 자본금

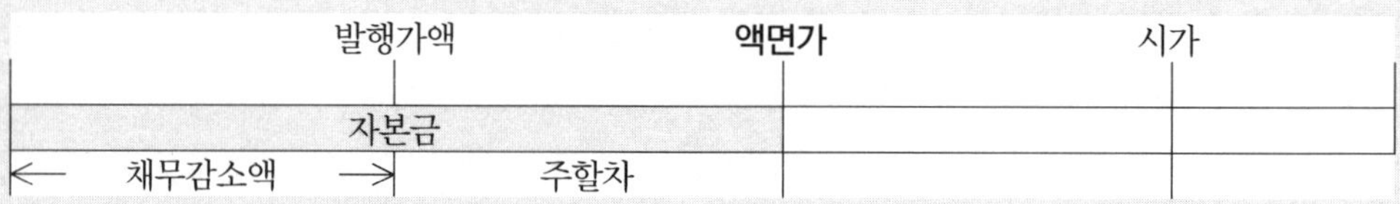

③ 발행가액 < 시가 < **액면가** ⇨ 자본금

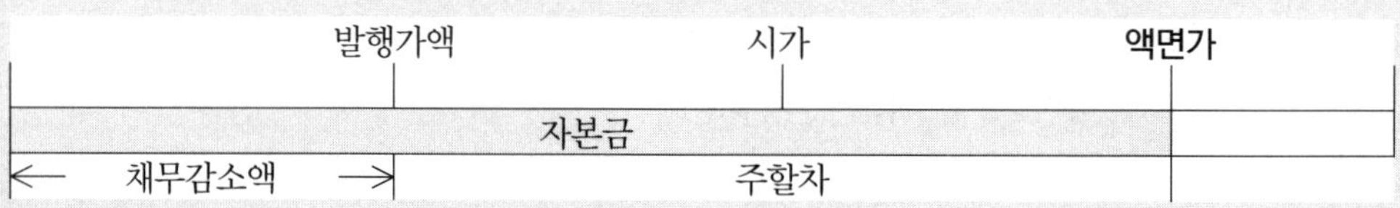

(4) 출자전환 시 주식취득가액을 규정한 법인세법 시행령의 조문 정비 개정

(2010.6.8. 개정, 대통령령 제22184호)

종전	개정
제72조(자산의 취득가액 등) ①법 제41조 제1항 및 제2항에 따른 자산의 취득가액은 다음 각 호의 금액으로 한다. 4. 현물출자, 물적분할 또는 채무의 출자전환에 따라 취득한 주식등 : 취득당시의 시가. 다만, 제15조 제4항 각 호의 요건을 갖춘 채무의 출자전환으로 취득한 주식등은 출자전환된 채권(법 제19조의2 제2항 각 호의 어느 하나에 해당하는 채권은 제외한다)의 장부가액으로 한다. 〈신설〉	**제72조(자산의 취득가액 등)** ①법 제41조 제1항 및 제2항에 따른 자산의 취득가액은 다음 각 호의 금액으로 한다. 4. 현물출자, 물적분할에 따라 취득한 주식등 : 법 제47조 제1항 또는 제47조의2 제1항의 요건을 갖춘 경우에는 출자법인이 현물출자한 자산의 장부가액 또는 분할법인이 양도한 자산의 장부가액. 다만, 그 요건을 갖추지 못한 경우에는 해당 주식등의 시가로 한다. 4의2. 채무의 출자전환에 따라 취득한 주식등 : 취득당시의 시가. 다만, 제15조 제4항 각 호의 요건을 갖춘 채무의 출자전환으로 취득한 주식등은 출자전환된 채권(법 제19조의2 제2항 각 호의 어느 하나에 해당하는 채권은 제외한다)의 장부가액으로 한다.

(5) 출자전환 시 「채무면제익=발행가액-주식 시가」로 규정한 법인세법의 조문 정리 개정

(2010.12.30. 개정, 법률 제10423호)

종전	개정
제17조 (자본거래로 인한 수익의 익금불산입) ①다음 각호의 수익은 내국법인의 각 사업연도의 소득금액 계산에 있어서 이를 익금에 산입하지 아니한다. 〈개정 2005.12.31.〉 1. 주식발행액면초과액. 다만, 채무의 출자전환으로 주식등을 발행하는 경우에는 당해 주식등의 시가를 초과하여 발행된 금액을 제외한다.	**제17조(자본거래로 인한 수익의 익금불산입)** ①다음 각 호의 금액은 내국법인의 각 사업연도의 소득금액을 계산할 때 익금에 산입(算入)하지 아니한다. [전문개정 2010.12.30.] 1. 주식발행액면초과액 : 액면금액 이상으로 주식을 발행한 경우 그 액면금액을 초과한 금액(무액면주식의 경우에는 발행가액 중 자본금으로 계상한 금액을 초과하는 금액을 말한다). 다만, 채무의 출자전환으로 주식등을 발행하는 경우에는 그 주식등의 제52조 제2항에 따른 시가를 초과하여 발행된 금액은 제외한다.
②제1항 제1호 단서의 규정에 따른 초과금액 중 제18조 제8호의 규정을 적용받지 아니한 대통령령이 정하는 금액은 이를 당해 사업연도의 익금에 산입하지 아니하고 그 이후의 각 사업연도에 발생한 결손금의 보전에 충당할 수 있다. 〈신설 2005.12.31.〉	②제1항 제1호 단서에 따른 초과금액 중 제18조 제6호를 적용받지 아니한 대통령령으로 정하는 금액은 해당 사업연도의 익금에 산입하지 아니하고 그 이후의 각 사업연도에 발생한 결손금의 보전(補塡)에 충당할 수 있다. [전문개정 2010.12.30.]

1.2. 조세특례제한법

(1) 정리계획 등에서 채무면제 발생 시 과세 특례를 규정하는 조세특례제한법의 개정
(1999.12.28. 개정, 법률 제6045호)

종전	개정
제44조 (현재가치에 의한 차입금상환에 따른 채무감소액에 대한 법인세과세특례) ①회사정리법에 의한 정리계획인가의 결정이나 화의법에 의한 화의인가의 결정 또는 파산법에 의한 강제화의인가의 결정을 받은 법인이 1999년 12월 31일이전에 금융기관(第39條第1項第1號의 規定에 의한 特殊關係者외의 者에 한한다)으로부터 차입금의 일부를 면제받는 경우로서 다음 각호의 요건을 갖춘 경우에는 그 면제받는 차입금에 상당하는 금액(大統領令이 정하는 缺損金을 초과하는 금액에 한하며, 이하 이 項에서 "債務減少額"이라 한다)은 당해 사업연도의 소득금액계산에 있어서 이를 익금에 산입하지 아니한다. 이 경우 채무감소액은 당해 사업연도 및 그 후의 각 사업연도에 법인세법 제14조 제2항의 규정에 의한 결손금이 발생하는 경우 그 결손금의 보전에 충당하여야 하며, 충당된 결손금은 동법 제13조 제1호·제18조 제8호 및 제72조의 규정을 적용함에 있어서 과세표준계산상 공제된 금액으로 본다. 〈개정 1999.8.31.〉 1. 정리계획인가, 화의인가 또는 강제화의인가의 결정에 차입금의 만기연장·금리인하등 대출조건을 완화하는 내용이 포함되어 있을 것 2. 정리계획인가, 화의인가 또는 강제화의인가의 결정에 따른 차입금의 현재가치에 상당하는 금액(整理計劃認可 또는 和議認可의 決定에 貸出條件이 緩和된 借入金의 現在價値가 정하여져 있는 경우에는 그에 상당하는 금액을 말한다)을 상환하고 차입금과 상환하는 금액의 차액을 면제받았을 것 3. 제2호의 규정에 의한 차입금의 현재가치는 금융감독원장이 적정하다고 인정하는 할인률을 적용하여 계산한 금액일 것 ②금융기관이 당해 사업연도의 소득금액을 계산함에 있어서 제1항의 규정에 의하여 면제한 차입금에 상당하는 금액은 이를 손금에 산입한다. ③제1항 및 제2항의 규정에 의한 익금불산입 또는	**제44조 (정리계획인가등의 결정을 받은 법인의 채무면제익에 대한 과세특례)** ①회사정리법에 의한 정리계획인가의 결정이나 화의법에 의한 화의인가의 결정 또는 파산법에 의한 강제화의인가의 결정을 받은 법인이 금융기관으로부터 채무의 일부를 면제받은 경우로서 다음 각호의 요건을 갖춘 경우에는 소득금액계산에 있어서 그 면제받은 채무에 상당하는 금액(大統領令이 정하는 缺損金을 초과하는 금액에 한하며, 이하 이 條에서 "債務免除益"이라 한다)은 당해 사업연도와 당해 사업연도의 종료일 이후 3사업연도의 기간의 익금에 이를 산입하지 아니하고 그 다음 3사업연도의 기간에 그 균등액 이상을 익금에 산입한다. 1. 정리계획인가, 화의인가 또는 강제화의인가의 결정에 채무의 면제액이 포함되어 있을 것 2. 채무를 면제한 금융기관이 법인세법 제52조 제1항의 규정에 의한 특수관계자가 아닐 것 ②제1항의 규정에 의하여 채무를 면제받은 법인이 채무면제익 전액을 익금에 산입하기 전에 사업을 폐지하거나 해산하는 경우에는 그 사유가 발생한 날이 속하는 사업연도의 소득금액계산에 있어서 익금에 산입하지 아니한 금액 전액을 익금에 산입한다. ③제1항의 규정에 의하여 채무를 면제한 금융기관은 당해 사업연도의 소득금액계산에 있어서 그 면제한 채무에 상당하는 금액을 손금에 산입한다. ④제1항 내지 제3항의 규정을 적용함에 있어서 채무의 면제에 관한 명세서의 제출 기타 필요한 사항은 대통령령으로 정한다. [전문개정 1999.12.28.]

종전	개정
손금산입을 함에 있어서 필요한 차입금의 상환 및 면제에 관한 명세서의 제출 기타 필요한 사항은 대통령령으로 정한다.	

(2) 기업구조조정투자회사로부터 출자전환 과정에 받는 채무면제익의 과세 특례를 정한 조세특례제한법의 개정(2002.12.11. 개정, 법률 제6762호)

종전	개정
제44조 (정리계획인가등의 결정을 받은 법인의 채무면제익에 대한 과세특례) ①회사정리법에 의한 정리계획인가의 결정이나 화의법에 의한 화의인가의 결정 또는 파산법에 의한 강제화의인가의 결정을 받은 법인이 금융기관으로부터 채무의 일부를 면제받은 경우로서 다음 각호의 요건을 갖춘 경우에는 소득금액계산에 있어서 그 면제받은 채무에 상당하는 금액(大統領令이 정하는 缺損金을 초과하는 금액에 한하며, 이하 이 條에서 "債務免除益"이라 한다)은 당해 사업연도와 당해 사업연도의 종료일이후 3사업연도의 기간의 익금에 이를 산입하지 아니하고 그 다음 3사업연도의 기간에 그 균등액이상을 익금에 산입한다.	**제44조 (정리계획인가등의 결정을 받은 법인의 채무면제익에 대한 과세특례)** ①회사정리법에 의한 정리계획인가의 결정이나 화의법에 의한 화의인가의 결정 또는 파산법에 의한 강제화의인가의 결정을 받은 법인이 금융기관으로부터 채무의 일부를 면제받은 경우와 기업구조조정촉진법에 의한 경영정상화계획의 이행을 위한 약정을 체결한 부실징후기업이 동법에 의한 채권금융기관으로부터 채무의 일부를 면제받은 경우(동법 제29조의 규정에 의한 반대채권자의 채권매수청구권의 행사와 관련하여 채무의 일부를 면제받는 경우를 포함한다)로서 다음 각호의 요건을 갖춘 경우에는 소득금액계산에 있어서 그 면제받은 채무에 상당하는 금액(大統領令이 정하는 缺損金을 초과하는 금액에 한하며, 이하 이 條에서 "債務免除益"이라 한다)은 당해 사업연도와 당해 사업연도의 종료일이후 3사업연도의 기간의 익금에 이를 산입하지 아니하고 그 다음 3사업연도의 기간에 그 균등액이상을 익금에 산입한다. 〈개정 2002.12.11.〉
1. 정리계획인가, 화의인가 또는 강제화의인가의 결정에 채무의 면제액이 포함되어 있을 것 〈단서 신설〉	1. 정리계획인가, 화의인가 또는 강제화의인가의 결정 및 경영정상화계획의 이행을 위한 약정에 채무의 면제액이 포함되어 있을 것. 다만, 기업구조조정촉진법에 의한 반대채권자의 채권매수청구권과 관련한 채무의 면제액은 그러하지 아니하다.
2. 채무를 면제한 금융기관이 법인세법 제52조 제1항의 규정에 의한 특수관계자가 아닐 것	2. 채무를 면제한 금융기관 및 기업구조조정촉진법에 의한 채권금융기관이 법인세법 제52조 제1항의 규정에 의한 특수관계자가 아닐 것
〈신설〉	② 기업구조조정투자회사법에 의한 약정체결기업이 기업구조조정투자회사로부터 채무를 출자전환받는 과정에서 채무의 일부를 면제받는 경우 그 채무면제익은 제1항의 규정을 준용하여 익금에 산입한다. 〈신설 2002.12.11.〉
③제1항의 규정에 의하여 채무를 면제한 금융기관은	④제1항의 규정에 의하여 채무를 면제한 금융기관

종전	개정
당해 사업연도의 소득금액계산에 있어서 그 면제한 채무에 상당하는 금액을 손금에 산입한다.	및 기업구조조정촉진법에 의한 채권금융기관(기업구조조정투자회사법에 의한 기업구조조정투자회사를 제외한다)은 당해 사업연도의 소득금액계산에 있어서 그 면제한 채무에 상당하는 금액을 손금에 산입한다. 〈개정 2002.12.11.〉

[국세청, 「개정세법 해설(2003)」에서 설명한 개정 취지]

☞ **정리계획인가 등에 의한 채무면제익 과세특례(법 제44조)**

가. 개정취지

- 기업구조조정촉진법에 의한 채권금융기관 공동관리, 채권은행 공동관리 및 주채권은행 관리를 받은 부실징후기업에 대하여도 구조조정을 지원
- 기업구조조정투자회사(CRV)와 기업개선약정을 체결한 기업이 CRV로부터 채무를 출자전환 받음으로써 거액의 채무면제익이 발생하는 경우
  - 이를 일시에 과세할 경우 기업개선작업에 차질이 올 수 있으므로 회사정리절차와 같이 과세이연
- 기업구조조정촉진법상 공동관리에 반대하여 반대매수권을 행사하는 채권에 대해서도 동일한 세제지원을 하도록 하여 기업구조조정 과정에서 세제를 중립적으로 운용

나. 개정내용

종전	개정
□ 다음 법인이 금융기관으로부터 채무를 면제받은 경우 결손금을 초과하는 채무면제익은 4년 거치 3년간 균등액 이상 익금산입 허용	
ㅇ 대상 법인 - 회사정리법에 의한 정리계획인가의 결정을 받은 법인 - 화의법에 의한 화의인가의 결정을 받은 법인 - 파산법에 의한 강제화의인가의 결정을 받은 법인	ㅇ 대상법인 확대 - 기업구조조정촉진법에 의한 채권금융관 공동관리, 채권은행 공동관리, 주채권은행 관리 대상 부실징후기업 - 기업구조조정투자회사법에 의한 약정체결 기업
ㅇ 요건 - 정리계획인가, 화의인가, 강제화의인가 결정에 따른 채무면제액이 포함되어 있을 것 - 채무면제 금융기관이 특수관계자가 아닐 것	ㅇ 요건 추가 - 부실징후기업의 경영정상화계획(CRV의 경우 기업개선계획)에 채무재조정에 따른 채무면제액이 포함되어 있을 것

종전	개정
* 채무면제 금융기관 : 면제한 채무 상당액 손금산입	* 경영정상화계획에 반대하여 반대매수청구권을 행사하는 채권에 대해서도 적용

다. 적용시기 및 적용례

- 2003.1.1. 이후 최초로 채무를 면제받는 분부터 적용

(3) 출자전환 과정에 채무면제 포함 시 과세 특례를 규정한 조세특례제한법의 개정
(2003.12.30. 개정, 법률 제7003호)

종전	개정
제44조 (정리계획인가등의 결정을 받은 법인의 채무면제익에 대한 과세특례) 〈신설〉	**제44조 (정리계획인가등의 결정을 받은 법인의 채무면제익에 대한 과세특례)** ②회사정리법에 의한 정리계획인가의 결정이나 화의법에 의한 화의인가의 결정 또는 파산법에 의한 강제화의 인가의 결정을 받은 법인 및 기업구조조정촉진법에 의한 경영정상화계획의 이행을 위한 약정을 체결한 부실징후기업이 2005년 12월 31일까지 채무를 출자로 전환받음에 따라 채권자로부터 채무의 일부를 면제받는 경우(기업구조조정촉진법 제29조의 규정에 의한 반대채권자의 채권매수청구권의 행사와 관련하여 채무의 일부를 면제받는 경우를 포함한다)로서 정리계획인가, 화의인가 또는 강제화의인가의 결정 및 경영정상화계획의 이행을 위한 약정에 채무를 출자로 전환하는 조건에 의한 채무의 면제액이 포함되어 있는 경우(약정여부에 관계없이 기업구조조정촉진법에 의한 반대채권자의 채권매수청구권과 관련한 채무의 면제액을 포함한다)에는 그 면제받은 채무에 상당하는 금액(대통령령이 정하는 결손금을 초과하는 금액에 한하며, 이하 이 조에서 "출자전환채무면제익"이라 한다)은 당해 사업연도의 소득금액계산에 있어서 이를 익금에 산입하지 아니할 수 있다. 이 경우 출자전환채무면제익은 당해 사업연도 및 그 이후의 사업연도에 법인세법 제14조 제2항의 규정에 의한 결손금이 발생하는 경우 그 결손금의 보전에 충당하여야 하며, 충당된 결손금은 동법 제13조 제1호, 제18조 제8호 및 제72조의 규정을 적용함에 있어서 과세표준계산상 공제된 금액으로 본다. 〈신설 2003.12.30.〉
②기업구조조정투자회사법에 의한 약정체결기업이	③기업구조조정투자회사법에 의한 약정체결기업이

종전	개정
기업구조조정투자회사로부터 채무를 출자전환받는 과정에서 채무의 일부를 면제받는 경우 그 채무면제익은 제1항의 규정을 준용하여 익금에 산입한다. 〈신설 2002.12.11.〉	기업구조조정투자회사로부터 채무를 출자전환받는 과정에서 채무의 일부를 면제받는 경우 그 채무면제익은 제1항의 규정을 준용하여 익금에 산입한다. 〈신설 2002.12.11.〉
③제1항의 규정에 의하여 채무를 면제받은 법인이 채무면제익 전액을 익금에 산입하기 전에 사업을 폐지하거나 해산하는 경우에는 그 사유가 발생한 날이 속하는 사업연도의 소득금액계산에 있어서 익금에 산입하지 아니한 금액 전액을 익금에 산입한다.	④제1항 및 제2항의 규정에 의하여 채무를 면제받은 법인이 채무면제익 전액을 익금에 산입하거나 출자전환채무면제익 전액을 결손금의 보전에 충당하기 전에 사업을 폐지하거나 해산하는 경우에는 그 사유가 발생한 날이 속하는 사업연도의 소득금액계산에 있어서 익금에 산입하지 아니하거나 결손금의 보전에 충당하지 아니한 금액 전액을 익금에 산입한다. 〈개정 2003.12.30.〉
④제1항의 규정에 의하여 채무를 면제한 금융기관 및 기업구조조정촉진법에 의한 채권금융기관(기업구조조정투자회사법에 의한 기업구조조정투자회사를 제외한다)은 당해 사업연도의 소득금액계산에 있어서 그 면제한 채무에 상당하는 금액을 손금에 산입한다. 〈개정 2002.12.11.〉	⑤제1항의 규정에 의하여 채무를 면제한 금융기관과 기업구조조정촉진법에 의한 채권금융기관(기업구조조정투자회사법에 의한 기업구조조정투자회사를 제외한다) 및 제2항의 규정에 의하여 채무를 면제한 채권자는 당해 사업연도의 소득금액계산에 있어서 그 면제한 채무에 상당하는 금액을 손금에 산입한다. 〈개정 2002.12.11., 2003.12.30.〉
⑤제1항 내지 제4항의 규정을 적용함에 있어서 채무의 면제에 관한 명세서의 제출 기타 필요한 사항은 대통령령으로 정한다. 〈개정 2002.12.11.〉	⑥제1항 내지 제5항의 규정을 적용함에 있어서 채무의 면제에 관한 명세서의 제출 기타 필요한 사항은 대통령령으로 정한다. 〈개정 2002.12.11., 2003.12.30.〉

[국세청, 「개정세법 해설(2004)」에서 설명한 개정취지]

☞ **정리계획인가 등의 결정을 받은 법인의 채무면제익 과세이연(법 제44조, 시행령 제41조)**

가. 개정취지

- 부실기업의 회생을 위한 회사정리절차 등을 진행중인 법인이 2005.12.31.까지 채무를 출자로 전환받는 경우
  - 채무면제익중 이월결손금을 초과하는 금액은 청산시점까지 과세이연함으로써 기업구조조정 지원

나. 개정내용

종전	개정
□ 회사정리계획 인가 등의 결정을 받은 법인이 금융기관으로부터 채무를 면제받은 경우	

종전	개정
ㅇ 채무면제익 중 이월결손금을 초과하는 금액은 3년거치후 3년 분할과세	
〈신설〉	□ 회사정리계획 인가 등의 결정을 받은 법인이 2005.12.31.까지 채무를 출자전환받는 경우 ㅇ 채무면제익 중 이월결손금을 초과하는 금액은 당해 사업연도 이후의 결손금 보전에 충당 후 청산시까지 과세이연

* 회사정리법, 화의법, 파산법, 기업구조조정촉진법에 의한 정리계획 인가결정 법인 등
* 채무면제익 계산방법은 법인세법 시행령 §15 참조

다. 적용시기 및 적용례

- 2003.12.30.이 속하는 과세연도에 채무를 면제받는 분부터 적용

(4) 출자전환 과정에 채무면제 있는 경우 과세특례에 관한 조세특례제한법의 개정
(2016.12.20. 개정, 법률 제14390호)

종전	개정
제44조(재무구조개선계획 등에 따른 기업의 채무면제익에 대한 과세특례) ④제1항에 따라 채무를 면제한 금융기관과 「기업구조조정 촉진법」에 따른 채권금융기관(「기업구조조정투자회사법」에 따른 기업구조조정투자회사는 제외한다)은 해당 사업연도의 소득금액을 계산할 때 그 면제한 채무에 상당하는 금액을 손금에 산입한다.	**제44조(재무구조개선계획 등에 따른 기업의 채무면제익에 대한 과세특례)** ④제1항에 따라 채무를 면제(채무의 출자전환으로 채무를 면제한 경우를 포함한다)한 금융기관과 「기업구조조정 촉진법」에 따른 채권금융기관(「기업구조조정 투자회사법」에 따른 기업구조조정투자회사는 제외한다)은 해당 사업연도의 소득금액을 계산할 때 그 면제한 채무에 상당하는 금액을 손금에 산입한다. 〈개정 2016.12.20.〉

[국세청, 「개정세법 해설(2017)」에서 설명한 개정취지]

☞ **재무구조개선계획 등에 따른 출자전환시 조기 비용 인정 특례 신설(법 제44조, 시행령 제121조의29)**

가. 개정취지

- 원활한 기업 구조조정 지원

나. 개정내용

종전	개정
〈신설〉 * 현재 재무구조개선계획 등에 따라 금융기관이 채무를 면제하는 경우, 면제한 채무금액 비용 인정	□ 재무구조개선계획·사업재편계획에 따라 금융기관이 대출채권을 출자전환하는 경우 과세특례 ㅇ 출자전환에 따른 손실 (채권 가액-주식 시가)을 출자전환 시점에 비용인정

다. 적용시기 및 적용례

- 2017.1.1. 이후 과세표준을 신고하는 분부터 적용

1.3. 부가가치세법

(1) 출자전환 시 「대손금=매출채권가액-주식 시가」로 규정하는 부가가치세법 시행령의 개정 (2019.2.12. 개정, 대통령령 제29535호)

종전	개정
제87조(대손세액 공제의 범위) ①법 제45조 제1항 본문에서 "파산·강제집행이나 그 밖에 대통령령으로 정하는 사유"란 「소득세법 시행령」 제55조 제2항 및 「법인세법 시행령」 제19조의2 제1항에 따라 대손금(貸損金)으로 인정되는 사유를 말한다.	**제87조(대손세액 공제의 범위)** ①법 제45조 제1항 본문에서 "파산·강제집행이나 그 밖에 대통령령으로 정하는 사유"란 다음 각 호의 어느 하나에 해당하는 경우를 말한다. 〈개정 2019.2.12.〉 1. 「소득세법 시행령」 제55조 제2항 및 「법인세법 시행령」 제19조의2 제1항에 따라 대손금(貸損金)으로 인정되는 경우 2. 「채무자 회생 및 파산에 관한 법률」에 따른 법원의 회생계획인가 결정에 따라 채무를 출자전환하는 경우. 이 경우 대손되어 회수할 수 없는 금액은 출자전환하는 시점의 출자전환된 매출채권 장부가액과 출자전환으로 취득한 주식 또는 출자지분의 시가와의 차액으로 한다.

[국세청, 「개정세법 해설(2019)」에서 설명한 개정취지]

☞ 회생계획인가결정에 따른 출자전환 주식의 대손세액 공제대상 명확화(시행령 제87조)

가. 개정취지

• 대손세액공제 사유 법령화를 통한 법적안정성 제고

나. 개정내용

종전	개정
□ 대손세액공제 사유 ㅇ 파산, 강제집행 〈추가〉	□ 대손세액공제 사유 추가 ㅇ (좌 동) ㅇ 회생계획인가결정에 따라 채권을 출자전환하는 경우* * 대손금액은 채권의 장부가액과 주식의 시가와의 차액에 해당 ※ 기존 예규 법령화

2. 출자전환 관련 과세관청의 주요 예규

2.1. 법인세법의 주요 예규

(1) 출자전환 시 「주식발행액면초과액=발행가액-액면가액」으로 한 해석
(재경부, 법인 46012-191, 1999.12.06.)

질의

법정관리중인 법인이 법원의 법정관리계획에 따라 다음과 같은 조건으로 채무를 출자전환하는 경우 주식의 액면가액을 초과하는 금액이 주식발행초과금인지, 채무면제익인지 여부에 대하여 양설이 있어 질의함.

- 액면가액 : 5천원
- 주식 발행가 : 15천원 → 채무액 15천원당 1주 교부
- 주식의 시가 : 7천원 → 출자전환일 현재 시가임

〈갑설〉 액면가액과 주식발행가액의 차액(1주당 1만원)이 주식발행액면초과액에 해당함.

(이 유) 액면가액을 초과하여 주식을 발행한 경우에는 그 액면가액과 발행가액과의 차액은 상법상 주식발행액면초과액에 해당함.

〈을설〉 액면가액과 출자전환시 주식의 시가와의 차액(1주당 2천원)은 주식발행액면초과액으로, 주식의 시가와 발행가(1주당 채무액)과의 차액(1주당 8천원)은 채무면제익에 해당함.

(이 유) 신주 1주당 시가와 발행가(채무)의 차액은 사실상 채무를 면제받은 것에 해당하기 때문임(기업회계기준 제67조 및 해석 55-67).

《질의자 의견》 갑설이 타당함.

회신

귀 질의는 귀청의 의견이 타당함을 회신함.

(2) 출자전환 시 「주식발행액면초과액=주식 시가-액면가액」으로, 「채무면제익=발행가액-주식 시가」로 한 해석(재경부, 법인 46012-37, 2003.03.05.)

질의

1) 질의배경

기업구조조정투자회사가 약정체결기업에 대하여 보유하고 있는 채권을 회사설립 목적인 약정체결기업의 조기경영정상화를 위한 일환으로 출자전환을 하였는 바 기업구조조정투자회사가 출자전환으로 취득한 주식의 가액 결정과 관련하여 국세청에 질의하여 회신을 받았으나 다음과 같은 이견이 있어 재질의함.

2) 상황

기업구조조정투자회사법에 근거하여 설립된 A법인(이하 "회사")은 B법인(이하 "약정체결기업")의 채권금융기관협의회와 약정체결기업이 체결한 기업개선계획 내용에 따라 기업구조조정 작업을 진행하던 중 기업개선 대상기업의 조기 경영정상화를 기하고자 한 정부의 강력한 의지에 따라 채권금융기관협의회에서 약정체결기업에 대한 기업구조조정투자회사 설립을 위한 약정을 체결하고 일부 채권금융기관이 보유하고 있는 약정체결기업에 대한 채권을 현물출자 등의 방식에 의해 기업구조조정투자회사에 이전하여 설립되었음. 한편, 회사는 약정체결기업의 조기 경영정상화를 기하고자 회사가 보유하고 있는 채권을 출자전환하는 등 기업경영정상화를 위한 조치를 취하였음.

회사가 보유하고 있는 채권에 대한 출자전환 내용을 요약하면 다음과 같음.

가. 회사 보유 채권의 취득가액 : 약 2,500억원(액면가액 : 약 7,544억원)
- 현물출자 및 채권매입방식에 의해 매입(모평가법인의 평가액(액면 33.14%)과 투자자 유치를 위한 공개경쟁입찰방식에 의해 결정된 낙찰률(액면의 33.14%)에 따라 매입)

나. 약정체결기업이 발행할 출자전환주식수 등
- 출자전환 주식수 : 50,000,000주
- 주식액면가액 : 5,000원(액면가총액 : 2,500억원)
- 주식발행가액 및 출자전환가액 : 15,088원(발행가총액 : 7,544억원)

다. 출자전환에 따른 회사의 회계처리

(차변) 투자주식 2,500억원(주1) (대변) 투자채권 2,500억원

(주1) 회사가 출자전환으로 인하여 취득하게 되는 주식의 공정가액(시가)은 채권의 취득가액으로 가정

3) **국세청 회신내용**(서이 46012-10233, 2002.2.8.)

타인으로부터 채권을 시가로 평가하여 취득한 법인이 당해 채권을 채무자인 법인의 주식으로 출자전환하는 경우에 그 출자전환으로 취득하는 주식의 가액은 상법 제416조의 규정에 의하여 결정된 당해 주식의 발행가액으로 하는 것으로서, 동 출자전환주식의 발행가액이 당초 취득가액을 초과하는 금액에 대하여는 그 출자전환일이 속하는 사업연도의 소득금액 계산시 익금에 산입하는 것임.

4) **쟁점사항 및 재질의 사항**

회사가 보유하고 있는 채권을 출자전환함으로써 회사가 취득한 주식가액을 결정함에 있어, 국세청 회신내용은 출자전환으로 인하여 취득한 주식의 가액을 주식의 발행가액(출자전환가액)으로 해석하고 있으나, 다음과 같은 이유에서 최근거래가액 및 제3의 평가기관의 평가가액(기업구조조정투자회사의 채권 취득가액) 즉, 공정가액이 되어야 한다는 견해가 있어 이를 재질의함.

5) **이유**

(1) **회사의 설립 및 출자전환 목적**

회사는 채권금융기관협의회가 다수로 구성됨에 따라 약정체결기업의 손실에 대한 손실분담율 등에 대한 이견이 존재하여 약정체결기업의 기업개선계획이 정상적으로 이루어지지 않아, 이를 개선하여 약정체결기업의 기업개선작업에 대한 의사결정과정을 일원함으로써 조기에 약정체결기업의 경영을 정상화하고자 설립된 회사이며, 이러한 설립 취지에 따라 약정체결기업의 경영을 조기에 정상화하기 위하여 출자전환을 실행하는 것임. 즉, 출자전환은 경영정상화를 위함이며 이로 인하여 이익을 실현하고자 함이 아님.

(2) **주식의 취득가액은 주식의 공정가액임.**

회사가 출자전환으로 취득하는 주식의 실제적인 가치는 주식의 공정가액이며, 회사가 채권금융기관으로부터 취득할 당시의 채권 가액은 향후 약정체결기업이 실현가능한 미래현금흐름을 적절한 할인율로 할인한 가액을 기준으로 결정되었고 이는 주식의 평가 방식과 유사한 방법에 의해 결정된 것으로 평가시점 차이로 인한 가치증감 효과를 무시한다면, 주식의 공정가액은 회사가 보유하고 있는 채권의 가액과 일치한다고 할 수 있음. 따라서, 회사가 출자전환으로 취득하는 주식의 공정가액은 주식의 발행가액과는 상관없이 주식의 공정가액인 채권의 취득가액과 일치한다고 할 수 있음.

(3) 국세심판결정사례(국심 2001서 2656, 2001.12.27.)

국세심판결정사례(국심 2001서 2656, 2001.12.27.)의 쟁점사항은 회사정리계획에 의하여 대손금액을 정리회사의 주식으로 회수한 경우, 회수한 대손금액을 회사정리계획에 의하여 확정된 주식의 출자전환가액으로 보아야 하는지, 그 주식을 상속세 및 증여세법 제63조의 규정에 의하여 평가한 가액으로 보아야 하는지 여부를 가리는 데 있었으며, 판결 주문의 주요 내용은 회사정리계획에 의하여 대손금액을 정리회사의 주식으로 회수한 경우, 회수한 주식가액은 상속세 및 증여세법 제63조의 규정에 의하여 평가한 가액으로 보아 이를 대손회수액으로 하여 그 과세표준 및 세액을 경정하여야 한다는 것이였음. 이는 출자전환으로 취득한 주식의 가액은 주식의 발행가액이 아니고, 공정가액이 되어야 한다는 것으로 해석됨.

(4) 출자전환은 지급대상물권만 다른 현물출자임.

출자전환은 주식 발행에 대한 대가를 유형자산으로 지급하는 대신에 회사에 대하여 보유하고 있는 채권으로 지급하는 것으로 그 지급대상물권만 다를 뿐 사실상 현물출자와 유사하며, 법인세법 시행령 제72조 제1항 제4호에서 현물출자합병 또는 분할에 의하여 주주 등이 취득한 주식 등의 취득가액은 취득당시의 시가에 의하도록 하고 있으며, 상기 (3)의 내용에서 보는 바와 같이 출자전환으로 회사가 취득하게 되는 주식의 취득당시 시가는 회사가 보유하고 있는 채권의 취득가액임.

(5) 기업회계기준 등에 관한 해석 55-67 및 법인세법 제43조

기업회계기준 등에 관한 해석 55-67에 따르면, 채무의 변제를 목적으로 주식 등 지분증권을 발행하거나 교부하는 경우 이전하는 자산 또는 발행되는 유가증권의 공정가액을 기준으로 회계처리하도록 하고 있으며, 자산의 공정가액을 결정할 때 활발히 거래되는 시장이 존재하는 경우 당해 시장가격이 공정가액이며, 만약 동 자산에 대하여 활발히 형성되는 시장이 없는 경우 유사자산의 시장가격이나 공신력이 있는 감정평가기관의 감정가액을 감안하여 공정가액을 정할 수 있고, 시장가격이 형성되어 있지 않으나 미래의 현금흐름을 추정할 수 있는 경우 미래의 현금흐름을 유사한 위험을 가진 자산에 적용될 수 있는 할인율을 적용하여 산정한 현재가치도 당해 자산의 공정가액으로 할 수 있다고 규정하고 있음. 또한, 법인세법 제43조(기업회계기준과 관행의 적용)에서 내국법인의 각 사업연도 소득금액계산에 있어서 당해 법인이 익금과 손금의 귀속사업연도와 자산·부채의 취득 및 평가에 관하여 일반적으로 공정·타당하다고 인정되는 기업회계기준의 기준을 적용하거나 관행을 계속적으로 적용하여 온 경우에는 이 법 및 조세특례제한법에서 달리 규정하고 있는 경우를 제외하고는 당해 기업회계의 기준 또는 관행에 따른다라고 규정하고 있음.

따라서, 상기의 기업회계기준 등에 관한 해석 55-67와 법인세법 제43조(기업회계기준과 관행의 적용)에 따라 출자전환으로 인하여 회사가 취득하게 되는 주식의 취득가액은 미래현금흐름을 적절한 할인율을 적용하여 산정한 현재가치를 기준으로 취득한 보유채권의 취득가액으로 하여야 함.

(6) 출자전환으로 인한 회사의 실질적인 이익 미 발생

약정체결기업의 출자전환에 의해 회사가 보유하고 있는 채권이 주식으로 전환되는 것일 뿐 이로 인하여 어떠한 이익도 실현되지 아니함. 회사가 보유하고 있는 채권은 기업개선 대상기업의 특정상 주식과 그 성격이 유사하며, 동 채권의 취득가액은 주식가치 평가 방법 및 입찰 등에 의해 평가된 금액을 기준으로 결정되었음. 따라서, 출자전환으로 인하여 받게 되는 주식가액과 보유 채권의 가액은 동일함. 단, 평가 시점의 차이에 따라 실제 채권의 가치 상승은 있을 수 있음. 한편, 출자전환으로 인하여 받게 되는 주식가액을 발행가액으로 보는 경우에도 실제로 회사가 출자전환으로 인하여 실현한 소득이 있다고 보기는 어려우며(출자전환은 단지 보유채권이 주식으로 전환되는 것임), 미실현소득을 과세하지 않는 세무상 논리 등을 따라 실현시점(동 주식의 매각시점 등)에 과세하는 것이 타당할 것임.

회신

1. 타인으로부터 채권을 시가로 평가하여 취득한 법인이 당해 채권을 채무자인 법인에 출자전환하는 경우에 그 출자전환으로 취득하는 주식의 가액은 법인세법 시행령 제72조 제1항 제4호의 규정에 의하여 "당해 주식의 취득당시의 시가"로 하는 것임.
2. 상기 질의회신과 관련하여 우리 부 예규 재법인(재법인 46012-191, 1999.12.6)은 "법정관리법인이 법정관리계획에 따라 채무를 출자전환하는 경우, 주식의 발행가액중 시가를 초과하는 금액은 채무면제익에 해당하고 주식의 액면가액과 시가와의 차액은 주식발행액면초과액(또는 주식할인발행차금)에 해당함"으로 변경하고, 변경된 내용은 본 문서 시행일 이후 최초로 납세의무가 성립하는 분부터 적용하는 것임.

2.2. 부가가치세법의 주요 예규

(1) 출자전환 시 '매출채권가액>주식 시가'이어도 차액은 대손세액공제 대상이 아니라는 해석

(국세청, 법규부가 2012-253, 2012.06.28.)

질의

(사실관계)

- 신청인은 갑법인에 대하여 455억원의 채권(매출채권 320억원, VAT포함)을 보유하고 있었고
- 갑법인은 2012.4.16. 수원지방법원으로부터 「채무자 회생 및 파산에 관한 법률」에 따른 회생계획인가 결정을 받음.
- 신청인은 회생계획에 따라 채권액 455억원 중 8.3억원은 현금으로 변제받기로 하고, 나머지 채권은 출자전환하여 갑법인의 주식을 교부받기로 하였음.
- 신청인은 출자전환하는 매출채권의 장부가액과 교부받을 주식의 시가와의 차액을 대손금으로 보고 이에 대한 대손세액(약 18억원)을 2012년 제1기 부가가치세 확정신고 시 신고하지 아니하고
  - 확정신고 후 경정청구를 통하여 대손세액을 공제받으려고 함.

(질의내용)

- 부가가치세 확정신고 시 대손세액공제를 신청하지 아니하고 확정신고 후 경정청구를 통하여 대손세액공제를 받을 수 있는지 여부

회신

위 사실관계와 같이 신청인이 재화 또는 용역을 공급하고 회수하지 못한 매출채권을 「채무자 회생 및 파산에 관한 법률」에 따른 채무자의 회생계획인가 결정에 따라 채무자(회생법인)의 주식으로 변제받는 경우 해당 매출채권의 장부가액이 교부받은 회생법인 주식 시가를 초과하는 부분은 「부가가치세법 시행령」 제63조의 2에 따른 대손세액 공제대상에 해당하지 아니하는 것이며, 출자 전환한 매출채권 외에 회수불능으로 확정된 채권이 있는 경우로서 회수불능으로 확정된 날이 속하는 과세기간의 확정신고 시 대손세액공제 받지 못한 경우에는 해당 과세기간에 대한 경정청구를 통하여 공제할 수 있는 것임.

⑵ 출자전환 시 '매출채권가액>주식 시가'이면 차액은 대손세액공제 대상이라는 해석

(기획재정부, 부가가치세제과-153, 2015.02.16.)

질의

회생계획인가결정에 따른 출자전환시 채권 장부가액과 주식 시가와 차액의 대손세액 공제 여부

회신

채무자 회생 및 파산에 관한 법률에 의한 법원의 회생계획인가결정에 따라 채권을 출자전환하는 경우 채권의 장부가액과 주식의 시가와의 차액은 부가가치세법 제45조의 대손세액 공제특례 대상에 해당하는 것임.

3. 출자전환 관련 주요 판례

3.1. 법인세법에 대한 판례

(1) 「채무면제익=발행가액-시가」의 취지로 정한 법인세법 시행령 조항은 모법에 위반되어 무효의 규정임(대법원 2012.11.22. 선고 2010두17564 판결)

원심판결

서울고등법원 2010.7.8. 선고, 2009누30228 판결

주문

상고를 기각한다.
상고비용은 피고가 부담한다.

이유

상고이유(상고이유서 제출기간이 경과한 후에 제출된 상고이유보충서의 기재는 상고이유를 보충하는 범위 내에서)를 판단한다.

1. 상고이유 제1, 3점에 관하여

가. 헌법 제38조는 "모든 국민은 법률이 정하는 바에 의하여 납세의 의무를 진다."고 규정하고, 제59조는 "조세의 종목과 세율은 법률로 정한다."고 규정함으로써 조세법률주의를 채택하고 있다. 이러한 조세법률주의의 원칙은 과세요건 등은 국민의 대표기관인 국회가 제정한 법률로써 규정하여야 하고 그 법률의 집행에 있어서도 이를 엄격하게 해석·적용하여야 하며 행정편의적인 확장해석이나 유추적용은 허용되지 않음을 의미하므로, 법률의 위임이 없이 명령 또는 규칙 등의 행정입법으로 과세요건 등에 관한 사항을 규정하거나 법률에 규정된 내용을 함부로 유추·확장하는 내용의 해석규정을 마련하는 것은 조세법률주의의 원칙에 반한다(대법원 1987.9.22. 선고, 86누694 전원합의체 판결 ; 대법원 2009.10.22. 선고, 2007두3480 전원합의체 판결 등 참조).

나. 구 법인세법(2005.12.31. 법률 제7838호로 개정되기 전의 것, 이하 같다) 제17조는 자본거래

로 인한 수익으로서 익금에 산입하지 아니하는 것의 하나로 제1호에서 '주식발행액면초과액'을 들고 있는데, 여기에서 말하는 주식발행액면초과액이란 그 문언상 액면 이상의 주식을 발행한 경우 그 액면을 초과한 금액, 즉 주주가 납입한 주식의 인수가액(보통은 주식의 발행가액과 일치한다)에서 액면가액을 차감한 금액을 의미함이 분명하다. 구 법인세법 시행령(2003.12.30. 대통령령 제18174호로 개정되기 전의 것, 이하 '개정 전 시행령'이라 한다) 제15조 제1항이 구 법인세법 제17조 제1호의 주식발행액면초과액은 구 상법(2011.4.14. 법률 제10600호로 개정되기 전의 것, 이하 같다) 제459조 제1항 제1호에 해당하는 금액, 즉 '액면 이상의 주식을 발행한 때에는 그 액면을 초과한 금액'으로 한다고 규정하였던 것도 이를 확인한 것으로 이해된다.

그런데 2003.12.30. 대통령령 제18174호로 개정된 구 법인세법 시행령(2006.2.9. 대통령령 제19328호로 개정되기 전의 것) 제15조 제1항은 종전의 규정을 전문으로 그대로 유지하면서 후문(이하 '이 사건 시행령 조항'이라 한다)을 신설하여 "법 제17조 제1호의 주식발행액면초과액에 있어서 채무의 출자전환으로 주식을 발행하는 경우로서 당해 주식의 시가가 액면가액 이상이고 발행가액 이하에 해당하는 경우에는 시가에서 액면가액을 차감한 금액을 말한다."고 규정함으로써 구 법인세법 제17조 제1호가 규정한 주식발행액면초과액의 범위에서 주주가 납입한 주식의 인수가액과 시가의 차액에 상당하는 금액 부분(이하 '발행 주식 시가 초과 부분'이라 한다)을 제외하여 결과적으로 법인세의 과세 대상이 되는 수익의 범위를 확장하고 있다.

이처럼 이 사건 시행령 조항이 납세자에게 불리한 방향으로 법인세의 과세 대상을 확장하는 것은 구 법인세법 제17조 제1호의 규정과 부합하지 아니할 뿐만 아니라 그와 같이 확장하도록 위임한 모법의 규정도 찾아볼 수 없으므로 조세법률주의의 원칙에 반하여 무효라고 할 것이다.

다. 이 사건 시행령 조항이 예정하고 있는 채무의 출자전환으로 주식을 발행하는 경우로서 당해 주식의 시가가 액면가액 이상이고 발행가액 이하에 해당하는 경우에는 출자전환되는 채무 중 발행 주식 시가 초과 부분에 대하여 채무를 면제받는 것과 동일한 경제적 효과가 발생하는 것처럼 보이기는 한다. 그러나 구 상법 제421조, 제423조 제1항, 제2항 등의 규정에 의하면, 신주발행의 경우 신주인수인은 납입기일에 그 인수한 주식에 대한 인수가액의 전액을 납입할 의무가 있고, 만약 신주인수인이 납입기일에 납입 또는 현물출자의 이행을 하지 아니하면 그 권리를 잃으며, 신주발행의 효력은 발행예정주식 중 납입기일에 납입이 이루어진 주식에 한하여 발생한다. 이러한 신주발행의 법률관계에 비추어 보면, 채무의 출자전환으로 주식을 발행하는 경우에는 출자전환되는 채무 전부가 주식에 대한 인수가액으로 납입된 것으로 인정되어야만 발행예정주식 전부에 대하여 신주발행의 효력이 발생하는 것이므로, 그 결과로서 나타나는 경제적 측면에서의 효과를 이유로 출자전환되는 채무 중 발행 주식 시가 초과 부분만을 따로 떼어내어 주식에 대한 납입금으로서의 실질을 부인할 수는 없다. 따라서 명문의 규정이 없는 한 채무의 출자전환으로 주식을 발행하는 경우에도 그 인수가액 중 액면을 초과하는 금액은 그 전액이 구 법인세법 제17조 제1호가 규정한 주식발행액면초과액에 해당한다고 봄이 타당하고, 이와 달리 위와 같은 경제적 측면에서의 효과만을 들어 출자전환되는 채무 중 발행 주식 시가 초과 부분이 구 법인세법 제17조 제1호의 주식발행액면초과액의 범위에서 제외된다고 해석하는 것은 조세법규에 대한 엄격해석의 원칙에 비추어 허용될 수 없을 뿐만 아니라 실질과세원칙의 적용범위도 벗어나는 것이다. 결국, 2005.12.31. 법률 제7838호로 개정된 법인세법이 제17조 제1항 제1호 단서로 '채무의 출자전환으로 주식 등을 발행하는 경우에는 당해 주식 등의 시가를 초과하여 발행된 금액 부분을 주식발행액면초과액의 범위에서 제외한다'는 취지의 규정을 명문으로 두기 전까지는 위 발행 주식 시가 초과 부분도 구 법인세법 제17조 제1호의 주식발행액면초과액의 범위에 포함된다고 해석하는 것이 옳으므로, 이와 달리 규정한 이 사건 시행령 조항은 모법에 어긋난다고 볼 수밖에 없다.

라. 같은 취지에서 원심이 이 사건 시행령 조항을 무효로 보고 그에 근거한 이 사건 처분이 위법하다고 판단한 것은 정당하고, 거기에 상고이유에서 주장하는 바와 같은 조세법률주의의 원칙이나 실질과세원칙 또는 위임입법의 한계 등에 관한 법리오해의 위법이 없다.

2. 상고이유 제2점에 관하여

원심은 이 사건 시행령 조항을 무효로 보고 그에 근거한 이 사건 처분이 위법하다고 판단하였을 뿐, 이 사건 처분이 신의성실의 원칙이나 소급과세금지의 원칙 등에 위배되는지에 관하여는 아무런 판단을 한 바가 없다. 따라서 원심의 판단에 신의성실의 원칙이나 소급과세금지의 원칙 등에 관한 법리오해의 위법이 있다는 상고이유는 나아가 살펴볼 필요 없이 이유 없다.

3. 결론

그러므로 상고를 기각하고 상고비용은 패소자가 부담하도록 하여 주문과 같이 판결한다. 이 판결에는 이 사건 시행령 조항이 조세법률주의의 원칙에 위배되어 무효인지에 관하여 대법관 신영철의 반대의견이 있는 외에는 관여 법관들의 의견이 일치되었다.

4. 대법관 신영철의 반대의견은 다음과 같다.

가. 다수의견은 이 사건 시행령 조항이 구 법인세법 제17조 제1호에서 익금에 산입하지 아니하는 수익의 하나로 규정한 주식발행액면초과액의 범위를 축소하여 규정함으로써 조세법률주의의 원칙을 위반하였다고 하나 다음과 같은 이유로 찬성할 수 없다.

나. 조세법률주의의 원칙상 조세법규의 해석은 특별한 사정이 없는 한 법문대로 해석하여야 하고 합리적 이유 없이 확장해석하거나 유추해석하는 것은 허용되지 않지만, 법규 상호 간의 해석을 통하여 그 의미를 명백히 할 필요가 있는 경우에는 조세법률주의가 지향하는 법적 안정성 및 예측가능성을 해치지 않는 범위 내에서 입법 취지 및 목적 등을 고려한 합목적적 해석을 하는 것은 허용된다(대법원 2008.2.15. 선고, 2007두4438 판결 등 참조). 한편 법률의 시행령이나 시행규칙은 그 법률에 의한 위임이 없으면 개인의 권리·의무에 관한 내용을 변경·보충하거나 법률에 규정되지 아니한 새로운 내용을 정할 수는 없지만, 법률의 시행령이나 시행규칙의 내용이 모법의 입법 취지 및 관련 조항 전체를 유기적·체계적으로 살펴보아 모법의 해석상 가능한 것을 명시한 것에 지나지 아니하거나 모법 조항의 취지에 근거하여 이를 구체화하기 위한 것인 때에는 모법의 규율 범위를 벗어난 것으로 볼 수 없으므로, 모법에 이에 관하여 직접 위임하는 규정을 두지 않았다고 하더라도 이를 무효라고 볼 수는 없다(대법원 2009.6.11. 선고, 2008두13637 판결 ; 대법원 2010.8.19. 선고, 2010두1750 판결 등 참조).

다. 구 법인세법 제15조 제1항은 “익금은 자본 또는 출자의 납입 및 이 법에서 규정하는 것은 제외하고 해당 법인의 순자산을 증가시키는 거래로 인하여 발생하는 수익의 금액으로 한다”고 규정하고 있다. 이처럼 자본 또는 출자의 납입으로 인한 순자산의 증가를 익금에서 제외하는 것은 자본 또는 출자의 납입으로 인한 순자산의 증가는 법인의 소득 또는 담세력과는 무관하여 본질상 법인세의 과세 대상으로 삼기에 적합하지 않기 때문이다. 나아가 구 법인세법 제17조 제1호는 주식발행액면초과액도 주식에 대한 납입금이라는 점에서 그 실질이 자본의 납입금과 다르지 않다고 보아 이를 익금에 산입하지 않도록 규정하고 있다. 이들 규정의 취지와 아울러 채무의 출자전환을 통하여 당사자들이 달성하고자 하는 목적과 의사 및 그 결과 등을 고려하면, 채무의 출자전환으로 주식을 발행하는 경우로서 당해 주식의 시가가 액면가액 이상이고 발행가액 이하에 해당하는 경우에는 원칙적으로 출자전환되는 채무 중 발행 주식 시가 초과부분은 그 실질이 자본의 납입금과 같다고 볼 수는 없고 오히려 채무면제이익에 해당하여 그 금액만큼 법인의 소득 또는 담세력이 증가하였다고 봄이 타당하므로, 이를 구법인세법 제17조 제1호의 주식발행액면초과액에 해당한다고 볼 수는 없다. 그렇다면 개정 전 시행령 제15조 제1항이 채무의 출자전환으로 주식을 발행하는 경우를 포함하여 액면 이상의 주식을 발행한 모든 경우에 대하여 일률적으로 그 액면을 초과한 금액 전액을 구 법인세법 제17조 제1호의 주식발행액면초과액에 해당하는 것으로 규정한 것은 오히려 위 법률 조항의 범위를 확대함으로써 결과적으로 법인세의 과세 대상이 되는 수익의 범위를 축소하여 규정하였던 것으로 보아야 하고, 이 사건 시행령 조항은 위와 같은 개정 전 시행령 제15조 제1항이 납세자에게 유리하여 비록 무효는 아니라고 하더라도 구 법인세법 제15조 제1항, 제17조 제1호의 취지에는 부합하지 아니하므로 이를 바로잡은 것으로 보아야 한다. 그렇다면 이 사건 시행령 조항은 구 법인세법 제17조 제1호의 취지 및 의미에 부합하는 것으로서 모법의 해석상 가능한 것을 명시한 것에 지나지 아니하거나 모법 조항의 취지에 근거하여 이를 구체화하기 위한 것이므로, 모법의 명시적인 위임이 없다는 이유로 이를 무효라고 할 수 없다.

라. 그럼에도 원심이 이와 달리 이 사건 시행령 조항이 무효임을 전제로 그에 근거한 이 사건 처분이 위법하다고 판단하였으니, 이러한 원심의 판단에는 조세법률주의의 원칙이나 위임입법의 한계에 관한 법리를 오해하여 판결에 영향을 미친 위법이 있다.
따라서 원심판결은 파기되어야 한다.

마. 이상과 같은 이유로 다수의견의 이유와 결론에 찬성할 수 없음을 밝혀 둔다.

3.2. 부가가치세법에 대한 판례

(1) 출자전환 후 즉시 100% 소각 시 전액 회수불능으로서 대손세액공제 가능하므로 대손세액을 추징할 수 있음(대법원 2018.6.28. 선고 2017두68295 판결)

원심판결

서울고등법원 2017.10.24. 선고, 2017누52650 판결

주문

상고를 기각한다.
상고비용은 원고가 부담한다.

이유

상고이유를 판단한다.

1. 부가가치세법 제45조 제1항 본문은 '사업자는 부가가치세가 과세되는 재화 또는 용역을 공급하고 외상매출금이나 그 밖의 매출채권(부가가치세를 포함한 것을 말한다)의 전부 또는 일부가 공급을 받은 자의 파산·강제집행이나 그 밖에 대통령령으로 정하는 사유로 대손되어 회수할 수 없는 경우'에는 대손되어 회수할 수 없는 금액의 10/110(이하 '대손세액'이라 한다)을 그 대손이 확정된 날이 속하는 과세기간의 매출세액에서 뺄 수 있다고 규정하고, 제3항 본문은 '제1항 및 제2항을 적용할 때 재화 또는 용역을 공급받은 사업자가 대손세액에 해당하는 금액의 전부 또는 일부를 제38조에 따라 매입세액으로 공제받은 경우로서 그 사업자가 폐업하기 전에 재화 또는 용역을 공급하는 자가 제1항에 따른 대손세액공제를 받은 경우에는 그 재화 또는 용역을 공급받은 사업자는 관련 대손세액에 해당하는 금액을 대손이 확정된 날이 속하는 과세기간에 자신의 매입세액에서 뺀다.'고 규정하고 있다.

그리고 부가가치세법 시행령 제87조 제1항은 '법 제45조 제1항 본문에서 파산·강제집행이나 그 밖에 대통령령으로 정하는 사유' 중 하나로 '법인세법 시행령 제19조의 2 제1항에 따라 대손금으로 인정되는 사유'를 들고 있고, 법인세법 시행령 제19조의 2 제1항 제5호는 '채무자 회생 및 파산에 관한 법률(이하 '채무자회생법'이라 한다)에 따른 회생계획인가의 결정 또는 법원의 면책결정에 따라 회수불능으로 확정된 채권'을 대손금으로 규정하고 있다.

한편 회생계획인가의 결정이 있는 때에는 회생채권자·회생담보권자·주주·지분권자의 권리는 회생계획에 따라 변경되며(채무자회생법 제252조 제1항), 법원은 신주의 발행으로 감소하게 되는 부채액 등의 사항을 회생계획에 정하여 주식회사인 채무자가 회생채권자·회생담보권자 또는 주주에 대하여 새로 납입 또는 현물출자를 하게 하지 아니하고 신주를 발행하게 할 수 있다(채무자회생법 제206조 제1항). 법원은 감소할 자본의 액과 자본감소의 방법을 회생계획에 정한 때에는 회생계획에 의하여 주식회사인 채무자의 자본을 감소할 수 있고, 이 경우 상법 제343조(주식의 소각) 제2항, 제439조(자본감소의 방법, 절차) 제2항·제3항, 제440조(주식병합의 절차), 제441조(주식병합의 절차), 제445조(감자무효의 소) 및 제446조(준용규정)의 규정은 적용되지 아니한다(채무자회생법 제205조 제1항, 제264조 제1항 및 제2항).

결국 회생계획에서 별도의 납입 등을 요구하지 아니하고 신주발행 방식의 출자전환으로 기존 회생채권 등의 변제에 갈음하기로 하면서도 그 출자전환에 의하여 발행된 주식은 무상으로 소각하기로 정하였다면 그 인가된 회생계획의 효력에 따라 새로 발행된 주식은 그에 대한 주주로서의 권리를 행사할 여지가 없고 다른 대가 없이 그대로 소각될 것이 확실하게 된다. 그렇다면 위와 같은 출자전환의 전제가 된 회생채권 등은 회생계획인가의 결정에 따라 회수불능으로 확정되었다고 봄이 상당하다.

2. 원심은, 원고가 2012.7.10. 의정부지방법원 2012회합16호로 회생절차개시신청을 한 사실, 위 법원은 2014.2.18. 주식회사 ×××의 원고에 대한 회생채권 중 현금변제하기로 한 부분을 제외한 나머지 상거래채무를 출자전환하기로 하면서, '출자전환은 회사가 신규로 발행하는 주식의 효력발생일에 당해 회생채권의 변제에 갈음하고, 출자전환에 따라 발행된 주식 전부에 대하여 무상감자한다'는 내용의 이사건 회생계획인가결정을 한 사실, 이에 따라 원고는 2014.2.20. 주식회사 ×××가 위와 같이 채무의 출자전환으로 받은 주식을 모두 무상 감자를 통하여 소각한 사실 등을 인정하였다.

   이러한 사실관계를 토대로 원심은, 이 사건 회생계획안은 통상의 출자전환과 달리 미리 출자전환에 의하여 발행된 주식은 무상감자하여 소각한다고 정하고 있는 등 그 판시와 같은 사정에 비추어 보면, 이 사건 회생계획인가결정으로 출자전환된 주식회사 ×××의 원고에 대한 매출채권은 법인세법 시행령 제19조의 2 제1항 제5호에서 정한 '회생계획인가의 결정에 따라 회수불능으로 확정된 채권'에 해당하므로, 그에 상응하는 금액을 원고의 2014년 제1기 부가가치세 매입세액에서 공제해서 한 이 사건 처분이 적법하다고 판단하였다.

3. 앞서 본 규정과 법리에 비추어 살펴보면, 원심의 위와 같은 판단에 상고이유 주장과 같이 법인세법 시행령 제19조의2 제1항 제5호의 해석 및 부가가치세법상 대손세액공제 등에 관한 법리를 오해한 잘못이 없다.

4. 그러므로 상고를 기각하고, 상고비용은 패소자가 부담하기로 하여, 관여 대법관의 일치된 의견으로 주문과 같이 판결한다.

(2) 출자전환 후 99.86%는 즉시 소각하고 0.14% 주식이 잔존하면 대손이 없으므로 대손세액공제가 불가능하여 대손세액 추징을 할 수 없음(대법원 2019.5.10. 선고 2019두31853 판결)

가. 대법원 판결(대법원 2019.5.10. 선고 2019두31853 판결)…납세자 승소

원심판결

서울고등법원 2018.12.05. 선고, 2015누60657 판결

주문

1. 상고를 기각한다.
2. 상고비용은 피고가 부담한다.

이유

심리불속행 기각

나. 2심 판결(서울고등법원 2018.12.5. 선고 2015누60657 판결)…납세자 승소

제1심판결

서울행정법원 2015.09.03. 선고, 2014구합67352 판결

주문

1. 피고의 항소를 기각한다.
2. 항소비용은 피고가 부담한다.

이유

……

다. 판단

1) 대손세액 공제 제도의 취지와 내용 및 관련 조항의 해석

부가가치세법상 사업자는 재화 또는 용역(이하 '재화 등'이라 한다)을 공급하는 때에 거래상

대방으로부터 부가가치세를 거래징수하고(구 부가가치세법 제15조) 거래징수한 부가가치세를 매출세액으로 납부하되, 그 거래징수한 세액(매출세액)에서 자신이 재화 등을 공급받을 때에 징수당한 부가가치세(매입세액)를 공제한 차액을 납부함으로써 거래 단계에서 창출한 부가가치에 해당하는 부분에 대해서만 부가가치세를 부담하게 된다(이른바 '전단계 세액공제방식'). 전단계 세액공제방식을 채택하고 있는 우리나라의 부가가치세는 소득세·법인세와 달리 실질적인 소득이 아닌 형식적인 거래의 외형에 대하여 부과하는 거래세의 형태를 띠고 있으므로, 비용 공제의 개념이 없고, 사업자의 손익 여부와 무관하게 부과된다(헌법재판소 2011.2.24. 선고, 2009헌바11 결정 참조).

부가가치세 납세의무자는 재화 등을 공급받는 자가 아니라 공급하는 자이고(구 부가가치세법 제2조 제1항 제1호), 재화 등의 공급자는 실제 대가를 지급받는 시점이 아닌 재화 등의 공급시기가 속한 과세기간에 대한 신고·납부기한 내에 부가가치세를 신고·납부하여야 하므로, 사업자가 재화 등을 외상으로 공급한 후 거래상대방의 부도 또는 파산 등의 사유로 대가를 지급받지 못한 경우 사업자는 재화 등의 공급가액뿐만 아니라 국가에 납부한 부가가치세액까지 경제적 손실을 입게 된다. 구 부가가치세법 제17조의2에서는 이러한 경우 사업자의 자금부담을 완화하고자 하는 목적에서, 사업자가 상대방으로부터 지급받지 못한 부가가치세 상당액, 즉 대손세액을 추후 납부해야 할 매출세액에서 차감하여 주는 대손세액 공제 제도를 규정하고 있는바(대법원 2008.4.24. 선고, 2006두13855 판결 참조), 이는 실질적 소득이 아닌 형식적 거래의 외형에 대하여 과세한다는 부가가치세의 과세 원칙에 대한 예외로서 조세경감 혜택을 인정한 것으로 볼 수 있다(헌법재판소 2011.12.29. 선고, 2011헌바33 결정 참조).

이러한 대손세액 공제 제도의 입법 취지는 그 연혁에서도 알 수 있는바, 1976.12.22. 법률 제2934호로 제정된 부가가치세법은 대손세액 공제 규정을 두고 있지 않다가 1993.12.31. 법률 제4663호로 개정된 부가가치세법에서 제17조의2로 대손세액 공제규정이 신설되면서 1994.1.1. 이후 최초로 공급하거나 공급받는 분부터 대손세액 공제를 적용받을 수 있게 되었다. 신설된 대손세액 공제 제도와 관련하여 1993.12.31.대통령령 제14081호로 개정된 부가가치세법 시행령 제63조의2는 파산, 강제집행, 사망·실종선고, 회사정리계획 인가의 결정을 대손세액 공제 사유로 규정하고 있다가 1996.7.1. 대통령령 제15103호로 개정된 부가가치세법 시행령 제63조의2는 상법상의 소멸시효가 완성된 경우와 수표 또는 어음의 부도발생일로부터 6월이 경과한 경우를 대손세액 공제 사유로 추가하였다. 이후 부가가치세법령은 상당 기간 대손세액 공제사유를 법인세법 등의 대손금 인정 사유와는 별도로 규정하고 있다가, 2006.2.9. 대통령령 제19330호로 개정된 부가가치세법 시행령 제63조의2 제1항에서 "법 제17조의2 제1항에서 '파산·강제집행 기타 대통령령이 정하는 사유'라 함은 소득세법 시행령 제

55조 제2항 및 법인세법 시행령 제62조 제1항의 규정에 따라 대손금으로 인정되는 사유를 말한다."라고 규정하여 법인세법 등의 대손금 인정 사유와 일치하게 개정된 이후 현행 부가가치세법 시행령 제87조 제1항에 이르기까지 같은 방식으로 대손세액 공제범위를 규정하고 있는데, 위 대통령령 제19330호로 개정된 부가가치세법 시행령 제63조의2 제1항의 개정 이유는 재화 또는 용역을 공급받은 자의 파산 등으로 인하여 그 외상매출금 등을 회수하지 못하는 경우에 매출세액에서 차감하여 주는 대손세액 공제의 범위를 확대하여 법인세법 및 소득세법상 대손금의 인정범위와 일치시킴으로써 영세한 자영사업자의 자금부담을 완화할 수 있도록 하여 영세자영업자의 경영여건 개선을 지원하기 위한 것이다.

그런데 조세법률주의의 원칙상 과세요건이나 비과세요건 또는 조세감면요건을 막론하고 조세법규의 해석은 특별한 사정이 없는 한 법문대로 해석할 것이고 합리적 이유없이 확장해석하거나 유추해석하는 것은 허용되지 않고, 특히 감면요건 규정 가운데에 명백히 특혜규정이라고 볼 수 있는 것은 엄격하게 해석하는 것이 조세공평의 원칙에도 부합한다(대법원 2009.8.20. 선고, 2008두11372 판결 참조). 또한 부가가치세가 거래세의 성격을 가진다는 점에 비추어 볼 때, 법인의 소득에 대한 과세를 규율하는 법인세법에서조차 대손금으로 인정하지 않은 사유를 부가가치세에 있어서 대손세액 공제 사유로 해석하는 것은 특별한 사정이 없는 한 허용되어서는 안 될 것이다.

2) **이 사건 회생채권 중 이 사건 공제액 해당 금액이 이 사건 매입처 회사들의 대손세액에 해당하는지 여부**

가) 구 부가가치세법 제17조의2 제1항은 '사업자가 부가가치세가 과세되는 재화 또는 용역을 공급하는 경우 공급을 받는 자의 파산·강제집행이나 그 밖에 대통령령으로 정하는 사유로 그 재화 또는 용역의 공급에 대한 외상매출금이나 그 밖의 매출채권(부가가치세를 포함한 것을 말한다)의 전부 또는 일부가 대손되어 회수할 수 없는 경우에는 대손세액(=대손금액×110분의 10)을 그 대손이 확정된 날이 속하는 과세기간의 매출세액에서 뺄 수 있다.'라고 규정하고 있고, 같은 조 제6항은 '대손세액 공제의 범위 및 절차에 관하여 필요한 사항은 대통령령으로 정한다.'라고 규정하고 있으며, 그 위임을 받은 구 부가가치세법 시행령(2013.7.1. 대통령령 제24638호로 전부 개정되기 전의 것, 이하 '구 부가가치세법 시행령'이라 한다) 제63조의2 제1항은 "법 제17조의2 제1항 본문에서 '파산·강제집행이나 그 밖에 대통령령으로 정하는 사유'란 법인세법 시행령 제19조의2 제1항에 따라 대손금으로 인정되는 사유를 말한다."라고 규정하고 있고, 법인세법 시행령 제19조의2 제1항 제5호는 대통령령으로 정하는 사유로 회수할 수 없는 채권의 하나로 '채

무자 회생 및 파산에 관한 법률(이하 '채무자회생법'이라 한다)에 따른 회생계획인가의 결정 또는 법원의 면책결정에 따라 회수불능으로 확정된 채권'을 들고 있다. 한편, 구 부가가치세법 제17조의2 제3항은 '제1항을 적용할 때 재화 또는 용역을 공급받은 사업자가 대손세액의 전부 또는 일부를 제17조에 따라 매입세액으로 공제받은 경우로서 공급자의 대손이 그 공급을 받은 사업자가 폐업하기 전에 확정되는 경우에는 관련 대손세액에 해당하는 금액을 대손이 확정된 날이 속하는 과세기간의 매입세액에서 뺀다.'라고 규정하고 있는데, 피고는 이 규정에 근거하여 이 사건 처분을 하였다.

나) 위와 같은 대손세액 공제 제도의 취지와 내용 및 관련 규정에 비추어 이 사건에 관하여 보건대, 앞서 본 사실 및 앞서 든 증거에 변론 전체의 취지를 종합하여 알 수 있는 다음과 같은 사정들에 비추어 보면, 이 사건 회생채권 중 이 사건 공제액 해당 부분이 법인세법 시행령 제19조의2 제1항 제5호가 대손금으로 정하고 있는 '회생계획인가의 결정 또는 법원의 면책결정에 따라 회수불능으로 확정된 채권'에 해당한다고 보기 어렵다. 따라서 이 사건 회생채권 중 이 사건 공제액 해당 부분이 법인세법 시행령 제19조의2 제1항 제5호가 규정한 대손금에 해당하여 구 부가가치세법 시행령 제63조의2 제1항에 따라 이 사건 매입처 회사들의 대손세액에 해당한다는 전제 하에 이루어진 이 사건 처분은 위법하다.

① 출자전환은 채무의 일부 또는 전부를 변제하기 위하여 채무자가 채권자에게 지분증권(주식)을 발행하는 채권·채무조정의 한 유형으로 결과적으로 타인자본을 자기자본으로 전환하는 자본구조의 변경을 통하여 부채를 조정하는 것이다. 이와 같이 신주발행 방식의 출자전환으로 기존 채권의 변제에 갈음하기로 한 경우에 채권자와 채무자 사이에 출자전환으로 인하여 소멸되는 기존채권의 가액에 관한 약정 내지 합의가 있으면 그에 따르고, 그에 관한 합의가 없는 때에는, 특별한 사정이 없는 한, 신주발행의 효력발생일을 기준으로 신주의 가액을 평가하여 그 평가액 상당의 기존채권이 변제된 것으로 봄이 타당하다(대법원 2008.7.24. 선고, 2008다18376 판결 참조). 그런데 회생계획안의 경우 회생채권자 조의 3분의 2 이상의 동의, 회생담보권자 조의 4분의 3 또는 5분의 4 이상의 동의라는 가결요건(채무자회생법 제237조)을 득하여 법원의 인가를 받아야 하고, 회생계획안이 인가된 이상 이해관계인들은 그 회생계획에 따라야 하므로, 회생계획에 기재된 사항에 대하여 이해관계인들 사이에 합의가 존재하는 것으로 보아야 한다. 따라서 회생회사의 경우 출자전환으로 소멸되는 기존채권의 가액에 관한 합의가 회생계획상 존재하고 있으므로 회생계획에서 정하고 있는 바에 따라 주채무가 소멸하게 된다.

법인세법 시행령 제72조 제2항 제4의2호는 자산의 취득가액에 관하여 '채무의 출자전환에 따라 취득한 주식'의 경우 원칙적으로 취득 당시 시가에 의하고, 다만 채무자회생법에 따라 채무를 출자로 전환하는 내용이 포함된 회생계획인가의 결정을 받은 법인이 채무를 출자전환하는 경우에는 출자전환된 채권의 장부가액을 주식의 취득가액으로 하도록 규정하여, 출자전환 시점에서 회생회사의 채무면제익이 과세되지 않도록 배려하고 있는데, 위 조항을 오로지 채무면제익을 배제하기 위한 조항이라고만 보기는 어렵고, 법인세법 시행령 제19조의2 제1항 제5호가 대손금으로 정하고 있는 '회생계획인가의 결정 또는 법원의 면책결정에 따라 회수불능으로 확정된 채권'에 해당하는지 여부의 판단과 이러한 판단을 기초로 하여 부가가치세법상 대손세액 공제사유 해당 여부를 판단하는 데 있어서도 원칙적으로 적용된다고 할 것이다.

이 사건의 경우, 이 사건 회생계획의 회생계획안(갑 제2호증)에서 '회생채권의 원금 및 개시전 이자의 1.XXXX%는 현금으로 변제하고, 나머지는 출자전환한다. 출자전환은 신규로 발행하는 주식의 효력발생일에 당해 회생채권의 변제에 갈음한다.'라고 정하고 있는 이상, 현금변제가 된 부분을 제외한 나머지 이 사건 회생채권은 출자전환으로 변제에 갈음하여 소멸하고, 이때 취득하게 되는 주식의 취득가액은 법인세법 시행령 제72조 제2항 제4의2호에 따라 출자전환된 채권의 장부가액으로 보아야 하므로, 출자전환된 이 사건 회생채권 중 일부인 이 사건 공제액 해당 부분을 이 법인세법 시행령 제19조의2 제1항 제5호가 대손금으로 정하고 있는 '회생계획인가의 결정 또는 법원의 면책결정에 따라 회수불능으로 확정된 채권'에 해당한다고 할 수는 없다.

② 앞서 본 바와 같이 출자전환에 있어서 기존 채권의 변제 범위는 원칙적으로 출자전환주식의 효력발생일 기준 신주의 가액을 기초로 산정하여야 할 것이고, 출자전환주식의 효력이 발생한 시점 이후의 감자는 출자전환을 통하여 이미 주주가 된 회생회사의 채권자들과 회생회사 사이의 자본거래에 불과하므로 원칙적으로 그보다 앞선 출자전환주식의 취득가액에 대한 평가에 어떠한 영향을 미친다고 볼 수 없다(피고가 언급한 대법원 2009.11.12. 선고, 2009다47739 판결 등은 회생채권인 주채무가 출자전환으로 소멸된 경우 보증인의 보증채무가 위 출자전환을 통한 변제에 의해 소멸하는 범위에 관한 것으로서 회생채권자와 보증인 사이에서 회생채권자를 보다 두텁게 보호할 필요가 있는 사안에 관한 것이어서, 이 사건에 직접 적용된다고 보기 어렵다).

③ 만약 이 사건 매입처 회사들이 대손세액 공제를 받을 수 있고, 그에 따라 피고가 원고에 대하여 해당 세액만큼을 매입세액에서 제외함으로써 회생절차가 개시된 이후 회생계획인가결정이 속하는 과세기간을 대상으로 한 부가가치세 부과처분을 할 수 있다고 본다면, 부가가치세 납부의무가 없는 다른 회생채권자들과 달리 이 사건 매입처 회사

들은 회생계획에 따라 다른 회생채권자들과 동일비율로 회생채권이 출자전환되어 변제가 되었음에도 추가로 대손세액 공제를 통하여 부가가치세 납세분을 환급받게 되고, 그 결과 피고에게는 공익채권*에 해당하는 위 대손세액 공제분 부가가치세액 상당의 조세채권이 발생하며, 회생회사는 그 조세채무를 부담하게 되는바, 그로 인하여 채무자회생법의 목적인 회생회사의 효율적인 회생을 도모하는 데 곤란을 초래하게 될 뿐만 아니라 나머지 회생채권자들의 채권은 결국 같은 회생채권자의 부가가치세 대손세액 공제분보다 후순위채권이 되는 결과가 되어 회생채권자 사이에서 예상하지 못한 불합리한 차별이 발생하게 된다. 이러한 사정까지 고려하여 보면, 앞서 본 바와 같이 실질적 소득이 아닌 형식적 거래의 외형에 대하여 부과한다는 부가가치세의 과세 원칙에 대한 예외로서 조세경감 혜택이라 할 수 있는 대손세액 공제를 이 사건과 같은 사안의 경우까지 그 범위를 확장하여 적용할 필요성이 크다고 보기 어렵다.

④ 구 상법(2011.4.14. 법률 제10600호로 개정되기 전의 것, 이하 '구 상법'이라 한다) 제421조, 제423조 제1, 2항의 규정에 의하면, 신주발행의 경우 신주인수인은 납입기일에 그 인수한 주식에 대한 인수가액의 전액을 납입할 의무가 있고, 만약 신주인수인이 납입기일에 납입 또는 현물출자의 이행을 하지 아니하면 그 권리를 잃으며, 신주발행의 효력은 발행예정주식 중 납입기일에 납입이 이루어진 주식에 한하여 발생한다. 이러한 신주발행의 법률관계에 비추어 보면, 채무의 출자전환으로 주식을 발행하는 경우에는 출자전환되는 채무 전부가 주식에 대한 인수가액으로 납입된 것으로 인정되어야만 발행예정주식 전부에 대하여 신주발행의 효력이 발생하는 것이므로, 그 결과로서 나타나는 경제적 측면에서의 효과를 이유로 출자전환되는 채무 중 발행 주식 시가초과 부분만을 따로 떼어내어 주식에 대한 납입금으로서의 실질을 부인할 수는 없다(대법원 2012.11.22. 선고, 2010두17564 전원합의체 판결 참조).

⑤ 피고는, 대법원 2018.6.28. 선고, 2017두68295 판결 및 대법원 2018.7.11. 선고, 2016두65565 판결의 법리가 이 사건에도 적용되어야 하므로, 이 사건 회생채권 중 이 사건 공제액 해당 부분은 법인세법 시행령 제19조의2 제1항 제5호에서 대손금으로 정한 '회생계획인가의 결정에 따라 회수불능으로 확정된 채권'에 해당하고, 그에 상응하는 금액을 원고의 2010년 제2기 부가가치세 매입세액에서 제외해서 한 이 사건 처분은 적법하다고 주장한다. 그러나 피고가 들고 있는 위 대법원 판례들은 이 사건과 달리 출자전환주식을 전부 무상으로 소각하기로 정한 예외적인 경우로서, 그와 같은 경우에는 종전 채권자가 주주로서의 권리를 행사할 여지가 없고, 출자전환된 주식이 다른 대가 없이 그대로 소각될 것이 확실하다고 볼 수 있는 반면, 이 사건과 같이 출자전환 후

일정한 비율의 주식병합을 통한 일부 감자를 하는 경우에는 종전 채권자가 주주의 지위를 유지하게 되어 장래에 주식 가치가 상승할 경우 그 이익을 얻을 수 있게 되고, 출자전환된 주식이 다른 대가 없이 그대로 소각되거나 그 가치가 0원으로 떨어질 것이 확실하다고 볼 수 없으므로, 출자전환의 전제가 된 이 사건 회생채권이 회생계획인가의 결정에 따라 회수불능으로 확정되었다고 보기는 어렵다. 이러한 사정에다가 앞서 본 바와 같이 대손세액 공제 제도는 실질적 소득이 아닌 형식적 거래의 외형에 대하여 부과한다는 부가가치세의 과세 원칙에 대한 예외로서 조세경감 혜택을 인정한 것인 점까지 고려하면, 이 사건과 같은 사안까지 예외적으로 대손세액 공제를 인정할 필요성이 크다고 보기 어려우므로, 위 대법원 판례들을 이 사건에 원용하기는 적절하지 않다.

3) **대손세액 공제 범위 산정의 적법 여부(가정적 판단)**

가) 설령 피고의 주장과 같이 출자전환으로 발행된 주식의 실제 가치를 기준으로 대손 여부를 판단해야 해서 이 사건의 경우 대손세액 공제가 가능하다고 보더라도, 그럴 경우에는 대손세액 공제의 범위를 산정함에 있어 출자전환으로 발행된 주식의 가치평가가 문제된다. 회생채무자가 채무자회생법에 따라 기업인수절차를 추진하면서 자본감소절차나 신주발행절차의 혼선 등을 방지하기 위한 기술적인 목적으로, 구 주식에 대한 대규모의 자본감소, 회생채권자 등에 대한 출자전환, 신주인수대금을 예납한 인수인에 대한 대규모의 신주발행 등을 단기간의 간격을 두고 실행하는 내용의 회생계획안을 제출하여 그것이 가결·인가되고 그 내용이 공고된 경우, 회생계획에 따른 회생채무자의 재무구조와 발행주식 수의 변동은 이미 공개되어 이용 가능한 확실한 정보라고 할 것이므로, 비록 출자전환주식의 효력발생일 당시에는 아직 회생계획에 따른 유상증자가 실시되지 아니한 상태라고 하더라도, 출자전환주식의 시가는 특별한 사정이 없는 한 곧 대규모의 유상증자가 실시되리라는 사정을 반영하여 형성된다고 봄이 타당하다.

따라서 출자전환주식에 대한 정상적인 거래의 실례를 증명하기 곤란하여 순자산가치법 등에 의하여 출자전환주식의 시가를 산정하는 경우에는, 출자전환주식의 효력발생일 당시 아직 유상증자가 실시되지 아니하여 대차대조표에 반영되지 아니하였다는 형식적인 이유로 그 회계처리에 따른 회생채무자의 재무구조와 발행주식 수만을 반영하여 주당 순자산가치 등을 평가하는 방식은 타당하지 않고, 출자전환 후 회생계획에 따라 곧이어 실시될 유상증자에 따른 재무구조 변동과 발행주식 수 증가 등을 아울러 고려하여 출자전환주식의 주당 순자산가치 등을 평가하여야 할 것이다(대법원 2010.3.25.

선고, 2009다85830 판결 등 참조). 이는 이 사건과 같이 회생계획이 회생채권자 등에 대한 출자전환 후 출자전환주식의 병합에 의한 자본감소, 신주인수대금을 예납한 인수인에 대한 신주발행을 단기간의 간격을 두고 실행하는 것을 내용으로 하고 있는 경우에도 마찬가지이다(대법원 2017.9.21. 선고, 2014다25054 판결 참조).

또한 앞서 본 바와 같이 대손세액 공제 제도는 부가가치세 납세자의 경제적 손실을 방지하기 위한 예외적인 제도이므로 대손세액 공제를 신청하여 부가가치세를 환급받기 위해서는 공급자인 납세자에게 대손세액이 있다는 점에 대한 주장·증명책임이 있다고 봄이 타당하나, 과세처분에 관한 행정소송에 있어 과세원인 및 과세표준금액 등 과세요건이 되는 사실에 관하여는 다른 특별한 사정이 없는 한 과세관청에 그 증명책임이 있다고 할 것이므로(대법원 1981.5.26. 선고, 80누521 판결 등 참조), 이 사건과 같이 과세관청이 '재화 등을 공급받은 사업자가 이미 매입세액으로 공제받은 액수에 대하여 추후 대손이 확정되어 그 대손세액 상당액을 대손이 확정된 날이 속하는 해당 사업자의 과세기간의 매입세액에서 제외시킨 후 이에 따라 부가가치세 부과처분을 한다'라고 주장하면서 부과처분을 한 경우에는, 그 처분의 적법성의 전제가 되는 대손세액 공제 사유의 존재 및 공제 범위에 관한 증명책임은 과세관청인 피고가 부담한다 할 것이다.

나) 위와 같은 법리와 갑 제1, 2호증의 각 기재에 변론 전체의 취지를 종합하여 이 사건에 관하여 살펴본다. 이 사건 회생계획에 따라 2010.11.28. 주식병합이 이루어진 후 이 사건 매입처 회사들이 보유한 출자전환주식은 액면가 5,000원의 원고 주식 합계 XXX주로 감소되었고, 2011.11.29. 액면가와 동일한 주당 5,000원의 비율로 유상증자가 이루어졌다. 만약 이 사건 매입처 회사들이 취득한 출자전환주식의 실거래 가격을 구할 수 없다면, 위 대법원 판례들에서 판시한 바와 같이 출자전환 이후 곧 이어 이루어진 유상증자에 따른 재무구조 변동과 발행주식 수 증가 등을 아울러 고려하여 출자전환주식의 주당 순자산가치 등을 평가하여 출자전환으로 취득한 주식의 시가를 구하여야 할 것이나, 피고는 이러한 출자전환주식에 대한 시가 평가과정을 생략한 채 단순히 주식병합 후 이 사건 매입처 회사들이 보유하게 된 주식 수 합계 XXX주에 액면가 5,000원을 곱한 금액인 합계 0,000,000원을 출자전환주식의 시가로 보아 출자전환된 이 사건 회생채권의 장부가액에서 위 0,000,000원을 차감한 나머지 금액 전부를 기초로 하여 대손세액 공제 액수를 산정하였고, 달리 피고나 이 사건 매입처 회사들이 적법한 방식으로 출자전환주식의 순자산가치 등을 평가했다고 볼 증거가 없다. 따라서 이러한 점에 비추어 보더라도 이 사건 대손세액 공제는 위법하다.

4) 소결론

따라서 이 사건 공제액을 원고에 대한 매입세액에서 제외하여 이루어진 이 사건 처분은 위법하므로 취소되어야 한다.

3. 결론

그렇다면 원고의 청구는 이유 있어 이를 받아들여야 한다. 제1심판결은 이와 결론을 같이 하여 정당하므로, 피고의 항소는 이유 없어 이를 기각한다.

(3) 출자전환 후 즉시 95% 소각하고 3년 8개월 후 나머지 5%를 소각하여 총 100% 소각한 경우 대손이 없으므로 대손세액공제가 불가능하여 대손세액 추징을 할 수 없음(대법원 2019.7.4. 선고 2019두35329 판결)

가. 대법원 판결(대법원 2019.7.4. 선고 2019두35329 판결)…납세자 승소

원심판결

부산고등법원(창원) 2019.01.30. 선고, 2017누10237 판결

주문

상고를 기각한다.
상고비용은 피고가 부담한다.

이유

심리불속행 기각

나. 2심 판결(부산고등법원(창원) 2019.1.30.선고 2017누10237 판결)…납세자 승소

제1심판결

창원지방법원 2017.01.10. 선고, 2016구합52390 판결

주문

1. 이 법원에서 교환적으로 변경한 청구에 따라, 피고가 2017.6.1. 원고에 대하여 한 2013년 제2기 부가가치세 424,XXX,XXX원(가산세 포함)의 부과처분 중 36,616,630원을 초과하는 부분을 취소한다.
2. 소송총비용은 피고가 부담한다.

이유

1. 처분의 경위

가. 이 사건 회생계획에 따른 출자전환 및 주식병합

1) 원고는 토목건축공사 등을 영위해 오다가 2013.5.8. DD지방법원 2013회합XX호로 회생절차개시결정을 받았고(당시 대표이사 BBB이 관리인으로 선임되었다), 2013.10.31. 회생계획인가결정을 받았다(위와 같이 인가된 회생계획을 이하 '이 사건 회생계획'이라 한다).
2) 이 사건 회생계획은 "회생채권에 해당하는 채무는 원금 및 개시전이자의 79.5%를 출자전환하고 20.5%를 현금변제하며, 출자전환하는 채무는 원고가 신규로 발행하는 주식의 효력발생일에 당해 회생채권의 변제에 갈음한다. 출자전환 시 채권액 5,000원을 액면가 5,000원의 보통주 1주로 발행하고, 출자전환에 의한 신주의 효력발생일 다음 날에 액면가 5,000원의 보통주 각 20주를 액면가 5,000원의 보통주 각 1주로 병합한다."고 정하고 있었다.
3) 이 사건 회생계획에 따라, 원고에 대한 회생채권(이하 '이 사건 회생채권'이라 한다)은 현금으로 변제받기로 한 부분을 제외한 나머지 금액이 2013.11.1. 장부가액 5,000원당 액면가(발행가액) 5,000원의 1주로 출자전환되었고, 위와 같은 출자전환으로 발행된 신주(이하 '출자전환주식'이라 한다)는 2013.11.2. 자본금 감소를 위하여 20 : 1의 비율로 주식병합되었다.

나. 회생채권자들의 대손세액공제에 따른 원고에 대한 부가가치세 부과처분

1) EEEE 주식회사의 현금흐름할인모형에 따른 평가 결과 위와 같은 주식병합 후 원고의 주식은 2013.11.2. 기준 1주당 1,2XX원으로 평가되었고, 회생채권자들은 원고에 대한 회생채권 중 출자전환된 채권의 장부가액과 출자전환을 통하여 교부받은 주식 시가(1주당 1,2XX원)의 차액(이하 '이 사건 차액'이라 한다) 부분에 대하여 부가가치세법상의 대손이 발생한 것으로 보아, 이와 관련된 부가가치세 상당 금액에 대하여 대손세액공제를 받았다.

2) 피고는 2016.2.1. 회생채권자들이 이 사건 차액에 관하여 대손세액공제 받은 금액에 해당하는 원고의 매입세액 공제를 부인하여 원고에 대하여 2013년 제2기 부가가치세 189,XXX,XXX원(부도어음에 대하여 대손세액공제 받은 36,616,630원 포함)의 부과처분(이하 '당초 처분'이라 한다)을 하였고, 2017.6.1. 추가로 회생채권자들이 대손세액공제 받은 금액을 반영하여 2013년 제2기 부가가치세를 당초 처분에 235,280,530원 증액하는 증액경정처분을 하였다가 2018.8.31. 그중 760,300원을 감액경정하였다(위와 같은 당초 처분, 증액경정처분, 감액경정처분을 통틀어 '이 사건 증액경정처분'이라 한다). 대손세액 및 이 사건 증액경정처분의 구체적인 내역은 아래 표 기재와 같다.

3) 원고는 2016.4.21. 당초 처분에 불복하여 국세청장에 심사청구를 하였으나 2016.6.10. 심사청구가 기각되었고, 2017.8.24. 이 사건 증액경정처분에 불복하여 국세청장에 심사청구를 하였으나 2017.9.15. 위 심사청구 역시 기각되었다.다. 원고의 회생절차종결 원고는 2017.4.13. 회생절차 계속 중에 관리인이 CCC으로 변경되었다가, 2017.8.3. 회생절차가 종결되었다.

……

3. 이 사건 처분의 적법 여부

가. 원고의 주장

1) 피고는 이 사건 차액 부분이 구 법인세법 시행령(2014.2.21. 대통령령 제25194호로 개정되기 전의 것, 이하 같다) 제19조의2 제1항 제5호에서 정한 '채무자회생 및 파산에 관한 법률(이하 '채무자회생법'이라 한다)에 따른 회생계획인가의 결정에 따라 회수불능으로 확정된 채권'에 해당하여 부가가치세법 제45조에서 정한 대손세액공제 대상에 해당한다고 보아 이 사건 증액경정처분을 하였다.

2) 그러나 구 법인세법 시행령 제72조 제2항 제4의2호 단서, 제15조 제4항 제1호에 의하면, 채무자회생법에 의한 회생계획에 따라 채무를 출자전환하는 경우 출자전환에 따른 주식의 취득가액은 출자전환된 채권의 장부가액이 되므로 출자전환 시 대손금액이 발생한다고 볼 수 없고, 채무자회생법 및 이 사건 회생계획상 출자전환의 방식이나 규정 취지를 보더라도 출자전환된 주식의 교부로 당초 채무는 전액 변제된 것으로 볼 수 있으며, 상법상 신주발행의 법리에 의하더라도 이 사건 차액 부분에 관하여 '주식에 대한 납입금'으로서의 실질을 부인할 수 없으므로, 결국 이 사건 차액 부분은 모두 변제된 것으로 보아야 하고, 이를 '회생계획인가의 결정에 따라 회수불능으로 확정된 채권'으로 볼 수 없다.

3) 따라서 이 사건 증액경정처분 중 이 사건 차액 부분을 부가가치세법상 대손세액공제 대상으로 본 부분, 즉 원고에 대하여 부과된 2013년 제2기 부가가치세 합계 424,XXX,XXX원(=당초 처분 189,XXX,XXX원+증액경정처분 235,280,530원-감액경정처분 760,300원, 가산세 포함) 중 부도어음으로 인한 대손세액공제 부분 36,616,630원을 초과하는 부분은 모두 취소되어야 한다.

나. 판단

……

2) 이 사건 회생채권 중 이 사건 차액 부분이 '회수불능이 확정된 채권'으로서 대손세액공제 대상에 해당하는지 여부

가) 부가가치세법 제45조 제1항은 "사업자는 부가가치세가 과세되는 재화 또는 용역을 공급하고 외상매출금이나 그 밖의 매출채권(부가가치세를 포함한 것을 말한다)의 전부 또는 일부가 공급을 받은 자의 파산·강제집행이나 그 밖에 대통령령으로 정하는 사유로 대손되어 회수할 수 없는 경우에는 대손세액(=대손금액×110분의 10)을 그 대손이 확정된 날이 속하는 과세기간의 매출세액에서 뺄 수 있다."라고 규정하고 있고, 같은 조 제6항은 "대손세액 공제의 범위 및 절차에 관하여 필요한 사항은 대통령령으로 정한다."라고 규정하고 있다. 구 부가가치세법 시행령(2015.2.3. 대통령령 제26071호로 개정되기 전의 것, 이하 같다) 제87조 제1항은 "법 제45조 제1항 본문에서 '파산강제집행이나 그 밖에 대통령령으로 정하는 사유'란 법인세법 시행령 제19조의2 제1항에 따라 대손금으로 인정되는 사유를 말한다."라고 규정하고 있고, 구 법인세법 시행령 제19조의2 제1항 제5호는 회수할 수 없는 채권의 하나로 '채무자회생법에 따른 회생계획인가의 결정 또는 법원의 면책결정에 따라 회수불능으로 확정된 채권'을 들고 있다. 한편, 부가가치세법 제45조 제3항은 "제1항을 적용할 때 재화 또는 용역을 공급받은 사업자가 대손세액에 해당하는 금액의 전부 또는 일부를 제38조에 따라 매입세액으로 공제받은 경우로서 그 사업자가 폐업하기 전에 재화 또는 용역을 공급하는 자가 제1항에 따른 대손세액공제를 받은 경우에는 그 재화 또는 용역을 공급받은 사업자는 관련 대손세액에 해당하는 금액을 대손이 확정된 날이 속하는 과세기간에 자신의 매입세액에서 뺀다."라고 규정하고 있는데, 피고는 이 규정에 근거하여 이 사건 증액경정처분을 하였다.

나) 위와 같은 대손세액공제 제도의 취지와 내용 및 관련 규정에 비추어 이 사건에 관하여 보건대, 앞서 본 사실 및 증거에 변론 전체의 취지를 종합하여 알 수 있는 다음과 같은 사정들에 비추어 보면, <u>이 사건 회생채권 중 이 사건 차액 부분은 구 법인세법 시</u>

행령 제19조의2 제1항 제5호가 대손금으로 정하고 있는 '회생계획인가의 결정 또는 법원의 면책결정에 따라 회수불능으로 확정된 채권'에 해당한다고 보기 어렵다. 따라서 이 사건 회생채권 중 이 사건 차액 부분이 구 법인세법 시행령 제19조의 2 제1항 제5호가 규정한 대손금에 해당하여 구 부가가치세법 시행령 제87조 제1항에 따라 회생채권자들의 대손세액에 해당한다는 전제 하에 이루어진 이 사건 증액경정처분은 위법하다.

① 출자전환은 채무의 일부 또는 전부를 변제하기 위하여 채무자가 채권자에게 지분증권(주식)을 발행하는 채권채무조정의 한 유형으로 결과적으로 타인자본을 자기자본으로 전환하는 자본구조의 변경을 통하여 부채를 조정하는 것이다. 이와 같이 신주발행 방식의 출자전환으로 기존 채권의 변제에 갈음하기로 한 경우에 채권자와 채무자 사이에 출자전환으로 인하여 소멸되는 기존채권의 가액에 관한 약정 내지 합의가 있으면 그에 따르고, 그에 관한 합의가 없는 때에는, 특별한 사정이 없는 한 신주발행의 효력발생일을 기준으로 신주의 가액을 평가하여 그 평가액 상당의 기존채권이 변제된 것으로 봄이 타당하다(대법원 2008.7.24. 선고, 2008다18376 판결 참조). 그런데 회생계획안의 경우 회생채권자 조의 3분의 2 이상의 동의, 회생담보권자 조의 4분의 3 또는 5분의 4 이상의 동의라는 가결요건(채무자회생법 제237조)을 얻어 법원의 인가를 받아야 하고, 회생계획안이 인가된 이상 이해관계인들은 그 회생계획에 따라야 하므로, 회생계획에 기재된 사항에 대하여 이해관계인들 사이에 합의가 존재하는 것으로 보아야 한다. 따라서 회생회사의 경우 출자전환으로 소멸되는 기존채권의 가액에 관한 합의가 회생계획상 존재하고 있으므로 회생계획에서 정하고 있는 바에 따라 주채무가 소멸하게 된다.

구 법인세법 시행령 제72조 제2항 제4의2호 단서, 제15조 제4항 제1호는 자산의 취득가액에 관하여 '채무의 출자전환에 따라 취득한 주식'의 경우 원칙적으로 취득 당시 시가에 의하고, 다만 채무자회생법에 따라 채무를 출자로 전환하는 내용이 포함된 회생계획인가의 결정을 받은 법인이 채무를 출자전환하는 경우에는 출자전환된 채권의 장부가액을 주식의 취득가액으로 하도록 규정하여, 출자전환 시점에서 회생회사의 채무면제익이 과세되지 않도록 배려하고 있다. 위 규정은 오로지 채무면제익을 배제하기 위한 조항이라고만 보기는 어렵고, 구 법인세법 시행령 제19조의2 제1항 제5호가 대손금으로 정하고 있는 '회생계획인가의 결정 또는 법원의 면책결정에 따라 회수불능으로 확정된 채권'에 해당하는지 여부의 판단과 이러한 판단을 기초로 부가가치세법상 대손세액공제 사유 해당 여부를 판단하는 데 있어서도 원칙적으로 적용되는 조항이라 할 것이다.

이 사건의 경우, 이 사건 회생계획(갑 제5호증)에서 "회생채권의 원금 및 개시전이자의 79.5%는 출자전환하고, 20.5%는 현금으로 변제한다. 출자전환하는 채무는 원고가 신규로 발행하는 주식의 효력발생일에 당해 회생채권의 변제에 갈음한다."라고 정하고 있는 이상, 현금으로 변제받기로 한 부분을 제외한 나머지 이 사건 회생채권은 출자전환으로 변제에 갈음하여 소멸하고, 이때 취득하게 되는 주식의 취득가액은 법인세법 시행령 제72조 제2항 제4의2호에 따라 출자전환된 채권의 장부가액으로 봄이 타당하다. 따라서 출자전환된 이 사건 회생채권의 일부인 이 사건 차액 부분은 구 법인세법 시행령 제19조의2 제1항 제5호가 대손금으로 정하고 있는 '회생계획인가의 결정 또는 법원의 면책결정에 따라 회수불능으로 확정된 채권'에 해당한다고 볼 수 없다.

② 앞서 본 바와 같이 출자전환에 있어서 기존채권의 변제 범위는 원칙적으로 채권자와 채무자 사이에 출자전환으로 소멸되는 기존채권의 가액에 관한 합의가 있으면 그에 따르고, 그에 관한 합의가 없는 때에는 특별한 사정이 없는 한 출자전환주식의 효력발생일 기준 신주의 가액을 기초로 산정하여야 한다. 따라서 출자전환주식의 효력발생 시점 이후의 자본금 감소를 위한 주식병합은 출자전환을 통하여 이미 주주가 된 회생채권자들과 회생회사 사이의 자본거래에 불과하므로, 원칙적으로 그보다 앞선 출자전환주식의 취득가액에 대한 평가에 어떠한 영향을 미친다고 볼 수 없다[피고가 언급한 대법원 2009.11.12. 선고, 2009다47739 판결 등은 회생채권인 주채무가 회생계획에 따른 출자전환으로 소멸된 경우 원칙적으로 채무자회생법 제250조 제2항 제1호에 따라 회생계획의 영향을 받지 않는 보증인 등의 보증채무가 출자전환 방식의 변제로 소멸되는 범위에 관한 것으로서, 채무자회생법 제250조 제1항에 따라 회생계획의 효력이 직접 미치는 회생채권자와 채무자(회생회사) 사이의 회생채권이 출자전환 방식의 변제로 소멸되는 범위를 정하는 이 사건에는 직접 적용된다고 보기 어렵다].

③ 만약 회생채권자들이 대손세액공제를 받을 수 있고, 그에 따라 피고가 원고에 대하여 해당 세액만큼을 매입세액에서 제외함으로써 회생절차가 개시된 이후 회생계획인가결정이 속하는 과세기간을 대상으로 한 부가가치세 부과처분을 할 수 있다고 본다면, 부가가치세 납부의무가 없는 다른 회생채권자들과 달리 대손세액공제를 받은 회생채권자들은 회생계획에 따라 다른 회생채권자들과 동일비율로 회생채권이 출자전환되어 변제되었음에도 추가로 대손세액공제를 통하여 부가가치세 납세분을 환급받게 되고, 그 결과 피고에게는 공익채권(채무자회생법 제179조 제1항 제9호 나목)에 해당하는 위 대손세액공제분 부가가치세액 상당의 조세채권이 발생하며, 회생회사는 그 조세채무를 부담하게 된다. 이는 채무자회생법의 목적인 회생회사의 효율적인 회생을 도모하는 데

곤란을 초래할 뿐만 아니라 나머지 회생채권자들의 채권이 같은 회생채권자의 부가가치세 대손세액공제분보다 결과적으로 후순위채권이 되어 회생채권자 사이에서 예상하지 못한 불합리한 차별이 발생하게 된다. 이러한 사정까지 고려하여 보면, 앞서 본 바와 같이 실질적 소득이 아닌 형식적 거래의 외형에 대하여 부과한다는 부가가치세의 과세 원칙에 대한 예외로서 조세경감 혜택이라 할 수 있는 대손세액공제를 이 사건과 같은 사안의 경우까지 그 범위를 확장하여 적용할 필요성이 크다고 보기 어렵다.

④ 상법 제421조 제1항, 제423조 제1, 2항의 규정에 의하면, 신주발행의 경우 신주인수인은 납입기일에 그 인수한 주식에 대한 인수가액의 전액을 납입할 의무가 있고, 만약 신주인수인이 납입기일에 납입 또는 현물출자의 이행을 하지 아니하면 그 권리를 잃으며, 신주발행의 효력은 발행예정주식 중 납입기일에 납입이 이루어진 주식에 한하여 발생한다. 이러한 신주발행의 법률관계에 비추어 보면, 채무의 출자전환으로 주식을 발행하는 경우에는 출자전환되는 채무 전부가 주식에 대한 인수가액으로 납입된 것으로 인정되어야만 발행예정주식 전부에 대하여 신주발행의 효력이 발생하는 것이므로, 그 결과로서 나타나는 경제적 측면에서의 효과를 이유로 출자전환되는 채무 중 발행주식의 시가 초과 부분만을 따로 떼어내어 주식에 대한 납입금으로서의 실질을 부인할 수는 없다(대법원 2012.11.22. 선고, 2010두17564 전원합의체 판결 참조).

⑤ 피고는, 대법원 2018.6.28. 선고, 2017두68295 판결 및 대법원 2018.7.11. 선고, 2016두65565 판결 등의 법리가 이 사건에도 적용되어야 하므로, 이 사건 회생채권 중 이 사건 차액 부분은 구 법인세법 시행령 제19조의2 제1항 제5호에서 대손금으로 정한 '회생계획인가의 결정에 따라 회수불능으로 확정된 채권'에 해당하고, 그에 상응하는 금액을 원고의 2013년 제2기 부가가치세 매입세액에서 제외해서 한 이 사건 증액경정처분은 적법하다고 주장한다. 그러나 위 대법원 판례들은 이 사건과 달리 회생계획에서 출자전환과 함께 출자전환주식을 전부 무상으로 소각하기로 정한 예외적인 경우로서, 그와 같은 경우에는 종전 채권자가 주주로서의 권리를 행사할 여지가 없고, 출자전환된 주식 전부가 아무런 대가 없이 그대로 소각될 것이 확실하게 된다. 그에 반하여 이 사건과 같이 출자전환 후 출자전환된 주식을 일정한 비율로 주식병합하여 잔존 주식이 있는 경우에는 회생채권자가 주주의 지위를 유지하게 되어 장래에 주식 가치가 상승할 경우 그 이익을 얻을 수 있게 되고, 출자전환된 주식과 주식병합 후 남은 주식 사이에 실질적 가치에는 아무런 변동이 없어 출자전환된 주식이 무상으로 전부 소각되는 것과 동일하게 볼 수 없으므로, 이 사건 회생채권 중 이 사건 차액 부분이 회생계획인가의 결정에 따른 출자전환으로 인하여 회수불능으로 확정되었다고 보기는 어렵다(갑 제8호

증의 기재에 의하면, 원고는 2017.6.30. 인가된 변경회생계획에서 "종전 회생계획에 따라 현금 변제해야 할 회생채권 중 변제하지 못한 미변제금액의 원금 및 개시전이자는 7.XXXXXXX%를 현금변제하고, 나머지는 전액 출자전환하며, 종전에 발생된 원고의 보통주 3,XXX,XXX주 및 위와 같은 회생채권의 출자전환에 따라 발행되는 신주는 출자전환주식의 효력발생일 다음 날에 전부 무상소각한다."고 정하여, 결국 이 사건 회생계획에 따라 주식병합 후 남은 주식도 전부 무상소각되었으나, 이는 이 사건 회생계획과는 별개의 2017.6.30.자 회생계획으로 인한 것이므로, 이를 이 사건 증액경정처분의 근거로 삼을 수는 없다).

⑥ 회생계획은 회생채권자들의 결의가 있어야 인가될 수 있고, 회생채권자들은 회생계획대로 회생채권이 변경됨을 전제로 현금으로 변제받는 부분을 제외한 나머지 회생채권을 전부 출자전환하여 변제에 갈음할지, 아니면 일부만 출자전환하고 나머지는 확정적으로 면제할지 등에 관하여 자유롭게 결의할 수 있으므로, 회생계획대로 회생채권의 변경을 인정하는 것이 불합리하다고 보기 어렵다. <u>회생계획에서 회생채권 중 일정비율을 출자전환하여 변제에 갈음하는 것으로 정하였음에도, 나중에 이를 부인하며 실제로는 주식의 시가에 해당하는 금액만이 변제된 것이고 나머지는 회수불능으로 확정된 채권에 해당한다고 보게 되면, 회생회사는 회생계획에서 예측하지 못한 채무를 부담하게 되고, 일부 회생채권자들은 회생계획에서 예상하지 않았던 이익을 보게되어 다른 회생채권자들과의 관계에서 형평에 반하게 되므로, 채무자 또는 그 사업의 효율적인 회생을 도모하고자 하는 채무자회생제도의 취지에 반한다.</u>

3) 소결론

따라서 이 사건 증액경정처분 중 이 사건 차액 부분이 부가가치세법상 대손세액공제 대상임을 전제로 그 부분에 관한 원고의 매입세액 공제를 부인함에 따라 원고에 대하여 부과된 2013년 제2기 부가가치세 합계 424,XXX,XXX원 중 부도어음으로 인한 대손세액공제 부분 36,616,630원을 초과하는 부분은 취소되어야 한다.

3. 결론

그렇다면 원고의 이 사건 청구는 이유 있으므로 인용하기로 하여(구소인 '2016.2.1.자 2013년 제2기 부가가치세 189,XXX,XXX원 부과처분 취소청구'는 이 법원에서 이루어진 청구의 교환적 변경으로 취하되어 이에 대한 제1심판결은 실효되었다), 주문과 같이 판결한다.

/저 자 소 개/

김병일

학력

- 고려대학교 정경대학 경제학과 졸업(경제학사), 한국방송통신대학교 법학과·영문학과 졸업(법학사·문학사)
- 평생교육진흥원·교육인적자원부 학점은행제(경영학사)
- 서울대학교 행정대학원 행정학과 졸업(행정학석사)
- 동경대학 대학원 법학정치학연구과 졸업(법학석사)
- 경희대학교 대학원 법학과 졸업(법학박사)

주요 경력

- 제27회 행정고등고시 합격
- 국세청·재무부·재정경제원 행정사무관 및 재정경제원(部) 서기관
- ㈜ 대현 감사, 현대커머셜·미래에셋대우·미래에셋자산운용 감사위원장
- 경희대학교 법무대학원 조세법무학과 겸임교수
- 한국항공대학교, 아주대학교 및 서울시립대학교 법학전문대학원 강사
- 금융위원회 금융발전심의위원회 및 금융개혁회의 위원
- 금융감독원 제재심의위원회 및 금융분쟁조정위원회 위원
- 한국거래소 시장효율화위원회 위원장, 코넥스협회 자문위원
- 국세청 국세법령해석심의위원회 위원
- 기획재정부 세제발전심의위원회 및 공공기관 경영평가단 위원
- 국무총리실 조세심판원 비상임 조세심판관
- 국회입법조사처 자문위원회 위원
- 국가공무원 5급 공개경쟁채용시험, 세무사시험, 관세사시험 등 각종 시험위원
- 한국세무학회·한국세법학회·한국조세연구포럼·한국회계정보학회 부회장, 금융조세포럼 감사
- 강남대학교 평생교육원장·경제세무학과 교수, (현) 경영관리대학 정경학부 세무학전공 초빙교수
- (현) 한국조세법학회 회장·한국신탁학회 부회장·한국금융소비자학회 이사

상훈

- 홍조근정훈장 수상
- 총무처 중앙공무원교육원장 표창
- 한국조세연구포럼 최우수논문상, 설린 최명근 조세대상 수상
- 한국세무사회 한국조세연구소 조세학술상 논문상 수상

주요 저술

- 신탁과 세제(공저, 박영사, 2021), 블록체인과 법(공저, 박영사, 2019)
- 자산유동화와 국제조세문제(조세법연구, 2002.11)
- 국제도산과 조세채권의 실현(고황법학, 2004.3)
- 파생금융상품의 과세에 관한 연구(국세청, 2007.12)
- 신탁법 개정에 따른 신탁세제 개편방향에 관한 연구(조세연구, 2010.8)
- 세무대리인의 책임과 리스크 관리방안에 관한 연구(세무학연구, 2011.12)
- 신탁법상 수익자과세에 관한 연구(세무와 회계저널, 2012.3)
- 일본의 외국자회사배당 익금불산입제도의 도입과 그 시사점(조세연구, 2012.12)
- 법인세법상 자본거래와 손익거래의 혼합거래 과세에 관한 연구(조세연구, 2016.9)
- 상속세 및 증여세제의 개편방안－최명근 선생의 정책제안을 중심으로－(조세연구, 2017.9)
- 자금세탁 조세범죄의 국제적 동향과 그 전제범죄에 관한 연구(조세학술논집, 2017.10)
- 가상화폐에 대한 과세방안(경희법학, 2018.6)

· ICO(Initial Coin Offerings)에 대한 과세문제(법조, 2019.4)
· 사회보험료 징수실태의 문제점과 개선방안에 관한 연구(조세논총, 2020.6)
· 공익신탁 과세제도의 개선방안에 관한 연구(조세논총, 2021.9) 등

배영석

학력

· 성균관대학교 경영학과, 방송통신대학교 법학과 졸업
· 성균관대학교 경영대학원 세무학과 경영학 석사
· 강남대학교 대학원 세무학박사

주요 경력

· (현) 진일회계법인 공인회계사
· 산동회계법인, 우리회계법인 근무
· 한국산업은행, 신한은행 근무
· 금융권 등의 세무고문 역임(신한금융지주, 신한은행, 대구은행, 조흥은행, 외환은행, 동화은행, 대동은행, 충청은행, 신한증권, 국민연금관리공단 등)
· 서울지방국세청의 납세자보호위원 역임

주요 저술

1) 신탁 관련 논문

· 주택재건축사업의 과세에 대한 문제점과 개선방안에 관한 연구–사업소득 계산을 중심으로–(조세연구, 2015.4)
· 담보목적의 신탁등기와 취득세 추징사유에 관한 소고(조세논총, 2017.6)
· 신탁재산의 취득시 취득개념 재정립을 통한 지방세 과세의 합리화방안(한국지방세연구원, 2018.1)

2) 기업회생절차 관련 논문

· 기업회생절차의 출자전환 관련 세제에 관한 연구(강남대학교 박사학위논문, 2015.12)
· 출자전환 시 채무면제익에 관한 연구–입법론상 개선방안을 중심으로–(세무학연구, 2016.9)
· 기업회생절차에서의 출자전환 관련 입법적 개선방안의 검토(회생법학, 2016.12)
· 출자전환 및 회생채권 관련 대손금과 대손세액공제에 관한 연구–해석론의 정립방안을 중심으로–(세무학연구, 2017.3)
· 출자전환으로 취득하는 주식의 취득가액에 관한 연구(세무학연구, 2017.9)
· 출자전환 행위의 조세회피행위 해당성 여부에 관한 소고–액면증자 후 무상감자방식을 중심으로–(세무와 회계연구, 2018.5)
· 회생절차에서 출자전환 후 즉시 감자 시 대손세액공제 허용성–대법원 2018.6.28. 선고 2017두68295 판결–(세무와 회계 연구, 2018.11)
· 회생절차에서 출자전환 후 감자한 매출채권의 대손세액공제액에 대한 추징 가능성 여부–대법원 2019.7.4. 선고 2019두35329 판결사건을 중심으로–(회생법학, 2019.7)
· 출자전환하는 채권자에게 세무상 손익 발생에 관한 연구(조세논총, 2020.12)
· 출자전환 시 채무면제익·대손금의 발생과 주주에 대한 증여세 과세 문제에 관한 연구(조세논총, 2021.9)

3) 기타

· 발생일이 속하는 사업연도 종료일로부터 1년 내 미회수한 가지급금 이자의 소득처분에 관한 연구–대법원 2021.8.12. 선고 2018두34305 판결과 관련하여–(세무와 회계연구, 2022.2)

배한빈

학력

- 고려대학교 법학과 졸업
- 한양대학교 법학전문대학원 법학전문 석사

주요 경력

- (현) ㈜조이시티 사내변호사
- 광교세무법인 근무
- 법무법인 태일 근무

주요 저술

- 출자전환하는 채권자에게 세무상 손익 발생에 관한 연구(조세논총, 2020.12)
- 출자전환 시 채무면제익·대손금의 발생과 주주에 대한 증여세 과세 문제에 관한 연구(조세논총, 2021.9)

기업재무구조개선을 위한

출자전환과 세제

초판발행 | 2022년 3월 2일

지은이 | 김병일, 배영석, 배한빈
펴낸이 | 김 수 진
펴낸곳 | 세 경 사

출판등록 | 1977. 12. 2. No. 제3-74호
주소 | 서울특별시 영등포구 은행로 29(여의도동) 정우빌딩 209호
전화번호 | 792-7202~3, 795-3398, 796-2400
팩스 | 792-1343
홈페이지 | www.sekyungsa.co.kr
ISBN | 978-89-7933-404-3 93320
정가 | 35,000원